中原学术文库 · 文集

崔大华全集

（全七卷 · 第一卷）

崔大华　著

社会科学文献出版社
SOCIAL SCIENCES ACADEMIC PRESS (CHINA)

1961年9月，崔大华毕业于中国人民大学哲学系

（上图）1978年，在北京读研时的崔大华

（下图）1981年，崔大华（前排左三）与部分研究生同学在中南海合影，其中有陈祖武（前排左一）、马忠建（前排左二）、罗益群（前排左四）、任道斌（二排左一）、李尚英（二排左二）、姜广辉（三排）

崔大华（二排右二）在中国社会科学院研究生院读书期间与历史所部分师生合影。前排就坐的有尹达（左四）、胡厚宣（左五）、邱汉生（左六）、李学勤（左七）、谢国桢（左三）、熊德基（左二）等先生

崔大华（左二）与张岱年（左三）、李锦全（左四）等先生合影

崔大华（前排右一）与张岂之（前排右七）等侯门弟子合影

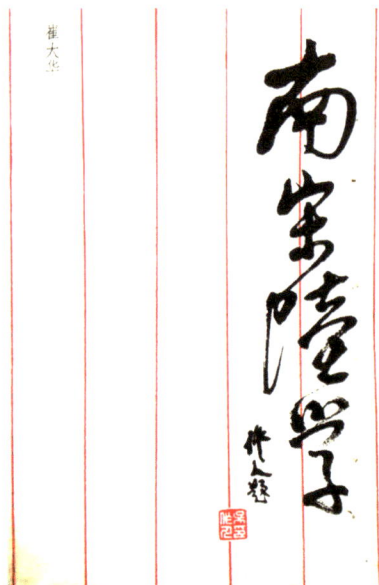

（左图）1984年5月，崔大华处女作《南宋陆学》由中国社会科学出版社出版

（右图）2004年12月，崔大华应邀赴江西金溪参加"陆象山思想研讨会"时，在陆九渊墓前留影

出版说明

崔大华，字实之，1938 年 12 月 3 日（农历十月十二）① 出生于安徽省六安县南岳庙区分路口乡莲花庵村（今安徽省六安市裕安区分路口镇莲花庵村）。1961 年 8 月毕业于中国人民大学哲学系。1961 年 9 月至 1978 年 9 月，先后任教于河南省医学院、商丘第一高中、商丘师范学校、商丘大学、商丘师范学院。1978 年 10 月考入中国社会科学院研究生院攻读中国思想史专业硕士学位，师从我国著名马克思主义历史学家、思想家、教育家侯外庐先生（1903～1987）。1981 年 10 月分配到中国社会科学院历史研究所中国思想史研究室工作。1982 年 9 月调入河南省社会科学院哲学研究所，1983 年任副所长，1987 年晋升为副研究员，同年加入中国共产党，1992 年晋升为研究员，1993 年任所长，1998 年退休（随即返聘，2001 年 2 月正式退休）。2013 年 11 月 25 日于广州逝世，享年 75 岁。

崔大华先生曾被聘为河南大学中国哲学专业硕士研究生导师、南京大学中国思想家研究中心兼职教授，曾担任中国哲学史学会理事、国际儒学联合会顾问、河南省儒学文化促进会副会长兼学术顾问、《道家文化研究》编辑委员会编委、"元典文化丛书"编辑委员会编委、《中华道藏》顾问委员会学术顾问，是河南省优秀专家、河南省劳动模范、国家有突出贡献专家、享受国务院政府特殊津贴专家。

---

① 崔大华的出生日期有两种说法：1938 年农历十月十二（生母所说）和 1938 年农历十月十一（乳母所说）。他采用后一个说法，又向后推一个月，通常写为 1938 年 11 月 11 日。经崔大华夫人李正平老师确认，他的出生日期是 1938 年 12 月 3 日（农历十月十二）。

崔大华先生是当代中国著名哲学史家，其学术成果受到海内外学术界的充分重视与肯定。崔先生毕生从事中国哲学思想史研究，其代表性著作主要有：专著《南宋陆学》《庄子歧解》《庄学研究——中国哲学一个观念渊源的历史考察》《儒学引论》《儒学的现代命运——儒家传统的现代阐释》，合著《宋明理学史》《道家与中国文化精神》。此外，还在《中国社会科学》《哲学研究》《文史哲》《中国哲学史》《中州学刊》等刊物上发表学术论文70余篇。其中《宋明理学史》获第一届郭沫若中国历史学奖荣誉奖，《庄子歧解》获河南省社会科学优秀成果一等奖、全国首届古籍整理图书二等奖，《南宋陆学》《庄学研究——中国哲学一个观念渊源的历史考察》《儒学引论》《儒学的现代命运——儒家传统的现代阐释》四部专著及合著《道家与中国文化精神》获河南省社会科学优秀成果一等奖。

崔大华先生的学术成果具有很强的创新性，其理论深度为当代中国哲学界公认。崔先生读研究生前，学术兴趣主要集中在庄子道家；读研究生后，在指导老师的建议下，他把宋明理学特别是南宋陆学作为自己研究的重点。他的硕士学位论文《南宋陆学》将南宋陆学作为一个整体进行研究，资料翔实，论断新颖，拓展了中国思想史研究领域。为此，张岱年先生曾评价该成果"超过了近年来有关宋代思想论著的水平"，"是对于宋代思想史研究的一个重要贡献"。其后，崔先生又参与了集体项目《宋明理学史》的撰写，这为他后来系统的儒学研究奠定了坚实的基础。20世纪80年代初至90年代初，崔先生回到庄子研究，先后出版《庄子歧解》和《庄学研究——中国哲学一个观念渊源的历史考察》两部大著。《庄子歧解》是他为撰写《庄学研究》所做文献准备的成果。以往注解《庄子》的方法大体有两种：集解法与孤解法。前者长于搜集，失之于冗；后者长于有见，失之于偏。崔先生兼取两者之长而避其短，在前人注释《庄子》的基础上活用歧解法，显化分歧产生的原因，从注解的分歧进入问题的研究。因此可以说，《庄子歧解》不是一般的《庄子》注释、集注性著作，而是以对中国哲学史历代思潮、学术派别的全面把握为基础进行的深入、系统解析的研究性专著。该书已成为学人读通和理解《庄子》的一部案头必备书。《庄学研究》在历史考证上系统地归纳并正确地解答了历史遗留的有关庄子其人其书及其与先秦诸子关系上的存疑问题，廓清了重重迷雾；在思想研究中视野广阔，在整个中国哲学和思想文化的发展背景下，系统地分析研究了庄学理论体系及其基本范畴，并在世界哲学背景下，彰显庄子哲学的特质与价值；具体考察了庄子思想在儒学理论更新和消化异质文化方面的突出作用。曾经被认为只有思维教训的庄子哲学，通过崔先生的研究，展现出了真实的面貌与可贵的价值。该书受到学术界的高度评价，称其为"道家思想研究方面的一流学术成果"（吴光先生语），"20世纪最有新意和理论深度的一部道家思想研究专著"（方克立先生语）。崔先生因《庄学研究》而成名，但鉴于中国传统思想文化的主流是儒学，自20世纪90年代起，他的研究重心逐步从庄学转向儒学，这反映了他终极的治学目标和学术旨趣。他先后主持两项国家社科基金项目，结项成果以《儒学引论》和《儒学的现代命运——儒家传统的现代阐释》为书名，由人民出版社列入"哲学史家文库"出版。《儒学引论》运用结构的方法，将孔子创立的儒学解析为三个理论层面，即心性的（仁）、社会的（礼）、超越的（命），表达自己对于孔子儒学的核心究竟是"仁"还是"礼"这类问题的回应，并以这个理论结构的稳定与更新，考察儒学理论形态的变化，将方法自觉与理论创新圆满结合起来；运用历史的方法呈现儒学的理论面貌，即以经学为基础的儒学形态，包括汉代天人之学、魏晋自然之学（玄学）、宋明性理之学（理学）；运用比较的方法突出儒学的伦理道德的理论特质，并在与古希腊和古印度思想的比较中彰显其特色。《儒学的现代命运——儒家传统的现代阐释》承续《儒学引论》而又高屋建瓴、视野宏阔，不仅有高度的方法自觉，还有明确的问题意识。针对儒学在现时代社会生活中究竟是已经退隐而成为一种历史记忆，还是仍在显现功能而仍然活跃的生命这一重大问题，他以翔实严密的论证，彰显了作为中国人的一种生活方式的儒学，在推进中国现代化进程和应对现代性问题中的积极作用和从容姿态，由此说明儒学具有超越具体历史情境的久远价值，古老的儒学并不是博物馆里的死物，它所蕴涵的对人类文明发展具有普适性价值的思想资源，在现代社会依然具有鲜活的生命力。这两部儒学专著，其理论创新所确立的全新视角与学术考察所拥有的开放内涵，为儒学的历史与现实的有效衔接提示了内在的逻辑理路，并为儒学未来的发扬光大和影响世界的命运进程提供了可能的范式。

崔大华先生一生淡泊名利，潜心治学，学养深厚，对于中国哲学、马克思主义哲学、西方哲学、印度哲学，皆精研有得。崔先生将学术研究与延续中华文化慧命结合起来，表现出高度的文化自觉与历史使命感。他在道家与儒学的学术研究中所取得的创新性成果，对于深化道家和儒学研究乃至中国传统文化研究，都有重要的学术价值；对于传承和弘扬中国优秀传统文化，增强中国人的文化自信，具有重要的理论价值和现实意义。

作为当代中国哲学界著名的哲学史家，崔大华先生是河南省社会科学院和河南哲学界的一面旗帜。如今先生虽已仙逝，但他高尚的学术品格和宝贵的思想遗产，永远值得后人学习、研究与传承。2019 年 3 月，河南省社会科学院启动《崔大华全集》的编纂出版工作，并成立《崔大华全集》编纂委员会。《崔大华全集》不仅收录了崔先生已出版的全部论著，包括专著、合著、论文以及早年发表的哲理短文、崔大华先生学行简谱，还收录了他未发表的随笔、短文、日记、部分书信及不同时期照片。《崔大华全集》以保证论著的完整呈现为原则，按照时间与类别相结合的方式编排，共分为七卷：第一卷收录《南宋陆学》和《宋明理学史》《道家与中国文化精神》中崔先生撰写的章节，第二卷收录《庄子歧解》，第三卷收录《庄学研究——中国哲学一个观念渊源的历史考察》，第四卷收录《儒学引论》，第五卷收录《儒学的现代命运——儒家传统的现代阐释》，第六卷收录《中国传统社会思想的理路及当代价值》①，第七卷收录崔先生已发表但未收入《中国传统社会思想的理路及当代价值》的论文，以及随笔、短文、日记、书信、崔大华先生学行简谱。《崔大华全集》计400 余万字。《庄子歧解》《庄学研究——中国哲学一个观念渊源的历史考察》经过崔先生修订后曾在中华书局和人民出版社再版和重印，《崔大华全集》根据再版和重印本校勘。其余发表过的作品根据原版原文校勘。未发表过的作品，在整理中尽量保留原貌，底稿中明显的讹误之处以"编者注"的形式予以说明。

① 崔大华先生仙逝后，河南省社会科学院哲学与宗教研究所曾组织科研人员搜集崔先生发表的学术论文，进行分类、校对，编成《中国传统社会思想的理路及当代价值》一书，于2016 年 10 月由社会科学文献出版社出版。

《崔大华全集》由河南省社会科学院创新工程项目资助，作为河南省社会科学院创新工程成果出版发行。

以"全集"的形式为专家学者出版作品集，在河南省社会科学院尚属首次。我们在编纂过程中虽然尽心竭力，但是由于学术水平和编纂经验所限，难免会有不足之处，希望得到学界同仁与读者的批评指正。

《崔大华全集》编纂委员会

2021 年 7 月

编辑凡例

一、已发表作品的版本、出处见各卷"卷前说明"。

二、以繁体字发表的论文改为简体，竖排改为横排。

三、原印刷中的错误和作者行文中明显的文字、标点错误均予校改。异体字改动而无损原意者，一般改为通用字。

四、标点符号按照最新的标准执行。

五、原有随文注一般不改动，文末注释均改为页下注；注释中有明显错误的，予以订正。

六、编者注释均注明"编者注"字样。

卷前说明

　　本卷收录《南宋陆学》及《宋明理学史》《道家与中国文化精神》中崔大华撰写的章节。另外,《道家与中国文化精神》中"老子的思想"与"道家和道教生死观的异同"两节由高秀昌撰写。为保持内容完整,征得高秀昌同意,将这两节收入本卷。《南宋陆学》中的"编者识"为原版编者所注。

　　《南宋陆学》1984 年 5 月由中国社会科学出版社出版。《宋明理学史》上卷 1984 年 4 月由人民出版社出版,《宋明理学史》下卷 1987 年 8 月由人民出版社出版。《道家与中国文化精神》2003 年 12 月由河南人民出版社出版。本卷根据以上版本进行校勘。

目录 CONTENTS

南宋陆学

序 ……………………………………………………………………… 3

引　言 ……………………………………………………………… 5

第一章　陆九渊的思想 …………………………………………… 7

　第一节　陆九渊的生平及思想发展过程 ……………………… 7

　　一　家世生平 ………………………………………………… 7

　　二　思想发展过程 ………………………………………… 10

　第二节　陆九渊思想的几个方面 …………………………… 25

　　一　哲学基础——心即理 ………………………………… 26

　　二　方法 …………………………………………………… 31

　　三　对历史的观察和对现实的批评 ……………………… 41

　　四　对以往思想资料的承藉与批判 ……………………… 46

第二章　朱陆异同及争论 ……………………………………… 59

　第一节　朱陆之同 …………………………………………… 62

　　一　共同的政治立场 ……………………………………… 62

　　二　哲学世界观的共同出发点 …………………………… 64

第二节　朱陆之异 ……………………………………………… 68

一　对"理"的不同理解 …………………………………… 68

二　对"气"的不同理解 …………………………………… 70

三　对"心"的不同理解 …………………………………… 73

第三节　朱陆之争 ……………………………………………… 78

一　方法论的争论 …………………………………………… 78

二　世界观的争论 …………………………………………… 82

三　人物评价的争论 ………………………………………… 88

第四节　朱陆相争的缘由 ……………………………………… 93

第三章　陆九渊及门弟子的思想面貌 ……………………… 99

第一节　槐堂诸儒——陆九渊门庭的确立 ………………… 100

一　槐堂诸儒的学术特点和思想特点 …………………… 100

二　槐堂诸儒为建立陆派门户的努力 …………………… 106

第二节　甬上四学者——陆九渊思想的扩展 ……………… 110

Ⅰ　杨简 …………………………………………………… 111

一　生平和著述 …………………………………………… 111

二　思想发展过程 ………………………………………… 112

三　陆派心学向唯我主义方向的发展 …………………… 116

四　陆九渊"六经注我"的实践 ………………………… 127

Ⅱ　袁燮 …………………………………………………… 134

一　生平 …………………………………………………… 134

二　陆派心学向社会政治伦理方向的发展 ……………… 135

三　陆派心学和程朱派理学的接近 ……………………… 139

Ⅲ　舒璘 …………………………………………………… 142

一　生平 …………………………………………………… 142

二　思想特色 ……………………………………………… 142

Ⅳ　沈焕 …………………………………………………… 146

一　生平 …………………………………………………… 146

二　思想特色 ……………………………………………… 146

第四章　南宋陆学的性质和意义 ················· 149

第一节　南宋陆学的性质 ······················ 149

一　陆学与禅学的差异 ···················· 149

二　陆学主观唯心主义的特色 ·············· 154

第二节　南宋陆学的意义 ······················ 157

一　陆学作为南宋理学的主要一翼，和程朱理学共同构成

中国思想和儒家思想发展史上的一个新的阶段 ··· 157

二　陆学对封建统治阶级的理论价值 ·········· 159

三　陆学对封建制度的破坏因素 ·············· 165

结束语 ·· 170

后　记 ·· 172

宋明理学史（上卷）

第九章　张九成的理学思想及其时代影响 ············· 175

第一节　张九成的生平及其理学思想 ············ 175

第二节　张九成与佛家的关系 ·················· 180

第三节　张九成的时代影响 ···················· 185

第十九章　陆九渊的思想 ·························· 189

第一节　陆九渊的生平 ························ 189

第二节　陆九渊的思想 ························ 191

一　哲学基础——心即理 ·················· 192

二　方法 ······························ 195

三　目标 ······························ 202

第三节　陆九渊思想的渊源、与禅学的关系及其与朱熹的争论 ····· 204

一　对孟子思想的改造和发展 ·············· 204

二　与禅学的关系 ······················ 205

三　与朱熹的争论 ······················ 207

第二十章　陆九渊弟子的思想 ······················ 213

第一节　槐堂诸儒——陆九渊门庭的确立 ········ 213

一　槐堂诸儒的学术和思想特点 ············ 214

二　槐堂诸儒为建立陆学宗派的努力 ················· 217

第二节　甬上四学者——陆九渊思想的发展 ············· 220

一　杨简 ····························· 220

二　袁燮 ····························· 230

三　舒璘 ····························· 233

四　沈焕 ····························· 236

宋明理学史（下卷）

第六章　陈献章的江门心学 ····················· 241

第一节　陈献章的生平及其心学产生的学术背景 ········· 241

第二节　"天地我立，万化我出"的心学世界观 ········· 245

一　元气塞天地 ······················· 245

二　道为天地之本 ····················· 246

三　心具万理、万物 ···················· 247

第三节　"以自然为宗"的心学宗旨 ··············· 251

第四节　"静坐中养出端倪"的心学方法 ············· 252

一　以静求"心" ····················· 253

二　以"我"观书 ····················· 254

第七章　湛若水对江门心学的发展与江门心学的学术归向 ···· 256

第一节　湛若水的生平及著述 ················· 256

第二节　"万事万物莫非心"的心学世界观 ··········· 258

一　宇宙一气 ······················· 258

二　理气一体与道、心、事合一 ·············· 260

三　万事万物莫非心 ···················· 261

第三节　"随处体认天理"的心学方法 ············· 264

一　立志 ·························· 265

二　煎销习心 ······················· 265

三　随处体认天理 ····················· 267

第四节　湛若水心学思想的独特面貌 ·············· 269

一　对宋代理学的态度 ··················· 270

　　二　对陈献章心学的修正 ·· 272

　　三　与王守仁心学思想的分歧 ·· 274

　第五节　江门心学的学术归向 ·· 279

　　一　陈献章及门弟子偏离江门心学的两种倾向 ················· 279

　　二　湛若水门人不守师说的思想分化倾向 ························ 281

道家与中国文化精神

引　言 ··· 287

第一章　道家原始 ·· 289

　一　道家思想的基本历史阶段 ··· 289

　二　原始道家 ··· 291

　　（一）老子的思想 ··· 294

　　（二）稷下道家 ··· 324

　　（三）庄子思想的主要方面 ··· 337

　三　黄老道家 ··· 354

　　（一）界说：内涵的界定与资料的选择 ······························· 354

　　（二）思想资料 ··· 357

　　（三）基本理论观念 ··· 365

第二章　道家与中国古代思想体系 ·· 378

　一　道家与先秦百家 ·· 378

　　（一）对立 ··· 378

　　（二）吸收 ··· 381

　　（三）影响 ··· 384

　二　道家与儒学 ··· 398

　　（一）道家与汉代儒学 ··· 399

　　（二）道家与魏晋玄学 ··· 407

　　（三）道家与宋明理学 ··· 420

　三　道家思想与中国佛学 ·· 437

　　（一）老庄思想与对印度佛学概念、观念的认同 ··················· 437

　　（二）庄子思想与对印度佛学般若、涅槃观念的理解 ········ 440

（三）庄子思想与中国佛学思想的独立发展 ·················· 458

四 道家思想与道教 ······································ 473

（一）老庄思想与道教的理论基础 ·················· 473

（二）道家与道教生死观的异同 ·················· 485

《崔大华全集》出版后记 ···················· 508

南宋陆学

序

　　北宋哲学，关洛称盛。南渡以后，洛学传授不绝，朱晦庵、陆象山与陈同甫、叶水心"功利之学"，各成学派，号称鼎足。近年以来，关于中国哲学史的著作，大都对于朱陆学说有所评述，而对于朱氏学派与陆氏学派的详细情况，论者尚少。其实，当时各派的发展演变的过程，还是值得深入研究的。

　　崔大华同志近撰《南宋陆学》，把陆象山及其弟子作为一个完整的学派来研究，详细论述了陆氏思想的发展过程及陆氏弟子的思想面貌，在陆氏学派中特别详述了杨简、袁燮的思想，指出陆氏的主观唯心主义与西方从唯心经验论角度得出的"存在即感知"的主观唯心主义有所不同，陆氏心学虽与佛教禅宗有契合之处，但其所谓"心性"亦与禅宗所谓"心性"不同。陆氏虽在十三岁时写过"宇宙便是吾心、吾心即是宇宙"，但形成这种思想体系还在晚年，朱、陆二家在伦理方面的主张如出一辙，但修养方法存在着严重对立。这些都是比较精湛的见解。在陆氏弟子中，较详地评述了杨简的学说，更指出袁燮思想的特出之处是君民一体的思想。这些都可谓发前人之所未发。这与崔大华同志力求掌握全面的资料，查阅了一般不甚注意的地方志中的记载是分不开的。这本书是宋代思想史研究的一个重要贡献，是可喜的新成果。

　　我希望今后更会出现"南宋朱学""南宋功利之学"的研究著作。

张岱年序于北京大学

一九八二年七月十四日

引　言

南宋陆学是以南宋理学家陆九渊为核心，由其浙东和江西弟子共同组成的一个学派，它的理论宗旨是"发明本心"。

南宋在中国历史上是一个积弱不振的朝代，在它存在的一百五十年间，民族矛盾和阶级矛盾都异常尖锐，女真族、蒙古族的接连不断的南下入侵，以农民为主要力量的此起彼伏的起义和反抗，都时时撼动着南宋赵氏王朝的统治。南宋统治者为了维持自己的统治地位，一方面对金国屈膝投降，献土纳币，乞求宽宥。对国内的农民起义和太学生爱国运动残酷地镇压，加重对人民的剥削，"江南才平时五分之一，兵费反逾前日"（李心传《建炎以来朝野杂记》甲集卷十五）。另一方面也特别注重提倡儒学，从思想上加强对人民的控制。绍兴元年（1131年）南宋朝廷刚刚安顿下来，高宗就下诏崇褒道学，并提出"三纲五常"是学术思想不可改易的核心。他说："朕以为大率说经不可远三纲五常之道，若好立异便须穿凿，不足道也。"（《宋会要辑稿》第五十六册《崇儒五》）这样，尽管南宋的政局动荡不安，但吸收佛家和道家思想对儒学进行新的哲学论证的理学（道学），却还是继续发展并走向完成。作为南宋理学阵营中的两个主要理论体系之一的陆学，就是在这样的历史背景下形成的。

南宋陆学形成后，不仅和理学中实力最大、影响最深的朱熹学派争鸣并存，而且成为以后明代阳明学派的思想先驱。所以分析研究南宋陆学，对于认识整个宋明理学的理论内容和它的演变来说，都是很有意义的。

近现代学者对陆九渊的思想有过不少的研究，但把陆九渊和他的弟子一起作为一个完整的思想体系来进行分析，把陆学放在整个的宋代思想和中国思想发展过程中的广阔背景下来进行研究，尚未遑顾及。本书即是试图通过对陆学主要人物思想面貌的分析，通过对陆学和先前儒家、佛家（禅宗）、道家思想和朱熹学说的联系及差别的分析，来揭示这一学派的产生和流变过程，判定这一学派的性质和在思想史上的地位。

第一章 陆九渊的思想

第一节 陆九渊的生平及思想发展过程

陆九渊字子静，抚州金溪（今江西金溪）人。生于南宋高宗绍兴九年，卒于光宗绍熙三年（1139～1192）。陆九渊中年以后曾在贵溪象山居住讲学，自号象山居士，世称象山先生。

一 家世生平

陆九渊出生在一个没落的官宦地主家庭。他的八世祖陆希声曾为唐昭宗相。五代末，陆希声的孙子陆德迁携家避乱，始迁居金溪。到陆九渊时，这个宰相后裔的金溪陆族已有二百年历史，家族经济已趋衰落。陆九渊父亲名贺，生六子，陆九渊最少。金溪陆族，累世同居，是个大家庭，但占有田地并不多，不得不依靠经营药肆的收入和塾馆的学费来维持家庭的生计。陆九渊曾这样叙述其家庭的经济状况：

> 陆氏徙金溪年二百余……吾家素无田，蔬圃不盈十亩，而食指以千数，仰药疗以生。伯兄总家务，仲兄治药疗，公（三兄）援徒家塾，以束脩之馈补其不足。（《象山全集》卷二十八《陆修职墓表》[①]）

---

① 以下凡引《象山全集》，只注卷数、篇名。

金溪陆氏自陆九渊的高祖以下，都没有入仕做官的，可见这个地主家庭，经过五代、北宋的政权变迁，政治地位和经济情况一样，也同时下降了。但是这个家族的宗法伦理仍然很严，"家道之整著闻州里"（卷二十七《全州教授陆先生行状》），因而受到孝宗皇帝的赞扬："陆九渊满门孝弟者也。"（卷三十六《年谱·淳熙四年》）据宋人记载：

> 今陆氏自德迁以来，以迄于今，乃十世二百年如一日，合门三千余指如一人，共居一炊，始终纯懿。家道既兴，家政既成，孝友之行孚于中外，辑睦之风播于迩遐……治家之制，其大纲则有正本、制用，上下凡四条；其小纪则有家规凡十八条，本末具举，大小无遗，虽下至鼓磬聚会之声，莫不各有品节……三代威仪尽在于此。（包恢《诏旌青田陆氏十世同居记》，见乾隆十六年《金溪县志》卷三十三）

> 陆象山家于抚州金溪，累世义居，一人最长者为家长，一家之事听命焉，逐年选差子弟分任家事……子弟有过，家长会众子弟责而训之，不改则挞之，终不改，度不可容，则告于官，屏之远方。（罗大经《鹤林玉露》卷五《陆氏义门》）

所以，陆九渊的家庭遭遇同南宋的国家命运非常相似和一致，就是在政治、经济上很软弱，但在传统的思想意识上却显得顽强。这是衰落中的国家、民族、阶级、家族常有的征兆。在这样的家庭和社会环境中生长的陆九渊，和当时一般的地主阶级知识分子一样，挽救南宋的危亡，维护封建的统治秩序是他思考的中心和活动的根本目的。作为理学家的陆九渊，他为这一目的所做的努力，主要表现在学术方面，而在政治方面则是极为平庸的。

陆九渊三十四岁时中进士，在家候职三年，三十六岁时得到了隆兴府靖安县主簿的职位，开始了仕宦生涯。三十九岁服继母丧。四十一岁三年丧满，改任建宁府崇安县主簿。主簿在宋时是地方上佐助知县的文书小官。

四十四至四十八岁时，陆九渊到中央政府机构任职。先是在国学

（太学）任国子正一年，给太学生讲授《春秋》。后来一直在敕令所任删定官，编理、修订奏章律令。最后升迁将作监丞时，被司秩官员王信疏驳，就离开中央回到地方上任祠官去了。

陆九渊在敕局任职时，曾受到孝宗皇帝的一次召见。召见时，他提了五条意见，对孝宗执政以来政绩不著提出批评：

> 陛下……临御二十余年，未有（唐）太宗数年之效，版图未归，仇耻未复，生聚教训之实可谓寒心！（卷十八《删定官轮对札子》）

但陆九渊也没有提出任何在政治、经济方面改弊图新的建议，只是在君王的修养方面发了些空议论，诸如"知人""不亲细事"等。不过他仍有一个实践者才有的感受："古之是非得失常易论，今之施设措置常难言。"（卷三十一《问唐取民制兵建官》）

在敕局任职时，陆九渊总是在处理具体政务的环境中生活，故也表现出注重实功实事。《象山年谱·淳熙十一年》载：

> 先生少时闻靖康间事，慨然有感于复仇之义。至是访求智勇之士，与之商榷，益知武事利病、形势要害。
> 或问："先生见用，何以医国？"先生曰："吾有四物汤。"问："如何？"曰："任贤、使能、赏功、罚罪。"
> 与枢密使王谦仲语及《孟子》"辟土地充府库"一段，因云："方今正在求此辈而不可得。"谦仲为之色变。（卷三十六）

对于书生空议的有害无益，他也有深切的体会。后来，他在答友人的信中回忆说：

> 某往时充员敕局，浮食是惭，惟见四方奏请，廷臣面对，有所建置更革，多下详看，其或书生贵游，不谙民事，轻于献计，不知一旦施行，片纸之出，兆姓蒙害，每与同官悉意论驳。（卷八《答苏宰》）

四十九岁至五十二岁，陆九渊主管台州崇道观。宋代"设祠禄之官，以佚老优贤"（《宋史》卷一百七十《职官志十》）。陆九渊也是以祠禄官闲居。

五十三至五十四岁，陆九渊出知荆门军。陆九渊治理荆门的一年，是颇费心血的。他自述道："不少朝夕，潜究密考，略无少暇，外人盖不知也，真所谓心独苦耳。"（卷十五《与罗春伯》）陆九渊的一年苦心经营主要是：为防御金人南下，筑荆门城壁；"信捕获之赏，重奔窜之刑"，整治了军士逃亡；修烟火保伍，缉捕"盗贼"；革除税务之弊，修郡学贡院，"朔望及暇日诣学讲诲诸生"等。陆九渊在致友人的信中叙述他治理荆门的成效："民益相安，士人亦有向学者，郡无逃卒，境内盗贼绝少，有则立获，讼牒有无以旬计……"（卷十七《与邓文范》）陆九渊的"荆门之政"很快得到了统治上层的赞扬："丞相周必大尝称荆门之政，以为躬行之效。"（《宋史》卷四百三十四《陆九渊传》）陆九渊自己从治理荆门的政务中得到的体会是："大抵天下事，须是无场屋之累，无富贵之念，而实是平居要研核天下治乱、古今得失底人，方说得来有筋力。"（卷六《与吴仲时》）

但是，陆九渊生平的主要特色，不是他作为封建官吏所从事的具体政务和获得的感受，而是他作为一个学派开创者所经历的思想发展过程和显示的理论创造性。

二　思想发展过程

陆九渊心学思想体系的基本观点是"宇宙便是吾心，吾心即是宇宙"（卷二十二《杂说》）。这个观点历来学者根据《象山年谱》断定在陆九渊十三岁时，因读古书见"宇宙"二字而有所省悟，就偶然地形成了的。这是不确切的。事实上，这个作为陆九渊心学的特征和标志的观点，是经历了一个相当的思想发展过程才最后形成的。黑格尔在谈到哲学思想内容的发展时曾说："那些较具体、较丰富的总是较晚出现，最初的也就是内容最贫乏的。"（《哲学史讲演录》第一卷，"导言"）这是非常正确的。下面就来具体分析一下陆九渊心学思想由酝酿到确立及不断充实的过程。

（一）少年时代的思想性格和受到的前人影响

陆九渊三岁丧母，体弱多病，"年十四手足未尝温暖"（卷十《与涂任伯》）。性情孤僻，七八岁时即"心不爱嬉"（卷三十五《语录》），表现出是一个思想内向的孩子。这一点从他少时对古人的喜恶态度上可显示出来。例如他尊崇曾子而不喜有子，说"读《论语》至夫子、曾子之言便无疑，至有子之言便不喜"（卷三十四《语录》）。《论语》中有子言论凡三处，皆是论行为修养，特别是提出"和"，是乐群的。曾子言论凡十三处，多谈内省、慎终追远，偏向论心性修养，故投合陆九渊的兴味。他对北宋二程的态度也不一样。二程气质性格的不同，世有公论，程颢宽宏，程颐严厉，"明道先生每与门人讲论，有不合者则曰'更有商量'，伊川则直曰'不然'"（《二程语录》卷十六），"明道犹有谑语，伊川则全无"（同上书卷十七）。内向的陆九渊深赞程颢优游自适而厌恶程颐果毅责人，他说："二程见周茂叔后，有'吾与点也'之意，后来明道此意却存，伊川已失此意。"（卷三十四《语录》）二程在道德修养方法上的主张有所不同：程颢主张学者先"识仁"，自然达到与万物为一体的境界，他说："学者须先识仁，仁者浑然与物同体。义礼智信者皆仁也，识得此理，以诚敬存之而已，不须防检，不须穷索……。"（《二程语录》卷二）程颐则主张格物穷理，逐渐达到脱然贯通，体认天理。"若只格一物便通众理，虽颜子亦不敢如此道，须是今日格一件，明日又格一件，积习既多，然后脱然自有贯通处。"（同上书卷十一）具有内向思想性格的陆九渊当然是容易理解和接受程颢这种"由里及外"的方法，而难以理解和接受程颐那种"由外及里"的路数，故他以后说："伊川蔽锢深，明道却疏通。"（卷三十四《语录》）

陆九渊少年时代有受道家特别是庄子思想影响的痕迹。陆九渊十五岁时，夏日郊游，作诗一首：

> 讲习岂无乐，钻磨未有涯。书非贵口诵，学必到心斋。酒可陶吾性，诗堪述所怀。谁言曾点志，吾得与之偕。（卷三十六《年谱·绍兴二十三年》）

此诗中"心斋"是庄子特有的概念，是指一种很玄妙的虚静的思想境界："若一志，无听之以耳而听之以心，无听之以心而听之以气。听止于耳，心止于符。气也者，虚而待物者也。唯道集虚，虚者，心斋也。"（《庄子·人间世》）。而"曾点志"所表述的趣味是"暮春者，春服既成，冠者五六人，童子六七人，浴乎沂，风乎舞雩，咏而归。"（《论语·先进》）这也有似于道家任性自然的情怀。

陆九渊在十七岁时写了一首"大人诗"：

> 从来胆大胸膈宽，虎豹亿万虬龙千，从头收拾一口吞。有时此辈未妥帖，哮吼大嚼无毫全。朝饮渤澥水，暮宿昆仑颠。连山以为琴，长河为之弦。万古不传音，吾当为君宣。（卷二十五《少时作》）

"大人"一词在儒家经典中，或指在位之人，如"大人虎变"（《易经·革》），"说大人则藐之"（《孟子·尽心下》）。或指有德之人，如"大人者，正己而物正者也"（《孟子·尽心上》），"大人与天地合其德"（《易传·文言》）。陆九渊诗中的"大人"乃是一种超人，它是从《庄子》的"真人""至人""神人"脱胎而来：

> 藐姑射之山，有神人居焉，肌肤若冰雪，绰约若处子，不食五谷，吸风饮露。乘云气，御飞龙，而游乎四海之外。（《逍遥游》）
>
> 至人神矣！大泽焚而不能热，河汉沍而不能寒，疾雷破山风振海而不能惊。若然者，乘云气，骑日月而游乎四海之外，死生无变于己而况利害之端乎？（《齐物论》）
>
> 古之真人，不逆寡，不雄成。不谟士，若然者，过而弗悔，当而不自得也；若然者，登高不慄，入水不濡，入火不热。是知之能登假于道者也若此。（《大宗师》）

《庄子》文辞瑰玮，思想深广，后人从不同的角度从中吸取各自所需所好，宋代叶适曾这样概括说："世之悦而好之者有四焉：好文者资其辞，求道者妙其意，泊俗者遣其累，奸邪者济其欲。"（《水心别集》卷六

《庄子》）少年的陆九渊从《庄子》受到的影响，当然主要是趣味或感情方面的，而不是理论或世界观方面的。后面还将论及在陆九渊留下的篇幅不多的文字里，有不少引自《庄子》的思想材料，这表明《庄子》虽不是陆九渊心学的思想渊源，但受其影响仍是客观存在的。

（二）青年时期儒家人生观的形成

青年时期陆九渊的思想特点是儒家人生观逐渐形成的过程，这在他参加三次考试所留下的程文和应酬文字中表现出来。

陆九渊二十四岁时参加乡选，以《周礼》卷中第四名。中举后他在致考官的谢启中写道：

> 某少而慕古，长欲穷源，不与世俗背驰而非，必将与圣贤同归而止。忘己意之弗及，引重任以自强，谓先哲同是人，而往训岂欺我？穷则与山林之士约六经之旨，使孔孟之言复闻于学者；达则与庙堂群公还五服之地，使尧舜之化纯被于斯民。（卷三十六《年谱·绍兴三十二年》）

这种对"穷""达"的态度，实是儒家孔孟的人生观。孔子曾说："隐居以求其志，行义以达其道。"（《论语·季氏》）"己欲立而立人，己欲达而达人。"（《论语·雍也》）即认为人应该有崇高的生活目的，矢志"道义"，兼利天下，并且要坚持到"贫而无怨，富而无骄"，"不怨天，不尤人，下学而上达"（《论语·宪问》）。孟子说得更加明确："士穷不失义，达不离道。穷不失义，故士得己焉；达不离道，故民不失望焉。古之人，得志，泽加于民；不得志，修身见于世。穷则独善其身，达则兼善天下。"（《孟子·尽心上》）这种积极进取的人生态度应该说是健康的，中国封建社会的知识分子都曾受过这种生活理想的熏陶。

陆九渊在二十七岁时第一次参加省试，没有考取。落选后他在给友人的信中写道：

> 某秋试幸不为考官所取，得与诸兄诸侄切磨于圣贤之道，以滓昔

非，日有所警，易荆棘陷阱以康庄之衢，反羁旅乞食而居之安宅，有足自慰者……（孟子）曰："仁义忠信，乐善不倦，此天爵也；公卿大夫，此人爵也。"孟子之时，求人爵者尚必修其天爵，后世之人，求人爵盖无所事于天爵矣。此而从事于彼，何啻养一指而失其肩背？况又求之有道，得之有命，非人力所必可致者，而反营营汲汲于其间？以得丧为欣戚，惑亦甚矣。（卷三《与童伯虞》）

这段话中，"求人爵者必修其天爵"源自孟子（《孟子·告子上》），当然是儒家的道德准则；"求之有道，得之有命，非人力所必可致者"的命运观点，也是儒家的而不是道家（庄子）的人生观点。儒家和道家都认为人一生的行为和结局被一种不可认识、不可解脱的"命"所决定，孔子曾对子夏说："死生有命，富贵在天。"（《论语·颜渊》）公伯寮要陷害他，他说："道之将行，命也；将废，命也，公伯寮其如命乎？"（《论语·宪问》）《老子》中也有一位严峻的"命运"之神："天网恢恢，疏而不漏。"（第 73 章）《庄子》中谈"命"更多："死生存亡，穷达贫富、贤与不肖毁誉、饥渴寒暑，是事之变命之行也，日夜相代乎前而知不能规乎其始者也。"（《德充符》）"死生命也，其有夜旦之常，天也。人之有所不得与，皆物之情也。"（《大宗师》）但儒道两家对"命"的态度并不相同。儒家对待"命"是持一种积极、主动的态度："命"虽不可左右，却决不为其所左右；富贵寿夭虽有"定数"，却决不因此而放弃自己应有的操持。孔子说："富与贵，是人之所欲也，不以其道得之，不处也；贫与贱，是人之所恶也，不以其道得（去）之，不去也。"（《论语·里仁》）孟子说"修身以俟之"（《孟子·尽心上》）也是这样的意思。道家（如庄子）对待"命"是持一种消极、被动的态度，主张放弃作为，顺应命运。"知其不可奈何而安之若命，德之胜也。"（《庄子·人间世》）"尽其所受乎天。"（《庄子·应帝王》）"无以人灭天，无以故灭命。"（《庄子·秋水》）所以陆九渊"求之有道，得之有命"的观点是儒家的人生观点。

陆九渊在"穷达""命"等人生观问题上所表现出的儒家立场，表明他逐渐从少年时代所受到的《庄子》影响中解脱出来，这种影响只是停留在趣味和情感的阶段而没有继续深化，一旦进入形成立场和世界观的阶段，他马上被儒家俘获。在南宋这样一个中国封建社会转入后期时代，在一个封建宗法伦理思想甚严的地主家庭，陆九渊思想这样发展可以说是带有普遍必然性的。特殊的是，陆九渊的思想此后是沿着这个儒家思想的理论思维方向，而不是政治实践方向深入发展下去，开始表现出一个儒家思想家的特质。他南宫考试的答卷最早表现了这样一点。

陆九渊三十四岁时第二次参加省试（南宫春试），他的试卷受到主考官吕祖谦、赵汝愚等很高的赞誉，但廷试成绩稍次，结果获得"赐同进士出身"。在《易》卷中他写道：

> 狎海上之鸥，游吕梁之水，可以谓之"无心"，不可谓之"道心"，以是而洗心退藏，吾见其过焉而溺矣；济溱洧之车，移河内之粟，可以谓之"仁术"，不可以谓之"仁道"，以是而同乎民交乎物，吾见其浅焉而胶矣。（卷二十九《圣人以此洗心》）

从这段话里可以看出，陆九渊对儒家的政治伦理已有了深切的理解认识，能够非常自觉、准确地辨别它和道家、法家的区别。"狎海上之鸥，游吕梁之水"是道家的寓言故事。《庄子·达生篇》中描写道，游水丈人在悬水三十仞、流沫三十里、鼋鼍都不能游的吕梁洪水中，出没自如，放歌而行，孔子见了问他："蹈水有道乎？"他说："吾无道。吾始乎故，长乎性，成乎命。与齐具入，与汨偕出，从水之道而不为私焉。此吾所以蹈之也。"换言之，这个"道"也就是庄子所谓"依乎天理，因其固然"（《庄子·养生主》）。《列子·黄帝篇》叙述海上之人"每旦之海上从鸥鸟游，鸥鸟之至者百住而不止。其父曰：'吾闻鸥鸟皆从汝游，汝取来吾玩之。'明日之海上，鸥鸟舞而不下也。故曰至言去言，至为无为，齐智之所知，则浅矣"，亦即庄子所谓"海人有机心，鸥鸟舞而不下"（《宋书》卷六十七《谢灵运传·山居赋》注）。只有无心，才能与万物一体，无为才能无不为，"顺物自然而无容私焉，而天下治焉"（《庄子·应帝王》）。这正是道家的基本观点。陆九渊在这里明确地否定了这个观点，认为以这种观点或态度来净化精神（"洗心"）、立身处世（"退藏"）是"过而溺"的，即错误而危险的，这是他自觉地站在儒家（"道心"）的立场对道家（"无心"）的批判。

"济溱洧之车"是子产的事迹。《孟子·离娄下》记述："子产听郑国之政，以其乘舆济人于溱洧。""移河内之粟"是梁惠王的故事。《孟子·梁惠王上》记述："梁惠王曰：寡人之于国也，尽心焉耳矣，河内凶，则移其民于河东，移其粟于河内；河东凶亦然……。"这些作为的效果当然是有惠于民的，是"仁"的；但是它作为偶尔的、孤立的、因事而出故的行为，则是为己的，是"术"。陆九渊认识到，这不是儒家的政治原则，不是"仁道"。儒家的原则应该是"舜明于庶物，察于人伦，由仁义行，非行仁义也"（《孟子·离娄下》）。子产、梁惠王的行为，只是"仁术"，虽然还不是"法术"，用来治民经国，也是"浅而胶"的。这是陆九渊自觉地站在儒家立场（"仁道"）对法家（"术"）的否定。

在这次南宫省试中，他的《天地之性人为贵》论文，受到考官更高的赞扬。"天地之性人为贵"出自《孝经·圣治》，是儒家伦理思想的基本论题。但陆九渊认为自己对此并没有说出什么新的、更深的道理，自己超越别人的地方不是对这个论题所包含的伦理原则的理解，而是对它的实践。《象山年谱·乾道八年》有载：

> 徐子宜侍先生，每有省。同赴南宫试。论出《天地之性人为贵》。试后，先生曰："某欲说底，却被子宜道尽，但某所以自得受用底，子宜却无。"曰："虽欲自异于天地不可得也，此乃某平日得力处。"（卷三十六）

这个"自得受用底"到底是什么呢？"虽欲自异于天地不可得也"的精神境界又是怎样产生的呢？他的这篇论文的结尾是个答案：

> 呜呼！循顶至踵，皆父母之遗体，俯仰乎天地之间，惕然朝夕，求寡乎愧怍而惧弗能，倘可以庶几乎孟子之"塞乎天地"，而与闻吾夫子"人为贵"之说乎？（卷三十）

这就是努力向内心发掘，深切体验自己立于天地之间，是父母之肢体，严格按照无愧于天地、父母的道德准则去生活，最后达到与天地万物一体，无所不在、无所不是的境地。

这样，青年时期的陆九渊，在他儒家人生观形成的同时，由于他对儒家思想的深入的理解和特殊的体验，显示出他可能要对儒家理论有某种新的发展。

儒家的思想理论是个很庞杂的体系，其中包括哲学、政治、经济、伦理、教育等许多方面的内容。在孔孟时代，主要是对其基本观点、范畴或概念的确定。此后，随着社会状况的变化，特别是由于异己的理论思潮或思想体系的影响、渗透，它的基本内容虽没有变化，但其理论思维水平却不断提高，主要表现为对作为儒家思想核心的封建伦理道德的根源不断提出新的论证。儒家的伦理道德原则概括起来就是确定君臣、父子、夫妇的伦理关系的"三纲"和规定人的基本道德准则的仁、义、礼、智、信的"五常"，这些原则反映的只是在一定的历史时期阶级与阶级之间、人与人之间的关系。这些道德准则的具体内容本来在不同的阶级、不同的时代是不同的，正如马克思所说："人们按照自己的物质生产的发展建立相应的社会关系，正是这些人又按照自己的社会关系创造了相应的原理、观念和范畴。所以，这些观念、范畴也同它们所表现的关系一样，不是永恒的。它们是历史的，暂时的产物。"（《马克思恩格斯选集》第一卷，人民出版社 1972 年版，第 108～109 页）但儒家思想家们的理论目标却是要论证这些封建的伦理道德原则是永恒的、不变的。他们为达到这一目标所做的主要努力是力图发现、证明这些伦理道德原则有一个不变的、永恒的根源。汉代董仲舒吸收了阴阳五行家的理论和方法，论证"王道之三纲，可求于天"（《春秋繁露·基义》），即"天"是最后根源。北宋二程，"泛滥于诸家，出入释老者几十年，返求诸六经而后得之"（《宋史》卷四百二十七《程颢传》），提出"万物皆只是一个天理"（《二程语录》卷二），"父子君臣，天下之定理"（《二程语录》卷六），即"理"是最后的根源。到了南宋，在"既博求之经传，复遍交当时有识之士"（《宋史》卷四百二十九《朱熹传》）的朱熹发展和完成二程"理学"的同时，具有内向思想性格的、自称"因读《孟子》而自得之"（卷三十五《语录》）的陆九渊，则从一个新的角度——"心学"提出对这一根源的论证。

（三）中年以后"心学"思想的确立过程

陆九渊在中年以后开始了自己的讲学、游学活动，他的"心学"在这些活动中经历了确立、深化的发展过程，这略可分为三个阶段。

第一阶段是三十四至三十六岁，他中进士后在家候职期间，辟"槐堂"书屋讲学。《象山年谱·乾道八年》记：

> 秋七月十六日至家。远近风闻来亲炙……家之东扁曰"槐堂"，槐堂前有古槐木，至今获存，乃学徒讲学之地。（卷三十六）

这时期，陆九渊确定了他的学说的基本范畴"本心"。"本心"一词孟子曾经使用。他说："乡为身死而不受，今为宫室之美为之；乡为身死而不受，今为妻妾之奉为之；乡为身死而不受，今为所识穷乏者得我而为之，是亦不可以已乎？此之谓失其本心。"（《孟子·告子上》）但其含义不甚明确。陆九渊则给予"本心"以明确的解释：

> 杨敬仲（简）问："如何是本心？"先生曰："恻隐仁之端也，羞恶义之端也，辞让礼之端也，是非智之端也，此即是本心。"对曰："简儿时已晓得，毕竟如何是本心？"凡数问，先生终不易其说，敬仲亦未省。偶有鬻扇者讼至于庭，敬仲断其曲直，讫又问如初，先生曰："闻适来断扇讼，是者知其为是，非者知其为非，此即敬仲本心。"敬仲忽大觉。（卷三十六《年谱·乾道八年》）

即是说，陆九渊认为，"本心"就是人天然具有的伦理道德品性或道德观念，是人天生固有的是非观念。这是陆九渊心学的基本出发点。

由此，陆九渊提出了他的心学中最初的，也是基本的修养方法："求放心"和"辨志"：

> 同里朱济道、朱亨道皆来问道，令人求放心。（卷三十六《年谱·乾道八年》）

陈正己在槐堂一月，陆先生谆谆只言辨志。（同上）

所谓"求放心"，就是体识内心，陆九渊说：

人孰无心，道不外索，患在戕贼之耳，放失之耳。古人教人不过存心、养心、求放心……保养灌溉，此乃为学之门、进德之地。（卷五《与舒西美》）

所谓"辨志"，就是指首先要端正伦理道德立场，陆九渊叙述说：

傅子渊自此归家，陈正己问之曰："陆先生教人何先？"对曰："辨志。"复问曰："何辨？"对曰："义利之辨。"若子渊之对可谓切要。（卷三十四《语录》）

"求放心""辨志"概导源于孔、孟。① 但在陆九渊这里，它们具有道德修养最基本的、唯一的方法或出发点的意义。陆九渊就是据此而展开和朱熹的争论，批评程、朱格物致知的方法"支离"（卷五《与舒西美》），讲学读书为"最大害事"（卷五《与徐子宜》）；据此展开对佛老的批判，认为它们"惟利惟私，故出世"（卷十一《与王顺伯》）。

第二阶段是陆九渊三十六至四十八岁为县主簿和京官时期。他生平对朱熹的两次会访、同朱熹的多次争论都在此段时期内，这在陆九渊一生的学术活动和思想发展中都是重要的。

淳熙二年，陆九渊应吕祖谦的邀请，和五兄陆九龄一起，去铅山鹅湖寺会见朱熹。此时陆九渊三十七岁，是靖安县主簿，朱熹四十六岁，主管台州崇道观。这是陆九渊和朱熹第一次会面。鹅湖会上，朱陆二人在修养方法、学习方法上发生了争论。随陆九渊参加这次会见的朱亨道

---

① 例如孔子说："君子喻于义，小人喻于利。"（《论语·里仁》）孟子说："鸡鸣而起，孳孳为善者，舜之徒也。鸡鸣而起，孳孳为利者，跖之徒也。欲知舜与跖之分，无他，利与善之间也。"（《孟子·尽心上》）"学问之道无他，求其放心而已矣。"（《孟子·告子上》）

记述说：

> 鹅湖之会论及教人，元晦之意欲令人泛观博览而后归之约，二陆之意欲先发明人之本心而后使之博览。朱以陆之教人为太简，陆以朱之教人为支离，此颇不合。（卷三十六《年谱·淳熙二年》）

淳熙八年，陆九渊第二次访朱熹，这时他是崇安县主簿，朱熹为南康守。朱熹请陆九渊登白鹿洞书院讲席。陆九渊讲解《论语·里仁》"君子喻于义小人喻于利"一章，批评世俗士人以利禄为心，"惟官资崇卑、禄廪厚薄是计，岂能悉心力于国事民隐以无负于任使之者哉？"（卷二十三《白鹿洞书院讲义》）朱熹对陆九渊的讲演极为赞赏，称其"恳到明白，而皆有以切中学者隐微深痼之病，盖听者莫不悚然动心焉"（同上），并将陆九渊的讲义勒刻于石。朱陆在方法论上，以后还在世界观上都发生过争论，唯独在对封建伦理道德的解释和践履上，从来都是一致的。

这段时间，在和朱熹及其他学者的论辩交往中，陆九渊的心学不断发生着哲学的深化。他的"本心"范畴的含义除了从孟子那里吸收来的、带有儒家传统色彩的"四端"外，还增加了具有宋代时代色彩的理学内容。

1. 心即是道，即是理

陆九渊四十九岁前后在致友人的信中说：

> 道塞宇宙，非有隐遁，在天曰阴阳，在地曰柔刚，在人曰仁义。故仁义者，人之本心也。（卷一《与赵监之一》）
>
> 四端者即此心也。天之所以与我者即此心也。人皆有是心，心皆具是理，心即理也。（卷十一《与李宰之二》）

这样，"本心"也就有了更深、更高的品性——"道"（理）了。把"道"（理）作为世界最后根源的哲学范畴来理解，正是宋代才有的。程颢说："吾学虽有所授受，'天理'二字却是自家体贴出来。"（《上蔡语录》卷上）但程朱经常是把它理解为脱离于、独立于万物（及人心）之外的某种存在，"天理云者，这一个道理更有什穷已，不为尧存，不为桀亡"（《二程语录》卷二），而陆九渊经常是把它理解为人心所固有，所以他说："心即理。"

"心即理"原是禅宗的思想命题，如唐代禅师大照说："心是道，心是理，则是心外无理，理外无心。"（《大乘显性顿悟真空论》）这表明，此时陆九渊思想已受到禅学思想的感染或启发。

2. 心有蔽

在论证人的伦理道德行为的根源的同时，寻找人的违背伦理道德行为的原因，也是宋代理学的理论特色，陆九渊心学在回答这一问题时提出"心有蔽"，他说：

> 道不远人，人自远之耳，人心不能无蒙蔽，蒙蔽之未彻，则日以陷溺。（卷一《与胡季随之二》）

陆九渊认为"心之蔽"大约有两种情况：

> 所以蔽其本心者，愚不肖者之蔽在于物欲，贤者智者之蔽在于意见，高下污洁虽不同，其为蔽理溺心而不得其正则一也。（卷一《与邓文范之一》）

心之所以有蔽，陆九渊认为是由于：

> 人之所以病道者，一资禀，二渐习。（卷三十五《语录》）

所以，陆九渊"本心"哲学范畴的充实深化过程，一方面是它获得了"理"（道）这样一个更深更高的"品性"，另一方面是它又被发现有"蔽"这样的"缺陷"。陆九渊由此和朱熹发生了新的争论，陆九渊的修养方法也增加了新的内容。

第一，既然"心即理"，陆九渊必须同认为"理"是独立于、脱离于万物（及心）之外、需要用"无极"加以形容的程朱派进行辩论，这样，朱陆之间又一次展开了争论，这是一次关于世界观的争论。

第二，既然"心有蔽"，陆九渊心学的修养方法，在"简易工夫"（"求放心""辨志"）之外，又增加了新的内容："剥落"和"读书讲学"。他说：

> 人心有病，须是剥落。剥落得一番即一番清明，后随起来又剥落又清明，须是剥落得净尽方是。（卷三十五《语录》）

> （心）有以蒙蔽，有所夺移，有所陷溺，则此心为之不灵，此理为之不明，是谓不得其正，其见乃邪见，其说乃邪说。一溺于此，不由讲学，无自而复。（卷十一《与李宰之二》）

所谓"剥落"，即是"亲师友去己之不美也"（卷三十五《语录》）；所谓"讲学"，即是"亲书册"去邪见邪说。

第三阶段是陆九渊在四十九岁以后他以祠禄官闲居时期。这时，他在贵溪应天山（象山）讲学，这既是他讲学的极盛时期，也是他的心学完成时期。陆九渊此时的讲学活动和以前相比，有这样的特点，一是从学、问学之人极多。《象山年谱·淳熙十五年》记载：

> 郡县礼乐之士，时相谒访，喜闻其化，故四方学徒大集……先生居山五年，阅其簿，来见者逾数千人。（卷三十六）

二是具有创建学派的意图和形式。

在象山时，陆九渊对他的弟子们说：

> 韩退之言轲氏之死不得其传，固不敢诬后世无贤，然直是至伊洛诸公得千载不传之学，但草创未为光明，今日若不大段光明，更干当什事！（卷三十五《语录》）

此时陆九渊讲学也颇有继承道统的学派首领的姿态：

先生常居方丈，每旦精舍（讲学之地）鸣鼓则乘山箅至，会揖，升讲坐，容色粹然，精神炯然。学者又以一小牌书姓名年甲以序揭之，观此以坐，少亦不下数十百，齐肃无哗。首诲以收敛精神，涵养德性，虚心听讲，诸生皆俯首拱听。非徒讲经，每启发人之本心也，音吐清响，听者无不感动兴起。初见者或欲质疑，或欲致辩，或以学自负，或有立崖岸自高者，闻诲之后，多自屈服，不敢复发。其有欲言而不能自达者，则代为之说，宛如其所欲言，乃从而开发之。至有片言半辞可取，必奖进之，故人皆感激奋砺。平居或观书，或抚琴。佳天气，则徐步观瀑，至高诵经训、歌楚词及古诗文，雍容自适。虽盛暑，衣冠必整肃，望之如神。（卷三十六《年谱·淳熙十五年》）

这时，陆九渊心学也发展到最后的完成阶段，他的理论思维冲出社会伦理的范围，以整个宇宙为思索背景。他说：

万物森然于方寸之间，满心而发，充塞宇宙，无非此理。孟子就四端上指点人，岂是人心只有这四端而已。（卷三十四《语录》）

天下之理无穷，若以吾平生所经历者言之，真所谓伐南山之竹不足以受我辞。然其会归总在于此。（同上）

陆九渊心学向最后阶段发展的特点，不是对他以前思想的修正或抛弃，而是对他以前思想的综合。在新的理论思维背景下，他将自己的世界观、方法论加以综合，提出了他的心学的最终目标：明理、立心、做人。

所谓"明理"，即是首先从世界观上确认，世界皆是"理"的产物或表现。他说：

塞宇宙一理耳，学者所以学，欲明此理耳。（卷十二《与赵咏道之四》）

理即是心，明理即是立心。所谓"立心"，实是"大心"，即是体认万事万物皆心所生。不要执着于一事一物，要自作主宰，不要役于外事外物。陆九渊说：

> 心不可汩一事，只自立心。人心本来无事，胡乱被事物牵将去。
> （卷三十五《语录》）
>
> 收拾精神，自作主宰，万物皆备于我，有何欠阙？（同上）

"明理""立心"都是极力扩充主观自我的思维过程，这一过程的最后结局是"做人"。陆九渊说：

> 人须是闲时大纲思量，宇宙之间如此广阔，吾身立于其中，须大做一个人。（卷三十五《语录》）
>
> 今人略有些气焰者，多只是附物，元非自立也。若某则不识一个字，亦须还我堂堂地做个人。（同上）

陆九渊心学的"做人"有两种意思：一是做伦理的"完人"。"四端即是本心"，明理、立心，扩充四端，自然可以做一个符合封建伦理道德的"完人"，故陆九渊说：

> 汝耳自聪、目自明，事父母自能孝，事兄自能弟，本无少缺，不必他求，在乎自立而已。（卷三十四《语录》）

一是做独立的"超人"。"塞宇宙一理耳"，"万物森然于方寸之间"，明理、立心，扩充自我，必然要做一个驾驭万物之上的、无所不知、无所不能的"超人"。陆九渊自己就是这样的人。他说：

> 我无事时只似一个全无知无能底人，及事至方出来又却似个无所不知无所不能之人。（卷三十五《语录》）

所谓"无事"即是"心不可汩一事"的"立心"，即是与万物冥合的一种特殊知觉的思维状态，并非真是"无知无觉"；所谓"事至"，即是自我要得到表现的"堂堂做人"，这时人的主观思维就要扩充到最大的程度，"无所不知，无所不能"。陆九渊还很形象地描绘了这种顶天立地的"超人"：

> 仰首攀南斗，翻身倚北辰。举头天外望，无我这般人。（卷三十五《语录》）

所以，陆九渊心学的最后目标"做人"，并不是一个社会生活的实践过程，还是一个主观思维的扩张过程，而且是最充分的扩张。

在具有明理、立心、做人这样的思想内容的基础上，陆九渊把他的心学理论概括为一句话：

> 四方上下曰宇，往古来今曰宙。宇宙便是吾心，吾心即是宇宙。（卷二十二《杂说》）

即谓天地万物在我心中，我与天地万物一体，这是儒家最高的、"天人合一"的道德境界。这便是陆九渊思想的最后结论，也是陆九渊心学的核心和标志。

总之，将道家（庄子）和佛禅的某些概念或思想（如"宇宙""心即理"），加以熔冶改造，注入儒家传统的伦理道德思想内容，形成具有新的面貌的儒学思想体系——心学，这就是陆九渊思想的发展过程。

第二节　陆九渊思想的几个方面

陆九渊的思想无论在当时还是现在看来，都具有非常鲜明的个性特色。一方面，他的理论宗旨很明确，主张"先立乎其大者"，极力强调内心体验，主观扩张。陆九渊自己也承认："近有议吾者云：'除了先立其大者一句，全无伎俩。'吾闻之曰：诚然！"（卷三十四《语录》）另一方面，他的思想路数又很模糊，很简略，他认为"道理无奇特，乃人心所固有，天下所共由，岂难知哉？"（卷十四《与严太伯之三》）认为"学苟知本，六经皆我注脚"（卷三十四《语录》），没有必要多说，集注章句在他看来是"好事者藻绘以矜世取誉而已"（卷十四《与侄孙濬之三》）。所以他不事著述，对自己的思想、方法都说明、论证得很少，使别人难以把握。他在象山讲学时，初来的学子总感到他这里"无定本可说，卒然莫知所适从"（卷三十六《年谱·淳熙十五年》），结果就得了时人"全无伎俩"的讥评。其实，陆九渊留下的文字资料固然不算多，但我们仍可以从中看到他的思想具有多方面的内容。

一　哲学基础——心即理

自宋末以来，一般把陆九渊的思想体系称为"心学"。如黄震说："近世喜言心学，舍全章本旨而独论人心、道心……"（《黄氏日钞》卷五）王守仁说："圣人之学，心学也……陆氏之学，孟氏之学也。"（《阳明全书》卷七《象山文集序》）其实，陆九渊的思想具有和孟子不同的时代特色，构成他思想的哲学基础的观点是"心即理"。

陆九渊思想中的"理"有两种含义：

1. 它本身是宇宙最高、最后的存在根源，天地鬼神人皆不能违异。他说：

> 塞宇宙一理耳……此理之大，岂有限量？程明道所谓有撼于天地，则大于天地者矣，谓此理也。（卷十二《与赵咏道之四》）
>
> 此理充塞宇宙，天地鬼神且不能违异，况于人乎？（卷十一《与吴子嗣之八》）

2. 它具体表现为宇宙间万事万物的存在秩序，这不仅包括自然方面的秩序，也包括社会伦理方面的秩序。

> 道塞宇宙，非有所隐遁，在天曰阴阳，在地曰柔刚，在人曰仁义。（卷一《与赵监之一》）
>
> 此道充塞宇宙，天地顺此而动，故日月不过而四时不忒；圣人顺此而动，故刑罚清而民服。（卷十《与黄康年》）
>
> 天覆地载，春生夏长，秋敛冬肃，具此理。（卷三十五《语录》）

天命有德，五服五章哉；天讨有罪，五刑五用哉。其赏罚皆天理，所以纳斯民于大中，跻斯世于大和者也。（卷十一《与吴子嗣之六》）

陆九渊对"理"的这种理解，和孟子所说"理义之悦我心，犹刍豢之悦我口"（《孟子·告子上》）的"理"是不同的，它不再是一种道德情操，也和韩非所说"理者，成物之文也""凡理者，方圆、短长、粗靡、坚脆之分也"（《韩非子·解老》）的"理"不同，它不是指具体事物的规则或规律，而是和宋代理学思潮一般的理解相同，即是把它理解为一种根源性的范畴，如二程说："万物皆只是一个天理，己何与焉。至如言天讨有罪，五刑五用哉，天命有德，五服五章哉，此都只是天理。""理则天下只是一个理，故推至四海而准。"（《二程语录》卷二）朱熹说得更明确些："理也者，形而上之道也，生物之本也。"（《朱文公文集》卷五十八《答黄道夫之一》）这是陆九渊思想带有时代烙印的一般特点，陆九渊思想的个性特点则表现在他对"心"的理解和"心"与"理"的关系的论断上。

宋代学者理解的"心"有三种：一是有生理功能的心，二是有心理知觉作用的心，三是有伦理道德品性的心。《朱子语类》记录说：

问：人心形而上下如何？曰：肺肝五脏之心，却是实有一物；若今学者所论操舍存亡之心则自是神明不测，故五脏之心受病，则可用药补之，这个心则非菖蒲、伏苓所可补也。

问：如此则心之理乃是形上否？曰：心比性则微有迹，比气则自然又灵。（卷五）

朱熹《仁说》又说：

人之为心，其德亦有四，曰仁义礼智，而仁无不包。其发用焉则为爱恭宜别之情，而恻隐之心无所不贯。（《朱文公文集》卷六十七）

这里，"五脏之心"即是生理之心，"神明不测"或"灵"即是心理知觉之心，"四德之心"即是伦理道德之心。宋代理学家们讲的"心"经常是指知觉之心和道德之心，"心者，人之神明，所以具众理而应万事者也"（朱熹《孟子集注》卷七《尽心上》）。但陆九渊对"心"（本心）还有他自己的特殊的理解和说法。

第一，陆九渊所理解的"心"是一种伦理性的实体，知觉作用和伦理道德行为仅是它本能的外在表现。陆九渊说，伦理属性正是人心的本质：

> 仁义者，人之本心也。（卷一《与赵监》）
>
> 四端者，人之本心也，天之所以与我者，即此心也。（卷十一《与李宰之二》）

陆九渊接着说，有了"心"，认识事物、判断是非的知觉能力和践履道德、平治天下的实践能力也就自然地形成和表现出来：

> 苟此心之存，则此理自明，当恻隐时即恻隐，当羞恶时即羞恶，当辞让时即辞让，是非至前，自能辨之。（卷三十四《语录》）
>
> 事父孝故事天明，事母孝故事地察，是学已到田地，自然如此，非是欲去明此而察此也。明于庶物，察于人伦亦然。（卷三十五《语录》）
>
> 皇极之建，彝伦之叙，反是则非，终古不易，是极是彝，根乎人心而塞乎天地。（卷二十二《杂说》）

第二，陆九渊所理解的"心"还是万物根源性的实体，他认为充塞宇宙的万物之理即在心中、发自心中。他说：

> 道，未有外乎其心者。（卷十九《敬斋记》）
>
> 人心至灵，此理至明，人皆有是心，心皆具是理。（卷二十二《杂说》）
>
> 万物森然于方寸之间，满心而发，充塞宇宙无非此理而已。（卷三十四《语录》）

天下之理无穷，若以吾平生所经历者言之，真所谓伐南山之竹不足以受我辞。然其会归总在于此。（同上）

从这里，陆九渊得出了他思想理论中的一个最重要的论断：心即理。他说：

心，一心也，理，一理也，至当归一，精义无二，此心此理，实不容有二。（卷一《与曾宅之》）

人皆有是心，心皆具是理，心即理也。（卷十一《与李宰之二》）

即陆九渊认为，从其含义来看，"心"与"理"是相同的，从其存在状况来看，"理"含于"心"中，所以"心即理"。禅宗"心即理"命题，在陆九渊之前还曾被张九成接受。他说："心即理，理即心。"（《孟子传》卷十九《离娄下》）但对这一命题有明确的论证并成为一种儒学思想体系的哲学基础，只有在陆九渊心学中才如此。

陆九渊的思想体系也就这样产生了鲜明的个性特色，即它以"明心"为根本，其他皆是枝叶，和当时程朱派的"格物穷理"有所区别，在宋代理学阵营中揭出了新的旗帜。陆九渊多次强调说：

某屡言先立乎其大者。（卷一《与邵叔谊》）

九渊只是信此心。（叶绍翁《四朝闻见录》甲集《慈湖疑〈大学〉》）

此（心）天之所以予我者，非由外铄我也。思则得之，得此者也；先立乎其大者，立此者也；积善者，积此者也；集义者，集此者也；知德者，知此者也；进德者，进此者也。（卷一《与邵叔谊》）

吾之学问与诸处异者，只是在我全无杜撰，虽千言万语，只是觉得他底在我不曾添得一些。（卷三十四《语录》）

今之学者只务添人底，自家只是减他底，此所以不同。（同上）

列宁说："唯心主义的实质在于：把心理的东西作为最初的出发点，从心理的东西引出自然界，然后再从自然界引出普通的人的意识。"（《列宁全集》第十四卷，第237页）主张"先立乎其大者"的陆九渊思想正是明显地具有这种唯心主义性质。作为这个思想体系哲学基础的"心即理"论断，是说充塞宇宙之理，是和心一致的，"不容有二"，是会归于心，由心而发的。所以确切地说，这是一个主观唯心主义性质的思想体系。但它和从唯心的经验论角度得出"存在即感知"结论的主观唯心主义又有所不同。陆九渊的"心即理"之"心"，并不是指人心各自具有的感觉、知觉、分析、综合等认识能力及其内容，而是指人心共同具有的那种伦理性的品性，以及是自然、社会万事万物根源的那种属性，即"理"；而它是独立于个人认识之外的。他说：

> 此理在宇宙间，固不以人之明不明、行不行而加损。（卷二《与朱元晦之二》）
>
> 道在宇宙间何尝有病，但人自有病，千古圣贤只去人病，如何增损得道。（卷三十四《语录》）
>
> 千古圣贤，若同堂合席，必无尽合之理，然此心此理，万世一揆也。（同上）

所以，就陆九渊本人来说，他的"心即理"论断，不是从"理是心的产物"这样一个前提得出的，而是从心和理"同一"或"合一"这样一个角度得出的。他说：

> 圣人之道洋洋乎发育万物，峻极于天，优优大哉，天之所以为天者是道也，故曰唯天为大。天降衷于人，人受中以生，是道固在人矣。（卷十三《与冯传之》）
>
> 义理之在人心，实天之所与不可泯灭焉者。（卷三十二《思则得之》）
>
> 人受天地之中以生，其本心无有不善。（卷十一《与王顺伯之二》）

这种天理、人心"同一"或"合一"的观点，正是儒家传统的"天人合一"观念的发展。儒家的伦理思想认为，人的性行禀受于天地，因而人在本质上和天是相通的、相类的。孟子说："尽其心者知其性，知其性则知天矣。"(《孟子·尽心上》）董仲舒说："以类合之，天人一也。"（《春秋繁露·阴阳义》）二程则更进一层说："天人本无二，不必言合。"（《二程语录》卷六）天人合一观念是为要把人的意志融化在对君父的服从之中，而首先把它融化在对天帝的驯服之中，这正是儒家伦理思想的实质。所以陆九渊的"心即理"论断，不仅使他的思想具有了主观唯心主义的一般特色，而且具有了中国儒家思想和宋代理学思想的个性特色。

二　方法

一个思想体系在方法论上的内容和特点，都是由这个体系的哲学性质和基础决定的。陆九渊的思想在哲学上是主观唯心主义的，他认为"心即理""宇宙便是吾心，吾心即是宇宙"，所以在他那里，认识"理""宇宙"，也就是认识"本心"。他说："心之体甚大，若能尽我之心，便与天同，为学只是理会此。"（卷三十五《语录》）同时，在陆九渊思想中，"心"是具有伦理本能的实体，是"天之所以予我者，非由外铄我也"（卷一《与邵叔谊》）。所以认识"本心"，并不是指锻炼、扩展思维智慧能力，而是指体认、表现道德品性。陆九渊心学的方法因此具有了这样的特色。

1. 是修养个人道德，不是认识外界事物

儒家的学者从来是把人的伦理道德修养放在首要的地位。孔子说："弟子入则孝，出则悌，谨而信，泛爱众而亲仁，行有余力则以学文。"（《论语·学而》）陆九渊的特点则是把培养封建的伦理道德修养（"做人"）当作学习的唯一目标和内容。他说：

> 今所学果为何事？人生天地间，为人当尽人道，学者所以为学，学为人而已，非有为也。（卷三十五《语录》）
>
> 须思量天之所以与我者，是甚底为？不是要做人否？理会得这个明白，然后方可谓之学问。（同上）

陆九渊认为只有先完成这种道德修养，确立了立场，然后才可以去读

书学艺、应事接物，否则就要陷入"异端"，他说：

> 学者须是打叠田地净洁，然后令他奋发植立。若田地不净洁，则奋发植立不得。古人为学即"读书，然后为学"可见。然田地不净洁，亦读书不得，若读书则是假寇兵而资盗粮。（卷三十五《语录》）
>
> 主于道，则欲消艺进，主于艺，则欲炽道亡，艺亦不进。（卷二十二《杂说》）
>
> 有志于道者，当造次必于是，颠沛必于是，凡动容周旋，应事接物，读书考古，或动或静，莫不在时。此理塞宇宙，所谓道外无事，事外无道，舍此而别有商量、别有趋向、别有规模、别有形迹、别有行业、别有事功，则与道不相干，则是异端，则是利欲，为之陷溺，为之臼窠。说即是邪说，见即是邪见。（卷三十五《语录》）

所以，陆九渊学说中的方法，实是修养道德的方法，不是认识和改造客观世界的方法，"学为人也，非有为也"。

2. 是整体明了，不是逐一识解

人对于外界事物的认识，一般都有从局部到整体、从个别到一般、从现象到本质的一个渐进发展的过程，就其方法来说，它有一个通过感觉知觉、判断推理、分析综合，由感性到理性的思维过程。但是陆九渊所要认识的不是外界客观事物，而是自己的"本心"，在陆九渊的思想中，它是一个具有根源性的伦理精神实体，它不仅是认识对象，同时也是认识主体，认识了它，也就是认识了世界全体。陆九渊说：

> 一是即皆是，一明即皆明。（卷三十五《语录》）
>
> 一蔽既彻，群疑皆亡。（卷三十四《语录》）
>
> 知道，则末即是本，枝即是叶。（同上）

所以对"心"这一实体的认识就不是一般的正常思维由局部到整体的渐进的认识过程，而是一种特殊的直接明了整体的悟彻过程，陆九渊说：

近来论学者言扩而充之，须于四端上逐一充，焉有此理！孟子当来只是发出人有四端，以明人性之善，不可自暴自弃。苟此心之存，则此理自明，当恻隐处自恻隐，当羞恶，当辞逊，是非在前自能辨之。（卷三十四《语录》）

石称丈量，径而寡失，铢铢而称，至石必缪，寸寸而度，至丈必差。（卷十《与詹子南之一》）

非常明确，陆九渊认为"本心"绝不是逐一扩充而形成和被体认的，只能是整体地形成和被体认的；若不是整体地去体认，而是胶着于部分，必然是只能识得边角，差谬于总体。虽然陆九渊在这里援用了人的认识过程中实际存在的一个真实经验——整体直观，但因为他所要认识的对象——根源性的伦理实体，乃是一个虚假的对象，所以仍然冲淡不了他的认识方法和过程中的那种神秘的、非理性的色彩。

陆九渊心学思想体系中的方法论或修养方法，由三个方面组成。

1. "简易工夫"

所谓"简易工夫"就是"发明本心"，亦即是"存心""养心""求放心"，它是陆九渊方法论的中心内容。是由他的"心即理""天之所与，非由外铄"等哲学基本前提非常自然地推衍出来的。他说：

古先圣贤，未尝艰难其途径，支离其门户……人孰无心，道不外索，患在戕贼之耳，放失之耳。古人教人，不过存心、养心、求放心。此心之良，人所固有，人惟不知保养而反戕贼放失之耳。苟知其如此而防闲其戕贼放失之端，日夕保养灌溉使之畅茂条达，如手足之捍头面，则岂有艰难支离之事？（卷五《与舒西美》）

这种存养本心、防闲其放失的修养工夫，应该如何进行、如何实现呢？陆九渊也有回答：

或问：先生之学，当自何处入？曰：不过切己自反，改过迁善。（卷三十四《语录》）

义理所在人心同然，纵有蒙蔽移夺，岂能终泯，患人之不能反求深思耳。此心苟存，则修身齐家治国平天下一也，处贫贱富贵死生祸福亦一也。（卷二十《邓文苑求书往中都》）

义理之在人心，实天之所与而不可泯灭焉者也。彼其受蒙蔽于物而至于悖理违义，盖亦弗思焉耳。诚能反而思之，则是非取舍盖有隐然而动，判然而明，决然无疑者矣。（卷三十二《思则得之》）

深思俗习俗见之可恶，能埋没性灵，蒙蔽至理。思之既明，幡然而改，奋然而兴，如出陷阱，如决网罗，如去荆棘而舞蹈乎康庄，翱翔乎青冥，岂不快哉？岂不伟哉？（卷十二《与倪九成》）

可见，陆九渊"发明本心"（存心、养心、求放心）这种修养方法，就是一种深刻的对封建伦理道德（"义理"）的自我反省、自我认识、自我完成的过程。它所要达到的最后的、最高的精神境界，就是能使这些伦理道德以本能表现出来，"当恻隐时自然恻隐，当羞恶时自然羞恶，当宽裕温柔时自然宽裕温柔，当发强刚毅时自然发强刚毅"（卷三十五《语录》），这是"完人"；就是要把自己和天地万物齐一（"与天同"），"内无所累，外无所累，自然自在"（同上），这是"超人"。这种幽深玄妙的境界很近乎宗教教主及其虔诚信仰者在一种很特殊的精神状态下所产生的幻境，对于大多数人它是难以理解和不会发生的。陆九渊的弟子们也是这样，他们还是不知如何着手这一艰难的"深思"过程。陆九渊就告诉他们说："道理只在眼前，虽见到圣人田地，亦只是眼前道理。"（卷三十四《语录》）就是说，要从日常生活处悟起，由最切近的事悟起，他说：

圣人教人只是就人日用处开端。（卷三十五《语录》）

伯敏问："日用常行去什处下工夫？"先生云："能知天之所以予我者至贵至厚，自然远非僻，惟正是守，且要知我之所固有者。"（同上）

陆九渊还给他的弟子作出从"日用处开端"的示范。他曾以"断扇讼"这件日常之事使杨简悟彻"本心"，又以"起立"这一下意识动作来启诱詹阜民体会"本心"。据詹阜民记述说：

某方侍坐，先生遽起，某亦起。先生曰："还用安排否？"（卷三十五《语录》）

即是说，为官吏的人在审理案件时的是非之心，做弟子的人在见到师长时的礼让之心，都是不用着意安排，而是人所固有的，会自然表露的。换言之，"本心"即在日用处，随时可见。所以实际上陆九渊提出的发明本心要"就日用处开端""道理只在眼前"就是要人把对封建伦理道德的自我反省、自我认识、自我完成的修养锻炼贯彻、渗透到自己生活的全部领域。这样，"日夕保养灌溉，使之畅茂条达"，像陆九渊所认为的那样，一旦即可以本能表现出来，超脱得"与天同"固属主观臆想，但变为根深蒂固的思想习惯却是实际可能的，"岂有艰难支离之事哉？"在陆九渊看来，这种发现、存养本心的方法，人人可为，时时可为，处处可为，所以称之曰"简易工夫"。他说：

学无二事，无二道，根本者立，保养不替，自然日新，所谓可大可久者，不出简易而已。（卷五《与高应朝》）

易简工夫终久大，支离事业竟浮沉。（卷二十五《鹅湖和教授兄韵》）

"易简则可久可大"出自《易传》。《易传》对世界有一个深刻的哲学观察，认为最根本的也就是最简易的。"乾以易知，坤以简能。易则易知，简则易从。易知则有亲，易从则有功。有亲则可久，有功则可大。可久则贤人之德，可大则贤人之业。易简而天下之理得矣，天下之理得而成位乎其中矣。"（《系辞上》）陆九渊把自己发明本心的方法称为"易简工夫"即源于此，取其虽简而实深刻、虽易而实根本之义。

2. 剥落

"剥落"工夫是陆九渊发觉并承认人心有蔽以后提出来的修养方法："将以保吾心之良，必有以去吾心之害。"（卷三十二《养心莫善于寡欲》）所以它是陆九渊心学道德修养中不可少的一个方面。

前面已经提及，陆九渊认为人心之蔽或吾心之害有两种情况："愚不肖者之蔽在于物欲，贤者智者之蔽在于意见，高下污洁虽不同，其为蔽理溺心，不得其正则一也。"产生这种心蔽的原因也有两个："人之所以病道者，一资禀，二渐习。"陆九渊的这些观点，既有来自孟子的思想，也有宋代理学家所特有的思想。

儒家学说在人性论问题上，从孟子开始就形成了一个混乱的理论前提，即把人后天的伦理品质和先天的生理本能混同起来；同时提出了一个虚妄的理论目标，即要找出一个永恒不变的善恶标准和根源。孟子认为人性是善的："仁义礼智，非由外铄，我固有之也。"（《孟子·告子上》）但他对人常常表现出来的那些"恶"的行为的性质和原因则语焉不详，只是说："人之所以异于禽兽者几希，庶民去之，君子存之。"（《孟子·离娄下》）"耳目之官不思而蔽于物。"（《孟子·告子上》）汉唐的儒者在人性善恶问题上的具体说法虽不同，但性善情恶的基调却是确定了的，并且开始了对其根源的推寻。董仲舒是首先一人。据王充说："仲舒览孔孟之书，作情性之说曰：天之大经一阴一阳，人之大极一情一性。性生于阳，情生于阴，阴气鄙，阳气仁。曰性善者是见其阳也，情恶者是见其阴者也。"（《论衡·本性》）今《春秋繁露》中虽无这样的片段，但确有这样的思想，如"身之有性情，若天之有阴阳"（《深察名号》），"人之诚有贪有仁，仁贪之气两在于身，身之名取诸天，天两有阴阳之施，身亦两有贪仁之性"（同上）。唐代的韩愈、李翱也都认为性善情恶。"性也者，与生俱生也，情也者，接物而生也。"（韩愈《原性》）"人之所以为圣人者，性也；人之所以惑其性者，情也。"（李翱《复性书上》）他们使自魏晋以来，在玄学、佛学思潮冲刷下而淡漠的儒家人性观点又鲜明活跃起来，但他们对人性的根源还没有顾得上去深究。北宋的理学家张载和二程，引进"理""气"的概念，对性善情恶作根源性的解释。张载说："形而后有气质之性，善反之，则天地之性存焉。"（《正蒙·诚明》）二程说："性无不善，而有不善者，才也。性即是理，理则自尧舜至于涂人一也，才禀于气，气有清浊，禀其清者为贤，禀其浊者为愚。"（《二程语录》卷十一）这是儒家学说中最完备的人性论，因为它对善恶的产生问题、善的标准和恶的改造问题都做了明确的答复，所以朱熹说："气质之说……起于张程，极有功于圣门，有补于后学，前此未曾有人说到……故张程之说立，

则诸子之说泯矣。"（《朱子语类》卷四）

可见，陆九渊在对心蔽（"病道"）之所以产生的解释上，是孟子的观点和张、程的思想的综合，认为既有发生在认识过程中的心理因素，也有来自天然气禀的生理因素。他说：

> 此心之良，人所均有，自耳目之官不思而蔽于物，流浪展转，戕贼陷溺之端，不可胜穷。（卷五《与徐子宜之一》）
> 气禀有厚薄、昏明、强弱、利钝之殊。（卷六《与傅圣谟之三》）

应该说，这种分析和人们的实际经验是有相符之处的。陆九渊把解除心蔽的方法称为"剥落"：

> 人心有病，须是剥落，剥落得一番即一番清明，后随起来又剥落又清明，须是剥落得净尽方是。（卷三十五《语录》）

心蔽有"物欲"和"意见"两种，所以"剥落"的修养工夫的内容或目标就是格除"物欲"、扫却"邪见"。陆九渊说：

> 夫所以害吾心者，何也？欲也。欲之多，则心之存者必寡；欲之寡，则心之存者必多……欲去，则心自存矣。（卷三十二《养心莫善于寡欲》）
> 有所蒙蔽，有所夺移，有所陷溺，则此心为之不灵，此理为之不明，是谓不得其正，其见乃邪见，其说乃邪说，……溺于此，不由讲学，无自而复。（卷十一《与李宰之二》）

可见，陆九渊的"剥落"工夫，根本上也是为了发明本心的。但它和"简易工夫"不同，它不是靠自我反省，而是借师友琢磨。他说：

> 彝伦在人，维天所命，良知之端，形于爱敬，扩而充之，圣哲之所以为圣哲也，先知者知此而已，先觉者觉此而已。气有所蒙，物有

所蔽，势有所迁，习有所移，往而不返，迷而不解，于是为愚为不肖，彝伦于是而斁，天命于是而悖，此君师之所以作，政事之所以立。（卷十九《武陵县学记》）

人之精爽附于血气，其发露于五官者安得皆正？不得明师良友剖剥，如何得去其浮伪而归于真实？又如何得能自省、自觉、自剥落？（卷三十五《语录》）

人资质有美恶，得亲友琢磨，知己之不美而改之。（同上）

所以在陆九渊的方法中，"剥落"比起"简易工夫"是较少神秘色彩的，他对心蔽产生的原因和消除的方法的观点都是立足于实际经验的，平易而不玄远。

3. 优游读书

陆九渊的修养方法，除了自我反省的"简易工夫"和得师友琢磨的"剥落"之外，还有"读书"。他说：

若有事役未得读书，未得亲师友，亦可随处自家用力检点，见善则迁，有过则改，所谓心诚求之，不中不远，若事役有暇，便可亲书册，所读书亦可随意自择，亦可商量程度，无不有益也。（卷三《与曹挺之》）

在陆九渊的当时，由于他经常强调的是"先立乎其大者""日用处开端"，这就使对立门户的学人和自己入门不深的弟子都产生了一种印象或看法，以为他不主张读书讲学。朱熹说："子寿兄弟气象甚好，其病却在尽废讲学。"（《朱文公文集》卷三十一《答张南轩之十八》）"为彼（指陆九渊）学者，多持守可观，而着道理全不仔细。"（同上书卷五十四《答项平父之一》）陈淳说："象山之学，不读书不穷理，专做打坐工夫。"（《北溪文集》卷一《答陈师复之一》）对此，陆九渊极力加以分辨：

某何尝不读书来，只是比他人读得别些子。（卷三十五《语录》）

某何尝不教人读书，不知此后然有什事。（同上）

他还对其弟子包扬（字显道）"读书亲师友是充塞仁义"之说加以批评："不知既能躬行践履，读圣贤书又有什不得处，今显道之学可谓奇怪矣。"（卷六《与包显道之二》）对其他弟子也一再申述读书之重要：

> 人不可以不学，犹鱼之不可以无水。（卷十二《与黄循中之一》）
>
> 学能变化气质。（卷三十五《语录》）
>
> 束书不观，游谈无根。（卷三十四《语录》）
>
> 圣哲之言，布在方册，何所不备。（卷七《与颜子坚》）
>
> 自古圣人亦因往哲之言、师友之言乃能有进，况非圣人，岂有自任私知而能进学者。（卷二十一《学说》）

陆九渊自诩"比别人读得别些子"，他的读书的确有其独到的经验，就是以精熟为贵，以意旨为的。陆九渊认为读书不必求多求快，而应选择切己有用者少而精读之。他说：

> 书亦正不必遽而多读，读书最以精熟为贵。（卷十四《与胥必先》）
>
> 读书之法，须是平平淡淡去看，仔细玩味，不可草草，所谓优而柔之，厌而饫之，自然有涣然冰释、怡然理顺的道理。（卷三十五《语录》）
>
> 某常令后生读书时，且精读文义分明、事节易晓者，优游讽咏，使之浃洽与日用相协，非但空言虚说。（卷十一《与朱济道之二》）

陆九渊认为读书固当明白文义，但更主要却是得其精神意旨。他说：

> 读书固不可不晓文义，然只以晓文义为是，只是儿童之学须看意旨所在。（卷三十五《语录》）
>
> 今之学者读书，只是解字，更不求血脉。（同上）
>
> 所谓读书，须当明物理、揣事情、论事势。且如读史，须看他所

以成、所以败、所以是、所以非处，优游涵泳，久自得力。若如此读得三五卷，胜看三万卷。（同上）

所以陆九渊对那些解字疏义的传注或讲学很不以为然，他说：

二帝三王之书，先圣先师之训，炳如日星，传注益繁、论说益多，无能发挥而祇以为蔽。（卷十九《贵溪重修县学记》）

某读书只看古注，圣人之言自明白，且如"弟子入则孝、出则弟"，是分明说与你入便孝出便弟，何须传注学者疲精神于此，是以担子越重。到某这里，只是与他减担。（卷三十五《语录》）

陆九渊曾援引一学者的诗来概括他的读书经验和主张：

读书切戒在荒忙，涵泳工夫兴味长。来晓莫妨权放过，切身须要急思量。自家主宰常精健，逐外精神徒损伤。寄语同游二三子，莫将言语坏天常。（卷三十四《语录》）

陆九渊的这些读书经验和主张，表明他把读书主要看作是陶冶性情、涵养道德的过程，而不是扩展知识、增强智慧的过程。这是他的独到之处，也是他的缺陷所在。人类的道德完善和知识积累是相辅相成的，对人类的进步是同样需要的。没有道德的提高，知识的增长会给人类带来灾难，没有知识的增长，道德传统或习惯势力就会使人类生活凝固。陆九渊的思想、宋代理学思想乃至整个儒家思想对中国封建社会后期的影响正是提供了这后一方面的教训。

"简易工夫"发明本心、"剥落"解除心蔽、"优游读书"涵养德性，这是陆九渊心学方法的三个方面。但是这三者并非位列同等、无主次之分。在陆九渊看来，自我反省的"简易工夫"是主，师友、圣训但助鞭策而已。他说：

此心之良，本非外铄，但无斧斤之伐、牛羊之牧，则当日以畅

茂……此事不惜资于人，人亦无著力处。圣贤垂训，师友切磋，但助鞭策耳。（卷五《与舒元宾》）

自得、自成、自道，不倚师友载籍。（卷三十五《语录》）

陆九渊认为，只要是"本心"发明，有了主宰，则一明皆明、万蔽皆彻。一次，弟子包扬举《荀子·解蔽》，认为荀子在篇中指出远为蔽、近为蔽、轻为蔽、重为蔽、物皆可为蔽的话说得好，陆九渊说：

是好！只得他无主，人有主时，近亦不蔽，远亦不蔽，轻重皆然。（卷三十五《语录》）

可见，陆九渊心学的方法和其哲学基础在性质、特色上都是一致的：一切从"心"出发。

三 对历史的观察和对现实的批评

陆九渊的社会政治思想和历史观点不像他的哲学世界观和方法论那样具有鲜明的个性特色，即是说没有形成自己独立的、系统的理论观点，而只是如同一般的儒者常常表现的那样，仅从社会道德风俗和制度设施的角度对历史作肤浅的观察和对现实作温和的批评。

先秦以后，儒家的历史理论观点主要有两种形态。一是循环论，以董仲舒为代表。他认为"王者有改制之名，无易道之实"（《春秋繁露·楚庄王》），即国家的政权体制、社会风尚（如正朔、称号、服色、质文等）要发生周而复始的变化，"有再而复者，有三而复者，有四而复者，有五而复者，有九而复者"（《春秋繁露·三代改制质文》），但根本的"道"是不变的，"若夫大纲人伦道德、政治教化、习俗文义尽如故，亦何改哉？"（《春秋繁露·楚庄王》）这是封建制度和地主阶级的统治已经确立并尚为巩固时期的历史观念。二是退化论或复古论，以宋代的一些理学家为代表，他们认为今不如古。如邵雍说："用无为则皇也，用恩信则帝也，用公正则王也，用智力则霸也，霸以下则夷狄，夷狄而下是禽兽也。"（《观物外篇下》）三皇"以道化民……故尚自然"，五帝"以德教化……

故尚让"，三王"以功劝民……故尚政"，五霸"以力率民……故尚争"
（《观物内篇》）。由三皇到五霸，这是一个政治退化、道德退化的过程。
此后更是每况愈下："汉，王而不足；晋，伯而有余。三国，伯之雄者也；
十六国，伯之丛者也。南五代，伯之借乘也；北五朝，伯之传舍也。隋，
晋之子也；唐，汉之弟也。隋季诸郡之伯，江汉之余波也；唐季诸镇之
伯，日月之余光也；后五代之伯，日未出之星也。"（《观物内篇》）朱熹
也认为，夏商周三代天理流行，是王道政治；三代以后，人欲横行，是霸
道政治。他说："夫人只是这个人，道只要这个道，岂有三代、汉唐之别，
但以儒者之学不传，而尧舜禹汤文武以来转相授受之心不明于天下，故汉
唐之君虽或不能无暗合之时，而其全体却只在利欲上，此其所以尧舜三代
自尧舜三代，汉祖唐宗自汉祖唐宗，终不能合而为一也。"（《朱文公文
集》卷三十六《答陈同甫》）这种历史观念和中国封建制度发展到了它的
后期的社会背景是相适应的。

陆九渊通过社会风俗和国家制度这两个角度对历史和现实观察所得的
基本结论也是今不如古。就社会道德风俗来说，他认为古者"心"存，
风俗厚；今者"心"失，风俗薄。他说：

> 唐虞之时，黎民于变，比屋可封之人，此心存也。周道之行，人
> 皆有士君子之行，《兔置》"可以干城""可以好仇""可以腹心者"，
> 此心存也。自战国以降，权谋功利之说盛行者，先王之泽竭，此心放
> 失，陷溺而然也。（卷二十《邓文苑求言往中都》）
>
> 古之学者以养心，今之学者以病心；古之学者以成事，今之学者
> 以败事。（卷十二《与陈正己之一》）
>
> 古者风俗淳厚，人虽有虚底精神，自然消了。后世风俗不如古，
> 故被此一段精神为害，难与语道。（卷三十四《语录》）
>
> 古人之学不求声名，不较胜负，不恃才智，不矜功能；今人之学
> 正坐反此耳。（卷三十五《语录》）
>
> 学绝道丧所从来久矣，放利而行者滔滔也。（卷十《与张季
> 海之二》）

就国家的制度设施方面来说，陆九渊认为三代的制度优良，而此后则因循苟简，他说：

> 取民、制兵、建官之法，盖莫良于三代。遭秦变古，先王之制扫地而尽，由汉以来，因循苟简，视三代之法几以为不可复行。（卷三十一《问唐取民、制兵、建官》）
>
> 汉唐之治，虽其贤君亦不过因陋就简，无卓然志于道者。（卷十八《轮对札子之二》）
>
> 秦汉以来治道庞杂。（《轮对札子之四》）
>
> 自周衰以来，人主之职分不明。《尧典》命羲和敬授人时，是为政首。后世乃付之星官历翁，盖缘人主职分不明所致。（卷三十四《语录》）

崇古卑今本是儒家传统思想。宋时，我国封建社会经过将近一千年的发展，已进入它的后期，封建制度所固有的矛盾和弊端在这个积弱不振的朝代里都已充分显现出来。南宋的民困、兵弱、财竭的颓败之势更是无可挽救，正如朱熹所说："今天下大势，如人有重病，内自心腹，外达四肢，无一毛一发不受病者。"（《朱文公文集》卷十一《戊申封事》）在士大夫间，"本朝百事不及唐"的慨叹（卷三十四《语录》）也就油然而起。在这种背景下，陆九渊和其他一些理学家一样，产生"今不如古"的思想是很自然的。事实上，在封建社会内部，国家制度和道德风俗的变化不古，是封建统治阶级为了适应由政治、经济等多种原因而造成的社会阶级结构和社会生活的变动而作出的自我调节的反映，本质上是个人从封建国家的政治经济压迫和伦理道德束缚下逐渐解放出来的过程。这当然是要把个人制服于、融化于封建的天伦、人伦之中的儒家思想家所极力反对的，理学家当然也不可能从封建制度本身的痼疾和社会发展中去探索解救的答案。相反，他们所自命"发现"并竭力论证的作为封建伦理道德根源的"天理"或"本心"，都是绝对完善的、永恒不变的。所以在理学家看来，"不古"即"丧心害理"。这样，历史退化论的观点，就是宋代唯心主义的理学家的共同的历史观点。陆九渊心学的特点，则在于把这种"退化"

的产生唯一地归根于"心"的放失。

陆九渊从同样的角度对时政的批评主要有两点内容：一是胥吏残害民众，一是科举败坏人心。陆九渊认为百姓的最大祸害是胥吏。他在致当时任江西安抚辛弃疾的信里说得最为详尽，其中写道：

> 天子爱养之方，丁宁于诏旨，勤恤之意，焦劳于宵旰。贤牧伯班宣惟勤，劳来不怠。列郡成风，咸尚慈恕。而县邑之间，贪饕矫虔之吏，方且用吾君禁非惩恶之具，以逞私济欲，置民于囹圄、械系、鞭箠之间，残其支体，竭其膏血，头会箕敛，椎骨沥髓，与奸胥猾徒，饕饫咆哮其上。巧为文书，转移出没以欺上府，操其奇赢，与上府之左右缔交合党，以蔽上府之耳目。田亩之民劫于刑威，小吏下片纸，因累累如驱羊。劫于庭庶械系之威，心悸股慄，箠楚之惨，号呼吁天，毁家破产，质妻鬻子，仅以自免，而曾不得执一字之符以赴诉于上。（卷五《与辛幼安》）

他在致另一同僚的信中还写道：

> 今之为民之蠹者，吏也。民之困穷甚矣，而吏日以横。议论主民者，必将检吏奸而宽民力。（卷七《与陈倅之二》）

宋代，特别是南宋，赋税、力役极其繁重。当时有谓："既一倍其粟，数倍其帛，又数倍其钱，而又月桩钱、板帐钱等，不知几倍于祖宗之旧，又几倍于汉唐之制乎？"（杨万里《诚斋集》卷六十九《轮对札子》）"宋二税之数，视唐增至七倍。"（《宋史》卷四百二十二《林勳传》）"通力役之征，盖用其十倍矣。"（李心传《建炎以来系年要录》甲集卷十五）封建统治政权对人民的每项压迫、掠夺政策，当然都是由其胥吏来具体执行的，当时有"催科不扰，即是催科中抚字；刑罚无差，即是刑罚中教化"之说（《宋史》卷四百零三《赵方传》），正表明这些压榨政策引起了多么严重的胥吏扰民。所以陆九渊对胥吏害民的揭露和抨击是符合事实的。然而把民众所受煎熬，唯一归罪于奸胥猾吏，认为检吏奸即可宽民力，则又是不符合事实的。责任真正是应该在陆九渊所竭力袒护的"圣天子""贤牧伯"身上。胥吏为害，但并非君相臣宰不善，这种实际上自相矛盾的见解，表明陆九渊在吏治问题上对时政的批评和揭露都是很有限的，很软弱的。

陆九渊对时政的另一点批评是科举败坏人心。宋代的科举制度规定"经义"是考试的主要项目，这一方面使儒家经典的理论地位比隋唐时期更加崇高，使儒家思想更深入、更普遍地渗透到民众中去；另一方面也使士人常把儒家的经典和说教视作猎取名利的工具，从而降低了它的道德价值，这又使得理学家们感到不安。如朱熹说："科举坏人心怀。"（《朱文公文集》卷五十四《答时子云》）"今之学者之病，最是先学作文干禄，使心不宁静，不暇深究义理，故于古今之学、义利之间不复能察其界限。"（《朱文公文集》卷五十八《答宋择之》）陆九渊也是从这个角度对科举制度提出批评的。他说：

> 古之时，士无科举之累，朝夕所讲皆吾身吾心之事而达之天下者也，夫是以不丧其常心。后世弊于科举，所乡日陋，疾其驱于利欲之途，吾心吾身之事漫不复讲，旷安宅而弗居，舍正路而弗由，于是有常心者不可以责士。非豪杰特立，虽其质之仅美者，盖往往波荡于流俗，而不知其所归，斯可哀也！（卷二十《送毛元善序》）
>
> 今天下士皆溺于科举之习，观其言，往往称道《诗》《书》《论》《孟》，综其实，特借以为科举之文，谁实为真知道者。口诵孔孟之言，身蹈杨墨之行者，盖其高者也，其下则往往为杨墨之罪人，尚何言哉！（卷十一《与李宰之二》）

隋唐以来的科举制度，给庶族地主带来一个政治地位上升的机会，这在扩大封建地主阶级政治的统治基础和选拔人才方面都有重要作用。从这一角度，陆九渊对科举制度又是肯定的，断然否定科举毁坏人才之说。他说：

> 科举取士久矣，名儒巨公皆由此出。（卷二十三《白鹿洞书院讲义》）

问：……人才之不足，或者归咎于科举，以为教之以课试之文章，非独不足以成天下之材，反从而困苦毁坏之。——科举固非古，然观其课试之文章，则圣人之经，前代之史，道德仁义之宗，治乱兴亡得丧之故，皆粹然于其中，则其与古之所谓"学古入官""学而优则仕"者何异？困苦毁坏之说，其信然乎不也。（卷二十四《策问》）

陆九渊认为科举败坏人心，却又否认它毁坏人才，这种自相矛盾的见解，表明他在科举问题上对时政的批评和揭露也是非常有限的、软弱的。他通过科举所要批判抨击的仅是那些"吾心吾身之事漫不复讲"的士人风尚，并不是科举制度本身，更不是封建制度本身，正像他通过吏治所要批判抨击的仅是那些为上司驱使的下层胥吏而并不是封建官僚体制和整个封建政权一样，比较深刻有力的社会批判在宋代理学中还不可能发生，因为那时还没有从根本上异于封建制度的生产关系和思想形态。

四　对以往思想资料的承藉与批判

恩格斯说："每一个时代的哲学作为分工的一个特定领域，都具有由它的先驱者传给它而它便由此出发的特定的思想资料为前提……经济在这里并不重新创造出任何东西，但它决定着现有思想资料的改变和进一步发展的方式，而且这一作用多半也是间接发生的，而对哲学发生最大的直接影响的，则是政治的、法律的和道德的反映。"（《马克思恩格斯选集》第四卷，人民出版社1972年版，第485～486页）陆九渊心学也是在承藉、改造他以前的思想资料的基础上形成的。陆九渊心学的哲学内容和儒家孟子思想中的唯心主义是一脉相承的，而它的方法和佛家禅宗又有契合。另外，道家庄子的思想材料又常被陆九渊援用，这些都表明，陆九渊心学既有综合儒释道三家的宋代思潮所具有的共性，又有他立足于现实，从现实的政治的法律的道德的需要出发对这些思想资料特殊的选择、剥离和利用的个性。

（一）以孔孟继承人自居和对孟子思想的剥离

唐代，佛道儒三家势均力敌，鼎足而立，理论体系虽有不同，却同样为统治阶级所需要、认可和利用。儒佛道平等的政治地位和学术地位的这样一种情况，致使当时的学者文人普遍地认为它们是"异旨同功"或"殊途同归"。如刘禹锡说，儒佛"犹水火异气，成味也同德；轮辕异象，致远也同功。然则儒以中道御群生，罕言性命，故世衰而寝息；佛以大悲救诸苦，广启因业，故劫浊而益尊"（《刘宾客文集》卷四《袁州萍乡县杨岐山故广禅师碑》）。白居易也说："儒门释教虽名数则有异同，约义立宗，彼此亦无差别，所谓同出而异名、殊途而同归也。"（《长庆集》卷五十九《三教论衡》）但是佛教、道教作为一种宗教，不仅有理论宗旨，而且还有组织形式，有传法系统，这对于一个宗教或教派持续存在下去和巩固发展起来都是非常必要的。儒家不是宗教，虽然源远流长，但却没有也不甚需要这样的形式。然而在唐代思想领域内三家鼎立的情况下，在佛道甚有凌驾的情况下，儒者如韩愈、李翱，除了努力从儒家经典中发掘性理之说以抵制佛道的思想侵蚀外，同时感到需要编撰出自己的传道谱系来和佛道的"祖统""法统"抗衡。于是他们就提出了"道统"说。韩愈编撰的传"道"系统是："尧以是传之舜，舜以是传之禹，禹以是传之汤，汤以是传之文武周公，文武周公传之孔子，孔子传之孟轲。轲死不得其传焉。荀与扬也，择焉而不精，语焉而不详。"（《韩昌黎集》卷十一《原道》）李翱的"道统"在孔子以下稍有不同："子思，仲尼之孙，得其祖之道，述《中庸》四十七篇，以传于孟轲。轲曰：'我四十不动心。'轲之门人达者公孙丑、万章之徒盖传之矣。遭秦灭书，《中庸》之不焚者一篇存焉，于是此道废缺，其教授者唯节行、文章、章句、威仪、击剑之术相师焉，性命之源则吾弗能知其所传矣。"（《李文公集》卷三《复性书上》）韩、李并都以光复道统者自期自励。韩愈说："使其道由愈粗传，虽灭死万万无恨。"（《韩昌黎集》卷十八《与孟尚书》）李翱也说："道之极于剥也必复，吾岂复之时邪？"（《复性书上》）

"道统说"并没有给儒家学说增加新的内容，但它划定了"异端"的范围，明确、统一了儒家学者攻击"异端"的目标。所以到了南宋，当朱陆两派形成对立，理学阵营中出现了分裂时，双方都以继承孔孟道统自居，用以遮掩自己身上"异端"——佛道思想的印痕，压倒对方。朱熹作《大学章句序》时写道："河南程氏两夫子出，而有以接乎孟氏之传……虽以熹之不敏，亦幸私淑而与有闻焉。"（《朱文公文集》卷七十六）与此同时，陆九渊也在给一个弟子的信中写道："窃不自揆，区区之学自谓孟子之后，至是而始一明也。"（卷十《与路彦彬》）可见朱陆都以为自己是儒家道统孟子以下的承先启后者。

就论"心"这点而言，陆九渊的确比朱熹更相似和接近于孟子。孟子曰："耳目之官不思而蔽于物，物交物则引之而已矣。心之官则思，不思则不得也，此天之所与我者。先立乎其大者，则其小者不能夺也。""仁义礼智，非由外铄也，我固有之也。""学问之道无他，求其放心而已矣。"（《孟子·告子上》）这些观点不仅是陆九渊思想的直接渊源，同时也是陆九渊心学的主要论点。但陆九渊并不是完全因袭孟子，而是对他有所改造、发展。

第一，作为孟子学说主要内容和特色的是"仁政""王道"的政治理论和性善论的伦理观点，但是陆九渊为了使自己的心学获得儒家正统地位，却把孟子论"心"的观点从孟子学说中剥离出来，把"明心""不失本心"等说成是孟子学说乃至整个儒家学说的核心。他说：

> 孩提之童无不知爱其亲，及其长也无不知敬其兄。先王之时，庠序之教，抑申斯义以致其知，使不失其本心而已。尧舜之道不过如此。（卷十九《贵溪重修县学记》）
> 彝伦在人，维天所命，良知之端，形于爱敬，扩而充之，圣哲之所以为圣哲也。先知者，知此而已；先觉者，觉此而已……所谓格物致知者，格此物致此知也，故能明明德于天下。《易》之穷理，穷此理也，故能尽性至命。《孟子》尽心，尽此心也，故能知性知天……此古人之学也。（卷十九《武陵县学记》）

这样，"只信此心"的陆九渊作为孟子或儒家道统的继承人就确是当之无愧了。

第二，在孟子思想里，"心之官则思"的"心"，还主要是作为思维器官来理解的；"求放心"还主要是作为学习态度要专心致志，不要心随鹄飞的意思而提出来的。但在陆九渊的心学里，"心即理"，"心"被升华为具有根源性的伦理实体；"此心苟存，则此理自明"，"求放心"成为体认"充塞宇宙之理"的根本的修养方法和认识方法。在这个意义上说，陆九渊心学是孟子思想中的主观唯心主义观点的发展。陆九渊说他的思想是"因读孟子而自得之"，可谓周到而切要。当然这种对孟子的发展，在宗朱的学者看来则是对孟子的背离。例如罗钦顺就曾指出，陆九渊把"心"理解为根源性的伦理本能实体，"当宽裕温柔自宽裕温柔，当发强刚毅自发强刚毅，若然，则无所用乎思矣，非孟子先立乎其大之本旨也"（《困知记》卷下）。

（二）对佛老思想的吸收和批评

宋代的理学家在思想上和生活上都和释道发生了很深的关系。周敦颐的"太极图说"源自道教，他和临济宗黄龙派禅师也交谊甚笃。二程"于书无所不读"，"出入释老者几十年"（《宋史》卷四百二十七本传）。朱熹也承认自己好"老释者十余年"（《朱文公文集》卷三十八《答江元适之一》），并注解了道教经典《参同契》（《朱文公文集》卷四十五《答杨子直之五》），所以全祖望说："两宋诸儒，门庭径路，半出于佛老。"（《鲒埼亭集外编》卷三十一《题真西山集》）佛老思想渗进儒家学说，是宋代思潮的主要特征。在这种理论背景下成长起来的陆九渊和他的心学，自然也和佛、道发生了这样或那样的关系。

1. 生活上的交谊

从陆九渊的书信赠序文字中，可以看出他与当时的僧人、道士有过个人之间生活上的交往。陆九渊在临安时和清长禅师甚是相得，陆九渊体弱多病，清长禅师归南岳后，还托人馈赠药物于他（卷十七《与似清》）。陆九渊家乡有僧名允怀，为人勤诚，诸如经营建藏、主持工役，皆卓有成效，陆九渊深表赞赏，曾赠言曰："怀上人学佛者也，尊其法教，崇其门庭，建藏之役，精诚勤苦，经营未几骎骎乎有成，何其能哉！使家之子弟、国之士大夫，举能为此，则父兄君上可以不诏而仰成，岂不美乎！"（卷二十《赠僧允怀》）陆九渊与当时道教首领龙虎山天师张德清也有交往，曾移书谮劝其求贤传嗣之志，邀请其"他日同来象山顶头，共谈大道"（卷十四《与张德清》）。

2. 禅宗思想的影响

陆九渊说他的祖父"好释老言"（卷二十七《全州教授陆先生行状》），也承认自己"虽不曾看释藏经教，然而《楞严》《圆觉》《维摩》等经则尝见之"（卷二《与王顺伯之二》），这些都是禅宗引用印证的经典。陆九渊受到佛教禅宗思想的影响、启发是不容置疑的，他心学中的主要观点和禅宗的立论都有契合之处。仅以《坛经》和陆九渊所自认读过的《圆觉经》、《维摩诘经》（学者公认《楞严经》是伪，姑不论）举例对比如下：

(1)本性——本心	
本性圆满故，菩萨于此中。（《圆觉经》卷上） 自性本自清净，自性本不生灭，自性本自具足，自性本无动摇，自性能生万物。（《六祖坛经·行由品第一》）	耳自聪，目自明，事父母自能孝，事兄自能弟，本无少缺，不必他求。（卷三十四《语录》） 万物森然于方寸之中，满心而发，充塞宇宙，无非此理。（同上）

(2)见性——明心	
自识宿命……即时豁然，还得本心。（《维摩诘经·弟子品第三》） 若识自心见性，皆成佛道。（《六祖坛经·般若品第二》）	义理之在人心，实天之所与而不可泯灭焉者也……诚能反而思之，则是非取舍盖有隐然而动、判然而明、决然而无疑者矣。（卷三十二《思则得之》） 苟此心之存，则此理自明。（卷三十四《语录》）

(3)心迷——心蔽	
菩提般若之智，世人本自有之，只缘心迷，不能自悟，须假大善知识，示导见性。（《六祖坛经·般若品第二》） 菩提本自性，起心即是妄。（同上）	（心）有所蒙蔽，有所陷溺，则此心为之不灵，此理为之不明……一溺于此，不由讲学，无自而复。（卷十一《与李宰之二》） 心害苟除，其善自著，不劳推测；才有推测，即是心害。（卷四《与胡达材之一》）

(4)根有利钝——气有厚薄	
当了众生根有利钝。（《维摩诘经·弟子品第三》） 人性自有利钝，迷人渐修，悟人顿契，自识本心，自见本性，即无差别。（《六祖坛经·定慧品第四》）	气禀有厚薄、昏明、强柔、利钝之殊。（卷六《与傅圣谟之三》）

(5)现世即佛——事外无道	
现世即菩萨。(《圆觉经》卷上) 佛法在世间,不离世间觉,离世觅菩提,恰如求兔角。(《六祖坛经·般若品第二》) 举足下足,当皆知从道场来,住于佛法矣。(《维摩诘经·菩萨品第四》)	此理塞宇宙,所谓道外无事,事外无道。舍此而别有商量、别有趋向、别有规模、别有形迹、别有行业、别有事功,则与道不相干,则是异端,则是利欲。谓之陷溺,谓之窠臼。说即邪说,见即是邪见。(卷三十五《语录》) 在在处处皆是道场,何处转不得法轮,何处续不得慧命。(卷十七《与似清》)
(6)一即一切——一是即皆是	
心量广大,遍周法界,用即了了分明,应用便知一切。一切即一,一即一切。(《六祖坛经·般若品第二》)	一是即皆是,一明即皆明。(卷三十五《语录》)
(7)一切经书,因人说有——六经皆我注脚	
至于智者,不著文字。(《维摩诘经·弟子品第三》) 一切修多罗及诸文字、大小二乘、十二部经,皆因人置,因智慧性方能建立,若无世人,一切万法本自不有,故知万法本自人兴,一切经书,因人说有。(《六祖坛经·般若品第二》) 三世诸佛、十二部经,在人性中本自具有。(同上)	或问先生何不著书?对曰:六经注我,我注六经。(卷三十四《语录》) 学苟知本,六经皆我注脚。(同上)
(8)佛——圣哲	
佛向性中作,莫向身外求。自性迷即是众生,自性觉即是佛。(《六祖坛经·疑问品第三》)	彝伦在人,维天所命,良知之端,形于爱敬,扩而充之,圣哲之所以为圣哲。先知者,知此也;先觉者,觉此也。气有所蒙,物有所蔽,势有所迁,习有所移,往而不返,迷而不解,于是为愚为不肖。(卷十九《武陵县学记》)

但这种契合,实际是一种貌合。陆九渊心学和禅宗在根本精神上是不同的,这就是禅宗的"性"(或心)和陆九渊的"心"(或性、或理)的内容是不同的。概言之,禅宗的心性是一种无任何规定性的、无善无恶的、本然的存在(禅宗名之曰"空"),而陆九渊的心性是一种具有伦理道德内容的、本质是善的、具体的存在(他称之曰"理")。其间差别仍列举如下:

(1)空——实	
一切诸法如幻化相。（《维摩诘经·弟子品第三》） 一切诸众生，身心皆如幻。（《圆觉经》卷上） 无有余病，唯有空病，空病亦空。（《维摩诘经·文殊师利问疾品第五》） 性本如空，一念思量，名为变化。（《六祖坛经·忏品第六》）	道塞宇宙，非有所隐遁，在天曰阴阳，在地曰柔刚，在人曰仁义。（卷一《与赵监》）
(2)无善无恶——善	
佛言善根有二，一者常，二者无常。佛性非常非无常，是故不断。（《六祖坛经·行由品第一》） 善恶虽殊，本性无二，无二之性，名为实性。性中不染善恶，此名圆满报身佛。（《六祖坛经·忏悔品第六》）	人受天地之中以生，其本心无有不善。（卷十一《与王顺伯之二》） 四端者，人之本心也。天之所以与我者，即此心也。（卷十一《与李宰之二》）

所以，陆九渊心学和禅宗实乃"貌合而神离"。但佛教或禅宗作为历史悠久、理论思维水平很高的思想体系，作为在社会上很有势力、很有影响的宗教派别，对陆九渊思想体系的形成起过诱导、启迪的作用是完全可能的。语汇、概念上的因袭也是有的，例如陆九渊用来描述"超人"思想和形象的那四句话，就是沿用五台山法华寺智通禅师的临终偈语："举手攀南斗，回身倚北辰。出头天外见，谁是我般人。"（《景德传灯录》卷十）特别是因为它们都是唯心主义的思想体系，都把体认某种内容虽有不同，但都以主观的、精神性的对象作为自己的理论目标，它们在方法上的共通就更是难免的了。这种方法就是直指本心、明心见性。《六祖坛经》记六祖惠能传授教法：

> 宗印复问：黄梅（五祖弘忍）付嘱，如何指授？惠能曰：指授即无，惟论见性。（《行由品第一》）
>
> （惠能曰：）我于忍和尚处，一闻言下便悟，顿见真如本性，是以将此教法流行，令学者顿悟菩提，各自观心，自见本性。（《般若品第二》）

陆九渊对他弟子们的教法亦正是如此：

> 某平时未尝立学规，但常就本上理会，有本自然有末；若全去末上理会，非惟无益。今既于本上有所知，可略略地顺风吹火，随时建立，但莫去起炉作灶。（卷三十五《语录》）
>
> 同里朱梓济道、弟泰卿亨道，长于先生，皆来问道。与人书云：近到陆宅，先生所以诲人者深切著明，大概是令人求放心。其有志于学者数人，相与讲切，不复以言语文字为意。（卷三十六《年谱·乾道八年》）

禅宗所特有的"机锋"方法，在陆九渊的心学中也有表现。禅宗不著文字，因而对自己思想观点的理论阐述是很贫乏的；禅宗主顿悟，因而它思想体系中的逻辑推理也是很贫乏的。这样，禅宗不得不寻求文字以外和推理以外的表达思想观点的方法，"机锋"就是这样产生的。它常常用即境举例、动作示意等办法以偏概全地在问法者的脑宇中造成某种形象，促其发生跳跃式的联想，达到"顿悟"境界。这在本质上是一种非理性的思维方法。例如大历禅师用"破草鞋"的答语（《五灯会元》卷四十一）、师郁禅师用举拂子的动作（《五灯会元》卷十九）来回答徒弟"祖师（指达摩）西来意?"的问话。对于熟悉佛教历史和义旨的僧徒来说，这样的回答是很直捷简明的，因为它能立刻勾引激荡起他对菩提达摩（漂洋过海、一苇过江，长途跋涉、鞋履皆穿传播佛法的）全部生平活动的回顾与认识。但是对于根基浅薄的僧徒，这就成了莫名其妙的隐语哑谜，感到不知所云。在其他几个禅宗理论问题上，如"佛法大意""如何是佛"等也是这样情形。这种不用正常的语言和逻辑来表达思想的方法，在任何一个非理性的、神秘主义的思想体系中都可能发生。前面已经提及，陆九渊心学的思想方法中有主张整体明了、顿悟的观点，有非理性的色彩，所以他对禅宗的"机锋"方法是有所理解的，不是看到它的艰难，而是看到它能"寄意"。《象山语录》曰：

> 先生云：后世言道理者，终是粘牙嚼舌，吾之言道坦然明白，全无粘牙嚼舌处，此所以易知易行。或问：先生如此谈道，恐人将意见

来会，不及释子谈禅，使人无所措其意。先生云：吾虽如此谈道，然凡有虚见虚说，皆来这里使不得，所谓德行常易以知险、恒简以知阻也。今之谈禅者虽为艰难之说，其实反可寄托其意见，吾于百众人前开口见胆。（卷三十四）

可见陆九渊不愿把自己"言道坦然明白"和释家谈禅"虽为艰难，却可寄意"对立起来。实际上它们确有相通之处，前面所述陆九渊用"断扇讼"来启悟杨简"本心"，用"起立"来启悟詹阜民"还用安排否？"就是禅家谈禅的即境举例和动作示意的"机锋"方法。但陆九渊用这种方法要说明的是儒家的伦理原则，禅宗用这种方法要说明的是佛家的宗教义旨，两者是不同的。

陆九渊心学有和禅宗相似的立论及相同的方法，因而常被当时程朱派理学家和后世学者视为"禅学"。实际上心学和禅学在根本内容上是不同的，所以这种论断并不完全符合实际。概言之，在陆九渊心学中，佛家禅宗思想只是作为理论背景而有所映照，不是作为思想渊源而得到再现的。即陆九渊心学虽然援用了某些佛家的名词、概念，反映出佛家思想渗透到儒家思想中来的宋代思潮的一般特征，但其理论核心、宗旨，乃至主要论题，都不是承继着禅宗，而是发展了孟子。

3. 道家思想的痕迹

陆九渊心学中的道家思想痕迹不是十分明显，但他受到道家思想的影响、启发，援用道家思想资料的事实也是肯定无疑的。

在陆九渊的思想发展过程中，"宇宙"二字曾起了重要的导引触发作用。《象山年谱》记载他在十几岁时，"因读古书至'宇宙'二字，解者曰四方上下曰宇，往古今来曰宙。忽大省曰：元来无穷！人与天地万物皆在无穷之中者也"（卷三十六《年谱·绍兴二十一年》）。以后，他又把他的心学中心思想概括为"宇宙便是吾心，吾心即是宇宙"（卷二十二《杂说》）。

"宇宙"二字，在先秦诸子中，就是庄子最先并多次使用的。例如："旁日月、挟宇宙。"（《齐物论》）"若是者外不观乎宇宙，内不知乎太初。"（《知北游》）"若是者迷惑于宇宙，形累不知太初。"（《列御寇》）"宇宙为一，万物一体"，也是道家自然观中的思想。《庄子》说："天地一指，万物一马。""天地与我并生，万物与我为一。"（《齐物论》）《淮南子》说："天地宇宙，一人之身也。"（《本经训》）"包裹宇宙，而无表里。"（《缪称训》）道家这个思想的根本出发点是宇宙万物有共同的、最后的客观根源（"道""一""无"等不同名称），如《老子》所说："天下万物生于有，有生于无。"（第40章）"夫物芸芸，各复归其根。"（第16章）"圣人抱一为天下式。"（第22章）陆九渊的"宇宙便是吾心，吾心即是宇宙"的结论，在思想的根本出发点上和此不同，他认为宇宙万事万物的最后根源的"理"，实际上就是心（"心即理"）。但它受到道家思想的诱发，并在形式上有着某种联系是很明显的。

在陆九渊思想发展的最后阶段，他批评人们"人心只爱去泊着事，教他弃事时，如鹘孙失了树，更无住处"（卷三十五《语录》），提出要"立心""做人"。意思是不要役于外事外物，要自作主宰，"心不可泊一事，只自立心"（同上），不要执着于一事一物，要超脱事物之外，"内无所累，外无所累，自然自在"（同上）。这和道家在思想脉络上也是相通的。道家正是主张"弃事则形不劳，遗生则精不亏，形全精复，与天为一"的（《庄子·达生》）。庄子为那些"一受其成形，不亡以待尽……终身役役……不知其所归"的世人感到可悲可哀（《庄子·齐物论》），他提出要"坐忘"，即是"堕肢体，黜聪明，离形去知，同于大通"（《庄子·大宗师》）。也就是一种无知无识、无作无为的自然蒙昧状态，在庄子看来，这就达到了做人的最高标准——"圣人"，因为"圣人不由，而照之于天"，"圣人不从事于务，不就利，不违害，不喜求，不缘道，无谓有谓，有谓无谓，而游乎尘垢之外"（《庄子·齐物论》）。所不同的是，道家依据的是"自然"，故强调"依乎天理，因其固然"（《庄子·养生主》），陆九渊依据的是"人心"，故强调"收拾精神，自作主宰"（卷三十五《语录》）。一个把道（"道法自然"）看作永恒的本然源泉，一个把心（"心即理"）看作永恒的本然源泉，但要求摆脱一切欲望、作为，归向这最后的本源，则是他们共同的理论主张，是他们灵犀相通之处，所以陆九渊曾引《庄》解《孟》，他说："孟子曰天下之言性也则故而已矣……据某所见，当以庄子'去故与智'解之。"（卷三十四《语录》）"任心"或"任道"（天理），"自作主宰"或"因其固然"在理论路数上是一致的。

陆九渊受道家思想影响还表现在他常引用《庄子》中的寓言故事来表述自己的思想。《庄子·齐物论》里有个"朝三暮四，众狙皆怒，朝四暮三，众狙皆悦"的故事，本是用来嘲笑那些"劳神明为一而不知其同"、争鸣不休的诸子百家的。陆九渊即拈来讥嘲程朱"俗学"，他说："近时伊洛诸贤……虽有美材厚德，而不能以自成自达，困于闻见之支离，穷年卒岁而无所止，若其气质之不美，志念之不正，而假窃傅会，蠹食蛆长于经传文字之间者何可胜道。比有一辈，沉吟坚忍以师心，婉娈夸毗以媚世，朝四暮三以悦众狙，尤可恶也。"（卷一《与侄孙濬》）他还引用《庄子》"博塞以避与挟策读书，其与亡羊均也"的故事（《骈拇》），批评"今人读书平易处不理会，有可起人羡慕者则著力研究"的风气（卷三十五《语录》）。《庄子》中特有的概念，如"心斋"（《人间世》）、"造物者"（《大宗师》）也不时在陆九渊的文字里出现（卷十二《与饶寿翁》、卷十四《与侄孙濬》等）。

4. 对佛老的批评

陆九渊对佛老总的评价是"佛老高一世人，只是道偏不是"（卷三十四《语录》），可见不是一味否定。佛老和诸子百家一样，揭示和分析了自然和社会中的、人类的物质生活和精神生活中的种种现象和矛盾，都各有其高明独到之处，但它们分别立足于"空""无"等不同的基点，这在立足于"心"的陆九渊看来，当然是"道偏不是"了，所以陆九渊又说："诸子百家说得世人之病好，只是他立处未是，佛老亦然。"（同上）

陆九渊的"心"（"理"）和佛老的"空"（"佛性"）、"无"（"道"）在本质上都是精神性的东西，从世界观上来说，它们都是相同的，难分彼此的。所以陆九渊不可能像张载那样从唯物主义本体论的高度对佛老进行批判，而只能和程朱派理学家一样，从儒家的伦理道德的角度来进行批评。这种批评在理论上当然是很软弱的、陈旧的。

从这个角度，陆九渊认为佛家求解脱的人生理想是自私自利的，因为它"不尽人道"。他说：

> 某尝以义利二字判儒释，又曰公私，其实即义利也。儒者以人生天地之间，灵于万物，贵于万物，与天地并而为三极。天有天道，地

有地道，人有人道，人而不尽人道，不足与天地并。人有五官，官有其事，于是有是非得失，于是有教有学，其教之所以立者如此，故曰义曰公。释氏以人生天地间，有生死，有轮回，有烦恼，以为甚苦而求所以免之，其有得道明悟者，则知本无生死，本无轮回，本无烦恼，故其言曰生死事大……其教之所以立者如此，故曰利曰私。（卷二《与王顺伯之一》）

从这个角度，陆九渊认为道家"无为"的人生观是"不足道"的，因为它没有做到"求在我者"。他说：

人生天地间，抱五常之性，为庶类之灵者，汩其灵则有罪，全其灵则适其分耳。诚全其灵，则为人子尽子道，为人臣尽臣道，岂曰无营乎哉？……孟子尝勉人以求在我者，诚能求在我者，则无营之说不足道矣。（卷二十《赠吴叔有》）

陆九渊的这些议论表明他对佛老的批评是很陈旧的。远而言之，基本上没有超出汉唐以来从《理惑论》里世人疑佛到《谏迎佛骨表》中儒者抨佛的立论范围；近而言之，它和宋代程朱派的理学家批评佛老的言论也如出一辙。例如，程颐说：

释氏之学，又不可道他不知，亦尽极乎高深。然要之卒归乎自私自利之规模。何以言之？天地之间有生便有死，有乐便有哀。释氏所在，便须觅一个纤奸打讹处，言免死生、齐烦恼，卒归乎自私。老氏之学，更挟些权诈。（《二程语录》卷九）

朱熹说：

老子浮屠之说，静则徒以虚无寂灭为乐，而不知有所谓实理之原；动则徒以应缘无碍为达，而不知有所谓善恶之机。（《朱文公文集》卷十四《戊申延和奏札之五》）

天下只是这道理，终是走不得。如佛老虽是灭人伦，然自然逃不得，如无父子，却拜其师，以其弟子为子，长者为师兄，少者为师弟。但只是护得个假的，圣贤便是存得个真的。（《朱子语类》卷一百二十六）

陆九渊（及程朱）对佛老的这种批判显得软弱，因为它只是指出佛老的人生、道德观点和儒家的思想不合，而揭示不出这种观点本身何以虚妄。佛老各自作为一种思想体系，它的人生、道德观点当然都应有更深的哲学世界观的根源。然而陆九渊（及程朱）的世界观在本质上和佛老具有同样的唯心主义性质，所以他就不可能有一个新的、更高的立足点来观察、剖析佛老思想，提出有力的理论批判，例如，他就达不到比他年代还要早的张载的批判的水平。

张载从"气"之聚散的本体论角度指出"语寂灭"的佛家"往而不及"，"执生有"的道家"物而不化"——道家"无为"即是为了不以物累形、"全生葆真"（《淮南子·氾论训》）——同属虚妄，这比陆九渊指责佛老"自私""不足道"那样的批评要深刻有力得多了（《正蒙·太和》）。

第二章　朱陆异同及争论

朱陆异同及争论的问题，黄宗羲评述说："（象山）先生之学，以尊德性为宗……同时紫阳之学，则以道问学为主……宗朱者诋陆为狂禅，宗陆者以朱为俗学，两家之学，各成门户，几如冰炭矣。……二先生同植纲常，同扶名教，同宗孔孟，即是意见终于不合，亦不过仁者见仁，智者见智，所谓学焉而得其性之所近，原无有背于圣人。"（《宋元学案》卷五十八《象山学案·按语》）这个评述是比较客观、真实的，只是还不够全面，没有概括出这一问题的全部内容。

朱陆异同及争论在整个的中国思想史上并没有很重要的地位，因为它比起先秦儒、墨、道、法的异同及争论，汉魏唐宋以来玄学、佛学和儒学的异同及争论，明清以来理学、汉学和新学的异同及争论等这些主要思潮之间的较量来说，只是一个插曲。但在理学处于统治地位的明清时期，它在思想学术领域内却显得非常重要，它不仅是一个思想历史问题，一个"数百年未了底大公案"（陈建《学蔀通辩·自序》），而且一直是理学阵营中两派对立的分界线，"朱陆异同之辩，祖分左右者数百年于兹矣，左朱右陆，左陆右朱，二者若不相下"（《学蔀通辩·顾苍严序》）。

朱陆两派对他们间的分歧所持的态度有所不同。由于朱学经常是处于最有势力和影响的儒学正统地位，宗陆派为了免遭压制和攻击，就尽量弥合朱陆之间的差异，竭力辩清自己和禅学之间的界限，这当以王守仁为代表。他觉得自己的来自陆九渊"发明本心"的"良知"之学，"独于朱子之说有相牴牾，恒疚于心"，于是裒集朱熹论心性修养的 34 封书信成《朱子晚年定论》，认为朱熹"晚岁固已大悟旧说之非"，自己则"幸其说之不谬于朱子，又喜其朱子之先得我心之同然"（《阳明全书》卷三《朱子晚年定论·序》），这就是朱陆"早异而晚同"说。朱陆"晚同"之说，在王守仁之前也就有人提倡，陆九渊的弟子章节夫曾著《修和管见》即是"取朱陆辞异旨同之处，集而疏之"（《宋元学案》卷七十七《槐堂诸儒学案》）。明代程敏政纂《道一编》谓朱陆"初则诚若冰炭之相反，其中则觉夫疑信之相半，至于终则有若辅车之相依"（《篁墩文集》卷二十八《道一编序》）。王守仁有很高的政治地位和学术地位，故他的《朱子晚年定论》最是引人注目，其差误甚多，但影响却是他人莫及。王守仁还竭力为陆九渊洗刷"是禅"的诬诋，他说："吾尝断以陆氏之学孟氏之学也。而世之议者以其尝与晦翁之有同异而遂诋以为禅。夫禅之说，弃人伦，遗物理，而要其归极，不可以为天下国家，苟陆氏之学而果若是也?"（《阳明全书》卷七《象山文集序》）宗朱派则竭力煽扬朱陆势不两立，揭举陆禅相通，这当以明代陈建为代表。张夏《洛闽源流录》谓："陈建，号清澜，广东莞人。嘉靖壬寅，朝议进宋儒陆九渊于孔庙，时清澜以进士令南闽，闻之，忧道统将移，学脉日紊，乃发愤著《学蔀通辩》，以破王氏所编《朱子晚年定论》。"《学蔀通辩》的主要内容是："前编明朱陆早同而晚异之实，后编明象山阳儒阴释之实。"（《学蔀通辩·自序》）其目的是："明正学不使为禅学之所乱，尊朱子不使为后人所诬。"（《学蔀通辩·提纲》）到了清代，直至理学终结的前夕，朱陆异同之辩仍在进行。夏炘著《述朱质疑》把《通辩》的结论又推进了一步，他认为朱熹早年"出入二氏之时，亦不过格物致知，无所不究，二氏亦在所不遗，实与易简工夫判然各别。《通辩》概谓朱子四十以前出入禅学，与象山未会而同，非大错乎?"（《述朱质疑》卷五《与胡琡卿论〈学蔀通辩〉》）他的结论是："金溪与建安之学，判然如缟素之分黑白也，泾渭之别清浊也，嵋夷柳谷之别东西也。"（同上书卷八《陆文安公推服朱子政绩说》）即认为朱正陆禅，始终无共同之处。而李绂则著《陆子学谱》，力论"象山陆子专以求放心教人，盖直接孟氏之传者……世人以训诂章句为学，失心久矣。"（《穆堂别稿》卷二十四《过浩斋先生训语序》）又裒集朱熹五十一岁以后论学文字357篇成《朱子晚年全论》，以证明"朱子与陆子之学早年异同参半，中年异者少同者多，至晚年则符节之相合也"（《穆堂初稿》

卷三十二《朱子晚年全论序》)。清初的一些著名学者，如黄宗羲、顾炎武、毛奇龄、陆陇其，在朱陆之间也是各有所党的。

就朱熹和陆九渊本人来说，对于他们之间的分歧和争论所持的态度也有所不同。朱熹是个"党性"很强的学者，他始终把他的理论斗争的矛头指向和儒学唯心主义对立的思想派别，而把儒学唯心主义内部的分歧和争论放在次要的位置。他说："熹每病当世道术分裂，上者入于佛老，下者流于管商。"(《朱文公文集》卷六十《答周南仲之一》)而他对这两者的态度和感情是有区别的："江西之学只是禅，浙学却专是功利。禅学，后来学者摸索，一旦无可摸索，自会转去；若功利者，学者习之便可见效，此意甚可忧。"(《朱子语类》卷一百二十三)所以在和陆九渊的争论中他常表现出退让的态度，他说："大抵子思以来教人之法，惟以尊德性、道问学两事为用力之要，今子静所说专是尊德性事，而熹平日所论却是道问学上多了……今当反身用力去短集长，庶几不堕一边耳。"(《朱文公文集》卷五十四《答项平父之二》)并且每每"劝同志者兼取两家之长，不轻相诋訾"(同上书《答诸葛诚之之一》)。朱陆之争的最后"免战牌"也是朱熹挑出的，在和陆九渊辩论"无极"的最后一封书信中他提出："我日斯迈而月斯征，各尊所闻、各行其知亦可矣，无复望其必同也。"(《朱文公文集》卷三十六《答陆子静之六》)这当然是不愿再争辩下去的态度。陆九渊是个很自信的学者，他几乎把自己"本心"（"理"）之外的一切全都视为异端而扫倒，他说："异端岂专指佛老哉？天下正理不容有二，若明此理，天地不能异此，鬼神不能异此，千古圣贤不能异此。若不明此理，私有绪端即是异端，何止佛老哉？近世言穷理者亦不到佛老地位，若借佛老为说，亦是妄说；其言辟佛老者，亦是妄说。"（卷十五《与陶仲赞之二》）所以在朱陆之争中，他始终表现出不可调和的态度，他说："元晦欲去两短合两长，然吾以为不可，既不知尊德性，焉有所谓道问学？"（卷三十四《语录》）他认为"天下之理，但当论是非，岂当论异同"（卷十三《与薛象先》），坚信"吾所明之理，乃天下之正理、实理、常理、公理，所谓本诸身、证诸庶民，考诸三王而不谬，建诸天地而不悖，质诸鬼神而无疑，百世俟圣人而不惑者也"（卷十五《与陶仲赞之二》），因而对朱熹的"各尊所闻，各行所知"的态度感到"甚非所望"

（卷二《与朱元晦之三》）。陆九渊非常重视他在和朱熹论辩中写下的文字，认为此"皆明道之文，非止一时辩论之文也"（卷十五《与陶仲赞之二》）。实际情况也是这样，在朱陆争辩中，陆九渊对自己的世界观和方法论都做了明确的表述。

理学统治的时代已经过去，把朱陆异同及争论当作思想史的一个事实，摆脱学派偏见，从新的角度来加以客观的考察是完全可能的了。我们看到，朱熹理学和陆九渊心学作为理学阵营中的不同思想派别，其分歧是始终存在的，而作为同是儒学思想家，他们在基本方面又是始终相同的。这个结论是通过对朱陆有共同的政治立场和世界观出发点的分析，通过对朱陆之争产生的原因和具体内容的分析而得出的。

第一节　朱陆之同

一　共同的政治立场

明清学者，无论宗陆宗朱者，对于朱陆有共同的政治立场这一点都是一致承认的，如黄宗羲说："二先生同植纲常、同扶名教、同宗孔孟。"夏炘说："象山与朱子不同者，特其学术而已。"（《述朱质疑》卷八《陆文安公推服朱子政绩说》）朱陆有共同政治立场首先就是表现在他们总是非常自觉地把自己学说的根本目标和维护封建的伦理及政治制度紧密地联系在一起。朱熹常谈"格物穷理"，这是因为"理有未穷，故其知有未尽，则心之所发，必不然纯于义理而无杂物欲之私。世其所以意有不诚，心有不正，身有不修，而天下国家不可得而治也"（《朱文公文集》卷十五《经筵讲义》）。陆九渊常谈"发明本心"，这是因为人心本"善"，一旦被"气有所蒙，物有所蔽，势有所迁，习有所移，往而不返，迷而不解，于是为愚为不肖，彝伦于是而致，天命于是而悖"（卷十九《武陵县学记》）。所以，朱熹的"存天理去人欲"和陆九渊的"明心解蔽"提法虽有不同，但根本目标却是完全一致的，即是为了"复彝伦""治天下"。

朱陆有共同的政治立场还表现在他们有一致的政治感受和相同的政治实践。朱陆生前在政治上并不得意，官职不大，地位不高，甚至受到排斥和打击，对此他们都以"天命"来自解自慰。陆九渊被驳，出京时曾说："吾人之遇不遇、道之行不行，固有天命，是区区者安能使予不遇哉?"（卷十三《与朱子渊之一》）朱熹一生曾多次被黜，晚年更遭落职，列为伪学之首，他曾有一诗可代表他对这些际遇的态度："荣丑穷通祇偶然，未妨闲共耸吟肩。君能触处贡齐物，我亦平生不怨天。"（《朱文公文集》卷四《次刘明远宋子飞反招隐韵之二》）

朱陆皆为南宋积弱不振的政局感到忧虑不安。孝宗淳熙十一年陆九渊在"轮对"中向孝宗奏言："陛下……临御二十余年，未有太宗（唐太宗）数年之效，版图未归，仇耻未复，生聚教训之实可为寒心"（卷十八《轮对札子之一》）。五年以后，朱熹在奏札中也说了同样的话："陛下……即位之初，慷慨发愤，恭俭勤劳，务以内修政事，外攘夷狄，汛扫陵庙，恢复疆土为己任，如是者二十有七年于兹矣，而因循荏苒，日失岁亡，了无尺寸之效，可以仰酬圣志，下慰人望。"（《朱文公文集》卷十四《戊申延和奏札之五》）但他们提不出可以挽回颓势的措施，就把一切希望都寄托在帝王的品德修养上，陆九渊在"轮对"中说："凡事不合天理、不当人心者，必害天下。"（《轮对札子之四》）而朱熹在奏札中则明白地说，国家颓势的造成，就是由帝王的"天理未纯，人欲未尽"，"天理有未纯，是以为善常不能充其量，人欲未尽，是以除恶常不能去其根"（《戊申延和奏札之五》）。所以朱陆对南宋现实的观感是一致的，其中包含着忧虑、失望和批评。

朱陆二人生平中，政治实践活动都很贫乏，且极为相似。朱熹一生登第入仕五十年，任京官才四十天，任外官也只有九年，且五易其职，"况其间畏罪惧谗，牵掣拘迫，平生之蕴绩，百未能罄其什一"（《述朱质疑》卷十三《记朱子外任政绩上》），知南康军的二年是他政治实践中的最重要时期。陆九渊的一生也是"不能尽以所学见之事业，立朝仅丞匠监，旋即奉祠以归，惠政所加止荆门小垒而已"（卷三十三《赐谥覆议》）。他的主要政治实践是在知荆门军的一年的时间内。朱陆二人作为知军所作所为如出一辙，他们治郡的方法一是礼化，二是法治。陆九渊赴任前，弟子问他"荆门之政何先?"他答："必也正人心乎。"（卷三十四《语录》）陆九渊到任后即兴修郡学贡院，朔望及暇日皆"诣学讲诲"，这是以礼义

"正人心"。与此同时，陆九渊"始至即修烟火保伍，盗贼之少，多赖其力"（卷十七《与邓文范》），"与邻为约，以绝逃逸之患"（卷十六《与章德茂之一》）。早先，曾有人问陆九渊"先生见用，以何医国?"他答："吾有四物汤：任贤、使能、赏功、罚罪。"（卷三十六《年谱·淳熙十一年》）荆门之政的另一面也正是使用"四物汤"的法治路数。朱熹的南康之政也是以礼化为先。朱熹一向认为学校之设、教化之行，"为政事之本，道德之归，而不可以一日废焉"（《朱文公文集》卷七十八《静江府学记》）。故一到任即复建白鹿书院，并拟定学规十六条（《朱文公文集》卷七十四）。朱熹治南康的二年，正值岁旱不雨，灾荒严重，《宋史》称其"讲求荒政，多所全活"（《宋史》卷四百二十九本传）。《朱子年谱》更谓其凡活饥民二十二万。然而他的南康之治并没有赢得"惠政"的美名，相反却落了个"苛严"的恶声。陆九渊为他辩白说："朱元晦在南康已得太严之声，元晦之政亦诚有病，然恐不能泛然以严病之。使罚当其罪，刑故无小，遽可以严而非之乎? 某尝谓不论理之是非，事之当否而汎然为严宽之论者，乃后世学术议论无根之弊。道之不明，政之不理，由此故也。"（卷三十六《年谱·淳熙十年》）其实，评朱熹为政苛严并非厚诬。严刑厉法是朱熹一贯的主张，他曾说："圣人说政以宽为本，而今而欲其严，正如古乐以和为主而周子反欲其淡。盖今之所谓宽者，乃纵驰;所谓和者，乃哇淫，非古所谓宽与和者，故必以是矫之，乃得其平尔。"（《朱文公文集》卷四十六《答廖子晦之十四》）"刑愈轻而愈不足以厚民之俗，往往反以长其悖逆作乱之心，而使狱讼之愈繁。"（《朱文公文集》卷十四《戊申延和奏札之一》）可见朱熹为政是把"法"和"礼"当作相辅相成的手段同时加以使用的，"五刑以弼五教，虽舜亦不免"（《朱子语类》卷七十八）。南康之政的实践正是这样。陆九渊此时为朱熹辩护，十四年后他任职荆门时，就如同朱熹一样地施行起来，这正表明他们的政治立场始终是相同的。

二 哲学世界观的共同出发点

朱陆同作为儒学思想家，有共同的政治立场，这还是容易为人所理解和接受的，他们作为理学阵营中对立的思想派别的代表，在哲学世界观上也有共同的起点，这就较难为人所理解和接受。明清的宗朱学者如陈建、夏炘就绝不承认这一点，他们把朱陆之学视作泾渭缁素，绝无相同。惟朱熹自己却不这样看，他说："子静说话常是两头明中间暗。或问暗是如何？曰：他是那不说破处，他所以不说破，便是禅所谓'鸳鸯绣出从君看，莫把金针度与人'。他禅家自爱如此。"（《朱子语类》卷一百零四）朱熹的这段话可以这样来理解：陆九渊学说的起点和终点都是明白的、正确的，由起点到终点所走的路程、采取的方法却是晦暗、不正确的。"中间暗"是朱陆之异，"两头明"是朱陆之同。如上所述，朱陆学术有"复彝伦""治天下"的共同的终极目标，那么，他们的共同起点又是什么？这就是他们哲学世界观有共同出发点。

1. 在朱陆的思想体系里，最高的、核心的哲学范畴都是"理"（即"道"），并且，他们都是把它理解为世界终极性的根源，既是自然界的规律，又是社会伦理原则。

朱熹说：

> 此个道理，大则包括乾坤，提挈造化，细则入毫厘丝忽里去，无远不周，无微不到。（《朱子语类》卷二十三）
>
> 万化自此流，千圣同兹源。（《朱文公文集》卷五《奉酬敬夫赠言并以为别》）
>
> 其造化发育，品物散殊，莫不各有固然之理，而最其大者则仁义礼智之性。（《朱文公文集》卷七十八《江州重建濂溪先生书堂记》）

陆九渊说：

> 道塞宇宙，非有所隐遁，在天曰阴阳，在地曰柔刚，在人曰仁义。（卷一《与赵监》）
>
> 此理充塞宇宙，天地鬼神且不能违异，况于人乎？（卷十一《与吴子嗣之八》）
>
> 此道充塞宇宙，天地顺此而动，故日月不过而四时不忒；圣人顺此而动，故刑罚清而民服。（卷十《与黄康年》）

对于"理"的这种理解，正是宋代儒家学者吸收了佛老思想后的理论创造。戴震曾说："老庄、释氏……以神为天地之本，遂求诸无形无迹者为实有，而视有形有迹为幻；在宋儒……'理'当其无形无迹之实有，而视有形有迹为粗。"（《孟子字义疏证》卷中）"以'理'为如有物焉，得于天而具于心"是"宋以来始相成俗"的（《孟子字义疏证》卷上）。戴震的发现是符合历史事实的。实际上形成"理学"根本性质和特征的，正是来自对于"理"的这种理解，来自对于世界的哲学性质的这种认识。朱陆作为理学阵营中的代表人物，尽管有分歧，这种理学思想的特质还是共同具有的。这是他们哲学世界观共同出发点的第一个方面内容。

2. 朱陆哲学世界观共同出发点的第二个方面的内容，是对于人的哲学性质的认识，他们都认为人具有合于伦理的、善的天然本性。

朱熹说：

> 人之有是生也，天固与之以仁义礼智之性，而叙其君臣父子之伦。（《朱文公文集》卷十四《行宫便殿奏札之二》）
>
> 父子之仁，君臣之义，莫非天赋之本然，民彝之固有。（《朱文公文集》卷八十二《跋宋君忠嘉集》）
>
> 性者，人所禀于天，以生之理，浑然至善，未尝有恶。（《孟子集注》卷三《滕文公上》）

陆九渊说：

> 义理之在人心，实天之所与而不可泯灭焉者。（卷三十二《思而得之》）
>
> 皇极之建，彝伦之叙，反是则非，终古不易，是极是彝，根乎人心而塞乎天地。（卷二十二《杂说》）
>
> 人受天地之中以生，其本心无有不善。（卷十一《与王顺伯之二》）

可见朱陆二人都是把人后天历史地形成的社会伦理品性当作先天固有的自然本能，只是二人所用名称稍有不同，朱熹称之为"性"，陆九渊称之为

"心"。同样，正如陆九渊有时把心称为"理"（"心即理"），朱熹则把性称为"天理"，"性即天理"（《孟子集注》卷六《告子上》），实际都是一样的。

人的本质（"性"或"心"）是伦理的、善的，何以人的行为中、思想中有悖伦的、恶的表现？朱陆二人的回答也近乎一致。

朱熹说：

> 人之有是生也，天固与之以仁义礼智之性，而叙其君臣父子之伦，制其事物当然之则矣；以其气质之有偏，物欲之有蔽也，是以或昧其性以乱其伦，败其则而不知反。（《朱文公文集》卷十四《行宫便殿奏札》）

陆九渊说：

> 人之生也，不能皆上智不惑，气质偏弱，则耳目之官不思而蔽于物，物交物则引之而已。（卷三十二《主忠信》）

可见，朱陆都是把"气质之偏""物欲之蔽"当作人世间的恶的产生的原因。人的气禀的不同、情欲的存在本是人类固有的自然本性，但在朱陆看来，这却是人类之病症，而并不是人类之本性。人有"善"的本性，又有"欲"的病症，对于人的这种哲学认识，也是形成宋代理学根本性质和特征的因素之一，正如戴震所说，只有宋儒才是"辨乎理欲之分……虽视人之饥寒号呼男女哀怨，以至垂死冀生，无非人欲，空指一绝情欲之感者，为天理之本然"（《孟子字义疏证》卷下）。而且，理学家的理论活动的目的正是从这里产生的。朱熹说："圣人千言万语，只是教人明天理灭人欲。"（《朱子语类》卷十二）陆九渊也说："千古圣贤只去人病。"（卷三十四《语录》）因此，朱陆在谈到完成封建伦理道德修养时，见解和态度总是一致的。《象山年谱》有二则记事曰：

> 周伯熊来学，先生问："学何经？"对曰："读《礼记》。""曾用工于'九容'乎？"曰："未也。""且用功于此。"往后，学于晦庵。晦

庵曰："仙里近陆先生，曾见之否？"曰："亦尝请教。"具述所言。晦
庵曰："公来问某，某亦不过如此说。"（卷三十六《年谱·乾道八年》）

　　先生登白鹿洞书院讲席，先生讲"君子喻于义小人喻于利"一
章……元晦深感动，天气微冷而汗出挥扇。元晦又与杨道夫云："曾见
陆子静义利之说否？"曰："未也。"曰："这是子静来南康，熹请说书，
却说得这义利分明，是说得好。"（卷三十六《年谱·淳熙八年》）

对人的这种哲学理解，也表明朱陆思想的起点和终点都是相同的，但
朱陆在从起点到终点所走的路途并不相同，即是说他们"明天理灭人欲"
或"明心解蔽"的方法并不相同。然而共同的政治立场和共同的哲学世
界观出发点，使得朱陆虽然在思想理论上发生了分歧和争论，但他们的交
谊仍是笃挚的，始终保持着相互尊重、相互维护的态度。朱熹曾评论陆九渊
说："江南未有人如他八字着脚。"（《朱子语类》卷一百二十四）陆九渊也
常对弟子说："朱元晦泰山乔岳。"（卷三十四《语录》）朱陆冰炭不相容的
对立状态，实是他们的浅薄弟子和后人用意气和成见推波助澜的结果。

第二节　朱陆之异

朱陆虽然有共同的政治立场和世界观的共同出发点，但朱陆之间毕竟
发生了争论和对立，原因何在呢？当然这不可能是政治原因造成的，因为朱
陆当时在政治上同是受攻击被排斥的对象，"庆元学禁"的59人，朱陆两派
的主要人物皆在其中（李心传《建炎以来朝野杂事》甲集卷六）。他们的分歧
和争端是由对当时理学思潮中的主要哲学概念或范畴的理解不同而产生的。

一　对"理"的不同理解

朱陆都认为"理"是终极性的根源，但从这个共同出发点跨出第一步
后，他们之间就出现了分歧，陆九渊从发挥儒家传统的"天人合一"观点的
途径，认为"心即理"，得出主观唯心主义的结论：万物皆自心发。他说：

　　天降衷于人，人受中以生，是道固在人矣。（卷十三《与冯传之》）

万物森然于方寸之间，满心而发，充塞宇宙，无非此理。（卷三十四《语录》）

朱熹则从发挥来自华严宗的"体用一源"观点的途径①，认为"理兼体用"，得出客观唯心主义的结论：万物皆是"理"的体现。他说：

至微者理也，至著者象也，体用一源，显微无间。盖自理而言，则即体而用在其中，所以一源也；自象而言，则即显而微不能外，所谓无间也。（《朱文公文集》卷三十《答汪尚书之七》）

盖至诚无息者，道之体也，万殊之所以一本也；万物各得其所者，道之用也，一本之所以万殊也。（《论语集注》卷二《里仁》）

朱陆对"理"的这种不同理解，导致了他们哲学方法上的基本分歧，朱熹谈"穷理"（"道问学"），陆九渊说"明心"（"尊德性"），他们间的争论就是从这里开始的。

朱熹进一步把"理"之总汇称为"太极"，并用道家的"无极"来加以形容，他说：

盖以谓太极云者，合天地万物之理而一名之耳，以其无器与形而天地万物之理无不在是，故曰无极而太极，以其具天地万物之理而无器与形，故曰太极本无极也。（《朱文公文集》卷七十八《隆兴府学濂溪先生祠记》）

朱熹又认为"理"（"太极"）分存于每一具体事物之中，并援用华严宗的"月散江湖"来描述这种"理一分殊"的关系。他说：

天地之间，人物之众，其理本一，而分未尝不殊也。（《孟子或

---

① 澄观《华严经疏》谓："体外无用，用即是体；用外无体，体即是用。"（卷二十三）此外，诸如"体用双融""隐显无碍"之语《华严经疏》中俯拾皆是。

问》卷一）

　　问：万物各有一太极，如此则是太极有分裂乎？曰：本只是一太极，而万物有禀受，又自各全具一太极尔。如月在天只一而已，及散在江湖，则随处而见，不可谓月已分也。（《朱子语类》卷九十四）

这些都表明朱熹的本体论思想比较充实，试图给世界一个统一的、具体的说明。但在陆九渊看来，这些论述正如"叠床上之床，架屋下之屋"（卷二《与朱元晦之二》），完全是多余的。于是，这又引起他们在世界观上的一场争论。

二　对"气"的不同理解

在朱熹的思想体系里，"气"是一个和"理"相对立的哲学范畴，首先是指宇宙万物形成的基础，构成万物的物质材料（"形而下之器"）。朱熹说：

　　天地之间，有理有气，理也者，形而上之道也，生物之本也；气也者，形而下之器也，生物之具也。是以人物之生，必禀此理，然后有性，必禀此气，然后有形。（《朱文公文集》卷五十八《答黄道夫之一》）

　　阳变阴合，而生水火木金土，阴阳气也，生此五行质也……五行阴阳七者滚合，便是生物底材料。（《朱子语类》卷九十四）

其次，朱熹的"气"还指是形成人、物之别，贤、愚之殊的内在因素（"气质之性"）。他说：

　　人、物并生于天地之间，本同一理，而禀气有异焉：禀其清明纯正则为人，禀其昏浊偏驳则为物。（《孟子或问》卷一）

　　气之为物，有清浊昏明之不同。禀其清明之气而无物欲之累则为圣；禀其清明而未纯全，则未免微有物欲之累而能克以去之则为贤；禀其昏浊之气又为物欲所蔽而不能去则为愚为不肖。是皆气禀物欲之

所为，而性之善未尝不同也。（《朱文公文集》卷七十四《玉山讲义》）

人之禀气，富贵贫贱长短皆有定数寓其中。（《朱子语类》卷四）

总之，朱熹认为万事万物的出现和存在，皆有其物质的基础或原因（"气"）。并且，就事物的现存状态来说理在气中方能表现出来，他说："须有此气，方能承得此理；若无此气，则此理如何顿放？"（《朱子语类》卷四）但朱熹并不是唯物主义者，而是客观唯心主义者，因为他认为就事物的产生根源来说并不是"气"，而是"理"："盖天地之所以生物者理也，其生物者气与质也。"（《论语或问》卷十七）所以理在气先，他说："若在理上看，虽未有物而已有物之理，然亦但有其理而已，未尝实有是物也。"（《朱文公文集》卷四十六《答刘叔一之一》）"须知未有此气，已有此性，气有不存，性却常在。"（同上书《答刘叔一之二》）这样的"理"，当然就是一种脱离具体事物而独立存在的精神性的实体了。

在陆九渊的思想体系里，"气质"只是一个生理、心理的概念，它的哲学意义只是作为造成"心蔽"的外界原因之一而已。他说：

某气禀素弱，年十四五手足未尝温暖。（卷十《与涂任伯》）
刘定夫气禀倔强，恣睢朋侪。（卷十三《与朱元晦之一》）
学者之病，随其气质千种万态，何可胜穷，至于各能自知有用力处，其致则一。（卷五《与吕子约》）

可见，陆九渊所能理解的"气质"，乃是指人的一种生理状况或心理状态。故陆九渊和朱熹不同，他认为人的这种生理心理品性和人的社会行为之间虽然有联系，但并不是必然的、唯一的关系，即气质并不能决定人之善恶贤愚，并不能决定人之最后归宿。他说：

人生天地间，气有清浊，心有智愚，行有贤不肖，必以二途总之，则宜贤者心必智，气必清，不肖者心必愚，气必浊；而乃有大不

然者……由是而言，则所谓清浊智愚孝殆不可以其行之贤不肖论也。（卷六《与包详道之一》）

大抵学者且当论志，不必遽论所到……若其所到则岁月有久近，工力有勤怠缓急，气禀有厚薄昏明强弱利钝之殊，特未可遽论也。（卷六《与傅圣谟之三》）

陆九渊的这种"气质"观点和朱熹不同，它是从经验出发的，而不是从论证"恶"的最后根源这一理论需要出发的。所以和朱熹把"气质之性"视为决定人的善恶贤愚之殊的唯一的内在因素不同，陆九渊只是把"气禀"当作造成"心蔽"的外在原因之一。他说：

人之所以病道者，一资禀，二渐习。（卷三十五《语录》）

气有所蒙，物有所蔽，势有所迁，习有所移，往而不返，迷而不解，于是为愚为不肖。（卷十九《武陵县学记》）

朱陆对于"气"的这种不同理解，同样也导致他们在为学宗旨或修养方法上的分歧。在陆九渊看来，人心本善，"气有所蒙"只是外界的因素，因此为学或修养，根本上来说，即是"尽我之心"，亦就是"简易工夫"，他说：

心之体甚大，若能尽我之心，便与天同，为学只理会此。（卷三十五《语录》）

学无二事无二道，根本者立，保养不替，自然日新，不出简易而已。（卷五《与高应朝》）

但在朱熹看来，人的本质不仅有性理的方面（"天理"），还有气质的方面（"人欲"）。他说："若夫人物之生、性命之正，固莫非天理之实，但以气质之偏、口鼻耳四肢之好，得以蔽之，而私欲生焉。"（《中庸或问》卷二）因此，为学或修养，根本上来说即是"存天理灭人欲"，亦就是"格物居敬"，他说：

孔子之所谓"克己复礼"，《中庸》所谓"致中和、尊德性、道问学"，《大学》所谓"明明德"，《书》曰"人心惟危，道心惟微，惟精惟一，允执厥中"，圣人千言圣语，只是教人存天理灭人欲……人性本明，如宝珠沉浊水中，明不可见，去了浊水，则宝珠依旧自明，自家欲得知是人欲蔽了，便是明处，只是这上便紧著力主定，一面格物，今日格一物，明日格一物，正如游兵攻围拔守，人欲自销铄去。所以程先生说"敬"字只是谓我自有一个明底物事在这里，把个"敬"字抵敌，常常存个"敬"字在这里，则人欲自然来不得。（《朱子语类》卷十二）

朱陆的这种分歧虽然未酿成公开的争论，但各人都在自己的弟子们面前，对对方的宗旨和方法进行了尖锐的批评。陆九渊指责朱熹"天理人欲之分，论极有病"（卷三十五《语录》），认为它背离了儒家"天人合一"的传统观念，"天理人欲之言亦自不是至论，若天是理，人是欲，则天人不同矣，此其原盖出于老氏"（卷三十四《语录》）。至于"居敬"，也不见于六经与《论语》《孟子》，"乃后来杜撰……观此二字，可见其不明道矣"（卷一《与曾宅之》）。而朱熹则认为陆九渊学说的大错就是由于不知人有气质之杂，固有许多私欲，需要时时做格物居敬工夫而铸成，故他说："陆子静之学，看他千病万病，只在不知有气禀之杂。他只说儒者断了许多私欲，便是千事万当，任意做出都不妨，不知气禀有不好底夹在里，一齐滚将去……只我胸中流出底是天理，全不著些工夫，看来这错处只在不知有气禀之性。"（《朱子语类》卷一百二十四）他指责陆九渊"尽我之心"乃是以佛释乱孔孟："近世以来，乃有假佛释之似以乱孔孟之实者，其法首以读书穷理为大禁，常欲学者注其心于芒昧不可知之地，以侥幸一旦恍然独见然后为得，盖亦有自谓得之者矣，而察其容貌词气之间，修己治人之际，乃与圣贤之学有大不相似者。"（《朱文公文集》卷六十《答许中应》）

三 对"心"的不同理解

朱陆二人在哲学思想上的差异，还产生和直接表现于他们对"心"

的不同理解。朱熹所理解的心，是人的知觉认识能力，是人的行为主宰。他说：

> 心者，人之知觉，主于身而应事物者也。（《朱文公文集》卷六十五《大禹谟传》）
>
> 心者，人之神明，所以具众理而应事物者也。（《孟子集注》卷七《尽心上》）

而陆九渊所理解的心，是人的伦理本能，是人的本质所在。他说：

> 四端者，人之心也，天之所以与我者即此心也，人皆有是心，心皆具是理，心即理也。（卷十一《与李宰》）
>
> 仁，人心也，心之在人是人之所以为人而与禽兽草木异焉。（卷三十二《学而求放心》）

朱熹也认为人心具有理，"心包万理，万理具于一心"（《朱子语类》卷十九），但心本身不是理，只是"理之所会之地"（《朱子语类》卷五）。故他认为心的主要性质是"灵"（知觉作用）而不是"性理"（伦理本能）。《朱子语类》曰："问：灵处是心抑是性？曰：灵处只是心，不是性，性只是理。"（卷五）陆九渊也不否认心有知觉作用："此心之灵，此理之明岂外铄哉？"（卷七《与詹子南之二》）但他经常是否定运用心的知觉判断能力而提倡发挥心的固有的伦理本能。他说："心害苟除，其善自著，不劳推测；才有推测，即是心害。"（卷四《与胡达材之一》）"精神自作主宰，万物皆备于我，有何欠缺，当恻隐时自然恻隐，当羞恶时自然羞恶，当宽裕温柔时自然宽裕温柔，当发强刚毅时自然发强刚毅。"（卷三十五《语录》）

朱陆对"心"的这种不同理解，使他们对理学中的这样两个问题也产生了分歧。

1. 性、情、心、才的区分

在朱熹的理论体系里，这是四个具有不同内容而又相互关联的道德范

畴。他说:

> 性者心之理,情者性之动,心者性情之主。(《朱子语类》卷五)
> 性者心之理,情者心之动,才便是那情之会恁地者,情与才绝相
> 近。(同上)

即是说,"性"是理,指那种本然的静止的状态;"情"是情感,指性的发动而有所表现的状态;"才"是情感得以表现的能力,而所有这些都在心中存在。朱熹举例说:"性、情、心惟孟子说得好,仁是性,恻隐是情,须是从心上发出来,心统性情者也。"(《朱子语类》卷五)

朱熹还认为,性是全善,而情、才则有善也有恶。他说:"性才发便是情,情有善恶,性则全善。"(《朱子语类》卷五)"以性而言,则才与情本非有不善也,特气禀不齐,是以才有所拘、情有所徇而不能一于义理耳。"(《孟子或问》卷十一)

朱熹的这些分析,对他的理论体系来说是很必要的,因为他既然认为人身之中既有天理之性又有气质之性,人心之中既有知觉能力又包具万理,所以他就必须把人的统一的心理过程中的不同状态加以区分,加以道德化、等级化,以保持理论上的一致和相互印证。

但在陆九渊的理论体系里就没有这种区分的必要了,因为陆九渊把人心看作一个统一的伦理精神整体:"人性(心)本善,其不善者,迁于物也。"(卷三十四《语录》)"人心"已无可再作剖析细分,只要适意做去即是。《象山语录》记有他和弟子李伯敏的一段对话:

> 问:性、才、心、情如何分别?
> 答:如吾友此言又是枝叶。虽然,此非吾友之过,盖举世之弊。今之学者读书只是解字,更不求血脉。且如情性心才都只是一般物事,言偶不同耳。
> 问:莫是同出而异名乎?
> 答:不须说得,说着便不是……若必欲说时,则在天者为性,在人者为心。此盖随吾友而言,其实不须如此,只是要尽去为心之累

者，如吾友适意时即今便是"狮子咬人，狂狗逐块"。以土打狮子，便径来咬人，若打狗，狗狂只去理会土，圣贤急于教人，故以情以性以心以才说与人，如何泥得？（卷三十五）

可见陆九渊不仅自己不去区分性情心才，而且还批评去做这种区分的学者是"读书只解字不求血脉"，讥嘲其如只知"逐块"不知"咬人"的狂狗，完全不理会圣贤教人的本意。

朱熹对陆九渊心性不分、性情不分也是很有看法的，把他视为告子。《朱子语类》有则记曰：

象山死，先生率门人往寺中哭之，既罢，良久曰：可惜死了告子。（卷一百二十四）

2. "人心、道心"的解释

"人心、道心"的最早对举连用，见于荀子称引的《道经》。《荀子·解蔽》中有这样一段话："昔者舜之治天下也，不以事诏而万物成。处一危之，其荣满侧，养一之微，荣矣而未知，故《道经》曰：'人心之危，道心之微。'危微之几，惟明君子而后能知之。"对荀子的这段话王念孙是这样解释的："荀子其意则曰，舜身行人事而处以专一，且时加以戒惧之心，所谓危之也。惟其危之，所以满侧皆获安荣，此人所知也。舜心见道而养以专一，在于几微其心，安荣则他人未知也。"（《荀子集注》引）王氏的解释是正确的，唯后一句似乎未安。"养一之微"应作"养一微之"，以和"处一危之"保持语态结构的一致，荀子的文章的语体风格常是这样的。这样，"微"就不作名词解而作动词解了。荀子说："心未尝不藏也，然而有所谓虚；心未尝不满也，然而有所谓一；心未尝不动也，然而有所谓静。"（《荀子·解蔽》）"一"即是"心"。"养一微之"即是说平时要保持心的安静、虚逊，而"处一危之"则是说立身行事时心要保持戒惧谨慎。荀子最后引《道经》的两句话来概括他的意思并无深意，在荀子这里，"人心、道心"丝毫没有对立的意思，它们是指君子修养的不同方面。

魏晋时，《大禹谟》的作者，由荀子的这段话提炼出"人心惟危，道心惟微，惟精惟一，允执厥中"十六个字是舜私向禹传授的治天下之法。从文字形式上看这四句确是从荀子脱胎而来，但从思想内容上看却和荀子大不相同，最主要的是在这里"人心"和"道心"、"精"和"一"已经不是统一整体的不同方面，而是对立的两个方面了。非常明显，这是在魏晋时期玄学思想占统治地位的理论背景下，道家"天人对立"观念留下的痕迹①，但是，"人心""道心"的内容是什么，魏晋隋唐的学者都没有给予任何的解释，他们也没有发觉"十六字"有什么特殊的意义或价值，甚至在宋初文彦博《进〈尚书〉札子》里概括《大禹谟》的中心内容时，也根本没有提到这"十六字"。

赋予"人心""道心"以明确内容和"十六字"以特殊价值的是宋代程朱派理学家，特别是朱熹。本来，朱熹对古文《尚书》和孔安国《传》都有所怀疑，他发觉"今文多艰涩而古文反平易"，"安国之序又绝不类西京文字"（《朱文公文集》卷八十二《书临漳所刊四经后》），但他是虽疑犹尊，认为"其间大体义理固可推崇"（《朱子语类》卷七十八）。正是抱着这种态度，他推崇《大禹谟》"十六字"为"尧舜相传之心法""尧舜禹相传之密旨"（《朱文公文集》卷三十六《答陈同甫之八》），并且给以完全确定的解释："心者，人之知觉，主于身而应事物者也。指其生于形气之私者而言，则谓之人心，指其发于义理之公者而言，则谓之道心。人心易动而难反，故危而不安；义理则难明而易昧，故微而不显。惟能省察于二者公私之间，以致其精，而不使其有毫厘之杂，持守于道心微妙之本，以致其一，而不使其有顷刻之离，则其日用之间，思虑动作，自无过不及之差，而信能执其中矣。"（《朱文公文集》卷六十五《杂著〈尚书·大禹谟〉》）又说："只是一个心，知觉从耳目之欲上去便是人心，知觉从义理上去便是道心。"（《朱子语类》卷七十八）总之，朱熹把人心、道心理解为一身中的两种对立的品质行为，一心中的两种对立的知觉能力。这和他的理、气之分，天理、人欲之分，性、情之分的理论都是一致的。

---

① 例如《庄子》中就有明显的天人对立思想："天也，非人也。"（《养生主》）"内直者与天为徒，外曲者与人为徒。"（《人间世》）"天之小人，人之君子；人之君子，天之小人。"（《大宗师》）

在陆九渊的理论体系里，没有这种对立的二元区分，并反对做这种区分，故也反对朱熹对人心、道心做这种对立的解释。他说："指人心为人欲，道心为天理，此说非是，心一也，人安有二心？自人而言则曰惟危，自道而言则曰惟微。罔念作狂，克念作圣，非危乎？无声无息，无形无体，非微乎？"（卷三十四《语录》）在陆九渊看来，"人心""道心"是从不同方面来描述心的性质，描述心的存在状态；就心的活动总要产生或圣或狂的结果来说，是"人心"；就心的活动无影无踪的微妙过程来说，是"道心"。陆九渊认为朱熹将人心、道心作对立的理解，"是分明裂天人为二也"，同乎"庄子云眇乎小哉以属诸人，謷乎大哉独游于天"（卷三十四《语录》）。

第三节 朱陆之争

朱熹和陆九渊并没有就他们之间的每个分歧问题都展开过争论，而只是在几个为他们自己所觉察到的主要的问题上进行了争论。

一 方法论的争论

朱陆之争最早是在道德修养和学习方法问题上展开的，这一争论一直被视为朱陆学术差异的主要标志。

朱陆二人对他们方法上的分歧，各是这样表述的：

朱熹：

> 大抵子思以来，教人之法惟尊德性、道问学两事为用力之要，今子静所说专是尊德性事，而某平日所论却是道问学上多了。（《朱文公文集》卷五十四《答项平父之二》）

陆九渊：

> 易简工夫终久大，支离事业竟浮沉。（卷二十五《鹅湖和教授兄韵》）

即是说，朱陆方法上的分歧，朱熹认为是"尊德性"或"道问学"着力点的不同，陆九渊则认为是"易简"或"支离"优劣的不同。朱陆因方法上的分歧而发生的争论有两次。

1. 鹅湖之会

南宋的唯心主义理学阵营中，从其学术的主要特色上来说，向有三派之分。全祖望说："宋淳熙以后，学派分而为三：朱学也、吕学也、陆学也。三家同时，皆不甚合：朱学以格物致知，陆学以明心，吕学则兼取其长，而复以中原文献之统润色之。门庭径路虽别，要其归宿于圣人则一也。"（《鲒埼亭集》外编卷十六《同谷三先生书院记》）鹅湖之会就是朱熹、吕祖谦、陆九渊三家之会。①

淳熙二年初夏，吕祖谦访朱熹后归家，朱熹送他至信州铅山鹅湖寺，吕祖谦即约请陆九渊及其五兄陆九龄前来相会。此时，陆九渊的学风已经形成，并且一开始就显露出和朱熹的对立之势，他说："当今最大害事名为讲学。"（卷五《与徐子宜之二》）这使得朱熹很不安，他说："近闻陆子静言论风旨之一二，全是禅学，但变其名号耳，竞相祖习，恐误后生，恨不识之，不得深扣其说，因献所疑也。然相其说方行，亦未必肯听老生常谈，徒窃叹而已。"（《朱文公文集》卷四十七《答吕子约之十七》）非常明显，吕祖谦发起鹅湖之会的目的确是如时人所说："伯恭盖虑朱与陆犹有异同，欲会归于一而定其适从。"（《宋元学案》卷七十七《槐堂诸儒学案·朱亨道传》）

鹅湖会上，朱陆关于学习方法进行了很激烈的辩论。随陆九渊参加了这次约会的朱亨道记述说："鹅湖之会论及教人，元晦之意欲令人泛观博览而后归之约，二陆之意欲先发明人之本心而后使之博览；朱以陆之教人为太简，陆以朱之教人为支离，此颇不合。先生（指陆九渊）更欲与元晦辩，以为尧舜之前何书可读，复斋（陆九龄）止之。"（《槐堂诸儒学案·朱亨道传》）后来陆九渊自己回忆说："二公（朱、吕）商量数十折议论来，莫不悉破其说，继日。凡致辩其说，随屈。伯恭甚有虚心相听之意，竟为

---

① 虽则说是三家之会，要归于两派之争。吕祖谦所表现出来的追随朱熹反对陆九渊的明显态度在鹅湖之会上充分披露出来。鹅湖之会是吕祖谦帮助朱熹共同诘责陆九渊的学术辩论会。——编者附识。

元晦所尼。"（卷三十四《语录》）

在鹅湖会上，二陆将自己的观点用诗的形式表述出来。

陆九龄：

> 孩提知爱长知钦，古圣相传只此心。大抵有基方筑室，未闻无址
> 忽成岑。留情传注翻蓁塞，著意精微转陆沉。珍重友朋相切琢，须知
> 至乐在于今。（卷三十四《语录》）

陆九龄认为发明"本心"是基本，留情"传注"是棘途，可见与陆
九渊是持同样观点的，所以朱熹听到第四句时即说："子寿早已上了子静
船了也。"（卷三十四《语录》）很感失望。陆九渊认为兄长的诗甚佳，但
第二句"微有未安"，在他看来，"人皆有是心"，非只"古圣"为然。他
写了一首诗，把这个意思补足，诗曰：

> 墟墓兴衰宗庙钦，斯人千古不磨心。涓流积至沧溟水，拳石崇成
> 泰华岑。易简工夫终久大，支离事业竟浮沉。欲知自下升高处，真伪
> 先须辩古今。（卷二十五《鹅湖和教授兄韵》）

陆九渊一向认为朱熹的讲学方法是"簸弄经语以自傅益"，是"浮论
虚说，谬悠无根之甚"（卷一《与曾宅之》）。故诗中以"支离"陋谬、
"拉浮沉"无根讥之。这使朱熹大为不悦，与二陆进行了诘辩，并在三年
后陆九龄重来访问时和诗一首曰：

> 德义风流夙所钦，别离三载更关心。偶扶藜杖出寒谷，又枉篮舆
> 度远岭。旧学商量加邃密，新知培养转深沉。却愁说到无言处，不信
> 人间有古今。（《朱文公文集》卷四《鹅湖寺和陆子寿》）

朱熹一向认为陆九渊的方法，"其病却在尽废讲学而专务践履，于践
履中要人提撕省察，悟得本心，此为病之大者"（《朱文公文集》卷三十
一《答张敬夫之十八》），故诗中以"说到无言""不信古今"讥其学术

空疏，师心自用。

在朱陆的鹅湖方法论之争中，吕祖谦基本上是站在朱熹一方的，其有一封书信可以为证：

> 自春末为建宁之行，与朱元晦相聚四十余日。复同出至鹅湖，二陆及子澄诸兄皆集，甚有讲诲之益。前书所论甚当，近已尝为子静言之。讲贯诵绎乃百代为学通法，学者缘此支离泛滥自是人病，非是法病，见此而欲尽之，正是因噎废食。然学者苟徒能言其非而未能反己就实，泛泛汩汩，无所底止，是又适所以坚彼之自信也。（《吕东莱文集》卷四《答邢邦用》）

"因噎废食""徒能言其非而未能反己就实"皆是吕祖谦对陆九渊为学方法的批评。

鹅湖之会，历经旬日，与会者当然还讲论了其他问题，朱、陆、吕皆未见分歧。如随陆九渊赴会的邹斌记述曰："朱、吕二公话及九卦之序，先生因亹亹言之……二公大服。"（《宋元学案》卷七十七《槐堂诸儒学案·邹斌传》）"九卦"之序是指儒家以"履""谦""复""恒""损""益""困""井""巽"九卦来解释人的修养进程和道德境界（《易传·系辞下》），其内容核心是封建伦理，故朱陆之间没有异议。

2. 南康之会

鹅湖会以后六年，朱熹知南康军，陆九渊去庐山白鹿洞书院访问，朱陆二人第二次会面。这次会面，在论及道德修养的内容方面二人仍是志同道合。陆九渊登白鹿洞书院讲席，讲《论语》"君子喻于义小人喻于义"一章，朱熹极为赞赏。但在论及修养或学习方法时，二人又起争辩，这在朱熹答吕祖谦的一封信里有所记述。先是吕祖谦致朱熹信问："子静留得几日，鹅湖气象已全转否？"（《吕东莱文集》卷四）朱熹答书云：

> 子静旧日规模终在。其论为学之病多说如此即是意见，如此即只是议论，如此即只是定本。熹因与说：既是思索，即不容无意见，既

是讲学，即不容无议论，统论为学规模，亦岂容无定本。但随人材质病痛而救药之，即不可有定本耳。渠却云：正为多是邪意见、闲议论故为学者之病。熹云：如此即是自家呵斥，亦过分了。须是著邪字闲字，方始分明不教人作禅会耳。又教人恐须先立定本，却就上面整顿，方始说得无定本底道理。今如一概挥斥，其不为禅学者几希矣。（《朱文公文集》卷三十三《答吕伯恭之四十四》）

可见，南康之会，陆指朱为"邪意见、闲议论"，朱指陆"作禅会、为禅学"，双方的争执比在鹅湖时要显得尖锐。此后，朱陆的论辩在学术上相互砥砺之意渐消，而派性攻击之焰愈炽了。陆诋朱"蠹食蛆长于经传文字之间"（卷一《与侄孙濬》），"藻绘以矜世取誉"（卷十四《与侄孙濬之三》），"以学术杀天下"（卷一《与曾宅之》）。朱诋陆"窃取禅学之近似，以误后生"（《朱文公文集》卷五十五《答包敏道之一》），"做出许多诐淫邪遁之说，又且空腹高心，妄自尊大，俯视圣贤，蔑弃礼法，只此一节尤为学者心术之害"（同上书卷五十四《答赵几道之一》）。其门弟子更甚，正如黄宗羲所说："宗朱者诋陆为狂禅，宗陆者以朱为俗学，两家之学各成门户，几如冰炭矣。"

二 世界观的争论

朱陆之间在世界观上的争论，即"无极""皇极"之辩，不是由他们的世界观有实质的不同而引起，乃是由他们对理学中"太极"这个概念或范畴的解释不同而引起。

"无极"之辩是由陆九渊的四兄陆九韶发起的。约在淳熙十四年间，陆九韶曾与朱熹讨论，认为《太极图说》不是周敦颐所作，或者是其学术未成之时所作。他提出怀疑的根据有二，一是《太极图说》与周敦颐的另一著作《通书》不类，《通书》只言"太极"，这是儒家经典《易传》里有的（《系辞上》云"易有太极，是生两仪"），而《太极图说》却言"无极"（"无极而太极"），这是儒家经典里没有的。二是言"无极"便有虚无好高之弊，似乃老氏之学（陆九韶此书信已佚，其意则可见之朱熹书信所引）。朱熹答书，对这两点都予否定，认为"无极""太极"并无差异,"不言无极则太极同于一物而不足为万化之根,不言太极则无极沦于空寂而不能为万化之根"(《朱文公文集》卷三十六《答陆子美之一》)。朱熹批评陆九韶"无极"似乃老氏之说,是"妄以己意增饰其所无,破坏其有",并向陆九渊提出挑战,说"子静似亦未免此病"(同上书卷三十六《答陆子美之二》)。后来,陆九韶觉得朱熹好胜,不愿与之争辩下去,可是陆九渊却说:"某以为人之所见偶有未通处,其说固以己为是,以他人为非,且当与之辩白,未可便以好胜绝之,遂尾其说以与晦翁辩白。"(卷十五《与陶仲赞之一》)实际上是对朱熹的应战。

朱陆往还辩论"无极"有四封书信。淳熙十五年陆九渊写信给朱熹,针对朱熹答陆九韶的两封书信提出诘辩,主要内容是:

1. "太极"即是实理,从不空寂,固是万化根本,不必用"无极"来形容。他说:

> 太极者,实有是理,圣人从而发明之耳,非以空言立论使后人籤弄于颊舌纸笔之间也。其为万化根本,固自素定,其足不足、能不能,岂以人言不言之故耶?《易·大传》曰"易有太极",圣人言"有",今乃言"无",何也?作《大传》时不言无极,太极何尝同于一物而不足为万化根本耶?《洪范》五"皇极"列在九畴之中,不言无极,太极亦何尝同于一物而不足为万化根本耶?(卷二《与朱元晦之一》)

2. 阴阳已是形而上之道,何况"太极",故不需加"无极"使"太极"区别于物;"极"训"中",故也不能用"无极"来形容"太极"。他说:

> 《易·大传》曰:"形而上者谓之道。"又曰:"一阴一阳谓之道。"一阴一阳已是形而上者,况"太极"乎?晓文义者举知之矣。自有《大传》至今几千年,未闻有错认"太极"别为一物者。且"极"字亦不可以"形"字释之。盖"极"者,"中"也,言"无极"则是犹言"无中"也,是奚可哉?若惧学者泥于形器而申释之,则宜如《诗》言"上天之载"而于下赞之曰"无声无臭"可也,岂

宜以"无极"字加于"太极"之上乎？（卷二《与朱元晦之一》）

3. "无极"是老氏之学。他说：

"无极"二字出于《老子》"知其雄"章，吾圣人之书无有也。《老子》首章言"无名天地之始，有名万物之母"，而卒同之，此老氏宗旨也。无极而太极即是此旨。（卷二《与朱元晦之一》）

朱熹复信，提出四条反驳意见，归纳起来是：

1. "太极"是理之至极，既在万物之中，又在万物之先，所以不能训以"中"，只能释以"至极"，他说：

"太极"者，何也？即两仪四象八卦之理，具于三者之先而蕴于三者之内者也。圣人之意，正以其究竟至极，无名可名，故特谓之"太极"……所谓"中"者，乃气禀之得中，与刚善刚恶、柔善柔恶者五性而属乎五行，初未尝以是为"太极"也。（《朱文公文集》卷三十六《答陆子静之五》）

2. 太极因是理，无方所，无形状，无乎不在，故用"无极"来比况，这不同于用"无声无臭"来形容自然的寂静。他说：

周子所谓"无极"，正以其无方所无形状，以为在无物之前而未尝不立于有物之后，以为在阴阳之外而未尝不行乎阴阳之中，以为通贯全体，无乎不在，则又初无声臭影响之可言也。（同上）
"上天之载"，是就有中说无，"无极而太极"，是就无中说有。（同上书卷三十六《答陆子静之六》）

3. 阴阳是形而下之器，所以阴阳者方是形而上之道。他说：

《大传》既曰"形而上者谓之道"，而又曰"一阴一阳之谓道"，此岂真以阴阳为形而上者哉？正所以见一阴一阳虽属于形，然其所以一阴一阳者，乃是道体之所为也。故语道体之至极则谓之"太极"，语太极之流行则谓之"道"。（同上书卷三十六《答陆子静之五》）

4. 周敦颐的"无极"和《老子》的"无极"的意思不同，周的"无极"是指世界之最后本体，老庄的"无极"是表示世界无穷无尽之广袤。他说：

"无极"二字乃是周子灼见道体，迥出常情，不顾旁人是非，不计自己得失，勇往直前，说出人不敢说底道理。今后之学者，晓然见得太极之妙，不属有无，不落方体，若于此看得破，方见得此老真得千圣以来不传之秘……《老子》"复归于无极"，"无极"乃无穷之义，如庄生入"无穷之门"以游"无极之野"云尔，非若周子所言之意也。（同上）

朱陆关于"无极"的第一轮辩论，显露出双方具有理论意义的分歧在于：

1. 对"极"的训解不同：陆九渊作"中"解，朱熹作"至极"解。

2. 对"阴阳"的理解不同：陆九渊认为阴阳也是形而上之道，朱熹则认为阴阳是形而下之器。

所以他们在第二轮辩论中就围绕这两个问题进行了。但由于他们对"理""气""心"的理解不同，这里的分歧也是无法弥合的。

陆九渊致朱熹辩"无极"第二封书信的主要内容是：

1. 从"天之中生人""人皆有是心，心皆具是理"的基本哲学前提出发，援引儒家经典注解中把"极"训释为"中"的地方，证明"中"即是"太极"。他说：

五居九畴之中而曰"皇极"，岂非以其"中"而命之乎？民受天地之中以生而《诗》言"立我丞民，莫非尔极"，岂非以其"中"而命之乎？《中庸》言"中也者，天下之大本也；和也者，天下之达道

也。致中和，天地位焉，万物育焉"，此理至矣，此外岂更复有太极哉？（卷二《与朱元晦之二》）

2. 从把"阴阳"理解为是宇宙间一切对立的事物或现象总的体现的角度，认为它即是形而上之道。他说：

> 如直以阴阳为形器而不得为道，此尤不敢闻命。《易》之为道，一阴一阳而已，先后、始终、动静、明晦、上下、进退、往来、辟阖、盈虚、消长、尊卑、贵贱、表里、隐显、向背、顺逆、存亡、得丧、出入、行藏，何适而非一阴一阳哉？（卷二《与朱元晦之二》）

在陆九渊的思想体系里，没有"气"的范畴，故他不是把"阴阳"理解为"气"的表现，而只能是"道"的表现。

朱熹的答辩第二书，内容正好相反：

1. 从"理"是人心之外的天地万物的最后根源的基本哲学前提出发，抛弃古注而用义解的方法，把"极"解释为"至极""标准"，他说：

> 若"皇极"之"极"、"民极"之"极"，乃为标准之意，犹曰立于此而示于彼，使其有所向望而民取正焉，非以其"中"而命之也。"立我丞民"，"立"与"粒"通，即《书》所谓"丞民乃粒""莫匪尔极"，则"尔"指后稷而言，盖曰使我众得粒食，莫非尔后稷之所立者是望耳。"尔"字不指无地，"极"字亦非指所受之中。"中"者，天下之本，乃以喜怒哀乐之未发，此理浑然无所偏倚而言，太极固无偏倚而为万化之本，然其得名自为至极之极，而兼有标准之义，初不以"中"而得名也。（《朱文公文集》卷三十六《答陆子静之六》）

朱熹的解释虽离违汉唐疏注，但却更近情理，显得比陆九渊有力。

2. 从把阴阳理解为构成宇宙间一切事物的材料的角度，认为它是形而下之器。他说：

若以阴阳为形而上者则形而下者复是何物？若熹愚见与其所闻则曰，凡有形有象者皆器也，其所以为是器之理者，则道也。如是则来书所谓始终、晦明、奇偶之属，皆阴阳所为之器，独其所以为是器之理……乃为道耳。（《朱文公文集》卷三十六《答陆子静之六》）

朱熹有比较完备的宇宙形成的思想，他认为"气也者，形而下之器也，生物之具也"，"阴阳，气也"，"五行阴阳七者滚合便是生物底材料"，他自然不会把"阴阳"理解为"形而上之道"。

可见，朱陆在"无极"问题上的分歧是无法消除的，他们各有依据，各有立场。他们的"无极"之辩只能以不欢而散而告终，实际上简直是以意气相攻而告终。陆九渊指责朱熹"文辞缴绕，气象褊迫……绌古书为不足而任胸臆之所裁……寄此以神其奸，不知系绊多少好气质底学者"（卷二《与朱元晦之二》）。朱熹也不示弱，反唇相讥，曰："贤昆仲不见古人指意，乃独无故于此创为浮辩，累数百言，往返而不能已，其为湮芜亦已甚矣，而细考其间，紧要节目并无酬酢，只是一味漫骂虚喝，未论颜曾气象，只恐子贡亦不肯如此……又曰'寄此以神其奸'，曰'系绊多少好气质底学者'，则恐世间自有此人可当此语，熹虽无状，自省得与此语不相似也。"（《朱文公文集》卷三十六《答陆子静之六》）这是朱陆生前双方争辩达到最剧的情形。

作为朱陆"无极"之辩的余波是在四年以后的"皇极"之辩。光宗绍熙三年，陆九渊出知荆门军，正月十五日给吏民讲《洪范》"五皇极"章。讲义云：

皇，大也；极，中也。《洪范》九畴，五居其中，故谓之极……皇建其极，故能参天地、赞化育……（卷二十三《荆门军上元设厅讲义》）

朱熹讥笑这种讲解的浅陋，说：

今人将"皇极"作"大中"解了，"皇建其有建"不成是"大建其有中"？"时人斯其惟皇之极"不成是"时人斯其惟大之中"？

（《朱子语类》卷七十九）

朱熹作《皇极辩》曰：

> 皇者，君之称也；极，至极之义，标准之名……"皇建其有极"云者，言人君以其一身而立至极之标准于天下也。（《朱文公文集》卷七十二）

应该说，朱熹的解释是正确的，而陆九渊的讲义是欠通畅的，这显得朱熹的学识比较坚实，而陆九渊的见解涉于空高。吕祖谦曾评论朱陆二人曰："朱元晦英迈刚明，工夫就实入细，殊未可量，陆子静亦坚实有力，但欠开阔耳。"（《吕东莱文集》卷五《与陈同甫》）从"无极""皇极"之辩中二人对"无极"的原始含义和"极"的本义的不同理解，可以看出吕氏之论不是无谓之言。此后，朱熹曾写信给一陆九渊的追随者说：

> 乃曰"才涉思维，便不亲切"，又曰"非不能以意解释，但不欲杜撰耳"，不知却要如何下工夫耶？夫子曰"学而不思则罔"，《中庸》说"博学、审问、慎思、明辨"，圣贤遗训明白如此，岂可舍之而徇彼自欺之浮说耶？日月逝矣，岁不我与！且将《大学》《中庸》《论》《孟》《近思》等书仔细玩味，久之须见头绪，不可为人所诳，虚度光阴也。荆门"皇极"说曾见之否？试更熟读《洪范》此一条，详解释其文义，看是如此否？（《朱文公文集》卷五十三《答胡季随之十一》）

在"无极""皇极"之辩中，朱熹对陆九渊的这次批评，真正击中了他学问上欠缺工夫的弱点。

三　人物评价的争论

朱熹和陆九渊在为方法论和世界观而展开的两次争论之间，还因在文章和书信中对两个人物的评价发表了完全对立的意见而引起争执，并大大加剧了弟子们的派性情绪。

1.《曹立之墓表》之争

曹立之，饶州余千人，覃思力学，尝来往出入于朱陆之间。早先甚得陆氏兄弟嘉许，鹅湖会上，陆九渊曾向朱熹赞荐其"天资甚高"。以后依附朱门，他说："学必贵于知道，而道非一闻可悟、一超可入也。循下学之则，加穷理之工，由浅而深，由近而远，则庶乎其可矣。今必先期于一悟而遂至于弃百事以趋之，则吾恐未悟之间狼狈已甚，又况忽下趋高，未有幸而得之者耶。"（《朱文公文集》卷九十《曹立之墓表引》）这诚是叛离陆门的宣言。此人早死（37岁），淳熙十年五月，朱熹为他写了墓表，盛赞他的归宿正确。朱熹说："胡子（按：指胡宏）有言：'学欲博不欲杂，欲约不欲陋。'信哉！如立之者，博而不杂，约而不陋，使天假之年以尽其力，则斯道之传其庶几乎！"（同上）

对于曹立之的变化，陆九渊极为不怿，认为是退步，责其"以为有序，其实失序；以为有证，其实无证；以为广大，其实窄小；以为公平，其实偏侧；将为通儒，乃为拘儒；将为正学，乃为曲学。以是主张吾道，恐非吾道之幸"（卷三《与曹立之之二》），并告戒其他弟子，曹立之之死正是因为"读书用心之过成疾……心下昏蔽不得其正，以至于死"（卷三十五《语录》）。是他误入迷途，落于不幸的归宿。

对于朱熹所作《曹表》，陆九渊认为是"未得实处"，而自己指斥曹立之的那封信方是"真实录"（卷七《与朱元晦》）。陆派弟子更是不满，"陆学者以为病己，颇不能平"（《朱文公文集》卷四上《答刘晦伯》）、"厉色忿词，如对仇敌"（《朱文公文集》卷五十四《答诸葛诚之之一》）。

朱熹对他的《曹表》引起的这场争吵曾有自咎之词："比来深欲劝同志者兼取两家之长，不可轻相诋訾，就有未合，亦且置勿论，而姑勉于吾之所急。不谓乃以《曹表》之故，反有所激……故深以自咎。"（同上）

2.《荆公祠堂记》之争

孝宗淳熙十五年正月，也就是朱陆"无极"之辩的前三个月，陆九渊应抚州郡守钱伯同之请，为重修临川王安石祠堂撰写记文，即《荆公祠堂记》，其主要内容是：

（1）称赞王安石人品高尚。他说：

> 英特迈往，不屑于流俗声色利达之习，介然无毫毛得以入于其心，洁白之操寒于冰霜：公之质也；扫俗学之凡陋，振弊法之因循，道术必为孔孟，勋绩必为伊周：公之志也。（卷十九）

（2）认为王安石执政（"熙宁之政"）的精粹所在就是立法度、行简易之政。他说：

> 裕陵（宋神宗）出谏院疏与公评之，至简易之说，曰"今未可为简易，修立法度乃所以简易也"。熙宁之政粹于是矣。（卷十九）

（3）认为王安石之政的失误之处是不知变法当先立本（人心）。他说：

> 为政在人，取人以身，修身以道，修道以仁。仁，人心也。人者，政之本也；心者，身之本也，不造其本，而从事其末，末不可得治矣。（卷十九）

（4）认为王安石变法时，旧党反对新法是出于意气相攻，不是折之以理；王安石变法带来的后果，旧党也应负责。他说：

> 熙宁排公者，大抵极诋毁之言，而不折之以至理，平者未一二而激者居八九，上不足以取信于裕陵，下不足以解公之蔽，反以固其意成其事。新法之罪，诸君子固分之矣。（卷十九）

陆九渊《荆公祠堂记》对王安石的评价和熙宁之政的分析，在南宋的当时来说是非常特出的，它在每一点上都是与程朱派的观点对立的。

程氏洛党后辈一向认为王安石人品极坏，学术不正，北宋灭亡之祸就是他招惹的。例如，杨时上书论列蔡京罪恶时说："安石挟管商之术，饰六艺以文奸言，变乱祖宗法度，当时司马光已言，其为害当见于数十年之后，今日之事，若合符契。"（《宋史》卷四百二十八本传）邵伯温《闻见录》亦说："王荆公为相，寝食不暇，尽变祖宗法度，天下纷然，以致今日之祸。"他还假托苏洵作《辩奸论》诋毁王安石"阴贼险狠，与人异趣，是王衍、卢杞合而为一人也，其祸何可胜言哉！"

南宋一代对王安石攻击最甚的当然要数朱熹。朱熹在他的文章书信中多次论及王安石，除熙河一事评以"看得破"外（《朱文公文集》卷六十《答王南卿之一》），其他多是贬损否定之词。他对王安石总的评价是："安石以其学术之误，败国殄民。"（同上书卷七十《读两陈谏议遗墨》）所以，陆九渊《荆公祠堂记》对王安石的褒扬肯定，实是对程朱派的反击和挑战。他曾这样叙述自己的写作动机："新法当时诋诽之人，当与荆公共分其罪。此学不明，至今吠声者日以益众，是奚足以病荆公哉……盖兹事湮郁，深愿自是一发舒之。"（卷九《与钱伯同之一》）可见陆九渊对王安石蒙受"吠声"攻击极为愤慨不平。

陆九渊和王安石在思想性格和思想路数上皆有相似之处。他们都很自信，陆九渊曾说"荆公求必，他人不求必"（卷三十五《语录》）。其实陆九渊自己也是这样，他曾自谓："某平生有一节过人，他人要会某不会，他人要做某不做。"（同上）自信者常违世拔俗。故王安石和陆九渊都对儒家以外的"异端"抱着宽容的态度。王安石认为"庄墨皆学圣人而失其源者也"（《临川文集》卷七十七《答陈柅》），并有"古人诗字耻无僧"之叹（《临川文集》卷十九《和平甫招道光法师》）。王安石曾注解多种佛老著作，从他的诗文里也可以看出他对佛老思想有很深的体验。陆九渊也认为"佛老高一世人，只是道偏不是"（卷三十五《语录》），"诸子百家说得世人之病好，只是他立处未是"（同上），而这种思想路数又使他们能够不囿于儒家的传统思想樊篱，显示某种新的倾向。在王安石则表现为政治上的变法，在陆九渊则表现为学术上的立新。然而从根本上来说，陆九渊和王安石在世界观上和政治上都是不相通的。王安石世界观的基础是"道气"与"五行"，而陆九渊则是"心"或"理"。王安石政治主张的基本出发点是理财和变法，而陆九渊则是"立心"和教化。陆九渊曾批评王安石："读介甫书，见其凡事归之法度。此是介甫败坏天下处。尧舜禹三代虽有法度，亦何尝专恃此？介甫慕尧舜禹三代之名，不曾踏得实处，故所成就者王不成、霸不就，本原皆因不能格物，摸索形似便以为尧舜三代如此而已，所以学者先要穷理。"（卷三十五《语录》）陆九渊偶尔也用"格物""穷理"之词，但其含义和朱熹所指读书明理、涵养居敬大不相同，乃是指发明本心。他说："读书只看古注，圣人之言自明白，且如'弟子入则孝出则弟'是分明说与你入便孝、出便弟，何须得传注？学者疲精神于此，是以担子越重，到某这里，只是与他减担，只此便是格物。"（同上）可见陆九渊和王安石之间存在着唯心主义和唯物主义、主心性和主事功的对立。所以，陆九渊《荆公祠堂记》之作，并不是从王安石的唯物主义党性立场对程朱派的反击，而是从他个人的主观唯心主义的派性立场对程朱派的反击，故他在《祠记》里非但没有阐发王安石的思想，反而借题发挥自己的"本心""简易"之说；他在《祠记》里为王安石辩白和不平，也不是出于为思想上、政治上同志者洗雪的道义责任，而是出于对乡里先贤的一般情谊。他说："公世居临川，罢政徙于金陵。宣和间故庐邱墟，乡贵人属县立祠其上，绍兴初常加葺焉。逮今余四十年，坠圮已甚，过者咨叹，今怪力之祠绵绵不绝，而公以盖世之英，绝世之操，山川炳灵，殆不世有，其庙貌弗严，邦人无所致敬，无乃议论之不公，人心之提疑使至是耶？"

陆九渊认为自己的《荆公祠堂记》"是断百余年未了底大公案，圣人复起不易吾言"（卷九《与林叔虎》），这未免有自高之嫌。但《祠记》中那种与程朱派鲜明对立的态度和观点，在当时确是非同凡响。故此文一出，朱熹就极加攻击。他在答弟子刘公度的信中说："临川近说愈肆，《荆公祠堂记》曾见之否？此等议论皆学问偏枯、见识昏昧之故，而私意又从而激之。"（《朱文公文集》卷五十三《答刘公度之二》）刘公度劝慰他"世岂能人人同己、人人知己，在我者明莹无暇，所益多矣"。表示不欲与陆门人物争执计较，朱熹即加以指责："（公度）此等言语殊不似圣贤意思，无乃近日亦为异论渐染，自私自利作此见解耶？不知圣贤辩异论、辟邪说如此之严者是为欲人人同己、人人知己而发耶？若公度之说行，则此等事都无人管，恣意横流，试思之如何？"（同上）

朱门弟子在朱熹带动下，对《荆公祠堂记》的攻击气势可能是很大的，但理论却是很弱的，致使自信的陆九渊只能表示轻蔑，他说："王文公祠记乃是断百余年未了底大公案，自谓圣人复起不易吾言，余子未尝学问，妄肆指议，此无足多怪。"（卷一《与胡季随之一》）连朱熹自己也感到不满意，他说："临川之辩，当时似少商量；徒然合闹，无益于事也。"（《朱文公文集》卷五十《答程正思之十八》）

朱熹在《荆公祠堂记》之争中决不退让的态度和在《曹表》之争中反躬自咎的态度何其判然不同！这也并不奇怪，曹立之毕竟是个小人物，如何评语，可以相商；王安石是自己政治上、学术上的敌对者，怎能相让？此后，朱熹甚至把陆九渊和王安石视为同类，他说："临川前后一二公，巨细虽有不同，然原其所出，则同是此一种见识，可以为戒而不可为学也。"（《朱文公文集》卷五十三《答刘季章之十七》）数年后，他又作《读两陈谏议遗墨》，是对王安石总的批判，也是对陆九渊《荆公祠堂记》的答辩。

第四节　朱陆相争的缘由

从以上的分析可以看到，一方面，朱陆虽然都是儒学思想家，但他们的分歧却是始终存在的。当陆九渊刚在南宋的思想理论阵地上崭露头角时，朱熹就把他视为"禅"；当他已经从人世逝去后，朱熹还在他的棺材上"钉上"告子。另一方面，朱熹理学和陆九渊心学虽然是理学中的不同派别，但它们的共同点却也始终没有被争论磨失掉。当《曹表》之争两派间相对如仇时，朱熹坚信："子静平日所以自任，正欲身率学者，一于天理，而不以一毫人欲杂于其间，恐决不至如贤者之所疑也。"（《朱文公文集》卷五十四《答诸葛诚之之一》）当"无极"之辩朱陆二人争得面红耳赤之际，朱熹对诋毁陆九渊者说："南渡以来，八字脚理会着实工夫，惟某与陆子静二人而已，某实敬其为人，老兄未可轻议之也。"（卷三十六《年谱·淳熙十六年》）陆九渊对朱嘉也是这样的态度和感情，欣慰与其本同，憾惜与其有异。"无极"之辩时他曾说："此老才气英特，平生志向不没于利欲，当今诚难其辈。第其讲学之差，蔽而不解，甚可念也。"（卷十三《与郑溥之》）《象山语录》有则记事更是情思溢于言表：

"一夕步月，喟然而叹。包敏道侍，问曰：'先生何叹？'曰：'朱元晦泰山乔岳，可惜学不见道，枉费精神，遂自担阁奈何！'"（卷三十四）这也正是朱陆激烈争论时的事。但他最终还是表示不能与朱熹并立，当弟子包敏道劝他"势既如此，莫若各自著书，以待天下后世之自择刀"，他就正颜厉色曰："敏道，敏道，恁地没长进，乃作这般见解！且道天地间有个朱元晦、陆子静便添得些子，无了后便减得些子？"（卷三十四《语录》）

朱陆之间这种既相亲又相仇的关系，在中国思想史上也许算得上是很特殊的、罕见的。这种关系的形成，是与当时儒家思想处于一个新的发展时期这一情况密切相连的。

儒家学说思想是中国思想史上的主要脉络，它也有个发展变化的过程。儒家学说的核心部分是伦理道德思想。春秋战国时期，孔丘、孟轲开创这一学派时，就提出了一系列的伦理道德概念、范畴和思想。但他们并没有着力于论证这些观念的真理性，那时还没有这样的思维水平和实践需要，因为比起殷商卜辞和《周易》《周书》等西周典籍中的思想，提出这些观念本身，已是理论思维的巨大进步了。到了汉代董仲舒时，为了"罢黜百家，独尊儒术"的政治需要，论证儒家伦理道德思想的真理性就是必要的了。所谓论证，即是从对象以外的事物来找到对象本身。董仲舒吸收了当时最能广泛解释自然、社会现象的阴阳五行思想，用"天人一也"的逻辑（《春秋繁露·阴阳义》）以"天"来证明儒家伦理主张的正确性，他说："王道之三纲，可求于天。"（《春秋繁露·基义》）这是对儒学思想的一个发展，但董仲舒学说有个根本的弱点，即他的自然社会伦理化的论证是立足于感性经验和简单的类比，极易被驳倒。他的天有意志的目的论观点和天人感应的神秘观点也都是很粗糙的理论形态。魏晋隋唐时期，道家、佛家思想发展起来，逐渐取得和儒家鼎足而立之势。它们具有比儒家还要高深的思维水平和理论内容，所以儒家在和它们长期共存的时候，必然要受到它们的浸染，必然要吸取它们的内容，从而使自己的理论形态发生了变化。这样，到了宋代就出现了"理学"。"理学"的主要内容和目标，就是要发现和论证儒家所提倡的伦理道德的最后根源，阐明达到这个道德境界的方法或途径。这个根源，程朱认为是"天理"（或"理"），陆九渊认为是"心"（即"理"）；这个方法，程朱主张是"格物居敬"，陆九渊主张是"发明本心"。所以，理学是儒家学说发展中的一个有更高理论思维水平的新时期，它内部的分歧和争论也因此而生。

第一，儒家在新的发展时期，朱陆由于对儒家以外的佛、道思想吸收的内容或受到的影响不同而产生分歧。

朱熹曾承认自己"出入于释老者十余年"（《朱文公文集》卷三十八《答江元适之一》），虽然他又说自己"然未能有得"（《朱文公文集》卷三十《答江尚书之二》），"后颇疑其不是"（《朱子语类》卷一百二十六）。其实他思想中的佛老印迹是难以抹掉的。朱熹思想中的"理"（"道"）和"气"（"事"）是对立的两个范畴，但它们又是相融的，"道不远人，理不外事"（《朱文公文集》卷八十二《跋程董二生学则》）。朱熹在谈到万物和太极的关系时说："合而言之，万物统体一太极；分而言之，一物各具一太极也。"（《太极图解说》）这个见解，在中国先秦各派思想里都是没有的，而却非常切近华严宗的思想。一部《华严经》，在那烦琐的佛教教义的铺衍下面，却恬静地流淌着一条明晰的哲学思路，即是将世界分作事、理两相（生界与法界、尘世与佛性、一切与一等等，名称不一）。但它们又相摄相融，无障无碍会为一体："法界众生界，究竟无差别。"（《华严经》卷十三《菩萨问明品第十》）"一切解即是一解，一解即是一切解。"（同上书卷十七《初发心功德品第十七》）朱熹曾用"月在天散在江湖"为喻，来说明太极与万物的"理一分殊"的关系，这也正是《华严经》中用来说明"如来一一毛孔中，一一刹尘诸佛坐"（《华严经》卷六《如来现世品第二》）。即事理相融的比喻："譬如日月避虚空，影象普遍于十方。泉池陂泽器中水，众宝河海靡不见。"（同上书卷十五《贤首品第十二》）这表明朱熹哲学本体论思想是受到了佛家思想影响或诱导的。

朱熹哲学的宇宙论思想则多有和道家的观点相通之处。朱熹认为"气"是构成万物的物质材料，这也正是道家自然观的基本出发点。道家认为"通天下一气耳"（《庄子·知北游》），"阴阳者，气之大者也"（《庄子·则阳》），"气变而有形，形变而有生"（《庄子·至乐》），"人之生，气之聚也；聚则为生，散则为死"（《庄子·知北游》）。此外，"无极""天理"原来也都是道家的思想观念，《庄子》中有"犹河汉而无极也"（《逍遥游》），"游无极之野"（《在宥》），"依乎天理"（《养生主》），"应之以人事，顺之以天理"（《天运》）等"无极""天理"的概念。"天理"有法则的意思，"无极"是指广袤空间。程朱派将它们加以改造，就成了自己哲学中的最高范畴。道家既认为"四时殊气，万物殊理"（《庄子·则阳》），所以它在主张"循天之理"（《庄子·刻意》）、"从天之理"（《庄子·盗跖》）的同时，也提出"析万物之理"（《庄子·天下》）、"明天地之理，万物之情"（《庄子·秋水》）。程朱派的"格物穷理"与此也有某种蝉蜕蛹变的关系。

总之，朱熹在本体论、宇宙论上吸收佛、道的思想内容是比较明显的。他把这些和儒家《易传》结合起来，就形成了自己的客观唯心主义思想体系。

然而，陆九渊却不同，他主要是在心性修养理论上吸收了禅宗"明心见性"和道家"虚静恬淡"的思想，并把它们和《孟子》的思想结合起来，形成了自己的主观唯心主义思想体系。这些在前面已经详论，这里不再赘述。

这样，朱陆就在修养和学习方法上产生了分歧：陆九渊强调"发明本心"（"尊德性"），而朱熹强调"格物穷理"（"道问学"）。在解释世界本体上也产生了分歧：朱熹需要将"太极""理""阴阳""气"等加以区别说明，并引进"无极"概念；陆九渊则认为这些是叠床架屋、支离多事，一个"理"（即心）即可说明一切。

第二，儒家在新的发展时期，朱陆为争夺正统地位而展开争论。

朱陆二人在争辩中皆认为他们是在辨是非，不是辨异同，故只有一是，不能两存。对于规劝他们求同存异、修和以俟后人自择的建议，二人一致表示拒绝。陆九渊说："天下之理，但当论是非，岂当论异同！"（卷十三《与薛象先》）朱熹也说："熹谓天下之理有是有非，正学者所当明辨。"（《朱文公文集》卷三十六《答陆子静之六》）并且指责这种善意劝告为"异论"，为"鄙言"。"无极"、《荆公祠记》之争时，朱熹曾如此斥责弟子刘公度，陆九渊也如此斥责一位江浙后生，他在致朱熹的信中说："近浙间一后生贻书见规，以为吾二人者所习各已成熟，终不能以相为，莫若置之勿论，以俟天下后世之自择。鄙哉言乎！此辈凡陋，沉溺俗

学，悖戾如此，亦可怜也！"（卷二《与朱元晦之二》）

同时，朱陆二人在争辩中皆自以为是在捍卫孔孟正道，非为一般的文义的争执，故不能相让。朱熹明确地说，与陆派思想的争辩，是因为"其为说乖戾狠悖，将有大为吾道之害……不比寻常小小文义异同"（《朱文公文集》卷三十六《答陆子静之三》）。陆九渊则把《荆公祠堂记》、与朱熹辩论"无极"的书信等抄寄给弟子、友人，要他们"精观熟读"，说"此数文皆明道之文，非止一时辩论之文也"（卷十五《与陶仲赞之二》）。

朱陆既不愿相让，又不能统一，朱陆之争只能以永久的分裂而告终，于是几乎是同时各自宣称自己是孔孟正统的继承人。

朱熹六十岁时作《大学章句序》云：

> 河南程氏两夫子出，而有以接乎孟氏之传……虽熹之不敏，亦幸私淑而与有闻焉。（《朱文公文集》卷七十六）

陆九渊五十二岁时致友人书云：

> 窃不自揆，区区之学自谓孟子之后，至是而一始明也。（卷十《与路彦彬》）

黄宗羲在《宋元学案》里曾叹惜朱陆的争论和理学的分裂是儒学的不幸。他说："圣道难明，濂洛之后，正赖两先生继起，共扶起废堕，胡乃自相龃龉，以致蔓延，今日犹然，借此辨同辨异，以为口实，宁非吾道之不幸哉？"（《宋元学案》卷五十八《象山学案》）这种惋惜的感情，对于儒家学者来说，也许是很自然的，不难理解的，但却是多余的，因为朱陆的分歧和争论，一方面，固然说不上给儒学带来新的建设，但也没有给儒学带来什么破坏。朱陆双方坚持以自己的理论来论证儒家的伦理道德的根源，以自己的方法来完成儒家的道德修养，立说虽异，归极却一。黄百家的比喻甚好："二先生立教不同，然如诏入室者，虽东西异户，及至室中则一也。"（《宋元学案》卷五十八《象山学案》）故其争论的锋芒并未伤及儒学的基本。另一方面，朱陆争论的波浪也并未推进儒学的发展，因为他们所争论的世界观上的问题，即所谓"无极"问题，实际上是争论世界最后根源"理"的性质和如何表述的问题，这近乎欧洲中世纪经院哲学争论的"针尖上能坐多少天使"的问题，是一个没有理论内容和理论活力的问题，因而不能带动儒学的发展，并且这个问题本身也在此后的朱陆异同之争中降到次要地位，甚至消失了。他们所争论的方法论问题，实质上是争论确定立场与积累知识在人们世界观形成中的作用何者为先，这在理论上虽是个活的、有意义的问题，但在实践上却是一个并不存在分裂和对立的问题，因为它们总是相互联系、相互补充的。朱陆本人也正是这样，朱熹就很注意"收敛身心"，他说："孟子言学问之道，惟在求其放心，而程子亦言心要在腔子里，令一向耽著文字，令此心全体都奔在册子上，更不知有己，便是个无知觉、不识痛痒之人，虽读得书，亦何益于吾事。"（《朱文公文集》卷四十七《答吕子约之二十六》）而陆九渊也谈读书讲学，他说："人不可不学，犹鱼之不可无水。"（卷十二《与黄循中之一》）理学，特别是其中的程朱派，吸收了佛家、道家的思想内容，使儒家学说增加了哲学理论的色彩，这当然也是一种发展，但从根本上来说，人类思想的真正发展并不表现为一种古老的学说观点或思想体系又获得新的论证，而是表现为它的破绽被发现，它的立论被超越。现代科学已足以表明，最后根源和最后真理都是不存在的。一种学说如果要致力于这个似乎崇高然而却是虚幻的目标，那才是它的真正的不幸。理学的厄运即使不是已经发生，最终也要从这里发生。①

---

① 但是，儒学的新的发展，它所达到的理学阶段，又具有相对的稳定性，这就是它在以后的一段长时间里占统治地位的一个原因。理学"以理杀人"对人民的惨重毒害和它所致力于个人人格独立的建立，是如此矛盾、对立，然而却是同时并存的。后一个方面，正是强调人的主体性的一个积极的有益的因素。理学的被否定、扬弃，并不意味着它在保持、发扬主体性上的努力也同归于尽，相反，被积淀、保存下来。——编者附识。

第三章　陆九渊及门弟子
的思想面貌

　　陆九渊在南宋思想学术领域内独树一帜，与朱熹对垒而立，吸引了很多的学子。他早年在家乡金溪槐堂书屋授徒，晚年在贵溪应天山立象山精舍讲学，史称他"还乡，学者辐辏，每开讲席，户外屦满，耆老扶杖观听"（《宋史》卷四百三十四本传）。其中年宦游和为国子正时，也有不少从学、问学之士人，黄宗羲赞叹说："弟子属籍者至数千人，何其盛哉！"（《宋元学案》卷七十七《槐堂诸儒学案·按语》）

　　陆九渊的及门弟子大体分布两地，一是江西，二是浙东。两地弟子的风格和对陆派心学的建树也有所不同。江西者，多是簇拥象山讲席，致力于陆派门户的确定，以傅梦泉、邓约礼、傅子云等为首。陆九渊对这些人有所品评。《象山语录》有则记事曰：门人严松问，"今之学者为谁？先生屈指数之，以傅子渊居首，邓文苑居次，傅季鲁、黄元吉又次之"（卷三十四）。全祖望修补《宋元学案》，立为《槐堂诸儒学案》。浙东者，折服"本心"之说，着力于陆九渊心学的阐发和扩展，以杨简、袁燮、舒璘、沈焕四人为代表，他们生长、活动的慈溪、鄞县、奉化等地，位处四明山麓，甬江流域，故后人称他们为"甬上四先生"或"四明四先生"。全祖望修补《宋元学案》时，分别立为《慈湖学案》《絜斋学案》《广平定川学案》。浙东四学者继承和发展了陆九渊的思想，向来被后人视为陆九渊的主要弟子而居槐堂诸儒之上。黄宗羲说："陆子……其学脉流传，偏在浙东。"（《槐堂诸儒学案·按语》）全祖望说："象山之门，必以甬上四先生为首。"（《宋元学案》卷七十四《慈湖学案·按语》）陆九渊死后，陆学中心也从江西转移到浙东，全祖望说："槐堂之学（指陆九渊学说）莫盛于吾甬上，而江西反不逮。"（《槐堂诸儒学案·按语》）所以明代王学在浙东产生也并非偶然。

第一节　槐堂诸儒——陆九渊门庭的确立

"槐堂诸儒"是指从学或问学于金溪槐堂书屋和贵溪象山精舍的陆九渊弟子，这部分人数甚多，严滋在陆九渊死后二十三年为他请赐谥号的状文中说"一时名流踵门问道者常不下百千辈"（道光三年《临川县志》卷四十二下）。从《槐堂诸儒学案》所收录的 65 人的本传来看，槐堂弟子虽多，但学术浅疏，思想境界不高，他们难以认识陆九渊思想的精髓，致使陆九渊甚感忧虑，他尝以手指心曰："某有积学在此，惜未有承当者。"（卷三十六《年谱·淳熙十五年戊申》）他们对于陆学的贡献，不是在理论的阐发上，而是在宗派的确立上。

一　槐堂诸儒的学术特点和思想特点

陆九渊心学虽然和佛、老思想有密切的关系，但它在本质上仍是儒家的思想，因为他的"心"（"理"）主要是指伦理道德本能，有确定的内容，而不是"空""无"。这是有很深的儒家理论修养的结论。所以要理解陆九渊的"心"，也就必须首先具备一个知识前提，即必须熟悉儒家经典，从而能对儒家的伦理思想有深切的认识。但是陆九渊的"简易工夫"方法却反对这一点，至少说是并不注重这一点。这样，陆九渊学说所要达到的目标和它的方法之间实际上产生了矛盾。陆九渊未觉察自己的思想也是经历了相当的发展过程才走到终点的，故他否定人达到自己思想顶峰所需凭借的桥梁和阶梯。这好比他自己先上了楼，抽去楼梯，又呼唤弟子上楼。同时，陆九渊心学的思辨本身也是存在着矛盾的：它既要求人向"虚""无"上潜思，以摆脱物事牵挂；又要求人向"实""有"上考虑，以立人伦物理。陆九渊能驾驭住这种矛盾，既是"无知无能底人"，又是"无所不知、无所不能之人"，固然是他的"高明"，是他的学说别开生面。但这种矛盾却给他的根基浅薄的弟子带来思想上的混乱和修养实践上的困难，也给他的学说带来破坏因素。这些在槐堂诸儒那里得到充分的表现。阐述如下。

1. 学术浅疏但不囿成见

陆九渊对读书的主张是"不必遽尔多读，最以精熟为贵"（卷十四《与胥必先》），"且读文义分明、事节易晓者，优游讽咏，使之浃洽与日用相协，非但空言虚说"（卷十一《与朱济道之二》），也就是主张少而精，切己致用。就其读书的目的或精神实质，在于求得道德修养的提高而非知识的增长而言，这种方法也不无可取。但一旦失却这种精神实质，这种读书方法就要产生学术贫乏浅疏的弊端。槐堂诸儒正有此弊。

陆九渊的槐堂弟子中，傅梦泉（字子渊）是第一高足，陆九渊称他"人品甚高，非余子比也"（卷九《与陈君举》），但其学术亦甚寥寥。《南城县志·儒林传》记载他为衡阳教授时的一事可为佐证：

> 淳熙乙未登进士第，官澧州博士，迁衡州，主石鼓书院，著有《石鼓文集》。时周益公帅长沙，乘子渊不备，卒至，请升座讲《易》。子渊顾左右取《易》正文，径升座，读《乾》《坤》《屯》《蒙》，听者已倦，忽藏之袖间，正色大言曰："此纸上《易》不足讲，讲三圣人之易可乎？"于是倦者慢容。益公离座，蹑子渊后而言曰："今日见子渊矣。"（同治十一年《南坡县志》卷八之一）

陆九渊曾讥讽程朱派弟子"假窃付会，蠹食蛆长于经传文字之间"（卷一《与侄孙濬》）。但他自己的弟子却受到了咀嚼不动经传文字的相反的惩罚。全祖望在修订《槐堂诸儒学案·邹斌传》时谓："陆子之门称多学者，只先生一人而已。"一个学派，弟子百千辈，"多学"只一人，岂不可悲！陆门的这个弱点，为程朱派的批评和羞辱提供了无法辩白的口实。陆九渊死后，陆门弟子有不少去朱熹那里问学，朱熹即说："公们都为陆子静误教莫要读书，误公一生，使公到今已老，此心怅怅然，如村愚聋盲无知之人，撞墙撞壁，无所知识，使得这心飞扬跳踯，渺渺茫茫，都无所主，若涉大水，浩无津涯，少间便会失心去……吁！误人误人，可悲可痛，分明是被他涂其耳目，至今犹不觉悟。"（《朱子语类》

卷一百二十四）

　　槐堂诸儒虽欠学术高深，但却不乏理论勇气，不落于旧日经传疏释的窠臼，敢抒己见。这当然是受了陆九渊"六经皆我注脚""九渊只信此心"思想感染的缘故。例如，陆九渊的得意门生傅子云（字季鲁）曾作《保社议》，认为郑玄注《周礼》，"半是纬语半是莽制，可取者甚少"（《槐堂诸儒学案·傅琴山传）。陆九渊的早期弟子陈刚（字正己）断言："《易·系辞》决非夫子作。"（《槐堂诸儒学案·陈刚传》）陆九渊的一个真正富有创造性的、然而并未为他所重视的弟子是俞廷椿。《宋元学案》里，全祖望据《临川县志》为他补写的传记谓：

　　　俞廷椿，字寿翁，临川人。乾道八年主南安簿，调怀安，两易古田令。秩满，充金国礼物官……先生师事象山，倜傥多大志，博通经术。尝言《周礼》司空之官，多散见于五官之属，先儒汩陈之，故因司空之后而六官之伪误，亦遂可以类考，著《复古编》。其使金而还也，因纪次其道路所经山川人物与夫言语事物之可考据以备采闻者为《北辕录》。（《槐堂诸儒学案·俞廷椿传》）

　　《周礼》六官，冬官司空已经亡佚，汉时采《考工记》补之，郑玄注云："《司空》篇亡，汉兴购千金不得，此前世识其事者记录以备大数尔。"此后，世守其说。俞廷椿却谓："六经惟《诗》失其六，《书》逸其半，独《周礼·司空》之篇有可得言者。反覆是经，质之于《书》，验之于《王制》，皆有可以足正者。而《司空》之篇杂出于五官之属，且因《司空》之复，而五官之伪误亦遂可以类考，诚有犁然当于人心者，盖不啻宝玉大弓之得而郓讙龟阴之归也。"（《复古编·自序》）即认为《冬官·司空》篇并无亡佚，学者因《周礼》经、记合一而生不怿之感可以冰消了。《冬官》何以见得散在五官？"廷椿之说，谓五官所属皆六十，不得有羡，其羡者皆取以补《冬官》。"（《四库全书总目》卷十九）即抽取五官以补《冬官》。其正确与否，自当别论，但却开创了《周礼》研究中"《冬官》不亡"之新派。其后，邱葵、吴澄皆沿袭其说，至明末而未已。

　　《复古编》，《宋史·艺文志》录作三卷，《四库全书》作一卷，还是保存下来了。《北辕录》则皆未见载，恐怕已经佚失。其内容虽不得而知，但略思此专言实事实功的作品，在侈谈心性、天理的气候潮流下，竟在陆九渊的庭院中破土而出，岂非出类拔萃者乎？

2. 流于佛老而不自知

朱熹的弟子陈淳曾说："自告子以生言性，则已指气为理而不复有别，今佛者以作用是性，以蠢动之类皆有佛性，运水搬柴无非妙用，专指人心之虚灵知觉而作弄之。明此为明心，见此为见性，悟此为悟道，其甘苦食淡，停思绝想，严防痛折，坚持力制，或有见于心，如秋月碧酒之洁者。遂以造到，而儒者自顾有秽净之殊，反为歆慕，舍己学以从之，不知圣门自有克己为己澄净之处。"（《北溪文集》卷十《似道之辨》）陈淳此段话语力图辨明儒家所言心性和佛家所言心性之不同。禅宗远祖达摩说："见性是佛，性在作用……在胎为身，处世名人，在眼曰见，在耳曰闻，在鼻辨香，在口谈论，在手执捉，在足运奔……"（《景德传灯录》卷三《菩提达摩传》）可见佛家认为生理本能即是心性；陈淳说"圣门有克己为己澄净之处""克己复礼为仁"（《论语·颜渊》），即儒家所认为的心性乃是指一种伦理观念。

人的生理本性和伦理观念有先天、后天之区别，但无论就科学的角度或哲学的角度来看，它们又都是相通的。人的生理欲望和人的伦理感情都是属于广义的意识范畴，都可以作一种生理机制和心理过程来分析。但儒家思想家却总是非常自觉地把它们对立起来，作为自己伦理道德思想的一个基本出发点，"人之所以异于禽兽者几希"（《孟子·离娄下》），人与物、君子与小人、天理与人欲都从这里歧分。然而对于儒家理论修养不高的人来说，他们很难体认到人心（性）具有某种社会的伦理观念或本能，而只能感悟到人心的自然的生理本性，也就是说容易接受佛老对心性的理解。陆九渊刚露头角时，朱熹就这样怀疑过他："子寿兄弟气象甚好，其病却在尽废讲学而专务践履，于践履中要人提撕省察，悟得本心，此为病之大者。要其操持谨质，表里不二，实有以过人者，惜乎自信太过，规模窄狭，不得取人之善，将流于异学而不自知耳。"（《朱文公文集》卷三十一《答张敬夫之十八》）以后也一直这样批评他："金溪之徒，不事讲学，只将个心来作弄，胡撞乱撞。"（《朱子语类》卷一百二十四）"金溪学问，真正是禅。"（同上）应该说，朱熹的怀疑和批评对陆九渊本人来说并不正确，陆九渊的学术没有朱熹宽广，但其儒家世界观和道德修养的坚实程度毫不逊于朱熹，他学说中的"心"（性）、"理"的伦理内容也毫不异于朱熹。然而朱熹的批评对于陆九渊的槐堂弟子来说，却正是说在症结处，他们的儒家学术理论和道德修养与陆九渊相距甚远，他们对于陆九渊的"本心"往往正是从道家虚静和佛家空无的角度来理解的，正是"流于异学而不自知耳"。例如：

李伯敏悟"心"。李伯敏（字敏求）是陆九渊早期的学生，并且终身师守象山之学。陆九渊曾为他解释"心即是一个心，某之心，吾友之心，上而千百载圣贤之心，下而千百载复有几圣贤，其心亦只是为此，心之体甚大，若能尽吾之心，便与天同，为学只是理会此"（卷三十五《语录》）。他向陆九渊求问"下手工夫"，陆九渊说："能知天地之所以予我者，至贵至厚，自然远于非僻。"（同上）可见陆九渊诲谕他的是一个具有伦理道德本能的"心"。但他的理解却有差异，他将自己的理解赋作一诗云：

纷纷枝叶漫推寻，到底根株只此心。莫笑无弦陶靖节，个中三叹有遗音。（卷三十五《语录》）

陶渊明中年辞官归田，他的"纵浪大化中，不喜亦不惧；应尽便须尽，无复独多虑"的人生态度（《神释形影诗》），他的"采菊东篱下，悠然见南山……其中有真意，欲辨已忘言"的生活情趣（《饮酒》其二），都有深深的道家思想烙印。李伯敏将不喜不惧、悠然自得的陶渊明之"心"，认作是具有仁义本性、能辨义利的陆九渊之"心"，岂不是如同桃李不分？

詹阜民识"仁"。詹阜民（字子南）早先曾问学张栻，以后从学陆九渊。儒家学说中，"仁"是一个最基本的、核心的伦理道德范畴。"学者须先识仁"（《二程语录》卷二），有理论修养的儒者都有自己对"仁"的深切理解。有子说："孝弟也者，其为仁之本与。"（《论语·学而》）"能行五者于天下为仁矣：恭、宽、信、敏、惠。"（《论语·阳货》）"克己复礼为仁。"可见，孔子是把"仁"作为人的伦理道德行为的综合而提出来的。孟子也还是这样理解的，他说："仁也者，人也，合而言之道也。"（《孟子·尽心下》）宋儒对"仁"的理解，由"仁"本是伦理性质的范畴这个出发点，向两个对立的方向发展：一是把它降低为生理心理知觉的范畴，认为仁是"觉"；一是把它拔高为万物自然规律的范畴，认为仁是"生"。前者以谢良佐、张九成为代表。谢氏说："仁是四肢不仁之仁，不仁便是不识痛痒，仁是识痛痒。"（《上蔡语录》卷中）张也说："仁即是觉，觉即是心，因心生觉，因觉有仁。"（《横浦心传》卷上）后者以程朱派为代表。周敦颐说："天以阴阳生万物……生，仁也。"（《通书·顺化》）程颢说："天地之大德曰生，天地绷缊，万物化醇，生之谓性，万物之生意最可观，此元者善之长也，斯所谓仁也。"（《二程语录》卷八）程颐说："心譬如谷种，生之性便是仁也。"（同上卷十一）最后，朱熹将这些论说概括为："大抵仁字，正是天地流动之机。"（《延平答问》卷上）朱熹的弟子也是这样理解"仁"的。如陈淳说："仁在天为元，于时为春，乃生物之始。"（《北溪字义》卷上）"仁是天理生生之全体。"（《北溪语录》）程朱派"仁是生"的推理过程是这样的：天地的根本性质是"生"（产生万物，生生不已）。根据经验，产生这种性质的是"仁"（犹如谷种瓢仁、桃李核仁），故可以"仁"来描述"生"："生，仁也。"反过来，也可以"生"来形容、规定"仁"："万物之生意，所谓仁也。"可见这个推理在理论上或逻辑上都有悖类的毛病。

在陆九渊看来，对"仁"做这样或那样的细腻分析解释都没有必要，都是支离之谈。他认为"仁"即是"心"，因为他所理解的"心"，不仅是"思之官"，而且更重要的是具有伦理本能的实体。故他说："仁，人心也。"（卷三十二《学而求放心》）"仁义者，人之本心也。"（卷一《与赵监》）因此，在陆九渊这里，识得"本心"，即是识得"仁"。詹阜民从学与程朱派观点一致的张栻时，读其所辑孔孟周程论仁言论，不得其解；以后师事陆九渊，陆九渊启诲他如何识"心"识"仁"说："为学者当先识义利公私之辨"，不要"溺于文义"（卷三十五《语录》）。这是从伦理道德的角度来谈认识"本心"，即要他体识仁义礼智乃人心所固有，这是陆九渊心学的核心思想，詹阜民还是不得其解。其后，陆九渊讲《孟子》时，说"人有五官，官有其职"，从生理、心理的角度谈到心有知觉作用，这本是陆九渊"心"的概念的次要属性，但詹阜民却由此而有所透悟，他叙述自己明心识仁的过程说：

> 某因思是，便收此心，然惟有照物而已。他日侍坐无所问，先生谓曰："学者经常闭目亦佳。"某因此无事则安坐瞑目，用力操存，夜以继日，如此者半月，一日下楼，此心已复澄莹中立。窃异之，遂见先生，先生因谓某："道果在迩乎？"某曰："然，昔者尝以南轩张先生所类洙泗言仁书考察之，终不知仁，今始解矣。"先生曰："是即知也、勇也。"某因言而通，对曰："不惟知、勇，万善皆是物也。"（卷三十五《语录》）

詹阜民下楼之际忽然悟彻万物皆仁皆心，和佛家顿悟极为相似，就像沩仰宗香严智闲禅师因瓦砾击竹作声而悟得"佛性"一样，都具有非常神秘的性质（《景德传灯录》卷十一《智闲传》）。正如《鹤林玉露》载一僧尼悟道诗所云：

> 尽日寻春不见春，芒鞋踏遍陇头云。归来笑拈梅花嗅，春在枝头已十分。（卷六《道不远人》）

据陈淳说："此间九峰僧觉慧者，詹（阜民）、喻（可中——詹阜民门人）顾皆以其得道之故，与之为朋。詹悟道时，尝谓他证印法门传度从来如此。"（《北溪文集》卷二《答赵季仁之二》）詹阜民正是从佛家心是空虚寂静、映照万物的角度来理解陆九渊的"心"和儒家的"仁"的。

二 槐堂诸儒为建立陆派门户的努力

槐堂弟子对陆九渊的学说和思想没有发展贡献，但对陆九渊学派门庭的确立，却做了很多的努力。

1. 屈己从师，以立槐堂

陆九渊最初的弟子，年龄辈第皆长于己。《槐堂诸儒学案·邹斌传》谓："陆氏门墙之盛，自德章师文达复斋公始。"《临川县志·李缨传》

谓："李缨，字德章，初从学于陆文达九龄，复师象山，旋与文达同中乾道五年己丑科进士，《西江志·曾极传》云：'远近学者宗陆氏之学自极之父溁与李德章师复斋始，二人与先生兄弟年辈相等，而能屈己以从，首崇师道，为里闾率先，盖皆有识之士，卓然不囿于流俗者也。'"（道光三年《临川县志》卷四十二下）陆九渊于乾道八年壬辰方获得赐同进士出身，可见登科及第晚于李缨。

陆九渊还有年龄长于己的弟子。《槐堂诸儒学案·朱桴传》谓："朱桴字济道，与其弟亨道泰卿，年皆长于象山而师事之。"

陆九渊一开始在家乡槐堂讲学授徒，"即去今世所谓学规者，而诸生善心自兴，容体自庄，雍雍于于，后至者相观而化"（《慈湖遗书》卷五《象山先生行状》）。这种标新立异的做法，本已引人注目；乡间间年辈长于陆九渊的士绅，又率先屈己师从，就更张声势了。陆氏学派就这样很快形成起来，并引起朱熹的注意和不安。

2. 筚路蓝缕，创建象山

陆九渊学派最显兴旺的时期，是在陆九渊四十九岁后登贵溪应天山讲学的一段时间。

《象山年谱·淳熙十四年丁未》记曰：

> 初，门人彭兴宗世昌，访旧于贵溪应天山麓张氏，因登山游览，则陵高而谷邃，林茂而泉清。乃与诸张议结庐以迎先生讲学。先生登而乐之，乃建精舍居焉。（卷三十六）

陆九渊登山居住后，因山形似象，故改其名为"象山"。门人也纷纷来象山结庐而居。陆九渊率领弟子们开山造田，聚粮筑室，相与讲习。他郡学士也时来访谒，陆派门庭呈现出一派欣欣向荣的景象。

象山地辟田粗，初创时，也是颇有艰难的。以后傅梦泉作《曾潭讲堂记》回忆当时的情况说：

> 计予之从事先生也，自信而潭，播起道里，衡宇敝陋，居用草创，舍诸生者仅三尺地，每为客子连榻居之，日则支接宾识，拣讨馈

饷，以资学侣，与先生任勤劳，蔬粥无时，不堪充脏……（同治十一年《南城县志》卷九之三）

槐堂诸儒大都参加了象山的筚路蓝缕的创建事业。

陆九渊在象山讲学前后有五年的时间，"阅其簿，来见者逾数千人"（《象山年谱·淳熙十五年》），这是陆门极盛的时期。

3. 呈状著文，力争陆学地位

陆九渊居象山时，和朱熹就"无极"、《荆公祠堂记》展开了激烈的争辩，并各以孔孟正统自居。陆九渊居象山的第三年，受到知荆门军的任命。次年，赴任荆门时，他把居象山率诸弟子讲学之事托付傅子云。陆九渊体弱多病，到荆门一年即病故。陆九渊死后，陆门即显凋零，而朱门仍然炽盛。槐堂弟子此时多有破门他去者，但其主要人物仍坚守师说，维护门户，并竭力为陆九渊争正统地位。

陆九渊死后二十三年（宁宗嘉定八年）仍未得到谥号，槐堂弟子以严滋为首，呈状请谥，状文概括陆九渊的学说思想和学术地位谓：

> 为世儒宗，一时名流踵门问道常不下百千辈，今其遗文流布海内，人无智愚，珍藏而传诵之。盖其为学者，大公以灭私，昭信以息伪，揭诸当世曰：学问之要得其本心而已。学者与闻师训，向者视圣贤若千万里之隔，今乃知与我同本，培之溉之，皆足以敷荣茂遂，为指迷途，为药久病，先生之功宏矣。（道光三年《临川县志》卷四十二下）

嘉定十年，陆九渊终于得到"文安"的谥号，他的生平学术和思想得到了统治阶级的认可。

陆九渊死后四十年（理宗绍定五年）朱熹已得"太师""徽国公"的封赠，朱学的统治地位已经初步确立，傅子云仍在《槐堂书院记》中为陆九渊力争儒学正统地位。他说：

> 孟氏去今千有七百余年，七篇具存，晦蚀甚矣。其间出而力扶吾

道者固有其人，然至我朝伊洛诸贤而始盛，殆冲和郁蓄之久，故闲见层出者非一。惟象山先生禀特异之姿，笃信孟氏之传，虚见浮说不得以淆其真、夺其正。故推而训迪后学，大抵简易明白，开其固有，无支离缴绕之失，而有中微起痼之妙。士民会听，沉迷利欲者，惕然改图；蔽惑浮末者，翻然就实；胶溺意见者，凝然适正。莫不主于内，则知足以明，仁足以守，勇足以立……（乾隆十六年《金溪县志》卷二）

陆九渊的槐堂及门人弟子维护陆学地位和陆派门户的努力至此已竭力尽瘁了。再传、三传弟子虽然继续着这种努力，但他们对于陆九渊学说的核心和鲜明的个性特色的认识已是很模糊了，自觉不自觉地融进了朱学思想，走向折中朱陆的学术道路。例如傅子云的弟子叶梦得在《重建槐堂书院记》里就把陆学思想概括为：

二先生（陆九龄、陆九渊）之教，大抵体认本心之灵明，而口耳非所尚；察一身之践履，而议论非所先；以宇宙内事为己分内事，而富贵利达非所计。（乾隆十六年《金溪县志》卷二）

这个评论里就有朱熹把"心"理解为知觉，把人本身作"天理""人欲"之分的思想痕迹。

陆九渊的著名弟子包扬（字显道）"及象山卒，即率其生徒诣朱子精舍中，执弟子礼"（《槐堂诸儒学案·包扬传》）。包扬之子包恢，史称"少得朱陆渊源之学"（《金溪县志》卷五）。包恢弟子龚霆松更有"朱陆忠臣"之称：

龚霆松，号艮所，咸淳庚午乡荐，究心理学，少游徐岩，亲炙包忠肃公、汤文清公，得象山先生本心之旨，超然有悟，时因朱陆之徒议论不一，遂致支离禅定亦各相持，霆松研究二家源委，为之折中，作《四书朱陆会同注释》，三年书成，凡二十九卷，又《举要》一卷，约三十余万言，时称"朱陆忠臣"。（乾隆十六年《贵溪县志》卷十二）

陆九渊心学的个性面貌在明代的王学中才重新显现。

第二节　甬上四学者——陆九渊思想的扩展

陆九渊而外，南宋陆学里的主要人物是杨简、袁燮、舒璘、沈焕四人，他们是同乡、同学，在南宋思想学术界占有极为显著的地位。

四学者都是四明人。四明，浙江宁波旧称。境内有甬江，由流经奉化、鄞县、慈溪之奉化江（鄞江）和姚江会合而成，故世称四学者为"甬上四先生"。

四学者不仅是同里，而且是同学。真德秀在《袁燮行状》里说：

> 乾道初，燮入太学，陆九龄为学录，同里沈焕、杨简、舒璘亦皆聚于学，以道义相切磨。（《真文忠公文集》卷四十七）

四学者不仅是同学，而且是同志。杨简说：

> 一时师同门、志同业者，则某与沈叔晦、袁和叔也。（《慈湖遗书补编·舒元质墓志铭》）

"志同业者"，即他们不仅有一致的政治立场，而且还有一致的哲学理论，共同维护和发展陆九渊的心学思想。四学者中以杨简为首，他享年最久（86岁），"为时蓍龟"①，心学思想最为鲜明坚定，全祖望有诗曰："淳熙正学推四公，慈湖先生为最雄。"（《句余土音·杨文元公旧里诗》）但他们也各有特色，文天祥说："广平之学，春风和平；定川之学，秋霜肃凝。瞻彼慈湖，云间月澄；瞻彼絜斋，玉泽冰莹。源皆从象山弟兄，养其气嗛，出其光明。"（《郡学祠四先生文》）换言之，甬上四学者的思想风貌有所不同，他们是从不同的角度来共同发展、推进陆派心学的。

---

① 《宋史》卷四百一十五《傅伯成传》论曰："傅伯成晚与杨简为时蓍龟。"

Ⅰ 杨简

一 生平和著述

杨简，字敬仲，慈溪人，宋高宗绍兴十一年生，宋理宗宝庆二年卒（1141～1226）。五十五岁后，筑室德润湖（慈湖）上居住，故世称慈湖先生。

杨简青年时在太学读书，二十九岁（孝宗乾道五年）中进士后，久任地方小官，五十二岁才升到知县（乐平县）。五十四岁时为国子博士，不久，庆元学禁起，又遭远斥，以祠官家居十四年。七十岁时又出知温州，此后入京，常为无实际职责的散官，最后以耆宿大儒膺宝谟阁学士，官阶至正奉大夫，封爵为慈溪县男。谥号"文元"。

杨简的政绩平常，其政治见解也很一般。杨简认为挽救南宋颓败不振之势，当务之急有五："一曰谨择左右大臣、近臣、小臣，二曰择贤以久任中外之官，三曰罢科举而行乡举里选，四曰罢设法导淫，五曰治伍法，修诸葛武侯之正兵以备不虞。"其次之急有八："一曰募兵屯田，以省养兵之费；二曰限民田，以渐复井田；三曰罢妓籍，从良；四曰渐罢和买、折帛及诸无名之赋及榷酤而禁群饮；五曰择贤士教之大学，教成使分掌诸州之学，又使各择井田之士聚而教之，教成，使各分掌其邑里之学；六曰取《周礼》及古书会议熟讲其可行于今者行之；七曰禁淫乐；八曰修书以削邪说。"（《慈湖先生行状》）总之，离不开罢今复古，着力于君臣的道德修养、庶民的礼化教育这个儒家的政治策略思想的窠臼。宁宗嘉定二年，江南蝗旱，下诏求直言，杨简上封事说："蝗旱根本，近在人心。"（同上）嘉定三年，杨简作为国史馆编修官、实录院检讨官向宁宗论说"心即道"之理，要宁宗"无用学，但不起意，自然静定澄明"（同上）。这些议论更嫌迂阔。《句章撷逸》概述其政治生涯曰："文元丁宋祚之末，阅事孝、光、宁、理四朝，始终五十四年，立朝仅三十六日，四经陛对，逆鳞之言虽忠，而措之无用，君子惜之。"甚是。

杨简一生的政治活动虽是平庸，但其学术事业却很突出。在陆门中他的著述最多，《宋史》杨简本传和《艺文志》共录有十二种，《慈溪县志》录有二十四种，今人张寿镛《慈湖著述考》谓有三十种。现存杨简著作中最重要者当为《慈湖遗书》《慈湖诗传》《杨氏易传》。《慈湖遗书》是后人纂集的杨简文集，有多种版本，其中《四明丛书》版的《慈湖遗书》连同续集、补编共21卷，辑录的内容最为丰富，从中可以窥见杨简思想的全貌。《诗传》《易传》是杨简利用儒家经典来发挥自己心学的著作，是陆九渊"六经注我"的具体实践。通过这些著述，杨简把陆九渊的主观唯心主义哲学思想又向前推进一步，成为"唯我主义"，这是儒家主观唯心主义新的、更彻底的形态。

《宋史》卷四百零七《论曰》："杨简之学，非世儒所能及，施诸有政，使人百世而不能忘，然虽享年，不究于用，岂不重可惜也哉！"作为对杨简一生的评价，虽嫌过高，却也道出他的矛盾所在。

二 思想发展过程

杨简和陆九渊有相同的思想性格，是一个内向的、善于潜思冥想的人。他曾回忆说："少读《易》大传，深爱'无思也，无为也，寂然不动，感而遂通天下之故'，窃自念，学道必造此妙。"（《杨氏易传》卷二十）但他登上那彻底唯心主义（唯我主义）的玄妙高峰，也不是一蹴而就的，而是经历了一个由浅入深、由微而著的思想发展过程的。

1. 太学生时期。杨简唯心主义思想的最早萌芽是在二十八岁为太学生时。他曾说：

> 某之行年二十有八也，居太学之循理斋。时首秋，入夜斋仆以灯至。某坐于床，思先大夫尝有训曰："时复反观。"某方反观，忽觉空洞无内外、无际畔，三才、万物、万化，万事、幽明、有无通为一体，略无缝罅。（《慈湖遗书续集》卷一《炳讲师求训》）

杨简通过"反观"而体验出"万物一体"，这种具有神秘色彩的精神状态，是他对"心"的最初认识，故他说："简年二十八而觉。"（《慈湖遗书》卷二《永嘉郡治更堂名记》）

2. 富阳主簿时期。杨简二十九岁中进士后，出任富阳主簿。三年后，陆九渊中进士后归家路经富阳，杨简挽留，讲论半月。在陆九渊的诱导下，杨简悟得"本心"。杨简自谓这是"简年三十一而又觉"（同上）。陆、杨师生关系也由此而定。《宋史》杨简本传谓："陆九渊道过富阳，问答有所契，遂定师弟子之礼。"（《宋史》卷四百零七）杨简悟"本心"的经过，前面据《象山年谱》已作引述，杨简自己也有叙述：

> 壬辰之岁，富春之簿廨，双明阁之下，某问本心，先生举凌晨之扇讼是非之答，实触某机。此四方之所知，至于即扇讼之是非，乃有澄然之清，莹然之明，非思非为，某实有之。无今昔之间，无须臾之离，简易和平，变化云为，不疾而速，不行而至，莫知其乡，莫穷其涯，此岂独有之，举天下之人皆有之。（《慈湖遗书》卷四《祖象山先生辞》）

判断人的行为正确与错误的是非观念或标准，本是由多种因素铸成的客观的社会意识。但杨简却由自己审理、裁判扇讼案件一事，将是非观念理解为己心所固有的主观意识，并进而"悟彻"所谓本心，也正是包括是非观念在内的一切主观意识，诸如恻隐之心、羞恶之心、辞让之心等。并且它们都是从古至今、无时无刻都存在着的。杨简所理解的这种"本心"，完全和陆九渊所理解的相同，它是指一种无思无为、寂然不动而又具有伦理本能的精神实体，他曾举丧妣哀恸之"心"为例说：

> 承教于象山陆先生，闻举扇讼之是非，忽觉某心乃如此清明虚灵，妙用之应无不可者。及后居妣氏丧，哀恸切痛，不可云喻，既久略有察，曩正哀恸时，乃亦寂然不动，自然不自知，方悟孔子哭颜渊至于恸矣而不自知，正合无思无为之妙，益信吾心有此神明妙用。（《杨氏易传》卷二十）

即是说杨简认为，人的"本心"固有种种伦理道德品性，它见诸行为，如同见亲友死丧，不由自主地要哀伤痛哭一样，都是一种本能的自然流露。

3. 乐平知县时期。杨简的思想没有停留在由"反观"而体验出的"万物一体"和由扇讼而悟出的"本心"上，大约在五十岁以后，他在《孔丛子》书中一语的诱导下，将这种对物和对己的体验结合在一起，深化提高为"万物唯我"的彻底的唯心主义，登上他少时幻想过的玄妙之极。他说：

> 学者初觉，纵心之所之无不玄妙，往往遂足，不知进学，而旧习难遽消，未能念念不动……予自三十有二微觉已后，正坠斯病。后十余年，念年迈而德不加进，殊为大害。偶得古圣遗训，谓学道之初，系心一致。久而精纯，思为自泯。予始敢观省，果觉微进。后又于梦中获古圣面训，谓某未离意象，觉而益通，纵所思为，全体全妙，其改过也不动而自泯，泯然无际，不可以动静言。（《慈湖遗书》卷十五《家记九·泛论学》）

杨简所说"偶得古圣遗训"是指《孔丛子》中一语。叶绍翁《四朝闻见录》谓："慈湖杨公简，参象山学犹未大悟，忽读《孔丛子》至'心之精神是谓圣'一句，豁然顿解，自此酬酢门人，叙述碑记，讲说经义，未尝舍心以立说。"（《四朝闻见录》甲集《心之精神是谓圣》）

《孔丛子》一书，记载孔子、子思、子上、子高、子顺的言行，叙事至东汉，本是寂寂无闻。宋时，宋咸为它作注，方流传开来。可也正是宋代对它产生了怀疑。洪迈说："今读其文，略无楚汉间气骨，岂非齐梁以来好事者所作乎？"（《容斋三笔》卷十）朱熹也认为《孔丛子》"鄙陋之甚，理既无足取，而词亦不足观"，"是后来白撰出"（《朱子语类》卷一百三十七）。杨简对《孔丛子》记载的内容也深表怀疑，他在《诗传》里曾说："详观《木瓜》之诗，所谓木瓜、木桃、木李与夫琼琚、琼玖，皆以为喻尔，非实有是物也。而《孔丛子》言孔子读诗曰'吾于《木瓜》见苞苴之礼行'，未必圣人之言也。《孔丛子》所载亦有乖戾不可信者，不止于《木瓜》也。"（《慈湖诗传》卷五《木瓜》）但是他在《孔丛子》一书中破绽最大的地方竟相信了它，这就是记载了"心之精神是谓圣"这句话的那个地方。

子思问于夫子曰："物有形类，事有真伪，必审之，奚由？"子曰："由乎心，心之精神是谓圣，推数究理，不以物疑，周其所察，圣人难诸。"（《孔丛子》卷二《记问篇》）

辨伪专家正是在这里捉住了《孔丛子》作伪的证据。[1] 虽然伪迹昭彰，但杨简仍坚信不疑，因为这句话不仅能体现他的心学思想的灵魂，而且能给他新的立论根据，"予始敢观省"，把陆派心学又向前发展一步。这个发展的主要内容或特征，就表现在他任乐平知县时删订的《己易》和撰写的《乐平县学记》《绝四记》中：

第一，在《己易》中，用主观的"我"吞没一切，自然和社会的一切都是我心的产物。他说：

天地，我之天地，变化，我之变化……天者，吾性中之象，地者，吾性中之形，故曰在天成象，在地成形，皆我之所为也……以吾之照临为日月，以吾之变通为四时，以吾之散殊于清浊之两间者为万物。（《慈湖遗书》卷七《家记一·己易》）

第二，在《乐平县学记》《绝四记》中，用"毋意"来否定人的一切认识活动，主张保持无思无虑、凝然不动的"明鉴"（心）之本体状态。他说：

千失万过，孰不由意而生乎？意动于爱恶故有过，意动于声色故有过，意动于云为故有过。意无所动本亦无过，先圣所以以每每止绝学者之意，门弟子总计之曰"毋意"。（《慈湖遗书》卷二《乐平县学记》）

何谓意？微起焉皆谓之意，微止焉皆谓之意……心与意奚辨？是

---

[1] 宋代高似孙说："《记问篇》载子思与孔子问答，如此，则孔子时子思已长矣。然《孔子家语》后序及《孔子世家》皆言子思年止六十二，孟子以子思在鲁穆公时固常师之，是为之然矣。按孔子没于哀公十六年，后十六年哀公卒，又悼公立三十七年，元公立二十一年，穆公既立，距孔子之没七十年矣，当是时，子思犹未生，则问答之事安得有之耶？此又出于后人缀集之言，何其无所据若此！"（《子略》卷一）以后的辨伪著作，也都把此点列为《孔丛子》作伪的首要证据。

二者未始不一，蔽则不自一。一则为心，二则为意；直则为心，支则为意；通则为心，阻则为意。不识不知，变化云为，岂发岂离，感通无穷，非思非为……昭明如鉴，不假致察，美恶自明，洪纤自辨。（《慈湖遗书》卷二《绝四记》）

非常明显，杨简的"心"是指某种寂然不动的、具有伦理本能和知觉能力的实体，而"意"是指任何实际、具体的知觉、情感等思想意识活动。"万物皆吾性（心）中之象"和"意虑即是心之蔽"的观点，都表明杨简的主观唯心主义思想更加鲜明、彻底，更多染有佛教主观唯心主义的色彩，因为"万法唯心""心如明鉴""心念不起"正是佛家的基本哲学观点或主张。

三 陆派心学向唯我主义方向的发展

杨简认为，世界一切皆是自我心中产生，而不仅是如陆九渊所说："义理之在人心，实天之所与而不可泯灭焉者。"（卷三十二《思则得之》）这样就把陆九渊心学发展到了极端、唯我主义的思想形态。具体说来，这种发展表现在三个方面。

1. 抛却陆九渊的"沿袭之累"

明代王守仁对陆九渊在推崇之中也有微词，他说："象山之学，简易直截，孟子之后一人，其学问思辨、致知格物之谈，虽亦未免沿袭之累，然其大本大原，断非余子所及也。"（《阳明全书》卷五《与席元山》）王守仁所谓陆九渊的"沿袭之累"，是指陆九渊在他的思想体系里沿用了和他的主观唯心主义思想不协调的程朱派客观唯心主义思想体系里的范畴、概念，如"理""气"等。

杨简对陆九渊无一句批评之词，而是提出更加彻底的唯心主义来修正陆九渊的"沿袭之累"。

第一，在陆九渊的心学里，核心的基础的范畴当然是"心"，但从形式上看，最高的哲学范畴却是"理"。"理"有时显得有比"心"更广泛的内容和独立于"心"之外的性质，如他说："此理充塞宇宙，天地鬼神且不能违，况于人乎?"（卷十一《与吴子嗣之八》）只是因为"心即理"，所以这句话的实质才仍然可以理解为是主观唯心主义的，理解为和他的心学思想体系一致的。但也可见，这种因袭而来的"理"，对于陆派心学来说，完全是多余的累赘。到了杨简的时候，就彻底把它抛弃了。在杨简的思想里，只有"心"这一个最高的范畴，这是一个永恒不变的，是万物万事之源的精神性实体。他说：

> 心何思何虑，虚明无体，广大无际，天地范围于其中，四时运动于其中，风霆雨露霜雪散于其中，万物发育于其中，辞生于其中，事生于其中。（《慈湖遗书》卷二《著庭记》）
>
> 人皆有是心，是心皆虚明无体，无体则无际畔，天地万物尽在吾虚明无体之中。变化万状而吾虚明无体者常一也。此虚明无体者，动如此静如此，昼如此夜如此，生如此死如此。（同上书卷二《永堂记》）

即杨简认为天地万物皆发生于心中，存在于心中。所以在杨简这里"心即万物"代替了陆九渊的"心即理"。"天地，我之天地；变化，我之变化。"陆九渊心学唯心主义也因此获得了非常明确、彻底的唯我主义形态。

第二，人心或人之本性是善，何以有恶？陆九渊沿用了"气"的概念，以"气有所蒙、物有所蔽、势有所迁、习有所移"（卷十九《武陵县学记》）等主观以外的原因来加以解释。杨简抛弃了这些实际上承认了物我对立的思想，而用纯主观的"意"来加以解释。他说：

> 人心本正，起而为意而后昏，不起不昏。（《慈湖遗书》卷一《诗解序》）
>
> 人性皆善，皆可以为尧舜，特动乎意，则恶。（同上书卷一《乡记序》）

杨简既然认为"心"是一种如同"明鉴"一般的无思无为、寂然不动的精神实体，所以他所谓的"意"，就不仅是指"邪念"之类，而是指人的本能之外的一切的意识活动，他说：

人心至灵至神，虚明无体，如日如鉴，万物毕照，故日用平常不假思为，靡不中节，是为大道，微动意焉，为非为僻，始失其性。（《慈湖遗书》卷九《家记三·论礼乐》）

（心之）慈爱恭敬、应酬交错、变化云为，如四时寒暑，未尝不寂然，苟微起思焉，即为出位，即为失道。（《杨氏易传》卷十七《艮》）

意生则失心，则失道，则为恶。恶生于"不自知"，"人惟不自知，故昏故愚"（《慈湖遗书》卷八《家记二·论书》），所以杨简反对从主观以外来找心昏恶生的原因，他说：

《乐记》亦非知道者作，其曰："人心之动，物使之然。"此语固然庸众者不知其非，而知道者不肯为是。盖知道则信百姓日用斯道而自不知，百姓日用无非妙者，惟不自知，故昏乱也。故曰"物使之然"则全以为非裂物我，析动静，害道多矣。（《慈湖遗书》卷九《家记三·论礼乐》）

即是说，从杨简的唯我主义理论立场来看，物我不可分，我外无物，我外无气，以"我"之外的"物""气"等来解释"恶"的产生，是矛盾的，是"害道"。所以杨简认为"微动意即为非僻""微起思即为出位"，"恶"的产生在于人有"意"的活动。杨简这种对"恶"的产生的解释，摆脱了陆九渊的"沿袭之累"，消除了陆九渊心学中的一个逻辑矛盾，是陆九渊心学向唯我主义方向发展的一个重要内容。

第三，人心是善，人却有恶，陆九渊认为这是"心有所蔽"，故提出"收拾精神""剥落""读书讲学"等修养方法，以"发明本心"。但杨简却认为这些强制、外索工夫，非但无益，甚至有害，他说：

清心、洗心、正心之说行，则揠苗，非徒无益，而又害之。（《慈湖遗书》卷二《永嘉郡治更堂名记》）

（元度）笃志于学，夜则收拾精神，使之于静。某曰：元度所自有本自全成，何假更求……收之拾之，乃成造意；休之静之，犹是放

心。（同上书卷三《与张元度》）

杨简曾写《偶作》诗19首，主题思想就是认为向外求索即为"造意"害心。今录二首：

此道元来即是心，人人抛却去求深。不知求却翻成外，若是吾心底用寻。

莫将爱敬复雕镌，一片真纯幸自全。待得将心去钩索，旋栽荆棘向芝田。（《慈湖遗书》卷六）

他的《夜蚊》一诗讽刺讲学说教如同蚊虫嗡嗡使人厌倦昏迷，只有"明月"（本心）方能使人醒悟灵明：

夜蚊告教一何奇，妙语都捐是与非。偏向耳旁呈雅奏，直来面上发深机。惜哉顽固终难入，多是聋迷听者希。费尽谆谆无领略，更烦明月到窗扉。（《慈湖遗书》卷六）

杨简认为人心本明，意动而昏，所以他的修养方法只是"毋意"，使心保持寂然不动的无尘无垢的"明镜"状态，他说：

人皆有至灵至明、广大圣智之性，不假外求，不由外得，自本自根，自神自明，微生意焉，故蔽之。有必焉，故蔽之。有固焉，故蔽之。有我焉，故蔽之。端尽由于此。（《慈湖遗书》卷二《绝四记》）

意虑不作，澄然虚明，如日如月，无思无为而万物毕照，此永也。（同上书卷二《永嘉郡学永堂记》）

杨简所谓"毋意"并非是绝对的不思不为，而是指顺应伦理道德规范自然地而思而为，他说：

不起意，非谓都不理事，凡作事只要合理，若起私意则不可。

（同上书卷十三《家记七·论〈中庸〉》）

不动乎意，非本石然也，中正平常正直之心非意也，忠信敬顺和乐之心非意也。（《慈湖诗传》卷十八《维天之命》）

孔子莞尔而笑，喜也，非动乎意也；曰："野哉，由也。"怒也，非动乎意也；哭颜渊至于恸，哀也，非动乎意也。（《慈湖遗书》卷二《临安府学记》）

可见，杨简所谓的"理"，乃是指封建的伦理道德标准，所谓"中正平常正直之心"，即是指固有这些伦理道德品性之心。人只要"毋意"，这些道德品性就会如同生理本能一样自然地表现出来。杨简的这个观点和陆九渊乃至宋代其他理学家都是相同的。实际上，人类并不存在有先天性的、永恒的伦理本能。人的伦理感情和道德行为都是后天在一定的社会环境中形成的。当然，从科学的角度看，人的伦理感情和道德行为也可以还原为一定的心理、生理过程。然而，即使是人类的生理心理本能也是在长期的自然社会进化中缓慢地发生着变迁。所以，理学家乃至整个儒家伦理学说所立足的人性论的前提是虚假的。从这个虚假前提出发而走得最远的要算杨简，他由此推出了否定人的任何具有主动性、创造性思维活动的蒙昧主义结论，这在理学或儒学阵营里都是从来没有过的。

2. 公开引进佛家思想，提倡蒙昧主义

杨简思想中的两个主要范畴"心"和"意"都和佛家思想有明显的联系或相似，试条举对比如下：

(1)万物众生皆我、皆心	
天之所以健行而不息者,乃吾之健行也。地之所以博载而生者,乃吾之化生也。日月之所明者,乃吾之明也。四时之所以代谢也,乃吾之代谢也。万物之所以散殊于天地之间者,乃吾之散殊也。（《慈湖遗书》卷十二《家记六·论〈孝经〉》）	一切众生,种种幻化,皆生如来圆觉妙心。（《圆觉经》卷上） 三界所有,唯是一心。（《华严经·普贤菩萨行品第三十一》）

(2)心镜	
自古谓之心,又谓之神,孔子曰"心之精神是谓圣",此心无体虚明,洞照如鉴,万象毕见其中而无所藏。(《慈湖遗书》卷二《昭融记》)	十方世界诸如来心,于中显现,如镜中像。(《圆觉经》卷下) 身是菩提树,心如明镜台。(《六祖坛经·行由品第一》)

(3)毋意、无念	
意如云气,能障太虚之清明,能蔽日月之光明。舜曰道心,明心即道,动乎意则为人心。孔子曰"心之精神是谓圣",而每戒学者毋意、毋必、毋固、毋我。(《慈湖遗书》卷二《著庭记》) 不起意非谓都不理事,凡作事只要合理,若起私意则不可。(同上书卷十三《家记七·论〈中庸〉》)	心念不起,名为坐;内见自性不动,名为禅。(《六祖坛经·坐禅品第五》) 问:此顿悟门以何为宗,以何为旨,以何为体,以何为用?答:无念为宗,妄心不起为旨,以清净为体,以智为用。问:既言无念为宗,未审无念者无何念?答:无念者无邪念,非无正念。云:何为正念,何为邪念?答:念有念无即名邪念,不念有无即名正念;念善念恶名为邪念,不念善恶名为正念。(《顿悟入道要门论》)

　　然而杨简毕竟是儒家思想家,所以正是在这种和佛家相似的思想形式下面,有着和佛家相异的思想内容。杨简的"心"固有伦理的品性,而不仅仅是知觉能力,他说:"君君、臣臣、父父、子子、夫夫、妇妇,道心之中固自有。"(《杨氏易传》卷十三《睽》)"人性本善本神本明。"(同上书卷九《无妄》) 这就和佛家教义把心分析为各种心理状态(《大日经》有"六十心",唯识宗"心所"有六类五十一种),认为"性中不染善恶"(《六祖坛经·忏悔品第六》)的观点不同。杨简的"毋意"主要还是指克制违背伦理的意念萌生,这和佛家的"无念"要求有无善恶皆不思念的思维寂灭也是不同的。

　　陆派心学和佛家禅宗之间的这种虽然晦隐但却根本的区别,只有陆九渊自己清醒地意识到。当程朱派攻击杨简是禅,"不读书,不穷理,专做打坐工夫,求形体之运动知觉者以为妙诀"(《北溪文集》卷一《答陈师复之一》),陆九渊替他辩护道:"杨敬仲不可说他有禅,只是尚有习气未尽。"(卷三十五《语录》)和陆九渊相比,杨简就差逊一筹了,他觉察不到这个根本的区别,这与其说是由于他的儒学理论修养不足,还不如说是他的佛学理论修养不足。在杨简的著作里,不止一次对老庄思想提出批评，但对佛家思想却无一句评品的言词，他模糊地将孔子之心认作达摩之佛，把心学和佛学完全等同起来，他说：

> 孔子曰心之精神是谓圣，即达摩谓从上诸佛，惟以心传心，即心是佛，除此外更无别佛。（《慈湖遗书续集》卷一《炳讲师求训》）

基于同样的原因，杨简把佛教的宗教修养和儒家的伦理道德修养混同起来。他在《奠冯氏妹词》中曾这样写道：

> 妇而能觉，古惟太姒，自兹以降，以俾行称于史，固不乏求，其内明心通，惟庞氏母子……（《慈湖遗书续集》卷一）

太姒乃文王之后妃，杨简在《慈湖诗传》里多次赞颂她有"道心"。"佐助文王，辅成治化"（卷十六《思齐》）当然是儒家伦理道德的圭臬。庞氏母女，据陶宗仪考证，当是唐代襄州居士庞蕴妻女。庞氏举家修禅，"有男不婚，有女不嫁，大家团栾头，共说无生话"。女名灵照，制竹漉篱，卖之以供朝夕（《南村辍耕录》卷十九），可见是佛门的虔诚信徒。杨简把儒家的典范和佛门的信徒视为同类，视为一心，也正是引佛入儒的表现。这就是他的"习气未尽"。

杨简的"毋意"虽然主要是指要克制"心"以外的邪念，但因为他所理解的"心"是如同"明镜"一般的无思无虑、寂然不动的精神实体，所以在实际上必然要否定人的一切意念活动，他说："直心诚实，何思何虑，思虑微起，则支则离。"（《杨氏易传》卷一《井》）这就使杨简得出两个其他理学家或儒家没有过的结论。

第一，否定人的本能以外的任何具有能动性、创造性的思维活动。

从某种意义上说，人的本质特征或特性，就是在于他能超越自己的自然本能，变更自己，丰富自己。能动性、创造性的思维活动是人性不断变异更新的最重要因素。但宋代的理学家一般却认为，人的本质特征或特性在于他具有其他生物所没有的伦理本能（他们称之为"性"或"心"）；认识、回复、表现这种本能，就是做人的根本（他们称之为"存天理"

或"明心")。陆派心学更以此为自己学说的主要内容和宗旨。把这一学说推向极端的杨简，便进而否定人的伦理本能（"心"）以外的一切意识活动、一切具有主观能动性和创造性的活动。他认为凡是说到"能"者，即是"求诸心外"，即是"用意害道"。他说：

> 汲古（曾熠）问："子曰'中庸其至矣乎，民鲜能久矣'，又曰'中庸不可能也'，何谓'鲜能'与'不可能'？"先生（杨简）曰："《中庸》'能'字是子思闻孔子之言不审，孔子未尝云'能'。在《论语》只曰'民鲜久矣'，无'能'字，如'子曰中庸不可能也'，此'能'是用意矣。道无所能，有能即非道。"（《慈湖遗书》卷十三《学记七·论〈中庸〉》）
>
> 《毛诗序》曰："《天保》，下报上也。君能下下，以成其政，臣能归美，以报其上焉。"……夫上之礼其下，与下之敬其上，爱敬之情，发于中心，播于歌诗，而《序》谓之"能"，盖求诸心外，殊为害道。（《慈湖诗传》卷十一《天保》）

第二，提倡无思无虑无知的蒙昧主义。

与此同时，杨简认为"有知则有意"（《慈湖遗书》卷十一《家记五·论〈论语〉下》），"无思无虑是谓道心"（《杨氏易传》卷十三《睽》），"如蒙如愚，作圣之功"（《慈湖遗书》卷五《吴学讲义》）。中国思想史上，在道家蒙昧主义之外，又出现了一个儒家蒙昧主义。他说：

> 圣人果有知果无知乎？曰：无知者圣人之真知，而圣人知之实无知也。如以为圣人之道实可以知之，则圣人之道乃不过智识耳，不过事物耳。而圣人之道乃非智识、非事物，则求圣人之道者不可以知为止。然以圣人之道为可以知者，固未离于知，以圣人之道为不可知者，亦未离于知，惟其犹有不可知之知，非真无知也。圣人之真无知，则非智识之所到，非知不知所能尽，一言以蔽之曰：心而已矣。（《慈湖遗书》卷十一《家记五·论〈论语〉下》）

蒙昧主义是这样的一种认识论理论，它反对人们去认识那些可以认识的具有丰富内容和复杂规律的外界事物，而主张人们去体验那种没有任何内容的内心状态。杨简也正是这样，他认为圣人所认识的不是一般的"智识""事物"，而是"心"。认识"事物"是"有知"，认识"心"只能是"无知"。"如蒙如愚，以养其正，作圣之功。""惟无思故无所不明，惟无为故无所不应。"（《杨氏易传》卷十四《益》）惟浑浑噩噩可以使人智慧焕发，品德端正，无所不能，成为"圣人"。这就是杨简蒙昧主义的结论。

3. 批评历史上的儒家、道家中的唯心主义不够彻底

杨简以主观的"心"吞没一切，故对历史上儒家或道家思想中尚承认有物我对立、物质和思维对立的那一部分观点提出批评，杨简认为"心"是永恒的，是没有变化的唯一本体，故对儒家或道家思想中尚承认有动静对立，性（心）情对立的那一部分观点也提出批评。

第一，对子思、孟子的批评。

宋儒认为子思作《中庸》，故对他十分推崇，但杨简却认为"子思觉焉而未大通者也"。他说：

> 子思曰："喜怒哀乐之未发谓之中，发而皆中节谓之和。中也者，天下之大本也；和也者，天下之达道也。"孔子未尝如此分裂，子思何为如此分裂？此乃学者自起如此意见，吾本心未尝有此意见……吾心浑然无涯畔，无本末，其未发也吾不知其未发，其既发也吾不知其既发……如四时之错行，如日月之代明，油然而生，忽然而止。生，不知所生而是非自明，利害自辨；止，不知所止，止无所止，止无其事，如此而知犹无知也，如此而为犹无为也。子思觉焉而未大通者也。（《慈湖遗书》卷十三《家记七·论〈中庸〉》）

《中庸》把心之感情未发的本然状态称为"中"，感情表现出来且符合道德原则叫作"和"。但杨简认为"心"是"无涯畔""无本末"的浑然整体，"未发""既发"无可分别，故"中""和"之说是"分裂"心之整体，子思是"未大通者"。

从同样的观点出发，杨简认为孟子将"心"与"性"、"志"与"气"加以区分，也正是其瑕疵失误之处。杨简说：

> 性即心也，心即道也，道即圣，圣即睿，言其本谓之性，言其精神思虑谓之心，言其天下莫不共由于是谓之道，皆是物也……孟子有存心养性之说，致学者多疑惑心与性之为二，此亦孟子之疵。（《慈湖遗书》卷八《家记二·论〈书〉》）

> 孟子谓"志至焉，气次焉，持其志无暴其气，配义与道"，与存心养性之说同。孔子未尝有此论，惟曰忠信笃敬，参前倚衡，未尝分裂本末，未尝循殊名而失一贯之实也。（《慈湖遗书》卷十四《家记八·论孟子》）

孟子"存心养性""持志无暴气"之说，都是关于道德修养方法的观点。"心"主要就人的思维能力言，"性"主要就人的道德品性言，"志"就心理状态言，"气"就生理状态言。①孟子所谓"尽其心者，知其性也；知其性，则知天矣"（《孟子·尽心上》）、"志至焉，气次焉"，都表明他认为道德修养中有认识的发展过程和心理状态的变化过程。但杨简认为："学有三者之序（按指：'兴于诗、立于礼、成于乐'）（《论语·泰伯》），而心无三者之异。"（《慈湖遗书》卷一《诗解序》）即是说，"心"是浑然的、无任何认识发展过程的本体。有了认识过程的区分，在他看来，那就不是"心"。所以他反对孟子关于修养中的认识、心理发展过程的观点，认为这也是"分裂"心之整体。可见，杨简的心学唯心主义是更为彻底的。

第二，对老、庄的批评。

杨简认为老子是"入于道而未大通者也"，他说：

---

① "气"一般来说，应作生理状态的理解，"得气则生，失气则死"。然而，由于"气"的含义宽泛而多变，孟子用它来表述自己的观点时也有不同的解释。如"至大至刚"的"浩然之气"，不仅是一种生理状态，而且是一种精神状态。——编者附识。

老子曰："致虚极、守静笃，万物并作，吾以观其复、夫物芸芸，各归其根，归根曰静。"老子之于道，殆入焉而未大通者也，动即静，静即动，动静未始不贯一，何以致守为，何以复归为。（《慈湖遗书》卷十四《家记八·论诸子》）

老子言"道大天大地大王亦大，域中有四大而王居一焉，人法地，地法天，天法道，道法自然"。夫三才之道一而已矣，而老子裂而四之，其法天法道法自然尤为诬言，瑕病尤著。以他语验之，老子不可谓无得于道，而犹有未尽焉尔。（同上）

杨简所认为的"心"，是寂然不动的浑一本体，天地万物皆由其生，故"心"是天地之根，万物之本。所以在他看来，老子的"观复""归根"是"入道"；老子的动静之分、天地人之分是"未通"。可见杨简的哲学"党性"也是很强的，他能细致而准确地分辨出老子思想中所具有的唯心主义因素和唯物主义因素的不同部分。

杨简对庄子也多所批评，总的评价是"庄周寓言，陋语良多。仁义遽庐之论，惟睹夫二，未睹夫一也。亦祖夫归无之学而未大通者也"（《慈湖遗书》卷十四《家记八·论诸子》）。所谓"未睹夫一"者，是指庄子不知"有无之一""天人之一""生死之一"。杨简说：

庄子曰："有以为未始有物者，至矣尽矣，不可加矣。"此又意说也，未悟有无之一也。（《慈湖遗书》卷十四《家记八·论诸子》）

庄子曰："知其不可奈何而安之若命，惟有德者能之。"有德者不如是也。以为不可奈何者，非能安者，非真知命者也。天命之妙不可以人为参也，曰天曰人，非知天者，亦非知人者也。天人一道也。（同上）

庄子又曰："劳我以生，息我以死。"是又思虑之纷纷也，是又乐死而厌生也。乐死而厌生与贪生而惧死同。桑户之歌曰："而已反其真，而我犹为人。"以死为反真，以生为不反真，其梏于生死又如此，岂若孔子之言曰："未知生，焉知死。"明乎生死之一也。（同上）

杨简从他的心学立场看来，古往今来只有一条真理：人心即道。他说："百圣之切谕明告，诚无以易斯'人心即道'。"（《慈湖遗书》卷十五《家记九·泛论学》）他对思孟老庄以外的其他许多古今学者，如列子、荀子、董仲舒、王通、周敦颐、二程、张载也都提出批评，就是因为这些"学者之过，在于不求心而求之名"（《慈湖遗书》卷十四《家记八·论诸子》）。

总之，杨简心学的特色，就是以主观的自我之心吞没一切外界客观事物，"天地吾施生，四时吾继续，日月吾光明，变化吾机轴，夫人同此机，宇内皆吾族"（《慈湖遗书》卷六《偶书》），以"虚明无体、寂然不动"之心否定外界事物客观存在的差别、运动和变化，"吾道一以贯之，未尝异动静、有无、万一，而为殊也"（《慈湖遗书》卷十四《家记八·论诸子》）。即使是飘风骤雨，也实无变化可言，他说："今飘风不终朝，骤雨不终日，此其不恒者皆形也；其风之自、其雨之自不可知也，不可知者，未始不恒也。"（《杨氏易传》卷十一《恒》）杨简心学是迄至宋代儒家思想阵营中最彻底的主观唯心主义和形而上学的思想形态。

四 陆九渊"六经注我"的实践

宋代理学家通常是利用注疏儒家经典来表述和发挥自己的思想观点的。但陆九渊却没有留下这方面的任何著述，他认为"六经皆我注脚"（卷三十四《语录》），没有必要去注解。他只产生过立著阐发《春秋》义法和《易》揲蓍法的念头，但也没有实现。陆九渊在著述上缺乏辛勤，致使自己的心学思想未能得到充分的展开和阐发，若明若暗，给他的学说的传播带来很大的不利。到了他的弟子辈则改变了这种情况，他们开始注疏儒家经典，利用经传来发挥心学思想。槐堂诸儒如傅子云，即著有《易传》《论语集解》《中庸大学解》《童子指义》《离骚经解》（《宋元学案》卷七十七《槐堂诸儒学案》），但其著已佚，内容不得而知了。甬上学者的经传著述，当以杨简为多，并且也是他用以对心学观点发挥得最为充分。可以说，杨简的经传是陆九渊"六经注我"的具体实践。

杨简所著经传，现存只有《杨氏易传》二十卷和《慈湖诗传》二十卷。《宋史·艺文志》所录《春秋解》十卷（《天启慈溪志》作《春秋传》）已佚，《慈湖遗书》中尚存《春秋解·序》一篇。

杨简经传的基本思想是认为六经皆是"心"的表现。他在《慈湖诗传·自序》中写道："变化云为，兴观群怨，孰非是心，孰非是正。人心本正，起而为意而后昏，直而达之，则《关雎》求淑女以事君子本心也；《鹊巢》婚礼天地之大义，本心也；《柏舟》忧郁而不失其正，本心也；《柏舟》矢死靡他，本心也。由是而品节焉，《礼》也；其和乐，《乐》也；其得失吉凶，《易》也；是非，《春秋》也，达之于政事，《书》也。"下面就具体地分析一下杨简《易传》和《诗传》的心学内容。

1. 《杨氏易传》

《四库全书提要》评介《杨氏易传》说："简之学出陆九渊，故其解《易》，惟以人心为主，而象数、事物皆在所略，甚至谓系辞中'近取诸身'一节为'不知道'者所为，故明杨时乔作《传易考》竟斥为异端。"（《四库全书总目》卷三）从某种意义上说，杨简《易传》确是异端。

第一，它在古来多如牛毛的《易》传中，具有鲜明的个性特色。古来，"'易'一名而含三义"（《周易正义·序》）从未有人超越。林栗谓："'易'盖取变易为义也，自汉以来，言《易》之家千涂万辙，于'易'之一字已有三说，曰变易也、不易也、简易也。"（《古今图书集成·理学汇编经籍典》卷六十一）杨简对"易"的解释却很特殊："易之道一也，亦谓之元，乾元坤元即此元也。此元非远，近在人心，念虑未动之始其元乎？"（《杨氏易传》卷七《蛊》）即他认为"易"的根本含义应是寂然不动之心。

第二，它在宋代已有的解《易》路数外另辟新径。宋代的《易》学派别和潮流，据黄震的观察分析是这样的：

> 《易》圣人之书也，所以明斯道之变无往不在也。王弼间以老庄虚无之说参之，误矣！我朝理学大明，伊川程先生始作《易传》，以明圣人之道，谓易有圣人之道四焉：以言者尚其辞，以动者尚其变，以制器者尚其象，以卜筮者尚其占。吉凶消长之理、进退存亡之道备于辞，推辞考卦可以知变而象与占在其中。故其为传专主于辞，发明

精明，如揭日月矣。时则有若康节邵先生才奇学博，探赜造化，又别求《易》于辞之外，谓今之《易》后天之易也，而有先天之易焉，用以推占事物，无不可以前知。自是二说并兴。言理学者宗伊川，言象数者宗康节，同名为"易"，而莫能相一。至晦庵朱先生作《易本义》，作《易学启蒙》，乃兼二说，穷极古始，谓《易》本为卜筮而作，谓康节"先天图"得作《易》之源，谓伊川言理甚备，于象数犹有缺。学之未至于此者，遂亦翕然向往之，揣摩图象，日演日高，以先天为先，以后天为次，而《易》经之上既添祖父矣。（《黄氏日钞》卷六《读易》）

即黄震认为宋代《易》学的主要派别，是以邵雍为代表的象数派和以程颐为代表的义理派。朱熹《易》学则兼采二家。但杨简之《杨氏易传》却立于这样的派别潮流之外，它不言事理，也不言象数，而专言"人心"。"人心即《易》之道也"（卷九《复》），"易道不在远，在乎人心不放逸而已矣"（卷四《需》）。在《杨氏易传》中，杨简就是从"易之道"和"得易之道"这两个方面，反复地阐发他的心学思想的。

杨简认为"易之道"即是一，也就是说，全部《易》的思想立足点，在于宇宙万事万物归于一，他说：

　　夫道一而已矣，三才一，万物一，万事一，万理一。（卷一《乾》）
　　六十四卦其事不同，道则一也。（卷九《贲》）

而《易》中这个唯一的共同之"道"即是心。他说：

　　人之本心即道，故曰道心。（卷五《小畜》）
　　易之道一也，亦谓之元，此元非远，近在人心，念虑未动之始，其元乎？（卷七《蛊》）

这样，杨简就在《易传》中得出了万事万物皆是心之变现的主观唯心主义结论：

> 天地之道，其为物不贰，八卦者，易道之变化，六十四卦者，又
> 变化中之变化也，物有大小，道无大小；德有优劣，道无优劣。其心
> 通者，洞见天地人物尽在吾性量之中，而天地人物之变化，皆吾性之
> 变化，尚何本末、精粗、大小之间。（卷一）

既然"易之道"即是人心，那么"得易之道"就是"不失其心，是
之谓得易之道"（卷一《乾》）。"得道者非外于心得之，心即道也"（卷
六《泰》）。于是在《易传》里，杨简又反复论述了他的心学修养的基本
方法："反观"和"毋意"。

所谓"反观"，即是"复心"，自我反省。他注解《履》卦上九"其
旋元吉"说：

> 所谓"旋"，人心逐乎外，惟能旋者则复此心矣，岂不大哉！孔
> 子曰"心之精神是谓圣"，孟子云"仁人心也"。某自弱冠而闻先训，
> 启道德之端，自是静思力索十余年，至三十有二而闻象山先生言，忽
> 省此心之清明，神用变化不可度思，始信此心之即道，深念人多外
> 驰，不一反观，一反观忽识此心，即道在我矣。（卷五）

所谓"毋意"，即不动思虑。杨简认为人心如镜，只有无思无虑才能
"得易之道"，如同镜之无尘无垢，才能洞照万物。他说：

> 惟无思无虑者乃能远思深虑。即此思虑之时，亦何思何虑？如水
> 鉴之照万象，虽曲折万变而文鉴无思无虑也；如天地之变化，虽风雨
> 雷电霜雪之散动交错，而天地无思无虑也。必得乎此而后可以为得易
> 之道。（卷七《蛊》）
>
> 惟无思故无所不明，惟无为故无所不应。凡《易》之道也，皆
> 此道也，皆《大易》之道也。（卷十四《益》）

在《易传》中，杨简不仅利用《易经》的词句发挥了自己的心学观点，而且还用自己的彻底的主观唯心主义心学观点否定了《易传》里的唯物主义思想。《系辞下》认为八卦的制作是由于古人观察和取法外界事物的结果。应该说这种推测与人类及个人的认识发展史都是吻合的，但杨简却断然否定，他说：

> 《易大传》曰："古者包牺氏之王天下，仰则观象于天，俯则观法于地，观鸟兽之文与地之宜。近取诸身，远取诸物，于是始作八卦。"某尝谓《大传》非圣人作，于是乎益验……何以明此章之非？舜曰"道心"，明此心即道，动乎意则失天性而为人心。孔子"心之精神是谓圣"，禹曰"安汝止"，正明人心本寂然不动。动静云为，乃此心之神明，如明鉴照物，大小、远近参错毕见而非为也，非动也，天象、地法、鸟兽之文，地之宜，与凡在身及在物，皆在此心光明之中，非如此一章辞气之劳也。（卷二十）

也就是说，杨简认为八卦不是由取法外界而成，而是由心中自然流出。这当然是认识论上的先验论观点。

在《己易》中，杨简还否定了《系辞上》对世界的一切作"形上""形下"的划分。杨简说："《大传》曰，形而上者谓之道，形而下者谓之器，其非圣言断断如白黑、一二之易辨也。"（《慈湖遗书》卷七）形上、形下之分或道器之分，承认存在着和人的意识对立的一类现象，这当然是以心吞没一切的杨简心学所不能接受的。

2.《慈湖诗传》

杨简《慈湖诗传》正如《四库全书提要》评介的那样，有两点特出之处：一是"大要本孔子'无邪'之旨，反复发明"；二是"然其于一名一物一字一句，必斟酌去取，旁征远引，曲畅其说。其考核六书，则自《说文》《尔雅》《释文》以及史传之音注，无不悉搜；其订证训诂，则自齐鲁毛韩以下，以至方言杂说，无不转引，可谓折中同济，自成一家之言"（《四库全书总目》卷十五）。就第二点而言，《慈湖诗传》是一部有学术价值的宋代传注著作，然而就第一点而言，《慈湖诗传》实际是杨简利用《诗经》来阐发他的心学思想的著作。在杨简看来，《诗经》三百篇，"孔子所取，取其无邪，无邪即道心"（卷一《苤苢》），"道心"就是三百篇的宗旨，他说：

> 呜呼！三百篇一旨也，有能达是，则至正至善之心人所自有，喜怒哀乐无所不通，而非放逸邪僻，是谓寂然不动，感而遂通天下之故。（卷三《燕燕》）

《诗经》三百又五篇是西周、东周前期的诗歌总集，年时久长，内容极为广泛，有抒情也有叙事，有歌颂也有诅咒，如何能"一旨"？在《慈湖诗传》里，杨简认为它们是从不同角度来共同体现"道心"的。

一类诗杨简认为它直接表达了符合儒家伦理道德标准的思想感情，此即是"道心"。如他在《序》中所说："《关雎》求淑女以事君子，本心也；《鹊巢》婚礼天地之大义，本心也；《柏舟》忧郁而不失正，本心也；《柏舟》之矢死靡他，本心也。"（卷一）又如他认为《樛木》"喻君子礼贤下士……此逮下之心与夫诗人爱敬其君子，赞之祝之之心，皆道心"（卷一），《采蘩》"此供祭祀之心，勤敬之心，即道心，即圣贤之心，即天地鬼神之心"（卷二）。《汉广》"此不敢犯礼之心，即正心，亦道心，亦天地鬼神之心。"（卷一）

又一类诗虽是叙事或写景，但杨简认为它能诱发、激起人"本有之善心"（道心）。他在《序》中说："学者取三百篇中之诗而歌之咏之，其本有之善心亦未始不兴起也。"（卷一）例如，《兔罝》一诗赞美武夫英姿飒爽，足以为国家干城，杨简则说："简咏《兔罝》之诗，亦觉起敬起慕，庄肃子谅之心油然而生，不知所以始，亦不知所以终。道心融融，此人心所同，千古所同，天地四时之所同，鬼神所同。"（卷一）《燕燕》一诗，《诗序》认为是"庄姜送归妾"。杨简则说："是诗固亦不定指，而一片相送之情，哀伤不已之意，念仲氏之善，塞渊温惠，皆正心善也，至今读之，使人闵伤之心隐然以生而非邪僻也。"（卷三）《诗序》认为《清人》一诗是讽刺"文公退之不以道，高克进之不以礼"的，这是有根据的。据《左传》记述，郑大夫高克好利，郑文公欲远退之而不能，时有狄人侵卫，郑文公虽命高克帅师救援，阴以逐之。高克则玩兵河上，以致兵溃而逃奔陈国，"高克奔陈，郑人为之赋《清人》"（闵公二年）。不了解这种背景，对此诗的意旨也难有真切的体会。但杨简却认为："观是诗虽不知高克与文公事情之详，而其慢易不正可刺可恶，足以消人漫易之心，起人敬正之心。"（卷六）因为"三百篇平正无邪之妙，昭如日月"（卷五《氓》）。三百篇无篇不是"道心"，无篇不诱发"道心"。

第三，那类叙写日常生活的诗，杨简则认为其虽无深义，但在其平庸无邪之中即蕴藏着"道心"。他说："章句儒不知道，率好穿凿，不知日用平常之即道。"（卷六《君子阳阳》）《螽斯》是祝福他人子孙众多之诗，《诗序》谓"不妒忌则子孙众多"。杨简驳之说："以多男为祝，人之恒情，《诗序》以必推原及于不妒忌者，意谓止言子孙众多，则义味不深，故推及之。吁！此正学者面墙之见，不悟道不离于平常，故曰'百姓日用而不知'，孔子以一言蔽诗曰'思无邪'而初无高奇深幽。"（卷一）齐诗《著》描写女子出嫁至男家时，见其郎君美服盛装以待的情景，《诗序》以为是"刺时不亲迎"，这样的解释也并非毫无根据。古礼娶妇，男至女家亲迎，《公羊传》就有记载："外逆女不书，此何以书？讥。何讥尔？讥始不亲迎也。"（隐公二年）朱熹《诗集传》引吕祖谦解释此诗的话说："东莱吕氏曰：婚礼婿往妇家亲迎，既奠雁卸轮而先归，俟于门外，妇至则揖以入。时齐俗不亲迎，故女至婿门，始见其俟已也。"（《诗集传》卷五）但杨简认为这样的解释甚为害道，他说："此诗美其仪礼而已。三百篇盖多平正无他，虽无深旨而圣人取焉，正以庸常平夷之即道。诸儒不知道，故穿凿而为说，其害道甚矣！"（卷七）

第四，对于《诗经》中的男女幽会的情诗和咒憎君王的刺诗，儒家解诗者皆认为是"淫乱之诗"[①]。杨简则认为其是为"刺淫"而作，为"忧时"而作，因而是出于"道心"或冥合"道心"的。鄘诗《桑中》写青年男女在桑林中幽会相欢，向来被视为"郑卫淫声"的代表，如

---

① 如朱熹谓："郑诗从《叔于田》等诗以外，如《狡童》《子衿》等篇，皆淫乱之诗。"（《诗序辨》，《朱子语类》卷八十）又顾炎武谓："《桑中》之篇，《溱洧》之作，夫子不删，志淫风也。《叔于田》为毁段之辞，《扬之水》《椒聊》为从沃之语，夫子不删，著乱本也。"（《日知录》卷三《孔子删诗》）

《乐记》说"郑卫之音，乱世之音也，比于慢矣。桑间、濮上之音，亡国之音也，其政散，其民流，诬上行私而不可止也。"杨简驳之曰："盖作《乐记》者未达乎作者之旨，所以刺乱非为乱也，《桑中》非淫者之辞，乃刺者之辞。"（卷四）小雅《正月》中有"赫赫宗周，褒姒灭之"之句，《诗序》及一般解诗者皆认为是刺责幽王暴虐无道之诗，杨简也表示不同意，他说："《毛诗序》曰《正月》大夫刺幽王也，言'刺'大悖……此贤者忧心惨惨，忧念国之为虐，祸将至也。"（卷十一）秦风《黄鸟》也是一首著名的讽刺诗。《左传》记述："秦穆公卒，以子车氏三子为殉，国人哀之，为之赋《黄鸟》。"（文公六年）三良之死，乃穆公之命，诗中"彼苍者天，歼我良人"之语，即表达了一种哀怨悲憎的感情，《诗序》谓"哀三良也，国人刺穆公以人从死"是有根据的。杨简从理学家的伦理观点出发，认为"于君言刺，大悖"（卷八《山有枢》）、"君不可以言刺，而况于王乎"（卷六《君子于役》）。凡《诗序》言"刺"者，他皆表示反对。于《黄鸟》一诗他说："本诗初无刺穆公之意，是诗哀三良而已矣，哀三良，正心也，道心也。"（卷八）

总之，杨简认为"人心本善、本正。人心即道，故曰道心。因物有迁，意动而昏，始乱始杂，然其本心之正，亦间见互出于日用云为之间，三百篇多此类。"（卷六《将仲子》）具体言之，三百篇所表达，或直显"道心"，或诱发"道心"，或蕴藏"道心"，或出于"道心"，一言以蔽之，三百篇皆是"道心"，这就是《慈湖诗传》的中心思想。

由此可见，《慈湖诗传》和《杨氏易传》一样，都是杨简的心学基本观点在疏解儒家经典时的具体发挥，都是陆九渊"六经注我（心）""六经皆我注脚"观点的最好的印证。

II 袁燮

一 生平

袁燮，字和叔，鄞县人。宋高宗绍兴十四年生，宁宗嘉定十七年卒（1144～1224）。学者称之为絜斋先生。

袁燮二十岁左右（孝宗乾道初年）入太学，《宋史》本传谓："燮初入太学，陆九龄为学录，同里沈焕、杨简、舒璘亦皆在学，以道义相切磨。后见九龄之弟九渊发明本心之指，乃师事焉。"（《宋史》卷四百）

袁燮在三十八岁时（孝宗淳熙八年）考中进士，开始在地方和中央为官。官秩凡十七迁，终为通奉大夫。谥号正献。

袁燮一生的学术思想，除了师承陆九渊心学外，还受到南宋文献派和功利派的影响。真德秀说："公自少有志经济之业，每谓为学当以圣贤自期，为宦当以将相自任。故其所讲明者，由体而用，莫不兼综。谓学不足以开物成务，则于儒者之职分为有缺。自六艺百家与史氏所记，莫不反复绅绎，而又求师取友，以切磋讲究之。东莱吕成公接中原文献之正传，公从之游，所得益富，永嘉陈公傅良，明旧章达世变，公与从容考订，细大靡遗。"（《真文忠公文集》卷四十七《显谟阁学士致仕赠龙图阁学士开府袁行状》）这样，袁燮就显得具有和杨简不同的思想风貌。全祖望说："慈湖之与絜斋不可连类而语，慈湖泛滥夹杂，而絜斋之言有绳矩。"（《宋元学案》卷七十五《絜斋学案·按语》）《四库全书提要》认为"其传金溪之学较杨简为笃实"（《四库全书总目》卷一百六十）。实际上袁燮是从另外一个方面来扩展陆九渊心学的。

袁燮的主要著述都收入《絜斋集》。其外尚有《絜斋家塾书钞》《絜斋毛诗经筵讲义》《袁正献公遗文钞》。

二　陆派心学向社会政治伦理方向的发展

袁燮和杨简不同，不是沿着哲学的方向把陆九渊心学的主观唯心主义推向唯我主义，而是沿着政治伦理的方向，把陆九渊心学运用于社会，得出一些政治的哲学结论。"其传金溪之学较杨简为笃实"实是指此而言。这也是陆学的一个新的发展，具体说来，这种发展表现为：

1. "心"是善的伦理道德本源，不是知觉

前面已经论及，在宋代理学中，"心"一般是指知觉之心和道德之心。但在陆九渊心学中，"心"作为一个主要的、基本的范畴，更具有哲学内容，它是指一种伦理性的实体（"仁义者，人之本心也"）和万物根源性的实体（"心即理"）。同时，陆九渊也承认心的知觉作用（"人

心至灵"）。杨简较多地感染、吸收了佛家把心理解为各种心理过程、心理现象的思想，认为心是一种如同明镜、无思无为、寂然不动的精神实体，并进而得出"天地我之天地，变化我之变化"的唯我主义结论，这主要是从知觉的角度来理解、发挥陆九渊的"心"。袁燮所理解的"心"，是善的伦理道德本源而不是知觉，是"准的"而不是"明镜"。他说：

> 此心此道，无一毫之差，至中至正至大至精，万世学者之准的也。（《絜斋集》卷七《张鲁川字说》）
>
> 人心至灵，是非善恶靡不知之……士君子平居讲学果为何事，一言以蔽之曰不没其本心而已，万善之源皆由是出。呜呼，宁不伟哉！（《絜斋集》卷八《跋陈宜州诗》）

但人心之灵明，主要是指它的伦理本能，而非知觉本能。他说：

> 聪明不是寻常小小智慧，此心虚明洞达，无一毫人欲之私，这是聪明。（《絜斋家塾书钞》卷一《虞书》）
>
> 仁与聪明若不相似，然其实一也。四肢偏痹谓之不仁，此心有毫厘窒碍便是不仁，便是不聪明。孔门学者急于求仁，求仁所以求聪明也。此是学问最亲切处。（同上书卷一《尧典》）
>
> 人之本心万善咸具，乍见孺子将入井，皆有怵惕恻隐之心，嗟来之食，宁死不受，是之谓本心。（《絜斋集》卷八《跋八箴》）

可见，袁燮和杨简不同，他主要是从社会伦理的角度来理解"心"的。

2. "心"体现为一切社会行为

把"心"理解为社会伦理道德的本源或本能，这是陆学的根本点，在陆九渊那里也就有了。但袁燮并没有停留在这一点上，他进一步发挥，认为人的一切社会行为皆是"心"的体现。就君王而言，凡立身施政，皆是"心之精神"，他说：

古者大有为之君，所以根源治道者，一言以蔽之曰此心之精神而已。心之精神洞彻无间，九州四海靡所不烛……朝夕警策，不敢荒宁，以磨厉其精神；监观往古，延访英髦，以发挥其精神；日进而不止，常明而不昏，则流行发见无非精神矣。谨从所出，出则必行，宣布四方，无不鼓舞，号令之精神也；有正直而无邪佞，有恪恭而无谕惰，有洁清而无贪浊，布满中外，炳乎相辉，人才之精神也；民间逋欠不可催者，悉蠲之，中外冗费凡可省者，尽节之，其源常浚，其流不竭，财用之精神也；将明恩威以驭其众，士致其死以卫其长，勇而知义，一能当百，军旅之精神也；黎元乐其生业，习俗兴于礼逊，五谷屡丰，百嘉咸遂，民物之精神也。明主精神在躬，运乎一堂之上，而普天之下，事事物物靡无精神。（《絜斋集》卷一《都官郎官上殿札子》）

就民众而言，劳动技艺、生产活动也是"心之精神"的表现，他说：

仆尝论技之精者，与人心无不契合，庖丁之解牛，轮扁之斫轮，病瘘之承蜩，其实一也。（《絜斋集》卷八《跋林郎中巨然画三轴》）

总之，袁燮认为"心之精神"靡所不烛，人的一切社会行为和现象皆从"心"中流出，是"心之精神"的体现，这和杨简的唯我主义一样，都是陆九渊主观唯心主义进一步扩展的思想形态。

3. 心学的两个政治哲学命题

袁燮把陆九渊的是人的伦理本能根源的"心"，扩展为是人的一切社会行为根源的"心"；同时，由陆九渊的"心即理""人心本善"推出两个哲学的政治结论或命题："天人一理"和"君民一体"。

"天人一理"实际上即是儒家传统的"天人合一"观念。儒家学者论证这一观点的方法有二：一是子思、孟子从人性（他们称之为"中""仁"等）得自于天来说明，一是董仲舒以天人相互感应来证明。这些论证方法都被袁燮吸收。他说：

《书》曰："惟皇上帝降衷于民。"民受天地之中以生，所谓命也。天之所以为天，中而已矣，天得此中而为天，人得此中而为人。（《絜斋家塾书钞》卷三《皋陶谟》）

国无定论，人有离心，乖气所召，灾患必作，此恒燠所以应也。天人一理，随感而应，可不畏哉！（《絜斋集》卷三《论弭咎征宜戒逸豫札子》）

但袁燮"天人一理"主要还是从陆九渊"心即理""宇宙即是吾心"这个新的唯心主义前提推论出的。他说：

大抵彻上彻下，只是一理，只是一心，高而为上帝，卑而为下土，皆此理此心而已……此心虚明无所障蔽，则天人之际岂不相与流通而无间哉？此无他，惟其本一而已矣。（《絜斋家塾书钞》卷七《作说命三篇》）

天人本一致，何以天人本一致？只缘此心无天人之殊，天得此心而为天，地得此心而为地，人得此心而为人。今但为形体所隔，遂见有如此差别，试静而思之，所谓形体者安在？我之形体犹是无有，而又何天人之异乎！（《絜斋家塾书钞》卷二《大禹谟》）

"君民一体"是袁燮政治思想的特出之处。儒家政治学说中，一向认为君民关系一方面是尊卑相对，一方面是治养相须，即"君臣上下，父子兄弟，非礼不定"（《礼记·曲礼上》）；另一方面"无君子莫治野人，无野人莫养君子"（《孟子·滕文公上》）。袁燮却认为，君民一体，只有相须而无尊卑。他说：

君民一体也，民固不可无君，君亦不可无民。天下之民所以安居而暇食，优游以生死，果谁之力乎？人君之为也。是无民君固不能相养也，民为邦本，本固邦宁，君而无民岂能独立于上？（《絜斋家塾书钞》卷五《太甲中》）

君民本一体相须之义，初无尊卑之殊。苟见己之为尊，民之为卑，便是此心不一处，何者？当其见己之为尊，民之为卑，其心必侈然自大，吾之本心初未尝有侈然自大也，本心未尝有而外加益焉，非不一乎？（《絜斋家塾书钞》卷五《咸有一德》）

可见，袁燮不是立于某种具体的政治斗争的立场，而是从某种抽象的哲学理论的立场来反对君民尊卑之分的。他认为"此心本一于善，本无不善者介于其间，才有不善，便二三"（《絜斋家塾书钞》卷五《伊尹作咸有一德》）。君王若有自视尊贵的思想便是"与心不一"，便是"二三"，便是"不善"。这种理论当然是很软弱的，但在理学统治的时代，也算是可贵的了。袁燮之所以有这种思想，是因为在南宋理学家中，他是一个特别注重历史经验而少于论述一般封建伦理的学者，他说自己"待次累年，屏伏田里，因能究观古今，颇识兴衰理乱之故"（《絜斋集》卷二《代武冈林守进〈治要〉札子》）。

三 陆派心学和程朱派理学的接近

槐堂诸儒已表现出吸收、折中程朱派思想观点的倾向，甬上学者的袁燮和后面还将论述的舒璘、沈焕也有这样的表现，就袁燮来说：

1. 接受程朱派的道统观

袁燮极为推崇陆九渊，他说："天有北辰而众星拱焉，地有泰岳而众山宗焉，人有师表而后学归焉，象山先生其学者之北辰泰岳欤！"（《絜斋集》卷八《象山先生文集序》）但他也最无门径之限，对朱熹也很敬重，他说：

> 某心敬晦翁……君子之善善恶恶，岂有私意，优于天下而喜，邦家珍绝而忧，根诸中心，形于翰墨……其用力于斯道者耶。（《絜斋集》卷八《题晦翁帖》）

更加重要的是，袁燮接受了程朱派的道统观，他说：

> （孟子之后）岂无儒宗，然虽有求道之心，而未有得道之实……

于是乎道统寖微，不绝如线，寥寥至于我宋，乃始有濂溪先生者，精思密察，窥见其真，得颜氏子之乐，潜养既深，蹈履既熟，乃笔之书，乃见诸行事。二程之学渊源于兹，遂以斯道师表后进，迄今学者趋向不迷，系谁之力，实惟先生复开其端，岂可忘所自哉！（《絜斋集》卷九《濂溪先生祠记》）

这和朱熹所述"河南程氏两夫子出，而有以接乎孟氏之传"（《朱文公文集》卷七十六《大学章句序》）是一致的，而和陆九渊自谓孟子之学，至己"而一始明也"（卷十《与路彦彬》）是相悖的。

2. 吸收程朱派的思想观点

前节已经论及，朱陆二人对理学中的基本范畴"理""气""心"的理解是不同的，并由此而产生一系列理论上的分歧。在这些分歧处，袁燮都不自觉地站在朱熹观点的一边而背离了陆九渊的观点。例如，人物、善恶之殊。人与物之区别，陆九渊认为人有"心"（义理），朱熹则认为人是"气全"；善与恶之殊分，陆九渊认为恶是"心昧"，朱熹则认为恶是"气偏"。袁燮对人物、善恶之殊分的解释，正是同于朱熹而异于陆九渊。他说：

> 万物盈于宇宙之间，皆天地之所生，人亦天地间一物尔，而惟人最灵，大抵禀气之全者则为人，禀气之偏者则为物。惟全故明，惟偏故昏。（《絜斋家塾书钞》卷八《泰誓上》）
> 大抵人之性虽一，而人之气禀各不同，夫受天地之中以生，此性安有二，然其禀山川之气，与夫时日之殊，则气质不能无偏。（《絜斋家塾书钞》卷一《舜典》）

再如，天理人欲、道心人心、性情之分。陆九渊一般是反对将天理与人欲、性与情、道心和人心加以区别和作对立的解释，认为这是分裂天人，应该一于心；而朱熹则明确地将这些加以区别，并作完全对立的解释，认为它们是根源于理、气之不同。袁燮在这里也是同于朱而异于陆的，他说：

天下道二，曰公与私而已。公，天理也；私，人欲也。（《絜斋集》卷七《商鞅论》）

以谓道心，只是此心之识道理者；人心日与物接，则易为物所诱。（《絜斋家塾书钞》卷二《大禹谟》）

寂然不动之谓性，有感而发之谓情。（《絜斋毛诗经筵讲义》卷一《诗序一》）

3. 接近程朱派的修养和学习方法

朱陆两派在修养和学习方法上是有明显差异的。程朱主张格物穷理，逐渐积累。要做到这一点，必须具有恭敬不苟的态度。陆九渊主张明心见性，一悟皆悟。要达到这一点，必须修炼虚空寂静的心境。"静"是"心不泪于事"（卷三十五《语录》），"敬"是"闲邪之道"（《二程语录》卷十一），即是以伦理道德规范制心，宋儒对此二者是有所区别的。程颐说："才说'静'便入于释氏之地，不用'静'字，只用'敬'字。"（《二程语录》卷十一）所以，一般说来，渐积与顿悟、敬与静即是朱陆两派在方法上的差异，虽然在实践中它们又总是相通相融的。袁燮在学习和修养方法上的主张是很接近程朱派的。

首先，他主张持敬渐积。他说：

君道莫大于敬，敬则无失德。今人所以有过，皆缘不敬之故。何谓敬？战战兢兢，如临深履薄，此所谓敬也。（《絜斋家塾书钞》卷十一《洛诰》）

圣人之所以为圣，只有一个勤，才不勤便有间断，才间断便有过失……九仞之山欠了一篑，便不成这山，十分功夫欠了一分，岂能至于圣？然非为足此一篑便住，足此一分便了，若了，此心便非圣人之心。（同上书卷十《旅獒》）

其次，他主张博学广识。他在答舒璘之子舒钘的信中说："学者但慕高远，不览古今，最为害事……为学要当通古今，多识前言往行，古人所谓畜其德也。"并引一事一诗为证："学问无有穷尽，用工愈久，所得愈深。慈湖中年以后却肯读书，所以益大其器业也。陈止斋有诗云'由来盛事岁月晚，行到修途肝胆健'，盖取东汉所谓大才晚成者。"（《袁正献公遗文钞》卷上）袁燮自己也正是如此实践的，他"以'习'名其斋，为我座右铭"（《絜斋集》卷二十三《题习斋》）。"博览群书，自六经诸子百家，及前代治乱兴亡之迹，及国朝故事，靡不该贯。"（《慈湖遗书补编·袁公墓志铭》）袁燮此种见解和行为，与朱熹"一书不读则缺一书道理，一事不穷则缺一事道理，一物不格则缺一物道理，须著逐一件与他理会过"（《朱子语类》卷十五）的倡导是一致的，而与陆九渊"田地不洁，读书不得""书不可遽而多读"（卷三十五《语录》）的主张是相悖的。

Ⅲ　舒璘

一　生平

舒璘，字元质（一字元宾），奉化人，生于宋高宗绍兴六年，卒于宁宗庆元五年（1136～1199）。

舒璘在青年时期曾游太学，受到张栻的教益，后与其兄琥、其弟琪同受业于陆九渊。朱熹与吕祖谦在婺源讲学，舒璘也曾去拜谒。

舒璘三十六岁时（孝宗乾道八年）中进士，历任信州教授（《宋史》本传作徽州教授）、江南西路转运司干办、新安教授、平阳令、宜州通判等，官职都很卑微。在他死后五十年（宋理宗淳祐八年），被追谥为"文靖"。舒璘家居建塾名"广平书院"，故学者称之为广平先生。

舒璘的著述《诗学发微》《诗礼讲解》已佚，今尚存有《广平类稿》。

二　思想特色

1. 平实

全祖望说："杨袁之年辈后于舒沈，而其传反盛，岂以舒沈之名位下之与？嘻，是亦有之。然舒沈之平实又过于杨袁也。"（《宋元学案》卷七十六《广平定川学案·按语》）这种"平实"的作风，正是舒璘的思想特色。所谓平实，在舒璘这里，就是他将空玄的陆九渊心学移向平庸的生活实践。具体表现为：

第一，论心是本源，不是指哲学的本体，而是指道德修养的根本出发点。

在陆九渊心学里，"心"不仅是人的伦理道德本能，而且也是万物之理，因而具有根源或某种哲学本体的性质，这是陆学的主要特色。舒璘的思想，属于心学体系，也认为心是本源，但他趋于平实，只强调它是人的伦理道德修养的根本出发点，而不论及它即充塞宇宙的万物之理。他说：

> 本源既明，是处流出，以是裕身则寡过，以是读书则畜德，以是齐家则和，以是处事则当。（《广平类稿》卷一《答袁恭安》）
>
> "持敬"之说，汝（《宋元学案》作"某"）素不取，我心不安，强自体认，强自束缚，如箴菰桶，如藤束薪，一旦断决，散漫不可收拾，理所宜然。夫子教人何尝如是，其曰入则孝，出则悌，言忠信，行笃敬，与夫出门如见宾，使民如承祭，如此等处，在孩提便可致力，从事无教，则此心不放，此理自明，圣贤事业岂在他处耶？（同上书《再答叶养源》）
>
> 平时以圣贤经书、前辈议论妆裹作人，自己良心先不明白，一旦处外境，不动难矣哉！（同上书《答刘淳之》）

总之，舒璘所理解的"心"，是一种伦理道德的根本出发点，而不是万物根源性的实体，保有陆学唯心主义的一般色彩，而失去它的特殊色彩。

第二，论修养，不是泛论人所固有的伦理本性，而是谈一个人应有的、具体的道德涵养。

陆九渊提出"简易工夫""剥落""读书"等修养方法，其基本内容或目标是要人静思冥想，了悟"本心"。舒璘则认为修养不是顿悟"本心"，而是逐渐磨炼道德品质。袁燮曾记述说：

> （舒璘）与其兄西美、弟元英，同亲炙象山先生，西美、元英皆

有省悟，元质则曰："吾非能一蹴而入其域也，吾惟朝夕于斯，刻苦磨厉，改过迁善，日有新功，亦可以弗畔云尔。"（《絜斋集》卷九《舒元质祠记》）

故舒璘少谈抽象的、合于封建伦理的本心之善，而多论根绝利欲、立身清介的品质涵养，他说：

某愚不肖，幼不知学，溺心利欲之场，以为读书著文但为科举计。既冠游上庠，获见四方师友，耳闻心受，皆古圣贤事业，乃始渐知曩日之陋，勉而企之，困不能进，中夜以思，觉好乐贪美之心扫除不尽，是心终不获与圣贤同。（《广平类稿》卷三《谢傅漕荐举札子》）

平生志趣，不敢为矫激事，但觉汲汲于利禄求荐，与夫委身人门，皆中心所不安，故不为。（同上书卷一《答薛象先》）

舒璘也正是如此躬行，他多次谢绝别人的荐举，从不登贵人之门。他说："布衣之士，身居穷约，一旦登王公贵人之门，则必为阍人所辞，故非公事未尝一至公门。"（《广平类稿》卷一《上淮东总领韩中郎书》）朋友发迹，他也决不去攀缘，他说："朋友在利达者，类不满人意，某作念甚久，故之官不敢入都。"（同上书《答刘淳之》）舒璘人品清澈磊落，为时人所赞许，袁燮之子袁甫评论他说："洙泗风雩之气象先生有焉：处逆境不知其逆也，居顺境不知其顺也，千变万状自为纷纷而不知其为千为万也，亦不知其为一也。先生之言曰'敝床疏席总是佳趣，栉风沐雨反为美境'，此先生之学所以深造自得，而某之所谓真有道之君子也。"（《蒙斋集》卷十四《奉行县舒先生祠堂记》）

第三，言事多于论学。舒璘的"平实"还表现在他虽身为学官，但却非常关心现实的社会生活，而对空洞的理学议论甚是淡然。杨简所撰《舒元质墓志铭》写道：

时世故纷揉，天灾沓臻，国病于需，民艰于食。元质纬不暇恤，忧常在公。于是议常平、商盐政，经荒策、论保长，凡为书若干章，

上之刺史守尉，其采而试者，效辄响应，当道廉而贤之曰：文学、政事两擅其优，是为天下第一教官。(《慈湖遗书补编》)

黄宗羲在纂辑舒璘的文字时，也有同感，他说：

> 广平之集久不传矣，近得之其子孙，所论常平、茶盐、保长、义仓、荒政皆凿凿可见之行事，而言学者甚寡。(《宋元学案》卷七十六《广平定川学案·按语》)

2. 折中

舒璘思想的特色，除了"平实"外，还有折中朱陆的倾向。

舒璘的思想渊源比较驳杂。杨简在《舒元质墓志铭》里说："元质于书无所不贯，尤精于毛郑诗……自磨厉于晦翁、东莱、南轩及我象山之学，一以贯之。"(《慈湖遗书补编》)舒璘本人也尝自言渊源所自曰："南轩开端，象山洗涤，老杨先生（杨简之父杨庭显）琢磨。"(《宝庆四明郡志·先贤事迹》)这就使舒璘思想带有折中色彩。这种折中色彩在舒璘留下不多的文字里，表现为糅合朱陆两家不同思想观点的地方并不明显，而表现为漠视、调和两家派别对立的地方则非常清楚。他坚定地维护朱熹，不赞成在朱陆之间扩大间隙，他说：

> 晦翁当世人杰地步，非吾侪所及，其有不合者，姑置之。向在新安未尝与诸友及此，后有发明者自知之。后生未闻道，吾侪之论一出，便生轻薄心，未能成人，反以误人。(《广平类稿》卷一《答孙子方》)

杨简在其所撰《象山先生行状》里，曾追述陆九渊对己说"伊川之言与孔孟不类""有子之言支离"云云，舒璘即写信给杨简，批评他不必把这些私属语公开张扬，徒生矛盾。他说：

> 《象山行状》洞见表里，其间载有子、伊川事甚当。然鄙意谓此

等处未易轻以告人，人情欺蔽，道心不著，不知者徒生矛盾；既知之，彼自能辨，良心既明，往往不告而知，用是益知自反，不敢尤人。（《广平类稿》卷一《答杨敬仲》）

一方面由于朱陆本来犀通，另一方面也由于朱门势重，陆门后学常持这种调和的态度。

Ⅳ 沈焕

一 生平

沈焕，字淑晦，世居定海，后徙鄞县。生于宋高宗绍兴九年，卒于光宗绍熙二年（1139～1191）。学者称定川先生。

沈焕在青年时游太学，与舒璘、杨简、袁燮为友，并师事陆九渊之兄陆九龄。袁燮记述说："始与临川陆公子寿为友，一日尽舍所学以师礼事焉。"（《絜斋集》卷十四《沈公行状》）沈焕三十岁时（孝宗乾道八年）中进士，历任上虞尉（《宋史》本传误作余姚尉）、扬州教授、太学录、高邮军教授、浙东安抚司干办、婺源令、舒州通判等官职。死后四十年，随着宋代理学地位的巩固，他作为理学家，地位也有了提高，宋理宗宝庆三年（1226）被追赠朝奉大夫，赐谥曰"端宪"。

据《宝庆四明志》，沈焕有文集五卷，但已遗失。今留下的思想资料有南宋袁燮所辑《定川言行编》和近人张寿镛纂辑的《定川遗书》。

二 思想特色

1. 是陆九渊心学的路数——先立根本

全祖望曾说："甬上四先生之传陆学，杨、袁、舒皆自文安（指陆九渊），而沈自文达（指陆九龄），《宋史》混而列之，非也。"（《宋元学案》卷七十六《广平定川学案·按语》）沈焕对陆九渊虽未执师生之礼，但他的思想，仍是陆九渊心学的路数，即认为心是根本，他说：

余观人之一心，精诚所达，虽天高地厚，豚鱼细微，金石无情，有感必通。(《定川遗书》卷一《净慈寺记》)

因而他也主张修养在于"先立大本"，为学在于"要而不博"，他说：

吾儒急务，立大本明大义耳。本不立义不明，虽讨论时务，条目何为？(《定川言行编》，载《袁正献公遗文钞》卷下)

务识大体，非圣哲之书未尝好，史籍繁杂，采取至约。以为简策工夫，要而不博。友人向伯升博通诸书，遗诗箴之曰：为学未能识肩背，读书万卷终亡羊。(同上)

2. 是陆九渊后学的特色——平实折中

沈焕和舒璘一样，思想具有平实、折中的特色，他所谓的"立本"实际上是指端正个人的道德品质修养，而不是如陆九渊所指的那种对善之本源和宇宙之理的"心"的体认，是平庸而非高远的，故他说：

学者工夫当自闺门始，其余皆末也。今人骤得美名，随即湮没者，由其学无本，不出于闺房用力焉，故曰工夫不实，自谓见道，只是自欺。(《定川言行编》)

昼观诸妻子，夜卜诸梦寐，两者无愧，始可言学。(同上)

这种思想表现为他对自己日常言行举止要求甚严，袁燮记述他"自以资禀刚劲，非所以欢庭闱，庸自砭剂，大书此举之平易，大有别于《祭义》'深爱和气，愉色婉容'数语于寝室之壁"(《沈公行状》)。陆九渊以"存"名斋，"只'存'一字，自可使入明得此理"之玄远。(卷一《与曾宅之》)

沈焕对陆门以外的学派持宽容、兼蓄的态度。他生平不止一次与文献派吕祖谦、吕祖俭讨论切磋，相互增益。袁燮记述说："后与东莱吕公伯仲极辨古今，始知周览博考之益，凡世变之推移，治道之体统，明君贤臣之经纶事业，孳孳讲求，日益广深，君子以是知君胸中之蕴，有足以开物成务者矣。"（《沈公行状》）全祖望也说："沈氏之学，实兼得明招（指吕氏）一派，而世罕知之者。"（《鲒埼亭集外编》卷十六《竹州三先生书院记》）

沈焕在中年时曾与朱熹数番书信来往，对朱熹的方法和他推崇的"二图"（先天图、太极图）皆提出质疑（此书信已佚），因是商榷讨论的态度，故朱熹称许其"省身求善不自满足"（《朱文公文集》卷五十三《答沈叔晦之三》），完全不似数年后朱陆"无极"之辩时两家恶语相掷的情景。以后，沈焕一直对朱熹表示尊敬，《定川言行编》记曰："晚尤尊晦翁曰：'是进退用舍关时轻重，且愿此老无恙。'既寝疾，犹以为言。"此正值朱熹与当政宰相留正不合，将遭罢黜之时。总之，沈焕思想带有明显的陆学色彩，但却没有和朱、吕异门对立的痕迹。

甬上四学者的门人，《宋元学案》罗列甚多，但他们于陆学无有建树，无起新色，这里不再赘述。

总的来说，陆学的内容比较单薄，没有给它的后学留下延伸、扩展的广阔余地，他们不是流落于平庸，就是倾向于禅说，并且表现出兼收别派理学思想的折中倾向，渐次失去陆九渊心学的鲜明的个性特色。而它的对立学派程朱理学，内容较为充实，吸收、融化儒外思想更显成功，更受到封建国家政权的尊重，宋末即居正统。这样，陆学也就沉寂下来，如黄震所说："今未百年，其说已泯然无闻。"（《黄氏日钞》卷四十二《陆象山程文》）但一当朱学自身趋于腐败，或某种反正统的思潮兴起时，陆学却总又显出活跃的生机，明代王学就是陆学的继续和发展。

第四章　南宋陆学的性质和意义

第一节　南宋陆学的性质

南宋陆学是一个以"发明本心"为其理论宗旨和特征的思想派别，故自宋以来又被称为"心学"。南宋陆学的性质，按照传统的说法，它是禅学，现代学者则断定它是一般的主观唯心主义。实际上，南宋陆学并不是禅学，而是具有中国儒家思想特色的主观唯心主义。

一　陆学与禅学的差异

最早对南宋陆学的思想性质作出论断的是朱熹，他说："近闻陆子静言论风旨之一二，全是禅学，但变其名号耳。"（《朱文公文集》卷四十七《答吕子约之十七》）由于自宋以来，朱熹在思想学术界有权威的地位，他的"陆学是禅学"的论断也被沿袭下来。此后宗朱学者，大体是从思想内容和修持方法这两个方面来论述陆学是禅学的。如明代罗钦顺在《困知记》中论证说，孟子所谓的心，其本质或作用是"思"，思而所得方是"性之理"，而陆九渊主张"此心但存，此理自明"，是乃"执灵觉为至道，谓非禅学而何？"（《困知记》卷下）即他认为，佛禅正是"以心为性"，所以"执灵觉（即心）为至道（即性）"的陆学也正是禅学。至于陆学的主"静"、主"悟"，则更一直被人视为其最昭著之禅迹。

诚然，陆学与禅学确有密切的联系和某种相似。禅宗是受到中国文化思想浸染、改造程度最深的佛教派别。它的说法不立文字，有利于在民众中传播；它的"机锋"直指心性，又很使士大夫倾倒。到了宋代，在佛教宗派相继衰落以后，禅宗仍保有很大的势力和活力。宋代理学诸儒，都与禅师佛徒有或深或浅的交往。清代学者罗聘说："宋之大儒，有著脚佛门者，若指其人，则人人皆似。"（《正信录》卷下）佛学渗透到儒学中来，成为宋代思想和理论思维的特色。在这种理论背景下，以"心"为学说核心的陆氏心学，从禅宗中得到启发，沿袭它的概念、吸收它的思想、采用它的方法等都是很自然的。前二节所论列的陆九渊和杨简的基本观点和方法与禅宗皆有一致的对应，就表明了这一点。

但是，陆学和禅学在思想本质上仍是不同的，陆学所论证的中心内容是封建的伦理道德根源及其实现方法，而禅学所要说明的是体认"佛性"而成"佛果"的一种宗教修养方法。具体说来是：

1. 陆、禅所论"心""性"不同

禅宗所论"心""性"，是指无任何规定性的本然的存在，特别是指无善无恶、无动无静的寂然的心理状态。禅宗的祖师、禅师皆认为：

> 善恶虽殊，本性无二，无二之性，名为实性。（《六祖坛经·忏悔品第六》）
> 善既从心生，恶岂离心有。善恶是外缘，于心实不有。（《五灯会元》卷二《本净禅师》）
> 本有之性，不可名目，本来不是凡不是圣，不是垢净，亦非空有，亦非善恶。（《五灯会元》卷三《怀海禅师》）

陆学所认为的"心"（性）是指人的某种伦理道德本能，它根本上是善的，即是说，人无须经过社会的教育熏陶，先天地具有仁义礼智等道德品质，人的这些品质的表现，不是复杂的理性思维判断过程，而是简单、本能的自然流露。他们说：

> 四端者，人之本心也。（卷十一《与李宰之四》）
> 君君、臣臣、父父、子子、夫夫、妇妇，道心之中固自有。
> （《杨氏易传》卷十三《暌》）

苟此心之存，则此理自明，当恻隐处自恻隐，当羞恶，当辞逊，是非在前，自能辨之……所谓"薄博渊泉，而时出之"。（卷三十四《语录》）

可见，禅宗基本上是从生理、心理的角度来观察"心""性"的。它把人的知觉还未形成的前意识状态认作是"本性"（"本心"），以此得出"性本如空"的佛学结论。而陆学基本上是从社会伦理的角度来定义"心""性"的，它把人在社会环境熏陶下形成的道德观念和行为，认为是人所固有的"本性"（"本心"），以此得出伦理纲常为"天理"之当然或"人心"之固有的理学结论。

2. 陆、禅所持修养不同

佛家立足于个人生死苦难的解脱，理学立足于社会伦理纲常的实现，所以它们所持修养也必然不同。就陆学与禅宗之间比较而言，亦是如此。

禅宗（南禅）否认任何伦理道德的修养，主张"随缘消业，立处皆真"，日常生活、本能行为即是修养，这是佛教出世性质的特殊表现。此类话头在禅宗语录里俯拾皆是，例如：

尔且随处作主，立处皆真。（《临济慧照禅师语录》）
除却著衣吃饭，屙屎送尿，更有什么事？（《云门匡真禅师广录》卷上）

禅宗认为本然的生理、心理状态即是"佛性"，即是"真如"。体认、悟彻这种状态，使意念和行为中不着一点本能以外的痕迹，这就是禅宗修持所要达到的境地，所以它是佛教出世性质的一种特殊表现。

陆学则肯定伦理，要求严格按照封建伦理的道德标准来进行修养，保持着儒家积极入世的特色，这只要以陆派人物中"禅习"最重的杨简为例，即可说明这一点，杨简认为"圣人藏身之道，惟以礼而已矣"（《杨氏易传》卷八《观》）。可见杨简是以儒家的伦理道德规范为自己的生活准则的。杨简把陆九渊心学向更加幽玄的佛禅的方向推去，认为"孔子曰心之精神是谓圣，即达摩谓从上诸佛"（《慈湖遗书续集》卷一《炳讲师求训》），但最后还是落到儒家的"修齐治平"圈子里。他说："是道也，天以此运，地以此顺，雨雷以此作，百果草木以此甲坼，人以此言、以此动、以此视、以此听，以此事父、事君，以此修身、治国、平天下。"（《杨氏易传》卷十三《解》）这里又没有一点禅气了。故《四库全书提要》在介绍《慈湖遗书》时评论杨简说，其议论"皆迂阔不达时势"，然"历官治绩乃多有可纪"，其学"入于禅"，其行"则不失为正人"（《四库全书总目》卷一百六十）。陆门弟子的道德修养甚至得到朱熹的称赞："子静之门，如杨简辈躬行皆有可观。"（《朱子语类》卷一百二十四）这表明陆派所持修养和禅宗是不同的。

这样，尽管陆、禅采用的修养方法有某种相似，但其内容也是不同的。禅师常用动作示意、即境举例等方法，在问法者的脑海里造成某种形象，促其发生跳跃式的联想，以达到"顿悟"境界。例如：

僧问："于相何真？"师（曹山元证禅师）曰："即相即真。"僧云："当何显示？"师提起拂子。（《曹山元证禅师语录》）

元证禅师以提起拂子这个动作，说明任何事物的本然状态（空无）就是它自己的真实面貌（"即相即真"）这个思想。这种动作示意的"机锋"教育方法，是禅宗所经常采用的。但陆学也有引用日常行为来辅助说明一种思想观点的做法，如：

某（陆九渊弟子詹阜民）方侍坐，先生遽起，某亦起。先生曰："还用安排否？"（卷三十五《语录》）

有时父召急趋前，不觉不知造渊奥。此时合勒承认状，从古痴顽何不晓。（《慈湖遗书》卷六《偶作》）

陆九渊、杨简以人在师、父面前那种不知不觉的恭敬态度（实际上也是经过社会生活的熏陶和道德教育才形成的一种意识状态）来说明人的一切伦理行为都是出自本能的。陆、杨这里所采用的说明方法和禅宗确有某种相似，但其内容却是完全不同的，一个是要说明"万相皆空"的宗教原理，一个是要说明"四端固有"的伦理原则。

心学和禅学的差别和异质，还可以从佛家学者的议论里得到佐证。明代，认为心学即禅学的人，把王守仁的"良知"视同佛教的"真知"。但这一点即为佛家学者所不同意，当时著名的佛教大师袾宏在其著作里就驳斥了这一观点，他说：

> "良知"二字本出孟氏，今以三支格之，良知为宗，不虑而知为因，孙提之童无不知爱亲敬长为喻，则知良者美也，自然知之而非造作者也，而所知爱敬涉妄已久，岂真常寂照之谓哉？"真"之与"良"固当有辨。（《竹窗随笔·良知》）

即是说，陆王心学中其具有善的伦理内容的"良知"或"本心"，在佛禅看来，已是"涉妄已久"，哪里能是佛家的寂然常照的"真知"或"佛性"呢？至于杨简的"心之精神"，则比"良知"离禅心更远，袾宏说：

> 《孔丛子》云"心之精神是谓圣"，杨慈湖平生学问以是为宗，其于"良知"何似，得无合佛说之"真知"欤？曰"精神"更浅于"良知"，均之水上波耳，恶得为"真知"乎哉！（《竹窗随笔·心之精神是谓圣》）

袾宏认为，陆王心学派人物是儒家而不是佛禅，所论皆水上之"波"，不是"真知"，因为他们都没有达到无出入、无存亡的境界。但儒佛之间并不是互不理解，隔膜很深，而只是门径不同，各有所为。他说：

> 慈湖，儒者也，不观仲尼之言乎，"操则存，舍则亡，出入无时，莫知其乡"，则进于精神矣，复进于良知矣，然则是佛说之真知乎？曰：亦未也。真，无存亡；真，无出入也。"莫知其乡"则庶几矣而犹未举其全也……读儒书足了生死，何以佛为？佛谈如是妙理偏于三藏，其在儒书千百言中而偶一及也。仲尼非不知也，仲尼主世间法，

释迦主出世间法也，心虽无二，而门施设不同，学者不得不各从其门也。（《竹窗随笔·寂感》）

可见，佛家学者从佛教的理论立场来观察评判，也并不把心学视为同类。

二 陆学主观唯心主义的特色

近现代学者从新的哲学角度，将陆学与朱学而不是与禅学对比来确定它的性质，认为它是心一元论，是主观唯心主义，这无疑是正确的。但对陆学这种主观唯心主义形态的特点论述甚少。无论是主观唯心主义或客观唯心主义，在不同的唯心主义哲学体系或派别那里所表现的形态并不一样，即它所要解决的哲学问题、论证的方法和得出的结论都是不一样的。例如，就近代西方哲学而言，英国经验主义中的主观唯心主义和欧洲大陆唯理主义中的主观唯心主义所表现的形态就不一样，前者在解决知识的本质问题时，通过论证人的主观认识（感觉、经验等）和认识对象的关系，而得出"存在就是被感知"（贝克莱）、知识是一种"习惯性的联系"（休谟）等主观唯心主义的结论，而后者是在解决世界的本质（包括认识的本质）问题时，通过论证心（指人的各种思维精神活动的综合）和物的关系，而得出"自我设定自身和非我"（费希特）、"意志就是宇宙、人生的本体"（叔本华）等主观唯心主义的结论。陆学的主观唯心主义不具有这样的认识论和本体论的性质，它主要是一种关于人的内在本质的伦理学说或人生观，它的"宇宙便是吾心，吾心即是宇宙"是通过论证天人关系而得出的"天人合一"的结论，它是指一种道德境界，而不是指知识的本质或世界的本质。这就是陆学唯心主义的特色。

"天人合一"观点是儒家的传统观点，它的含义有两个方面：一是指道德根源，认为人的"心性"禀受于"天"，因而人在本质上和天是相通的、一致的，即所谓"此（心）天之所与我者"（《孟子·告子上》），"惟皇上帝降衷于下民"（《尚书·汤诰》）。一是指道德境界，认为通过心性修养（"心"的主观扩张），可以达到与天地一体的境地，即所谓"尽其心者知其性也，知其性则知天矣"（《孟子·尽心上》），"惟天下至诚为能尽其性，能尽其性，则能尽人之性；能尽人之性，则能尽物之性；能尽物之性，则可赞天地之化育；可赞天地之化育，则可以与天地参矣"（《中庸》）。

陆学主观唯心主义的结论，实际上也包含这两个方面的内容。

1. 对"天人合一"观点的论证。

陆九渊明确地认为人的"本善之心"来源于"天"。他说：

> 义理之在人心，实天之所与而不可泯灭焉者。（卷三十二《思而得之》）

袁燮除了重申人心来源于天，还进一步以"天人皆心"来论证天人合一的"原因"，他说：

> 民受天地之"中"以生，人心皆有此"中"。……天人本是一致，何以见天人本一致？只缘此心无天之殊。天得此心而为天，地得此心而为地，人得此心而为人。今但为形体所隔，遂见有如此差别。试静而思之，所谓形体者安在？我之形体犹是无有而又何有天人之异乎？（《絜斋家塾书钞》卷二《大禹谟》）

杨简则以"天人（心）皆神"（变化无端）来论证天人合一，他说：

> 人皆与天地同，又何以证其然？人心非气血，非形体，广大无际，变化无方，倏焉而视又倏焉而听，倏焉而言又倏焉而动，倏焉而至千里之外，又倏焉而穷九霄之上，不疾而速，不行而至，非神乎不与天地同乎？（《慈湖遗书》卷二《二陆先生祠记》）

对于"天人合一"这个儒家的传统观点，汉代以后的儒家学者，除了继续沿用思、孟的人性（"仁""中"）得自于天的"同一论"来证明外，董仲舒还用"感应论"来加以证明。他认为天人相与实际是"美事召美类，恶事召恶类，类之相应而起也"（《春秋繁露·同类相动》）。故

"以类合之，天人一也"（同上书《阴阳义》）。陆学以"天人皆心"来论证"天人合一"，乃是为这个儒家传统观点在"同一论""感应论"之外提出了一个新的证明方法和途径。

2. 对"天人合一"境界的表述。

传统的"天人合一"立足于"天人同性"，故其境界是指通过"尽心""诚"等主观扩张、体认，而达到"与天地参"的主观精神状态，即所谓"夫大人者，与天地合其德，与日月合其明，与四时合其序，与鬼神合其吉凶"（《易传·文言》）。而陆学的"天人合一"是立足于"天人皆心"，故其境界是指通过"发明本心"而达到天地万物"皆发自心""皆备于我"的悟识，从而"与天同"。陆九渊说：

> 万物森然于方寸之间，满心而发，充塞宇宙，无非此理。（卷三十四《语录》）
>
> 收拾精神，自作主宰，万物皆备于我，有何欠阙。（卷三十五《语录》）
>
> 若能尽吾之心，便与天同。（同上）

杨简则进一步表述得更加具体，他说：

> 天之所以健行而不息者，乃吾之健行也；地之所以博载而化生者，乃吾之化生也；日月之所以明者，乃吾之明也；四时之所以代谢者，乃吾之代谢也；万物之所以散殊于天地之间者，乃吾之散殊也。（《慈湖遗书》卷十二《家记六·论〈孝经〉》）

可见，陆学"宇宙吾心"的"天人合一"结论，实是指一种修养达到无任何"欠缺"、无任何"负累"的道德境界。而杨简的"天地我心"的"天人合一"结论，则不只是一种道德境界，也具有知识的本质和世界的本质的含义了，这是陆学主观唯心主义更进一步的发展。

总之，陆学主观唯心主义结论所包含的这两个方面的内容，既显示了这个主观唯心主义的中国思想特色，因为它具有浓厚的伦理色彩，又显示了这个主观唯心主义的儒家思想特色，因为它不同于主张"芒然彷徨乎尘垢之外，逍遥乎无为之业"（《庄子·大宗师》）以天灭人的道家唯心主义，也不同于认为"一切世间悉皆如影，一切诸法悉皆如梦"（《华严经·入法界品第三十九》）灭天灭人的佛家唯心主义。

第二节　南宋陆学的意义

南宋陆学是在佛教思想和道教、道家思想深入渗透到儒学中来的理论背景下形成的一种主观唯心主义思想。南宋陆学作为一种思想体系，在中国思想史上具有什么样的地位，对中国的封建社会起了什么样的作用？也就是说，它有什么样的理论的和实际的意义呢？

一　陆学作为南宋理学的主要一翼，和程朱理学共同构成中国思想和儒家思想发展史上的一个新的阶段

恩格斯说："每一时代的理论思维……都是一种历史的产物，在不同的时代具有非常不同的形式，并因而具有非常不同的内容。"（《马克思恩格斯选集》第三卷，人民出版社 1972 年版，第 465 页）在中国古代思想史上，先秦子学、汉代经学、魏晋玄学、隋唐佛学和宋明理学，这些在中国历史发展不同阶段所出现的思潮，就具有非常不同的特色和内容。就儒学而言，随着中国社会的发展，理论形态和内容也经历了一个变化发展的过程，它在"百家争鸣"的先秦时代确立，在"独尊儒术"的汉代因吸收阴阳五行家思想而被神学化。到了宋代，在吸收了佛家、道家思想的情况下，又得到哲学的深化。南宋陆学正是中国思想发展的理学阶段和儒学发展的哲学深化阶段的本质内容之一。

1. 陆学是理学唯心主义不可缺少的一翼

理学是中国思想史发展的新阶段，因为它是以儒学吸收佛、道思想的形态表现出来的，所以也可以说是儒学发展的新阶段。理学对先前思想的承藉关系，近现代学者多有论述，例如胡适曾说："理学是什么？理学家挂着儒家的招牌，其实是禅宗、道家、道教、儒教的混合产品。其中有先天、太极等等，是道教的分子，又谈心说性，是佛教留下的问题，也信灾

异感应，是汉朝儒教的遗迹。但其中的主要观念却是古来道家的自然哲学里的天道观念，又叫作'天理'观念，故名为道学，又名为理学。"（《胡适文存》第三集卷二《几个反理学的思想家》）应该说，这基本上是符合事实的。但"儒教"之说尚可讨论，"混合产品"之论也欠确切，因为理学对先前思想资料并非是兼收并蓄、拿来挂在自己的身上，而是有选择地消化、吸收，变为自己的血肉。理学家改造、吸收比儒家理论思维水平高的佛家、道家的思想、概念和方法等，用来探索儒家的天、命、性、道等传统的哲学命题，进而论证儒家提倡的伦理道德的最后根源，阐明达到儒家伦理道德修养高峰的方法和途径，从而把儒家学说深化了、哲学化了，所以理学构成了中国思想史和儒家发展史上的一个独立的阶段。

理学中对于伦理道德根源和修养方法的回答基本上是两种：程朱学认为是"理"，陆学认为是"心"；程朱派主张"格物居敬"，陆派主张"发明本心"。虽然朱陆之间发生了激烈的争论和对立，但对于整个理学唯心主义体系和儒学来说，朱陆又是互为补充、互相救助的。从哲学性质上说，程朱思想是客观唯心主义，而陆学思想是主观唯心主义，它们共同构成了理学唯心主义的完整形态。从方法上说，程朱派强调"道问学"，主张由知识的积累达到立场的确定、修养的完成，所谓"积习既多，自有贯通"（《二程语录》卷十一），陆派强调"尊德性"，主张首先端正立场，修养自能完成，否则积累知识也只能是"借寇兵而资盗粮"（卷三十五《语录》）。他们的不同主张共同地揭示了人在修养实践中相辅相成的两个方面，黄道周曾比之"虚实互济"：

> 善哉，施四明（邦曜）先生之言曰："天下病虚救之以实，天下病实救之以虚。"晦翁当五季之后，禅喜繁兴，豪杰皆溺于异说，故宗程氏之学，穷理居敬，以使人知所持循；文成当宋人之后，辞章训诂，汩没人心，虽贤者犹安于帖括，故明陆氏之学，易简觉悟，以使人知所返本。（《漳浦文集》卷二十一《王文成公集·序》）

所以，在理学阵营中，虽然无论是从派别力量或学术内容上来说，朱学比陆学都要雄厚得多，但陆学仍是理学完整体系中不可缺少的一翼。

2. 儒家主观唯心主义的新发展

先秦儒家学说具有经验的、唯物主义性质，很多论点或命题，都是对当时社会生活经验的总结，但从世界观的高度，对这些经验做最后归纳，提出诸如"人性""天命"等，却又是先验的、唯心主义的。宋代理学把儒学哲学深化，就很自然地要扩充发展儒学中的这些唯心主义因素。陆九渊曾说他的学说思想是"因读孟子而自得之"（卷三十五《语录》），南宋陆学就是对先秦儒学中思孟学派的主观唯心主义的继承和发展。在孟子的思想里，"心之官则思，思则得之，不思则不得"（《孟子·告子上》），"心"只是一种主宰人身的思维器官。到了陆学里，"心即理"（卷十一《与李宰》）的"心"不再是人的思维器官，而是宇宙的根源性的精神实体。"苟此心之存，此理自明"（卷三十四《语录》），心的作用也不再表现为判断、推理等分析综合能力了，而是直接"流出"伦理本能行为的源泉了，故陆九渊援引《中庸》"溥博渊泉，而时出之"来形容之（卷三十四《语录》）。在孟子那里，"养浩然之气"则能"塞于天地之间""上下与天地同流"（《孟子·公孙丑上》）。到了陆学里，则是"宇宙便是吾心，吾心即是宇宙"（卷二十二《杂说》）。在孟子那里，"万物皆备于我"（《孟子·尽心上》），到了陆学里，"天者，吾性中之象，地者，吾性中之形。故曰在天成象，在地成形，皆我之所为也"（《慈湖遗书》卷七《家记一·己易》），则是"万物皆生于我"了。总之，儒家学说中的主观唯心主义思想形态在陆学里得到了新的更进一步的发展。

二　陆学对封建统治阶级的理论价值

陆学主要人物死后都得到南宋朝廷的赐谥。明代嘉靖年间，陆九渊即以"先儒"从祀孔庙（见《明史》卷五十《礼志四》）。清康熙御纂《性理精义》也多处录用陆九渊言论（见该书卷七、八、十一、十二等）。陆学人物所以能得到封建统治者的承认和崇敬，是因为陆学在本质上是为封建专制主义进行理论论证的思想体系，它对于稳定和维持封建制度的伦理秩序和政治统治来说，是极为有用的。

1. 论证封建伦理的永恒合理

陆学对于封建伦理的论述，着重点不是阐明它的具体内容，而是探索其根源，论证其绝对合理性、永恒性。陆学认为，这个"根源"就是"人心"，因为它受于天，所以是绝对的、永恒的。陆九渊说：

> 皇极之建，彝伦之叙，反是则非，终古不易，是极是彝，根乎人心，而塞乎天地。（卷二十二《杂说》）
>
> 义理之在人心，实天之所与，不可泯灭焉者。（卷三十二《思而得之》）

他的弟子也反复地论述了这一观点。如杨简说：

> 时有古今，道无古今；形有古今，心无古今。（《慈湖遗书》卷五《吴学讲义》）

袁燮说：

> 此心此道，无一毫之差，至中至正至大至精，万世学者之准的也。（《絜斋集》卷七《张鲁川字说》）

舒璘说：

> 每与儿辈言，吾辈此身不过天地间数十年之物，而昭然理义，盖千古不磨耳。（《广平类稿》卷一《再与吕子约》）

论证"人心"不变、不灭，也就是论证了作为"心"之本质的封建伦理的永恒，论证了以封建的伦理关系和伦理思想为自己统治基础的封建政治制度的绝对合理。

2. 提出封建伦理道德修养的新方法

陆学提出"发明本心"的简易的道德修养方法，既不同于孔孟，也不同于程朱，是儒学中新的修养方法。

先秦儒家主张人的道德完善过程应是他的行为净化的实行过程。孔子说："能行五者于天下为仁矣：恭、宽、信、敏、惠。"（《论语·阳货》）"君子无终食间违仁，造次必于是，颠沛必于是。"（《论语·里仁》）孟子说自己"养浩然之气"的方法是："配义与道，无是馁也。是集义所生者，非义袭而取之也。行有不慊于心，则馁矣……必有事焉，而勿正①心勿忘，勿助长也。"（《孟子·公孙丑上》）"义，人路也。"（《孟子·告子上》）"义者，宜也。"（《中庸》）故所谓"义"是指做应该做的事，是"行"；"志于道"（《论语·述而》），"居天下之广居，立天下之正位，行天下之大道，得志与民由之，不得志独行其道"（《孟子·滕文公下》），故所谓"道"是指义理，属"知"。所以孟子的"明道集义，勿止勿忘勿助"的道德修养完成过程，也可以说是知行逐步结合的实行过程。

陆学提出"发明本心"把孔孟的道德修养方法，由行为的净化改变为心境的收敛，把孔孟的道德完成，由对"仁"的实行，改为对"仁"的认识。体认本心既是道德修养的方法，也是道德修养的完成。陆九渊说：

> 人精神在外，至死也劳攘，须收拾作主宰。收得精神在内时，当恻隐即恻隐，当羞恶即羞恶。（卷三十五《语录》）
>
> 心之体甚大，若能尽我之心，便与天同，为学只是理会此。（同上）

陆九渊的弟子也是这样认为的，而杨简更走向极端，认为性、命、道、德、仁、义、礼、智等不同的道德规范，只是对"心"的不同状态的表述，其实皆是"心"。最高的道德修养是无思无为，保持"心"如日月明镜般地寂然不动，他说：

> 吾心之本曰性，言性之妙不可致诘，不可以人为加焉曰命，得此谓之德，由此谓之道，其觉谓之仁，其宜谓之义，其履谓之礼，其明谓之智。（《慈湖遗书》卷七《己易》）
>
> 意虑不作，澄然虚明，如日月之光，无思无为而万物毕照，此永

---

① 焦循《孟子正义》谓"正"之义通于"止"。

也。（《慈湖遗书》卷二《永嘉郡学永堂记》）

陆学的修养方法也不同于程朱。程朱派的修养方法是居敬、格物。程颐说："涵养须用敬，进学在致知。"（《二程语录》卷十一）朱熹说："学者工夫，唯在居敬、穷理二事。此二事互相发，能穷理则居敬工夫日益进，能居敬则穷理工夫日益密。"（《朱子语类》卷九）所谓"居敬"，即是以伦理规范制心。朱熹解释说："夫持敬用功处，伊川言之详矣，只云但庄整齐肃，则心便一，则自无非辟之干；又云但动容貌，整思虑，则自然生敬，只此便是下手用功处。"（《朱文公文集》卷四十一《答程允夫之六》）所谓"格物"（致知、穷理）即是体认事物之理，朱熹解释说："夫人心之灵，莫不有知，而天下之物，莫不有理。惟于理有未穷，故其知有不尽也，是以《大学》始教，必使学者即凡天下之物，莫不因其已知之理而益穷之，以求至乎其极。至于用力之久，而一旦豁然贯通焉，则众物之表里精粗无不到，而吾心之全体大用无不明矣。"（《大学章句·传五章》）总之，程朱的道德修养方法可以说是逐渐积累、由外及内的方法。

陆学提倡的修养方法正好相反，它是由内及外、一悟皆悟的方法。陆学认为，人心自明，只要"发明本心"即可，陆九渊说：

> 四端万善，皆天之所予，不劳人妆点。但是人自有病，与他间隔了。（卷三十五《语录》）
>
> 一是即皆是，一明即皆明。（同上）

他的弟子们更反复论述了或发展了这一观点。舒璘明确表示反对"持敬"之说，主张"圣贤事业"只在"不放心"：

> 持敬之说，某素不取，我心不安，强自束缚，如篾箍桶，如藤束薪，一旦断决，散漫不可收拾，理所宜然。……
>
> 此心不放，此理自明，圣贤事业岂在他处耶？（《广平类稿》卷一《再答叶养源》）

杨简不仅对"居敬"制心不能同意，甚至对"清心"及儒家经典中的"洗心""正心"也表示反对。在他看来，"心"是浑然本善，无须清之、洗之、正之。他说：

　　此心虚明无体，精神四达，至灵至明，是是非非，云为变化，能事亲，能事君上，能从兄，能友弟，能与朋友交，能泛应而曲当，不学而能，不虑而知，未尝不清明，何俟乎复清明乎？……清心、洗心、正心之说行，则为揠苗，非徒无益，而又害之。（《慈湖遗书》卷二《永嘉郡治更堂名记》）

　　至于袁燮，则是明确地说，只要"明心"，即是完成道德修养：

　　有一言可以尽修身齐家之道者，曰：此心之明而已。人惟心不明则昏，明则是非可否皆天理之正，昏则好恶取舍皆人为之私。（《絜斋毛诗经筵讲义》卷二《日月》）

　　陆学把这种"发明本心"的修养方法称为"简易工夫"。陆九渊说："学无二事，无二道，根本者立，保养不替，自然日新，所谓可久可大者，不出简易而已。"（卷五《与高应朝》）陆学这种异于孔孟、程朱的新的修养方法，其特质在于要求人充分发挥自己的主观精神，奋发独立，反对因循苟且。陆九渊说："此理（心）在宇宙间何尝有所碍，是你自沉埋、自蒙蔽，阴阴地在个陷阱中，更不知所谓高远底。要决裂破陷阱，窥测破罗网。"（卷三十五《语录》）又说："虽鸡终日营营，无超然之意。须是一刀两断，何故营营如此，营营底讨个什么！"（同上）因为陆学所提倡发挥的这种"精神"，在本质上是封建地主阶级的坚定的政治信念或伦理立场，所以当封建统治出现政治危机和道德危机的时候，陆学就能发挥某种特殊的救济振作作用。陆学的这种社会作用正如陆九渊的弟子严滋等为他请谥的状文里所说，陆学"揭诸当世曰：'学问之要，得其本心而已。'学者与闻师训，向者视圣贤若千万里之隔，今乃知与我同本，培之溉之，皆足以敷荣茂遂，如指迷途，如药久病，先生之功宏矣"（道光三年《临

川县志》卷四十二下）。南宋和明代封建政权也正是因为认识到陆学具有
"能自拔于流俗，而有功于名教者"的作用（孔炜《文安谥议》，载《象
山全集》卷三十三），才承认它的合法地位的，即赐予谥号和从祀孔庙
的。陆学在政局动摇衰危的南宋产生和在程朱理学弊端严重的明代复兴都
不是偶然的。

3. 否定危害封建伦理的"物欲"

理学中，无论是朱学或陆学，都认为"物欲"即人的自然欲望等，
是危害、背离伦理原则的主要因素，故朱陆皆把它当作攻击、否定的对
象。朱熹说："人之有是生也，天固与之以仁、义、礼、智之性，而叙其
君臣父子之伦，制其事物当然之则矣，以其气质之有偏，物欲之有蔽也，
是以或昧其性，以乱其伦，败其则而不知返。"（《朱文公文集》卷十四
《行宫便殿奏札》）所以他提出"圣贤千言万语，只是教人明天理、灭人
欲"（《朱子语类》卷十二）。

陆九渊也认为人心本善，但一旦"气有所蒙，物有所蔽，势有所迁，
习有所移，往而不返，迷而不解，于是为愚为不肖，彝伦于是而致，天命
于是而悖……"（卷十九《武陵县学记》）。故他提出"剥落"物欲、解
除"心病"，认为"千古圣贤只去人病"（卷三十四《语录》）。陆九渊的
弟子们对人的欲望同样采取否定的态度，认为它是恶的根源。袁燮说：
"人生百种病，厥根在多欲。"（《絜斋集》卷二十三《白髭》）杨简则更
走向极端，对人的一切意念活动、能动行为皆加以否定，他说："意微起
焉，即成过矣。"（《杨氏易传》卷九《复》）"道无所能，有能即非道。"
（《慈湖遗书》卷十三《论〈中庸〉》）

陆学对人的欲望采取否定毁弃（"剥落"）的态度，和朱学"灭人欲"
的态度是完全一样的。在中国封建社会后期，随着理学广泛深入地传播，
这种嫉恶、鄙弃人的自然情欲的理学思想，就变成一种整个的社会思想，
一种道德标准，一种习惯势力。这种思想实际上窒息了人们思维活动中最
活跃的具有创造性的因素，从而也阻碍了人们产生变更现实的思想和行
动，因而对中国社会的发展起了极大的凝滞作用。恩格斯曾说："在黑格
尔那里，恶是历史发展的动力借以表现出来的形式，这里有双重的意思，
一方面，每一种新的进步都必然表现为对某一种神圣事物的亵渎，表现为

对陈旧的、日渐衰亡的、但为习惯所崇奉的秩序的叛逆；另一方面，自从阶级对立产生以来，正是人的恶劣的情欲——贪欲和权势欲，成了历史发展的杠杆。关于这一方，例如封建制度和资产阶级的历史，就是一个独一无二的，持续不断的证明。"（《马克思恩格斯全集》第二十一卷，第330页）包括程、朱、陆、王在内的宋明理学正是要折断这个"杠杆"。因此，宋明理学对渐趋衰落的中国封建社会制度的维护作用，与其说是表现在对人的"善"的伦理本性的证明，不如说是表现在对人的"恶"的自然本性的否定。

但是，理学本身也在这里产生了它深刻的内在矛盾，即它在对人的充分肯定中包含了对人的彻底的否定。它把人在社会环境中形成的伦理感情和行为说成是"善"的，是固有，而把人产生自生理本性的诸多欲望说成是"恶"的，是遮尘。事实上，人是在不断变化、进化中的动物，它的社会性的变迁比较迅速而显著，它的自然性的变异却是比较缓慢而持久。人的社会伦理感情和行为，总是在一定的自然本性的基础上形成，两者是不能分离的，正如戴震所说："古圣贤所谓仁义礼智，不求乎所谓欲之外，不离乎血气心知。"（《孟子字义疏证》二十一）理学却肯定其一，否定其二。如果说这个理论带来的逻辑上的矛盾理学家们还可以避开，戴震提出的"无欲无为又焉有理？"（《孟子字义疏证》四十三）的质问他们可以不答，但这个理论给理学家们带来的在生活实践上的矛盾，则是总也逃避不了的。侈谈"道德"的理学家表现得极不道德，他们对己表现出虚伪，"名为山人而心同商贾，口谈道德而志在穿窬"（李贽《焚书》卷二《又与焦弱侯》），对人表现出残忍，"举凡饥寒愁怨，饮食男女，常情隐曲之感，则名之曰'人欲'，皆当灭绝"（《孟子字义疏证》四十三）。戴震提出的"酷吏以法杀人，后儒以理杀人"（《戴东原集》卷九《与某书》）的控诉，他们是无法推卸的。理学的矛盾和堕落，成了明清反理学思想家批判的对象，理学家也成了清代和近代中国文学艺术形象中的丑恶典型。

三 陆学对封建制度的破坏因素

陆学作为封建地主阶级的思想意识形态，一方面，它对封建伦理的合理永恒性的论证和对封建制度的维护作用，是其本质的和主要的方面；另一方面，陆学作为一种主观唯心主义的思想理论，也含有某种对封建伦理和制度起破坏作用的因素。这种因素虽不是陆学理论本身所固有的内容，然而却是它理论的逻辑的必然后果，并且有了实际的表现。

列宁指出，主观唯心主义者"如果他们不陷入惊人的逻辑谬误，他们就不可能摆脱唯我论"（《列宁全集》第十四卷，第30页）。主观唯心主义理论在逻辑上的发展，必然要否定主观意识以外的一切，这对那些神圣的、权威的事物总是不利的。不少主观唯心主义思想体系有这样的情况：它的理论本身所维护的东西，在它的逻辑发展或推演中受到伤害。贝克莱、休谟为反对唯物论、无神论而提出的主观经验论，结果给他们自己的"上帝"的存在也带来了危机，休谟宣布这是不能证明的，贝克莱也背弃了自己理论的逻辑，求助于信仰。中国的禅宗原是要阐扬"若识心见性，皆成佛道"的简易的成佛理论和方法（《六祖坛经·般若品第二》），结果却把一切佛果骂倒，一切佛律抛弃，说"无位真人是什么干屎橛……罗汉辟支犹如厕秽，菩提涅槃如系驴橛……若是真正道人，终不如是，但能随缘消业，任运著衣裳，要行即行，要坐即坐，无一念心希求佛果"（《临济慧照禅师语录》）。

这种情况也在陆学里发生。陆学着力于论证封建的伦理道德是人心所固有，"苟此心之存，则此理自明"，发明"本心"，即是道德完成。但陆学进一步把这种伦理人性观点推向哲学高度，得出"宇宙便是吾心，吾心即是宇宙"（卷二十二《杂说》）、"天地我之天地，变化我之变化"（《慈湖遗书》卷七《己易》）的结论。陆学这种主观唯心主义的扩张，必然要在逻辑上，并且也在事实上走向对封建伦理道德规范的漠视和否认，这在陆九渊那里至少有两点思想表现。

1. 他主张不仅要做实践封建伦理的道德完人，而且要做超越社会伦理之上的独立超人。陆九渊说自己：

> 某平生有一节过人，他人要会某不会，他人要做某不做。（卷三十五《语录》）
>
> 仰首攀南斗，翻身倚北辰。举首天外望，无我这般人。（同上）

2. 他对儒家经典表示了不尊重的轻蔑的态度。他说：

> 六经皆我注脚。（卷三十四《语录》）
>
> 自得、自成、自道，不倚师友载籍。（卷三十五《语录》）

陆九渊的这些"越轨"的思想，到了他的弟子那里就更有发展，并在实际行动中表现出来。

1. 陆九渊弟子中著述最多、影响最大的杨简，从他的彻底的主观唯心主义（唯我主义）立场出发，以主观的"心"吞没一切，由对历史上儒家或道家思想中尚承认有物我对立、承认有发展过程的那一部分观点的批评，进而否定了儒家经典"四书五经"。杨简说："《论语》乃有子之徒所记……所记亦难尽信。"（《慈湖遗书》卷十二《家记六·论〈孝经〉》）"《大学》何其支也。"（同上书卷十三《论〈大学〉》）《学记》《乐记》"非知道者所作"（同上书卷九《论礼乐》）。《易传》"非先圣之言"（同上书卷七《己易》）。杨简对儒家"道统"中的祖师也颇有微词，说"子思觉焉而未大通者也"（同上书卷十三《论〈中庸〉》）。"孟子亦有疵"（同上书卷八《论〈书〉》、卷十四《论孟子》）。对从祀孔庙的"先儒"更不放在眼里，从汉唐的董仲舒、王通，到本朝的周敦颐、张载、二程，分别斥之为"支离""学陋""穿凿""揠苗"，"皆不可以为训也"（同上书卷十四《论诸子》、卷十五《泛论学》）。

2. 陆门多数弟子平庸浅薄，未能领悟陆九渊心学的伦理实质，故往往以道家的"静"和佛家的"空"来理解陆九渊所说"若能尽吾之心，便与天同"（卷三十五《语录》）、"尽去为心之累……适意便是'浩然'"（同上）。这样，就在他们的日常生活实践里，随情任性，表现出松懈或背离儒家伦理道德规范的行为。程朱派对此有密切的注视，他们说：

> 子静一味是禅，却无许多功利术数，目下收敛着学者身心不为无功。然其下稍无所据依，恐亦来免害事也。（《朱文公文集》卷三十五《与刘子澄之十一》）
>
> 看子静书，只见他许多粗暴底意思，可畏其徒都是这样，才说得

几句，便无大无小、无父无兄。（《朱子语类》卷一百二十四）

　　浙间年来象山之学甚旺，由其门人有杨、袁贵显据要津唱之。不读书不穷理，专做打坐工夫，求形体之运动知觉者以为妙诀，大抵全用禅家宗旨，而外面却又假托圣人之言，牵就释意，以文盖之，实与孔孟为殊宗，与周程立敌。慈湖才见伊川语便怒形于色，朋徒私相尊号为祖师，以为真有得尧舜孔子千载不传之正统。每昌言之不少怍，士夫晚学见不破，多为风靡，而严陵有詹、喻辈护法，此风尤炽，后生有志者多落在其中。（《北溪文集》卷一《与陈师复之一》）

　　程朱派对陆门的观察，如果筛去一半的成见，也还有一半是事实，因为当时其他学者也有这样的观察，如张栻说：

　　沣州教授傅梦泉来相见，乃是陆子静上足，刚介有立。但所论学，多类扬眉瞬目之机。子静此病曾磨切之否？亦殊可惧。（《南轩文集》卷二十四《答朱元晦之十三》）

　　扬眉瞬目、拳打脚踢以传达某种神秘的意思乃禅家"机锋"。傅梦泉为陆门高足、一方师表、论学授教，犹染禅习，其他则可想而知。

　　可见，陆九渊的弟子，无论槐堂诸儒或甬上学者，无论及门或再传，思想风貌的变化的确不是入儒渐深，而是离儒愈远，明清学者对此也有一致的看法。顾炎武说：

　　南渡巳后，二陆起于金溪，其说以德性为宗，学者便其简易，群然趋之，而于制度文为，一切鄙为末事。（《顾亭林文集》卷二《仪礼郑注句读序》）

　　全祖望把陆学自杨简以下的蜕变过程说得更具体：

　　文元（杨简）之学，先儒论之多矣。或疑其发明本心，陆氏但以为入门，而文元遂以为究竟，故文元为陆氏功臣，而失其传亦有

之。(《鲒埼亭集外编》卷十六《碧沚杨文元公书院记》)

盖槐堂(指陆九渊)论学之宗旨,以发明本心为入门,而非其全力也。槐堂弟子多守前说以为究竟,是其稍有所见即以为道在是,而一往蹈空,流于狂禅。以文元之齐明盛服,非礼不动,岂谓于操持之功有缺,而其教多以明心为言,盖有见于当时学者陷溺功利,沈锢词章,积重难返之势必以提醒为要,故其说偏重而自知其疏。岂意诸弟子辈不善用之,反谓其师大悟几十、小悟几十,泛滥洋溢,真如异端,而并文元之学而诬之,可为浩叹者也。(同上书《城南书院记》)

全祖望的记述是合乎实际的。在陆九渊那里,"发明本心"是完成儒家伦理道德修养的方法,但他的弟子后学却把它当作目的,一往蹈空,泛滥洋溢,流于狂禅,结果就越出、破坏了儒家的伦理道德规范。

南宋陆学本身对封建伦理道德的破坏因素和表现,大致就是这些。但它的思想逻辑所产生的后果和影响,却比这要多、要深。"非名教之所能羁络"(《明儒学案》卷三十二《泰州学案·按语》)的明代泰州学派人物,"冲决罗网"(谭嗣同《仁学》)的近代革命人士,在思想上和陆学开创的那个哲学思想体系所提倡的要充分发挥、扩展人的主观独立奋发精神的观点,都有着某种联系,或是理论上的一脉相承,或是思想上的影响借鉴。

结束语

　　黑格尔《法哲学原理》的序言里有一个著名的命题：凡是合理的东西都是现实的，凡是现实的东西都是合理的。后来，恩格斯又把这一命题推进了一步："凡是现存的，都是应当灭亡的。"（《马克思恩格斯全集》第二十一卷，第307页）历史事实正是这样的。就人类的意识形态来说，一方面，任何一种思想体系或学说，总是产生于人类社会的一定发展阶段，都有其出现的背景和依据，都有其存在的价值和意义；另一方面，人类处在无限的发展过程之中，任何一种思想体系或学说，都不能够认识和概括人类的全部生活内容和发展过程，都不可能永远活跃在人们的社会生活之中。南宋陆学也是这样，它在中国封建社会后期产生和发挥作用，随着这一社会发展阶段的过去，它也就死亡。今天只是作为一种历史的思想资料被我们考察着。然而也正是因为人类是一个无限的发展过程，今天既带着过去的痕迹，也埋藏着将来的信息，所以这种考察乃是十分必要的。即使是唯心主义也是人类的一种思想，也可能提供有益于人类进步的见解和启发。南宋陆学作为主要论证伦理的人性根源的主观唯心主义思想体系，它对于现代思想探索人性和伦理的努力所提供的贡献，也许不会有像黑格尔辩证法对于马克思主义，休谟和马赫经验论对于爱因斯坦相对论所提供的启发或帮助那么重要，那么巨大①，但它对人性之善的诚挚信念，它所依据的经验事实、个人体验和非逻辑的、跳跃的直觉方法，即陆学所

---

　　① 马克思主义的创始人在批判黑格尔辩证法的唯心主义实质的同时，也承认它对自己的巨大影响。例如：

　　　马克思说："将近三十年以前，当黑格尔辩证法还很流行的时候，（接下页注）

提供的两个主要的理论论题——人性的"伦理本能"和认识的"整体直观",都是值得现代思想探讨和批判的。

南宋陆学作为中国思想这座建筑的一块砖瓦、阶石,无疑是现代人们的理论思维和哲学思想向更高的水平和境界发展所应该熟悉的和必须跨越的。

（接上页注）我就批判过黑格尔辩证法的神秘方面。但是正当我写《资本论》第一卷时,愤懑的、自负的、平庸的、今天在德国知识界发号施令的模仿者们,却已高兴地像莱辛时代大胆的莫泽斯·门德尔森对待斯宾诺莎那样对待黑格尔,即把他当作一条死狗了。因此,我要公开承认我是这位大思想家的学生,并且在关于价值理论的一章中,有些地方我甚至卖弄起黑格尔特有的表达方式。"（《马克思恩格斯选集》第二卷,第217～218页）

　　恩格斯说:"从黑格尔学派的解体过程中还产生了另一个派别,唯一的产生真实结果的派别。这个派别主要是同马克思的名字联系在一起的。……（对于这个派别来说）黑格尔不是简单地被放在一边,恰恰相反,上面所说的他的革命方面,即辩证法,是被当作出发点的。（《马克思恩格斯全集》第二十一卷,第335～336页）

　　爱因斯坦不止一次谈到休谟和马赫对他的影响,也不止一次对马赫有所批评,但他仍然认为,相对论"这个理论的思想的整个方向是同马赫思想一致的,所以,可以十分正确地认为,马赫是广义相对论的先驱"（《爱因斯坦文集》中文版第一卷,第273页）。

后　记

　　《南宋陆学》是在我的导师中国社会科学院历史研究所研究员侯外庐、邱汉生二位先生指导下写成的。写作过程中，侯先生身卧病榻，仍不时予以指点，邱先生视力衰微，每伏案逐句加以斧正。初稿成编，北京大学教授张岱年先生又多所示教，获益匪浅，送出版社时，更赐写佳序，感铭良深。故在此拙著出版之际，对先生们的辛勤栽培之情，谨表衷心的感激！

　　本书得失，尚有待学人大鉴，张先生之嘉许，乃属鼓励之词，实不敢当！

　　最后，对给本书的写作和出版予许多帮助的中国社会科学院历史研究所思想史研究室和中国社会科学出版社哲学编辑室的同志，亦表谢忱。

崔大华

一九八二年十月

志于北京朝阳门外西八间房

宋明理学史 （上卷）

＊ 侯外庐、邱汉生、张岂之主编《宋明理学史》（上卷），人民出版社 1984 年版；《宋明理学史》（下卷），人民出版社 1987 年版。崔大华先生著述了上卷的第九章、第十九章和第二十章，下卷的第六章和第七章。

第九章　张九成的理学思想
　　　　　及其时代影响

第一节　张九成的生平及其理学思想

　　张九成的理学思想是二程理学与陆九渊心学之间的中间环节。朱熹说："上蔡之说一转而为张子韶，子韶一转而为陆子静。"（《宋元学案》卷二十四《上蔡学案》）如果不是从学说师承的关系，而是从思想发展的逻辑上来说，确实是这样的。故张九成的思想虽甚简略，在宋代理学思想发展的过程中却有着特殊的意义。

　　张九成（1092～1159），字子韶，钱塘人。青年时游学京师，曾师事杨时。41 岁（绍兴二年，1132 年）中进士第一名，入仕为金判、著作郎、礼部侍郎兼侍讲。因论灾异时政，迕及权相秦桧，又赞同赵鼎反对和金之议，被弹劾落职，出为江州太平兴国宫祠官。后谪守邵州，又有人秉秦桧之意，中伤其与禅师宗杲交游，谤讪朝政，遂遭放逐，谪居南安军（今江西南安）。张九成在南安蛰居 14 年，终日闭门，读书解经。绍兴二十五年（1155 年），秦桧死，张九成又被起用，出知温州，四年后即病卒。张九成谪居南安时，自号"横浦居士"，亦称"无垢居士"。理宗宝庆时，褒崇先贤，张九成被赠太师，封崇国公，赐谥文忠。

　　张九成的著述，著录于《郡斋读书志》、《直斋书录解题》、《玉海》及《宋史·艺文志》者有十几种，今尚存者仅有《横浦文集》、《横浦心传》、《横浦日新》、《孟子传》（缺《尽心篇》）、《中庸说》（残本）。

张九成是杨时门人，程门的再传弟子。程门弟子如谢良佐、杨时、吕大临都受禅学很深的影响。张九成的思想特点也正是这样，他一方面仍然保持着程门理学的特色，另一方面又援佛入儒。其理学思想，主要内容有天理说、格物说及慎独说。

程颢说："吾学虽有所受，天理二字却是自家拈出来。"（《上蔡语录》卷上）。程颐亦说："我之道，盖与明道同。"（《伊川文集序》）故二程把"天理"（或"理"）作为自己思想体系的最基本范畴。但二程对"天理"的理解稍有不同。程颢着重论述"理"即万事万物之中的自然趋势，程颐则着重从本体论方面说明"理"是天地万物的根源。而这两种含义在张九成的思想里都具有。

首先，张九成所谓的"天理"，近于指存在于自然事物内部的法则或秩序，是事物之所以然的原因。他说：

> 天理决然遇事而发，欲罢不能也。若夫释、老之学，岂知此耶！彼已视世间如梦幻，一彭殇为齐物，孺子生死何所介其心哉，是未知天理之运用也。（《横浦文集》卷五《四端论》）

故张九成认为，万物皆有其理，违反理或昧于理，世界的秩序就要陷于混乱。他说：

> 天下无一物之非理。（《横浦文集》卷十九《克己复礼为仁说》）
> 圣贤一出一处、一默一语、一见一否，皆循天理之自然。（《孟子传》卷二十八《告子下》）
> 不知格物则其理不穷，其理不穷则天地、日月、四时、鬼神、河海、山岳、昆虫、草木，一皆颠倒失序。（《横浦文集》卷十八《上李泰发参政书》）

其次，张九成所谓的"天理"更多的是指伦理纲常原则。他说：

> 礼者，何也？天理也。（《横浦文集》卷十九《克己复礼为仁说》）

先王之乐自天理中来。(《孟子传》卷三《梁惠王下》)

天理者，仁义也。(《孟子传》卷十九《离娄下》)

夫子不得已而作《春秋》，诛乱臣贼子以遏人欲于横流，扶天理于将灭。(《横浦文集》卷十五《孟子拾遗·春秋天子之事》)

既然"天理"即是仁义等纲常伦理原则，故张九成就把日常生活中符合这些道德规范的言行视为"天理"之表现。他说：

凡吾日用中事岂有虚弃者哉，折旋俯仰、应对进退，皆仁义礼智之发见处也。(《孟子传》卷七《公孙丑上》)

(孔子) 或动或静，皆出于天理，或见或寂，亦出于天理。(《横浦文集》卷五《乡党统论》)

正是从这个意义上，张九成也认为理不离人情，道不离事物。他说：

理之至处亦不离情，但人舍人情求至理，此所以相去甚远。(《横浦心传》卷上)

圣人以天理为人情，常人往往徇人情而逆天理。(《横浦心传》卷上)

形而上者谓之道，形而下者谓之器，若形器中非道，亦不能为形器，又安可辄分之。形而上者无可名象故以道言，形而在下散于万物，万物皆道，故不混言耳。(《横浦心传》卷下)

道非虚无也，日用而已矣，以虚无为道，足以亡国，以日用为道，则尧舜三代之勋业也。(《横浦日新》)

从中也可看到，张九成虽认为理与情、道与器相即不离，但又认为具有决定性作用和主导地位的是"理"或"道"，而不是"情"或"器"，这正是程门天理观唯心主义实质的表现。

如果说在宇宙观（天理观）上张九成比较接近程颢，那么在认识论和方法论上则比较接近程颐，即张九成不是把程颢提倡的"定性识仁"，而是把程颐提倡的"格物穷理"当作"为学之先"。他说：

> 夫学者以格物为先。格物者，穷理之谓也。穷一心之理以通天下之理，穷一事之理以通万事之理……格物之学如此，是天下之至乐也。（《横浦文集》卷十七《重建颐州州学记》）
>
> 观六经者当先格物之学。格物则能穷天下之理，穷则知至、意诚、心正、身修、齐家、治国、平天下矣。（《孟子传》卷二十八《告子下》）

这里值得注意的是，张九成强调"穷一心之理以通天下之理"，已经包含着"心即理"的内容。穷了一心之理就可以知天下之理，这里正是从二程的客观唯心论转向陆九渊的主观唯心论的过渡环节。至于穷一事之理即可通万事之理，也包含着"顿悟"的认识方法，这在后来陆九渊那里也得到了充分的发挥。张九成又说：

> 所谓格物，穷理之谓也。一念之微，万事之众，万物之多，皆理也……于一念之微、一事之间、一物之上，无不原其始而究其终，察其微而验其著，通其一而行其万；则又收万以归一，又旋著以观微，又考终而要始，往来不穷，运用不已，此深造之学也。（《孟子传》卷十九《离娄下》）

首先，"收万以归一"，即通过对万事万物之穷究，而后了悟万理出于一理，这是程颐所谓"格物致知"或"格物穷理"的含义。"通其一而行其万"，先了悟万理出于一理，而后遇万事万物自然通晓。后来陆九渊强调的正是这后者，认为"心即理"，只要"明心"，则"一明皆明"。在这个意义上说，张九成对"格物穷理"的发挥，正是从二程转向陆九渊的中间环节。

其次，张九成的"格物"还是一种道德修养方法或工夫。在他看来，既然纲常伦理原则即是"天理"，所以"格物穷理"也就是认识这些伦理原则和道德规范，克制"人欲"，使言行符合这些原则规范。他说：

人性皆善……使吾知格物知至之学，内而一念，外而万事，无不穷其源流，穷其终始，穷之又穷，至于极尽之地，人欲都尽，一旦廓然，则性善昭昭无可疑矣。（《孟子传》卷十五《离娄上》）

总之，张九成认为"为学"的根本方法就是"格物"，它既是认识"天理"的方法，又是修养自己德性的方法。用这种方法就能达到一般理学家所说的"豁然贯通""万物一体"的境地。他认为这即是"格物之效"。他说：

知学当格物，格物则能穷天下之理，穷天下之理则人情物态、喜怒逆顺、形势纵横皆不逃于所撰之理。优而柔之，使之自得；展而饮之，使自趋之。一旦释然理顺，怡然冰解，皆格物之效也。（《孟子传》卷八《公孙丑下》）

张九成的"慎独说"，深受杨时的思想影响。我们在二程章已指出，"慎独"一词见于《中庸》，原意是指在一个人独居时，也要注意道德修养，要求不论在何时何地都不能放荡。张九成的"慎独"说还有若干新的内容。

首先，是指一种道德境界。他说：

君子慎其独也，礼在于是则寂然不动之时也，喜怒哀乐未发之时也。《易》所谓"敬以直内"也，孟子所谓"尽其心知其性"也。释氏疑近之矣，然止于此而不进。（《横浦文集》卷五《少仪论》）

天命之谓性，喜怒哀乐未发以前者也，所以谓之中。（《中庸说》卷一）

可见，张九成"慎独"的道德境界，即所谓"中"、所谓"性"、所谓"天命"，乃是指喜怒哀乐未发时的"寂然不动"的心理状态。这近似禅家所谓"善恶虽殊，本性无二"（《六祖坛经·忏悔品》）、"见自本性，无动无静，无生无灭，无去无来，无是无非，无往无住"（（《六祖坛经·

付嘱品》）但又和禅家不同，释氏"于此而不进"。张九成的"慎独"则不仅是一种境界，而且还是一种工夫，"有得于此未可已也"，即达到这种道德境界后，还要有所行动，以完成"修齐治平"的圣人事业。他说：

> 当自喜怒哀乐未发之前，求其所谓内心，倘有得焉勿止也，当求夫发而中节之用，使进退起居饮食寝处不学而入于《乡党》之篇，则合内外之道，可与论圣人矣。（《少仪论》）
>
> ……乃入子思"慎独"之说，使非心不萌、邪气不入，而皇极之义、孔门之学于斯著焉。（《静胜斋记》）

其次，张九成的"慎独"作为一种修养工夫，不仅是指在达"中"这个境界后，更进而求"发而皆中节之用"，而且更重要的是指如何达到"中"这个境界之体（即"性""天命"），也就是如何"求中"。他说：

> 中庸之道赞天地之化育如此，而其要止在喜怒哀乐未发已发之间而已；而其所以入之路，又止在戒慎不睹、恐惧不闻而已。（《中庸说》卷二）
>
> 何谓天？喜怒哀乐未发以前，天也；戒慎不睹、恐惧不闻，于不睹不闻处深致其察，所以知天也。（《中庸说》卷三）
>
> 中庸不在血气中，惟戒慎不睹、恐惧不闻者能得之……雷在天上，"大壮"也，即非礼勿履也，即中庸也，即天理也，其可以血气为之乎？惟血气消尽，中庸见矣。（《中庸说》卷一）

可见，张九成的"求中"工夫，仍是"深致其察"、独自冥思，遇到不合乎封建纲常伦理的事，不去看它，不去听它。不论在任何情况下，都不能违反这个原则。这在张九成看来，也就达到了"中庸"的境界。这与二程及其他理学家都是相同的。

第二节　张九成与佛家的关系

张九成与佛家的关系，首先表现在与宗杲交游并受其影响。

宗杲是临济宗门下杨歧方会派的著名禅师，他和当时许多士大夫都有交往，与张九成关系尤为密切。这种关系成为秦桧迫害张九成的口实。《宋史·张九成传》谓："径山僧宗杲善谈禅理，从游者众，九成时往来其间。桧恐其议己，令司谏詹大方论其与宗杲谤讪朝政，谪居南安军。"宗杲也遭到灾难。张浚《大慧普觉禅师塔铭》说，宗杲"所交皆俊乂，当时名卿如侍郎张公子韶为莫逆友，而师亦竟以此祸。盖当轴者恐其议己恶之也，毁衣焚，屏居衡州凡十年，徙梅州五年"（《大慧语录》卷六附）。《明高僧传》谓："绍兴十一年五月，秦桧以师为张九成党，毁其衣牒，窜衡州，二十六年十月诏移梅阳。"（卷四《宗杲传》）

宗杲是禅门中为数不多的学识修养很高的佛理学者。他的理论特色是以儒、道说佛，糅儒、道、佛为一。例如，他解释《中庸》首章首句曰："'天命之谓性'便是清净法身，'率性之谓道'便是圆满报身佛，'修道之谓教'便是千百亿化身。"（《横浦心传》卷中）他主张"古人脚踏实地处不疑佛、不疑孔子、不疑老君，然后借老君、孔子、佛鼻孔要自出气"（《大慧语录》卷二十一）。张九成在和宗杲的交游中，深受其影响。他曾说："吾与杲和尚游，以其议论超卓可喜故也。"（《横浦心传》卷中）据朱熹说，宗杲还曾致书张九成，说："左右既得把柄入手，开导之际当改头换面，随宜说法，使殊途同归，则世出、世间两无遗恨矣。然此语亦不使俗辈知，将谓实有恁么事也。"（《朱文公文集》卷七十二《杂学辨·张无垢中庸解》）这里说，对朋友和弟子开导之初，不宜过于偏执佛法，否则人家就不易接受。如果采取权宜的办法，以儒说佛，援佛入儒，使二者相通相融，方是为好。从张九成留下的文字看，他确实是接受了宗杲的这个劝告。

张九成公开赞扬佛家思想，他曾说："佛氏一法，阴有以助吾教甚深，特未可遽薄之。"（《横浦心传》卷中）认为佛教也有值得肯定的地方。张九成认为佛教有极高的思想境界。他说，"佛氏说到身心皆空处为上义，当孔子告颜子以一日克己复礼，天下归仁。此是甚境界！或云其愚，或云其坐忘，而不知斯人物我都无了，如何拟议得"（《横浦心传》卷上）。这里他很清楚地说明儒家的"克己复礼，天下归仁"与佛教"身心皆空"是同一境界。不过，在张九成看来，他之所以欣赏佛教的

"空"，倒不是因为他真的把世界看成"空"而不实的虚幻，而是把佛教的"空"理解为"灭私欲"，"私欲"没有了，"天理"便呈现出来。这大约就是张九成所说既要学佛而又不能让佛牵着鼻子走的含义吧。其实，援佛入儒是理学家的思想特色。

其次，张九成还认为佛家的人生态度也有合理的方面。他说：

> 东坡作《宝绘堂记》，言君子虽尝寓意于物，而不留意于物，此说甚然。何独物也，道亦尔耳。释氏言执着不得，放着不得，此亦有理。（《横浦心传》卷上）

> 尘俗中稍有知者，厌倦世务，往往将佛书终日焚诵，虽于义未能遽解，然其清净寂灭之说，使之想象歆慕，亦能成就其善心。（《横浦心传》卷上）

佛家超脱世俗、泯灭是非的人生态度，能投合社会上失意者的胃口，故能为他们所赞服。张九成生平坎坷，逐落荒外，心境枯寂，他曾赋诗曰："年老目飞花，心化柳生肘。万事元一梦，古今复何有……有梦尚有思，无梦真无垢。欲呼李太白，醉眠成二叟。"（《横浦文集》卷三《午窗坐睡》）还认为"视世间无非幻，而人处幻中不觉"（《横浦心传》卷中）。其厌世态度和佛家出世态度比较一致，他服膺佛家也是很自然的。

张九成公开赞扬佛家的言论还是不多的，更多的是将佛家思想融进自己的儒家思想。黄震说："上蔡言禅，每明言禅，尚为直情径行。呆老教横浦改头换面，借儒谈禅，而不复自认为禅，是为以伪易真，鲜不惑矣。"（《黄氏日钞》卷四十二）张九成思想中的佛家意识色彩有时是隐蔽的，如上面所述他对于"中"和"克己复礼归仁"的解释就是一例，但有时他则直接援佛入儒，这从他对"仁"和"心"的解释，就可以看得清楚。

第一，"仁即是觉"。张九成和宋代其他理学家都很重视"仁"这一范畴在理学中的地位。他认为要达到"仁"的境界，不是一日之功，而是要经过较长时间的体察。他说：

仁乃圣门第一语，不存养数年而欲求决于一日之间，是以易心窥仁也。（《横浦文集》卷十八《答徐得一》）

仁之一理最是圣门亲切学问，唯孟子识得仁，故曰仁，人心也。（《横浦心传》卷上）

仁体从来大似天，事之方见失于偏。是何尧舜犹为病，一或容心便不然。（《横浦心传》卷下《论语绝句》）

仁体从来不可名，方圆随处便成形。要之自在初非力，以力为之恐失经。（《横浦心传》卷下《论语绝句》）

这些材料说明"仁"存在于人心，因此，人们只有从心上体察才能达到，而不可容心、着力。他又补充说：

仁即是觉，觉即是仁，因心生觉，因觉有仁。（《横浦心传》卷上）

心有所觉谓之仁……四体不知疴痒谓之不仁。（《孟子传》卷十四《离娄上》）

仁则觉，觉则神闲气定，岂非安宅乎？不仁则昏，昏则念虑纷乱，不得须臾宁矣。义则理，理则言忠信，行笃敬，岂非正路乎？不义则乱，乱则邪辟，与魑魅为邻矣。仁义岂它物哉，吾心而已矣。（《横浦文集》卷十五《孟子拾遗·安宅正路》）

仁在吾心一念间，苟差一念隔千山，故知闰克兮狂圣，已见前贤露一斑。（《横浦心传》卷下《论语绝句》）

张九成一方面把"仁"的实现或道德的完成，归结于对"仁"的体察过程；另一方面他又把"仁"解释为"觉"这种心理活动，却和佛禅非常接近，因为儒家认为具有伦理道德内容的"性""心"，在禅家看来只是心理活动或生理行为。如达磨说："见性是佛，性在作用……在胎为身，处世名人，在眼曰见，在耳曰闻，在鼻辨香，在口谈论，在手执捉，在足运奔……。"（《景德传灯录》卷三《菩提达磨传》）马祖道一说："所作所为，皆是佛性，贪嗔烦恼，并是佛性，扬眉动睛，笑欠声咳，或动摇等，皆是佛事。"（宗密《圆觉经大琉钞》）所以朱熹曾批评谢良佐说："上蔡说仁说觉，分明是禅。"（《宋元学案》卷二十四《上蔡学案》）当然他也是这样看待张九成的。

第二，心为根本。禅学认为，"心外无别佛，佛外无别心"，"此心即是佛，更无别佛，亦无别心"，"此法即心，心外无法，此心即法，法外无心"（《佛心法要》）。张九成接受了禅学的这种"心外无法"的思想，认为自然事物或社会的伦理道德政治原则，皆是心（或性）的显现，因而皆是心的产物。他说：

> 吾之性不止于视听言貌思，凡天地之间若动作，若流峙，若生殖、飞翔、潜泳，必有造之者，皆吾之性也。（《横浦文集》卷十五《西铭解》）
>
> 夫天下万事皆自心中来……论其大体，则天地阴阳皆自此范围而燮理，论其大用，则造化之功、幽眇之巧皆自此而运动。（《孟子传》卷二十七《告子上》）

这里值得注意的是，万事万物都是吾"性"所造，性即心，因此一切皆心造。这又明显是受禅学影响。既然"心外无理"，无异说"心即理"。所以他又说：

> 一念之微，万事之众，万物之多，皆理也……心即理，理即心。内而一念，外而万事，微而万物，皆会归在此，出入在此。（《孟子传》卷十九《离娄下》）

这样他就自然得出求道在求心的结论。因为既然"心即理"，则"圣贤之道""义理之学"皆在人心，求道、求学即在于"求心""见心"。他说：

> 尧舜禹汤文武周公之道具在人心，觉则为圣贤，惑则为愚为不肖。（《横浦文集》卷十七《海昌童儿塔记》）

学问之道无他，求其放心而已矣，非止于务博洽、工文章也。内自琢磨，外更切磋，以求此心。心通则六经皆吾心中物也。（《横浦文集》卷十八《答李樗》）

人皆有此心，何识之者少也，倘私智消亡，则此心见矣；此心见则入孔子"绝四"之境矣。（《横浦日新》）

在这里，禅学的影响同样是很明显的。《六祖坛经》说："一切法尽在自性，性常清净，日月常明，只为云覆盖，上明下暗，不能了见日月星辰。忽遇慧风吹散，常卷云雾，万象森罗，一时皆现。"从上引材料，可见张九成也认为人们认识的过程，就是诉诸于本心的直觉，而妨碍这种本心直觉的，就是"私智"，只要使"本心"不为"私智"蒙蔽，自然就能见到真理。因此他主张"求放心"，这和后来陆九渊所说"古人教人，不过存心、养心、求放心"如出一辙。从这里也可看出张九成思想是从二程理学转向陆九渊心学的过渡环节。

不过，也要指出，尽管张九成入佛很深，但他还是一个儒家学者，所以他对佛家仍有所批评，认为佛教"以天地日月、春夏秋冬为梦幻"，"灭五常绝三纲"是违背"圣人之道"。他在这方面的批评还缺少理论深度，也没有什么新意。

第三节　张九成的时代影响

张九成在当时的学术思想领域里是一个很有影响的人物，这从陈亮的一段话里可以看出：

近世张给事学佛有见，晚从杨龟山学，自谓能悟其非、驾其说，以鼓天下之学者靡然从之。家置其书，人习其法，几缠缚胶固，虽世之所谓高明之士，往往溺于其中而不能以自出。其为人心之害，何止于战国之杨墨也。（《龙川文集》卷十九《与应仲实》）

从陈亮的这段话里，可以看出张九成由两个方面造成了他的时代影响。

其一，张九成一生政治地位虽然不高，科举名第却居前茅，因此他的解经著作受到重视并得以流传。张九成的解经著作《郡斋读书附志》著录有《论语解》（二十卷）、《孟子解》（三十六卷），《直斋书录解题》著录有《尚书详说》（五十卷），《中庸说》、《大学说》、《孝经解》（各一卷），《宋史·艺文志》还录有《乡党论》《少仪论》《咸有一德论》《孟子拾遗》等。对于张九成的解经著作，宋代学者一般是给予肯定的评价的。如陈振孙说：

> 无垢诸经解，大抵援引详博，文意澜翻，似乎少简严而务欲开广后学之见闻，使不堕于浅狭，故读其书亦往往有得焉。（《直斋书录解题》卷二《无垢尚书详说》）

其二，张九成在他的解经著作和其他文字里糅进了佛家思想，由于过于显豁才遭到当时理学家特别是朱熹的抨击，不过这也扩大和加深了张九成对当时的思想影响，乃至如陈亮所说"家置其书，人习其法"。

朱熹视张九成的解经著作为"洪水猛兽"，对其抨击非常严厉。他说："洪适在会稽尽取张子韶经解板行，此祸甚酷，不在洪水夷狄猛兽之下，令人寒心。"（《朱文公文集》卷四十二《答石子重之五》）又说："如子韶之说，直截不是正理，说得尽高尽妙处病痛愈深，此可以为戒而不可为学也。"（《朱文公文集》卷三十九《答许顺之之四》）朱熹还专门写了《杂学辨·张无垢中庸解》来批驳张九成经解中的观点。

首先，在对"中庸"的道德境界的理解上，张九成认为"君子戒慎恐惧，酝酿成中庸之道"。朱熹驳之曰："中庸之道天理自然，非如酒醴必酝酿而成也。"即张九成认为通过"戒慎恐惧"等修养工夫，就可以使"心""为中为和"，从而"心"就可"位天地、育万物"。朱熹则认为"中""和"是本然之"天理"，天地万物是"理之自然"，都不是人之心所能创造的，他断定张九成的观点是"原于释氏以心法起灭天地之意"。在这个问题上，朱熹对张九成的批驳具有客观唯心主义反对主观唯心主义的性质。

其次，在对"格物致知"的修养方法的解释上，张九成认为"格物知至之学，内而一念，外而万事，无不穷其终始，穷而又穷，以至于极尽之地，人欲都尽，一旦廓然，则性善昭昭无可疑矣"（《孟子传》卷十五《离娄上》），可见张九成是以佛家的"顿悟"来解释儒家的"格物致知"的修养方法的。朱熹对此表示反对，说："然则所致之知，固有浅深，岂遽以为与尧舜同者，一旦忽然而见之也哉？此殆释氏一闻千悟，一超直入之虚谈也。"（《朱文公文集》卷七十二《杂学辨·吕氏大学解》）即朱熹认为"尧舜境地"不是通过"致知"一旦忽然"见"到的，而是要通过由浅入深的体认和践履来逐步达到的。故当张九成说"此诚既见，己性亦见，人性亦见，物性亦见，天地之性亦见"时，朱熹即批驳他说：

> 经言"惟至诚故能尽性"，非曰"诚见而性见也"。"见"字与"尽"字意义迥别。大率释氏以见性成佛为极，而不知圣人尽性之大。故张氏之言每如此。（《朱文公文集》卷七十二《杂学辨·张无垢中庸解》）

换言之，朱熹认为"尽性"是儒家体认和践履伦理原则的道德修养方法，张九成所倡"见性"则是禅家顿悟心性之空寂的宗教修养方法。

朱熹对张九成的批驳，或他们之间的对立，是宋代理学唯心主义内部的分歧和对立。所以尽管朱熹攻击"凡张氏所论著，皆阳儒阴释，其离合出入之际，务在愚一世之耳目而使之恬不觉悟，以入乎释氏之门，虽欲复出而不可得"，并宣称"窃不自揆，尝欲为之论辩以晓当世之惑"（《朱文公文集》卷七十二《杂学辨·张无垢中庸解》）。但从陆学的兴起来看，朱熹的讨伐在当时并未能给张九成多大的损伤，也未能阻止士大夫们对张九成所代表的那种思潮"靡然从之"之势。然而后来，随着朱熹的学术权威地位的确立和巩固，朱熹往时的"晓惑之辨"也就成了当然之论，张九成自然要遭到贬损。故《宋史》评定张九成学术思想曰："与学佛者游，故其议论多偏。"（《宋史》本传）张九成的著作也多罹毁弃，长篇著述如《尚书详说》（五十卷）、《唐鉴》（五十卷，见《郡斋读书志》）皆只字未存。直接表述他的思想的《语录》（即《横浦心传》《横浦日新》）、《直斋书录解题》、《宋史·艺文志》皆著录有十四卷，明代时已散佚，陶宗仪《说郛》著录为一卷，后经张氏后裔多方搜集，今也只存四卷。张九成其他尚存经解也多是残缺不全。

第十九章　陆九渊的思想

陆九渊（1139～1192），字子静，江西抚州金溪人。中年以后曾在贵溪象山居住讲学，自号象山居士，故世称象山先生。他是宋明理学中"心学"一派的开创者。

第一节　陆九渊的生平

陆九渊出生在一个没落的官宦地主家庭。他的八世祖陆希声曾为唐昭宗相。五代末，陆希声的孙子陆德迁携家避乱，始迁居金溪。到陆九渊时，这个宰相后裔的金溪陆族已有200年历史，家庭经济已趋衰落。陆九渊父亲名贺，兄弟六人，是个大家庭，但占有田地不多，不得不依靠经营药肆的收入和塾馆的束脩来维持家庭的生计。陆九渊曾这样叙述其家庭的经济情况：

> 陆氏徒金溪年二百余……吾家素无田，蔬圃不盈十亩，而食指以千数，仰药疗以生。伯兄总家务，仲兄治药疗，公（三兄）授徒家塾，以束脩之馈补其不足。（《象山全集》卷二八《陆修职墓表》）

金溪陆氏自陆九渊的高祖以下，都没有入仕做官的，可见这个地主家庭，经过五代、北宋的政权变迁，政治地位和经济情况一样，也同时下降了。但是这个家族的宗法伦理仍然很严，"家道之整著闻州里"（《象山全集》卷二十七《全州教授陆先生行状》），因而受到孝宗皇帝的赞扬："陆

九渊满门孝弟者也。"（《象山全集》卷三十六《年谱·淳熙四年》）

在这样的家庭和社会环境中生长的陆九渊，把挽救南宋的危亡、维护封建统治秩序作为他思考的中心和活动的根本目的。他为这一目的所做的努力，主要表现在学术方面，而在政治方面则是极为平凡的。

陆九渊34岁中进士后，开始了仕宦生涯。先在地方上任县主簿，后到中央任国子正和删定官，以祠禄官在家闲居三年，53岁出知荆门军，一年后即病故于任所。

陆九渊治理荆门的一年是颇费苦心的。他自述道："不少朝夕，潜究密考，略无少暇，外人盖不知也，真所谓心独苦耳。"（《象山全集》卷十五《与罗春伯》）陆九渊一年苦心经营主要是为防御金人南下，筑荆门城壁；"信捕获之赏，重奔窜之刑"，整治了军士逃亡；修烟火保伍，缉捕"盗贼"；革除税务之弊；修郡学贡院，"朔望及暇日诣学讲诲诸生"等（《象山全集》卷三十三《象山先生行状》）。他在致友人的信中叙述其治理荆门的成效："民益相安，士人亦有向学者，郡无逃卒，境内盗贼绝少，有则立获，讼牒有无以旬计……"（《象山全集》卷十七《与邓文范》）陆九渊的"荆门之政"很快得到了统治上层的赞扬："丞相周必大尝称荆门之政，以为躬行之效。"（《宋史》卷四三四《陆九渊传》）陆九渊自己从治理荆门的政务中得到的体会是："大抵天下事，须是无场屋之累，无富贵之念，而实是平居要研核天下治乱、古今得失底人，方说得来有筋力。"（《象山全集》卷六《与吴仲诗》）

但是，陆九渊生平的主要特色，不是他作为封建官吏所从事的政务和获得的感受，而是他作为一个学派开创者所从事的讲学活动和所显示的理论特色。

陆九渊在中年以后开始了自己的讲学、游学活动，他的"心学"理论和心学派别就是在这些活动中确立起来的。陆九渊中进士后在家候职三年，其间即辟"槐堂"讲学，确定了其学说的基本范畴"本心"和理论方向。他认为"恻隐，仁之端也；羞恶，义之端也；辞让，礼之端也；是非，智之端也，此即是本心。"（《象山全集》卷三十六《年谱·乾道八年》）认为"古人教人不过存心、养心、求放心……保养灌溉，此乃为学之门，进德之地"（《象山全集》卷五《与舒西美》）。故他的讲学，主要是"令人求放心""谆谆只言辨志"（《象山全集》卷三十六《年谱·乾道八年》）。并批评程朱派章句读书的"格物致知"方法为"支离"（《象山全集》卷五《与舒西美》），为"最大害事"（《象山全集》卷五《与徐子宜》）。这些都显示出他的学说具有某种新的特色。

陆九渊在任靖安县、崇安县主簿期间，两次会访朱熹，在道德修养方法或治学方法上展开了激烈的争论。在和朱熹及其他学者的辩论、交游中，陆九渊的心学不断得到深化和完善，提出了他心学理论中的最基本的命题"心即理"（《象山全集》卷十一《与李宰之二》）。并在"发明本心"之外，增添了"剥落"和"优游读书"的修养方法。

陆九渊49岁后以祠禄官闲居时，在贵溪应天山（象山）立精舍讲学，是他讲学的最盛期。此时，从学问学之人极多，"先生居山五年，阅其簿，来见者逾数千人"（《象山全集》卷三十六《年谱·淳熙十五年》）。其心学也发展到最后的完成阶段，他的理论思维越出社会伦理范围，而以整个宇宙为思索背景。他说："万物森然于方寸之间，满心而发，充塞宇宙，无非此理。孟子就四端上指点人，岂是人心只有这四端而已。"（《象山全集》卷三十四《语录》）他将自己的世界观、方法论加以综合，提出心学的主旨在明理、立心、做人，并把他的心学思想概括为"宇宙便是吾心，吾心便是宇宙"（《象山全集》卷二十二《杂说》）。这样，陆九渊心学的理论内容和学派形式都确立起来了。

第二节　陆九渊的思想

陆九渊的思想无论在当时还是现在看来，都具有非常鲜明的个性特色。一方面，他的思想宗旨很明确，主张"先立乎其大者"，强调内心体验、主观扩张。他说："近有议吾者云：'除了先立其大者一句，全无伎俩。'吾闻之曰：'诚然！'"（《象山全集》卷三十四《语录》）另一方面，他的思想路数又很模糊，认为"道理无奇特，乃人心所固有，天下所共由，岂难知哉？"（《象山全集》卷十四《与严太伯之三》）"学苟知本，六经皆我注脚。"（《象山全集》卷三十四《语录》）没有必要多说，集注、章句在他看来是"好事者藻绘以矜世取誉而已"（《象山全集》卷十四《与侄孙濬之三》）。所以他不事著述，对自己的理论观点论述得很少、很简略，使别人难以把握，初来的弟子也感到他这里"无定本可说，卒然莫知所适从"（《象山全集》卷三十六《年谱·淳熙十五年》）。陆九渊留下的文字资料固然不多，但我们仍可从中清晰地看到他思想的主要脉络。

一　哲学基础——心即理

自宋末以来，一般把陆九渊的思想体系称为"心学"。如黄震说："近世喜言心学，舍全章本旨而独论人心、道心……。"（《黄氏日抄》卷五《人心惟危一章》）王守仁说："圣人之学，心学也……陆氏之学，孟氏之学也。"（《阳明全书》卷七《象山文集序》）其实，陆九渊的思想具有和孟子不同的时代特色，构成他思想的哲学基础的观点是"心即理"。

陆九渊思想中的"理"有两种涵义。

第一，它是宇宙的本原，天地鬼神皆不能违背。他说：

> 塞宇宙一理耳……此理之大，岂有限量？程明道所谓有憾于天地，则大于天地者矣，谓此理也。（《象山全集》卷十二《与赵咏道之四》）
> 此理充塞宇宙，天地鬼神且不能违，况于人乎？（《象山全集》卷十一《与吴子嗣之八》）

第二，它又具体表现为宇宙间万事万物的存在秩序，既包括自然方面的秩序，也包括社会伦理方面的秩序。他说：

> 道塞宇宙，非有所隐遁，在天曰阴阳，在地曰柔刚，在人曰仁义。（《象山全集》卷十一《与赵监》）
> 此道充塞宇宙，天地顺此而动，故日月不过而四时不忒；圣人顺此而动，故刑罚清而民服。（《象山全集》卷十《与黄康年》）

陆九渊对"理"的这种理解，和孟子所说"理义之悦我心，犹刍豢之悦我口"（《孟子·告子上》）的"理"是不同的，它不只是一种道德情操；也和韩非所说"理者，成物之文也"的"理"不同，它不是指具体事物的规则或规律，而是和宋代理学思潮一般的理解相同，即把它理解为一种根源性的范畴。

宋代学者理解的"心"有三种：一是有生理功能的心，二是有心理知觉作用的心，三是有伦理道德品性的心。宋代理学家们讲的"心"经常是指知觉之心和道德之心，"心者，人之神明，所以具众理而应万事者也"（朱熹《孟子集注》卷七《尽心上》）。但陆九渊对"心"（"本心"）还有他自己特殊的理解和说法。

第一，陆九渊所理解的"心"是一种伦理性的实体，知觉作用和伦理道德行为仅是它本质的表现。陆九渊认为，伦理属性正是人心的本质：

> 仁义者，人之本心也。（《象山全集》卷一《与赵监》）
> 四端者，人之本心也，天之所以与我者，即此心也。（《象山全集》卷十一《与李宰之二》）

陆九渊接着说，有了"心"，认识事物、判断是非的知觉能力和践履道德、平治天下的实践能力也就自然地形成和表现出来：

> 苟此心之存，则此理自明，当恻隐时即恻隐，当羞恶时即羞恶，当辞让时即辞让，是非至前，自能辨之。（《象山全集》卷三十四《语录》）
> 事父孝故事天明，事母孝故事地察，是学已到田地，自然如此，非是欲去明此而察此也。明于庶物，察于人伦亦然。（《象山全集》卷三十五《语录》）

第二，陆九渊所理解的"心"，又是万物根源性的实体。他认为充塞宇宙的万物之理（道）即在心中、发自心中。他说：

> 道，未有外乎其心者。（《象山全集》卷十九《敬斋记》）
> 万物森然于方寸之间，满心而发，充塞宇宙无非此理而已。

（《象山全集》卷三十四《语录》）

从这里，陆九渊得出了他心学理论中的一个最重要的诊断：心即理。他说：

> 心，一心也；理，一理也。至当归一，精义无二。此心此理，实不容有二。（《象山全集》卷一《与曾宅之》）
>
> 人皆有是心，心皆具是理，心即理也。（《象山全集》卷十一《与李宰之二》）

陆九渊的思想体系也就这样产生了鲜明的个性特色，即它以"明心"（"立心"）为根本，其他皆是枝叶，与当时程朱派的"格物穷理"有所区别，在宋代理学阵营中树立了新的旗帜。陆九渊多次强调说：

> 某屡言先立乎其大者。（《象山全集》卷十《与邵叔谊》）
>
> 此（心）天之所以予我者，非由外铄我也。思则得之，得此者也；先立乎其大者，立此者也；积善者，积此者也；集义者，集此者也；知德者，知此者也；进德者，进此者也。（《象山全集》卷一《与邵叔谊》）
>
> 九渊只是信此心。（《四朝闻见录》甲集《慈湖疑〈大学〉》）

列宁说："唯心主义的实质在于：把心理的东西作为最初的出发点，从心理的东西引出自然界，然后再从自然界引出普通的人的意识。"（《唯物主义和经验批判主义》，《列宁全集》第十四卷，第 237 页）主张"先立乎其大者"的陆九渊思想正是明显地具有这种唯心主义性质。作为这个思想体系哲学基础的"心即理"命题，是说充塞宇宙之理，由心而发，和心一致，"不容有二"，所以确切地说，这是一个主观唯心主义性质的思想体系。但它和唯心主义经验论的"存在即感知"的命题又有所不同。陆九渊的"心即理"之"心"，并不是指人心各自具有的感觉、知觉、分析、综合等认识能力及其内容，而是指人心共同具有的伦理道德属性。他不仅说明封建主义的道德规范是人心所固有，而且进一步把这一点扩展开来，声称这种为人心所固有的道德规范是宇宙的本原，故也可以称之为"理"。他说：

> 此理在宇宙间，固不以人之明不明、行不行而加损。（《象山全集》卷二《与朱元晦之二》）
>
> 道在宇宙间何尝有病，但人自有病，千古圣贤只去人病，如何增损得道。（《象山全集》卷三十四《语录》）

所以就陆九渊本人来说，他的"心即理"的命题，不是从"理是心的产物"这样一个前提得出的，而是从心和理"同一"或"合一"这样一个角度得出的。他说：

> 圣人之道洋洋乎发育万物，峻极于天，优优大哉，天之所以为天者是道也，故曰唯天为大。天降衷于人，人受中以生，是道固在人矣。（《象山全集》卷十三《与冯传之》）
>
> 义理之在人心，实天之所与不可泯灭焉者也。（《象山全集》卷三十二《思而得之》）

这种人心"同一"或"合一"的天理观点，正是儒家传统的"天人合一"观念的继续和发展。儒家的伦理思想认为，人的性行禀受于天，因而人在本质上和天是相通的、相类的。孟子说："尽其心者知其性，知其性则知天矣。"（《孟子·尽心上》）董仲舒说："以类合之，天人一也。"（《春秋繁露·阴阳义》）二程则更进一层说："天人本无二，不必言合。"（《二程语录》卷六）天人合一观念是使封建统治秩序和伦理规范具有和"天"一样的神圣性，从而使人屈从于天，以人合于天。所以陆九渊的"心即理"不仅使他的思想具有了主观唯心主义的一般特色，而且具有了中国儒家思想和宋代理学思想的个性特色。

二　方法

陆九渊的思想在哲学上是主观唯心主义。他认为"心即理""宇宙便是吾心，吾心即是宇宙"，所以，认识"理""宇宙"，也就是认识"本心"。他说："心之体甚大，若能尽我之心，便与天同，为学只是理会此。"（《象山全集》卷三十五《语录》）同时，在陆九渊的思想中，"心"是具有伦理属性的实体，是"天之所以予我者，非由外铄我也"。所以认识"本心"，并不是指锻炼、增强思维智慧能力，而是通过内心进行体认、省察。陆九渊心学的方法论因此具有了以下这样的特色。

一是修养个人道德，而不是认识外界事物。

儒家学者从来是把人的伦理道德修养放在首要的地位，陆九渊则是把封建伦理道德修养当作学习的唯一内容。他说：

> 今所学果为何事？人生天地间，为人当尽人道，学者所以为学，学为人而已，非有为也。（《象山全集》卷三十五《语录》）

陆九渊认为只有先完成这种道德修养，然后才可以去读书学艺、应事接物，否则就要陷入"异端"。他说：

> 学者须是打叠田地净洁，然后令他奋发植立，若田地不净洁，则奋发植立不得。古人为学即"读书，然后为学"可见，然田地不净洁，亦读书不得，若读书则是假寇兵而资盗粮。（《象山全集》卷三十五《语录》）
>
> 主于道则欲消艺进，主于艺则欲炽道亡，艺亦不进。（《象山全集》卷二十二《杂说》）

所以，陆九渊心学中的方法，实是内省的修养道德的方法，和客观世界相脱节，不是认识和改造客观世界的方法，亦即"学为人也，非有为也"。

二是整体明了，不是逐一理解。

人对于外界事物的认识，一般都是从局部到整体、从个别到一般、从现象到本质的渐进发展过程，但陆九渊所要认识的不是外界客观事物，而是"本心"。在他的思想中，"本心"是一个具有根源性的伦理精神实体，它不仅是认识对象，同时也是认识主体，认识了它，也就是认识了世界全体，"一是即皆是，一明即皆明"（《象山全集》卷三十五《语录》）。所以对"心"这一实体的认识，就不是一般的从客观实际出发，由局部到整体的渐进的认识过程，而是一种特殊的直接明了整体的彻悟过程，相当于禅宗的"顿悟"方法。陆九渊说：

> 近来论学者言扩而充之，须于四端上逐一充，焉有此理！孟子当来只是发出人有四端，以明人性之善，不可自暴自弃。苟此心之存，则此理自明，当恻隐处自恻隐，当羞恶，当辞让，是非在前自能辨之。（《象山全集》卷三十四《语录》）

> 石称丈量，径而寡失；铢铢而称，至石必缪；寸寸而度，至丈必差。（《象山全集》卷十《与詹子南之一》）

陆九渊认为"本心"决不是逐一扩充而形成和被体认的，只能是整体地形成和被体认的。他在这里援用了人的认识过程中实际存在的一个真实经验——直观效果，但因为他所要认识的对象——本原性的伦理实体，乃是一个虚假的对象，所以仍然抹不了他的认识方法和过程中的那种神秘的、非理性的色彩。

陆九渊心学思想体系中的方法论或修养方法，由以下三个方面组成。

一是"简易工夫"。

所谓"简易工夫"，就是"发明本心"，或者说"存心""养心""求放心"，它是陆九渊方法论的中心内容，是由其"心即理""天之所与，非由外铄"等哲学基本前提非常自然地推衍出来的。他说：

> 古先圣贤，未尝艰难其途径，支离其门户……人孰无心，道不外索，患在戕贼之耳、放失之耳。古人教人，不过存心、养心、求放心。此心之良，人所固有，人惟不知保养而反戕贼放失之耳。苟知其如此而防闲其戕贼放失之端，日夕保养灌溉，使之畅茂条达，如手足之捍头面，则岂有艰难支离之事。（《象山全集》卷五《与舒西美》）

这种存养本心、防闲其放失的修养工夫，应该如何进行，陆九渊也有回答：

> 或问：先生之学，当自何处入？曰：不过切己自反，改过迁善。（《象山全集》卷三十四《语录》）
>
> 义理之在人心，实天之所与而不可泯灭焉者也，彼其受蒙蔽于物而至于悖理违义，盖亦弗思焉耳。诚能反而思之，则是非取舍盖有隐然而动、判然而明、决然无疑者矣。（《象山全集》卷三十二《思而得之》）

可见，陆九渊"发明本心"（存心、养心、求放心）这种修养方法，就是一种对封建伦理道德（"义理"）的自我反省、自我认识、自我完成的过程。具体地说，就是自己认识封建道德的本原在于人的本心，只要从本心上把它扩充开来，就可以说是完成了道德修养的过程。这个过程他认为应从"日用处开端"：

> 圣人教人只是就日用处开端。（《象山全集》卷三十五《语录》）
>
> 道理只在眼前，虽见到圣人田地，亦只是眼前道理。（《象山全集》卷三十四《语录》）

陆九渊还给他的弟子做出从"日用处开端"的示范。他曾以"断扇讼"这件日常之事使杨简悟彻"本心"，又以"起立"这一下意识动作来启诱詹阜民体会"本心"。据詹阜民记述说：

> 某方侍坐，先生（陆九渊）遽起，某亦起。先生曰："还用安排否？"（《象山全集》卷三十五《语录》）

显然，陆九渊提出的发明本心、"就日用处开端"，实质上是要人们把对于封建伦理道德的自我修养贯彻到自己生活的各个方面。在他看来，这种发现、存养"本心"的方法，人人可为、时时可为、处处可为，所以称之为"简易工夫"。他说：

> 学无二事、无二道，根本者立，保养不替，自然日新，所谓可大
> 可久者，不出简易而已。(《象山全集》卷五《与高应朝》)

"易简则可久可大"出自《周易·系辞上》。《易传》对世界有一个深刻的哲学观察，认为最根本的也就是最简易的。陆九渊把自己"发明本心"的方法称为"简易工夫"，即取其虽简而实深刻、虽易而实根本之义。

二是剥落。

"剥落"工夫是陆九渊发觉人心有蔽以后提出来的修养方法。"将以保吾心之良，必有以去吾心之害。"(《象山全集》卷三十二《养心莫善于寡欲》)所以它是陆九渊心学道德修养中不可少的一个方面。陆九渊认为人心之蔽或吾心之害有两种情况："愚不肖者之蔽在于物欲，贤者智者之蔽在于意见，高下污洁虽不同，其为蔽理溺心，不得其正者则一也。"(《象山全集》卷一《与邓文范之一》)产生这种"心蔽"的原因也有两个："人之所以病道者，一资禀，一渐习。"(《象山全集》卷三十五《语录》)

陆九渊把解除"心蔽"的方法称为"剥落"：

> 人心有病，须是剥落，剥落得一番即一番清明，后随起来，又剥
> 落又清明，须是剥落得净尽方是。(《象山全集》卷三十五《语录》)

"心蔽"有"物欲"和"意见"两种，所以"剥落"的修养工夫，其内容或目标，就是格除"物欲"，扫却"邪见"。陆九渊说：

> 夫所以害吾心者，何也？欲也。欲之多，则心之存者必寡；欲之
> 寡，则心之存者必多……欲去，则心自存矣。(《象山全集》卷三十
> 二《养心莫善于寡欲》)
>
> 有所蒙蔽，有所夺移，有所陷溺，则此心为之不灵，此理为之不
> 明，是谓不得其正，其见乃邪见，其说乃邪说。一溺于此，不由讲
> 学，无自而复。(《象山全集》卷十一《与李宰之二》)

可见，陆九渊的"剥落"工夫，亦旨在发明本心。但它和"简易工夫"不同，它不是靠自我反省，而是借师友琢磨。他说：

> 人之精爽附于血气，其发露于五官者安得皆正，不得明师良友剖剥，如何得去其浮伪而归于真实，又如何得能自省、自觉、自剥落？（《象山全集》卷三十五《语录》）

所以在陆九渊的方法中，"剥落"比起"简易工夫"是较少神秘色彩的，他关于"心蔽"产生的原因和消除的方法，都是立足于实际经验的。但它归根结底还是一种封建道德修养论，凡是不合于封建伦理原则的各种念头都要从内心加以驱除，即名之曰"剥落"。

三是优游读书。

陆九渊的修养方法，除了自我反省的"简易工夫"和得师友琢磨的"剥落"之外，还有读书。他说：

> 若有事役未得读书，未得亲师友，亦随处自家用力检点，见善则迁，有过则改，所谓心诚求之，不中不远。若事役有暇，便可亲书册，所读书亦可随意自择，亦可商量程度，无不有益也。（《象山全集》卷三《与曹挺之》）

在陆九渊的当时，他经常强调的是"先立乎其大者""日用处开端"，这就使对立门户的学人和自己入门不深的弟子都产生了一种印象或看法，以为他不主张读书讲学。朱熹说："子寿兄弟气象甚好，其病却在尽废讲学。"（《朱文公文集》卷三十一《答张南轩之十八》）"为彼（指陆九渊）学者是，多持守可观，而看道理全不仔细。"（《朱文公文集》卷五十四《答项平父》）对此，陆九渊极加分辨：

> 某何尝不读书来，只是比他人读得别些子。（《象山全集》卷三十五《语录》）
>
> 某何尝不教人读书，不知此后然有什事。（《象山全集》卷三十

五《语录》）

他还对其弟子包扬（显道）"读书亲师友是充塞仁义"之说加以批评："不知既能躬行践履，读圣贤书又有什不得处，今显道之学可谓奇怪矣。"（《象山全集》卷六《与包显道之二》）对其他弟子他也一再申述读书之重要：

> 人不可以不学，犹鱼之不可以无水。（《象山全集》卷十二《与黄循中之一》）
> 学能变化气质。（《象山全集》卷三十五《语录》）
> 束书不观，游谈无根。（《象山全集》卷三十四《语录》）

陆九渊自诩"比别人读得别些子"，他读书的经验就是以精熟为贵，以意旨为的。他认为读书不必求多求快，而应择切己有用者少而精读之。他说：

> 书亦正不必遽而多读，读书最以精熟为贵。（《象山全集》卷十四《与胥必先》）
> 某常令后生读书时，且精读文义分明、事节易晓者，优游观咏，使之浃洽，与日用相协，非但空言虚说。（《象山全集》卷十一《与朱济道之二》）

陆九渊认为读书固当明白文义，但主要是得其精神意旨。他说：

> 读书固不可不晓文义，然只以晓文义为是，只是儿童之学，须看意旨所在。（《象山全集》卷三十四《语录》）
> 所谓读书，须当明物理、揣事情、论事势，且如读史，须看他所以成，所以败，所以是，所以非处，优游涵泳，久自得力。若如此读得三五卷，胜看三万卷。（《象山全集》卷三十四《语录》）

陆九渊曾援引一学者的诗来概括他的读书经验和主张：

> 读书切戒在荒忙，涵泳工夫兴味长。未晓莫妨权放过，切身须要急思量。自家主宰常精健，逐外精神徒损伤。寄语同游二三子，莫将言语坏天常。（《象山全集》卷三十四《语录》）

陆九渊的这些读书经验和主张，表明他把读书主要看作是陶冶性情、涵养道德的过程，而不是扩展知识、增强智慧的过程。在"心学"看来，读书是不可缺少的，但读书主要是为了道德修养，而且这种修养主要是从每个人的内心上下功夫。这种论点影响颇大，从明代以后，中国自然科学技术的发展逐渐落后，原因很多，其中和"心学"这种哲学思想的影响也不无关系。

"简易工夫"发明本心，"剥落"解除"心蔽"，"优游读书"涵养德性，这是陆九渊心学方法的三个方面，但这三者并非同等看待，无主次之分。在陆九渊看来，自我反省的"简易工夫"是主，师友、圣训但助鞭策而已。他说：

> 此心之良，本非外铄，但无斧斤之伐、牛羊之牧，则当日以畅茂……此事不借资于人，人亦无著力处。圣贤垂训，师友切磋，但助鞭策耳。（《象山全集》卷五《与舒元宾》）
>
> 自得、自成、自道，不倚师友载籍。（《象山全集》卷三十五《语录》）

可见，陆九渊心学的方法和其哲学基础性质、特色上都是一致的，皆是从"心"出发。

三　目标

陆九渊心学方法所要达到的最终目标是明理、立心、做人。

所谓"明理"，即是首先确认，世界皆是"理"的产生或表现。他说：

塞宇宙一理耳，学者所以学，欲明此理耳。（《象山全集》卷十二《与赵咏道之四》）

"理"即是"心"，"明理"即是"立心"。所谓"立心"，即是体认万事万物皆心所生，不要执着于一事一物；要自作主宰，不要役于外事外物。陆九渊说：

心不可泪一事，只有立心。人心本来无事，胡乱被事物牵将去。（《象山全集》卷三十五《语录》）

收拾精神，自作主宰，万物皆备于我，有何欠缺？（《象山全集》卷三十五《语录》）

"明理""立心"都是极力扩充主观自我的思维过程，这一过程的最后结局是"做人"。这在当时叫做"简易直截"，仿佛很容易达到似的。这种思想对于后代，经过改造，有两种效果。一种是有人借用"心学"，只要感到某种事情不合理，觉于此，便立即起而行之，后来中国近代许多思想家多少受过这种影响。但是还有另一种效果，就是陶醉于主观自我的思维之中，以为自己的思维便已经包含了世间的种种真理，这种思想方法和自然科学的实验方法是大异其趣的，不是一种科学方法，所以近代启蒙思想家严复对此作了批判。

应当指出，陆九渊心学的"做人"有两种意思，一是做伦理道德的"完人"。"四端即是本心"，明理、立心，扩充四端，自然可以做一个符合封建伦理道德的"完人"，故陆九渊说：

汝耳自聪、目自明，事父母自能孝，事兄自能弟，本无少缺，不必他求，在乎自立而已。（《象山全集》卷三十四《语录》）

二是做独立的"超人"。"塞宇宙一理耳""万物森然于方寸之间"，明理、立心，扩充自我，必然要做一个驾御万物之上的、无所不知、无所不能的"超人"。陆九渊以为自己就是这样的人，他说：

我无事时只似一个全无知无能底人，及事至方出来，又却似个无所不知不能之人。（《象山全集》卷三十五《语录》）

陆九渊还很形象地描绘了这种顶天立地的"超人"：

仰首攀南斗，翻身倚北辰。举头天外望，无我这般人。（《象山全集》卷三十五《语录》）

所以，陆九渊心学的最后目标"做人"，也还不是一个社会生活的实践过程，而仍然是一个主观思维的扩张过程，且是最充分的扩张。这表明陆九渊心学从哲学基础、方法到最终目标都贯串着主观唯心主义精神。

第三节　陆九渊思想的渊源、与禅学的关系及其与朱熹的争论

一　对孟子思想的改造和发展

陆九渊尝以孔、孟继承人自居，他说："窃不自揆，区区之学自谓孟子之后，至是而始一明也。"（《象山全集》卷十《与路彦彬》）就论"心"而言，陆九渊的确承继孟子。孟子曰，"耳目之官不思而蔽于物，物交物则引之而已矣，心之官则思，不思则不得也。此天之所与我者，先立乎其大者，则其小者不能夺也"，"仁义礼智，非由外铄也，我固有之也"，"学问之道无他，求其放心而已矣"（《孟子·告子上》），这些观点不仅是陆九渊思想的直接渊源，同时也就是其心学的主要论点。但陆九渊并不是完全因袭孟子，而是对他的思想有所改造和发展。

在孟子思想里，"心之官则思"的"心"，是作为思维器官来理解的；"求放心"主要是指学习态度要专心致志，不要心随鹄飞的意思而提出来的。但在陆九渊的心学里，"心即理"，"心"被升华为具有本原性的伦理实体；"此心苟存，则此理自明"，"求放心"成为体认"充塞宇宙之理"的修养方法和认识方法。在这个意义上说，陆九渊心学是孟子思想中主观

唯心主义观点的发展。其实不仅是孟子思想，而是更多地掺杂了禅学思想，这一点明、清时期许多学者早就指出过了。

二 与禅学的关系

陆九渊心学的主要观点和禅宗的立论有不少契合之处。陆九渊主张"苟此心之存，则此理自明"，"一是即皆是，一明即皆明"，这和禅宗所说"若识自心见性，皆成佛道"（《六祖坛经·般若品第二》），"心量广大，遍周法界，用即了了分明，应用便知一切，一切即一，一即一切"（《六祖坛经·般若品第二》）颇为相似。陆九渊心学的方法和禅宗方法的相通之处，主要是直指本心、明心见性。《六祖坛经》记六祖惠能传授教法：

> 宗印复问：黄梅（五祖弘忍）付嘱，如何指授？惠能曰：指授即无，惟论见性。（《行由品第一》）
>
> （惠能曰：）我于忍和尚处，一闻言下便悟，顿见真如本性，是以将此教法流行，令学者顿悟菩提，各自观心，自见本性。（《般若品第二》）

陆九渊对他弟子们的教法亦正是如此：

> 某平时未尝立学规，但常就本上理会，有本自然有末，若全去末上理会，非惟无益。今既于本上有所知，可略略地顺风吹火，随时建立，但莫去起炉作灶。（《象山全集》卷三十五《语录》）
>
> 同里朱梓济道、弟泰卿亨道，长于先生（指陆九渊），皆来问道。与人书云：近到陆宅，先生所以诲人者深切著明，大概是令人求放心。其有志于学者数人，相与讲切，不复以言语文字为意。（《象山全集》卷三十六《年谱·乾道八年》）

禅宗所特有的"机锋"方法，在陆九渊的心学中也有表现。禅宗不著文，对自己思想观点的理论阐述也主要不靠文字；禅宗主顿悟，其思想体系中的逻辑推理也很少见。这样，禅宗不得不寻求文字以外和推理以外的表达思想观点的方法，"机锋"就是这样产生的。它常常用即境举例、动作示意等办法以偏概全地在问法者的脑中造成某种形象，促其发生跳跃式的联想，达到所谓豁然"顿悟"的境界。例如大历禅师用"破草鞋"的答语（《五灯会元》卷四十一）、师郁禅师用举拂子的动作（《五灯会元》卷十九）来回答"祖师（指达磨）西来意"的问话。对于熟悉禅宗历史和义旨的僧徒来说，这样的问答是很直捷简明的，它能立刻激荡起对菩提达磨全部生平活动的回顾与认识。这种不用正常的语言和逻辑来表达思想的方法，在任何一个非理性的、神秘主义的思想体系中都可能发生。陆九渊认为"六经皆我注脚"，对自己观点的理论阐述也很少，同时也主张顿悟法，故有时也用即境举例或动作示意的非逻辑的方法来表明自己的思想。例如，他曾以杨简断扇讼之事来回答他"如何是本心"之问（见《象山全集》卷三十六《年谱·乾道八年》），意即"本心"是先天本然具有的伦理道德品性和判断是非的能力。又以侍坐在侧的弟子，见他遽起而即刻随之站起的动作来说明"本心"如同本能，是一种自然的表现，无须安排。

陆九渊心学和禅学虽有相似和相通，但在根本精神上是有区别的，即禅宗的"性"（或心）和陆九渊的"心"（即性）的内容并不相同。禅宗的心性指的是一种无任何规定性的、无善无恶的、本然的存在（禅宗谓之"空"）。六祖说，"性本如空，一念思量名为变化"，"善恶虽殊，本性无二，名为实性，于实性中不染善恶，此名圆满报身佛"（《六祖坛经·忏悔品第六》）。而陆九渊心学的心，则是一种先天具有伦理道德内容并能判断是非善恶的主观意识（陆九渊谓之"理"或"道"）。他说："道塞宇宙，非有所隐遁，在天曰阴阳，在地曰柔刚，在人曰仁义。"（《象山全集》卷一《与赵监》）"人受天地之中以生，其本心无有不善。"（《象山全集》卷十一《与王顺伯》）同样，陆、禅采用的修养或教育方法虽有某种相似，其内容并不完全相同。禅宗归根结底在于说明"万相皆空"的宗教原理，而陆九渊则说明仁义礼智为什么是先天的本心所有，可见二者是有区别的。所以，陆九渊当时的程朱派理学家和后世的一些学者认为"陆学即禅学"这个论断虽然有道理，但这二者间不能完全划等号。陆九渊心学的形成过程中受到禅学的影响则是无疑的。宋代学者涉足佛学者甚多，清代学者罗聘说："宋之大儒，有著脚佛门者，若指其人，则人人皆似。"（《正信录》卷下）佛学渗透儒学中来，成为宋代思想和理论思维的特色。陆九渊对佛学也有所涉猎，他说："某虽不曾看释藏经教，然而《愣严》《圆觉》《维摩》等经则尝见之。"（《象山全集》卷二《与王顺伯之二》）陆九渊还援用过禅宗的语汇或概念，例如他用来描述"超人"思想形象的那四句话，就是援用五台山法华寺智通禅师的临终偈语（见《景德传灯录》卷十）。这表明佛教或禅宗作为历史悠久、思辨性的思想体系，作为在宋代仍很有势力和影响的宗教派别，对陆九渊的影响是毋庸置疑的。

三 与朱熹的争论

陆九渊与朱熹，作为儒家思想家，在政治立场上是一致的，总是非常自觉地把自己学说的理论内容和根本目标同维护封建伦理及政治制度紧密地联系在一起；在世界观上也有相同的出发点，他们都把"理"理解为世界的本原，认为人具有合于伦理的、善的天然本性。然而他们作为理学家，由于受佛、老的思想影响不同，故对当时理学思潮的主要概念范畴（如"理""气""心"）的理解也有所不同，并进而发生了争论。

（一）方法论之争

朱、陆都认为"理"是世界的根源，但从这个相同出发点跨出第一步后，他们之间就出现了分歧，陆九渊从发挥儒家传统的"天人合一"观点的途径，提出"心即理"，得出主观唯心主义的结论：万物皆自心发。他说：

> 天降衷于人，人受中以生，是道固在人矣。（《象山全集》卷十三《与冯传之》）
> 万物森然于方寸之间，满心而发，充塞宇宙，无非此理。（《象山全集》卷三十四《语录》）

朱熹则从吸收佛家"体用合一"观点的途径，提出"性即理"，认为人性是天理在人身上的体现，因而得出客观唯心主义的结论：万物皆是理的体现，人心只是其一。他说：

> 性者，人物所得以生之理也。（《孟子集注》卷四《离娄下》）
>
> 万物受命于天以生，而得其理之体。故仁义礼智之德，根于心而为性。（《论语或问》卷十四）

朱、陆对"理"的这种不同理解，导致了他们方法上的分歧：朱熹谈"穷理"（"道问学"），陆九渊谈"明心"（"尊德性"）。他们间的争论就是从这里开始的。

朱、陆二人方法论上的一次重要的争论发生在鹅湖寺会上。淳熙二年（1175 年）初夏，陆九渊及其五兄陆九龄应吕祖谦的约请，会朱熹于信州铅山鹅湖寺。会上，朱、陆关于治学方法进行了很激烈的辩论。随陆九渊参加了这次约会的朱亨道记述说："鹅湖之会，论及教人，元晦之意欲令人泛观博览而后归之约，二陆之意欲先发明人之本心而后使之博览。朱以陆之教人为太简，陆以朱之教人为支离，此颇不合。"（《宋元学案》卷七十七《槐堂诸儒学案·朱亨道传》）

鹅湖寺会上，陆九渊将自己的观点用诗的形式表述出来：

> 墟墓兴哀宗庙钦，斯人千古不磨心。涓流积至沧溟水，拳石崇成泰华岑。易简工夫终久大，支离事业竟浮沉。欲知自下升高处，真伪先须辨只今。（《象山全集》卷二十五《鹅湖和教授兄韵》）

陆九渊一向认为朱熹的讲学或治学访求是"簸弄经语，以自傅益真"，是"浮论虚说，谬悠无根之甚"（《象山全集》卷一《与曾宅之》），故诗中以"支离"、"浮沉"无根加以讽刺。这使朱熹大为不悦，与陆九渊进行了诘辩，并在三年后陆九龄重来访问时，和诗一首：

> 德义风流夙所钦，别离三载更关心。偶扶藜杖出寒谷，又杠篮舆度远岑。旧学商量加邃密，新知培养转深沉。却愁说到无言处，不信

人间有古今。(《朱文公文集》卷四《鹅湖寺和陆子寿》)

朱熹一向认为陆九渊的方法，"其病却在尽废讲学而专务践履，于践履中要人提撕省察，悟得本心，此为病之大者"(《朱文公文集》卷三十一《答张敬夫之十八》)，故诗中以"说到无言，不信古今"，讥其学术空疏，师心自用。

朱、陆争论的方法论问题，实质上是关于通过何种途径去完成个人的伦理道德修养的问题。朱熹注意"收敛身心"，他说："孟子言学问之道，惟在求其放心，而程子亦言心要在腔子里。今一向耽著文字，令此心全体者奔在册子上，更不知有已，便是个无知觉、不识痛痒之人，虽读得书，亦何益于吾事?"(《朱文公文集》卷四十七《答吕子约之二十六》)而陆九渊也谈读书讲学，认为"自古圣人亦因往哲之言、师友之言乃能有进，况非圣人，岂有自任私智而能进学者。"(《象山全集》卷二十一《学说》)所以，朱、陆在修养和治学方法上的分歧和争论，虽然向来被视为朱、陆学术差异的主要标志，实际上也并非如冰炭不可相容。他们间不可弥合的分歧和争论却是发生在一个没有实际意义的理论问题上，即"无极"之争。

(二) 关于"无极"之争

朱、陆之间关于"无极"之争，不是由于他们的世界观有实质的不同而引起，乃是由于他们对"太极"的理解不同而引起。朱、陆之间往还辩论"无极"有四封书信，内容烦琐，其主要分歧有以下两点。

第一，对"太极"的训解不同。朱熹把"极"训为"至极"，把"理"之总汇称为"太极"。他说："太极者何? 即两仪、四象、八卦之理，具于三者之先而蕴于三者之内者也。圣人之意，正以其究竟至极，无名可名，故特谓之太极。"(《朱文公文集》卷三十六《答陆子静之五》)并主张用道家的"无极"来加以形容，他说："不言无极则太极同于一物，而不足为万化之根。"(《朱文公文集》卷三十六《答陆子美之一》)陆九渊则把"极"训为"中"，"太极"即"理"，无须用"无极"来加以形容。他说："盖'极'者，'中'也，言'无极'则是犹言'无中'

也，是奚可哉？"（《象山全集》卷二《与朱元晦之一》）认为朱熹"无极而太极"之论乃"叠床上之床，架屋下之屋"，完全是多余（《象山全集》卷二《与朱元晦之二》）。朱、陆在这里的争论实际上没有什么重要的理论意义。

第二，对"阴阳"的理解不同。陆九渊把"阴阳"理解为宇宙间一切对立事物或现象的总的体现，故他认为"阴阳"即是所谓形而上之道。他说："《易》之为道，一阴一阳而已，先后、始终、动静、明晦、上下、进退、往来……何适而非一阴一阳哉？"（《象山全集》卷二《与朱元晦之二》）朱熹则把"阴阳"理解为构成宇宙间一切事物的材料，故认为是形而下之器。他在和陆九渊辩论时说："来书所谓始终、晦明、奇偶之属，皆阴阳所为之器，独其所以为是器之理……乃为道耳。"（《朱文公文集》卷三十六《答陆子静》）这里的分歧是由于在陆九渊的思想体系里，没有关于宇宙形成的思想，没有"气"的范畴，故他不是把"阴阳"理解为"气"的表现，而只能是"道"的表现；而朱熹则有比较完备的宇宙形成思想，他认为"气也者，形而下之器也，生物之具也"（《朱文公文集》卷五十八《答黄道夫之一》），"阴阳，气也……五行、阴阳七者滚合，便是生物底材料"（《朱子语类》卷九十四）。由理派生出气，再由气组成事物，所以他便把"阴阳"理解为"形而下之器"。从这里可以看出，朱、陆都不是把宇宙的本原如实地视为物质，而是杜撰出精神性的理和道，因此关于"阴阳"的论争只不过是唯心主义内部的分歧，并不具有唯物论和唯心论相互对峙的性质。

（三）人物评价的争执

朱、陆除了在方法论和宇宙生成问题上发生了争论，还因在文章或书信中对于人物的评价不同而引起争执。

其一是《曹立之墓表》之争。曹立之原是陆九渊弟子，以后归附朱熹门下。此人37岁死后，朱熹为他撰写墓表，盛赞他归宿正确："胡子（胡宏）有言，学欲博不欲杂，欲约而不欲陋，信哉！如立之者，博而不杂，约而不陋，使天假之天年以尽其力，则斯道之传其庶几乎！"（《朱文公文集》卷九十）对于曹立之的变化，陆九渊极为不怿，认为是退步，去信责其"以为有序，其实失序；以为有证，其实无证……将为正学，乃为曲学，以是主张吾道，恐非吾道之幸"（《象山全集》卷三《与曹立之之二》）。对于朱熹所作《曹立之墓表》，陆九渊认为是"未得实处"，而自己指斥曹立之的那封信方是"真实录"（《象山全集》卷七《与朱元晦》）。陆派弟子更是不满，"陆学者以为病己，颇不能平"（《朱文公续集》卷四上《答刘晦伯》），"厉色忿词，如对仇敌"（《朱文公文集》卷五十四《答诸葛诚之之一》）。

其二是《荆公祠堂记》之争。朱、陆辩论"无极"稍前，陆九渊应抚州郡守钱伯同之请，为重修临川王安石祠堂撰写记文，即《荆公祠堂记》。陆九渊于此文中，予王安石很高的评价，盛赞其人品高尚："英特迈往，不屑于流俗声色利达之习，介然无毫毛得以入于其心，洁白之操寒于冰霜，公之质也；扫俗学之凡陋，振弊法之因循，道术必为孔孟，勋绩必为伊周，公之志也。"（《象山全集》卷十九）文中还贬斥王安石的政敌，认为王安石变法带来的后果，旧党也应负责："熙宁排公者大抵极诋毁之言，而不折之以至理，平者未一二而激者居八九，上不足以取信于裕陵，下不足以解公之蔽，反以固其意、成其事。新法之罪，诸君子固分之矣。"（《象山全集》卷十九）

陆九渊《荆公祠堂记》对王安石的评价和熙宁之政的分析，在当时的南宋来说，是非常特出的。它在每一点上都是与程朱派的观点不同。程氏洛党后辈，如杨时、邵伯温都带有严重的主观偏见，一向认为王安石人品极坏，学术不正，北宋灭亡之祸就是由他招惹。朱熹在文章、书信中也多次论及王安石，除熙河之役一事评以"看得破"之外（《朱文公文集》卷六十《答王南卿之一》），其他多是贬损否定之词。故陆九渊此文一出，朱熹就加以攻击。他在给弟子刘公度的信中说："临川近说愈肆，《荆舒祠记》曾见之否？此等议论皆学问偏枯、见识昏昧之故，而私意又从而激之。"（《朱文公文集》卷五十三《答刘公度之二》）刘公度劝慰他"世岂能人人同己、人人知己，在我者明莹无瑕，所益多矣"，表示不欲与陆门人物争执计较，朱熹即加以指责："（公度）此等言语殊不似圣贤意思，无乃近日亦为异论渐染，自私自利作此见解耶？不知圣贤辩异论、辟邪说如此之严者是为欲人人同己、人人知己而发耶？若公度之说行，则此等事

都无人管，恣意横流，诚思之如何?"（《朱文公文集》卷五十三《答刘公度之二》）

朱门弟子在朱熹的影响下，对《荆公祠堂记》屡加攻击。但理论却很弱，讲不出什么道理来，致使陆九渊只能表示轻蔑。他说："王文公祠记乃是断百余年未了底大公案，自谓圣人复起不易吾言，余子未尝学问，妄肆指议，此无足多怪。"（《象山全集》卷一《与胡季随之二》）连朱熹自己也感到不满意。他说："临川之辩，当时似少商量，徒然合闹，无益于事也。"（《朱文公文集》卷五十《答程正思之十八》）陆九渊死后七年，朱熹作《读两陈谏议遗墨》。在这篇长文中，他对王安石一生的政治和学术提出五点评论，最后结论是："安石以其学术之误，败国殄民。"（《朱文公文集》卷七十）这可以说是他对陆九渊《荆公祠堂记》的答辩。

朱、陆在人物评价上的争执，没有很大的理论价值，只是加剧了双方特别是弟子们的对立情绪，而且偏见之深表露无遗。

第二十章　陆九渊弟子的思想

陆九渊在南宋思想学术领域内独树一帜，与朱熹对垒而立，吸引了很多学子。他早年在家乡金溪青田槐堂书屋授徒，晚年在贵溪应天山立精舍讲学，史称他"还乡，学者辐辏，每开讲席，户外屦满，耄老扶杖观听"（《宋史》本传）。陆九渊的及门弟子大体集中两地，一是江西，一是浙东。两地弟子的风格和对陆派心学的建树也有所不同。江西者，多是簇拥象山讲席，著力于构筑陆派门户，以傅梦泉、邓约礼、傅子云等为首，史称"槐堂诸儒"。浙东者，折服"本心"之说，着力于陆九渊心学的阐发，以杨简、袁燮、舒璘、沈焕四人为代表。此四学者生长、活动的慈溪、鄞县、奉化等地，位处四明山麓，甬江流域，故后人称之为"甬上四先生"或"四明四先生"。

第一节　槐堂诸儒——陆九渊门庭的确立

"槐堂诸儒"是指从学或问学于金溪槐堂书屋和贵溪象山精舍的陆九渊弟子。这部分人数甚多，严滋在为陆九渊请赐谥号的奏状中说："一时名流踵门问道者不下百千辈。"（《临川县志》，道光三年修，卷四十二下）从《槐堂诸儒学案》所收录的65人的本传来看，槐堂弟子虽多，但学术浅疏，思想境界不高，他们一般掌握不住陆九渊的思想实质，致使陆九渊甚感忧虑，尝以手指心曰："某有积学在此，惜未有承当者。"（《象山全集》卷三十六《年谱·淳熙十五年》）他们对于陆学的贡献，不是在理论的阐发上，而是在宗派的确立上。

一　槐堂诸儒的学术和思想特点

（一）学术浅疏，但不囿于成见

陆九渊对读书的主张是"不必遽尔多读，最以精熟为贵"（《象山全集》卷十四《与胥必先》），"且读文义分明、事节易晓者，优游讽咏，使之浃洽与日用相协，非但空言虚说"（《象山全集》卷三十六《与朱济道之二》），也就是主张少而精，切己致用。就其读书的目的或精神实质只在于求得道德修养的提高而非知识的增长而言，也并非虚说。不过，这种读书方法容易产生学术贫乏浅疏的流弊。槐堂诸儒正有此弊。

陆九渊的槐堂弟子中，傅梦泉（字子渊）为第一高足，陆九渊称他"人品甚高，非余子比也"（《象山全集》卷九《与陈君举》），但其学术根柢亦不深厚。

陆九渊曾讥讽程朱派弟子"假窃附会，蠹食蛆长于经传文字之间"（《象山全集》卷一《与侄孙濬》）。但他自己的弟子却疏于经传文字。全祖望在修订《槐堂诸儒学案·邹斌传》时谓："陆子之门称多学者，只先生一人而已。"一个学派，弟子百千辈，"多学"只一人，由此可见一斑。

槐堂诸儒虽疏于经传文字，却不落于旧日经传疏释的窠臼，敢抒己见，这显然是受了陆九渊"六经皆我注脚"思想的影响。例如，陆九渊的得意门生傅子云（字季鲁）曾作《保社议》，认为郑玄注《周礼》"半是纬语，半是莽制，可取者甚少"（《槐堂诸儒学案·傅琴山传》）。陆九渊的早期弟子陈刚（字正己）断言："《易系辞》决非夫子作。"（《槐堂诸儒学案·陈刚传》）陆九渊的一个真正富于创造性的然而并未为他所重视的弟子是俞廷椿。《宋元学案》里，全祖望据《临川县志》为他补写的传记谓：

> 俞廷椿，字寿翁，临川人。乾道八年主南安簿，调怀安，两易古田令。秩满，充金国礼物官……先生师事象山，俶傥多大志，博通经术。尝言《周礼》司空之官，多散见于五官之属，先儒泪陈之，故

因司空之后而六官之伪误，亦遂可以类考，著《复古编》。其使金而还也，因纪次道路所经山川人物与夫言语事物之可考据以备采闻者为《北辕录》。（《槐堂诸儒学案·俞廷椿传》）

《周礼》六官，冬官司空已经亡佚，汉时采《考工记》补之，郑玄注云："《司空》篇亡，汉兴购千金不得，此前世识其事者记录以备大数尔。"此后，世守其说。俞廷椿却谓："六经惟《诗》失其六，《书》逸其半，独《周礼·司空》之篇有可得言者。反复是经，质之于《书》，验之于《王制》，皆有可以足正者。而《司空》之篇实杂出于五官之属，且因《司空》之复，而五官之伪误亦遂可以类考，诚有犁然当于人心者，盖不啻宝玉大弓之得而郓谨龟阴之归也。"（《复古编·自序》）《冬官》何以见得散在五官？"庭椿之说，谓五官所属皆六十，不得有羡，其羡者皆取以补《冬官》。"（《四库全书总目提要》卷十九）抽取五官以补《冬官》，其正确与否，自当别论，却开创了《周礼》研究中"《冬官》不亡"之新派，其后，元之邱葵、吴澄皆沿其说，至明末而未已。

《复古编》，《宋史·艺文志》录作三卷，《四库全书总目提要》作一卷，还是保存下来了，《北辕录》则皆未见载，恐怕已经佚失。在侈谈心性、天理的理学潮流中，俞廷椿作为陆九渊的门下，竟专言实事实功，可谓别树一帜。

（二）流于佛老而不自知

朱熹曾批评陆派人物"其病却在尽废讲学而专务践履……规模窄狭，不得取人之善，将流于异学而不自知耳"（《朱文公文集》卷三十一《答张敬夫之十八》），"金溪之徒，不事讲学，只将个心来作弄，胡撞乱撞"，"金溪学问，真正是禅"（《朱子语类》卷一二四）。朱熹的这些批评，对陆九渊本人来说并不完全正确。然而朱熹的批评对于陆九渊的槐堂弟子来说，却也多少击中了要害。他们对于陆九渊的"本心"，往往正是从道家的虚静和佛家的空无角度去理解，因而"流于异学而不自知"。

例如，李伯敏悟"心"。李伯敏（字敏求）是陆九渊早期的学生，终身师守象山之学。陆九渊曾为他解释"心即是一个心，某之心，吾友之心，上而千百载圣贤之心，下而千百载复有一圣贤，其心亦只是如此。心之体甚大，若能尽吾之心，便与天同，为学只是理会此"（《象山全集》卷三十五《语录》）。他向陆九渊求问"下手工夫"，陆九渊说："能知天地之所以予我者，至贵至厚，自然远于非僻。"（《象山全集》卷三十五《语录》）可见陆九渊对他讲的是一个具有伦理道德本能的"心"。但他的理解不是这样。他将自己的理解赋作一诗云：

> 纷纷枝叶漫推寻，到底根株只此心。莫笑无弦陶靖节，个中三叹有遗音。（《象山全集》卷三十五《语录》）

陶渊明中年辞官归田，他的"纵浪大化中，不喜亦不惧。应尽便须尽，无复独多虑"的人生态度（《神释形影诗》），他的"采菊东篱下，悠然见南山……其中有真意，欲辨已忘言"的生活情趣（《饮酒》其二），都有深深的道家思想烙印。李伯敏却将不喜不惧、悠然自得的陶渊明之"心"，误作是具有仁义本性、能辨义利的陆九渊之"心"。应当指出，陆九渊认为仁义道德为人心所固有，是先天的，这也是一种虚构。这就与其师说相违了。

再如，詹阜民识"仁"。詹阜民（字子南）早先曾问学于张栻，以后从学陆九渊。儒家学说中，"仁"是一个最基本的、核心的伦理道德范畴。"学者须先识仁"（《二程语录》卷二），有理论修养的儒家学者都有自己对"仁"的理解。陆九渊心学认为"仁"即是"心"，因为他所理解的"心"，不仅是"思之官"，更重要的是具有伦理道德属性，故他说"仁，人心也"（《象山全集》卷三十二《学而求放心》）、"仁义者，人之本心也"（《象山全集》卷一《与赵监》）。因此，在陆九渊这里，识得"本心"即是"识仁"。詹阜民从学张栻时，读其所辑孔子和孟子论仁的言论，不得其解，以后师事陆九渊，陆九渊启海他如何识心、识仁说："为学者当先识义利公私之辨"，不要"溺于文义"（《象山全集》卷三十五《语录》）。这是从伦理道德的角度来谈认识"本心"，即要他体识仁义礼智乃人心所固有。詹阜民还是不得其解。其后，陆九渊讲《孟子》时，说"人有五官，官有其职"，从生理心理的角度谈到心有知觉作用。这本

是陆九渊"心"的概念的次要属性,但詹阜民却由此而有所透悟,他叙述自己明心识仁的过程说:

> 某因思是,便收此心,然惟有照物而已。他日侍坐无所问,先生谓曰:"学者经常闭目亦佳。"某因此无事则安坐瞑目,用力操存,夜以继日,如此者半月,一日下楼,此心已复澄滢中立,窃异之,遂见先生,先生因谓某:"道果在迩乎?"某曰:"然,昔者尝以南轩张先生所类洙泗言仁书考察之,终不知仁,今始解矣。"先生曰:"是即知也、勇也。"某因言而通,对曰:"不惟知、勇,万善皆是物也。"(《象山全集》卷三十五《语录》)

詹阜民下楼之际忽然悟彻万物皆仁皆心,和佛家顿悟极为相似,就象沩仰宗香严智闲禅师因瓦砾击竹作声而悟得"佛性"一样,都具有非常神秘的性质(见《景德传灯录》卷十一《智闲传》)。据陈淳说:"此间九峰僧觉慧者,詹(阜民)、喻(可中——詹阜民门人)顾皆以其得道之故,与之为朋。詹悟道时,尝谓他证印法门传度从来如此。"(《北溪文集》卷二《答赵季仁》)詹阜民正是从佛家心是空虚寂静、映照万物的角度来理解陆九渊的"心"和儒家的"仁"的。

二 槐堂诸儒为建立陆学宗派的努力

槐堂弟子对陆九渊的学说没有多大发展,但对陆学宗派的确立做了很多的努力。

(一)屈己从师,以立槐堂

陆九渊最初的弟子,年辈皆长于己。《槐堂诸儒学案·邹斌传》谓:"陆氏门墙之盛,自德章师文达复斋公始。"《临川县志·李缨传》谓:"李缨,字德章,初从学于陆文达九龄,复师象山,旋与文达同中乾道五年己丑科进士。"《西江志·曾极传》云:"远近学者宗陆氏之学自极之父滂与李德章师复斋始,二人与先生兄弟年辈相等,而能屈己以从,首崇师道,为里间率先,皆盖有识之士,卓然不囿于流俗者也。"(《临川县志》,

道光三年修，卷四十二下）陆九渊于乾道八年（1172 年）方获赐同进士出身，可见辈第晚于李缨。

陆九渊还有年龄长于己的弟子。《槐堂诸儒学案·朱桴传》谓："朱桴，字济道，与其弟亨道泰卿，年皆长于象山而师事之。"

陆九渊一开始在家乡槐堂讲学授徒，"即去今世所谓学规者，而诸生善心自兴，容体自庄，雍雍于于，后至者相观而化"（《慈湖遗书》卷五《象山先生行状》）。这种标新立异的做法，本已引人注目，乡间间年辈长于陆九渊的士绅，又率先屈己从师，就更加增强了陆九渊的声望，陆氏学派就这样很快形成起来。

（二）筚路蓝缕，创建象山

陆学最兴旺的时期是在陆九渊49 岁后登贵溪应天山讲学的一段时间。《象山年谱·淳熙十四年》记曰：

> 初，门人彭兴宗世昌，访旧于贵溪应天山麓张氏，因登山游览，则陵高而谷邃，林茂而泉清，乃与诸张议结庐以迎先生讲学。先生登而乐之，乃建精舍居焉。（《象山全集》卷三十六）

陆九渊登山居住后，因山形似象，故改其名为"象山"。门人也纷纷来象山结庐而居，陆九渊率弟子开山造田，聚粮筑室，相与讲习。他郡学士也时来访谒，陆派门庭呈现出一片欣欣向荣的景象。

象山地僻田瘠，初创时，也是颇艰难的。以后傅梦泉作《曾潭讲堂记》回忆当时的情况说：

> 计予之从事先生也，自信而潭，播起道里，衡宇敝陋，居用草创，舍诸生者仅三尺地，每为客子连榻居之。日则支接宾识，拣讨馈饷，以资学侣，与先生任勤劳，蔬粥无时，不堪充脏……（《南城县志》，同治十一年修，卷九之三）

槐堂诸儒大都参加了象山的筚路蓝缕的创建事业。

（三）上书著文，力争陆学地位

陆九渊居象山时，和朱熹就"无极"、《荆公祠堂记》展开了激烈的争辩，并各以孔孟正统自居。陆九渊居象山的第三年，受到知荆门军的任命。次年，赴任荆门时，把居象山率诸弟子讲学之事托付傅子云。陆九渊于荆门病故后，陆门即开始凋零，而朱门仍然一派生气。槐堂弟子此时多有破门他去者，但其主要人物仍坚守师说，并竭力为陆九渊争正统地位。

陆九渊死后23年（宁宗嘉定八年，1215年）仍未得到谥号，槐堂弟子以严滋为首，呈状请谥，状文概括陆九渊的思想学说和学术地位谓：

> 为世儒宗，一时名流踵门问道常不下百千辈，今其遗文流布海内，人无智愚，珍藏而传诵之。盖其为学者，大公以灭私，昭信以息伪，揭诸当世曰：学问之要得其本心而已。学者与闻师训，向者视圣贤若千万里之隔，今乃知与我同本，培之溉之，皆足以敷荣茂遂。如指迷途，如药久病，先生之功宏矣。（《临川县志》，道光三年修，卷四十二下）

嘉定十年，陆九渊终于得到"文安"的谥号，他的生平、学术和思想得到了统治阶级的认可。

陆九渊死后40年（理宗绍定五年，1323年）朱熹已得"太师""徽国公"的封赠，朱学的统治地位已经初步确立，傅子云仍作《槐堂书院记》，为陆九渊力争儒学正统地位。

陆九渊再传三弟子对于陆九渊学说的核心和鲜明的个性特色的认识已很模糊，自觉不自觉地在其学中融进了朱学思想，企图折中朱、陆。如陆九渊的著名弟子包扬，"及象山卒，即率其生徒诣朱子精舍中，执弟子礼"（《槐堂诸儒学案·包扬传》）。包扬之子包恢，史称"少得朱陆渊源之学"（《金溪县志》卷五）。包恢弟子龚霆松更有"朱陆忠臣"之称：

> 龚霆松，号艮所，咸淳庚午乡荐。究心理学，少游徐岩，亲炙包忠肃公、汤文清公，得象山先生本心之旨，超然有悟。时因朱、陆之

徒议论不一，遂致支离禅定亦各相持。霆松研究二家源委，为之折中，作《四书朱陆会同注释》，三年书成，凡二十九卷，又《举要》一卷，约三十余万言，时称"朱陆忠臣"。（《贵溪县志》，乾隆十六年修，卷十二）

这些都属于折中朱、陆思想而发的言论。非朱非陆，非陆非朱，这就是当时的统治思想。一直到明末清初，中国思想史才开始突破朱、陆的思想束缚而出现了崭新的局面。

第二节　甬上四学者——陆九渊思想的发展

陆九渊而外，南宋陆学里的主要人物是杨简、袁燮、舒璘、沈焕四人。他们是同乡、同学，在南宋思想学术界占有显著的地位。文天祥曾有文曰："广平之学，春风和平；定川之学，秋霜肃凝；瞻彼慈湖，云间月澄；瞻彼絜斋，玉泽冰莹，源皆从象山弟兄，养其气翳，出其光明。"（《郡学祠四先生文》）换言之，甬上四学者的思想风貌又有所不同，他们是从不同的角度来传播陆派心学的。

一　杨简

（一）生平和著述

杨简（1141～1226），字敬仲，慈溪人。55岁后，筑室德润湖（慈湖）上居住，世称慈湖先生。

杨简青年时在太学读书，29岁时（孝宗乾道五年）中进士，历任地方小官，52岁才升到知县，54岁时为国子博士。不久，庆元学禁起，又遭贬斥，以祠官家居14年。70岁时又出知温州，此后入京，常为无实际职责的散官，最后以着宿大儒膺宝谟阁学士，官阶至正奉大夫。

杨简一生的政治活动虽是平庸，其学术事业却比较突出。在陆门中他的著述最多，《宋史》本传和《艺文志》共录有12种，《慈溪县志》录有24种，今人张寿镛《慈湖著述考》谓有30种。现存杨简著作中最重要者当为《慈湖遗书》《慈湖诗传》《杨氏易传》。《慈湖遗书》是后人纂集的杨简文集，有多种版本，其中《四明丛书》版的《慈湖遗书》连同续集、补编共21卷，辑录的内容最为丰富。《慈湖诗传》和《杨氏易传》是杨简利用儒家经典来发挥自己心学观点的著作。通过这些杨简进一步发展了陆九渊的主观唯心主义哲学。

（二）陆派心学主观唯心论的进一步发展

杨简对陆九渊心学的发展表现在三个方面。

1. 抛却陆九渊的"沿袭之累"

明代王守仁对陆九渊一面推崇，一面也有含蓄的批评。他说："象山之学，简易直截，孟子之后一人，其学问思辨、致知格物之谈，虽亦未免沿袭之累，然其大本大原，断非余子所及也。"（《阳明全书》卷五《与席元山》）王守仁所谓陆九渊的"沿袭之累"，是指其在思想体系里，沿用了程朱派的某些范畴、概念，如"理""气"等。

杨简对陆九渊无一句批评之词，而是以实际行动来修正陆九渊的"沿袭之累"。

第一，在陆九渊的心学里，其基本范畴是"心"。但他言"理"时，还带有程朱派的痕迹，如他说："此理充塞宇宙，天地鬼神且不能违，况于人乎？"（《象山全集》卷十一《与吴子嗣之八》）似乎"理"比"心"具有更广泛的内容。但是到了杨简就彻底把它抛弃了。在杨简的思想里，只有"心"这一个最高的范畴，它被虚构为一个无思无为、寂然不动、为万物万事之源的精神性实体。他说：

> 心何思何虑，虚明无体，广大无际，天地范围于其中，四时运行于其中，风霆雨露霜雪散于其中，万物发育于其中，辞生于其中，事生于其中。（《慈湖遗书》卷二《著庭记》）
>
> 人皆有是心，是心皆虚明无体，无体则无际畔，天地万物尽在吾虚明无体之中。变化万状而吾虚明无体者常一也。此虚明无体者，动如此静如此，昼如此夜如此，生如此死如此。（《慈湖遗书》卷二《永堂记》）

第二，人心或人之本性是善，何以有恶？陆九渊沿用了"气"的概念，以"气有所蒙、物有所蔽、势有所迁、习有所移"（《象山全集》卷十九《武陵县学记》）等主观以外的原因来解释。杨简抛弃了这些实际上承认了物我对立的思想，而用纯主观的"意"来解释，完全排斥了外物。他说：

> 人心本正，起而为意而后昏，不起不昏。（《慈湖遗书》卷一《诗解序》）
>
> 人性皆善，皆可以为尧舜，特动乎意，则恶。（《慈湖遗书》卷一《乡记序》）

杨简既然认为"心"是一种如同"明鉴"一般的无思无为、寂然不动的精神实体，所以他所谓的"意"，就不仅是指"邪念"之类，而是指人的本能之外的一切意识活动。他说：

> 人心至灵至神，虚明无体，如日如鉴，万物毕照，故日用平常不假思为，靡不中节，是谓大道，微动意焉，为非为僻，始失其性。（《慈湖遗书》卷九《家记三·论礼乐》）
>
> （心之）慈爱恭敬、应酬交错、变化云为，如四时寒暑，未尝不寂然，苟微起思焉，即为出位，即为失道。（《杨氏易传》卷十七《艮》）

第三，人心是善，人却有恶。陆九渊认为这是"心有所蔽"，故提出"收拾精神""剥落""优游读书"等修养方法，以"发明本心"。但杨简认为这些强制性的外索工夫，非但无益，甚至有害。他说：

> 清心、洗心、正心之说行，则揠苗，非徒无益，而又害之。（《慈湖遗书》卷二《永嘉郡治更堂亭名记》）
>
> （元度）笃志于学，夜则收拾精神，使之于静。某曰：元度所自有本自全成，何假更求……收之拾之，乃成造意，休之静之，犹是放

心。(《慈湖遗书》卷三《与张元度》)

杨简认为人心本明,意动而昏,所以他的修养方法只是"毋意",使心保持寂然不动的无尘无垢的所谓"明镜"状态,使之不思不虑,不与外物接触。这就使得陆九渊的主观唯心论更加向唯我论发展,而且其蒙昧主义的色彩更加浓厚。应当指出,这种观点不但不能启发人的思考,而且是用人为的所谓修持方法使得人的思维活动停顿起来。他说:

> 人皆有至灵至明、广大至智之性,不假外求,不由外得,自本自根,自神自明,微生意焉,故蔽之;有必焉,故蔽之;有我焉,故蔽之。端尽由于此。(《慈湖遗书》卷二《绝四记》)
>
> 意虑不作,澄然虚明,如日如月,无思无为而万物毕照,此永也。(《慈湖遗书》卷二《永嘉郡学永堂记》)

杨简所谓"毋意"并非是绝对的不思不为,而是指顺应"心"的本然状态。他认为,这种合于封建道德标准的"中正之心",是人心之本然状态。这就是说,思考是可以的,但是丝毫不能离开封建伦理道德。所以归根结底,杨简的唯我论是用烦琐的推论去为封建伦理道德提供哲学的依据。这种哲学并不是理性哲学,而是带有明显的蒙昧主义色彩。

2. 公开引进佛家思想和提倡蒙昧主义

杨简思想中的两个主要范畴"心"和"意"都和佛家思想有明显的联系。杨简说:"天之所以健行而不息者,乃吾之健行也。地之所以博载而化生者,乃吾之化生也。日月之所以明者,乃吾之明也。四时之所以代谢也,乃吾之代谢也。万物之所以散殊于天地之间者,乃吾之散殊也。"(《慈湖遗书》卷十二《家记六·论〈孝经〉》)和佛家"三界所有,唯是一心"(《华严经·普贤菩萨第三十一》)之论如出一辙。杨简的"毋意"的要求和佛家"无念"的主张也是一致的。

然而杨简毕竟是儒家思想家,在这种和佛家相似的思想形式下面,也有和佛家相异的思想内容。杨简的"心"不仅是知觉能力,且具有伦理的品性。他说:"君君、臣臣、父父、子子、夫夫、妇妇,道心之中固自有。"（《杨氏易传》卷十三《暌》）"人性本善本神本明。"（《杨氏易传》卷九《无妄》）这就和佛家教义把心分析为各种心理状态（《大日经》有"六十心"，唯识宗"心所"有6类51种），认为"性中不染善恶"（《六祖坛经·忏悔品第六》）的观点不同。杨简的"毋意"主要还是克制违背伦理的意念萌生。

陆派心学和佛家禅宗之间这种虽然晦隐但确然有别的情况，只有陆九渊自己清醒地意识到。当程朱派指责杨简是禅，"不读书，不穷理，专做打坐工夫，求形体之运动知觉者以为妙诀"（《北溪文集》卷一《答陈师复之一》）时，陆九渊替他辩护道："杨敬仲不可说他有禅，只是尚有习气未尽。"（《象山全集》卷三十五《语录》）而杨简自己却觉察不到这种区别。这与其说是由于他的儒学理论修养不足，还不如说是他的佛学理论修养不足。在杨简的著作里，不止一次对老庄思想提出批评，但对佛家思想无一句品评的言词。他模糊地将孔子之"心"认作达磨之"佛"，把心学和佛学完全等同起来。他说：

> 孔子曰心之精神是谓圣，即达磨谓从上诸佛，惟以心传心，即心是佛，除此外更无别佛。（《慈湖遗书》卷一《炳讲师求训》）

基于同样的原因，杨简把佛教的宗教修养和儒家的伦理道德修养混同起来。他在《奠冯氏妹词》中曾这样写道：

> 妇而能觉，古惟太姒，自兹以降，以倬行称于史，固不乏，求其内明心通，惟庞氏母子……（《慈湖遗书续集》卷一）

太姒乃文王之后妃，杨简在《慈湖诗传》里多次赞颂她有"道心"，"佐助文王，辅成治化"（卷十六《思齐》）。庞氏母女，据陶宗仪考证，当是唐代襄州居士庞蕴妻女。庞氏举家修禅，"有男不婚，有女不嫁，大家团栾头，共说无生死"。女名灵照，"制竹漉篱，卖之以供朝夕"（《南村辍耕录》卷十九），可见是佛门的虔诚信徒。杨简把儒家的典范和佛门的信徒视为同类，视为一心，也正是引佛入儒的表现。这就是他的"习气未尽"。

杨简的"毋意"虽然主要是指要克制"心"以外的邪念，但因为他所理解的"心"是如同"明镜"一般的无思无虑、寂然不动的精神实体，所以在实际上必然要否定人的一切意念活动，并反对人们向外界寻求知识。他说："直心诚实，何思何虑，思虑微起，则支则离。"（《杨氏易传》卷十六《井》）这就使杨简得出两个其他理学家或儒家没有过的结论。

第一，否定人的任何具有能动性、创造性的思维活动。杨简认为凡是说到"能"者，即是"求诸心外"，即是"用意害道"。他说：

> 汲古（曾熠）问："子曰：'中庸其至矣乎，民鲜能久矣。'又曰：'中庸不可能也。'何谓'鲜能'与'不可能'？"先生（杨简）曰："《中庸》'能'字是子思闻孔子之言不审，孔子未尝云'能'。在《论语》只曰'民鲜久矣'，无'能'字，如'子曰中庸不可能也'，此'能'是用意矣。道无所能，有能即非道。"（《慈湖遗书》卷十三《学记七·论〈中庸〉》）

> 《毛诗序》曰："《天保》，下报上也，君能下下，以成其政。臣能归美，以报其上焉。"……夫上之礼其下，与下之敬其上，爱敬之情，发于中心，播于歌诗，而《序》谓之"能"，盖求诸心外，殊为害道。（《慈湖诗传》卷十一《天保》）

第二，提倡无思无虑无知的蒙昧主义。

杨简认为"有知则有意"（《慈湖遗书》卷十一《家记五·论〈论语〉下》）、"无思无虑是谓道心"（《杨简易传》卷十三《睽》），进而提出以"无知"为"真知"的蒙昧主义。他说：

> 圣人果有知果无知乎？曰：无知者圣人之真知，而圣人知之实无知也。如以为圣人之道实可以知之，则圣人之道乃不过智识耳，不过事物耳。而圣人之道乃非智识、非事物，则求圣人之道者不可以知为止。……圣人之真无知，则非智识之所到，非知不知所能尽，一言以蔽之曰：心而已矣。（《慈湖遗书》卷十一《家记五·论〈论语〉下》）

蒙昧主义的认识论，反对人们去认识那些可以认识的、具有丰富内容的客观世界及其多样性，以及客观事物的规律和条理，而主张人们去体验那种没有具有封建伦理道德内容的所谓本心。杨简也正是这样，他认为圣人所认识的不是一般的"智识""事物"，而是"心"。认识"事物"是"有知"，认识"心"只能是"无知"。"如蒙如愚，以养其正，作圣之功""惟无思故无所不明，惟无为故无所不应"（《杨氏易传》卷十四《益》），唯昏昏噩噩可以使人智慧焕发，品德端正，无所不能，成为"圣人"，这是颠倒了主观与客观的关系，以主观意识吞并了客观世界。这就是杨简蒙昧主义的结论。

（三）实践陆九渊的所谓"六经注我"

宋代理学家通常利用注疏儒家经典来表述和发挥自己的思想观点，但陆九渊没有留下这方面的著述。他认为"六经注我""六经皆我注脚"（《象山全集》卷三十四《语录》），没有必要去注解，致使自己的心学思想未能得到充分的展开和阐述，也不利于其思想学说的传播。到了他的弟子辈，则改变了这种状况。他们开始注疏儒家经典，利用经传来发挥心学思想。槐堂诸儒如傅子云，即著有《易传》《论语集解》《中庸大学解》《童子指义》《离骚经解》等，但其著述已佚，内容不得而知也。甬上学者的经传著述，以杨简为多，并且借以发挥心学的观点。可以说，杨简的经传是陆九渊"六经注我"的具体实践。

杨简所著经传，现存只有《杨氏易传》20 卷和《慈湖诗传》20 卷。《宋史·艺文志》所录《春秋解》10 卷已佚，《慈湖遗书》中尚存《春秋解序》一篇。

杨简经传的基本思想，认为六经皆是"心"的表现。他在《慈湖诗传·自序》中写道："变化云为，兴观群怨，孰非是心，孰非是正。人心本正，起而为意而后昏，不起不昏，直而达之，则《关雎》求淑女以事君子，本心也；《鹊巢》婚礼天地之大义，本心也；《柏舟》忧郁而不失其正，本心也；《鄘·柏舟》之矢言靡他，本心也。由是而品节焉，《礼》也；其和乐，《乐》也；其得失吉凶，《易》也；是非，《春秋》也；达之于政事，《书》也。"下面分析一下杨简《易传》和《诗传》的心学内容。

1.《杨氏易传》

宋代《易》学流派，据黄震观察，"言理学者宗伊川，言象数者宗康节"（《黄氏日抄》卷六《读易》）。而《杨氏易传》却立于这样的派别潮流之外，它不言"理"，也不言"象数"，而专言"心"，"人心即易之道也"（卷九《复》），"易道不在远，在乎人心不放逸而已矣"（卷四《需》）。在《杨氏易传》中，杨简就是从"易之道"和"得易之道"这两个方面，反复地阐发其心学思想的。

杨简认为"易之道"即是"心"。他说：

> 六十四卦，其事不同，道则一也。（卷九《贲》）
> 易之道一也，亦谓之元，此元非远，近在人心，念虑未动之始，其元乎？（卷七《蛊》）

这样，杨简就在《易传》中得出了万事万物皆是心之变现的结论：

> 天地之道，其为物不贰，八卦者，易道之变化，六十四卦者，又变化中之变化也，物有大小，道无大小；德有优劣，道无优劣。其心通者，洞见天地人物尽在吾性量之中，而天地人物之变化，皆吾性之变化，尚何本末、精粗、大小之间。（卷一）

既然"易之道"即是人心，那么"得易之道"就是"不失其心，是之谓得易之道"（卷一《乾》）。于是在《易传》里，杨简又反复论述了他的心学修养的基本方法："反观"和"毋意"。

所谓"反观"，即是"复心"，自我反省。他注解《履》卦上九"其旋元吉"说：

> 所谓"旋"，人心逐逐乎外，惟能旋者则复此心矣，岂不大哉！孔子曰："心之精神是谓圣。"孟子云："仁，人心也。"某自弱冠而闻先训，启道德之端，自是静思力索十余年，至三十有二而闻象山先生言，忽省此心之清明，神用变化不可度思，始信此心之即道，深念

人多外驰，不一反观，一反观忽识此心，即道在我矣。（卷五）

所谓"毋意"，即不动思虑。杨简认为人心如镜，只有无思无虑，才能"得易之道"，如同镜之无尘无垢，才能洞照万物。

在《易传》中，杨简不仅利用《周易》的词句发挥自己的心学观点，而且还用自己的主观唯心主义观点否定了其中的某些唯物主义观点。如《系辞下》认为八卦的制作是由于古人观察和取法外界事物的结果。应该说这种推测与人类的认识发展史是吻合的。但杨简断然否定。他认为八卦之作不由取法外界而成，而是由心中自然流出，这当然是认识论上的先验论观点。

2.《慈湖诗传》

杨简《慈湖诗传》正如《四库全书总目提要》评介的那样，有两点特出之处：一是"大要本孔子'无邪'之旨，反复发明"；二是"然其于一名一物一字一句，必斟酌去取，旁征远引，曲畅其说。其考核六书，则自《说文》《尔雅》《释文》以及史传之音注，无不悉搜；其订证训诂，则自齐鲁毛韩以下，以至方言杂说，无不转引，可谓折中同济，自成一家之言"（《四库全书总目提要》卷十五）。就第二点而言，《慈湖诗传》是一部具有较高学术价值的宋代传注著作；然而就其第一点而言，《慈湖诗传》实际是杨简利用《诗经》来阐发其心学思想的著作。在杨简看来，《诗经》三百篇，"孔子所取，取其无邪，无邪即道心"（卷一《茉苜》）、"三百篇一旨也"（卷三《燕燕》）。《诗经》是西周至春秋中期的诗歌总集，内容极为广泛，有抒情也有叙事，有歌颂也有诅咒，三百篇如何"一旨"？杨简认为它们是从不同角度来共同体现"道心"的。

第一类诗，杨简认为它直接表达了儒家伦理道德观点，此即"道心"。如他认为《樛木》"喻君子礼贤下士……此逮下之心与夫诗人爱敬其君子，赞之祝之之心，皆道心"（卷一）；《采蘩》"此供祭祀之心，勤敬之心，即道心，即圣贤之心，即天地鬼神之心"（卷二）；《汉广》"此不敢犯礼之心，即正心，亦道心，亦天地鬼神之心"（卷一）。

第二类诗，虽是叙事或写景，但杨简认为它能诱发、激起人的"本有之善心"（道心）。他在《序》中说："学者取三百篇中之诗而歌之咏之，其本有之善心亦未始不兴起也。"（卷一）如《兔罝》一诗赞美武夫英姿飒爽，足以为国家干城。杨简则说："简咏《兔罝》之诗，亦觉起敬起慕，庄肃子谅之心油然而生，不知所以始，亦不知所以终，道心融融，此人心所同，千古所同，天地四时之所同，鬼神所同。"（卷一）《清人》一诗，《诗序》认为是讽刺"文公退之不以道，高克进之不以礼"的，这是有所据的。据《左传》记述，郑大夫高克好利，郑文公欲远退之而不能，时有狄人侵卫，郑文公虽命高克帅师救援，阴以逐之。高克则玩兵河上，以致兵溃而逃奔陈国，"高克奔陈，郑人为之赋《清人》"（闵公二年），不了解这种背景，对此诗的意旨也难有真切的体会。但杨简认为："观是诗虽不知高克与文公事情之详，而其慢易不正可刺可恶，足以消人慢易之心，起人敬止之心。"（卷六）因为"三百篇平正无邪之妙，昭如日月"（卷五《氓》），三百篇无篇不是"道心"，无篇不诱发"道心"。这就用心学的观点来解释《诗经》了，牵强之处是很明显的。

第三类是叙写日常生活的诗，杨简则认为虽无深义，但在其平庸无邪之中即蕴藏着"道心"。他说："章句儒不知道，率好穿凿，不知日用平常之即道。"（卷六《君子阳阳》）齐诗《著》描写女子出嫁至男家时，见其郎君美服盛装以待的情景。《诗序》以为是"刺时不亲迎"。这样的解释，也并非毫无根据，古礼娶妇，男至女家亲迎，《公羊传》就有记载："外逆女不书，此何以书？讥。何讥尔？讥始不亲迎也。"（隐公二年）朱熹《诗集传》引吕祖谦解释此诗的话说："东莱吕氏曰：婚礼婿往妇家亲迎，既奠雁，御轮而先归，俟于门外，妇至则揖以入。时齐俗不亲迎，故女至婿门，始见其俟已也。"（《诗集传》卷五）杨简则认为这样的考释没有必要，甚至"害道"。他说："此诗美其仪礼而已。三百篇盖多平正无他，虽无深旨，而圣人取焉，正以庸常平夷之即道。诸儒不知道，故穿凿而为说，其害道甚矣！"（卷七）

第四类是《诗经》中的男女幽会的情诗和讽刺君王之讽谏诗，儒家解诗者皆认为其是"淫乱之诗"，杨简则认为其是"刺淫"而作，为"忧时"而作，因而是出于"道心"或冥合"道心"的。《鄘》诗《桑中》写青年男女在桑林中约会相欢，向来被视为"郑卫淫声"的代表。《乐记》说："郑卫之音，乱世之音也，比于慢矣。桑间、濮上之音，亡国之音也，其政散，其民流，诬上行私而不止也。"杨简驳之曰："盖作《乐记》者未达乎作者之旨，所以刺乱非为乱也。《桑中》非淫者之辞，乃刺者之辞。"（卷四）小雅《正月》中有"赫赫宗周，褒姒灭之"之句，《诗序》及一般解诗者皆认为是刺责幽王暴虐无道之诗，杨简也表示不同意。他说："《毛诗序》曰《正月》大夫刺幽王也，言'刺'大悖……此贤者忧心惨惨，忧念国之为虐，祸将至也。"（卷十一）杨简从理学家的伦理观点出发，认为"于君言刺，大悖"（卷八《山有枢》）、"君不可言刺，而况于王乎"（卷六《君子于役》）。故《诗序》凡言"刺"者，他皆表示反对。

总之，杨简认为"人心本善、本正，人心即道，故曰道心。因物有迁，意动而昏，始乱始杂，然其本心之正，亦间见互出于日用云为之间，三百篇多此类"（卷六《将仲子》）。具体言之，三百篇所表达，或直显"道心"，或诱发"道心"，或蕴藏"道心"，或出于"道心"。一言以蔽之，三百篇皆是"道心"。这就是《慈湖诗传》的中心思想。

由此可见，《慈湖诗传》和《杨氏易传》一样，都是杨简的心学基本观点在疏解儒家经典时的具体发挥，都是陆九渊"六经注我"的具体实践。

二 袁燮

（一）生平

袁燮（1144～1224），字和叔，鄞县人。学者称为絜斋先生。

袁燮20岁左右入太学。《宋史》本传谓："燮初入太学，陆九龄为学录，同里沈焕、杨简、舒璘亦皆在学，以道义相切磨。后见九龄之弟陆九渊发明本心之指，乃师事焉。"

袁燮38岁（孝宗淳熙八年）中进士，开始在地方和中央为官。官秩凡十七迁，最后为通奉大夫。

袁燮一生的学术思想，除了师承陆九渊心学外，还受到南宋文献派和功利派的影响。真德秀说："公自少有志经济之业，每谓为学者当以圣贤自期，为宦当以将相自任。故其所讲明者，由体而用，莫不兼综。谓学不足以开物成务，则于儒者之职分为有缺。自六艺百家与史氏所记，莫不反复绌绎，而又求师取友，以切磋讲究之。东莱吕成公接中原文献之正传，公从之游，所得益富；永嘉陈公傅良，明旧章，达世变，公与从容考订，细大靡遗。"（《真文忠公文集》卷四十七《显谟阁学士袁燮行状》）这样，袁燮就显得具有和杨简不同的思想风貌。全祖望说："慈湖之与絜斋不可连类而语，慈湖泛滥夹杂，而絜斋之言有绳矩。"（《宋元学案》卷七十五《絜斋学案·按语》）《四库全书总目提要》认为"其传金溪之学较杨简为笃实"（卷一六〇）。实际上袁燮是从另外一个方面来发展陆九渊心学的。

袁燮的主要著述都收入《絜斋集》。此外，尚有《絜斋家塾书钞》《絜斋毛诗经筵讲义》《袁正献公遗文钞》。

（二）陆派心学向社会政治和伦理方向的发展

袁燮和杨简不同，不是沿着哲学的方向进一步发展陆九渊心学的主观唯心主义，而是沿着政治和伦理的方向，把陆九渊心学运用于社会，得出一些政治哲学的结论，"其传金溪之学较杨简为笃实"，实是指此而言。这也是陆学的一个新的发展。具体说来，这种发展表现为以下两个方面。

1. "心"体现为一切社会行为

把"心"理解为社会伦理道德的本源或本能，这是陆派心学的根本点。但袁燮并没有停留在这一点上，他进一步发挥，认为人的一切社会行为皆是"心"的体现。就君主而言，凡立身施设，皆是"心之精神"。他说：

> 古者大有为之君，所以根源治道者，一言以蔽之曰：此心之精神而已。心之精神洞彻无间，九州四海靡所不烛……朝夕敬策，不敢荒宁，以磨厉其精神；监视往古，延访英髦，以发挥其精神；日进而不止，常明而不昏，则流行发见无非精神矣。谨从所出，出则必行，宣布四方，无不鼓舞，号令之精神也；有正直而无邪佞，有恪恭而无褕惰，有洁清而无贪浊，布满中外，炳乎相辉，人才之精神也；民间逋欠不可催者，悉蠲之，中外冗费凡可省者，尽节之，其源常浚，其流

不竭，财用之精神也；将明恩威以驭其众，士致其死以卫其长，勇而知义，一能当百，军旅之精神也；黎元乐其生业，习俗兴于礼逊，五谷屡丰，百嘉咸遂，民物之精神也。明主精神在躬，运乎一堂之上，而普天之下，事事物物靡无精神。（《絜斋集》卷一《都官郎官上殿札子》）

就民众而言，劳动技艺、生产活动也是"心之精神"的表现。他说：

仆尝论技之精者，与人心无不契合，庖丁之解牛、轮扁之斲轮、疱瘘之承蜩，其实一也。（《絜斋集》卷八《跋林郎中巨然画三轴》）

应当指出，在主观和客观的相互关系方面，袁燮是看到了一个方面的真理，如工匠之做工、工具之设计，都离不开人的主观设计，是人的思想通过实践而转化成为事物的过程。袁燮在这方面的分析比较细致，在理论思维方面是有一定贡献的。但是，他又把这一点夸大了，甚至绝对化起来，没有认识到人的思想、方案、设计，归根结底来源于客观世界，从而走向唯心论。总之，袁燮的哲学论证是有理论思维意义的。

2. 心学的两个政治哲学命题

袁燮把陆九渊的是人的伦理本能根源的"心"，扩展为是人的一切社会行为根源的"心"；同时，由陆九渊的"心即理""人心本善"得出政治哲学的两个观点："天人一理"和"君民一体"。

"天人一理"实际上即是儒家传统的"天人合一"观念。儒家学者论证这一观点的方法有二：一是子思、孟子从人性（他们称之为"中""仁"等）得自于天来说明，一是董仲舒以天人相互感应来证明。但袁燮的"天人一理"主要还是从陆九渊"心即理""宇宙即是吾心"这个唯心主义前提推论出来的。他说：

天人本一致。何以天人本一致？只缘此心无天人之殊，天得此心而为天，地得此心而为地，人得此心而为人。今但为形体所隔，遂见有如此差别，试静而思之，所谓形体者安在？我之形体犹是无有，而

又何有天人之异乎？（《絜斋家塾书钞》卷二《大禹谟》）

从哲学观点看，这里所阐明的观点是有合理部分的，认为天、地和人心的来源是一致的。这就从哲学方面比较深刻地说明了世界万物的统一性。但在袁燮看来，这个统一是"吾心"，因此他不能解决天、地和人心的差别性。从他的推论中可以看出唯心论所遇到的不可解决的困难。另外，"君民一体"又是袁燮政治思想的特出之处。儒家政治学说中，一向认为君民关系一方面是尊卑相对，"君臣上下，父子兄弟，非礼不定"（《礼记·曲礼上》）；另一方面是治养相须，"无君子莫治野人，无野人莫养君子"（《孟子·滕文公上》）。袁燮却认为，君民一体，只有相须而无尊卑。他说：

君民一体也，民固不可无君，君亦不可无民。天下之民所以安居而暇食，优游以生死，果谁之力？人君之为也。是无民君固不能相养也，民为邦本，本固邦宁，君而无民岂能独立于上？（《絜斋家塾书钞》卷五《太甲中》）

君民本一体相须之义，初无尊卑之殊。苟见己之为尊，民之为卑，便是此心不一处，何者？当其见己之为尊，民之为卑，其心必侈然自大，吾之本心初未尝有侈然自大也，本心未尝有而外加益焉，非不一乎？（《絜斋家塾书钞》卷五《咸有一德》）

可见，袁燮不是对社会现象进行具体分析，而是从某种抽象的哲学理论的立场来反对君民尊卑之分的。他认为"此心本于善，本无不善者介于其间，才有不善，便是二三"（《絜斋家塾书钞》卷五《伊尹作咸有一德》）。君主若有自视尊贵侈大的思想，便是"与心不一"，便是"二三"，便是"不善"。这种理论当然是一种空洞的抽象，但在理学统治的时代，毕竟还是多少看出了一些社会问题。

三　舒璘

（一）生平

舒璘（1136～1199），字元质（一字元宾），奉化人。

舒璘在青年时期曾游太学，受到张栻的教益，后与其兄琥、其弟琪同受业于陆九渊。朱熹与吕祖谦在婺源讲学，舒璘也曾去拜谒。

舒璘36岁（孝宗乾道八年）中进士，历任信州教授、江南西路转运司干办、新安教授、平阳令、宜州通判等微职。舒璘家居建塾名"广平书院"，故学者称之为广平先生。

舒璘的著述《诗学发微》《诗礼讲解》已佚，今尚存有《广平类稿》。

（二）思想特色

1. 平实

全祖望说："杨、袁之辈后于舒、沈，而其传反盛，岂以舒、沈之名位下之与？嘻，是亦有之。然舒、沈之平实又过于杨、袁也。"（《宋元学案》卷七十六《广平定川学案·按语》）这种"平实"的作风，正是舒璘的思想特色。所谓平实，在舒璘这里，就是将空玄的陆九渊心学移向平凡的日常生活，具体表现为以下三个方面。

第一，论心是本源，以此来说明人的道德修养问题。

舒璘的思想，属于心学体系，认为是本源，但他趋于平实，只强调它是人的伦理道德修养的根本出发点，而不论及它是充塞宇宙的万物之理。他说：

> 本源既明，是处流出，以是裕身则寡过，以是读书则畜德，以是齐家则和，以是处事则当。（《广平类稿》卷一《答袁恭安》）

第二，论修养，不是泛论人所固有的伦理本性，而是谈一个人应当通过怎样的途径去进行道德修养。

陆九渊提出"简易工夫""剥落""读书"等修养方法，基本内容或目标是要人静思冥想，了悟"本心"。舒璘则认为修养不是顿悟"本心"，而是逐渐磨炼道德品质。袁燮记述说：

> （舒璘）与其兄西美、弟元英，同亲炙象山先生，西美、元英皆有省悟。元质则曰："吾非能一蹴而入其域也，吾惟期夕于斯，刻苦

磨厉，改过迁善，日有新功，亦可弗畔云尔。"（《絜斋集》卷九《舒元质祠记》）

故舒璘少谈抽象的、合于封建伦理的本心之善，而多论根绝利欲、立身清介的品质涵养。他说：

某愚不肖，幼不知学，溺心利欲之场，以为读书著文但为科举计。既冠游上庠，获见四方师友，耳闻心受，皆古圣贤事业，乃始渐知曩日之陋，勉而企之，困不能进，中夜以思，觉好乐贪美之心扫除不尽，是心终不获与圣贤同。（《广平类稿》卷三《谢傅漕荐举札子》）

第三，言事多于论学。

舒璘的"平实"，还表现在他虽身为学官，却比较关心现实的社会生活，而对空洞的理学议论较少。杨简所撰《舒元质墓志铭》写道：

时世故纷揉，天灾沓臻，国病于需，民艰于食。元质纬不暇恤，忧常在公，于是议常平、商盐政、经荒策、论保长，凡为书若干事，上之刺史守尉，其采而试者，效辄响应，当道廉而贤之曰：文学、政事两擅其优，是为天下第一教官。（《慈湖遗书补编》）

黄宗羲在纂辑舒璘文字时，也有同感。他说：

广平之集久不传矣，近得之其子孙，所论常平、茶盐、保长、义仓、荒政皆凿凿可见之行事，而言学者甚寡。（《宋元学案》卷七十六《广平定川学案·按语》）

2. 折中

舒璘思想的特色，除了"平实"外，还有折中朱、陆的倾向。

舒璘的思想渊源比较驳杂，杨简在《舒元质墓志铭》里说："元质于书无所不贯，尤精于毛郑诗……自磨励晦翁、东莱、南轩及我象山之学，一以贯之。"舒璘本人也尝自言渊源所自曰："南轩开端，象山洗涤，老杨先生（杨简之父杨庭显）琢磨。"（《宝庆四明郡志·先贤事迹》）这就使舒璘思想带有折中色彩。他既师事陆九渊，也坚定维护朱熹，不赞成在朱、陆之间扩大间隙。从哲学党性原则来看，朱、陆间并没有根本的分歧。他们的哲学党性是相同的。从理学史来看，朱、陆有分歧，也有相同的一面，因此，"折中朱、陆""调和朱、陆"，这从朱、陆的后学来看，是屡见不鲜的。

四　沈焕

（一）生平

沈焕（1139~1191），字叔晦，世居定海，后徙鄞县，学者称定川先生。

沈焕青年时游太学，与舒璘、杨简、袁燮为友，并师事陆九渊之兄陆九龄。30 岁时（孝宗乾道八年）中进士，历任上虞尉、扬州教授、太学录、高邮军教授、浙东安抚司干办、婺源令、舒州通判等职。

据《宝庆四明志》，沈焕有文集五卷，但已佚。今留下的思想资料有南宋袁燮所辑《定川言行编》和近人张寿镛纂辑的《定川遗书》。

（二）思想内容

1. 遵循陆九渊心学的路数——先立根本

全祖望曾说："甬上四先生之传陆学，杨、袁、舒皆自文安（陆九渊），而沈自文达（陆九龄），《宋史》混而列之，非也。"（《宋元学案》卷七十六《广平定川学案·按语》）沈焕对陆九渊是未执师生之礼，但他的思想仍是陆九渊心学的路数，即认为心是根本。他说：

　　余观人之一心，精诚所达，虽天高地厚，豚鱼细微，金石无情，有感必通。（《定川遗书》卷一《净慈寺记》）

因而他也主张修养在于"先立大本"，为学在于"要而不博"。他说：

> 吾儒急务，立大本明大义耳。本不立义不明，虽讨论时务，条目何为？（《定川言行编》）

> 务识大体，非圣哲之书未尝好，史籍繁杂，采取至约。以为简策工夫，要而不博。友人向伯升博通诸书，遗诗箴之曰：为学未能识肩背，读书万卷终亡羊。（《定川言行编》）

2. 具有陆九渊后学的折中特色

沈焕和舒璘一样，思想具有折中的特色。他所谓的"立本"，实际上是指端正个人的道德品质修养，而不是如陆九渊所指的那种对善之本源和宇宙之理即"心"的体认，是平实而非玄远的。故他说：

> 学者工夫当自闺门始，其余皆末也。今人骤得美名，随即湮没者，由其学无本，不出于闺房用力焉，故曰工夫不实，自谓见道，只是自欺。（《定川言行编》）

> 昼观诸妻子，夜卜诸梦寐，两者无愧，始可言学。（《定川言行编》）

沈焕对陆门以外的学派持宽容兼蓄的态度。他生平不止一次与文献派吕祖谦、吕祖俭讨论切磋，相互增益。袁燮记述说："后与东莱吕公伯仲极辨古今，始知周览博考之益，凡世变之推移，治道之体统，明君贤臣之经纶事业，孳孳讲求，日益广深，君子以是知君胸中之蕴有足以开物成务者矣。"（《絜斋集》卷十四《沈公行状》）全祖望也说："沈氏之学，实兼得明招（指吕氏）一派，而世罕知之者。"（《鲒埼亭集外编》卷十六《竹州三先生书院记》）

沈焕在中年时曾与朱熹数番书信往来，对朱熹的方法及其推崇的"二图"（先天图、太极图）皆提出质疑（此书信已佚），因是商榷讨论的态度，故朱熹赞许其"省身求善，不自满足"（《朱文公文集》卷五十三《答沈叔晦》），完全不似数年后朱、陆"无极"之辩两家恶语相掷的情景。以后，沈焕一直对朱熹表示尊敬，《定川言行编》记曰："晚尤尊晦翁曰：'是进退用舍关时轻重，且愿此老无恙。'既寝疾，犹以为言。"此正值朱熹与当政宰相留正不合，将遭罢黜之时。总之，沈焕思想带有明显的陆氏色彩，但没有和朱、吕异门对立的痕迹。

总的说来，陆九渊心学的内容比较简括，没有给它的后学留下更多延伸、发展的余地，他们不是落于平庸，就是陷入禅窠。而其对立学派程朱理学内容和著作都比较多，而且规定了启蒙学习、做官为人等的具体条目，易于遵循，所以从南宋末年起便受到统治者的重视，被推崇为官学。而陆学的情况则不同，如黄震所说："今未百年，其说已泯然无闻。"（《黄氏日抄》卷四十六《陆象山程文》）一旦朱学自身趋于腐败，或某种反正统的思潮兴起时，陆学却总又显出活跃的生机。明代王学就是陆学的继续和发展。

宋明理学史 （下卷）

第六章　陈献章的江门心学

第一节　陈献章的生平及其心学产生的学术背景

陈献章（1428～1500），字公甫，别号石斋，广东新会白沙里人。白沙村濒临西江入海之江门，故明、清学者或称陈献章为白沙先生，其学为江门之学。陈献章的诗文，后人辑为《白沙子》。

陈献章早年曾锐意科举，于 20 岁（正统十三年，1448 年）、24 岁（景泰二年，1451 年）、41 岁（成化五年，1469 年）时三次参加会试，但皆落第，终未获出仕机会，从而促成了他逐渐走向潜心学术的道路。

陈献章第一次落第后，以听选监生入国子监读书。第二次落第后，于 27 岁时（景泰五年，1454 年）曾师事当时著名的江西学者吴与弼。半年后归家，闭门读书；又筑阳春台，静坐其中，数年不出户外。正是于此期间，陈献章的思想发生了一种转机，即由读书穷理而转向求之本心，他提出“惟在静坐，久之然后见吾心之体”的修养方法，开始显示了异于朱学的心学思想风貌。

陈献章 38 岁时（成化二年，1466 年），重游太学，受到京师名士们的极高推崇，被誉为“真儒复出”，但三年后他第三次参加会试时又名落孙山。56 岁时，因布政使彭韶、都御史朱英的推荐，陈献章应召赴京，令就试吏部。他以疾病为理由，推辞了吏部的考试，又上疏乞终养老母。最后，授以翰林院检讨而放归。此后至卒，屡荐不起。此期间，陈献章的思想风貌又有所变化，即他非唯静坐室中，而是逍遥于自然，“或浩歌长林，或孤啸绝岛，或弄艇投竿于溪涯海曲"（张诩《白沙先生墓表》），领略山水风光，养浩然自得之性，标立"以自然为宗"的为学宗旨；主张不离日用，于时事出处中即现"本心"，标立"天地我立，万化我出，宇宙在我"的世界观。这些都表明陈献章的心学思想体系已臻完成，其规模也较初期为开阔。

总之，陈献章的生平，在政治上是极为平凡的，而在学术上却是颇具特色的。

陈献章心学从萌芽到完成的过程，他自己有个叙述：

> 仆才不逮人，年二十七始发愤，从吴聘君学，其于古圣贤垂训之书，盖无所不讲；然未知入处。比归白沙，杜门不出，专求所以用力之方，既无师友指引，惟日靠书册寻之，忘寝忘食，如是者亦累年，而卒未得焉。所谓未得，谓吾心与此理未有凑泊吻合处也。于是舍彼之繁，求吾心之约，惟在静坐，久之，然后见吾此心之体，隐然呈露，常若有物，日用间种种应酬，随吾所欲，如马之衔勒也；体认物理，稽诸圣训，各有头绪来历，如水之有源委也。于是涣然自信曰：作圣之功，其在兹乎？（《白沙子》卷二《复赵提学》，以下凡引《白沙子》只注卷数、篇名）

从陈献章的自述中可以看出两点。第一，他为学的根本目标乃是"作圣"，即完成儒家主张的伦理道德修养。在这一点上，他和宋元以来的理学家是一致的，故他的学术也同样受到封建统治者的褒扬，在他死后85年（万历十三年，1585年）即从祀孔庙，并赐谥文恭。第二，他为学的方法和朱熹理学异趣，而与沉寂无闻的陆九渊心学方法同旨。"朱子求一贯于多学而识，寓约礼于博文，其事繁而密，其功实而难。"（章学诚《文史通义·朱陆》）陆九渊则主张"简易工夫"，唯在"先立乎其大者"或"发明本心"；朱主"居敬"而陆倡"求静"。这里陈献章标举"舍彼之繁而求吾心之约，惟在静坐，久之然后见吾心之体"，其于朱、陆之间取舍异同，昭然若揭。

这样，陈献章学说的出现，既是明初朱学一统局面的结束，也是明代心学思潮的开始，正如《明史·儒林传序》所述：

> 原夫明初诸儒，皆朱子门人之支流余裔，师承有自，矩矱秩
> 然。……学术之分，则自陈献章、王守仁始……嘉、隆而后，笃信
> 程、朱，不迁异说者，无复几人矣。（卷二百八十二）

陈献章在明初朱学处于独尊地位和极盛局面下，思想向陆学的逆转，这与其个人的生活经历以及当时社会的学术环境都是有关的。

明代初年，诏天下立学，颁科举程式，钦定朱熹的《四书集注》及程、朱派的其他解经著作为科举经义考试的标准，明确规定，"剽窃异端邪说、炫奇立异者，文虽工，弗录"（《松下杂钞》卷下）。这样，读书求仕之人就不得不拜倒在朱熹的脚下了。朱彝尊说："世之治举业者，以四书为先务，视六经为可缓，以言《诗》，非朱子之传义弗敢道也，以言《礼》，非朱子之《家礼》弗敢行也。推而言之，《尚书》《春秋》非朱子所授，则朱子所与也。言不合朱子，率鸣鼓而攻。"（《道传录序》）陈献章早年也颇有功名之志，"幼览经书，慨然有志于思齐。间读秦汉以来忠烈诸传，辄感奋赍咨"（《张诩《白沙先生墓表》）。后来尽管有"真儒"之誉，但科举屡试不第，这种遭遇或经历自然容易使他走向绝意仕宦而追求学术的路子，他曾说："予少无师友，学不得其方，泊没于声利，支离于粃糠者益久之。年几三十，始尽弃举子业，从吴聘君游。"（卷一《龙岗书院记》）自然也容易产生和表现出鄙薄、疏远朱学的倾向，如他斥训诂、辞章为"陋学"（卷一《古蒙州学记》）；当江西按察使陈耻菴等遣人来聘他去图复白鹿书院、兴考亭之学时，他即告使者说"使乃下谋于予，是何异借听于聋、求视于盲也"（卷一《赠李、刘二生使还江右诗序》），表示出自己对朱学无法消融的隔膜、对立之感。于是，他就针对朱学的"穷理"，针对汉唐以来的训诂、辞章、科举之文而提出圣学在于"人心"，"圣朝仿古设学立师以教天下，师者，传此也，学者，学此也"（卷一《古蒙州学记》）。

陈献章心学的产生，与明初社会的学术状况也有关系。明初，朱学成为神圣不可改易的官学后，学者士人大都只能以程、朱为极致，谨守其矩

嫠，极尽推崇而不敢逾越。如明初最称博学者宋濂说："自孟子之殁，大道晦冥，世人摘埴而索涂者千有余载。天生濂、洛、关、闽四夫子，始揭白日于中天，万象森列，无不毕见，其功固伟矣，而集其大成，唯考亭朱子而已。"（《宋学士全集》卷五《理学纂言序》）明初另一著名学者薛瑄也说："《四书集注》《章句》《或问》，皆朱子萃群贤之言议，而折中以义理之权衡，至广至大，至精至密，发挥先圣贤之心，殆无余蕴，学者但当依朱子，精思熟读，循序渐进。"（《读书录》卷一）可见，在明初朱学独尊的情况下，认为道理已被朱熹说尽，是一种流行的观念。这种独断的观念正是朱学由于极盛而生出的一种流弊，表明其丧失了进一步发展更新的动力。然而朱学的这种流弊，正是陈献章转向心学的契机。他慨叹世之学者蒙昧而不知觉悟，"眼前朋友可以论学者几人，其失在于不自觉耳"（卷三《与湛民泽》），于是提出"贵疑"："前辈谓学贵知疑。小疑则小进，大疑则大进。疑者，觉悟之机也。一番觉悟，一番长进。"（卷二《与张廷实》）这位"贵疑"的前辈，正是当初与朱熹争鸣并立的陆九渊。陆九渊曾告诫其弟子"为学贵知疑，疑则有进"（《象山全集》卷三十五《语录》），"小疑则小进，大疑则大进"（《象山全集》卷三十六《年谱》）。陈献章一反崇朱的时论，认为濂、洛的学脉是主静、主一，继承这个学统的是陆九渊而不是朱熹："周子《太极图说》圣人定之以中正仁义而主静。问者曰：圣可学欤？曰：可。孰为要？曰：一为要，一者无欲也。《遗书》云：不专一则不能直遂，不翕聚则不能发散。见静坐而叹其善学，曰：性静者可以为学。二程之得于周子也，朱子不言有象山也。此予之狂言也。"（卷四《书莲塘书屋册后》）自谓"狂言"，是在朱学统治的情况下陈献章使用的遁辞，其实正表明陈献章的思想已背离朱学领域而进入陆学樊篱。

陈献章离朱入陆，即因"寻书册，累年未有得"而转向"求心"，这种思想变化的逻辑必然性，与宋末以来和会朱、陆的社会思潮也有关系。朱熹和陆九渊在政治立场和哲学世界观的根本点上都是一致的，作为朱、陆学术差异标志的"道问学"和"尊德性"两种不同的完成儒家伦理道德的修养方法，实际上也是相辅相成的。故在朱、陆相争的当时，也就出现了会通朱、陆的主张。朱、陆和会更是整个元代学术思想的特征。即使在明初朱学独尊的局面下，宗朱学者的思想中，也有陆九渊心学观点的成份。如服膺朱熹，称其为孔子以后"又集其大成者也"的王祎即说："人身甚微细，而至广且大者，心也。范围天地、经纬古今、综理人理、酬酢事变，何莫非心思之所致也。于是圣贤有心学焉，先之以求放心，次之以养心，节之以尽心。是故心学废，人之有心者犹无心矣。无心则无以宰其身，㥪㥪焉，身犹一物耳，何名为人哉？"（《华川卮辞》）薛瑄亦说："为学第一工夫，立心为本。"（《读书录》卷十）这种把"心"作为人的根本和把"立心"作为修养的根本的观点，都是陆学的基本观点。就陈献章本人来说，他虽倾心于陆学，但也不否认朱学有救弊作用而与陆学相互补正。如一次他令来学者读《论语》"与点"一章，学子怀疑问："以此教人善矣，但朱子谓专理会'与点'意思，恐入于禅？"他即说："彼一时也，此一时也。朱子时，人多流于异学，故以此救之。今人溺于利禄之学深矣，必知此章然后有进步处耳。"（夏尚朴《浴沂亭记》）总之，朱、陆本来相通，于朱学中摸索未得而入陆，于陆门中求解不悟而入朱，宋末以来，不乏其人，这也是陈献章心学产生的学术背景的一个方面。

第二节　"天地我立，万化我出"的心学世界观

陈献章的"天地我立，万化我出"的心学世界观的最后形成，经历了一个思想发展的过程，它有以下三个环节。

一　元气塞天地

陈献章27岁时，曾受学于服膺朱熹的吴与弼。虽然陈献章声称于吴与弼处所学收获甚微，"未知入处"，然而受其影响亦在所难免。例如，他的自然观，即他在解释宇宙万物的形成、变化时，就和程朱理学一样，也一般地称引"气"为宇宙构成的基本因素的观点。他说：

> 天地间，一气也而已，诎信相感，其变无穷。（卷一《云潭记》）
> 元气之在天地，犹其在人之身，盛则耳目聪明，四体常春；其在天地，则庶物咸亨，太和缊缊。（卷四《祭先师康斋墓文》）

元气塞天地，万古常周流。闽浙今洛阳，吾邦亦鲁邹。（卷五
《五日雨霰》）

陈献章认为"元气"是构成万物的基本要素，元气变化是古今所以
迁改的原因，这正是宋代理学中根据《周易》而形成的一般的宇宙生成
观念。例如，张载即认为"太虚无形，气为本体，其聚其散，变化之客形
尔"（《正蒙·太和篇》）。程颐亦认为万物"种于气"（《河南程氏遗书》
卷第十五）。朱熹更说："盈天地之间，所以为造化者，阴阳二气之终始
盛衰而已。"（《朱文公文集》卷七十六《傅伯拱字说序》）所以，在这里
还难以分辨出陈献章"元气塞天地"观点的性质，这还需要看他对"气"
之本质是如何理解的：是如同张载那样，把"气"认作"本体"，是万事
万物的最后根源；抑或如同朱熹那样，把"气"看作"形而下之器"，是
"生物之具"，只有"理"才是"生物之本"。

二　道为天地之本

陈献章虽然认为"元气塞天地"，认为"气"是构成天地万物的最基
本的东西，但在"气"与"道"（"理"）的关系上，他认为"道"是根
本的，"道为天地之本"。他说：

道至大，天地亦至大，天地与道若可相侔矣。然以天地而视道，
则道为天地之本；以道视天地，则天地者太仓之一粟、沧海之一勺
耳。（卷一《论前辈言铢视轩冕尘视金玉上》）

神理为天地万物主本，长在不灭。人不知此，虚死浪死，与草木
一耳。（卷三《与马贞》）

陈献章将"道"与天地（"气"）相比，认为"道为天地之本"，这
和朱熹将"理"与"气"相比，认为"理"是"生物之本"的观点极为
相近。如朱熹说："天地之间，有理有气。理也者，形而上之道也，生物
之本也；气也者，形而下之器也，生物之具也。"（《朱文公文集》卷五十
八《答黄道夫》）陈献章世界观的唯心主义性质，也就开始从这里表现

出来。

但在对"道"（"理"）作为超感悟的宇宙根源这种性质的解释上，陈献章和朱熹有所不同。朱熹援引《易传》的"太极"和周敦颐的"无极"来加以解释，他说："圣人谓之太极者，所以指夫天地万物之根也。周子因之又谓之无极者，所以著夫无声无臭之妙也。"（《朱文公文集》卷四十五《答杨子直》）而陈献章则径以老、庄为解，他说：

> 道可状乎？曰：不可。此理之妙，不容言；道至于可言，则已涉乎粗迹矣。（卷一《论前辈言铢视轩冕尘视金玉下》）
>
> 道不可以言状，亦可以物乎？曰：不可。物囿于形，道通于物，有目者不得见。何以言之？曰：天得之为天，地得之为地，人得之为人；状之以天则遗地，状之以地则遗人，物不足状也。（卷一《论前辈言铢视轩冕尘视金玉下》）

陈献章以"不可言"来解释"道"之无形体，以"天得之为天，地得之为地，人得之为人"来解释"道"为万物之根源，与老、庄极为相似。因为《老子》阐述"道"（"一"）为万物根源时正是这样说的："天得一以清，地得一以宁，神得一以灵，谷得一以盈，万物得一以生，侯王得一以为天下贞。"（第39章）而《庄子》在描绘"道"之不可闻见时也是如此说的："夫道，有情有信，无为无形，可传而不可受，可得而不可见……"（《大宗师》）。这就预示着陈献章思想的进一步发展，可能不是程、朱的方向，而是另外的方向。事实正是这样，陈献章思想进一步发展，就是他提出万理、万物具于一心的观点，向着陆九渊的方向走去。

三　心具万理、万物

陈献章虽然认为"道为天地之本"，但他并不象客观唯心主义者朱熹那样，认为"理"是独立于万物之先的某种绝对存在，而是认为有此"心"方有此理，有此"诚"方有此物。他说：

> 君子一心，万理完具，事物虽多，莫非在我。（卷一《论前辈言

铢视轩冕尘视金玉中》）

> 天地之大，万物之富，何以为之也？一诚所为也。盖有此诚，斯有此物；则有此物，必有此诚。则诚在人何所？具于一心耳。心之所有者此诚，而为天地者此诚也。（卷一《无后》）

陈献章的"君子一心，万理完具""万物之富，一诚所为"的观点，和陆九渊"心即理"（《象山全集》卷十一《与李宰》）、"万物森然于方寸之间"（《象山全集》卷三十四《语录》）的观点是完全相同的。这样，陈献章从开始认为"元气塞天地"，进而认为"道为天地之本"，继而又认为"道"（"理"）亦为我心之所具有，万理、万物、万事归根结底皆是我心的产物。

陈献章的心学世界观，在理论形态上与陆九渊心学极为相似。这种心学世界观，陆九渊用"宇宙便是吾心，吾心即是宇宙"（《象山全集》卷二十二《杂说》）两语来概括，陈献章则用"天地我立，万化我出，宇宙在我"三言来表达，他说：

> 此理干涉至大，无内外，无终始，无一处不到，无一息不运，此则天地我立，万化我出，而宇宙在我矣。得此霸柄入手，更有何事，往来古今，四方上下，都一齐穿纽，一齐收拾，随时随处无不是这个充塞，色色信他本来，何用尔脚劳手攘。（卷三《与林郡博》）

即陈献章和陆九渊一样，以"宇宙"为自己思索的背景，极力强调主观扩充，认为万事万物皆是"心"的创造，皆是"心"的充塞。

但比较而言，陈献章和陆九渊对"心"的理解有所不同。陆九渊所理解的"心"，除了它的知觉能力外，还特别强调它的伦理本性，如他说："仁义者，人之本心也。"（《象山全集》卷一《与赵监》）而陈献章所理解的心，则主要是指它的知觉认识能力，如他说："即心观妙，以揆圣人之用。"（卷一《送张进士廷实还京序》）这样，陆九渊的"宇宙吾心、吾心宇宙"命题，除了包含有万事万物皆我"心"的产物这种哲学本体论和认识论的内容外，还主要是指一种道德修养境界，即指儒家所主张的最高的"天人合一"的道德境界。而陈献章的"天地我立，万化我出，宇宙在我"命题，则主要强调心的知觉作用是决定万事万物的枢纽。他说：

> 其观于天地，日月晦明，山川流峙，四时所以运行，万物所以化生，无非在我之极而思握其枢机，端其御绥，行乎日用事物之中，以与之无穷。（卷一《送张进士廷实还京序》）
>
> 人争一个觉，才觉便我大而物小，物尽而我无尽。（卷三《与时矩》）
>
> 身居万物中，心在万物上。（卷五《随笔》）

这样，陈献章的心学世界观就没有陆九渊心学那种强烈的伦理色彩，而是具有杨简心学那种明显的唯我主义色彩。

陈献章心学不同于陆九渊心学的这个特色，与他受到佛学思想的较深影响有关。在陈献章的诗文中，多次提到诵读佛经，如"无奈华胥留不得，起凭香几读《愣严》"（卷六《午睡起》），"天涯放逐浑闲事，消得《金刚》一部经"（卷六《邹吏目书至有作兼呈吴县尹》），"闲拈曲江句，胜读《法华经》"（卷七《春兴》），"胸中一部《莲华经》，江云浩浩江泠泠"（卷八《病中寄张廷实》）。他的诗中也不乏禅语，诸如"千休千处明，一了一切妙"（卷五《傅民泽》），"虚无里面昭昭应，影响前头步步迷"（卷五《赠周成》），"人世万缘都大梦，天机一点也长生"（卷八《再和示子长》），"得山莫杖，临济莫喝，万化自然，太虚何说，绣罗一方，金针谁掇"（卷八《示湛雨》），不胜枚举。这些都表明陈献章与佛学有很深的关系。

儒、佛之异，就其根本宗旨而言，儒家旨在践履封建伦理纲常，而佛家则在实现个人的解脱。就"心性"这个问题而言，宋代理学家，无论是朱熹或是陆九渊都认为"心""性"是指人固有的伦理道德观念或品性，而佛学则指"心""性"为人的生理知觉能力。宋代理学家一般都从儒家所主张的伦理道德立场对佛说进行了尖锐的攻击。陈献章由于受佛学思想影响较深，故对儒、佛这种分歧和对立，也看得比较淡薄，甚至认为"儒与释不同，其无累同也"（卷三《与太虚》），承认"白沙诗语如禅语"（卷八《次韵张东海》）。这样，他在"心性"这个理论问题上，在修养方法上，将心学与禅学有时不加分辨，也就是很自然的事了。

当然，从根本上说，陈献章还是儒家，在他心中儒家的宗旨与佛、老学说之间的界限还是清楚的，例如，他曾在《夜坐》诗中写道："不著丝毫也可怜，何须息息数周天。禅家更说除生灭，黄老惟知养自然。肯与蜉蝣同幻化，只应龟鹤羡长年。吾儒自有中和在，谁会求之未发前。"（卷七《夜坐》）认为儒家所追求的"中和""未发之前"，也就是达到完满的、纯粹的、善的伦理道德境界，与佛家的超生死、道家的求长生是不同的，并表示自己最终还是要维护儒家立场的。他说："近苦忧病相持，无以自遣，寻思只有虚寂一路，又恐名教由我坏，佛、老安能为我谋也。付之一叹而已。"（卷三《与容一之》）所以当有人攻击他"流于禅学"时，他就加以分辩，声称这只是迹之近似，而非实有所同，他在答一学官的信中说：

> 承谕有为毁仆者，有曰：自立门户者是流于禅学者。甚者则曰：妄人率人于伪者……仆又安敢与之强辩，姑以迹之近似者为执事陈之：孔子教人文行忠信，后之学孔氏者则曰，一为要，一者无欲也，无欲则静虚而动直，然后圣可学而至矣，所谓"自立门户者"，非此类欤？佛氏教人曰静坐，吾亦曰静坐；曰惺惺，吾亦曰惺惺。调息近于数息，定力有似禅定，所谓"流于禅学者"，非此类欤？（卷二《复赵提学金宪》）

总之，陈献章力辩自己的修养方法，虽然形迹上和佛、老的"禅定""主静"有某种相似之处，但根本目的还是为了达到孔子所提出的修养目标，为了使"圣可学而至"，所以不是"自立门户"，不是"流于禅学"。应该说，陈献章的辩白是符合事实的，整个明代心学都有这样的理论特色：表面上虽带有禅学色彩，但本质上仍是儒家思想。

第三节 "以自然为宗"的心学宗旨

陈献章的心学认为"天地我立，万化我出，宇宙在我"，由此出发，他提出"以自然为宗"的修养目标或为学宗旨，他说：

> 人与天地同体，四时以行，百物以生，若滞在一处，安能为造化之主耶？古之善为学者，常令此心在无物处，便运用得转耳。学者以自然为宗，不可不著意理会。（卷二《遗言湛民泽》）

陈献章所谓的"自然"，乃是指万事万物朴素的、无着任何外力痕迹的、本然的存在状态。如他以诗为例说："古文字好者，都不见安排之迹，一似信口说出，自然妙也。其间体制非一，然本于自然不安排者便觉好。"（卷二《与张廷实主事》）所以陈献章的"以自然为宗"，实是指一种无异同、得失、生死，即无任何负累的、本然的绝对自由自在的精神状态，他又称之为"浩然自得"。他说：

> 士从事于学，功深力到，华落实存，乃浩然自得，则不知天地之为大，生死之为变，而况于富贵贫贱、功利得丧、诎信予夺之间哉？（卷一《李文溪文集序》）

可见，陈献章"以自然为宗"或"浩然自得"的修养目标，实际上乃是企图从自然（如生死）和社会（如得失）的束缚中超脱出来。它不是为了某个崇高的目的而置生死得失于度外的那种道德境界，而是指达到泯除生死得失界限的那种心理状态。这种心理状态，当然不是践履道德的结果，而只能是充分扩充主观自我的结果，因为主观自我意识的充分扩张，必然由重我轻物到有我遗物，最后到有心而无物。他说：

> 重内轻外，难进而易退，蹈义如弗及，畏利若懦夫，卓乎有以自立，不以物喜，不以己悲，盖亦庶几乎吾所谓浩然而自得者矣。（卷

一《李文溪文集序》）

　　能以四大形骸为外物，荣之、辱之、生之、杀之，物固有之，安能使吾戚戚哉？（卷三《与僧文定》）

　　灵台洞虚，一尘不染，浮华尽剥，真实乃见，鼓瑟鸣琴，一回一点，气蕴春风之和，心游太古之面，人具七尺之躯，除了此心此理，便无可贵。（《白沙语要》）

　　"重内轻外""以四大形骸为外物""除了此心此理，便无可贵"，这些就是陈献章"以自然为宗"的实际内容。在这里，陈献章心学又一次显示了它和陆九渊心学相比伦理色彩较为淡薄的特色。陆九渊曾说："今所学果为何事？人生天地间，为人当尽人道。学者所以为学，学为人而已，非有为也。"（《象山全集》卷三十五《语录》）又说："须思量天之所以与我者是甚底为？不是要做人否？理会得这个明白，然后方可谓之学问。"（《象山全集》卷三十五《语录》）可见，陆九渊心学的理论目标是"做人"，其主要内容是指践履儒家所主张的伦理纲常。而陈献章心学"以自然为宗"，企羡超越物外，遗世独立，他曾述己之志向曰：

　　优游自足无外慕，嗒乎若忘，在身忘身，在事忘事，在家忘家，在天下忘天下。（卷一《送李世卿还嘉鱼序》）

　　这与儒家所主张的"修身、齐家、治国、平天下"的为学宗旨当然是相悖的。故他的同窗胡居仁、后学夏尚朴评论"白沙之学近禅"（见《明儒学案》卷二《崇仁学案二》、卷四《崇仁学案四》），也不是无缘故的妄断，而是有某些事实根据的。然而，这种所谓"近禅"的思想正是宋明理学对儒学的心理描述的一种贡献。

第四节　"静坐中养出端倪"的心学方法

　　陈献章认为"天地我立，万化我出，宇宙在我"，万事万物皆我心的产物。为学的宗旨或目标，在于"以自然为宗"，即求得无任何负累的

"浩然自得"。那么，如何才能达到这个目标？陈献章有个简要回答：

> 为学当求诸心，必得所谓虚明静一者为之主，徐取古人紧要文字读之，庶能有所契合，不为影响依附，以陷于徇外自欺之弊：此心学法门也。（卷四《书自题大塘书屋诗后》）

可见，陈献章的"心学法门"，即他的心学方法，其要点有二。

一 以静求"心"

陈献章的心学认为，万物万理具于一心，生于一心，为摆脱万事万物的负累，识得"心"之本体，是绝对必要的。但是，在陈献章心学里，"心"不仅是指一种可感觉的、具体的生理实体，而且是具有神秘作用的宇宙本体，它无法通过理性的、逻辑的方法来认识，只能通过非逻辑的、内省方法来体悟。这种内省的方法自有其心理学的根据，是人们认识过程中的一个不可缺少的环节，陈献章对它做了精深的分析，也是对人类认识结构要素的贡献。他对其弟子李承箕（字世卿）说：

> 此心通塞往来之机，生生化化之妙，非见闻所及，将以待世卿深思而自得之。（卷一《送李世卿还嘉鱼序》）

陈献章把这种由"深思而自得之"，即内省体验的以静求"心"的方法，称为"静坐中养出端倪"。他说：

> 为学须从静坐中养出端倪方有商量处。（卷二《与贺克恭黄门》）
> 惟在静坐，久之然后见吾心之体……作圣之功，其在兹乎！（卷二《复赵提学金宪》）

何谓"端倪""心之体"？是否即是孟子的"四端"？陈献章自己没有作过明确的说明。刘宗周曾试作解释："静中养出端倪，不知果为何物。端倪云者，心可得而拟，口不可得而言，毕竟不离精魂者近是。"（《明儒学案·师说》）似乎也不得要领。实际上，它是指某种本然的、善恶喜怒未形的精神状态。不过，陈献章对这种精神状态做了一些神秘的解释。

二 以"我"观书

陈献章虽然认为"为学当求诸心"，"静坐"是求"心"的主要方法，但他也不否认需要读书，不否认"学以变化习气，求至乎圣人而后已"（卷一《古蒙州学记》）。但他主张"以我观书"，反对"以书博我"。他说：

> 六经，夫子书也，学者徒诵其言而忘味，六经一糟粕耳，犹未免于玩物丧志……以我而观书，随处得益；以书博我，则释卷而茫然。（卷一《道学传序》）

陈献章的"以我观书"和陆九渊的"六经注我"涵义是一样的，即认为"六经"所阐述的道理，即是我"心"的内容。读经在于明了其精神实质，使我心与六经契合；不是为了博闻强记，增加心的负担。基于这种理解，陈献章和陆九渊一样，并不主张多读书。他说：

> 此心自太古，何必生唐虞；此者苟能明，何必多读书。（卷五《赠羊长史寄贺黄门钦》）
>
> 读书不为章句缚，千卷万卷皆糟粕。（卷八《题梁先生芸阁》）

陈献章还主张学贵自得。他认为，所谓"道理"，是自得于心，不是言语可表达的。这种自得可能是对世界和自我某一方面的洞察，尚未形成系统的理论，因而很难用语言来表达。他说："道也者，自我得之，自我言之可也；不然，辞愈多而道愈窒，徒以乱人也。"（卷二《复张东伯内翰》）基于这种理解，他也不主张著书。他说：

> 他时得遂投闲计，只对青山不著书。（卷八《留别诸友》）

甚至认为"六经而外，散之于诸子百家，皆剩语也"（《明儒学案》卷五《白沙学案一·李承箕文集》）。故他说"真儒不是郑康成"（卷八《再和示子长》），传注章句皆是"百氏区区赘疣苦，汗牛充栋故可削"（卷八《题梁先生芸阁》）。

陈献章江门心学的思想内容大致就是如此。陈献章的江门心学在宋明理学史上有重要的地位，因为它开始了明代学术局面由初期的朱学统治向中后期的心学风靡的转变，并且它和后起的王守仁姚江心学共同构成了明代心学的主要内容，正如黄宗羲所说："有明之学，至白沙始入精微，……至阳明而后大。"（《明儒学案》卷五《白沙学案·序》）"精微"二字正是陈献章思想的最好说明。

第七章　湛若水对江门心学的发展与江门心学的学术归向

第一节　湛若水的生平及著述

湛若水（1466～1560），字元明。初名露，字民泽，避祖讳，改名雨，后定今名。广东增城人。因居家增城之甘泉郡，故学者称之为甘泉先生。

湛若水28岁时（弘治六年，1493年），第一次参加会试，落第；于次年往江门，从学陈献章。因悟出"随处体认天理"的修养方法，深得陈献章的嘉许曰："著此一鞭，何患不到古人佳处。"（《白沙子》卷二《遗言湛民泽》）陈献章对湛若水极为器重，卒前曾赠诗三首，自跋云："达磨西来，传衣为信。江门钓台亦病夫之衣钵也，兹以傅民泽，将来有无穷之托，珍重珍重。"（《白沙子》卷六《江门多义台与湛民泽收管》）视湛若水为自己学术思想的继承人，故湛若水对陈献章也极其情深。弘治十三年（1500年）陈献章殁，他"为之制斩衰之服，庐墓三年不入室，如丧父然"，说："道义之师，成我者与生我者等。"（罗洪先《湛甘泉墓表》）后来，湛若水仕路通达，凡"足迹所至，必建书院，以祀白沙"（《明儒学案》卷三十七《甘泉学案·湛若水传》）。

湛若水40岁时（弘治十八年，1505年）中进士，选授翰林院庶吉士、编修。此时，获交王守仁，甚为相得，以同志相期。如王守仁回忆所述，"一见定交，共以倡明圣学为事"（《王文成公全书》卷三十二《年谱》）。47岁时（正德七年，1512年）出使安南，册封国王。49～55岁的几年中，湛若水因服母丧、养病，一直家居讲学。57 岁时（嘉靖元年，1522 年），明世宗即位，复被起用，历仕编修、侍读、南京国子监祭酒、南京吏部右侍郎转礼部右侍郎，南京礼部尚书转吏部尚书、兵部尚书，曾出使安南。75 岁时（嘉靖十九年，1540 年）致仕。晚年，致力于讲学著述，年登九秩犹为南岳之游。年九十五卒。

湛若水久仕高级学官，故其生平所建书院甚多，从学弟子甚众，"相从士三千九百余"（罗洪先《湛甘泉墓表》），这对于他的思想的传播自然很有好处。

湛若水的著述很多，就罗洪先、洪垣为其所撰《墓表》《墓志铭》中存录的书目而言，大体可分为三类。一是论述自己心学思想与时事出处之作，如《心性图说》《樵语》《雍语》《明论》《新论》《新泉问辨》等，由其门弟子编纂成《甘泉先生文集》。此集今多有散佚，洪垣于万历七年（1579 年）重刻时序称："先生原集四十八册，今存惟十五册。"如《明论》十卷全佚，《非老子》《遵道录》等亦残缺。虽是如此，湛若水心学思想的基本方面和主要观点，仍可在现存的《甘泉文集》中反映出来。二是厘订儒家经典之作，如《四书训测》《古本小学》《春秋正传》《二礼经传测》《古易经传测》《尚书问》《诗经厘正》《古乐经传》《节定仪礼燕射纲目》等。湛若水此类著述大都成于 50 岁以后，其意在正古人之谬。他说："吾于五十以前，未尝理会文义，后乃稍稍有见，于《二礼经传》、《春秋正传》及《古易经传》、《庸学论孟测》，皆以正古人之谬，以开天下后世之蒙，非得已而不已也。"（《甘泉先生文集》卷七《答王德徵》。以下凡引《甘泉先生文集》只注卷数篇名）然而，湛若水的厘订救正之作，多有依据不足、立论偏颇之失。如他根据《论语》"诗三百"一语，竟断定今《诗经》超过三百之篇，皆是为孔子删去而又为"好事儒复取而混之"的"淫诗"，故他编《厘正诗经诵》，删去十篇"淫诗"，以成"三百"之数（卷七《厘正诗经诵序》）。其他如据《中庸》"礼仪三百、威仪三千"和《礼记》"经礼三百、曲礼三千"立"二礼"之说，以《礼记·曲礼》附以《少仪》为"上经"，而《仪礼》定为"下经"（卷七《二礼经传测序》）。又自拟度数为《补乐经》，而以《乐记》为传（卷七《补乐经序》）等，皆有"殊伤烦碎""自信太过"之弊（《四库总目提要》卷二十五、卷三十九）。唯其《春秋正传》稍有可取，《四库总目提要》评曰："此书大旨以《春秋》本鲁史之文，不可强立义例，以臆说汩之，惟当考之于事，求之于心，事得，而后圣人之心、《春秋》之义皆可得，因取诸家之说厘正之……若水能举向来穿凿破碎之例，一扫空之，而核诸实事以求其旨，犹说经家之谨严不支者矣。"（卷二十八）湛若水此类著述也多有遗失，只有《春秋正传》三十七卷录入《四库全书》，《二礼经传测》六十八卷、《古乐经传》三卷仅存目《四库全书》，完书迄今未见。三是发挥儒家修身、治国理论之作，即《圣学格物通》。此乃嘉靖七年（1528年）湛若水任南京礼部侍郎时进献之书，凡一百卷，为时四年方成。体例略仿丘濬《大学衍义补》，杂引诸儒及明帝训示二千余条，各以己意发明之，诚如他自己所述："事皆取诸大训格言，义则附以浅见薄识。"（《圣学格物通进书疏》）此作是他藉"立志正心""敬天畏民""立教兴化""选贤任能""抑末薄赋"等儒家传统的论题，来发挥自己的心学观点。

第二节 "万事万物莫非心"的心学世界观

湛若水心学世界观的最后形成，经历了一个和陈献章相似的逻辑发展过程，即它也有三个环节：由"宇宙一气"开始，经过"理气一体"，"道、心、事合一"而最后得出"万事万物莫非心"的心学结论。

一 宇宙一气

湛若水深受张载的影响，把"虚无"当作其自然观中的基本范畴。他说："'虚'之一字，先儒鲜有道及者。后之学者无识见，便以为佛老之学，怕向此中寻求，惟有张子'虚者仁之原'何等识见……天地至虚而已。"（卷七《答王宜学》）但湛若水所谓"虚无"，实是指万物尚未形成时和消亡后那种宇宙空虚状况。宇宙的变化过程，就是万物由无到有、由有到无的变化过程。正是在这个意义上，他认为"虚无"是天地之始终，他说：

天地之初也，至虚。虚，无有也。无则微，微化则著，著化则形，形化则实，实化则大……大变而实，实变而形，形变而著，著变而微……微则无矣，而有生焉。有无相生，其天地之终始乎？（卷二《新论》）

湛若水还接受了张载"太虚即气"的观点，认为宇宙就其变化状况言，是从无到有、从有到无；就其变化的实体言，是"气"。他说：

虚无即气也。如人之嘘气也，乃见实有，故知气即虚也。其在天地，万物之生也；人身，骨肉毛血之形也，皆气之质，而其气即虚无也。（卷二《新论》）

所以，湛若水把"气"或"虚"比作生成万物的"种子"或"根本"。他说：

空室空木之中有物生焉，虚则气聚，气聚则物生，故不待种也。气即种也。得之气化而生也，故虚者生之本。（卷二《新论》）

湛若水的这个观点，和张载"气不能不聚而为万物，万物不能不散而为太虚"的观点（《正蒙·太和篇》），是极为相似的。

湛若水进而指出，不仅天地万物是由"气"构成，而且精神意识现象也是"气"的表现，因而得出"宇宙一气而已"的结论。他说：

宇宙间一气而已，自其一阴一阳之中谓之道，自其成形之大者谓之天地，自其主宰者谓之帝，自其功用者谓之鬼神，自其妙用者谓之神，自其生生者谓之易，自其生物而中者谓之性，自其精而神、虚灵知觉者谓之心，自其性之动应者谓之情，自其至公至正者谓之理，自其理出于天之本然者谓之天理，其实一也。（《正蒙·太和篇》）

张载说："由太虚，有天之名；由气化，有道之名；合虚与气，有性之名；合性与知觉，有心之名。"（《正蒙·太和篇》）正是把天、道、性、心都看作太虚与气的某种存在形式。可见，湛若水"宇宙一气"的观点与张载的气一元论是相近的，这表明湛若水在自然观上受到张载的很大影响。

二 理气一体与道、心、事合一

张载的"太虚即气""气生万物"固然是彻底的气一元论自然观，但它有一个明显的缺点，就是认为精神是至清之气（"清极则神"），万物是粗浊之气（"万物形色，神之糟粕"），认为"合虚与气，有性之名"。这里，他没有分清物质与精神在本质上是有所不同的。湛若水从张载自然观中的这个缺陷处向前走去，得出"理气一体"的结论，他说：

> 以理气对言之也者，自宋儒始也，是犹二端也……形而上者谓之道，形而下者谓之器，器即气也。气有形故曰形而下，及其适中焉即道也。夫中何形矣，故曰形而上。上下，一体也。以理气相对而言，是二体也。（卷二《新论》）
>
> 《易》一阴一阳之谓道，即气即道，气之中正者即道，道气非二也。（卷十一《问疑续录》）

湛若水认为"道""器"，或"理""气"，或"性""气"，只有存在状态的有形或无形、偏或正的区别，而无本质的不同。

湛若水"理气一体"的观点，把物质性的"气"和精神性的"理""性"看作同一的，就使他的思想由唯物观走向唯心的伦理观、世界观接通了桥梁。既然"理"与"气"或"性"与"气"同一，那么，由"天地一气"进而得出"天地一性""天地一理"的结论，在逻辑上也就是必然的和合理的了。他说：

> 天地间只是一个性，气即性也，性即理也，更无三者相对。（卷八《新泉问辨录》）
>
> 天理浑然在宇宙内，又浑然在性分内，无圣无愚，无古无今，都

是这个充塞流行。(卷二十《韶州明经馆讲章》)

湛若水认为理、气或性、气一体，所以由"宇宙一气"推演出"宇宙一理""宇宙一性"的结论。这样，他的思想开始蜕去了具有张载一元论自然观的色彩，而呈现了具有朱熹理气观的色彩，因为朱熹也认为，就事物的现存状态言，理气是不可分的。但湛若水的"合一"思想，并没有停止在"理气一体"上，而是进一步发展，提出心、事、理三者"合一"。他说：

> 甘泉子五十年学圣人之道，于支离之余而得合一之要……合一有三要，曰心、曰事、曰理，所谓合一也。(卷十七《送方直养归齐云诗序》)
>
> 心也、性也、天也，一体而无二者也。 (卷二十《天泉书堂讲章》)

同样，既然心、理、气（事）同一，那么，由"天地一气""天地一理"进而得出"天地一心"的结论，在逻辑上也就是必然和合理的了。故他说：

> 天地古今，宇宙内只同此一个心。(《明儒学案》卷三十七《甘泉学案一·语录》)
>
> 盖道、心、事合一者也，随时随事何莫非心。(卷七《答欧阳崇一》)

至此，湛若水逻辑地提出了具有个性特色的心学定义：何谓心学？万事万物莫非心也。(卷二十《泗州两学讲章》)

三 万事万物莫非心

湛若水心学思想的基本观点"万事万物莫非心"具有怎样的理论内容，这要从他对"心"的理解开始分析。

当然，湛若水也是把"心"理解为具有知觉作用的实体，他说：

> 知觉者，心之体也，思虑者，心之用也。（卷一《樵语》）
> 心也者，知也。（卷二《新论》）

但是，他又认为，并不是凡具有知觉作用或能力的皆是"心"，而是只有能认识"天理"的才是"心"。他说：

> 夫心非独知觉而已也，知觉而察知天理焉，乃为心之全体。（卷八《与吉安二守潘黄门》）
> 盖知觉是心，必有所知觉之理乃为其知也。（卷八《新泉问辨录》）

"知觉是心"，这是湛若水所谓"心"的一个方面的涵义。他关于"心"的另一个更重要方面的涵义，是"心即天理"。他说：

> 虚灵方直而不偏，心之本体，所谓天理。是心也，人人之所固有。（《圣学格物通》卷十八《正心》）
> 天理只是心之生理，如彼谷种，仁则其生之性，仁即是天理也。心与天理何尝有二？（卷十一《问疑续录》）

可见，湛若水认为，本体状态的"心"，是没有任何偏邪之念的，"心之本体无一物也，忿懥、恐惧、好乐、忧患四者皆私也，而有一焉，即失其本体而心不正矣"（《圣学格物通》卷二十《正心》）。一切伦理道德都由此而生，"亲亲、仁民、爱物，无不由此流出"（《圣学格物通》卷二十七《进德业》）。而"仁即是天理""礼是天理之见于实事者"（《圣学格物通》卷二十七《事君使臣》）。所以，在湛若水看来，"心"即是"天理"，二者是一个东西。陆九渊曾说："人心至灵，此理至明，人皆有是心，心皆具是理。"（《象山全集》卷二十二《杂说》）也是主张心不仅有知觉作用，而且心即是天理，心有伦理意义。但湛若水仍认为他表述得不够准确，对他的说法提出批评："心即理也，理即心之中正也，一而已矣。而云‘具’者，是二之也。"（《圣学格物通》卷二十《正心》）可见，湛若水的心学观点是很明确的。

知觉、天理，这就是湛若水心学中"心"的涵义。湛若水把他的这种对"心"的理解绘成一图，称之为"心性图"。图为一个大圈，内含三个小圈。大圈标明为"宇宙"，三个小圈分别标为"性""情""万事万物天地"。他解释说："何以小圈？曰：心无所不贯也。何以大圈？曰：心无所不包也。"（卷二十一《心性图说》）所谓心"无所不包"，是说上下四方、古往今来，心无所不知；所谓"心无所不贯"，是说天地之万事万物、人之性情，无不是融贯天理。这样，"心是知觉""心即天理"，用"心"来包含一切，就得到了进一步的、明确的阐述。

湛若水对"心"的这种理解，使他的"万事万物莫非心"的心学观点具有两方面的内容。

一是从认识论的角度解释心。既然心具知觉作用，那么，"万事万物莫非心"也就意味着万事万物皆是心的知觉的产物，心之外则无事无物。湛若水说：

> 万事万变生于心。（《圣学格物通》卷十九《正心》）
> 心体物而不遗，何往非心。（卷七《答太常博士陈惟浚》）

这些都表明湛若水的"万事万物莫非心"的结论具有明显的主观唯心主义性质。他还说"天地万物皆我分内"（卷二十三《天关语录》），"非人，亦无天地矣"（卷八《新泉问辨录》）。所以，这种主观唯心主义还带有某种唯我论的色彩。

二是从本体论的角度解释心。既然"心即天理"，那么，"万事万物莫非心"也就意味着由心所生之万事万物，同时也是"理"的表现，为"理"所充塞。湛若水说，"天理者，吾心中正之本体而贯万事者也"（卷七《复洪峻之侍御》），"动容周旋中礼，则无非天理之流行矣"（《圣学格物通》卷二十一《正威仪》）。所以这种"心"，就不仅是个体知觉之"心"，而且是古往今来的人的共同的、客体化了的"心"。他说：

一人之心，即千万人之心；一时之心，即千万世之心。（《圣学格物通》卷十九《正心》）

圣贤之学本乎心，千万世之上，千万世之下，同此心同此理。（《圣学格物通》卷六十一《用人》）

天地古今，宇宙内只同此一个心，岂有二乎？初学之与圣人，同此心，同此一个天理。（《明儒学案》卷三十七《甘泉学案一·语录》）

这样，湛若水"万事万物莫非心"的心学观点，从"心即天理"这个角度来解释，似乎具有某些客观性质，和程、朱理学有某种接近。但湛若水最终还是强调"心"，他说，"谓之在物为理则不可，此理毕竟在心，通贯乎万事万物"（卷八《新泉问辨录》），"格致诚正修齐治平皆心也"（卷七《答太常博士陈惟浚》），从而使他的思想体系仍然保持着鲜明的主观唯心主义色彩，属于心学的理论阵营。

第三节 "随处体认天理"的心学方法

湛若水心学的为学或修养方法，他的及门弟子周冲把它概括为三点："先生之教，惟立志、煎销习心、体认天理三言者最为切要。"（卷八《新泉问辨录》）当然这三点是互相联系的，都是为了认识"天理"，从而完成儒家的道德修养。他是这样解释的："此只是一事。天理是一大头脑，千圣千贤共此头脑，终日终身只此一大事。立志看，立乎此而已；体认是功夫，以求得乎此者；煎销习心，以去其害此者。"（卷八《新泉问辨录》）然而，在这三者之间，他经常强调的是"体认天理"。如当弟子说他的《大科训规》"其要则在'体认天理''煎销习心'两句尽之"时，他即加以纠正道："其要又只在体认天理。"（卷十《问疑录》）故他总结为学方法说："圣学功夫，至切至要，至简至易处，总而言之，不过只是随处体认天理。"（卷二十一《四勿总箴》）这样，如同陆九渊的"发明本心"、陈献章的"静坐中养出端倪"是他们各自心学方法的主要内容和特征一样，"随处体认天理"也是湛若水心学访求的主要内容和特征。下面就来分析湛若水心学方法的三个方面，而着重分析他的"随处体认天理"的心理学特色。

一 立志

湛若水所谓"立志"，是指为学首先要确定用力方向，这是为学、修养的第一步或根基。他对弟子们说："诸生为学必先立志，如作室者先立其基址乃可。"（卷六《大科训规》）那么，这个用力方向是什么？湛若水认为是"天理"，实际上也就是要"本心"。他说：

> 圣学莫先于立志，立志莫先于见大；见大者非他，即天理者；天理者非他，即吾心之本体也。心体本自广大，本自高明，人惟不见此体，则志无定向而学有间断。（《圣学格物通》卷三《立志》）
>
> "天理"二字乃千圣千贤之大头脑，学者之学圣贤，舍此宜无用力者矣。（《圣学格物通》卷三《立志》）

从这里可以看出，湛若水的"立志"有个特点，它主要不是指确立达到圣贤的目标，而是指明确达到圣贤的方法、途径。他说："吾之所谓立志者，异乎人之所谓立志。人之所谓立志者，谓有必为圣人之心；吾之所谓立志者，即孔子所谓'志于学''志于道'，则志必有实功教人入途辙去。"（卷十《问疑录》）换言之，湛若水的"立志"，就是确立以体认"天理"或"本心"为途径，以达圣贤的目的。

二 煎销习心

湛若水认为，人心之本体即是天理，一旦本体中正之心被气习、物欲蒙蔽，"天理"也就昏塞。这种被气习蒙蔽之心，他称之为"习心"。他说：

> 虚灵不昧，心之本体，岂待人而后能之也。气习物欲蔽之，则本体昏塞而不知返，天理灭矣。（《圣学格物通》卷九《感应》）

"习心"和"天理"对立，所以消除"习心"的根本办法是"体认天理"，以发现被蒙蔽之本心。他说：

> 体认天理乃煎销习心之功夫，盖天理与习心相为消长，养得天理长一分，习心便消一分，天理长至十分，则习心便消十分，即为大贤；熟而化之，即是圣人。（卷十《问疑录》）

煎销习心，除运用"体认天理"的功夫外，湛若水还提出学问的方法，他认为"不可徒良知而不加学问耳"（卷十七《答洪峻之侍御》），即必须借师友启导和读书学习，以警醒其固有之本心。他说：

> 此理在人心本自固有，然或有所蔽，则此理不明，所以不能不资人问询，以警其良知，盖此理人人同得故也。（《圣学格物通》卷五《谋虚》）
>
> 天理也，至善也，物也，乃吾之良知良能也，不假外求也。但人为气习所蔽，故生而蒙，长而不学则愚。故学问、思辨、笃行诸训，所以破其愚，去其蔽，警发其良知良能者耳。（卷七《答阳明王都宪论格物》）

湛若水还主张煎销习心，必须就事上磨炼，他以炼金必须炉锤为例说：

> 煎销习心……如煎销铅铜，便是炼金。然必须就炉锤乃得炼之之功。今之外事以求静者，如置金于密室，不就炉锤，虽千万年也只依旧是顽杂的金。（《明儒学案》卷三十七《甘泉学案一·语录》）

总之，湛若水的"煎销习心"，主张在完成儒家的道德修养时，要读书，要于事上磨炼，这自然有别于陈献章的"静坐"，蕴涵有某种实际的生活经验内容。但其"读书"，并不是为了增长知识，而是为了觉醒本心，使书本为"我"所用，如他说，"人心中天理具备，读书亦唤醒一番，何等有益"（卷十一《问疑续录》），"六经觉我者也"（卷十八《广德州儒学新建尊经阁记》）。所谓"事上炉锤"，也只是指"居处恭、执事敬、与人忠"之类的儒家道德体验和践履，而不是真正的社会实践。如他说："吾人切要，只于执事敬用功，自独处以至读书酬应，无非此意，一以贯之，内外上下莫非此理，更有何事。"（卷七《答徐曰仁工曹》）

三　随处体认天理

"随处体认天理"向来被视为和王守仁心学相区别的湛若水心学的思想特征或标志，黄宗羲说："阳明宗旨致良知，先生宗旨随处体认天理，学者遂以王、湛之学各立门户。"（《明儒学案》卷三十七《甘泉学案·湛若水传》）湛若水也认为自己生平言论著述"其词虽多，不过止在'体认天理'四字"（卷十九《元年八月初二日进讲后疏》）。同时，他还把"随处体认天理"认定为古来圣贤共同的为学、修养方法。他说，"随处体认天理六字，千圣同行"（卷二十六《示学六言赠潘汝中黄门》），"为千古圣贤心法之要"（卷二十《斗山书堂讲章》）。

湛若水"随处体认天理"的方法，主要内容有两个方面："敬"与"勿忘勿助"。

关于"敬"，他说：

> 敬者，圣学之要，自古千圣千贤，皆在此处用功，体认天理皆是这个大头脑，更无别个头脑。（卷二十《经筵讲章》）
>
> 敬立而良知在矣，修己以敬，敬以直内，此圣门不易之法。（卷二十三《天关语录》）

可见，湛若水所谓的"敬"，与程、朱的"敬"是基本一致的，即以儒家的伦理道德标准来规范、制约自己的思想和行为，故他说："敬也者，思之规矩也。"（卷一《樵语》）

"体认天理"方法的另一方面是"勿忘勿助"。他说："天理在心，求则得之……求之有方，勿忘勿助是也。"（卷八《新泉问辨录》）又说："欲见'中'道者，必于勿忘勿助之间，千圣千贤皆是此路。"（卷二十三

《天关语录》）那么，什么是"勿忘勿助"？他说：

> 心虚而"中"见，犹心虚而占筮神。落意识、离虚体，便涉成念之学。故予体认天理，必以勿忘勿助自然为至。（卷二十三《天关语录》）

> 说勿忘勿助之间便是天理则不可，勿忘勿助之间即见天理耳，勿忘勿助即是中思。（卷九《新泉问辨续录》）

可见，湛若水的"勿忘勿助"，是指保持心境的空虚，无一杂念的那种本然状态，在这种心境的本然状态中，则"天理"自见。

湛若水之所以把"敬"与"勿忘勿助"提出当作他"体认天理"的主要方法，这是由他对"天理"的理解决定的。

湛若水所谓"天理"，是指儒家所主张的封建伦理道德规范。他说：

> 孔门所谓"中庸"，即吾之所谓"天理"。（卷二十《甘泉洞讲章》）

> 所谓人道之序者，非他也，天理也。（《圣学格物通》卷五十九《用人》）

> 圣人制礼以教人也，盖本之天理尔。天理者，天性也，故"三千""三百"，无一而非性也。（《圣学格物通》卷四十八《立教兴化》）

而这种"天理"又是存在于人心之中，是为人所自然固有的、不用人为规定的本性。他说：

> 天理者，即吾心本体之自然者也。（《圣学格物通》卷二十七《进德业》）

这样，既然"天理"是"人道之序"，是"威仪三千，礼仪三百"，所以必须用"敬"的态度才能体认、践履；既然"天理"是人心固有，不由安排，所以必须用"勿忘勿助"的态度让它自动表现、显示。湛若水"体认天理"方法的这两个方面，即一方面要求保持空虚无念的心境，一方面又要求以道德规范去制约思想和行为，不仅从逻辑上来说，而且从人的思想活动的实际情况来看，都是矛盾的，因为既然"空虚无念"，当然就不容时时惦记"三千""三百"；若想着"人道之序"，也就谈不上是"不涉成念"。正因为存在上述这种矛盾，致使他的弟子们在道德修养实践中常有困惑之感，苦于"难为下手""久而未得"（《明儒学案》卷三十七《甘泉学案一·语录》）。如其高足吕怀说："体认天理最难……又不是有个硬格尺可量定的，只这功夫何缘便得正当？"（卷八《新泉问辨录》）

　　实际上，湛若水的"体认天理"，是指封建伦理道德的自我反省。如他自己所说："随处体认天理，功夫全在省与不省耳。"（卷十一《问疑续录》）通过这种内省功夫，认识到这些伦理道德（即"天理"）是人之本心所固有，"天理二字，人人固有，非由外铄，不为尧存，不为桀亡"（《明儒学案》卷三十七《甘泉学案一·语录》）。进而，自觉地把这些伦理道德规范贯彻、渗透自己生活的各个领域中去。据其弟子洪垣说，湛若水的"随处体认天理"，"初为'体认天理'，后觉未尽，复加'随处'二字"（卷三十二《外集墓志铭》）。湛若水自己解释说："体认天理而云'随处'，则动静、心事皆尽之矣。"（《明儒学案》卷三十七《甘泉学案一·语录》）换言之，无论动或静，无论思考或行为，皆能做到以"天理"为准的，是"本心"之呈露，这就是"随处体认天理"的修养过程，就是从自我反省开始，到"本心"流露结束。这种心学修养方法和陆九渊的"发明本心"及陈献章的"静坐中养出端倪"，虽然在本质上是相同的，但在具体内容上有所不同，它吸收和融进了程、朱理学中的"天理""事理合一"观点，补充、发展了心学的修养方法。对心理道德要素的分析自有其独到之处。故湛若水对自己的修养方法自视甚高，称之为包医百病的"中和汤"。他说："随处体认天理，此吾之中和汤也。服得时，即百病之邪自然立地退听，常常服之，则百病不生。"（《明儒学案》卷三十七《甘泉学案一·语录》）

第四节　湛若水心学思想的独特面貌

　　湛若水的心学思想体系，在宋明理学中按其基本理论特色来说，是和王守仁一样属于陆九渊开创、陈献章中兴的心学系统，而和程、朱理学系统相对立。然而值得注意的是，他却有不少非议自己思想先驱的言论或与他们相抵牾的观点，而于程朱理学思想反而每有褒扬或契合。他和自己同时代的王守仁也发生了理论上的争执。这样，就显得湛若水的心学思想具有不同于其他心学家的独特面貌。

一　对宋代理学的态度

湛若水对宋代理学朱、陆两派采取平等对待的态度，他从自己的"心事合一"或"知行并进"的观点来看，认为他们各有所蔽。他说：

> 在心为性，在事为学；尊德性为行，道问学为知，知行并进，心事合一，而修德之功尽矣。德修而道自凝矣，此圣门合一之学。后世支离之弊寖兴，朱熹与项平父书曰："子静专尊德性，而熹平日道问学为多。"臣谓二者会其全，无独用之理也。虽以朱、陆大儒未免此说，而况于他者乎？（《圣学格物通》卷二十七《进德业》）

湛若水认为，"尊德性""道问学"应该是合一的，犹如一体之两面，朱、陆则各见其一，故是有弊。或者说，孔孟之学与道，本应"上下体用一贯，大中至正而弊"，而"朱陆各得其一体者，朱语下而陆语上"（卷七《答太常博士陈惟浚》），故是有偏。所以，他对朱、陆学术都表现出不太尊重的态度。例如，他认为朱熹的《大学章句》用来科举应试是可以的，但作为修身指南就难以胜任了。他说："诸生读《大学》，须读文公《章句》应试，至于切己用功，更须玩味古本《大学》。"（卷六《大科训规》）但是，他并非否定或反对朱熹，故当有人非议朱熹时，他说："如之何其非之！其志也、学也、行也，将班诸孔门可也。"（卷一《樵语》）

对于陆九渊，他虽然明确表示"若于象山，则敬之而不敢非之，亦不敢学之"（卷七《寄崔后渠司成》），而实际上却不乏非议之词。如他对陆九渊"心皆具是理"之说，就颇疑其非。他说："说'具'者是二之也……九渊谓读《论语》疑有子之言支离。臣亦敢以是疑九渊焉。"（《圣学格物通》卷二十《正心》）对于陆九渊的高足杨简，湛若水则更尖锐地批评其为"以圣贤之格言，文自己之邪说"（卷二十四《杨子折衷》），并著《杨子折衷》六卷，逐条辨析杨简言论"乃异教宗旨也"（卷二十四《杨子折衷》）。

但是，毫无疑义，湛若水心学和陆九渊心学不仅在本质上是一致的，而且也确有着源流和承继关系。如上所述，湛若水主张的对"本心"自我反省、自我体认的"随处体认天理"，和陆九渊的"发明本心"就是一致的。湛若水心学中的不少观点或命题，也早就在陆九渊心学中出现，如"心即理""六经皆注我心者也"（卷十八《广德州儒学新建尊经阁记》）。陆九渊曾设喻论为学当先须"明心"："若田地不净洁，则奋发植立不得"（《象山全集》卷三十五《语录》）；湛若水也持相同之论："如不好的田地，虽有美种，亦将奚施？"（卷二十三《天关语录》）不过，他们也有不同。陆九渊重视心为自明之体，而湛若水则重视心的反思之用。前者更加接近于所谓"顿悟"，而后者对于心理活动层次之分析则更为深入。总之，无论是陆学和湛若水思想，对人之知觉、情感、理性诸主观范畴之分析，在中国理论思维发展史上有着重要的贡献。

湛若水认为宋代理学诸儒中，能得孔孟心事、体用一贯之旨的是周敦颐、程颢，故唯对周、程二人极表尊崇。他说：

> 明道得孔、孟、濂溪之传者也，故其语学语道，上下体用一贯，大中至正而无弊……故愚尝云：乃所愿则学明道也。（卷七《答太常博士陈惟浚》）

于是，他著《遵道录》八卷，明确表示对宋代理学诸儒的态度：

> 夫遵道者何为者也？遵明道也。明道兄弟之学，孔、孟之正脉也，合内外、彻上下而一之者也。今夫为朱、陆之辨者赜矣，或失则上，或失则下，吾弗敢遵焉尔。（卷十七《叙遵道录》）

湛若水对陆九渊和周敦颐、程颢之所以有如此不同的态度，是因为他没有觉察到也不承认自己的哲学基本观点和陆九渊心学是完全相同的，如他用来批评陆九渊"心具是理"命题的"心即理"观点，原来也正是陆九渊心学的基本观点；而他对于自己"随处体认天理"的方法和周、程"无欲主一""无丝毫人力，浑然与物同体"思想之间的联系也是很清楚的。因为所谓"主一"，就是排除杂念，唯一地以伦理道德规范制约思想言行，这正是湛若水"随处体认天理"方法中的"敬"；所谓"无丝毫人力""浑然与物同体"，就是保持心境的空虚本然状态，这正是湛若水"随处体认天理"方法中的"勿忘勿助"。故他说："'敬'字宋儒之论详矣，惟明道'主一'之言为至当。"（卷七《答黄孟善》）"'自然'之说，本于明道'明觉自然'之说，'无丝毫人力'之说；明道'无丝毫人力'之说，本于孟子'勿忘勿助'之说。"（卷二十一《自然堂铭序》）因此，他认为"孔孟之道在周、程"（卷十八《默识堂记》），对他们表示尊崇。

但是，湛若水的修养方法与周敦颐及二程也并非完全一致。如程颐的"主敬"功夫，据朱熹的概括是"只云但庄整齐肃，则心便一，则自无非辟之干；又云但动容貌、整思虑，则自然生敬，只此便是下手处"（《朱文公文集》卷四十一《答程允夫》），则颇多于自我约束。与此相较，湛若水则着重于任心自然。他说："心本活物，不必防闲太过，但得使之有路可循，如流水或淮或泗，各循其道，久之自无泛滥之患。"（卷二十三《天关语录》）周敦颐、程颢不除窗前草，则是完全放任自然。与此相较，湛若水则又有所检束，主张"恶草"仍须剪除。他赋诗曰："窗前草不除，吾除惟恐后。不除恶草根，芝兰安得茂？兰德馨通天，草秽虫蛇薮。无为无不为，自取为何有！"（卷二十七《禹山除草吟示同志》）这些说明他们关于修养的具体步骤或方法是不完全相同的。总之，湛若水与周、程、陆之间，固有所同，亦有所异。

二　对陈献章心学的修正

湛若水生平对陈献章极为尊崇，认为"白沙先生之学，追濂、洛、关、闽之轨，以入孔、孟、禹、汤、文、武、尧、舜大道"（卷十七《庐陵黄氏总谱序》），并且认定白沙之学是自己思想的渊源。他说：

　　　　孟子之道在周、程，周、程没，默识之道在白沙，故语予日用间

随处体认天理，何患不到圣贤佳处。（卷十八《默识堂记》）

先师白沙先生云：学以自然为宗。当时闻者或疑焉，若水服膺是训，垂四十年矣，乃今信之益笃。（卷二十一《自然堂铭序》）

这表明，湛若水认为自己的"随处体认天理"即是陈献章的"默识之道"，自己的"勿忘勿助"即是陈献章的"以自然为宗"。所以，他把陈献章当作自己的思想先躯，称之为"道义之师"。

陈、湛之间在思想上有明显的师承关系，这是符合实际情况的。但是，湛若水并不是完全沿袭陈献章的思想，而是对它有所修正、有所发展。

首先，湛若水的为学或修养方法和陈献章相比，虽然在本质上是相同的，但在具体内容和提法上，则有显著的差别。陈献章的心学修养方法，是"静坐中养出端倪"，认为"惟在静坐，久之然后见吾此心之体"（《白沙子》卷二《复赵提学金宪》）。但湛若水对此颇不以为然，颇持怀疑态度。他说："古之论学，未有以静坐为言者；而程氏言之，非其定论，乃欲补小学之缺，急时弊也。后之儒者，遂以静坐求之，过矣！古之论学未有以静为言者，以静为言者皆禅也。"（卷七《答余督学》）湛若水的修养方法是"随处体认天理"，他主张动静、心事合一，随时随地去发现"本心"，践履"天理"。他说："'静坐久，隐然见吾心之体'者，盖先生（指陈献章）为初学言之……'随处体认天理'自初学以上皆然，不分先后，'居处恭，执事敬，与人忠'，即随处体认之功，连静坐亦在内矣。"（卷八《新泉问辨录》）湛若水进而提出"孔门之教皆欲事上求仁，动时着力"（卷七《答余督学》），批评"舍书册、弃人事而习静即是禅学"（卷六《大科训规》），这表明湛若水的随处体认天理的方法对于江门心学由"惟在静坐"出发而进一步向禅学发展的趋势，具有某种遏止作用。

其次，陈献章心学中的修养目标，在湛若水心学中变更为修养方法。陈献章心学"以自然为宗"，是指一种无任何负累的、本然的、绝对自由的精神状态，他又称之为"浩然自得"。所以在陈献章心学里，"自然"是一种为学或修养的目标。但在湛若水心学里，却把陈献章的"自然"理解、修正为体认天理时的"勿助勿忘"、无丝毫杂念的一种态度，一种无任何纷扰的心理状态。如湛若水说："忘、助皆非心之本体，此是心学最精密处，不容一毫人力，故先师（指陈献章）又发现自然之说。"（卷七《答聂文蔚》）"故予体认天理必以勿忘勿助、自然为至。"（卷二十三《天关语录》）这样，"自然"就变成一种识得"天理"、完成修养的方法（"勿忘勿助"），而不是为学或修养所要达到的目标（"浩然自得"）。如湛若水说："日用之间随时随处随动随静存其心于勿忘勿助之间，而天理日见焉。"（卷十九《进圣学疏》）"欲见中道者，必于勿忘勿助之间。"（卷二十三《天关语录》）湛若水将陈献章心学中的修养目标改为修养方法，同样也是使江门心学的禅、老色彩淡薄而儒家色彩加重了。

陈、湛二人在修养或为学方法上的差异，是因为他们具有不同的生活经历，因而具有不同的修养经验和理论需要所造成的。陈献章生平仕路塞塞，乃一蛰居学者，故多追求个人的精神超脱；而湛若水则宦海半生，为一代学官，当然每思索贯彻封建伦理道德。

三　与王守仁心学思想的分歧

湛若水与王守仁的分歧，是明代心学阵营内部的分歧。这种分歧并不是由于政治立场或哲学世界观上的对立所产生，而是由各自承受先前的思想影响不同，对理学中的某些范畴、命题理解有所不同而引起的；并且集中地表现在为学方法，即如何完成儒家所主张的伦理道德修养这一问题上。在湛、王之间，这种分歧又具体表现在如下三个问题上。

第一，对"格物"的不同理解和解释。

"格物"，按《大学》中的提法，它是完成儒家道德修养的一个开始阶段，或一种初步方法，宋、明以来，儒家学者们的解释很不一致。就湛、王二人来说，湛若水的解释是融会程、朱的，而王守仁的解释是反对程、朱的。程、朱基本上是从认识论的意义上来解释"格物"的："格者，至也，物者，事也。事皆有理，至其理乃格物也。"（《河南程氏外书》第二）"夫格物者，穷理之谓也。盖有是物必有是理，然理无形而难知，物有迹而易睹，故因是物以求之，使是理了然心目之间而无毫发之差。"（《朱文公文集》卷十三《癸未垂拱奏札》）即程、朱的"格物"具有认识事物之理的意思。但由于程、朱又主张"格物"的主要内容应是"穷天理、明人伦、讲圣言、通世故"（《朱文公文集》卷三十九《答陈齐仲》），所以程、朱的"格物"论也包含有修养方法的意义。王守仁则反对程、朱这种解释，他完全是从修养方法的意义上来解释"格物"："朱子所谓格物云者，在即物而穷其理也，是就事事物物上求其所谓定理者也，是以吾心而求理于事事物物之中，析心与理为二矣……若鄙人所谓致知格物者，致吾心之良知于事事物物也。吾心之良知即所谓天理也，致吾心良知之天理于事事物物，则事事物物皆得其理矣。致吾心之良知者，致知也；事事物物皆得其理者，格物也，是合心与理而为一者也。"（《王文成公全书》卷二《传习录中》）王守仁认为"心外无理，心外无事"（《王文成公全书》卷一《传习录上》），又训"格"为"正"，"物"为念头，故他的"格物"不是指认识外事外物，而是指端正本心，纯然是修身的功夫。如他说："致知必在于格物。物者，事也，凡意之所发，必有其事，意所在之事，谓之物。格者，正也，正其不正以归于正之谓也。正其不正者，去恶之谓也；归于正也，为善之谓也。"（《王文成公全书》卷二十六《大学问》）"'格物'如孟子'大人格君心'之格，是去其心之不正，以全其本体之正"（《王文成公全书》卷一《传习录上》）。可见王守仁更加着重于修养的"主体"分析，和程、朱所强调的修养的主体对客体的认识过程，各有其侧重点。

至于湛若水的"格物"，则既是指认识"天理"，同时也是修身工夫。他说：

> 鄙见以为格者，至也。"格于文祖""有苗来格"之格。物者，天理也，即"言有物""舜明于庶物"之物，即道也。格即造诣之义。格物者，即造道也。知行并进，博学、审问、慎思、明辨、笃行，皆所以造道也。读书、亲师友、酬应，随时随处，皆随体认天理而涵养之，无非造道之功，意、身、心一齐俱造，皆一段工夫，更无二事。下文诚、正、修功夫，皆于格物上用了，其家、国、天下，皆即此扩充……故吾辈终日终身，只是格物一事耳。（卷七《答阳明》）

可见，湛若水对"格物"的解释，一方面具有认识方法的意义，另一方面也具有修养方法的意义，基本上同于程、朱，如他自己所说：

"训'格物'为至其理，始虽自得，然稽之程子之书，为先得同然一也。"（卷七《答阳明王都宪论格物书》）因而他对王守仁的"格物"提出批评，认为其训"格物"为"正念头"于《大学》之篇"文义重复"，于孔子、子思、孟子之说相悖，他称之为"四不可"（卷七《答阳明王都宪论格物书》）。

第二，"知行合一"的不同涵义。

宋代程、朱理学分析知行关系，主要是论其先后，主张"知先行后"。程颐说："人力行，先须要知。"（《河南程氏遗书》卷第十八）"须是识在所行之先，譬如行路，须得光照。"（《河南程氏遗书》卷第三）。朱熹进一步论其轻重，论其相辅。他说："程子云，'涵养须用敬，进学则在致知'，分明自作两脚说，但只要分先后轻重。论先后，当以致知为先；论轻重，当以力行为重。"（《朱子语类》卷九）"知行常相须，如目无足不行，足无目不见。"（《朱子语类》卷九）明代心学分析知行关系，则主张"知行合一"。然而，心学中的湛、王两派"知行合一"的理论宗旨或出发点并不相同。王守仁提出"知行合一"是为了反对程、朱将知行做明确区分，进而可能引起知行分离的情况，他说："今人学问，只因知行分作两件，故有一念发动，虽是不善，然却未曾行，便不去禁止。我今说个知行合一，正要人晓得一念发动处便是行了，发动处有不善，就将这不善的念头克倒了，须到彻根彻底，不使那一念不善潜伏在胸中，此是我立言宗旨。"（《王文成公全书》卷三《传习录下》）王守仁以"知行合一"的理论，救分裂知行的时弊，认为知中有行，行中有知，知行不可分割。但是他的理论也有偏颇，即以知消行、以知代行，所以，他提倡的实际上是"知行同一"。

湛若水也讲"知行合一"。他说：

> 内外合一谓之至道，知行合一谓之至学。（卷十《问疑录》）
> 夫学不过知行，知行不可离，又不可混。（卷七《答顾若溪金宪》）
> 涵养须用敬，进学则在致知，如车两轮。夫车两轮，同一车也，行则俱行，岂容有二？而谓有二者，非知程学者也。鄙见以为如人行路，足目一时俱到，涵养进学岂容有二？自一念之微，以至于事为讲

习之际，涵养致知，一时并在，乃为善学也。（卷七《答太常博士陈惟浚》）

可见，湛若水的"知行合一"和王守仁的"知行合一"含义不同，他基本上是继承了程、朱的知行理论，主要是强调在道德修养过程中，对道德规范的体认和践履是不可分的。所以他对王守仁把知行"合一"理解为"同一"提出批评："阳明'知即行，行即知'，不能无病。至于'知者行之始，行者知之成'，其说即近也。大抵知行终始，是一理一功夫，如点一烛相似，知则初燃也。"（卷二十三《天关语录》）那么，他所谓"知行合一"，实则"知行并进"。他之所以喻知行为车之两轮，谓"涵养致知，一时并在"，就是旨在说明知行不是同一，而是"并在""并进"，故说"尊德性为行，道问学为知，知行并进，心事合一，而修德之功尽矣"。

第三，"致良知"与"体认天理"的不同。

湛若水和王守仁在修养方法的主张上有所不同。湛若水说："阳明公初主格物之说，后主良知之说，甘泉子一主随处体认天理之说。"（卷三十一《阳明先生王公墓志铭》）"致良知"和"体认天理"在本质上都是一种对封建伦理道德的自我反省、自我体验。

但因王、湛二人承受先前理学思想的影响不同，故其强调的着重点也就有所不同。一般说来，在这个问题上，王守仁受陆九渊"发明本心"的"简易工夫"影响比较明显，特别强调"良知"为人心所固有的知觉能力和伦理本能。他说："良知者，孟子所谓是非之心人皆有之者也。是非之心，不待虑而知，不待学而能，是故谓之良知，是乃天命之性，吾心之本体，自然灵昭明觉者也。"（《王文成公全书》卷二十六《大学问》）所以"致良知"即是将"心"所固有的伦理道德观念、感情，自觉地表现、发露为道德行为。他说："良知只是一个天理，自然明觉发见处只是一个真诚恻怛，便是他本体。故致此良知之真诚恻怛以事亲，便是孝；致此良知之真诚恻怛以从兄，便是弟；致此良知之真诚恻怛以事君，便是忠……良知只是一个随他发见流行处，当下具足，更无去求，不须假借。"（《王文成公全书》卷二《传习录中·答聂文蔚》）"致良知"是修养的唯一方法，"致良知之外无学矣"（《王文成公全书》卷八《书魏师孟卷》）。湛若水则受程、朱"穷理居敬"的"下学上达"方法影响比较明显，认为"天理"虽为人心所固有，但需要通过"敬""勿忘勿助"的学问、思辨、笃行工夫方能体认，"不可徒良知而不加学问"（卷七《答洪之峻侍御》）。正因此，王守仁就认为湛若水的"体认天理"是"求之于外"的俗见。他说"随事体认天理，即戒慎恐惧功夫，以为尚隔一尘，为世之所谓事事物物皆有定理，而求之于外者言耳"（《王文成公文集》卷五《寄邹谦之》），批评此说是无根柢着落，"捕风捉影"（《王文成公文集》卷五《寄邹谦之》），讥笑其犹如"烧锅煮饭，锅内不曾渍米下水，而专去添柴放火，不知毕竟煮出个什么物来！"（《王文成公文集》卷二《传习录中·答聂文蔚》）湛若水则否认"求之于外"，而自谓"无内外"。他说："阳明于吾看心不同，吾之所谓心者，体万物而不遗者也，故无内外；阳明所谓心者，指腔子里而为言者也，故以吾之说为外。"（卷七《答杨少默》）并批评王守仁的"致良知"抛弃了切实的修养工夫，所以是"害道"："'良知'事亦不可不理会……孟子为此，不过提出人之初心一点真切处，欲人即此涵养扩充之耳，故下文曰'达之天下'。学问、思辨、笃行，皆涵养工夫。今说'致良知'，以为是是非非，人人皆有，知其是则极力行之，知其非则极力去之，而途中童子皆能，岂不害道？"（卷二十三《天关语录》）因此，将流为异端："若徒守其心而无学问、思辨、笃行之功，则恐无所警发，虽似正而实邪，下则为老、佛、杨、墨，上则为夷、惠、伊尹。"（卷七《答阳明王都宪论格物》）。二人争执，一时颇显不能相容。但最终还是言归于好，王守仁致书湛若水说："随处体认天理，是真实不诳语，鄙说初亦如是。及根究老兄命意发端，却似有毫厘未协，然亦终当殊途同归也。"（《王文成公全书》卷四《答甘泉》）湛若水以后为王守仁撰墓志铭则说，"致良知"之说与"随处体认天理"之说，"皆圣贤宗旨也。而人或舍其精义各滞执于语言，盖失之矣。故甘泉子尝为之语曰'良知必用天理，天理莫非良知'，以言其交用则同也"（卷三十一《阳明先生王公墓志铭》）。事实上也正是如此，"致良知""体认天理"只是王、湛二人因接受宋代理学的影响不同，对以自我反省、自我体验为主要内容的心学修养方法在侧重点上有所不同，而在理论本质和修养实践上却没有什么根本的不同。

第五节　江门心学的学术归向

明代的心学阵营，主要是由陈献章开创的江门心学和由王守仁开创的姚江心学两派组成。虽然两家学术各具特色，湛若水的著述之丰、年龄之长又都在王守仁之上，然而就门庭兴旺而言，江门却远不及姚江。究其原因，王守仁在当时"事功"卓著，影响大，固然是一方面；另一方面也由于江门心学主旨多变，对心学的理论主题缺乏一贯的、连续的提法和论证，致使江门心学的师生关系中，理论的承接与发扬较为薄弱，湛若水之后就渐渐失去中心和作为一个学派所必须具有的、统一的理论标志，进而导致这一学派不振和衰落。诚如《明史·儒林传序》概述明代学术所说："宗献章者曰江门之学，孤行独诣，其传不远；宗守仁者曰姚江之学，别立宗旨，显与朱子背驰，门徒遍天下，流传逾百年……"（卷二八二）

一　陈献章及门弟子偏离江门心学的两种倾向

陈献章的及门弟子，《明儒学案》录十二人，最著者当为湛若水、张诩二人。他二人代表了陈献章门人阐发江门心学时的两种不同倾向：吸收融会程朱思想和吸收融会佛、老思想。

湛若水是陈献章最得意的弟子，是他亲自选定的"衣钵"继承人。湛若水对陈献章也极为尊重，但正如前述，他的思想却与陈献章大相径庭。陈献章认为"作圣之功，惟在静坐"，主张修养方法是"静坐中养出端倪"。湛若水则认为"以静为言者皆禅也"，而主张"随处体认天理"。陈献章在朱、陆之间表现了明显的离朱亲陆的倾向，而湛若水正相反，他对陆九渊及其弟子杨简有所批评，在阐述其"随处体认天理"时和在与王守仁发生分歧的几个理学问题上，都带有明显的程、朱思想痕迹，表现出离陆而亲朱的倾向，这些在上面已有所论，这里不再赘述。

张诩，字廷实，号东所，也是陈献章的得意门生，其学有所得，深为陈献章所嘉许："廷实之学以自然为宗，以忘己为大，以无欲为至，即心观妙，以揆圣人之用。其观于天地、日月晦明、山川流峙、四时所以运行、万物所以化生，无非在我之极而思握其枢机，端其衔绥，行乎日用事物之中，以与之无穷。"（《白沙子》卷一《送张进士廷实还京序》）陈献章认为，他心学中的"以自然为宗"的宗旨和"万化我出"的思想观点，张诩都有所领会和把握。但实际上，张诩对陈献章心学的理解是有偏离的，他忽视了陈献章心学的儒学本质，而把它看作如同佛、老一样的学说。他在《白沙先生墓表》一文中概述陈献章心学完成过程时说：

> 白沙先生……壮从江右吴聘君康斋游，激励奋起之功多矣，未之有得也。及归，杜门独扫一室，日静坐其中，虽家罕见其面，如是者数年，未之有得也。于是迅扫夙习，或浩歌长林，或孤啸绝岛，或弄艇投竿于溪涯海曲，忘形骸、捐耳目、去心智，久之然后有得焉，于是自信自乐。其为道也主静而见大，盖濂洛之学也。由斯致力，迟迟至于二十余年之久，乃大悟广大高明，不离乎日用一真，万事本自圆成，不假人力。其为道也，无动静内外、大小精粗，盖孔子之学也。（《明儒学案》卷六《白沙学案二》）

张诩把陈献章心学的最后完成归之于"忘形骸、捐耳目、去心智"，这是老、庄的修养方法，而不是陈献章的"静中养出端倪"；张诩把陈献章心学修养完成后的境界说成是"万事本自圆成，日用不离一真"，这本是佛学的话头，也不是陈献章所谓的日用间种种应酬，随心所欲而皆合圣训的"作圣之功"。张诩这种以佛、老解心学的做法，引起陈献章其他及门弟子的不满或反对，如湛若水说："常恨石翁（即陈献章）分明知廷实之学是禅，不早与之斩截，至遗后患。翁卒后作墓表，全是以己学说翁……全是禅意，奈何奈何！"（卷四《知新后语》）

湛若水和张诩在进一步阐述陈献章心学时所表现的思想倾向尽管不同，甚至相对立，但在偏离陈献章江门心学的主要论题上，则是共同的，即他们都抛弃了作为陈献章心学特色的"静坐中养出端倪"。湛若水否定了他的"静坐"，张诩则偷换了他的"端倪"。这样，从一开始，在江门心学的传继中，师生祖统的承接关系是清楚的，而思想学脉的承继与发扬却是微弱和贫乏的。

二 湛若水门人不守师说的思想分化倾向

湛若水的及门弟子最著名者为吕怀、何迁、洪垣、唐枢四人。《明史》概述此四人的学术宗旨及特色说："怀之言变化气质，迁之言知止，枢之言求真心，大约出入王、湛两家之间，而别为一义。垣则主于调停两家，而互救其失，皆不尽守师说也。"（卷二八三《儒林二·湛若水》）

吕怀，字汝德，号巾石。他在答一友人书中，完整地表述了他的为学宗旨或主张：

> 天理、良知，本同宗旨。诚得原因著脚，则千蹊万径皆可入国；徒徇意见，不惟二先生之说不能相通，古人千门万户，安所适从。今即使子良知、天理之外，更立一方亦得，然无用如此，故但就中指点出一通融枢要，只在变化气质。学问不从这上著脚，恁说格致，说戒惧，说求仁集义与夫致良知，体认天理，要之只是虚弄精神，工夫都无着落。（《明儒学案》卷三十八《甘泉学案二·巾石论学语·答叶德和》）

从这段话里可以看出，一是吕怀认为，"天理""良知"同旨，反对在湛、王之间寻找分歧。二是吕怀提出为学宗旨"只在变化气质"。就第一点而言，还不能说吕怀"不守师说"。尽管湛、王曾有分歧，但湛若水终则认为"天理""良知""交用则同也"。就第二点而言，吕怀把为学宗旨确定为"变化气质"，则是有悖于师说了。

湛若水偶而也曾说过"学求变化气质而已矣"（卷二《新论》），但这里的"学"是指读书而言，他说："诵诗三百，达政、专对、气质之变化也，学求变化气质而已矣。是故变化之道莫大乎歌咏。"（卷二《新论》）但他更经常强调的则是"随处体认天理"，即湛若水心学的修养方法，和陆九渊、陈献章一样，主要是对"善"的"本心"（或"端倪"，或"天理"）的自我反省、自我发现，而不是对"恶"的气质（或"习心"）的"剥落""煎销"。而吕怀却认为自我反省的"发明本心""体认天理"之类，只是"虚弄精神"，唯一的方法是"变化气质"。他说："窃见古来圣贤求仁集义，戒惧慎独，格致诚正，千言万语，除却变化气质，更无别勾当也。"（《明儒学案》卷三十八《甘泉学案二·巾石论学语·复黄损斋》）对于这一观点，在宋以来的传统心学理论里是找不到论证的，于是吕怀就在心学理论范围以外寻找论证。他作《心统图说》，以"河图"之理，比附人之身心，表明他接受了象数派理论的影响。《心统图说》主旨在论述"性统于心，本来无病，由有身，乃有气质；有气质，乃有病；有病，乃有修。是故格致诚正，所以修身，戒惧慎独，所以修道。身修道立，则静虚动直，天理得而至善存矣"（《明儒学案》卷三十八《与蒋道林》）。这则与张载"形而后有气质之性，善反之，则天地之性存焉"的思想（《正蒙·诚明篇》）又有某种联系。故黄宗羲在评论吕怀"变化气质"之论时说："先生之论极为切实，可以尽横渠之蕴。"（《明儒学案》卷三十八《甘泉学案·吕怀传》）这些都表明吕怀心学思想在确立宗旨和论证方法上都偏离了师说，超越了江门心学的范围。

何迁，字益之，号吉阳。他的为学宗旨以"知止"为要。他说："道有本末，学有先后，《大学》教人，知止为先……止者，此心应感之机，其明不假思，而其则不可乱。"（《明儒学案》卷三十八《吉旧论学语·沧守胡子序》）何迁的"知止"说，实是指体认寂然不动之心。正如黄宗羲所说"此与江右主静归寂之旨大略相同"（《明儒学案》卷三十八《何迁传》）。然而，对于王守仁弟子聂豹的"归寂"之说，湛若水是深不以为然的，并有所批评。《天关语录》记曰："聂双江有归寂豫养之说，其言曰：……归寂以通天下之感，致虚以立天下之有，主静以该天下之动云云。先生曰：……其言静以养动者，亦默坐澄心法也，不善用之，未免绝念灭性、枯寂强制之弊，故古来圣贤相援，无此法门。"（卷二十三）可见，何迁"知止"之旨，与其师说"随处体认天理"亦是有所偏离的。

洪垣，字峻之，号觉山。他是湛若水最寄予厚望的弟子，称其"是可传吾钓台风月者"（《明儒学案》卷三十九《甘泉学案·洪垣传》），但洪垣并没有继承和发挥湛若水的"随处体认天理"之说，而是对它有所批评，认为这种方法"逐善恶之端以求所谓中正者，恐未免涉于安排"（《明儒学案》卷三十九《觉山论学书·答徐存斋阁老》）。

唐枢，字惟中，号一庵，是湛若水及门弟子中著述最多者，他提出

"讨真心"三字为修养目标，这非但没有进一步发挥湛若水的"随处体认天理"，反而如黄宗羲评断的那样："'真心'，致'良知'也，'讨'即'致'也。于王学尤近。"（《《明儒学案》卷四十《甘泉学案·唐枢传》）

湛若水的二传弟子如许孚远，倡"著到方寸地洒洒不挂一尘，乃是格物真际"（《明儒学案》卷四十一《甘泉学案五·许孚远论学书·与蔡见麓》）。三传弟子如冯从吾，倡"学问之道，全要在本原处透彻，未发处得力"（《明儒学案》卷四十一《冯从吾语录》）。其心学思想虽然没有改变，但陈、湛江门心学的个性特色已经消失，而呈现和王学融合的新特色。这样，在湛若水之后，江门心学由吸收姚江心学的某些观点开始，最后就慢慢融入了姚江心学。

总之，湛若水及其弟子主要是从人的心理本质和心理过程的角度，探讨了宋明理学的主要论题，从而丰富了人们对于人的"主体"的认识。对这些如果不做仔细剖析，而用"唯心主义"一词加以全盘否定，那是不妥的。

道家与中国文化精神

引　言

　　道家思想是中国传统思想的主要组成部分，道家思想研究一直是中国哲学园地里的一方十分活跃的学术领域。从 20 世纪初"诸子学"兴起以来，直到最近十几年，在人们追寻中国传统思想的根源和探讨其可能具有的现代价值的"文化热"潮流中，道家思想研究逐渐凸显出三个主要的方向：①道家的人物、派别和文献之个案研究；②道家思想的历史演变之研究；③道家思想对中国传统文化的影响之研究。相对而言，前两个研究方向上的学术积累和成果比较丰厚，而第三个方向上的研究较为薄弱。其实，这应该是更为重要的研究方向，能更多地显示出道家的历史存在和价值的研究方向。因为中国文化史上的一个明显事实是，道家作为一个理论思想体系，就其思想的深刻和境界的高远而论，没有出现超越先秦道家（主要是老子、庄子）的进一步发展和新的理论形态；但是，先秦道家的众多的思想观念，却广泛地渗透到中国传统文化的各个层面中，渗透到中国古代的社会生活中，在很大程度上影响了中国传统文化中的几个主要思想体系（如儒学、中国佛学）和主要文化形态（如文艺、科学、宗教）的形成和演变，与儒家一起共同塑造了中国文化的精神特质。正是这一观察构成了本研究课题和本书的基本思路：首先对道家思想本身做简要论述，然后着重考察道家思想施予中国古代文学艺术、自然科学和社会生活的影响。

第一章　道家原始

一　道家思想的基本历史阶段

道家是先秦百家争鸣中的一个主要思想流派，也是构成整个传统中国文化中的一个主要思想成分。"道家"之名称是在汉代才出现的。司马谈《论六家要旨》开始明确地将道家作为先秦阴阳、儒、墨、法、名等六个思想流派之一而论列：

> 道家，使人精神专一，动合无形，赡足万物。其为术也，因阴阳之大顺，采儒墨之善，撮名法之要，与时迁移，应时变化，立俗施事，无所不宜，指约而易操，事少而功多。（《史记·太史公自序》）

虽然司马谈最先明确地以"道家"之名称来论述先秦这一派别，但是他对先秦道家的概括并不准确，他观察和描述的道家思想特质——"采儒墨之善，撮名法之要"，实际上是汉代或秦汉之际的道家（黄老道家）所表现出的，而不是先秦原始道家所固有的。最早对原始道家做出准确、完整描述的是《庄子·天下》：

> 公而不党，易而无私，决然无主，趣物而不两，不顾于虑，不谋于知，于物无择，与之俱往。古之道术有在于是者，彭蒙、田骈、慎

到闻其风而悦之。齐万物以为首，曰："天能覆之而不能载之，地能载之而不能覆之，大道能包之而不能辩之。"知万物皆有所可，有所不可，故曰："选则不遍，教则不至，道则无遗者矣。"是故慎到弃知去己，而缘不得已；泠汰于物，以为道理。曰："知不知，将薄知而后邻伤之者也。"謑髁无任，而笑天下之尚贤也；纵脱无行，而非天下之大圣。椎拍辌断，与物宛转，舍是与非，苟可以免。不师知虑，不知前后，魏然而已矣。推而后行，曳而后往，若飘风之还，若羽之旋，若磨石之隧，全而无非，动静无过，未尝有罪。是何故？夫无知之物，无建己之患，无用知之累，动静不离于理，是以终身无誉。故曰："至于若无知之物而已，无用圣贤，夫块不失道。"豪杰相与笑之曰："慎到之道，非生人之行，而至死人之理，适得怪焉！"田骈亦然，学于彭蒙，得不教焉。彭蒙之师曰："古之道人，至于莫之是、莫之非而已矣，其风窢然，恶可而言？"常反人，不见观，而不免于魭断。其所谓道非道，而所言之韪不免于非。彭蒙、田骈、慎到不知道。虽然，概乎皆尝有闻者也。

以本为精，以物为粗，以有积为不足，澹然独与神明居。古之道术有在于是者，关尹、老聃闻其风而悦之。建之以常无有，主之以太一，以濡弱谦下为表，以空虚不毁万物为实。关尹曰："在己无居，形物自著。其动若水，其静若镜，其应若响。芴乎若亡，寂乎若清，同焉者和，得焉者失。未尝先人而常随人。"老聃曰："知其雄，守其雌，为天下溪；知其白，守其辱，为天下谷。"人皆取先，己独取后，曰"受天下之垢"；人皆取实，己独取虚，无藏也故有余，岿然而有余。其行身也，徐而不费，无为也而笑巧。人皆求福，己独曲全，曰"苟免于咎"。以深为根，以约为纪，曰"坚则毁矣，锐则挫矣"。常宽容于物，不削于人，可谓至极。关尹、老聃乎，古之博大真人哉！

芴漠无形，变化无常，死与生与，天地并与，神明往与，芒乎何之，忽乎何适，万物毕罗，莫足以归。古之道术有在于是者，庄周闻其风而悦之。以谬悠之说，荒唐之言，无端崖之辞，时恣纵而不傥，不以觭见之也。以天下为沉浊，不可与庄语。以卮言为曼衍，以重言为真，以寓言为广。独与天地精神往来，而不敖倪于万物，不谴是非，以与世俗处。其书虽环玮，而连犿无伤也；其辞虽参差，而諔诡可观。彼其充实，不可以已。上与造物者游，而下与外死生、无终始者为友。其于本也，宏大而辟，深闳而肆；其于宗也，可谓稠适而上遂矣。虽然，其应于化而解于物也，其理不竭，其来不蜕，芒乎昧乎，未之尽者。

从《庄子·天下》的记述中可以看到，原始道家有彭蒙、田骈、慎到和关尹、老聃及庄子三派，并且在他们各自不同的思想特色中，显现出可以界定这一派别思想特质的三项共同的基本内涵。第一，"道"之观念。三派所谓"大道无遗""万物毕罗""太一"，显示先秦道家之"道"是一具有本体性的万物根源之形上观念，理论内涵高于在此前已经出现的似乎是某种原则、规律的"天道""人道"等观念。第二，在社会的、人生的层面上，道家主张自然、无为，即所谓"謑髁无任""无为也而笑巧""不谴是非，以与世俗处"。第三，道家个性精神修养上的特征是要求排除心智、情欲，清静超脱，所谓"不师知虑，不知前后"，"淡然独与神明居"，"与外死生、无终始者为友"。显然，《庄子·天下》中所述的先秦道家，与汉代学者所见的"采儒墨之善，撮名法之要"的道家是不同的。可以认为，道家经历了《庄子·天下》所概述的先秦道家——可称之为原始道家和《史记·太史公自序》所界说的秦汉道家——黄老道家两个基本的发展阶段。汉代以后，道家思想作为一种独立的理论形态似乎停止了发展，但是，在道教的发生发展中，在中国传统思想中另外两个主要的理论体系——儒学与佛学的发展演变中，道家以其所发挥的巨大作用，表现了自己具有生命力的存在。

二　原始道家

原始道家三派在《庄子·天下》中的先后次序，似乎是按照精神境界由低到高的顺序来排列的。在《庄子·天下篇》的作者看来，慎到派只能是"齐万物"，"与物宛转"；老聃派则能进而"以本为精，以物为粗"，"宽容于物，不削于人"；至于庄子，则是"独与天地精神往来"，"与造物者游"，可谓是接近甚至达到了"宗"或"本"的境地了。然而，如果以三派在历史上出现的先后而论，根据《史记》及其他汉代典籍的记述：

> 孔子适周，将问礼于老子①。（《史记·老子韩非列传》）
>
> 宣王喜文学游说之士，自如邹衍、淳于髡、田骈、接子、慎到、环渊之徒七十六人②，皆赐列第，为上大夫，不治而议论。是以齐稷下学士复盛，且数百千人。（《史记·田敬仲完世家》）
>
> 齐宣王褒儒尊学，孟轲、淳于髡之徒受上大夫之禄，不任职而论国事。盖齐稷下先生千有余人。（《盐铁论·论儒》）

显然，老子是与孔子同时代的人，而田骈、慎到（稷下道家）是与孟子同时代的人。原始道家三派，老聃派最先产生，稷下派次之，庄子派在最后形成。唯其如此，才能有《庄子·天下篇》对先秦道家的总结性概述。

原始道家三派有哪些人物，我们从《庄子》寓言式的记述中，能获得若干信息，虽然并不确凿，但也并非完全是虚构的事实。《庄子》中记载：

> 阳子居③见老聃曰："有人于此，向疾强梁，物彻疏明，学者不倦，如是者可比明王乎？"老聃曰："是于圣人也，胥易技系，劳心怵形者……可比明王乎？"（《应帝王》，以下引用《庄子》一书，出处只标注篇名）
>
> 子列子问关尹子曰："至人潜行不窒，蹈火不热，行乎万物之上而不慄。请问何以至于此。"关尹曰："是纯气之守也，非知巧果敢之列……"（《达生》）

---

① 《史记》记述的孔子问礼于老子，主要的依据是《庄子》一书中《德充符》《天地》《天道》《天运》《田子方》《知北游》等篇关于老子与孔子关系的记述。

② 迄今可考者仅有淳于髡、彭蒙、宋钘、尹文、儿说、告子、孟轲、季真、接子、田骈、慎到、环渊、王斗、荀况、田巴、徐劫、鲁仲连、邹衍、邹奭等19人。见张秉楠所辑《稷下钩沉》。

③ 唐代学者如陆德明、成玄英皆训解曰："阳子居，姓杨名朱，字子居。"参见《经典释文》《庄子疏》。

可见在《庄子》中，杨朱、列子分别提出属于道家思想范围内的疑问向老聃、关尹请求解惑，是以弟子身份出现的①，杨朱、列子是原始道家中老子派中的人物。

在《庄子》中出现的稷下道家人物，除了彭蒙、田骈、慎到三人之外，还有"彭蒙之师"，但不知何许人也②。此外，《庄子》对稷下七十六人中之接子有一简单的、却是极重要的记述："季真之莫为，接子之或使，二家之议孰正于其情，孰偏于其理？"（《则阳》）季真、接子争论的万物形成的宇宙论问题，显然是道家的论题，接子、季真亦应是稷下道家人物。

《庄子》中记述，庄子出游，有弟子相随（《山木》），庄子雕陵受辱，三日不乐，弟子蔺且"从而问之"（《山木》），庄子将死，"弟子欲厚葬之"（《列御寇》），凡此可见庄子一派也有或多或少构筑和维护门墙的弟子后辈；庄子弟子后辈虽无姓名显赫者，但他们亦确有所成就，《庄子》一书中的许多篇章即是出自他们之手。

《庄子》中展现的原始道家阵容大致如此。《史记》《汉书》对这个阵容有若干增益。《史记·孟子荀卿列传》曰："慎到，赵人；田骈、接子，齐人；环渊，楚人。皆学黄老道德之术，因发明序其指意，故慎到著十二论，环渊著上下篇，而田骈、接子皆有所论焉。"《汉书·艺文志》在"《文子》九篇"下注曰："老子弟子，与孔子并时而称周平王问，似依记者也。"在"《蜎子》十三篇"下注曰："名渊，楚人，老子弟子。"《史记》《汉书》所述，使原始道家中的老子派增加了文子，稷下派增加了环渊，并且显现了这两派之间犀通的线索——因为按照传统的说法，这两个人物的师承关系、学术活动骑跨在这两派之间。

---

① 在《庄子》中，以弟子身份向老子问学的还有崔瞿（《在宥》）、士成绮（《天道》）、庚桑楚（《庚桑楚》）、南荣趎（《庚桑楚》）、柏矩（《则阳》）等，但与杨朱、列子不同，他们皆无《庄子》以外的事实可考。

② 近时有学者考论，认为"彭蒙之师"是文子。（见李定生《文子其人考》，载《道家文化研究》第4辑）文子何许人也，历史上亦有异说。《郡斋读书志》载北魏李暹《文子注》曰："文子者，姓辛，葵丘濮上人，号曰计然，南游于越，范蠡师之。"宋人杜道坚《通玄真经缵义序》曰："文子，晋之公孙，姓辛氏，名钘，字计然，文子其号，家睢之葵丘，属宋地，一称宋钘。"今人钱穆《先秦诸子系年考辨·老子杂辨》谓"文子即尹文子，犹陈仲子亦单称仲子也"。

下面，让我们深入这个阵容，对原始道家三派作出较为具体的考察。

（一）老子的思想*

1. 老子其人其书

最早为老子立传的是司马迁，他在《史记·老子韩非列传》中写道：

> 老子者，楚苦县厉乡曲仁里人也，姓李氏，名耳，字聃，周守藏室之史也。
>
> 孔子适周，将问礼于老子。老子曰："子所言者，其人与骨皆已朽矣，独其言在耳。是君子得其时则驾，不得其时则蓬累而行。吾闻之，良贾深藏若虚，君子盛德，容貌若愚。去子之骄气与多欲，态色与淫志，是皆无益于子之身。吾所以告子，若是而已。"孔子去，谓弟子曰："鸟，吾知其能飞；鱼，吾知其能游；兽，吾知其能走。走者可以为网，游者可以为纶，飞者可以为矰。至于龙，吾不能知其乘风云而上天。吾今日见老子，其犹龙邪！"
>
> 老子修道德，其学以自隐无名为务。居周久之，见周之衰，乃遂去。至关，关令尹喜曰："子将隐矣，强为我著书。"于是，老子乃著书上下篇，言道德之意五千余言而去，莫知其所终。
>
> 或曰：老莱子亦楚人也，著书十五篇，言道家之用，与孔子同时云。
>
> 盖老子百有六十余岁，或言二百余岁，以其修道而养寿也。
>
> 自孔子死之后百二十九年，而史记周太史儋见秦献公曰："始秦与周合，合五百岁而离，离七十岁而霸王者出焉。"或曰儋即老子，或曰非也，世莫知其然否。老子，隐君子也。
>
> 老子之子名宗，宗为魏将，封于段干。宗子注，注子宫，宫玄孙假，假仕于汉孝文帝，而假之子解为胶西王卬太傅，因家于齐焉。
>
> 世之学老子者则绌儒学，儒学亦绌老子。"道不同不相为谋"，岂谓是邪？李耳无为自化，清静自正。

---

* 本小节为高秀昌所撰，为行文顺畅，故保留原貌，收录于此。

由于古文献史料的不足，也由于司马迁在《老子韩非列传》中使用"莫知其所终""世莫知其然否""或曰"等恍惚之词，致使后人特别是今之学者从不同的学术立场出发，引发了对老子这个人和《老子》这部书的很大争论。尽管 1973 年长沙马王堆帛书《老子》甲、乙被发掘出土，1993 年荆门郭店竹简《老子》（甲、乙、丙三组）被发现，增添了不少地下的新材料，但这仍然没能使"朦胧的老子"变得明晰起来，也没能使《老子》的成书年代及其真伪问题昭然若揭。

二十世纪二三十年代在"古史辨"思潮的影响下，学术界针对老子其人其书的时代及其真伪问题进行了激烈的争论，形成了不同的观点。关于老子其人，有人认为老子在孔子之前，有人认为在孔子之后，有人认为在庄子之后，甚至有人认为老子是汉初人。关于《老子》这部书，有早出说和晚出说两派意见。早出说主张，《老子》一书成书于春秋末年，是老聃的著作。而晚出说的意见多有差异：有人认为《老子》成书于战国中期，有人认为在战国后期，更极端的看法认为《老子》成书于秦汉之间或汉文帝之时。

1973 年冬，长沙马王堆三号汉墓出土的帛书中，有《老子》书两种，被名为甲本、乙本，翌年即由文物出版社出版了帛书本《老子》甲本、乙本及其注释。由帛书《老子》提供的证据，说明《老子》成于汉初说不能成立，但还不足以动摇晚出说，仍有不少学者持战国中期说。有学者根据帛书《老子》提供的新论据认为，《老子》成书的年代不会早于战国时期，它很可能是处于墨子之后的战国中前期的作品。① 也有学者根据《庄子》所记述的老子情况，以及《庄子》所援引《老子》的情况，认为老子大体是生活在孔子死后百年左右而在庄子之前的一位新思潮人物，《庄子》中的老子、老聃，就是《史记》中的太史儋；因《庄子》内篇只有老子其人而无《老子》其书，可以推测《老子》可能后于《庄子》内篇。②

20 世纪 80 年代以来，主张《老子》一书是由春秋末期的老子所著的

---

① 参见许抗生《帛书老子注译与研究》第 2 版，浙江人民出版社 1985 年版，第 143 页。
② 参见崔大华《庄学研究——中国哲学一个观念渊源的历史考察》，人民出版社 1992 年版，第 386 ~ 394 页。

早出说的声音越来越大，以詹剑峰、张岱年、陈鼓应、涂又光、牟钟鉴等为代表。1993 年 10 月在湖北荆门郭店一号楚墓出土的原始儒道佚籍，1998 年 5 月由文物出版社以《郭店楚墓竹简》正式出版，其中关于简本《老子》三组及由简本《老子》引出的老子其人其书的时代问题，成为国内外学术界研究的热点。有学者认为，简本《老子》出自老聃，而今本《老子》出自太史儋；有学者指出，简本《老子》当为古本，今本《老子》是不断增益更改，历数百年始定型的，并非一人一时之作；有学者认为，简本《老子》可能是《老子》的一种节选本，并不是《老子》的全抄本；或认为，简本《老子》只是《老子》的一种传本，不是《老子》原本；或认为简本《老子》是一种受到儒家诠释影响的《老子》版本，既不是唯一抄本，也不是最接近原本的抄本；或认为简本《老子》还应有原始本的《老子》，《老子》的作者，是李耳字聃者，不能把他与老莱子、太史儋混为一谈。

从简本《老子》发表以来，多数学者通过对《老子》简本、帛书本和今本的比较，发现从简本到帛书本再到今本有一个演变发展的过程。虽然目前尚无法断定简本《老子》之前是否还有更原始的本子，但简本《老子》的抄写时间应早于该墓主下葬的年代，至于《老子》的著作年代自然应更早一些。因此，有学者倾向于认为，《老子》不一定全都是由老子一人完成的，而可能是逐步完善、发展演变成通行本样式的，但其大体规模当在战国早期、迟至战国中期偏早的时候已形成了；当然这也不否定《老子》原初可能以单本书或更可能以丛书为原生形态的看法，而原生形态的《老子》当成书在春秋末、战国初，为老子亲著。

根据从先秦典籍中所得到的"纸上的材料"，特别是司马迁写的《老子韩非列传》；从两次考古的重大发现中所得到的"地下的新材料"，特别是郭店简本《老子》的出土；从近百年来学术界对老子其人其书的论争所取得的积极成果和经验教训出发，笔者赞同早出说，即认为老子其人应是老聃，他稍早于孔子，孔子曾向他问"礼"，他著成《老子》一书。不过需要补充说明的是，这次简本《老子》的发掘出土，并没有提供充分的证据，说明《老子》就是春秋末的老聃所著，因此，不能肯定地说关于老子其人其书的争论就已"尘埃落定"了，但也不否认今后随着地下新材料的出土，拨开遮蔽在这之上的云雾，使老子其人其书现出真形。另外，既然老子和孔子同时，因此可以说他们的思想都是对于古之道术即殷周以来的传统文化的继承和发展，只不过孔子的态度是正面的、积极的，老子的态度是负面的、批判的（并非消极的），所以，可以说老子道家和孔子儒家是同源而异流，既对立又互补，共同奠基了中华传统文化的基础。

2. 论"道"

"道"是老子哲学体系中的最高范畴。由于"道"概念的多义性，加之解释者的不同的学术立场和观点，不同的学者对"道"概念的解释，"见仁见智"，各不相同。但是，只要我们依据历史和逻辑统一的方法，循着老子哲思的内在理路，就可以比较准确地把握"道"的含义，进而深刻地理解和把握老子的哲学体系。

（1）本原之道。追根寻源、穷根探本是哲学思维的重要特征。作为轴心时代具有原创思想的伟大哲学家，老子自觉地追踪溯源、寻根究底，明确地提出了本原之道，即把道作为世界的来源和存在的根据。《老子》说："道生一，一生二，二生三，三生万物"（第42章，以下引自《老子》中的话，在意义明确、集中出现时只标注章名）；道"先天地生""为天下母"（第25章）；道"似万物之宗"（第4章），从宇宙本原论和宇宙生成论意义上说，道是天地万物的本原，是宇宙最初的存在。那么，作为世界万物最后根源的道究竟是什么样的一种存在呢？

作为本原的道是一种有无统一的存在。《老子》中，有具体的感性的有无和抽象的概念的有无之分。如《老子》第11章中对车、器、室的有无的描述，其有无便是指具体的感性的有无；而第1章"无名天地之始，有名万物之母"，第41章"天下万物生于有，有生于无"等所论的有无就是指抽象的概念的有无。显然，前者是后者的基础和前提，后者是对前者的概括和提升；前者是形象思维的对象，后者是抽象思维的对象；而作为概念的有无，才是老子用以规定道的范畴。

关于老子的道和有无的关系，学术界主要有三种观点：一是道即无，二是道即有，三是道即有无的统一。笔者持第三种观点。

首先必须指出的是，老子是在宇宙本体论和宇宙生成论中论述道和有无的关系的。《老子》说：

> 有物混成，先天地生。……可以为天下母。吾不知其名，字之曰道。（第25章）
> 无，名天地之始；有，名万物之母。（第1章）
> 天下万物生于有，有生于无。（第41章）
> 道生一，一生二，二生三，三生万物。（第42章）

由上可以看出，第一，作为先天地生的道，从生万物的角度看，它是"三"，是有，也就是说，道即是有，有即是道。第二，道生万物是经历了一个过程，即道→一→二→三→万物，或无→有→万物，显然，道又是无，无又是道。第三，既然道即有，道即无，所以，有即无，无即有。既然有无同谓，道就是有无的统一或同一。如此看来，道、无、有虽然是异名，但是异名同谓，三位一体，都可以看作天地万物的本根、基始。

有、无用来指称道，和道是一体的，但在老子看来，不仅道与有、无是有区别的，而且有与无也是不同的。首先，道是根源性的、有机的、大化流行的整体存在。道的生成天地万物是一个自生、自化的过程，这一过程的初始阶段可称作无，次一阶段可称作有，而且无化生有，即"有生于无"。因此，可以说，道即道，有即有，无即无。其次，就"道→一→二→三→万物"这一宇宙万物的具体生成过程而言，不管对一、二、三作何种解释，但对道化生万物需经历不同的阶段的看法却是一致的。如果结合"万物负阴而抱阳，冲气以为和"，就可以看出，气乃道的别名，道生万物，实际上是气化生万物；以道为本原或本体，实际上是以气为本原或本体。如此看来，无指气的浑浊状态，有则指浑浊之气经过纲缊、升降、屈伸而达致相磨相荡的阴阳和合之气。最后，有是有物的抽象，无是无物的抽象。天地万物皆有形有象，皆为实存，属于有世界。无物即指道。道虽无形无象，虽玄、隐、无名，但它仍然是实存，相对于具体的存在物而言，道是超乎形象的，即无物，属于无世界。

综上所述，道、无、有既分而为三，又涵三为一，无和有不仅是指作为有机整体的、本根的道化生世界万物的不同阶段或状态，而且是道的性质和特征。道是有无统一或同一的、有机的、根源性的整体存在或实存。因此，在老子那里，作为形而上的道与作为形而下的万物之间，并没有作出有限与无限、相对与绝对、现象与本质、多与一、动与静等二元概念的分别，相反，却是涵融双方于道的大化流行中。因此，从一定意义上我们可以说，老子哲学是一种有机整体论的哲学。老子哲学中，道作为本原或本体，虽说是一种存在，但不是一个实体，不是构成世界万物的基始元素。道的非实体性表明，道作为本体，其实就是世界万物自身，道的生成万物，实际上是宇宙万物的自生、自化，宇宙万物的生化、发展是自因的，不需要作为"第一推动力"的推动，老子"有生于无"的思想排除了作为万能的人格神的存在，从哲学上为中国无神论思想的发展奠定了坚实的基础。

（2）境界之道。老子论天道，论地道，论人道，天、地、人三才之道实乃一道。老子哲学把人放在中心地位，就人在宇宙中的地位、人的存在、人的本质、人的价值等关涉人生的根本问题进行探索，而这也是奠基在天人合一的关系之上的。老子以道代天，道化生天地万物，人乃万物之一。但是，人非天地间的普通之物，而是域中四大之一，与天、地、道并列，而且与道合一。与人合一的道，主要不是指一种自然事实，即作为产生天地万物的本根之道，而是人所得的生命之道、存在之道、价值之道，亦即境界之道。与人合一的道，是得道、为道、从道、同道之人，以道作为人生的最高境界和最终目标。

道的根本特性是无和有。作为源自道的人也禀有无、有两性。无有两性在人具体表现为无为和有为。作为人，他首先有衣食住行的基本需求，他要"甘其食，美其服，安其居，乐其俗"（第80章），因而有知有欲；为了满足其知欲，人就要去造作、作为，这就是人的有为；而人的知、欲无限，人的作为过分，诸如争名、言、利，求富、贵、强，贪五色、五音、五味，执圣智、仁义、礼，自是、自见、自矜等，都是过分的有为。这些有为之有，作为人之有，便偏了道，背离了道。人之有的这一层面，可称为人的实有形态。而作为人之无的另一层面，则可称为人的境界形态。也就是说，人具有善渊之心，其心浑浑、昏昏、闷闷、虚静，无知无欲，因而自然无为，他"生而不有，为而不恃，功成而弗居"（第2章），他勿矜、勿伐、勿骄、勿强，他绝圣智、绝仁义、绝巧利、去甚、去奢、去泰，他不为、不执、不争，他知足、素朴、柔弱……人如此无为，才可从德同德，从道同道。人生乃有为与无为的统一，亦即有与无的统一。人以道为本，其实是以道之无为本。无即虚无、虚静，是充满生机的、自然本真的心灵存在。老子以婴儿境界或赤子境界比喻道的境界。婴儿或赤子无知无欲，禀有柔弱、清静、自然、无为之性，而这也正是道的特性。人通过为道、求道、从道、同道的人生实践历程，实现自我，实现道，实现人道合一、天人合一。

总之，境界之道，不仅是人的存在根据、人的价值之源，而且是人的最高精神境界和至上目的。其实，老子的人生境界之道，是心灵的虚无，无功利、无善恶、无美丑、无真伪，是人之初无分别的本然状态，又是人经过"为道日损"的修炼而复归的无知无欲、自然无为的高峰体验。在天下失道的浑浊之世，老子提出的境界之道，不仅为批判社会，而且为人的理想的人生追求奠定了思想基础。另外，从老子的消极的虚静、柔弱的境界之道，与孔子的积极的、刚健有为的人伦之道的关系看，二者共同构成了中国人进退自如、和谐理想的自足自洽的人生之道。不过老子的这种境界之道，实质上是一种无我之道、无主体之道。表面上看，境界之道是人的理想追求，《老子》中也有"我""自""己"等主体意识之词，但是，由于老子把人深藏于道的大化流行之中，人要顺任周行不殆的大道，听命于自然之道，而作为无知、无为、无欲的我，也不是真正的自我，可以说是"无我"的自我。因此，由老子道家所构筑的无我人格，不是现代意义上的理性的健全人格，而是带有某种病态的自然人格。

（3）理则之道。《老子》中的理则之道是指法则和道理之道。作为史官的老子，仰观天象，俯察地理，反思历史，审视现实，将天道、地道和人道融而为一，提升为道，道成了天地万物和人之本根及其生存发展的依据。道生成宇宙万物是自生自化的，其自生自化不是混乱无序的，而是有其内在的秩序和必然性，即"道生一，一生二，二生三，三生万物"（第42章），也就是说，道在其生化即运动过程中，是循着一定法则，顺着一定的道理的。

"反者道之动"（第40章）就是老子对道及宇宙万物运动变化法则的最高概括。作为"独立""大全"的道，在其周行不殆的运动过程中，循着"大""逝""远""反"的圜道而运行；由道所化生的天地万物同样沿圜道而运行，并在其生生不息的周行过程中复归于道。老子通过"反""复""归""周行"等概念来说明道及由道化生的天地万物都是遵循着周而复始的运动法则而循环运动的。如果从思维过程看，老子对道的循环运动的认识，是从对天地万物呈现的周期性变化过程的直观中抽象提升出来的；如果从思想渊源上看，老子关于道和宇宙万物永恒地作周而复始的循环运动的思想是在前人思想的基础上发展而来的。虽然老子没有区分循环的运动发展与螺旋式的运动发展，从而表现出一定的局限性甚至某些错误的方面，但是老子的循环观由于在一定程度上反映客观事物的法则，对其哲学上的价值和意义不应被低估。

《老子》中的"知其然"（第57章）、"知天下之然"（第54章）、"知其故"（第73章）、"知其极（第58章）等，所知之对象是"理"，亦即自然现象和社会人事之理。对自然界、人类社会以及人的思维，老子处处都是从对立的关系中来观察的。《老子》中大量的相互对立的范畴就说明了这一点。如刚与柔、动与静、进与退、往与复、终与始、牡与牝、雌与雄、强与弱、盈与虚、重与轻、远与近、长与短、高与下、前与后、大与小、少与多、敝与新、洼与盈、歙与张、废与兴、取与与、损与益、祸与福、利与害、生与死、贵与贱、贫与富、荣与辱、正与反、智与愚、善与辩、知与行，等等。老子不仅看到了宇宙间普遍对立的现象，而且还揭示了相反对立的双方相互依存、相互渗透、相互包含的统一关系，以及物极必反的关系。如《老子》说：

> 天下皆知美之为美，斯恶也；皆知善之为善，斯不善也。故有无相生，难易相成，高下相倾，音声相和，前后相随，恒也。（第2章）
> 曲则全，枉则直，洼则盈，少则得，多则惑。（第22章）
> 祸兮，福之所倚；福兮，祸之所伏。（第58章）
> 天下难事必作于易，天下大事必作于细。（第63章）
> 物壮则老。（第30章、第55章）

显然，老子已比较明确地把握了宇宙万物的相反对立、相反相成、极则反的诸种道理。万事万物中所包含的常理、常则，老子以道名之。因此《老子》说：

人法地，地法天，天法道，道法自然。（第25章）

老子看到人和天遵循着共同的法则，所以，融人道、地道、天道为一道，使道成为天地万物和人共同遵循的总道理、总法则。因此，我们认为，《韩非子·解老》对老子的理则意义的道的诠释是十分准确的："道者，万物之所然也，万理之所稽也。理者，成物之文也；道者，万物之所以成也。故曰：'道，理之者也。'"万事万物皆有其理，有其则，而道是万理之合，万则之合。诚如詹剑峰在《老子其人其书及其道论》中所解释的："理是限于一事一物或限于一类事一类物之理，而道是通于万事万物之原理，或通于万类事万类物之原理。"① 作为理则的道，也就是"常"。徐梵澄在《老子臆解》中指出："于万事万物之中，求其至当不移之规律，得其常。非轨辙不足以言道，非规律不足以言常。往者如是，来者亦如是，此所谓常也。"② 理则之道，既是万事万物存在的根据，又是人所遵循、服从的法则和道理。

以上，我们从哲学意义上把老子的道区分为本原之道、境界之道和理则之道，含义为"三"，而作为道则是"一"。道既是世界万物的最后根源，世界万物存在和发展变化的凭借和根据、法则和道理，又是人所追求的最高境界和理想。道为"天地之始，万物之母"而具有创生性，道在"象帝之先"、"天地"之先而具有先"天"性或超越性，道"周行而不殆"而具有无限性与永恒性、道"法自然"而具有自然性，"道之为物"而具有实存性、道为"一"而具有整体性……从老子对道的基本含义的界定以及对道的根本特性的规定中，我们看到，老子确实以道为核心范畴，建立了一套宇宙论、本体论、认识论、辩证法的形而上学体系，并融自然哲学、人生哲学、政治哲学为一体，奠定了中国古代哲学的基础。

---

① 詹剑峰：《老子其人其书及其道论》，湖北人民出版社1982年版，第268页。
② 徐梵澄：《老子臆解》，中华书局1988年版，第23页。

3. 论"无为"

老子所处的春秋末期，正是社会发生大变革的时期。在社会的转型时期，原来的政治制度、法令礼仪已不适应变化了的社会现实，而统治者为了稳固其统治，便采取各种手段和途径来治国安民。然而，由于统治者为了自身的私利而恣意妄为，政治更加腐败，社会更加混乱，加上国与国之间频繁的战争冲突，天下愈加无道，百姓欲生不能。作为周守藏史的老子，通过对历史的反思和对现实的剖析，在对现实政治社会批判的基础上，提出了解决现实政治社会危机的方案，并设计了理想的小国寡民社会。

（1）"无为"原则的提出。老子生逢乱世，他最关心的就是人生和政治问题，老子的学说可以说全是为了解决这些问题而立的。老子为解决政治社会问题所提出的"无为而治"的政治原则，从其理论上看，是源自"道"的"自然""无为"等特性，而从其实践上看，则是对现实"有为"政治的反动。

《老子》中的"自然"并不是客观存在的自然界，而是指一种不受强制力量主宰而顺任自然的状态，它是"本来如此""自己如此""自自然然"的意思。老子的"希言自然"（第23章）、"夫莫之命而常自然"（第51章）、"道法自然"（第25章）、"以辅万物之自然而不敢为"（第64章）等，是说对道而言，它创生万物，周流而不息，是"自己如此"的；就道对物（包括人）而言，它生养万物而不居于主宰位置，而是处于辅佐的位置任凭万物"自己如此"地自然生长，如此道便禀有"无为"的特性，或者说"自然"之道显现为"无为"，所以，老子说"道常无为而无不为"（第37章）。

其实，在老子的思想中，"自然""无为"不仅仅是道的特性，更重要的是老子的价值观的核心内容，它为人们特别是统治者提供了行为规则和价值指导原则。就"自然"与"无为"的关系看，"自然"是体，"无为"是用；"自然"是目的，"无为"是手段；通过"无为"之手段和功用，达致"自然"之目的和境界。

在老子看来，"侯王"是"万乘之主"，是"臣民"的最高统治者，他的一言一行、一举一动都关系天下的治乱、国家的兴亡，所以说是治之要者。老子看到现实中的"侯王"行"有为之治"已经暴露诸多弊端，并给社会造成了巨大的危害，如《老子》说：

> 天下多忌讳，而民弥贫；人多利器，国家滋昏；人多伎巧，奇物滋起；法令滋彰，盗贼多有。（第57章）
>
> 朝甚除，田甚芜，仓甚虚；服文彩，带利剑，厌饮食，财货有余，是谓盗夸。（第53章）

显然，当时的侯王所行的"有为之治"，并不是积极的、合理的作为，而是强作妄为、背离社会发展规律的不合理行为。有鉴于此，老子提出了"无为而治"的政治主张。

（2）"无为"精神。"无为"是老子政治哲学中的核心概念，而"无为而治"是"无为"的自然延伸。下面通过发掘"无为"的内涵，揭示老子"无为"的精神。

"无为"即"无事"。《老子》说：

> 以正治国，以奇用兵，以无事取天下。（第57章）

老子所说的"无事"是针对有事说的。"有事"是指统治者设禁忌、制法令之事，以此繁苛政举治国，不但不能使民富国强，甚至走到愿望的反面，即百姓饥贫、天下混乱而无道，所以老子说"有事""不足以治天下"（第48章）。老子还是主张"事"的，不过他所倡导的是"无事"之"事"："圣人处无为之事"（第2章）、"事无事"（第63章）。依照事物发展规律因势利导就是"无事"，亦即"无为之事"。道自足，万事万物自足，人和万物都能自行其是，而不需外力干预、扰乱它。人是万物之灵者，他有自由意志，有自我选择而自行其是的能力，如果统治者通过烦政扰民，钳制老百姓，自然就违背了人的天性和愿望，人人都会把统治者看成异己的力量而排除之。

"无为"即"静"（"清静"）。《老子》说：

静胜躁……清静为天下正。（第45章）

我好静而民自正。（第57章）

静为躁君。（第26章）

这里，"静"与"躁"对举，"躁"即"躁动"，有行动于外且"躁"不可待之意。如老子指出当时的统治者在生活上争先恐后地追逐声色货利，穷奢极欲，在政事上朝令夕改，骚扰百姓，有时甚至"拔苗助长"，急不可待，这都是统治者轻率急躁作风的体现。相反，清静的心境状态，使人不仅能观物知化，而且能顺应万物的变化而变化，从而做到以静制动。在此，老子所倡导的清静治国原则，也就是无为原则，所以后人常把"清静"与"无为"连说，称老子的"无为而治"为"清静无为之治"。

"无为"即"无欲"。老子看到贪欲不仅是人生的大敌，也是治国者的大敌，它是造成社会罪恶和灾害的根源："罪莫大于可欲，祸莫大于不知足，咎莫大于欲得。"（第46章）正是统治者的贪图享乐以及无限的占有欲和权势欲，才导致了国家的衰败和混乱，因此老子主张为政者应当"少私寡欲"，从而使老百姓"虚心""实腹"，心不乱、不争斗，从而达到天下大治。老子并不否定统治者"欲上民""欲先民"之欲，只不过这种欲是以不欲为欲，即"欲不欲"（第64章）。其实，欲望、需求本是人生存和发展的动力。对统治者来说，需要的是以百姓之欲为欲，以百姓之需而需。无私才能无为，无欲才能无为，做到了无私无欲，从而也就能实行无为之治。

"无为"即"柔弱"。老子"柔弱"的主张是建立在他对柔与刚、弱与强的辩证理解之上的。老子看到了柔与刚、弱与强相互依存、相互转化的关系：当事物处于刚、强的时候，就预示着向柔、弱转化；相反，当事物处于柔、弱的地位时，因其包含着无限发展的生机，所以最终能转化为刚、强。因此，对于统治者来说，应当守柔弱而不应当逞刚强。以柔弱之道治国，便是行无为之治。统治者自甘于柔弱，韬光养晦，对内，因得民心而受拥戴；对外，因得道而多助。这样才能使国家长治久安，而且无敌于天下。

"无为"即"见微"。老子看到了客观事物的发展都有一个由小到大、由弱到强、由易而难的自然发展过程："合抱之木，生于毫末；九层之台，起于累土；千里之行，始于足下。"（第64章）因此老子主张："图难于其易，为大于其细。天下难事，必作于易；天下大事，必作于细。"（第63章）这种解决困难从容易处着手，处事都从细小处开始，对于轻易而图难、忽细而为大、好高骛远、逞强好胜的"有为"行为来说，就是"无为"。正是基于此，老子提出了"为之于未有，治之于未乱"（第64章）的行为原则。事实上，老子提出了未雨绸缪、防微杜渐、防患于未然的问题，"不以善小而不为，不以恶小而为之"，强调安而不忘危，存而不忘亡，治而不忘乱。由此也可以看出，老子的无为，并非无所作为，而是以"无为"求其"无不为"。

综上所述，老子政治意义上的"无为"包含着十分丰富的内容：无事而无扰，清静而不躁驰，无欲而安逸，柔弱而不逞强，为易、小而不为难、大。这些内容既体现了老子提倡为政者实行"无为之治"所必备的条件，同时也揭示了老子无为而治的政治思想。由此，也可以看出，第一，老子的"无为而治"并非消极的"无为"，而是将"为"寓于"无为"之中，用老子的表达法即是"以无为为"，亦即"为无为"。"无为"是手段，"为"即"无不为"是目的，无为而治就是手段和目的统一。因此，老子并不出世，老子的"无为"政治也不是"无治主义"。第二，老子的"无为"政治所倡导的"自化"思想，包含着鲜明的政治"自由""民主"的朴素意识。老子主张统治者应遵从自然无为之道，奉行清静无为之治，相信老百姓有"自治"能力，让老百姓自我化育、自我发展、自我完成。第三，老子的"无为"政治论是自然主义和德治主义的统一。一方面，老子主张为政者应当循道、德之自然无为而为治；另一方面，老子又以德为依归，摒弃礼治与法治。其实，在强调德治这一点上，老子道家和孔子儒家是一致的，都是对西周以来德治传统的继承；所不同的是，孔子以"礼"补充限制"德"，而老子则以自然无为之"道"来规范"德"，从而使各自的政治理论显示出自身的特点。第四，老子"无为而治"中确实包含着权术思想，而且"无为"统治术也是为当时的统治者服务的。但从一般意义上讲，这种无为而治的"无为"政治学说，是对西周以来关于治道的一种概括和总结，表明当时人类智慧所达到的高度，具有很高的政治价值。

（3）"无为"的社会批判精神。老子从他的自然、无为的价值观出发，反思历史，审视现实，看到了统治者往往为了自身的利益，相互间尔虞我诈，穷兵黩武，对老百姓巧取豪夺，弄得人民不堪于生；明白了自西周以来的宗法封建制度弊端丛生，周礼渐渐丧失其意义的根由，于是对周制及其礼治文化提出了深刻的批判，对当时统治者的残暴和掠夺行为作了严厉的抨击。

老子以其深邃的睿智，通过统治者的横征暴敛、恣意妄为、贪图享乐与老百姓的饥饿贫困、被逼为盗、揭竿而起的强烈对比，揭露了统治者搜刮民膏、巧取豪夺、严刑峻法的罪恶：正因为统治者"多忌讳"，老百姓才"弥贫"；统治者多"食税"，老百姓"是以饥"；统治者"服文彩，带利剑，厌饮食，财货有余"，而老百姓"田甚芜，仓甚虚"；统治者多施"法令"，老百姓中才多生"盗贼"；统治者"恣意妄为"，老百姓才难以治理；统治者"求生之厚"，老百姓所以"轻死"；统治者以死相威逼，老百姓已无出路，不再"畏威"。于是，对于统治者来说，被推翻的真正的"大威"就要降临了……老子的批判可谓是一针见血，切中时弊。但是，老子并没有停留在具体的批判上，如上所述，他已为统治者献上了"无为而治"的治国方策，以求解决时代的危机和灾难，结束天下无道的混乱局面，使国家长治久安，让老百姓过上安居乐业的美好生活。

老子对社会文明的批判，集中体现在他对仁、义、礼、智、学等社会文化道德的批判上。以往学界大都认为，老子对以孔子儒家为代表的仁义学说进行了强烈的批判与否定，并提出了不同于儒家仁义思想的反命题。可是，自郭店楚简《老子》公布①以来，不少专家学者通过对简本、帛书本和今本《老子》的比较研究，普遍认为，早期儒道两家之间并非尖锐对立、不可调和，而是儒道互补、和平共处的。② 到底应如何看待早期儒

---

① 郭店楚简《老子》1993 年 10 月出土于湖北荆门郭店一号楚墓，整理者根据竹简的形制将之分作甲、乙、丙三组，载《郭店楚墓竹简》，文物出版社 1998 年版。

② 参见庞朴《古墓新知——漫读郭店楚简》，李存山《从郭店楚简看早期道儒关系》，载《郭店楚简研究》（《中国哲学》第 20 辑），辽宁教育出版社 1999 年版；陈鼓应的《从郭店简本看〈老子〉尚仁及守中思想》，载《道家文化研究》第 17 辑，生活·读书·新知三联书店 1999 年版。

道两家的关系，特别是老子对文明社会的批判呢？

诚如不少学者所指出的，今本第 19 章"绝圣弃智""绝仁弃义"，在简本却是"绝智（知）弃卞（辩）""绝为（伪）弃虑"①，明显看出今本与简本关于"三绝""三弃"的内容存在着很大差异，所以多数学者都据此得出这样的结论，即较早的《老子》书中可能没有"绝仁弃义"的思想，帛书本与今本"绝仁弃义"可能是庄子学派后来加进去的东西；②春秋末到战国初，老、孔之间及其学说并未产生强烈的对立现象。③

关于老子对待"仁义"的态度，我认为，虽然简本中没有"绝仁弃义"的说法，但老子对"仁义"还是反对的。

首先，简本有与今本第 18 章相同的内容，现比较如下：

> 简本（丙组）：大道废，安有仁义。六亲不和，安有孝慈。邦家昏□，有正臣。
>
> 今本（王弼本）：大道废，有仁义；智慧出，有大伪；六亲不和，有孝慈；国家混乱，有忠臣。

简本有一"安"字，同于帛书乙本，帛书甲本为"案"，傅、范本作"焉"，"安""案""焉"均作"于是"解。从语气和语义上看，简本和今本是一致的，没有什么差别，唯一不同的是今本多出"智慧出，有大伪"一句，而这在一些人看来是造成理解之差异的一个关键所在。因为今本"衍出'智慧出，有大伪'导致'仁义'与'大伪'等齐，从而产生对仁义贬抑的解释"。④ 其实，即使没有"仁义"与"大伪"并列，与"仁义"并列的"孝慈""正贞"也不是老子从正面加以积极肯定的。因

---

① 裘锡圭先生先释为"绝伪弃诈"，随后又改为"绝伪弃虑"，参见《纠正我在郭店〈老子〉简释读中的一个错误——关于"绝为弃诈"》（武汉大学"郭店楚简国际学术研讨会"论文）。庞朴先生释为"绝为弃作"，参见《道家文化研究》第 17 辑，生活·读书·新知三联书店 1999 年版。

② 参见许抗生《初读郭店竹简〈老子〉》，《中国哲学》第 20 辑，辽宁教育出版社1999 年版。

③ 参见陈鼓应《从郭店简本看〈老子〉尚仁及守中思想》，《道家文化研究》第17 辑。

④ 参见许抗生《初读郭店竹简〈老子〉》，《中国哲学》第 20 辑，辽宁教育出版社1999 年版。

为六亲争斗失和，于是才提倡所谓的孝顺慈爱；国家政治昏乱，才现出忠贞之臣；特别是"仁义"是大道被废除以后才出现的结果，而自然、无为的大道是老子所极为推崇的，而与道相应的淳朴的远古时代，是无所谓仁义、孝慈、忠贞的，以仁义、孝慈之术治国，恰恰背离了老子"返朴归真，唯道是从"的治国原则。所以，诚如张岱年先生所说的，"竹简中也有'大道废，有仁义'这句话，说明老子对仁义还是反对的"。①

其次，如前所述，我们认为，简本《老子》是古本《老子》的一种节选本，因此，简本《老子》中只出现一次"仁义"就不足为怪，简本没有今本的章节及内容也是可以理解的。简本无今本第38章，但该章"失道而后德，失德而后仁，失仁而后义，失义而后礼"的思想内容跟简本"大道废，安有仁义"是一致的。老子体悟到人类社会由大道行，到大道废而仁义礼出，最后又复归于大道这一循环发展的历史过程，因此对大道废弃以后出现的仁、义、礼、智、辩、伪等主张加以去除，而对于合乎大道的自然、无为、无知、素朴却大加推崇、高扬。所以，从总体上看，老子之反对仁义，主要是针对仁义的背离自然之道、偏离纯朴自然的人性而说的。

最后，既然老子从道出发，认为淳朴的远古时代才是人类自然、和谐、美好的奉行大道的理想社会，那么失道之后随之而来的仁、义以及礼、智、学等都是老子所反对的。在老子看来，"礼"是"义"失落之后出现的，并且礼是导致道德沦丧、社会混乱的根源（参见第38章）。这里，老子从政治的、道德的层面揭示了"礼"对人的异化。老子所反对的"智"是"智巧""私智"之"智"，也即"巧伪"之"智"。老子看到，人多巧伪，恶事、坏事自然生出；以智巧治国则国乱并导致灾祸，不以智巧治国则国治并带来幸福；弃绝智巧，民归真朴，国归大道……老子由对智巧的否定，进而对"学""智"等一切标志着人类社会文明的因素都加以反对。老子的诸如"绝学无忧"（第19章，见于简本《老子》乙），"人多智而奇物滋起"（帛书本《老子》甲，见于简本《老子》甲："人多智而奇物滋起"），"为学日益，为道日损"（第48章，

---

① 参见《张岱年先生谈荆门郭店竹简〈老子〉》，载《道家文化研究》第17辑。

见于简本《老子》乙："学者日益，为道者日损"），"学不学，以复众人之所过"（第64章，见于简本《老子》丙），以及老子"三绝""三弃"的主张，足见老子对当时社会文明的成果即知识和智慧所持的反对态度。

综上所述，我们看到，老子对包括仁、义、礼、智、学等在内的社会文明进行了批判，这一批判包含着强烈的、人道的感性内容，同时又表现出反文明、反人类社会的特征。老子的所谓的反文明，实在是对当时异化的社会现实的反动，其人道的思想则凸显了老子人本主义的思想内蕴。这里需要指出的是，老子和孔子一样，承继的是自殷周以来的德治传统与人文精神传统，正如孔子对周礼进行损益并加以发展一样，老子对仁、义、礼等所持的也是一种扬弃的态度，他并没有绝对地否定仁、义、礼，相反，他还提出"上仁""上义""上礼""学不学"，等等。其实，老子也看到了失道之后仁义出现的客观必然性。因此，我们认为，老子对仁义等确实进行了批判，并不能因为简本《老子》无"绝仁弃义"的话而加以抹杀；但同时也应当看到，老子对仁义等并不是持绝对否定的态度；如果说孔子是从正面积极宣扬仁义的话，那么老子则是从反面揭示仁义等社会文明的负面价值，可以说对人类具有更深刻的警示作用。

（4）"无为"与"小国寡民"的乌托邦。先秦的思想家们生活在一个新旧交替的社会大变动时期，他们审视现实，反思历史，从各自不同的立场以怀古的方式描绘了不同的理想的社会蓝图。孔子儒家在《礼记·礼运》中描绘了一幅理想化了的传说中的尧舜时代的"大同"社会的原始图景，并把古代历史的发展划分为三个阶段：尧舜的大同之世、文武的小康之世、春秋的失道之世。老子也认识到了人类历史演进的逻辑：

> 太上，下知有之；其次，亲而誉之；其次，畏之；其次，侮之。
> （第17章）
> 失道而后德，失德而后仁，失仁而后义，失义而后礼，夫礼者，忠信之薄而乱之首。（第38章）

显然，老子是从时代政治和人伦道德变化来确定人类历史的演进的。他看到人类历史发展的过程是道德日益堕落、政治日益衰退的过程，但是，由于老子依据道的循环往复审视历史，所以他相信，理想社会应在淳朴的远古时代。为此，老子描绘了一个与世隔绝的、虽拥有初始的文明（"什佰之器""舟舆"等）而又不受文明之累、文明之害（"无所用之""无所陈之"）的素朴的理想社会图景。这样的一个理想社会，其物质生活是十分简单的，人们"日出而作，日入而息，凿井而饮，耕田而食"，在以农耕为主的、封闭的国度中，过着自给自足的、自由自在的田园生活。这里没有战争，没有剥削和压迫，没有人为的灾祸，人们都满意于他们的衣食住行，安居乐业。世风纯朴，道德纯厚，人与人之间没有尔虞我诈的争斗，精神生活恬淡自适。可以看出，这样一个近似世外桃源的理想社会，实际上是老子为当时的人们设计的一个乌托邦。

如何看待老子提出的"小国寡民"的乌托邦？

首先，老子把"小国寡民"的理想社会放置到远古时代，表现出复古主义与未来主义的独特结合。在文明初启的时代，怀念和美化祖先，认定过去有某种幸福状态，这是人类普遍存在的文化心态。哲学家不能超越他的时代，他的观点是他时代的观点。所以，老子的"小国寡民"的理想社会具有复古主义的特色，是不足为怪的。同时也应当看到，老子是在以怀古的方式憧憬着未来，复古不是目的，而是为实现其社会理想所采取的手段或形式。因此，老子的"小国寡民"的社会理想可以说是兼具复古主义和未来主义的两重性。

其次，老子把合于自然之道的理想社会放置到远离现实的古代，表现出他对混乱无序、充满着种种罪恶的现实的强烈不满，显现出一种积极的批判精神。其实，老子提出的"小国寡民"的思想主张，本意在批判和攻击堕落的、不合理的现实社会，而不是让人们真的返回到结绳记事的远古时代。

最后，老子的"小国寡民"的社会理想反映了他的价值取向、理想追求和终极关怀。在老子看来，人和天地万物都是法道任自然的，人类社会也应如此。所以，人类社会的理想不在现世，也不在未来，而是体现了自然无为之道的淳朴的远古时代。正如把无知无欲、恬静自然的婴儿境界作为人生的理想境界一样，老子把世风纯朴、道德纯厚、精神生活恬淡自适的"小国寡民"的远古社会作为人类社会的最高理想。由此看来，老子社会理想的实质并不在于"要反对物质文明和精神文明"，"回到结绳记事的野蛮时代"，而是希望在"小国寡民"这块"乐土"中，享受内心平静的自由自在的生活，从而实现人人"长生久视"的人生理想。不过，老子对理想社会的设计，确实带有某种幻想的成分，具有乌托邦的色彩。

4. 论"圣人"

（1）作为理想人格的圣人。理想人格是一种人生哲学中体现人的价值、完成人生目标的人物形象，是一种人生哲学理论宗旨的标志。老子的笔下，有众人、俗人，有百姓、民，有侯王、君子，有圣人等，而只有圣人才是高于常人的理想人格。那么，老子眼中的圣人人格具备什么特征、具有何种气象呢？

首先，守道同德是老子圣人人格的基本特征。在老子看来，道不仅是世界万物的最后根源，也是万事万物所须效法的根本原则。在人之中，唯有圣人才能取法自然之道，也就是说，唯有圣人才可以"得道""同道""守道""保道"，才可以行自然无为之道。所以，圣人就成了道的真正载体，是道在人间的化身，是人世间的最高目标和楷模。同时，得道的圣人自然也禀有了道之"玄德""大德"，也就是说，圣人既是"守德""同德"者，又是行德者，是德的载体。

其次，圣王合一是老子理想人格的重要特征。守道同德的圣人，循自然之道而行，不仅修身积德，表现崇高的精神境界，而且还能够"修家""修乡""修邦""修天下"。老子生逢乱世，探索治国安邦之道是其思想的中心内容和根本目标。在老子看来，体道的圣人，修有圆满的真朴之德，但他并不以此真德独善其身，而是要用之以"齐家""治国""平天下"（第54章）。因此，《老子》中虽然没有"内圣外王"之名，却蕴含着"内圣外王"之实。《老子》说："道大，天大，地大，王亦大。域中有四大，而王居其一焉。"①（第25章）王乃人中之大者、人间世的最高统治者，老子将王与道、天、地相提并论，足见当时王之尊贵。其实在

---

① 关于"王"字，王弼本如此。帛书甲乙本同。傅奕、范应元本改"王"为"人"字。

《老子》中，圣人与王是合一的，即圣人的本质和功能也就是王的本质和功能。如《老子》说："是以圣人之治……常使民无知无欲，使夫智者不敢为也。为无为，则无不治"（第3章）；"圣人抱一以为天下式"（第23章）；"圣人之在天下，歙歙焉为天下浑其心"（第49章）；等等。这表明，老子是把"内圣"与"外王"统一的圣人塑造成为一种理想的道德人格，同时，通过圣人之治来实现其政治理想。

最后，具有崇高精神境界的圣人，他所表现出的气象也与众不同。《老子·十五章》对圣人的容貌举止和心态做了具体的描画：他小心谨慎，就像冬天涉水如履薄冰那样；他心怀戒惕，就像害怕四面受乱那样；他恭敬拘谨，就像去做一样；他自由涣散，就像冰消融一样；他敦厚朴实，就像未经雕琢的原木一样；他心胸开阔，就像空旷的深谷一样；他忠实浑朴，就像浑浊的流水一样……老子所描绘的圣人气象，表现的是圣人那无知无欲的内心世界和自然无为的精神境界。不同于世俗之人的积藏财货、纵欲享乐、显才耀智、谋求名利，圣人则是淡泊恬静、无智无欲、糊涂懵懂、无私无我的与自然无为的大道合一的超世伟人。

（2）"圣人"的修养方法与途径。从圣人的人格特征看，老子的理想人格表现出既高远又平实的二重性：守道同德的圣人具有崇高的精神境界和治国平天下的功业，这不是常人所能企及的；然而，圣人虽高高在上，却不是在天国而是在尘世。在老子看来，尽管常人不能达到圣人境界，但现实中的侯王、君子却可以通过修道进而成就圣人人格。老子提出的成就圣人人格的修身养性的方法和途径，归纳起来主要有少私寡欲、绝学弃智等。

少私寡欲。欲望本是人的自然之性。老子也看到了这一点，因此提出"甘其食，美其服，安其居，乐其俗"（第80章）。但是，老子同时也看到了，在自然之欲之外，还有人为之欲，这主要是人追求声色犬马之欲、财货之欲，以及对权势、名望和地位等的欲求。而人为之欲即私欲、贪欲，会对人生产生祸患，譬如欲求五色、五音、五味、驰骋畋猎、难得之货，就会导致目盲、耳聋、口爽、心发狂、行妨等。所以老子说："罪莫厚乎贪欲，咎莫险乎欲得，祸莫大乎不知足。"（简本《老子》甲）为此，老子提出了少私寡欲的主张，并具体说明了寡欲、无欲对人生的意义。

首先，寡欲、无欲能使人保持淡泊虚静的心境，并在恬静的心境中悟道、得道。人多私欲，心必然外骛；心外骛则必躁动不安；躁动不安，心自然不能入静；心不能入静，也就不能体悟自然之道。相反，人抛弃情欲，便可使心灵进入虚静状态；而恬静无欲的心境便能体悟虚静的自然之道，从而得道，与道合一。

其次，无欲可以返朴，也就是说，无欲可使人修有敦厚、质直、朴素等纯朴的德性。在老子看来，人原本是自然无欲的，如婴儿一样，禀有纯朴的自然德性，只是日后人为因素特别是私欲的干扰，才逐渐丧失其纯朴的自然天性。所以，人要重新获得敦厚、质直、朴素的纯朴之德，就要做修身养性的功夫。无欲，便是这功夫的起点。

最后，通过寡欲、无欲，修有纯朴之德的圣人，不仅自身能做到"自正""自朴""自化"，还可以清静无为之道治理天下。

综上所述，可以看出，老子少私寡欲的主张，既肯定了人的自然之欲，即人的生存发展之欲求，又对人为之欲即私欲、贪欲进行减损甚至抛弃。对自然之欲的肯定和对人为之欲的否定，表明老子的寡欲、无欲的观点具有一定的理性和自觉性。老子所向往的赤子境界是无欲的，但老子对通过无欲、守静的功夫而返回到自然无欲的道的境界的过程的强调，又凸显了人的主观能动性。因此，从一定意义上说，老子的理性自觉的无欲说，"是人对自己的、感性的本能的存在的超越，是对更高的一种存在和目的的追求，因而是人性的提高、丰富的表现"①。同时也应当看到，老子对无欲的强调，对婴儿、赤子境界的向往，不仅不利于人的长大成熟，提高人的精神自觉，形成自主的、能动的、积极进取的人格，它甚至会促成长不大的人，致使人的精神萎靡、扭曲，导致消极被动的、无为内求的人格。

绝学弃智。《老子》中有"为学日益，为道日损"（第8章）、"绝学无忧"（第19章，见于简本《老子》乙）、"绝智弃辩"（简本《老子》

---

① 崔大华：《庄学研究——中国哲学一个观念渊源的历史考察》，人民出版社1992年版，第174页。

甲)、"学不学，复众人之所过"（第 64 章）等命题。其中，作动词的"学"是指学习，作名词的"学"是指知识学问；"智"是指知识、智慧。老子所说的"学"可分为有为之学与无为之学，前者主要是指政教礼乐之学①、仁义圣智之学②等，后者主要是指"为道"之学。老子看到，学习政教礼乐之学、仁义圣智之学，人们的知识不断增长，智慧日渐开化，情欲巧伪也随之多起来，这就是"为学日益"；然而其结果则是"智慧出，有大伪"（第 18 章）。鉴于此，老子提出绝学弃智的主张。

老子把赤子境界看成是圣人守道同德的最高的精神境界。处于自然境界中的婴儿，不仅是恬静无欲的，更是无知无识的。因此，要达到人生的最高的理想境界，就既要做寡欲、无欲的功夫，同时更要做"绝学弃智"的功夫。只有当人弃绝知识、学问、巧智、言辩等，他才可以成为无知无识的"愚者"；因为没有知识，所以才可能回到纯朴自然的无为境界，从而返璞归真而同道，并顺从自然之道而行，无为无不为。

应当说，老子从修养高度对知识负面效应的揭示是十分深刻的。诚然，知识可以使人聪明，能给人以智慧和力量，是人类摆脱限制、满足各种需要、获得自由的很重要的手段，这是知识所具有的积极的正面价值。但是，我们也不能不看到，伴随着知识的增长、智慧的开发、文明的进步，人类不但没能走上自然和谐有序的正道，反而愈加混乱无序；人不仅没有享受到真正的自由和幸福，反而道德日益堕落，内心愈加焦虑不安，而这正是知识所产生的负面效应。老子从他的自然哲学出发，希望通过绝学弃智的修养功夫而使人达到返璞归真的自然境界，这不仅表现出老子对知识负面效应的揭露和批判，而且也体现了老子对人的价值的理性自觉，但是，我们也必须指出，由于历史和科学的限制，老子还不理解人的智慧、知识就是人性的本质体现，因此导致他由对人的自然性过分强调而否定知识对人生的积极意义，这正是他的局限性之所在。

（3）"圣人"的处世之道。老子所提出的圣人的处世之道集中体现在《老子·六十七章》：

---

① 《老子河上公章句》注："学，为政教礼乐之学。"
② 陈鼓应的《老子注译及评介》注："绝学，指弃绝仁义圣智之学。"

> 我有三宝，持而保之：一曰慈，二曰俭，三曰不敢为天下先。

这里，慈，即慈爱，是处人之道；俭，即俭啬，是立身之道；不敢为天下先，即居后，是接物之道。可见，老子的"三宝"，实际上就是圣人的待人接物之道。下面对此做具体的考察分析。

"慈"。慈蕴含有爱、柔、宽三义，如果从待人之道释慈，便有爱以待人之道，柔以待人之道，宽以待人之道。

首先，看爱以待人之道。在老子看来，道不仅生成万物，而且还养护万物："道生之，德畜之，长之育之，亭之毒之，养之覆之。"（第51章）道的养护万物，正是道慈爱万物的大德之体现。老子有见于此，指出守道同德的圣人对人应持"为人""与人"（第81章）的态度，要做到"常善救人""无弃人"（第27章）。以慈爱之心待人，便不会"伤人"，因为，圣人不用苛刑暴政害民，这是圣人慈爱之心的表现。

老子是反战的，因为他看到"师之所处，荆棘生焉。大军之后，必有凶年"（第30章）。而且，战争杀人甚众，害民甚深。所以，他认为："夫兵者，不祥之器，物或恶之，故有道者不处。"（第31章）如果不得已而用之，要"恬淡为上"。谴责那些战胜而夸耀乐于杀人的人，主张"杀人之众，以悲哀泣之，战胜以丧礼处之"（第31章）。这说明，有道的圣人在战时始终要以慈爱之心待人。

其次，看柔以待人之道。老子从生物的生与死的表现看到，凡是活着的东西都具有柔韧性，凡是死亡的东西都具有坚硬性，因此，"坚强者死之徒，柔弱者生之徒"（第76章）。老子又以水为喻，说明道的作用呈现出柔弱的特征（第40章），所以"柔弱胜刚强"（第36章）成为普遍的自然原则。因此，示人以柔弱便成为圣人的处世准则。"勇于敢则杀，勇于不敢则活"（第73章），是说勇于表现坚强的人，则不得其死；勇于表现柔弱的人，反而能够全生避害。现实生活中，常常会看到那些刚强者因自恃刚强，往往要受到众人的非议、攻击、陷害，甚至必欲除之而后快。所以说，"强梁者不得其死"（第42章），而柔弱者，却因其柔弱，反而会得到人们的同情、怜悯和支持，从而远离祸患，得以保身全性。

在老子看来，当时的人君即统治者所采取的严刑峻法、苛捐重税的治民方法，就是逞刚强的表现，如"忌讳多"、"法令滋彰"（第57章）、"食税多"（第75章），等等。因为他们对老百姓逞强示威，毫无慈柔之心，所以人们就奋起抗争。"民不畏死"（第74章）、"民不畏威，则大威至"（第72章），人民是不怕死的，更不畏惧统治者苛政暴敛的威胁，这样人民起来反抗统治者的更大的威胁就到来了。相反，圣人治天下，奉行自然无为之道，示民以柔弱，以百姓心为心，不逞强好胜，这样反而能够使上下和谐相处，国家长治久安。

不逞刚强而示之以柔弱的圣人可以说是做到了"方而不割，廉而不刿，直而不肆，光而不耀"（第58章）。这就是说，圣人虽然方正、清廉、正直、光明，但不伤害人；他能够不割、不刿、不肆、不耀，正是做到了不锋芒毕露，不自恃刚强。我不伤人，人也不伤我，两不相伤，就永远不会有祸患。

最后，看宽以待人之道。《老子》说：

> 道冲，而用之或不盈。渊兮，似万物之宗。（第4章）
> 大盈若冲，其用不穷。（第45章）

在此，老子指出了道的空虚深藏的特征。《老子》中，还常常用"谷"比喻说明空虚的特征：

> 谷神不死，是谓玄牝。玄牝之门，是谓天地根。（第6章）
> 旷兮其若谷。（第15章）
> 为天下谷。（第28章）
> 谷得一以盈。（第39章）
> 上德若谷。（第41章）

因为道像山谷一样空虚深藏，所以它能容纳一切、包容一切，这就是道之上德、大德。取法自然的圣人，自然应取法道的空虚之性。圣人能虚，便能容；能虚，能容，便能宽。所以，圣人能以宽容待人，以宽厚待人：

善者吾善之，不善者吾亦善之，德善；信者吾信之，不信者吾亦
信之，德信。（第49章）

对于善者与不善者，信者与不信者，圣人都一样地善待他们，可以看出圣
人若谷的胸怀。也正因为圣人宽厚慈善，所以他能做到"报怨以德"（第
79章），"执左契而不责于人"（第79章）。古代债契分左右两半，左契为
债务人所立，交债权人收执；右契为债权人所立，交债务人收执。这是说
圣人借债于人而操左契，但是不责令债务人偿还，以此表明圣人施恩不求
回报、宽以待人的美德。①

"俭"。如果说慈是待人之道，那么俭就是律己之道。"俭"即节俭、
俭用，陈鼓应注曰："有而不尽用。"② 人之所有，首先是他的身心，其次
是财、权等身外之物。老子有见于"反者道之动"（第40章）的自然法
则，提出对人之所有节俭、俭用的主张。《老子》说：

治人事天，莫若啬。夫唯啬，是以早服。早服谓之重积德。……
是谓深根固柢，长生久视之道。（第59章）

这里讲的是圣人治国养生之道。"啬"即收敛、爱惜。就治国（治人）而
言，圣人要收敛，不要向外扩张，要爱惜财力、权力，轻易不要使用；就
养护身心（事天）而言，要精神收敛、内向，不要为外物所引诱，要爱
惜精神，不要劳思费神，消损精神。③ 用"啬"治国养生，是圣人的律己
之道④，其最终目的是要实现国家长治久安、个人享尽天年的理想。

俭以律己，就是要知足、知止。老子看到当时的统治者"服文采，带
利剑，厌饮食，财货有余"（第53章），多藏金玉珍宝（第9章），纵情
于声色、口腹之欲，可谓享尽了人间的荣华富贵。然而，这种求"生生之

---

① 参见古棣、周英《老子通·老子校诂》第79章注。
② 参见陈鼓应《老子注译及评介》第67章注，中华书局1984年版。
③ 参见古棣、关桐《老子十日谈》第59章解说。
④ 古棣、关桐说，老子讲"养生"必及"处世"之道，以避免亡国杀身之祸，因而
把"长生""久立"（久视）并提。参见古棣、关桐《老子十日谈》第59章解说。

厚"（第 50 章）的行为是违背自然之道的，最终是要受到自然规律的惩罚的。"益生曰祥"的表现是"甚爱必大费，多藏必厚亡"（第 44 章），"富贵而骄，自遗其咎"（第 9 章），"五色令人目盲，五音令人耳聋，五味令人口爽，驰骋畋猎令人心发狂，难得之货令人行妨"①（第 12 章）。鉴于不知节俭、爱惜，而一味纵欲、贪生必招祸患，老子提出了知足、知止的主张：

> 知足不辱，知止不殆，可以长久。（第 44 章）
> 知足之足，常足矣。（第 46 章）

在老子看来，体道的圣人，修有真朴之德，生活俭朴，少私寡欲，只求"为腹"，不求"为目"（第 12 章），善于知足。因其知足，所以更俭用其财物，宝爱其精神①。更知道"去甚，去奢，去泰"（第 29 章），善于知止。"知足"可以"不辱"，"知止"可以"不殆"，圣人因此可以避害全生，生命自可长久。这样一来，他就可以永享幸福快乐的生活。

俭以律己，也就是要做到卑下谦恭②。《老子》说：

> 以其终不自为大，故能成其大。（第 34 章）
> 是以圣人抱一为天下式。不自见，故明；不自是，故彰；不自伐，故有功；不自矜，故长。（第 22 章）

这里，不自大、不自见、不自是、不自伐、不自矜，就是不自我炫耀，就是卑下谦恭。因为圣人处卑下便是处于少的一面，也就是俭约的一面，而"少则得"（第 22 章），因此，圣人不自炫反倒受益，即不自大反而成其大，不自见反而明，不自是反而彰，不自伐反而有功，不自矜反而能长。这就是"谦受益"。反之，如果自我炫耀，骄傲矜夸，也就是处于"盈"

---

① 韩非子《解老》云："视强则目不明，听甚则耳不聪，思虑过度则知识乱。目不明，则不能决黑白之分；耳不聪，则不能别清浊之声；知识乱，则不能审得失之地。如是，则盲聋悖狂之祸至。"
② 韩非子《解老》说："是以智士俭用其财则家富，圣人宝爱其神则精盛。"

"多"的一面，而"多则惑"（第22章），所以，人若自炫反倒受损：自见反而不明，自是反而不彰，自伐反而无功，自矜反而不长①。这就是"满招损"。所以，《老子》告诫：

> 果而勿矜，果而勿伐，果而勿骄。（第30章）
> 富贵而骄，自遗其咎。（第9章）

"不敢为天下先。"对于权势、名利等身外之物，圣人如何对待？老子提出了"不敢为天下先"的处世法宝。不敢为天下先就是处下、谦退、不争。在老子看来，道具有处下的特性，如他说：

> 譬道之在天下，犹川谷之于江海。（第32章）
> 江海之所以能为百谷王者，以其善下之，故能为百谷王。（第66章）

这里，老子以江海居下、百川汇归来喻道之处下、万物归往。② 他还以水的利物、不争、处下的特性来喻道的善利万物、处下和不争：

> 上善若水。水善利万物而不争，处众人之所恶，故几于道。（第8章）

鉴于此，老子提出了圣人处下、谦退、不争的处世之道。在老子看来，合于天道的圣人应善于处下、居后：

> 是以圣人欲上民，必以言下之；欲先民，必以身后之。是以圣人处上而民不重，处前而民不害。是以天下乐推而不厌。（第66章）

---

① 《老子·二十四章》："自见者不明，自是者不彰，自伐者无功，自矜者不长。"
② 《老子·十六章》："夫物芸芸，各复归其根。"

这就是说，圣人处下、居后，不但不受损反而获益，所以老子又说，"圣人后其身而身先，外其身而身存"（第7章）；"不敢为天下先，故能成器长"（第67章）。圣人的这种"后其身""外其身""不敢为天下先"，也就是不争的处世态度：处下，即不争上、不争尊；居后，即不争先、不争前。圣人因其不与人争功名、争利禄、争地位、争是非，便具备了不争之德；而不争的品德是合于天道自然的，《老子》说，这是"配天古之极"（第68章）。

因为"天之道"是"不争而善胜"（第73章）的，所以，圣人以不争处世，就能收到"夫唯不争，故无尤"（第8章）、"夫唯不争，故天下莫能与之争"（第22章）、"以其不争，故天下莫能与之争"（第66章）的功效。在老子看来，圣人的不争，并不是绝对的不争，而是寓争于不争之中，通过不争的手段达到无所不争的目的。如《老子》说：

> 曲则全，枉则直，洼则盈，敝则新，少则得，多则惑。是以圣人抱一为天下式。不自见，故明；不自是，故彰；不自伐，故有功；不自矜，故长。夫唯不争，故天下莫能与之争。古之所谓曲则全者，岂虚言哉！诚全而归之。（第22章）

圣人取"曲、枉、洼、敝、少"的处世态度，反而能达到"全、直、盈、新、多"的效果；做到不自是、不自见、不自伐、不自矜，反而能明、能彰、有功、能长久。这说明，圣人是"有为"的；不过，他所为是无为而为，也就是"不争"① 之为。

圣人不争，所以知谦退之道。老子有见于天道是"功成身退"（第9章）的：

> 大道泛兮，其可左右。万物恃之以生而不辞，功成不名有，衣养万物而不为主。（第34章）

---

① 《老子·八十一章》："圣人之道，为而不争。"

所以，他主张效法自然之道的圣人也应做到有功不居，功成身退。《老子》说：

> 是以圣人处无为之事，行不言之教。万物作而不辞，生而不有，为而不恃，功成而不居。夫唯不居，是以不去。（第2章）

这里，"作""生""为""功成"，是指圣人的"有为"以及通过有为而成就的功业；"不辞""不有""不恃""不居"，是指圣人退身而不居功；正因为圣人有功而不居功，所以他能永远保持其功业。

综上所述，第一，慈、俭、不敢为天下先是老子依据道的基本特性所提出来的圣人的处世之道。如果局限于《老子·六十七章》，是可以把老子所提出的"三宝"理解为"道德准则"①、"圣人之三德"②、"政治之道的作用"③；但是如果从老子的整个思想来看，既然"三宝"是道的自然、虚无、柔弱、素朴、不争等基本特性的外化和体现，而圣人是得道者，所以"三宝"就成为圣人基本的处世态度和方法。事实上，以慈待人、以俭律己、以不敢为天下先接物正是圣人待人接物、处理人际关系的三个基本方面。就是在这个意义上，我们把老子的"三宝"看成是圣人的处世之道。

第二，作为圣人处世之道的"三宝"的提出，表明了身处乱世中的老子反对社会冲突、追求安适和谐生活的人生态度。当时统治者穷奢极欲，追逐功名利禄，搜刮掠夺百姓；而百姓被逼为"盗贼"，人与人之间的关系如狼似虎，尖锐对立。大国与小国之间的攻伐之战频仍，百姓生灵涂炭，灾难沉重；国与国之间、人与人之间怨恨深重。老子有鉴于此，通过反思历史，审视现实，从天道自然无为的哲学立场出发，试图通过"三宝"处世之道的推行，引导人们以慈爱、温柔、宽厚的态度待人，以俭啬之道律己，以不争、谦退、处下的态度接物，形成人人慈善助人、人人谦让利人的和谐自然的人际关系。这正是老子人生理想的最高目标，也是老子"三宝"的价值之所在。同时我们也可以看出老子企图通过"三

---

① 参见詹剑峰《老子其人其书及其道论》，湖北人民出版社1982年版，第426页。

② 参见卢育三《老子释义》，天津古籍出版社1987年版，第265页。

③ 参见古棣、关桐《老子十日谈》第67章解说。

宝"处世之道来缓和、解决人类社会的冲突，因其缺乏经济基础而无现实性。

第三，"三宝"处世之道，正是老子人生智慧的体现。譬如"不敢为天下先"所包含的处下、谦退、不争的处世态度和方法。圣人在对待上下、前后、贵贱、争与不争的关系时，以下、后、贱、不争为前提，将上、前、贵、争寓于下、后、贱、不争之中，从而实现自身的价值，即达到处上、居前、高贵、争胜的目的。这就是老子的处世辩证法和人生智慧。事实上，《老子》中充满了这种人生智慧：知刚强而柔弱、知动而守静、知进而守退、知巧而守拙、知荣而守辱、知贵而守贱、知多而守少……而这正是老子"反者道之动"的辩证法思想在人生中的运用。

本来老子是反对智慧的，如他说"智慧出，有大伪"（第18章）；而老子的人生智慧中所包含的负面价值或消极影响，虽为老子所始料不及，但确实是存在的。例如长期奉行谦退处下、柔弱不争的处世之道，虽然能够为个人赢得安适和谐的生活，使个人生命健康，享尽天年；但是它能够弱化人的生命冲动和激情，不利于人开拓进取、创造生命价值。诚如陈鼓应先生所说："老子一再强调'清静无为、柔弱处下'，一个人如果长时期浸染于这种思想气氛中，久而久之，将会侵蚀人的奋发精神，也会消解人向观念探索以及向思想禁地推进的勇气。总之，在老子所建构的世界中，人们固然可获得心灵的平和宁静，然而相对地也会减损人创造性的冲动。"①

由上所述可以看出，老子在其自然哲学基础上所提出的人生哲学，在其自然主义的人生哲学中所设计的圣人的理想人格，为人们的安身立命、人生追求提供了一个价值基点和一套人生智慧，为塑造中国人虚怀若谷、无私无畏、质朴无华、豁达大度等思想品德，对构筑中华民族宽厚容纳、坚忍不拔、修道进德、慈爱利他等民族文化精神提供了积极的思想营养。但是，我们也应当看到，老子的人生哲学及理想人格的设计中存在着种种负面价值。首先，老子把人作为"四大"（道、天、地、人）之一，表面上看是提升了人，其实是降低了人。人不仅与天、地并列，而且与作为世

---

① 陈鼓应：《老庄新论》，上海古籍出版社1992年版，第41~42页。

界万物本原及其存在根据的道并列，甚至在这"四大"之中没有神或帝的位置，可见人在宇宙中的地位之崇高。然而人只是万物中之一"物"，天、地甚至道也只是一"物"，所以作为"物"的人与作为"物"的道一样是自然而然的东西，也就是说人其实只是一个自然人，而作为自然人，就没有什么尊严可言。

其次，老子以自然无为之道看人，所看到的是精和、淳朴、无知、无欲的婴儿，并把婴儿境界作为理想人格的最高境界。婴儿是潜在的人，他没有自我，更不需要处理现实中各种复杂的社会关系，因此，这种以自然为本而非以自我、个体为本的婴儿人格，只是一幅非现实的、虚幻的、观赏的、抽象的人生画，无助于理性的健康的现实的人格的塑造和培养。另外，婴儿没有自我，不作选择，既不为善，也不作恶，因此，婴儿人格不是行动人格，不是道德人格。中国人的长不大、依赖感、无力感、不负责任、不独立等负面心态，与老子道家婴儿人格的影响有着紧密的关系。

最后，虽然老子的圣人人格也追求外王事功，但在老子眼中，只有高高在上的侯王一人才有资格成就圣人人格，众人、常人是没有份的。因此，普天之下只有侯王一人成就理想人格，其余人都只能做俗人、众人、平常人，一人高贵而万民卑贱。可是按老子"反者道之动"的逻辑，圣人为了居前、处上，而故意表现出居后、处下的样子。这种本为老子所反对的政治权术和人生谋划，反而形成了人们冷漠、畏缩、圆滑、怯懦、卑下、奴性等消极的心态，并以对这种负面价值的执着追求为道德、为荣耀，放弃人的自我、理智、理性和创造精神，不利于正常的健康的人格的形成和发展。

（二）稷下道家

汉代学者徐干说："昔齐桓公立稷下之宫，设大夫之号，招致贤人而尊宠之。自孟轲之徒皆游于齐。"（《中论·亡国》）稷下学派是战国中后期在田氏齐国政权荫庇下形成的一个十分活跃的学术群体。据《史记》记述，稷下学士有数百上千人，但举其要则是"自如邹衍、淳于髡、田骈、接子、慎到、环渊之徒七十六人"。可见，在汇集了先秦的儒、墨、道、名、法、阴阳百家思潮的稷下学派中，道家是最显要而有力的一支，并且如前所述，从《庄子》及《史记》、《汉书》的记述中，还大体上可以确认彭蒙之师、彭蒙、田骈、慎到、接子、季真、环渊等为稷下道家人物。《史记》谓，"慎到著十二论，环渊著上下篇，田骈、接子皆有所论"。《汉书·艺文志》道家类录有"田子二十五篇"（班固注：名骈，齐人游稷下，号天口骈）、"《蜎子》十三篇"、"《接子》二篇"；法家类录有"《慎子》四十二篇"。稷下道家人物也多有著述，但是，这些著述后多已佚失，《隋书·经籍志》中除法家类的《慎子》外，其他已不再出现。现在，我们对稷下道家思想的考察，只能依据残存的《慎子》、散见于秦汉典籍中稷下道家人物言行来加以论述。此外，《管子》一书内容芜杂，虽然在《汉书·艺文志》中被归属为道家类（在《隋志》中被归入法家类），但实际上应是稷下各派的述作的合集，然而其中具备原始道家思想三项内涵的篇目（主要是《枢言》《心术》《白心》《内业》四篇），也可以作为稷下道家的思想来论列。

1. 道——精气论

《老子》界定"道"曰："独立而不改，周行而不殆，可以为天地母。"（第25章）可以认为，以"道"为宇宙万物根源的观念，是道家最基本的理论特色。稷下道家也保持着道家的这种特色。例如《管子》四篇中写道：

> 凡道，无根无基，无叶无荣，万物以生，万物以成，命之曰道。（《内业》）

《老子》中还说，道"视之不见""听之不闻""搏之不得"（第14章），"万物恃之以生"（第34章），"天得之以清，地得之以宁，神得之以灵，谷得之以生，侯王得之以为天下正"（第39章），作为根源之"道"，具有超验、周遍的性质，稷下道家也描述了"道"的这种性质：

> 道也者，动不见其形，施不见其德，万物皆以得，然莫知其极。（《管子·心术上》）
>
> 不见其形，不闻其声，而序其成，谓之道……道满天下，普在民

所，民不能知也，一言之解，上察于天，下极于地，蟠满九州。
（《管子·内业》）

可见，在原始道家中，稷下道家和老子派在作为道家标志的道之观念上有基本的一致。在《老子》中，对"道"的这种根源、周遍、超验的形上性质，感到难以用某种概念来加以说明，而只能作出一种语言的描述，称之为"夷""希""微"（第14章），形容之为"玄牝"（第6章）。但在稷下道家这里，"口之所不能言，目之所不能视，耳之所不能听"的"道"（《管子·内业》），还是获得了一种属于理论概念性的解释——"精气"：

凡物之精，比则为生：下生五谷，上为列星；流于天地之间，谓之鬼神，藏于胸中，谓之圣人。是故民（此）气，杲乎如登天，杳乎如入于渊，淖乎如在于海，卒乎如在于己。是故此气也，不可止以力，而可安以德；不可呼以声，而可迎以音（意）。敬守勿失，是谓成德，德成而智出，万物果（毕）得。（《管子·内业》）

《管子·内业》之论是认为，精或精气"流于天地之间"，是五谷、列星、鬼神、圣人、天地间万物形成之不可或缺的因素或成分；精气"杲乎""杳乎"，"不可止以力""不可呼以声"，又是超越感性经验的。显然，精气与道具有完全相同的性质。这样，精气就可以视为是稷下道家对作为万物根源之道的一种具体的理论解释。精或精气为何物？《管子·内业》说，"精也者，气之精者也"，"凡人之生也，天出其精，地出其形，合此以为人"，"敬除其舍，精将自来"。《心术上》曰："世人之所职（主）者，精也。去欲则宣，宣则静矣。静则精，精则独，独则明，明则神矣。"据此，稷下道家的精或精气似乎是一种独立的兼有物质性与精神性的精微实体性存在。在这里，原始道家中的老子派与稷下派显现了它们理论上的一种深刻的差别。《老子》曰："道之为物，惟恍惟惚，惚兮恍兮，其中有象；恍兮惚兮，其中有物。窈兮冥兮，其中有精，其精甚真，其中有信。"（第21章）老子派对"道"的这番困难的解说，虽然还是没有给"道"以具有明晰的理论内涵的诠定，但却真切地表明他是在进行一种深刻的对本体论的思索，他只能体认到作为万物根源之本体（道）是一种真实的存在（实在），是一种像某种实体存在的那种真实存在（"物"），但又不是我们的认识（感性的或理性的）所能表述、把握的（"惟恍惟惚"）。老子的困惑表现了人的理性对宇宙终极本体作界定时的不可能周延、准确的局限。稷下道家以精气来解说道，实际上是以一种具有感性经验内容的对象（气），来解说一种超验的对象（道），故《管子》四篇中就出现了"气者，身之充也"（《心术下》）与"道者，所以充形也"（《内业》）两个等值的命题。所以，道家之道在稷下道家这里所获得的只是一种宇宙论的解说。老子派和稷下道家之间，虽然在历史舞台上同作为先秦道家学派而先后出现，除去不清晰的、没有确凿材料可说明其面目的环渊，还难以发现他们有学统上的师承，因而也难以判定他们有思想观念上的承传。他们对"道"分别所作本体论性质的思索和宇宙论性质的解释之间的差别，就不能视为两派思想的变异或发展，而只能解释为他们立于不同的理论层面，且有不同的观念起源。《老子》曰，"自今及古，其名不去，以阅众甫。吾何以知众甫之状哉"（第21章），以此显示老子有"自今及古""众甫之状"的更广宽的思维背景，追寻永恒的、"先天地生"（第25章）的终极形上根源。稷下道家精气论，是以"凡物之精"，以万物形成因素之"精"诠解超越人之感性认识的万物根源之"道"，证成的是"道在天地之间"（《管子·心术上》）。从先秦诸子百家的思想发生史上看，老子派的"道"具有明显的原创性，有由历史经验、自然观察和生活体悟所凝聚成的独立的观念源头。稷下派精气论似乎还依附着某种已经模糊了的旧源头。例如，据《左传》记述，子产曾有"人生始化曰魄，既生魄，阳曰魂，用物精多，则魂魄强"之论（昭公七年）。《左传》成书不会早于稷下道家的出现，故《左传》所载子产"物精"说不能说是有力的证据，但是，具有原始宗教色彩的魂魄精灵之说在稷下道家之前肯定是存在的，它可能是精气说的最早渊源。

2. 无任——法与礼

老子派道家从道为"天地根"（《老子·六章》）"道法自然"（《老子·二十五章》）的根本理论立场出发，在社会的、人生的层面上主张"圣人处无为之事，行不言之教"（《老子·二章》），"莫之命而常自然"（《老子·五十一章》），将礼、法视为是"人为"而置于与"自然"（"无为"）对立的位置上予以摈弃，认为"礼者忠信之薄，而乱之首"（《老子·三十八章》），"法令滋彰，盗贼多有"（《老子·五十七章》）。然而，亦以"道"为万物"根茎"和亦主张"弃知去己""謑髁无任"的稷下道家，却对礼、法做出了完全肯定的结论：

> 法出于礼，礼出于治，治，礼道也。（《管子·枢言》）
>
> 法制礼籍，所以立公义也。凡立公，所以弃私也。明君动事分功必由慧，定赏分财必由法，行德制中必由礼。（《慎子·威德》）

稷下道家与老子派有相近的"道"和"謑髁无为"（"无任"）的根本立场，在社会层面上却引出迥异的结论，是由于两派在这样两个观念上的差别造成的。第一，天人关系。《老子》曰，"天之道，损有余而补不足；人之道则不然，损不足以奉有余"（第77章），原始道家中的老子派和下面将论及的庄子派①，都是将人置于与天（自然）绝对对立的位置，一切人的行为（人为），都是对自然（无为原则）的破坏。稷下道家则每说"天以时使，地以材使，人以德使"（《管子·枢言》），"天或维之，地或载之，人有治之"（《管子·白心》），"天主正，地主平，人主安静"（《管子·内业》），"天有明，地有财，圣人有德"（《慎子·威德》），认为人以自己的秉性（静因自然）、品德（德行修养）、能力（治理万物）与构成人的生存环境的另外两个主体天、地形成的是一种既有差异又相辅助的关系，在这种天人结构观念中，表现人之与天、地构成结构关系的那些行为（德行修养，治理万物），就不能视为是与天地对立的、破坏自然（天）的"人为"。这样，道家"无为"观念内涵在稷下道家这里发生了某种变异，演变为"贵因"，"道贵因，因者，因其能而用之也"（《管子·心术上》）。"无任"不再是指排斥一切人为地任"万物将自化"（《老子·三十七章》），而可以是因万物之能而用之。第二，人之本性。从《老子》所说"沌沌兮，如婴儿之未孩"（第20章），"常德不离，复

---

① 如《庄子》谓"天之小人，人之君子；人之君子，天之小人"（《大宗师》），"古之人，天而不人"（《列御寇》），"无以人灭天"（《秋水》）。

归于婴儿"（第28章），"含德之厚，比于赤子"（第55章）等，可以看出老子（和下面将论及的庄子①）是将人性之本真视为一种如婴儿般的无知无识的本然状态。稷下道家所观察到的则是：

> 田子曰："人皆自为，而不能为人……"（《尹文子·大道》）
>
> 田骈曰："天下之士，莫肯处其门庭，臣其妻子，必游宦诸侯之朝者，利引之也……"《尹文子·大道》
>
> 天道因则大，化则细。因也者，因人之情也。人莫不自为也……（《慎子·因循》）
>
> 匠人成棺，不憎人死，利之所在，忘其丑也。（《慎子·逸文》）
>
> 道之在人者，心也……爱之、利之、益之、安之，四者道之出。（《管子·枢言》）
>
> 人之可杀，以其恶死也；其可不利，以其好利也。（《管子·心术上》）

可见，稷下道家是在较浅近的层面上，通过对人之行为表现的观察，判定人性是"自为"——自私、自利的。这一人性结论构成了作为"不治而议"之士的稷下道家之社会政治观点的基本出发点。首先，在持"贵因"观念的稷下道家看来，自为求利既是人之本性，是人之行为的力量，就应该将它作为动力而加以利用，而不可以也不可能将其化解。稷下道家人物，以"不治而议论"之士的身份，为君主立言曰：

> 田子曰："人皆自为，而不能为人，故君人者之使人，使其自为用，而不使为我用。"稷下先生曰："善哉，田子之言！古者君之使臣，求不私爱于己，求显忠于己……语曰：'禄薄者不可与经乱，赏轻者不可与入难。'此处上者所宜慎者也。"（《尹文子·大道》）
>
> 人莫不自为也……是故先王见不受禄者不臣，禄不厚者不与入难。人不得其所以自为也，则上不取用焉。故用人之自为，不用人之

---

① 如《庄子·庚桑楚》有曰："性者，生之质也。性之动谓之为，为之伪谓之失。"

为我。（《慎子·因循》）

概言之，稷下道家认为人之自为的本性，产生对"利"的追求，是君王可用以驾驭臣民的资源，"大君因民之能为资"（《慎子·民杂》）。韩非在界定法家之"术"时曾说："术者，因任而授官，循名而责实，操杀生之柄，课群臣之能者也。"（《韩非子·定法》）稷下道家"使其自为用""因民之能为资"都具有某种"术"的雏形——当然是尚未转变为法家的道家的"术"。

但是，在另一方面稷下道家也观察到，"自为"之人性也很显然地会滋生自私；驾驭不住的自私就要带来纷争，犹如彭蒙所说"雉兔在野，众皆逐之"（《意林》卷二），必须有某种具有客观性的规范才能制约住此种由纷争而乱世的己意私心。正是在这种人性观察的背景下，"不治而议"的稷下道家提出的要确立名分、法礼，弃私去己，实现天下不争。例如，其定名分之论：

> 彭蒙曰：雉兔在野，众皆逐之，分未定也；鸡豕满市，莫有志者，分定故也。（《意林》卷二）
>
> 一兔走街，百人逐之，贪人具存，人莫之非者，以兔为未定分也。积兔满市，过不能顾，非不欲兔也，分定之后，虽鄙不争。（《意林》卷二）

立法礼之论：

> 蓍龟，所以立公识也；权衡，所以立公正也；书契，所以立公信也；度量，所以立公审也；法制礼籍，所以立公义也。凡立公，所以弃私也。（《慎子·威德》）
>
> 义者，谓各处其宜也。礼者，用人之情，缘义之理，而为之节文者也。故礼者，谓有理也。理也者，明分以谕义之意也。故礼出乎义，义出乎理，理因乎道者也。（《管子·心术上》）

从具有抑制私己、平息纷争的客观效果的意义上，慎到还有立势之论：

> 尧为匹夫，不能使其邻家；至南面而王，则令行禁止。由此观之，贤不足以服不肖，而势位足以屈贤矣。故无名而断者，权重也；弩弱而矰高者，乘于风也；身不肖而令行者，得助于众也……夫三王五伯之德，参于天地，通于鬼神，周于生物者，其得助博也。（《慎子·威德》）

稷下道家肯定名分、法礼的这些立论，从多个方面凸显了它在先秦百家中所独具的特色。首先，就道家内部来说，稷下道家积极参与社会政治生活，为君主立论划策，以求"天下不争"，表现了作为"不治而议之士"的社会角色，不同于对礼、法持否定态度的向往"小国寡民"的"隐君子"老子派①和徜徉于"无何有之乡"的陆沉野士庄子派②。其次，就稷下道家之肯定法势而论，较之法家也甚有距离。稷下道家只是从制约人性之私、己的观念上推演出"立公""得众"的法与势的理念，其与稷下学派中的法家所说"法者，所以兴功惧暴也"（《管子·七臣七主》）、"法之制民也，犹陶之于埴，冶之于金也"（《管子·禁藏》）等突出法是具有强制、权威内涵的观念形态不同；与稷下法家所诠解的"明主在上位，有必治之势，则群臣不敢为非，是故群臣之不敢欺主者，非爱主也，以畏主之威势也"（《管子·明法解》），即以势为君主制服臣民的资本的观念亦有所不同。《管子·白心》说"名正法备，则圣人无事"，稷下道家以法术势是道之无为的逻辑结论；在稷下法家，则是"法者，圣者之实用"（《管子·任法》），或如后来韩非所说，法与术"皆帝王之具也"（《韩非子·定法》），法术皆是"明王"自觉使用的统治工具。可见，稷下道家法势之立论，其逻辑起点与指向的目标与法家实际上是有差异的。稷下道家这种似是法家又非法家的特色，也可以从荀子对田骈、慎到的批评中看

---

① 《史记·老子韩非列传》曰："老子，隐君子也。"
② 《庄子·应帝王》描述超脱世俗的追求："予方将与造物者为人，厌则又乘夫莽眇之鸟，以出六极之外，而游无何有之乡，以处圹埌之野，汝又何帛帛以治天下感予之心为？"

出，当荀子批评"慎子蔽于法而不知贤"时（《荀子·解蔽》），是把慎到作为主张"势足以屈贤"，认为"立君而尊贤，是贤与君争，其乱甚于无君"（《慎子·逸文》），反对"舍法而以身治"（《慎子·君人》）的法家人物来看待的；而当荀子批评"尚法而无法……是慎到、田骈"时（《荀子·非十二子》），又将他们视为"不可以经国定分"（《荀子·非十二子》），不能算是真正的法家人物。最后，稷下道家虽亦肯定礼、分，但与儒家也并不相同。儒家之礼的观念，一方面如孔子所说，"必也正名乎！……名不正，则言不顺，事不成，礼乐不兴"（《论语·子路》），"礼者，因人之情而为之节文，以为民坊者也"（《礼记·坊记》），十分重视礼具有规范、制度、仪式化长幼、尊卑、贵贱伦理秩序的功能，亦即名分。另一方面，亦如孔子所说，"人而不仁如礼何，人而不仁如乐何"（《论语·八佾》），更重视礼的内在伦理感情和道德自觉的内容，或者说名之实。显然，从稷下道家"因情节文""明分处宜"之论可以看出，他们所肯定的实际上是"名分""节文"意义上的礼。礼这方面的功能，如儒家所概括的，"礼之于正国也，犹衡之于轻重也，绳墨之于曲直也，规矩之于方圆也"（《礼记·经解》），尽管与法之功能十分相像，但毕竟不同，它是对伦理秩序的道德性规范，而不是如法那样是对社会生活秩序强制性、统一性的规范。但在稷下道家这里，"礼"之观念发生了某种变化，"法制礼籍，所以立公义也"，将礼与法视为性质功能相同的治国工具来使用了①。这一理论立场和特色，在此后的黄老道家那里表现得更加鲜明。

3. "无行"之行——"守精"与"弃知"

《庄子·天下》观察到的彭蒙、田骈、慎到在精神、行为修养方面的态度与表现是"纵脱无行，而非天下之大圣"。唐代成玄英《庄子注疏》曰："纵恣脱略，不为仁义之德行，忘遗陈迹，故非宇内之圣人也。"这一准确的疏解，鲜明地显示了稷下道家有与儒家以仁义的道德实践达到"人伦之至"②的圣人完全不同的修养方法与目标。稷下道家关于个性精

---

① 稷下法家也持此种观点，如其所选定的立国之"四维"中有"礼不逾节"（《管子·牧民》），又立论"仁义礼乐皆出于法，此先圣所以一民者也"（《管子·任法》）。此乃稷下法家与三晋法家不同之处。

② 孟子曰："圣人，人伦之至也。"（《孟子·离娄上》）

神修养的基本观点在《管子》四篇与《庄子·天下篇》中凸显的重点各有不同。概言之，前者是"守精"，后者是"弃知"。

在《管子》四篇，精或精气既然是具有"道"之内涵的万物根源，则十分自然地，它亦当是人之生理的和精神的终极根源。《管子》四篇有曰：

> 精存自生，其外安荣。内藏以为泉源，浩然和平以为气渊，渊之不涸，四体乃固；泉之不竭，九窍遂通，乃能穷天地，被四海，中无惑意，外无邪灾。心全于中，形全于外，不逢天灾，不遇人害，谓之圣人。（《内业》）
>
> 凡物之精，此则为生……敬守勿失，是谓成德。（《内业》）

《管子·内业》之论认为，人若葆有精气（"存精""守精"），就能实现"四体固、九窍通"和"中无惑，外无灾"的身心"安荣"，就能"成德"，达到"圣人"境界。《管子·内业》此论凸显的修养路径与目标，在原始道家内部，表现出与老子、庄子派的"归根""体道"有所区别，在儒道之间也以其"不逢天灾，不遇人害"的圣人观与追求"人伦之至"的儒家划清了界限。

精或精气潜存于"精舍"之中。如《管子·内业》所说："敬除其舍，精将自来。精想思之，宁念治之，严容敬畏，精将至定。得之而勿舍，耳目不淫，心无他图，正心在中，万物得度。"似乎可以认为，就人而言，"精舍"就是人之心。这样，在《管子》四篇这里，人之守精、存精的精神修养，被形象地理解为保持"精舍"的清洁，"扫除不洁，神不留处"（《心术上》），实际上也就是将"心"维持在最理想的状态。《管子》四篇有曰："心之在体，君之位也，九窍有职，官之分也……心也者，智之舍也。"（《心术上》）可见在《管子》四篇中，心是被作为一知觉之主宰、思维（智）之实体来界定的。这样，《管子》四篇的"守精"的精神修养最终转化为要回答这样的问题：作为智之实体的心保持什么样的状态才算是"洁净"，才能使"精将自来"？《管子》四篇的回答可以概之为静、虚、一。

（1）静。《管子》四篇中作为精神修养之"静"，是要保持心之本然状态，最具代表性的表述是如《心术》所说："心之在体，君之位也……毋先物动，以观其则，动则失位，静乃自得。"（《心术上》）《管子》四篇中此种以心当"毋先物动"之"静"的观点，在《内业》中有进一步的阐述：

> 凡心之刑，自充自盈，自生自成。其所以失之，必以忧乐喜怒欲利。能去忧乐喜怒欲利，心乃反济。彼心之情，利安以宁，勿烦勿乱，知乃自成。

《管子·内业》此论要点有二，第一，认为心之本身或心之本然状态，是一种完满的"自充自盈、自生自成"的状态；此种状态，亦可以说就是"道"的状态，故《管子·内业》又说"心静气理，道乃可止……修心静意，道乃可得"。这样，心之"静"在《管子》四篇看来，也就是实现了"敬除其舍，精将自来"，是道家完成其精神修养的一种表现。第二，认为去除情欲利求，即可使心之本然状态勿动勿失，故《管子·内业》又说："忧则失纪，怒则失端。忧悲喜怒，道乃无处。爱欲静之，遇乱正之，勿引勿推，福将自归。"心之本然即是"道"的状态，去除情欲利求即可达到这种状态，从《管子·内业》之论中解析出的这两种观点，正是《管子》四篇中"静"之观念的完整内容。

《管子·内业》在进一步具体论述如何去除情欲利求以达"静"之时说："凡人之生也，必以平正；所以失之者，必以喜怒忧患。是故止怒莫若诗，去忧莫若乐，节乐莫若礼，守礼莫若敬，守敬莫若静。内静外敬，能反其性。"《管子·内业》此论亦是《管子》四篇的一个重要的、不能被忽视的观点，它显现了稷下道家在原始道家中独具特色。《老子》曰，"归根曰静"（第16章）；《庄子》曰，"至道之极，抱神以静"（《在宥》）。所以，以"静"为道之根本、心之本然，可以说是原始道家的共同的观点。但是，根据《老子》"守静笃"（第16章）、《庄子》"万物无足以铙心者，故静也"（《天道》）之论，似乎可以认为，老、庄派为静之道，只是摒除外扰，保持心境寂然，与《管子·内业》提出的要借助具有儒家色彩的诗、乐、礼、敬甚有不同。与前面所述稷下道家之礼、法观点近似，这里《管子》四篇的静之观点，又一次表现出在稷下各派的相互论辩、相互影响中，稷下道家形成了老子派和其后的庄子派所没有的观念内容与思想特色。

（2）虚与一。在《管子》四篇中，"虚"是指作为"精舍""智舍"的心在对事物作判断认知时，要空怀以待。《心术上》反复申述曰：

> 虚者，无藏也……无藏则奚设焉。
>
> 自用则不虚，不虚则忤于物矣。
>
> 君子之处也若无知，言至虚也。
>
> 去智与故，言虚素也。

《管子·心术上》之论，其义甚是明显，心中"无藏"、不预设成见，就是虚的表现；而只有虚，才能不忤于物。《管子·心术上》解释"洁其宫"这句经言时说："宫者，谓心也；心也者，智之舍也，故曰宫；洁之者，去好过也。"所以，从精神修养的角度说，虚也就是排除好恶之成心，清洁"精舍"，实现"虚其欲，神将入舍"（《管子·心术上》）。然而，如何方能有"无藏"之虚。《管子·心术上》也有回答：

> 人皆欲智而莫索其所以智……求之者不得处之者，圣人无求之者，故能虚。
>
> 人者，立于强，务于善，举于能，动于故者；圣人无之，无之则与物异矣，异则虚。

《管子·心术上》之论大意是谓，人若能如"圣人"那般在其主观内心处不预设欲望企求（"无求之者"），处事接物时又能因任物性（"与物异"），这样，就能使心境"无知""无藏"，"智舍"清洁。这也就是"去智与故"的"虚素"。此种求"虚"之方，在《管子》四篇中被称为"静因之道"："有道之君子，其处也，若无知；其应物也，若偶之，静因之道也。"（《心术上》）

在《管子》四篇中，"一"是指作为"精之舍""智之舍"的，心对事物作思考时必须专一不歧，执一不失。四篇申论曰：

一意专心，耳目不淫，虽远若近。（《内业》）

执一不失，能君万物。君子使物，不为物使，得一之理。（《内业》）

一以无二，是谓知道。将欲服之，必一其端，固其所守。（《白心》）

显然，四篇所论之"一"，具有认知的和精神修养的双重意义。专一不二，可以使思考深入，"虽远若近"；执一不失，则能使思考固守其理论出发点而不走易，此为专一、执一在认知意义上的价值。就精神修养的意义而言，专一可以"知道"，执一即是"得理"。换言之，专一、执一亦可被视为"守精""存精"之方。在这个意义上，四篇围绕"耳目不淫""不为物使"之论，如谓"嗜欲充益，目不见色，耳不闻声"（《管子·心术上》），"毋以物乱官，毋以官乱心，此之谓内得"（《管子·心术下》），即专一、执一必须排除内欲、外物之纷扰，也正是"洁舍来神"之论。

总之，静、虚、一是《管子》四篇从不同角度确定的洁净"精舍"——作为智之实体的心之方法。静，是就心之本身状态立论，虚与一是就心应如何活动立论。这些立论主要是从精神修养的层面而不是认知的层面作出的，因为这些立论都是对"敬除其舍"的回答，最终回归到"守精""存精"的目标上。稷下人物中的荀子也有"虚一而静"的命题（《荀子·解蔽》），但在荀子那里，这是对"心何以知"问题的回答，是作为一个认知层面上的论题而进行论述的，可见，稷下道家与儒家，虽然同倡心当虚、一、静，但其界限还是很清晰的。

《庄子·天下》以慎到为代表，凸显了稷下道家精神修养的另一个方面——"弃知"。《天下》写道：

慎到弃知去己，而缘不得已；泠汰于物，以为道理，……椎柏辐断，与物宛转，舍是与非，苟可以免。不师知虑，不知前后，魏然而已矣。推而后行，曳而后往，若飘风之还，若羽之旋，若磨石之隧，全而无非，动静无过，未尝有罪。是何故？夫无知之物，无建己之患，无用知之累，动静不离于理，是以终身无誉。……豪杰相与笑之曰："慎到之道，非生人之行，而至死人之理，适得怪焉。"

这是从主观的精神感受上将个人存在完全消解而融入万物之中的修养过程。慎到没有留下可以更具体来描述、证实这一过程的思想资料，但从《庄子·天下篇》的简略记述中，亦可大体解析出这一精神过程的不同阶段。首先，"舍是与非，苟可以免"，抛弃道德的、价值的判断，摆脱世俗观念的牵挂，"无建己之患"，可以视为是这一过程的开始。进而，"不师知虑，不知前后"，完全消解掉主观与客观的对立，实现"无用知之累"，是这一修养过程中的更高层次。最后，达到"若无知之物""泠汰于物"行为如飘风之回、落羽之旋、磨石之转，彻底地自然无己，完全地融于万物之中，就是"块不失道"的最高境地了。慎到之论根系着、显现着道家精神修养中的因任自然、归复自然的特色，但他将此推演到了极端，这样，在消解人的主观性的、人为的一切表现的同时，也消解了人的主体性的存在本身。事实上，这种主体性在原始道家的老子、庄子那里都是存在的，在老子那里是"赤子"的纯真，在庄子那里是"逍遥"的自由。正是在此意义上，庄子派批评慎到的精神修养之论是"死人之理"，未合至道，甚为可怪！

以上，我们对稷下道家做了简略的考察。一方面，稷下道家是原始道家中具有自己理论特色的组成部分；另一方面，稷下道家也与道家历史上另一理论形态——黄老道家有密切的理论观念上的联系，在道家思想的发展进程中有独特的地位。

（三）庄子思想的主要方面

庄子名庄周，生活在战国中后期，《史记》谓其"与梁惠王、齐宣王同时"（《史记·老子韩非列传》），大约与孟子同时代而年齿稍后。庄子的一生极为平淡寂寞，但他身后留下的《庄子》一书却奇玮辉煌①。《庄子》一书显示的庄子思想，从自然到人生，从万物的物质基始到宇宙的

① 今本《庄子》一书三十三篇（内篇七，外篇十五，杂篇十一），系魏晋时人编定。大体上可以判定是庄子和他的后学在战国中后期直至秦汉之际一百多年间的著作汇集，不同篇或同一篇的不同章之间，语言风格和思想内容并不完全一致，这表明庄子思想在先秦已经历了不同的发展阶段。本文因简化论述的需要，仍把它作为一个统一的思想体系来看待，故对内、外、杂篇之分和真实作者问题，皆不作推究。

形上根源，涵盖着广阔的理论领域，跨越了漫长的思维历程，为先秦诸子之首。庄子自然哲学中关于万物变化动因的观念、人生哲学中对自由的追求和他的社会批判思想，以及作为形成这些观点的共同的认识论方法，正是庄子思想中对中国传统文化思想基本特征的形成和后世人们精神生活发生了巨大影响的主要方面。

1. 万物变化的动因：自化

庄子思想是先秦诸子中唯一从较高的、哲学理论的层面对自然做出系统观察和描述的思想体系。正如黑格尔在评论古希腊米利都派泰勒斯"水是始基"时所说，"哲学是从这个命题开始的"①，思索构成万物的基础，是古代哲学的起点。庄子自然哲学明确地回答了这个问题。庄子说，"气也者，虚而待物者也"（《人间世》，"庄子思想的主要方面"所引《庄子》，仅注篇名），"人之生，气之聚也；聚则为生，散则为死，故曰通天下一气耳"（《知北游》）。显然，他是认为变动不居的、无形的"气"是构成人与万物最基本、初始的元素。其实，在庄子以前，中国古代哲学已有以土或水为"万物之本原"的观点（《管子·水地》），但庄子"气"的观点，比起这种以固定的、可感的物质为万物基础的观点，其感性的、直观的因素减弱了，理性的、思辨的成分增多了，从理论思维发展的逻辑来看，这是一个巨大的进步，此后中国传统哲学的自然观和中国古代科学的物质观都可以追溯到这个源头。庄子自然哲学还回答了万物生成及其动因的更加深刻的问题。庄子说，"万物皆化"（《至乐》），"万物皆种，以不同形禅，始卒若环，莫得其伦"（《寓言》），可见在庄子那里，物与物间、物与人间无条件地、无界限地自由转化，就是万物生成的方式，也是万物存在的形式。这种观察和理解，一方面是"通天下一气"观念的逻辑延伸，具有世界统一性的理性内容；另一方面也有经验的、想象的、不科学的内容，但这毕竟表明中国古代哲学很早就对运动的绝对性和普遍性有了明确的认识。庄子另一个对后来中国传统思想发生了深远影响的自然哲学观点是关于万物变化动因的判定，他说："物之生也，若骤若驰，无动而不变，无时而不移。何为乎，何不为乎？夫固将自化。"

---

① 〔德〕黑格尔：《哲学史讲演录》第 1 卷，商务印书馆 1959 年版，第 186 页。

（《秋水》）可见庄子虽然是很抽象地，但却是完全明确地认为万物生成、变化的动因存在于自身之内。换言之，决定万物存在形式和内在本性的原因，就是它自己，"天之自高，地之自厚，日月之自明"（《田子方》）。庄子"自化"观念具有巨大的思想史意义。就庄子思想本身来说，"自化"明显地意蕴着对必然和规范的否定倾向，它是我们在下面还将论及的庄子人生哲学的自由观和庄子社会批判思想的自然观基础，在中国传统思想中形成了庄子思想区别于其他先秦诸子思想的特色。从庄子思想以外的更广阔的角度来观察，中国传统思想的某种非宗教特色，也根系着庄子的"自化"观念。在这里，我们将庄子与同时代的古希腊哲学家亚里士多德相比较，即可较明白地显示出这种观念上的逻辑联系。亚里士多德在《形而上学》一书中批评原子论者没有说明运动的原因，他提出一个"第一动因"作为万物运动的开始。亚里士多德认为运动和时间一样是连续性的，在宇宙事物的运动系列中，找不到一个事物是推动他事物运动而自己是不被另事物推动者，所以，他只好在这个运动系列之外设定一个不动的第一推动者——"永恒不变动本体"①。亚里士多德这个设定对于自然哲学的发展并无理论价值，但对宗教哲学的发展意义却是极大的。13 世纪的托马斯·阿奎那就是援用这个观点为上帝的存在进行了新的哲学论证，从而完成了以柏拉图思想为理论基础的教父哲学到以亚里士多德思想为理论基础的经院哲学的转变。庄子"万物皆化"所考察的也是一个连续运动的系列，但是他把这个运动的"驱动者"设定在运动系列自身之中——"自化"，这样，也就否定了宇宙事物运动有一个第一推动者的存在。正是在这里，庄子"自化"观点的理论意义超出了庄子思想本身的范围，它和儒家伦理道德思想中的"为仁由己"（《论语·颜渊》）的观点，共同筑成阻止宗教中创造、主宰世界的"神"或"上帝"观念越入中国传统思想的理论屏障。

2. 自由的追求："逍遥"

庄子思想展现在后人面前色彩最鲜明而感人的是他对自由的追求，庄子称之为"逍遥乎无为之业"（《大宗师》），"逍遥于天地之间"（《让王》）。这种自由或"逍遥"，在《庄子》中通过对其理想人格（"至人"

---

① 〔古希腊〕亚里士多德：《形而上学》，商务印书馆 1981 年版，第 244～246 页。

"真人""神人""圣人"）的描写，显示有三个基本的精神内涵：一曰"死生无变乎己"（《田子方》），一曰"游乎尘垢之外"（《齐物论》），一曰"喜怒哀乐不入于胸次"（《田子方》）。换言之，庄子的"逍遥"就是要从困扰人生的生死之限、世俗之礼、哀乐之情三种情态的束缚中摆脱出来，这是一种无任何精神负累的安宁、恬静的心理状态，一种超脱的精神境界。今天看来，庄子的自由观具有真实性、理想性和幻想性等甚为复杂的多重性质。庄子视自由（"逍遥"）为绝对的（无待）精神自由，形容比喻之曰："若夫乘天地之正，御六气之辩，以游无穷者，彼且恶乎待哉！"（《逍遥游》）这种主观与客观无任何对立或矛盾的自由自在，当然是理想性质的。庄子还借理想人格的神奇性能，如"神人乘云气，御飞龙，而游乎四海之外"（《逍遥游》），来描述"逍遥"，更有某种神话的幻想性。但是庄子自由观的基本内涵，即通过哲学洞察和精神修养，实现对死亡恐惧的克服、世事纷扰的超脱、哀乐之情的消融，从而形成宁静的心理环境，在人的精神生活中应该说是真实的。庄子的特色是，这一精神历程都是在他的"气"与"化"的哲学自然观基础上进行和完成的。在"通天下一气"和"万物皆化"的自然观审视下，人与物，生与死，皆是"气"的变现，"死生存亡之一体者"（《大宗师》），"死生为昼夜也"（《至乐》），即是说生与死客观上作为人生第一位的、最终无法跨越的界限，在庄子这里却被从认识上、精神上超越了。庄子的经验实际上是，当人把对死生的观察点从人本身转移到某种在人的个体之上的更高的、更普遍的存在时，死生的界限就消失了，扰乱"逍遥"心境的死亡恐惧感就消解了，"若死生为徒，吾又何患"（《知北游》）。庄子自然观中这种普遍的、更高的存在，虽然仍是经验性的，但却完全是自然的和物质性的，因而是真实的。庄子的经验也因此具有真理意义和实际价值，因为在古代，甚至在现代，死亡恐惧的祛除都是具有精神解放意义的。我国清代学者熊伯龙说，"畏死心迫，神明说兴"[1]，现代英国哲学家罗素也说，"我认为宗教基本上或主要是以恐惧为基础的"[2]。庄子对生死大限的观念上的突

---

[1] 《无何集》，中华书局1979年版，第139页。

[2] 〔英〕罗素：《为什么我不是基督教徒》，商务印书馆1982年版，第25页。

破，对死的恐惧的精神上的克服，对中国固有文化中宗教因素的滋生起了有力的抑制作用。同样，庄子也主要是在其"天下一气""万物皆一"（《德充符》）的哲学自然观基础上，实现对世俗之礼和哀乐之情骚扰的超脱。庄子说，"夫天下也者，万物之所一也。得其所一而同焉，则四支百体将为尘垢，而死生终为昼夜而莫能滑，而况得丧祸福之所介乎"（《田子方》），"死生存亡，穷达贫富，贤与不肖毁誉，饥渴寒暑，是事之变、命之行也，日夜相代乎前而知不能规乎其始者也，故不足以滑和，不可入灵府"（《德充符》）。可见，庄子的"游乎尘垢之外""哀乐不入胸次"的精神境界实际上是向我们展示了这样的一个精神修养过程：当一个人理性地把自己的存在和一种永恒的、无所不包的整体存在结合在一起，理智地感受到他个人的存在也是一种无限之时，胸襟就会变得宽广起来；在这个高远的位置上来观察、体味人世，得丧祸福、穷达贫富也就无足萦怀了，世俗的纷扰也就化成心境的宁静。所以，庄子的这种超脱，在本质上是一种经过哲学升华的自我意识的特殊表现，是一种将自己的生命存在融进永恒而真实的整体——自然之中时，而获得的无限的实在和持久的安宁的感受。历史上，不止庄子一个人的生活经历表明，这是可能的；理智、理性的思索使一个人的精神从世俗观念和事务及哀乐之情的困扰中提高出来，超拔出来，是真实存在过的，并且在经常的情况下，也是有益的、健康的。

庄子"逍遥"的自由观，对于以儒家思想为主体的中国传统文化中人们精神生活的建构和人生实践的选择，曾经发挥了巨大的作用。庄子"逍遥"的人生追求，在生活实践或处世态度上，表现为"游乎尘垢之外"的离世态度，即总是与现世保持一定的距离，或"高出"（超世），或"低于"（遁世），或"平行"（顺世），但就是不"入"，不参与。庄子观万化，超生死，认为"真人……彼方且与造物者为人（偶），而游乎天地之一气，恶能愦愦然为世俗之礼，以观众人之耳目哉"（《大宗师》），当然是一种超然世上的态度；而追慕"圣人……是自埋于民，自藏于畔，其声销，其志无穷，方且与世违而心不屑与之俱，是陆沉者也"（《则阳》），则显然是逃遁于世外的表现；但心仪"唯至人乃能游于世而不僻，顺人而不失己"（《外物》），"彼且为无町畦，亦与之为无町畦，彼且为无崖，亦与之为无崖"（《人间世》），可以说又是顺乎世俗的做法了。超世、遁世、顺世，在庄子那里，在庄子的人生哲学里，是理想人格的超脱的精神境界在不同境况下的不同显现。儒家的人生态度与此不同，它是积极入世的，孔子对非难他的隐者说："鸟兽不可与同群，吾非斯人之徒与而谁与？"（《论语·微子》）所以儒家的理想人格，不是实现个人精神超脱"逍遥乎无为之业"的"至人"，而是能"博施于民而能济众"（《论语·雍也》），完美地践行伦理道德责任的"圣人"。这样，就完整的人生境界而言，庄子的人生哲学就与早于它而产生的儒家人生哲学形成某种既相互对立，又相互补充的关系，使得中国文化在那时就有了一个比较周延的、性质属于现世的人生哲学思想体系。在这种文化的人生实践中闪亮着两种不同的人生追求：社会的、伦理的道德完成和自然的、个人的精神超脱；展现着不同的人生态度：既有积极入世、先天下之忧而忧，后天下之乐而乐的仁人，也有超然尘外、睥睨万物的仙客和甘于寂寞陆沉的隐士。作为不同的人生追求和处世态度，当然它们是相互对立的，故在儒家思想取得主导地位后，试图摆脱孔孟束缚的人，总是借援庄子。例如"非汤武而薄周孔"的嵇康，就称"老子、庄子吾之师也"①。但庄子和儒家的人生哲学在一个基本点上是相同的，即都把人生的追求或生命价值的实现，按照自己的方式，放在今生、今世，不承认或者至少说没有思虑来世、来生。这样，他们的人生态度就构成了现世生活的不同方面，这不仅体现了不同境遇下的不同人的不同心境，同时也可以体现同一个人在不同境遇下的不同心境。所以，作为人生的整体，它们又是相互补充的，这就使生长在中国文化土壤上的人，常如王夫之所说，"得志于时而谋天下，则好管商；失志于时而谋其身，则好庄列"②。中国历史上无数历史人物精神生活的事实都表明，无论是从"对立"的或"互补"的意义上来说，庄子自由的人生追求都是中国固有文化中儒学之外的一个基本的人生实践选择。如果说，一种文化的活力和发达，是以它定型时期的理论思想的多样性和适应性为前提的，那么，先秦时期庄子道家思想和儒家思想在人生哲

---

① 《嵇中散集》卷二《与山巨源绝交书》。
② 《诗广传》卷四《大雅四十八论》三十五。

学的内涵和实践上所构成的既相互对立又相互补充的关系的意义，也就在于它为之后中国文化丰富多彩的发展和自我调节能力的发挥，奠定了最早的精神基础。

庄子所认识和追求的自由——"逍遥"，从比中国传统思想更广阔的世界哲学的背景下观察，也是很独特的。与西方哲学中具有典型意义的自由观，即以卢梭、康德为代表的意志自由和以斯宾诺莎、黑格尔为代表的认识必然的理性自由相比，"逍遥"是一种情态自由。卢梭说，"人是生而自由的"①；康德说，"一个（道德）准则就是一个自由意志"②。可见卢梭、康德的意志自由论所揭示和坚持的是人的行为在其根源上是独立自主的，因而人是社会立法的主权者，人是道德法则的主体。显然，庄子的情态自由所描述和追求的超脱人生困境，理智、理性地升华人所固有的感情、感性，从而达到无任何精神负累的自在心境，与此是完全异趣的。斯宾诺莎曾说，"凡是仅仅由自身本性的必然性而存在，其行为仅仅由它自身决定的东西叫自由"③，"自由人，亦即纯依理性的指导而生活的人"④。黑格尔也说："必然性的真理就是自由。"⑤ 理性自由论所揭示和坚持认为的自由是人的理性的自觉，是对必然性的认识。也很显然，庄子主要是从个人的无负累的心境状态、逍遥自在的心情感受的角度来认识和描述自由，与此也是完全不同的。当然还应该看到，庄子的情态自由只能以某种感性的、直观的形式显现，这种心境也只能是缺乏现实基础的、个人孤独生活的精神理想，"自由"离那个时代的人们还太远，所以庄子的自由观不可能有更深更广的内容。然而庄子的无待、无患、无累的绝对自由思想，毕竟表明他发现了作为必然性具体形态的诸如生死、命运、情欲那些困扰人生的因素，提出了一种超脱方法，描述了一种自由的样态，在古代的哲学世界中，特别是在中国哲学中，这是一种人的自我觉醒，一种重要的精神觉醒，恩格斯曾说："文化上的每一进步，都是迈向自由的一

① 〔法〕卢梭：《社会契约论》，商务印书馆1980年版，第8页。
② 〔德〕康德：《实践理性批判》，商务印书馆1960年版，第28页。
③ 〔荷兰〕斯宾诺莎：《伦理学》，商务印书馆1983年版，第4页。
④ 〔荷兰〕斯宾诺莎：《伦理学》，商务印书馆1983年版，第222页。
⑤ 〔德〕黑格尔：《小逻辑》，商务印书馆1980年版，第322页。

步。"① 反过来也可以说，自由观念的觉醒，是重要的文化进步。因此，庄子的自由的理想，应该被视为中国文化中的进步现象，庄子对情态自由的描述应该是人类自由思想史的开篇。

3. 社会批判：无为论

社会批判思想是人类思想史上非常珍贵的、表现人的觉醒的一种意识。一般来说，社会批判思想的中心内容是对人的现实社会环境、生活方式的不幸状况及其不合理性的认识，伴随此，往往也有对超越于现实社会的某种理想社会的构想及其合理性、必然性论证。构成完整的社会批判思想的这些理论成分在《庄子》中都可以找到，但庄子社会批判思想最具特色的，并给后世留下了重要理论教训的是他在无为论基础上对道德、智慧乃至全部人类文明的否定性的批评。

在庄子那里，"无为"是一个有深远自然根源的最高行为原则。庄子说："天地有大美而不言，四时有明法而不议，万物有成理而不说。圣人者，原天地之美而达万物之理，是故至人无为，大圣不作，观天地之谓也。"（《知北游》）可见，在庄子看来，无为——如同天地"不言"、四时"不议"、万物"不说"，是天地万物根本的存在方式或本性。"号物之数谓之万，人处一焉"（《秋水》），作为万物之一的人，其存在、行为方式也应该"无为"，应该"无以人灭天"（《秋水》），即顺应自然而无有人为，顺万物之理而不为不作。无为在其本质上和天地万物的本性是一致的，人的无为是来自人的自然本性根源。所以，"虚静恬淡寂寞无为者，天地之平而道德之至"（《天道》），无为是最高的行为准则；"至人无为"，自觉的无为是最高境界的表现。

当庄子用他的"虚静无为"或"无以人灭天"的原则来衡量、评判当时的社会制度、社会生活时，就形成了一种甚为激烈的批判意识。庄子无为论的批判矛头首先指向"仁义"的社会道德。"仁义"是儒家思想的核心观念，是儒家最基本的行为规范，"居仁由义，大人之事备矣"（《孟子·尽心上》）。庄子的时代，儒家学说大体上已为当时列国统治者所采用，"仁义"也成了当时人们的一种普遍的道德追求。据《庄子》观察，

---

① 《马克思恩格斯选集》第三卷，人民出版社 1972 年版，第 154 页。

"自虞氏招仁义以挠天下也，天下莫不奔命于仁义"（《骈拇》），所以，在不太严格的意义上说，"仁义"代表了、体现了当时的社会制度和社会意识。不满意当时社会现实的庄子很自然地把社会批判的矛头首先指向"仁义"。《庄子》说："夫赫胥氏之时，民居不知所为，行不知所之，含哺而熙，鼓腹而游，民能以此矣。乃至圣人，屈折礼乐以匡天下之形，县跂仁义以慰天下之心，而民乃始踶跂好知，争归于利，不可止也。此亦圣人之过也。"（《马蹄》）庄子从自然主义的无为论立场认为，"仁义"戕害了人的本性，滋生人们对"利"的追求。应该说，在"诸侯之门，仁义存焉"（《胠箧》）的战国之时，的确存在着"仁义之行，假乎禽贪者器"（《徐无鬼》）的情况，"仁义"实际上成了贪婪者攫取名利的工具，成了统治者束缚人民的工具。庄子对"仁义"的批判，也就是对当时社会道德的批判，对诸侯统治的抨击。这无疑是有重要的思想史意义的，因为庄子的这种批判，毕竟是对人类的阶级统治制度的最初的攻击，是对人类文明制度的最初的反思。但是这种批判眼光所能观察到的主要是人性的自然状态被破坏，而不能看到这种破坏中也有人性提高、发展的内容，庄子漠视了人类精神这一变化中内蕴着进步的、必然性的内容。

庄子无为论的批判矛头也指向"好知"的社会行为。战国时代，诸侯纷争，战争频繁，这是一个竞争的时代；农业手工业处在发展之中，这也是一个崇尚智巧的时代。韩非说："上古竞于道德，中世逐于智谋，当今争于气力。"（《韩非子·五蠹》）然而，智慧、力量却正是庄子所反对的。在庄子看来，"巧者劳而知者忧"（《列御寇》），如同"日凿一窍，七日而浑沌死"（《应帝王》），智慧巧谋就是对人性本然状态的破坏，最终还会带来"天下大乱"。《庄子》说："上诚好知而无道，则天下大乱矣。何以知其然邪？夫弓弩、毕弋、机变之知多，则鸟乱于上矣；钩饵、罔罟、罾笱之知多，则鱼乱于水矣；削格、罗落、罝罘之知多，则兽乱于泽矣；知诈渐毒、颉滑坚白、解垢同异之变多，则俗惑于辩矣。故天下每每大乱，罪在于好知。"（《胠箧》）庄子对"好知"的社会行为的责难无疑有他的合理的、事实的成分。在人类的邪恶行为里，往往是充满智慧的；智谋、技巧通过统治者或别的某一邪恶的中介常常会给社会带来灾难，这些正是庄子最深切感受到的。但是，另一方面我们也应看到，智慧不仅是人类社会进步的必要条件和杠杆，而且也是人类社会生活本身。智慧是人性的内容之一，毫无智慧的人，无论在自然状态下还是在社会状态下都是不能存在的。然而这却是站在自然主义立场和持无为主张的庄子难以观察到的。

庄子无为论的社会批判，由对人类文明最基本的因素——道德（"仁义"）、智慧（"好知"）的否定，进而对各种标志着人类摆脱自然状态、进入文明社会的进步，皆表示反对，皆予以抨击。《庄子》说："绝圣弃知，大盗乃止；摘玉毁珠，小盗不起；焚符破玺，而民朴鄙；剖斗折衡，而民不争；殚残天下之圣法，而民始可与论议。擢乱六律，铄绝竽瑟，塞瞽旷之耳，而天下始人含其聪矣；灭文章，散五采，胶离朱之目，而天下始人含其明矣；毁绝钩绳而弃规矩，攦工倕之指，而天下始人有其巧矣。……削曾史之行，钳杨墨之口，攘弃仁义，而天下之德始玄同矣……彼曾、史、杨、墨、师旷、工倕、离朱者，皆外立其德而以爚乱天下者也。"（《胠箧》）可见，道德、智慧、典章制度、财货器物、优美音乐、精巧工艺……这些构成人类文明生活内容的社会现象，在庄子看来，都是对自然（"玄同"）和人的本性（"朴鄙"）的破坏，都是对安宁的天下的扰乱，因而，都是应该被取缔的对象。应该说，庄子自然主义的"无为"社会批判思想在这里表现出了明显的反文明倾向。但是，也应该说，在庄子的这种"无为"的反文明倾向的理论形式后面，蕴藏着强烈的人性的、人道的感情内容。不难看出，正如《庄子》中所记述，"卫灵公饮酒湛乐，不听国家之政，田猎毕弋，不应诸侯之际"（《则阳》），"魏武侯独为万乘之主，以苦一国之民，以养耳目鼻口"（《徐无鬼》）。在战国这样一个充满残酷的压迫和剥削的阶级社会里，文明带来的快乐享受，只会被统治者占有，而创造文明所需要付出的艰苦的体力和智力劳动，只能落在劳动者身上。庄子所憎恶和抨击的根本上正是这种不合理的、不平等的社会现象。那个时代，对于庄子来说，还没有比想象中的、被美化了的自然状态更多的历史经验和更好的理想社会。所以庄子只能固守在彻底的自然主义立场上观察这一切，用"无为"的理论攻击这一切，在这个立场上不能看到人类正是在摆脱自然状态的创造文明的活动中创造了自己、提高了自己、完善了自己；用"无为"的标准来衡量，人类从事生产、科学、艺术等创造文明的社会行为，同统治者支配、攫取、占有文明成果的社会行为之间的界限也是不重要、不清晰的。结果，庄子就由对现实社会制度中的统治阶级的压迫、剥削的社会行为批判，导致对整个人类的创造文明的社会行为的否定。这是庄子社会批判思想中最大的理论误区和留下的最大的理论教训。在简略地分析了庄子社会批判思想的这种双重性及其形成的原因后，我们可以看到，当18世纪法国启蒙思想家卢梭判定"随着科学与艺术在我们的地平线上升起，德行也就消逝了"，判定"科学与艺术都是从我们的罪恶诞生的"①，似乎重蹈了庄子的误区；而现代西方学者惊惧并反对人被物"异化"时，也似乎未能吸取不应将人类智慧创造力本身与其在一定社会条件下产生的后果区别开来的庄子的教训。

4. 认识的结构：从相对主义到理性直觉

我们已经分别论述了庄子自然哲学、人生哲学、社会批判方面的主要观点，下面我们着重考察形成这些观点的庄子思想的认识论基础，或者说庄子思想的认识结构。

在《庄子》或庄子思想中，被描述、被认识的对象，按其形态和性质的差异可以分为三类。其一，万物万事。如"号物之数谓之万"，"物量无穷"（《秋水》），"通于一而万事毕"，"天地乐而万事销亡"（《天地》），这是形态具体、众多的个别事物。其二，"理"。如"万物有成理而不说"（《知北游》），"万物殊理"（《则阳》），"同类相从，同声相应，固天之理也"（《渔父》），显然这是一类事物共同的、内在秩序或规律性。其三，"道"。如"道通为一"（《齐物论》），"道，覆载万物者也"（《天地》），"道者，万物之所由也"（《渔父》），这是万事万物的根源、总体，是一种具有全观内容而又毫无具体形态的"认识"对象。与这三种认识对象的各自的特殊性相适应，庄子思想中涌现出三种"认知"方法或途径：感知、思辨、理性直觉（体认）。《庄子》有谓，"知者，接也；知者，谟也"（《庚桑楚》），"夫体道者，天下君子之所系焉"（《知北游》），似乎可以认为，这就是对此三种认知方法或途径的确认和简单的界定。

---

① 〔法〕卢梭：《论科学与艺术的复兴是否有助于敦风化俗》，商务印书馆1963年版，第11、21页。

（1）庄子认识论给人最鲜明、最深刻的印象，是它对具体事物认识（感知）的相对性的充分揭示，以及对其引起的困惑的相对主义的解决。古希腊的智者派哲学家普罗泰戈拉说，"人是万物的尺度"，"风对于感觉冷的人是冷的，对于感觉不冷的人是不冷的"。① 显然在古代的世界哲学舞台上，认知对象性质的相对性，最先并经常是从它作为人的感觉对象而必然地具有人的主观性内容而被发现和论述的。《庄子》超出了这个范围，从更宽广、根本的方面描述这种对具体事物感性认识相对性的情景。《庄子》中写道："且吾尝试问乎女：民湿寝则腰疾偏死，鳅然乎哉？木处则惴栗恂惧，猿猴然乎哉？三者孰知正处？民食刍豢，麋鹿食荐，蝍且甘带，鸱鸦耆鼠，四者孰知正味？猿猵狙以为雌，麋与鹿交，鳅与鱼游。毛嫱丽姬，人之所美，鱼见之深入，鸟见之高飞，麋鹿见之决骤，四者孰知天下之正色哉？"（《齐物论》）《庄子》又写道："昔者尧舜让而帝，之哙让而绝；汤武争而王，白公争而灭。由此观之，争让之礼，尧舜之行，贵贱有时，未可以为常也……帝王殊禅，三代殊继，差其时，逆其俗者，谓之篡夫，当其时，顺其俗者，谓之义徒。"（《秋水》）可见在庄子思想中，认识的相对性是被在较高的层次上发现和论述的，庄子把认知相对性观念由对个人感觉器官的生理特性形成的现象的描述，推向对人类的自然本性和社会制约的探寻。在庄子看来，人的认知能力在本性上是残缺不全的，人又受到诸如社会、历史等其他方面的限制，人所能认识到的是极为有限的、相对的，这是无法改变的固然。这样一来，在庄子认识论的起点处，就牢固确立了这样的观点：人的感知不能是正确无误的，人的认识的是非界限是无法确定的。《庄子》写道："自我观之，仁义之端，是非之途，樊然淆乱，吾恶能知其辨？"（《齐物论》）可见，庄子对于由具体事物感知的相对性而带来的困惑的感受是非常深切的。从某种意义上说，庄子认识论的目标就是要消除这个困惑。庄子的特色在于，对于这种相对性的困惑，他既不是直接地用怀疑主义或不可知主义的彻底否定（认为一切都是不真的）来铲除的，也不是用辩证法的认识发展过程（认为认知会不断向客观真理接近）来消除的，而是从本体论的意义上，对认知相

---

① 《古希腊罗马哲学》，生活·读书·新知三联书店 1957 年版，第 133~134 页。

对性做出一个可被理解的理论解释，即在庄子看来，相对性是世界本然的存在状态，而不是我们认识上的谬误，这是彻底的相对主义的观点。由认知的相对性升华为具有确切理论内容的相对主义，庄子主要是借助两个理论观念，一曰"万物殊性"。《庄子》写道："梁丽可以冲城，而不可以窒穴，言殊器也；骐骥骅骝，一日而驰千里，捕鼠不如狸狌，言殊技也；鸱鸟夜撮蚤，察毫末，昼出瞋目而不见山丘，言殊性也。故曰盖师是而无非，师治而无乱乎？是未明天地之理、万物之情者也。"（《秋水》）即在庄子看来，自然和社会的任何事物，都有自己独特的、区别于其他事物的本性，都是独立地、确切地存在的，用统一的标准来裁断、要求一切事物是不通情达理的表现。二曰"万物皆一"。庄子从"通天下一气"（《知北游》）的自然观出发，必然地、逻辑地认为万物在最后本质上是相通的、相同的。庄子常说，"万物皆出于机，皆入于机"（《至乐》），"自其同者睹之，万物皆一也"（《德充符》），万物间的界限是相对的、暂时的。所以，在庄子看来，认知相对性的感性表象是具有客观的、实在性的内容的。这样，在庄子认识论中，认知，特别是感性认识相对性所引起的困惑，就在"万物殊性""万物皆一"两个对立的理论观念的叠合中，因获得一种理解、一种解释而消融。在庄子看来，万物存在都是相对的，它不仅是我们认识的感性表象，而且也是世界的真实状况。在庄子认识论中，对具体事物认知的相对性，就上升为一种理论观念——相对主义。《庄子》中许多重要命题或观点，如"齐万物""等贵贱""一生死""和是非"等①，都是相对主义的结论，这表明在庄子思想中，相对性不仅不再是庄子认识进程中的困惑或障碍，而且在升华为相对主义后，进一步成为观察和对待自然、社会、人生各个领域内具体事物的立场和态度的观念基础。

（2）在庄子看来，事物尽管经常在人的感知中显现的是不确定的、相对的表象，但也内蕴着固有的确定性的固然本质——"物理""天理"。《庄子》中写道，"有自也而可，有自也而不可；有自也而然，有自也而

---

① 《庄子》中多有诸如"以道观之，物无贵贱，万物一齐，孰长孰短"（《秋水》）、"万物一府，死生同状"（《天地》）、"圣人和之以是非"（《齐物论》）等论述。

不然……物固有所然，物固有所可"（《寓言》），"天地有大美而不言，四时有明法而不议，万物有成理而不说"（《知北游》），"方今之时，臣以神遇而不以目视……依乎天理，因其固然"（《养生主》）。显然，出现在庄子认识论第二层面上的此种认识对象与第一层面上的认知对象（具体事物）是不同的，它是一种超越感性表象的、具有确定性和类的共同性的客观实在。在不太严格的意义上，可以把庄子认识论这两个层面的不同，视为感觉表象与思想观念的区别。黑格尔的理性主义观点认为，"感性事物与思想的区别，在于前者的特点是个别性的"，而"思维的产物，思想的形式或规定性一般是普遍的、抽象的东西"，这种"思维活动的产物、普遍概念，就包含有事情的价值，亦即本质，内在实质、真理"①。应该说，庄子的"天理""物理"正具有这种理性主义色彩，它是一种思维活动的产物，是一种关于事物内在秩序性、共同规律性的思想形式。作为思维产物的"物理""天理"观念的形成，或者说从单一的、个别的感知或狭隘的经验，上升到一般性结论或普遍性，在《庄子》中显示了两种方法。一是近似形式逻辑的归纳的方法。《庄子》中出现了用具体的、个别的事例来推出、证实一个比较一般的结论的方法。如庄子说："上诚好知而无道，则天下大乱矣，何以知其然邪？夫弓弩、毕弋、机变之知多，则鸟乱于上矣；钩饵、罔罟、罾笱之知多，则鱼乱于水矣；削格、罗落、罝罘之知多，则兽乱于泽矣；知诈渐毒、颉滑坚白、解垢同异之变多，则俗惑于辩矣。故天下每每大乱，罪在于好知。"（《胠箧》）显然，庄子是由"好知"使鸟乱于天空、鱼乱于水中、兽乱于林泽、风俗乱于巧辩等个别的、局部的情况，最后得出"好知乱天下"这样一个一般性的、普遍性的结论。黑格尔说："归纳法的意义就在于从个别的东西引导出普遍的规定。"②《庄子》这里正是运用了这种归纳的方法，虽然在《庄子》中还看不出对这种方法本身的认识或理论的表述。二是属于辩证逻辑（辩证法）的理性思辨的方法。黑格尔曾经指出，理性思辨的基本特征在于"抽象的理智思维并不是坚定不移、究竟至极的东西，而是在不断地表明

---

① 〔德〕黑格尔：《小逻辑》，商务印书馆1980年版，第68、69、74页。
② 〔德〕黑格尔：《哲学史讲演录》第4卷，商务印书馆1981年版，第25页。

自己、扬弃自己和自己过渡到自己反面的过程中；理性的思辨真理即在把对立的双方包含在自身之内，作为两个观念性的环节"①。简言之，把事物内部矛盾的、对立的双方作为一个相互转化的统一整体来加以把握的思维方法，就是认识事物内在本质、普遍性真理的理性思辨的方法。从《庄子》中可以看到，构成庄子对"天理""物理"的理性思考或认识的最基本的观念因素，正是对立双方同时被摄入和相互转化的观念。《庄子》中写道："盖师是而无非，师治而无乱乎？是未明天地之理，万物之情者也。是犹师天而无地、师阴而无阳，其不可行明矣"（《秋水》），"万物一齐，孰短孰长。道无终始，物有死生，不恃其成；一虚一满，不位乎其形。年不可举，时不可止；消息盈虚，终则有始。是所以语大义之方，论万物之理也"（《秋水》）。即在庄子看来，自然界的天地、阴阳，社会生活中的是非、治乱，虽然是矛盾对立的，但也是一体同源的，如果偏执其一，就是"未明天地之理"。在庄子看来，万物是统一的整体。能理解到事物的终始、盈虚、长短等这些对立的性质实际上是相互转化、"不位其形"的，就是认识了"万物之理"。可见，庄子对"天理""物理"的认识，运用的是抽象思维的理性思辨的方法。当然，对这种方法本身，《庄子》也还没有明确的认识和理论的表述。

（3）《庄子》中对人的认识或知识，从高到低做了这样的划分："古之人，其知有所至矣，恶乎至？有以为未始有物者，至矣尽矣，不可加矣。其次以为有物矣，而未始有封也。其次以为有封焉，而未始有是非也。是非之彰也，道之所以亏也。"（《齐物论》）庄子的划分，从认识的内容或对象方面来看，实际是三个等级："未始有物"（"道"），"未始有封"之物（"理"），"有封"之物（"万物万事"）。如前所述，在庄子认识论的第一层面上，万事万物是被作为具有是非相对性的感性表象被认识的；在第二层面上，"无封"的即共性的、类的事物是被理性思辨以一种理性观念的形式——"天理""固然"来把握的。那么，作为第三层面或等级上的认识对象的"未始有物"或"道"，是如何被认识的？《庄子》中一面说："道不可闻，闻而非也；道不可见，见而非也；道不可言，言

---

① 〔德〕黑格尔：《小逻辑》，商务印书馆1980年版，第184页。

而非也。知形形之不形乎，道不当名。"（《知北游》）即因为"道未始有封"（《齐物论》），"道无终始"（《秋水》），"道"不具有时空形态；因为"道通为一"（《齐物论》），"道覆载万物者也"（《天地》），"道"是世界总体，所以"道"是不能被感知、思辨所认知的。但一面又说："夫道，有情有信，无为无形，可传而不可受，可得而不可见。"（《大宗师》）"道"又是"可传""可得"的。那么，通过什么途径可以通向或达到作为世界之总体和根源的"道"？《庄子》对此没有明确的概念表述，而是通过寓言故事的叙述，具体地、形象地显示出来的；若转换成理论的语言，就是理性直觉和实践体验。《庄子》有则寓言写道："少知曰：'四方之内，六合之里，万物之所生恶起？'大公调曰：'阴阳相照相盖相治，四时相代相生相杀。欲恶去就，于是桥起，雌雄片合，于是庸有。安危相易，祸福相生，缓急相摩，聚散以成，此名实之可纪，精微之可志也。随序之相理，桥运之相使，穷则反，终则始。此物之所有，言之所尽，知之所至，极物而已。睹道之人，不随其所废，不原其所起，此议之所止。'"（《则阳》）《庄子》这段文字，除了明确地表述了万物是在阴阳的相互对立、交互作用中产生的那种以后一直为中国古代哲学所沿袭的自然观外，还显示了一种特殊的"睹道"的认识方法："不随其所废，不原其所起。"显然，这不是分析的、逻辑的认识方法，而是整体直观的认识方法，它越过对认识对象的起始原因、发展过程、局部特征等的认识，而把认识对象作为包含着全部内容的整体全观地、全息地予以把握。也很显然，这种整体直观不是在感性认识基础上的、排斥理性认识的非理性的表象直观，而是建立在对万物外在特征（"名实之可纪，精微之可志"）、内在秩序（"随序之相理"）、相互转化（"桥运之相使"）等理性认识基础之上的，对"议之所止"的世界总体内容或精神的最高境界（"道"）的直观，它是一种超理性的理性直觉。《庄子》中有一则故事，可以视作显示这种理性直觉的典型事例。楚国一个得"道"的贤者温伯雪子，从齐国返回，途经鲁国，与孔子相见，"仲尼见之而不言。子路曰：'吾子欲见温伯雪子久矣，见之而不言，何邪？'仲尼曰：'若夫人者，目击而道存矣，亦不可容声矣。'"（《田子方》）"目击而道存"，孔子无须与温伯雪子晤谈讨论，交流思想，由表及里地认识其为人，而是凭其"气象"，一眼即可看到其具有"道"的精神境界。这就是整体直观，即超理性的理性直觉。显然，在这个理性直觉的判断里，蕴含了孔子丰富的、多方面的已升华为原则和理性的人生经历和生活经验。

从庄子对"道"的理性直觉的把握中，我们可以看到庄子这一认识过程具有十分明显的、超出认识范围的"实践"的特征。这一过程的运行是非逻辑的、非语言的，因此它必须凭借超语言和逻辑形式的内在体验；作为这一过程最后所显现的世界总体、根源的"道"的理性观念和精神境界，其中所凝聚的独特的个人思想经历和生活经验，也都不是纯粹认识所形成的。所以，庄子对"道"的把握还有另外一个重要的方面：体验。《庄子》又一则寓言写道："南伯子葵问乎女偊曰：'子之年长矣，面色若孺子，何也？'曰：'吾闻道矣。'南伯子葵曰：'道可得学邪？'曰：'恶可！子非其人也。夫卜梁倚有圣人之才而无圣人之道，我有圣人之道而无圣人之才，吾欲以教之，庶几其果为圣人乎！不然，以圣人之道告圣人之才，亦易矣。吾犹告而守之，三日而后能外天下；已外天下矣，吾又守之，七日而后能外物；已外物矣，吾又守之，九日而后能外生；已外生矣，而后能朝彻；朝彻，而后能见独；见独，而后能无古今；无古今，而后能入于不死不生。'"（《大宗师》）这段女偊"闻道"的描写，是《庄子》中对如何达到"道"的境地的最完整、寓意最清晰的表述。首先，"闻道"的方法是"守"，是对某种已知对象的体验、归依，而不是对某种未知对象的确认，是一种修养功夫，而不是一种认识活动。其次，"闻道"的过程是由"外天下"、"外物"到"外生"，显然，这不是认识内容的丰富过程，而是精神境界的提高过程。最后，"闻道"的结局是"入于不生不死"，"无古今"，这样，所谓"闻道"就不是关于某种世界最后根源、本质的最高真理的揭示，而是最高的精神修养境界的实现。

以上，我们对庄子认识论的三个层面进行了逐一的考察分析。概言之，在庄子认识论的第一层面上，作为认知对象的具体事物是通过感觉认知的，它既具有感性的实在性，又具有表象的相对性。第二层面上的认识对象"理"，是具有确定性的一类事物的共同的内在秩序或规律，它是通过归纳推理、理性思辨被抽象出来的。第三层面上的"道"，是一种关于世界总体和本质的理性观念。在庄子认识论中，对"道"的把握是通过超越一般认识方法（感性、知性或理性）而具有非逻辑特质的直觉，和超越认识而具有实践特质的体验来实现的。比较而言，在《庄子》中对其认识论的第一层面的论述是最为充分的，第三层面的特色也还是很突出的，而第二层面则是不太清晰的。所以庄子认识论给人显著的印象是鲜明的相对主义和某种神秘主义，而它的理性主义则不易引起注意。

事实上，庄子思想是一个观念众多、意境宽广的理论体系，庄子思想采取了具有文学特质的形象的表现形式，《庄子》中有丰富的博物知识和对自然的观察，所有这些都使庄子思想在其后的中国古代哲学、科学、文学的发展演变中，发挥了极其重要的影响。至于庄子思想对中国古代思想文化和社会生活的深刻影响，更是毋庸置疑的。

三　黄老道家

在分别对原始道家三派作了考察以后，让我们转入对道家的另一理论形态——黄老道家的考察。黄老道家虽然不再具有原始道家的那种原创性、复杂性，但也自有其新的理论发展与突出特色。下面，我们就从内涵界定、思想资料、基本理论观念等方面对其进行具体分析。

（一）界说：内涵的界定与资料的选择

作为一个思想流派的"黄老"一词，最早在《史记》中出现。司马迁论及稷下道家慎到、田骈、接子、环渊等人的共同学术特色时说，"皆学黄老道德之术"（《史记·孟子荀卿列传》）；追溯法家人物申不害、韩非的思想渊源又说，"归本于黄老"（《史记·老子韩非列传》）；叙述汉初若干位重要的政治人物如曹参、陈平的生平时也说其"好黄帝、老子之术"（《史记·曹相国世家》《史记·陈丞相世家》）。显然，在《史记》这里，"黄老"（黄老之术、黄老之言、黄老之学）是被界定为一种思想学说来使用的。后来，王充对此有更明确的界说："贤之纯者，黄老是也。黄者，黄帝也，老者，老子也。黄老之操，身中恬淡，其治无为。"（《论衡·自然》）很显然，把"黄老"（黄老之操）视为一种治国治身的方术，是汉代学者对黄老思想最一般的界说。

黄老思想更深刻全面的学术的和观念的内涵，是在汉代学者对"道家"

的界定中被揭示出来的。换言之，汉代学者对道家的界定，实际上正是对黄老思想的界定。这一界定在三位汉代史学家那里分别是这样表述的：

司马谈："道家……其为术也，因阴阳之大顺，采儒墨之善，撮名法之要，与时迁移，应时变化，立俗施事，无所不宜，指约而易操，事少而功多。"（《史记》卷一三〇《太史公自序》）

刘向："道家者，秉要执本，清虚无为，及其持身接物，务崇不竞，合于六经。"（《别录·列子叙录》）

班固："道家者流，盖出于史官，历记成败、存亡、祸福、古今之道，然后知秉要执本，清虚以自守，卑弱以自持，此君人南面之术也。合于尧之克攘，《易》之嗛嗛，一谦而四益，此其所长也。及放者为之，则欲绝去礼学，兼弃仁义，曰独任清虚，可以为治。"（《汉书》卷三〇《艺文志》）

三位史家所界定之"道家"虽略有差异，但其基本的理论特征——兼容儒墨却是相同的：司马谈称之为"采儒墨之善"，刘向称之为"务崇不竞，合于六经"。其具有驾驭社会生活的功能亦是相同的：司马谈称之为"立俗施事，无所不宜"，班固则径称之为"南面之术"。可以看出，这是与我们前面已经论述过的原始道家有所差别的新道家。

至此，对黄老道家这一道家理论形态，我们从形式与内容两个方面皆可以给出与原始道家相区别的划界标准了。就形式而言，黄老道家依托黄帝立言，而在原始道家那里，黄帝只是在《庄子》中作为众多的远古传说人物之一出现的①，并且是以一个经常表现出儒家风貌的人物形象出现的②。在学术思想众说纷纭的背景下，秦汉时期的道家大多标举黄帝、老子，纷纷托言黄、老，或以黄、老学说的继承者和代言人的身份出现，成为一种时尚。诚如《淮南子》所说，是因为"世俗之人，多

---

① 《庄子》叙述远古之先民曰："子独不知至德之世乎，昔者容成氏、大庭氏、伯皇氏、中央氏、粟陆氏、骊畜氏、轩辕氏（按：黄帝）、尊卢氏、祝融氏、伏羲氏、神农氏，当是时也……"（《胠箧》）

② 《庄子·在宥》有曰："昔者黄帝始以仁义撄人之心……"

尊古而贱今，故为道者必托于神农、黄帝而后能入说"（《淮南子·修务训》）①。就内涵而言，黄老道家肯定、吸纳了在原始道家（老庄）中被抨击、鄙弃的儒墨名法；将在原始道家中作为被体悟（"体道"）、谈说（"不治而议"）的"道"的理论，转化为可操作运用的实践（"南面之术""立俗施事"）。总之，黄老思想是在保持原始道家三项基本理论内涵——道、无为、养性（"秉要执本、清虚无为"）的基础上，以黄帝之名为依托，吸取、融摄儒、墨、名、法、阴阳各家观念成分，在战国末期形成的新的道家理论形态。黄老道家理论具有兼容、综合性的特征，与当时正在接近实现的从诸侯分裂到天下一统的社会发展趋势是一致的。

在这里，我们注意到对黄老思想有不同的界定和对黄老思想出现时代有不同的判定。例如，郭沫若在《十批判书·稷下黄老学派的批判》中，认为黄老思想（慎到、田骈）是由道家向法家的转变；冯友兰在《中国哲学史新编》第16章《慎到和稷下黄老之学》中说："黄老之学是道家和法家的统一。"

我们在后面将论及，稷下道家及黄老道家之"法"与法家之"法"是有重要区别的。所以，黄老思想不能以"法家"为理论特征来予以界定。亦不难看出，在以上这两种论说中，都自觉或不自觉地将黄老之学出现的年代提前到战国中期，或者说稷下道家之前。显然这与司马迁在黄老之学鼎盛的情势下记述稷下道家人物时，误判其"皆学黄老道德之术"有关。事实上，稷下道家人物的言论中，并未出现"黄帝"。

① 先秦诸子皆于远古有所追溯，但儒家经典《孟子》《荀子》中尚无出现"黄帝"。《墨子》中亦无"黄帝"。《管子》若干篇中出现"黄帝"，但《管子》非成于一时一人之手，且下限甚晚。原始道家三派中，只有《庄子》中出现"黄帝"。至于在先秦史籍中，则"黄帝"出现较早。如《左传·僖公二十五年》有狐偃"黄帝战阪泉"之卜语，《国语·鲁语上》有展禽"黄帝能成命百物"之论，《逸周书·尝麦》周武王口中亦有"黄帝"之词。然而，凡此显然皆是后世史家模拟之语，难以确考，不足深信。先秦彝器中，多数学者认同"黄帝"之名始见于《陈侯因齐敦》（见徐中舒《陈侯四器考释》、丁山《由陈侯因资镐铭黄帝论五帝》、郭沫若《稷下黄老批判》中的释读）。然而，此彝器铭文中"黄帝"二字，向来亦有不同的隶定，例如其在《攈古录》中为"勋庸"，在孙诒让《古籀余论》中为"董育"。可见人们对《陈侯因齐敦》中"黄帝"之释读亦存有异议。

(二) 思想资料

在对黄老道家做了较明确的界定后，我们需要进一步来确定可以具体说明这一界定，展现黄老思想的典籍资料。根据《汉书·艺文志》对学术文献的记载和迄今的考古发现，黄老道家的典籍可分为三类。

第一，起始的思想资料。《汉书·艺文志》共著录道家著作37种，其中依托"黄帝"之名的4种著作——《黄帝四经》4篇、《黄帝铭》6篇、《黄帝君臣》10篇、《杂黄帝》58篇，无疑应是属于黄老道家的著述①，但是，这些著述已经佚失。1973年长沙马王堆三号汉墓出土的帛书《老子》乙本卷前有《经法》《十六经》②《称》《道原》四篇黄老帛书，具有相同的韵脚③和某些独特词语④，表明四篇是一部完整的书；《十六经》中记述黄帝擒蚩尤（《五正》）、"兼有天下"（《果童》），与"四辅"——力黑（力牧）、阉冉、果童、太山稽问答等，可见此书是依托黄帝立言；四篇与《老子》抄写在同一幅帛上，正是黄老合卷的证明。因此可以推测，四篇黄老帛书可能就是已经佚失的《黄帝四经》⑤。从《史记》所援引之"道家言"，每可见于四篇黄老帛书⑥，因此亦可以认为，

---

① 《汉书·艺文志》著录道家著作，在《杂黄帝》后，录有《力牧》22篇，班固注："力牧，黄帝相。"此书亦可视为黄老道家著述。

② 对于马王堆帛书整理小组释读的"十六经"，考古学家与古文字学家有不同的认定：唐兰读为"十大经"（《马王堆出土〈老子〉乙本卷前古佚书的研究》，载《考古学报》1975年第1期），李学勤读为"十大"、"经"（《马王堆帛书〈经法·大分〉及其他》，《道家文化研究》第3辑）。

③ 参见龙晦《马王堆出土〈老子〉乙本前古佚书探原》一文，载《考古学报》1975年第2期。

④ 例如《经法·国次》有"阳窃""阴窃"，《十六经·观》则有"阳察""阴蔽"；《经法·国次》有"天极"，《称》亦有"天极"；《经法·亡论》有"乱首""怨媒"，《十六经·顺道》亦有"不为乱首，不为怨媒"；等等。

⑤ 唐兰对此有明确论定（见《马王堆出土〈老子〉乙本卷前古佚书的研究》），也有学者如裘锡圭明确反对此论定（见《马王堆帛书〈老子〉乙本卷前古佚书并非〈黄帝四经〉》，《道家文化研究》第3辑）。

⑥ 例如，《史记·陈丞相世家》记陈平说："我多阴谋，是道家之所禁。"《十六经》有"不阴谋"（《顺道》），"阴谋不祥"（《行守》）。《史记·齐悼惠王世家》记齐相召平有谓："道家之言，当断不断，反受其乱。"《十六经·观》《兵容》皆有曰："当断不断，反受其乱。"

此正是汉代史家界定"道家"——黄老道家的主要典籍根据，所以四篇黄老帛书，即使不是《黄帝四经》，作为黄老之学的初始资料亦无可置疑。

四篇黄老帛书的作者似乎已无从确考①，姑且存疑不论；但以此四篇黄老帛书为稷下道家以后的黄老道家的初始资料，对其产生的时代还是需要稍作申辩，因为有学者根据司马迁论及法家人物申不害时有"申子之学本于黄老"；论及慎到、田骈时有"皆学黄老道德之术"之论，判定此四篇黄老帛书当出现在稷下道家或早期法家之前的战国中期或更前②，然而，正如前面所述，依托"黄帝"立言的先秦学术著作，只是出现在战国末年，从这个基本的历史事实所构成的逻辑前提出发，结论无疑应是四篇黄老帛书只能产生在稷下道家之后。此外，我们还可以援引帛书中的两个词语——"玄德""正一"的使用情况来较具体地印证这一结论。《十六经》有曰："上人正一。"（《正乱》）《经法》有曰："王天下者有玄德。"（《六分》）在这里，"正一""玄德"显然是被作为内涵已被明确揭示、已获得共识，因而无须解说的约定俗成的词语来使用的。本来，"正一""玄德"是道家思想中分别阐释"道"与"德"的两个重要概念，最早在《老子》中出现时都伴有明确界说或定义的。《老子》曰："昔之得一者，天得一以清，地得一以宁，神得一以灵，谷得一以盈，万物得一以生，侯王得一以为天下正。"（第 39 章）历代《老子》注皆以为，一者，道也；得一，得道也；得一以为天下正，得道，或以一、以道即可安正天下。所以，"得一以为天下正"一词涵蕴着道为本体，得道是一种境界，得道境界所具有的功能等三重内涵，《十六经》"正一"一词，正是对"得一以为天下正"这句话的词之概括，是对这一三重内涵的思想观念之概念表述。《老子》中两次出现"玄德"时，对其含义也都有明确解说："生而不有，为而不恃，长而不宰，是谓玄德"（第 51 章）③，"以智

---

① 帛书四篇的作者，有谓是郑人（见前引唐兰文）、西楚人（见前引龙晦文）、越人（见王博《论〈黄帝四经〉产生的地域》一文，《道家文化研究》第 3 辑）等不同见解。西楚说的论据似较充实。
② 见前引唐兰文。
③ 《老子》第 10 章也有此数语，学者多考定其为第 51 章错出。

治国，国之贼；不以智治国，国之福。知此两者亦稽式。常知稽式，是谓玄德。玄德深矣、远矣，与物反矣，然后乃至大顺”（第 65 章）。简言之，"玄德"是一种自觉地与自然一体的、无为的行为方式。在《庄子》中，对"玄德"也还有近似的界定："与天地为合，其合缗缗，若愚若昏，是谓玄德。"（《天地》）到帛书《经法》的作者使用"玄德"时，似乎是感到含义已经清晰，已是皆知，解说是不必要的了。通过对"正一""玄德"在原始道家和黄老帛书中使用情况的不同之比较，我们可以判定，黄老帛书出现在《老子》以后，也可能出现在《庄子》之后。

第二，阐释性的思想资料。《汉书·艺文志》道家类迄今尚存的著述中，《管子》《文子》《鹖冠子》多有与黄老帛书相同或义近的词语①，显示有某种关联。考察起来，三书与黄老帛书的这种关联却甚有不同。在《管子》中，与黄老帛书有相同或义近词语的篇目，除了前面已论及的《心术》上下、《白心》、《内业》、《枢言》等四篇外，还有《幼官》、《重令》、《兵法》、《君臣》上下、《四时》、《势》、《正》、《九守》等篇②。这些篇中，皆无"黄帝"出现。其中《心术》等四篇，如前所述，具有以"道"为中心，兼容墨名法的特色，这正是稷下道家所表现出的区别于老庄道家的新特色，而这种特色的进一步发展，特别是依托黄帝立言，就形成了与原始道家区别的黄老道家。其他各篇，在不太严格的意义上，也可以与此四篇相仿佛，根据其与黄老帛书词语的相同或义近，而又缺乏"黄帝"的外在特征，将其定位在黄老道家某一具体观念起源的位置上。

《鹖冠子》与黄老帛书的关联是另一种情形。通过《鹖冠子》与黄老帛书相同、相近词语的比较，首先可以断定，是《鹖冠子》抄袭了帛书，而不是相反。例如，《经法·道法》有曰："事如直木，多如仓粟。斗石已具，尺寸已陈，则无所逃其神。"《鹖冠子·王鈇》亦有曰："同如林木，积如仓粟，斗石已陈，升委无失也。"帛书语意周延，因木而有尺寸，因粟而言斗石；《鹖冠子》前既已言"木""粟"，而后却只有"斗石"，

---

① 参见唐兰《马王堆出土〈老子〉乙本卷前古佚书的研究》一文附录。

② 《管子·五行》有与《十六经·果童》完全相同之"以天为地，以地为母"一语。鉴于这是一句无独特学术内涵的通俗语，故这里未予列论。此篇还有谓"昔者黄帝得蚩尤而明于无道"，然而与《十六经·五正》"黄帝擒蚩尤"迥异，故亦当别论。

而无"尺寸"，则语意不周，显然是抄袭的遗漏。其次，还可以更进一步断定，《鹖冠子》只是抄袭黄老帛书语句，并不承接它的思想，相反，经常是变更其意境意蕴。举例如下：

	黄老帛书	《鹖冠子》	比较分析
例1	使民之恒度，玄和而立公。变恒过度，以奇相御。（《经法·道法》）	缓则急，急则困，见间则以奇相御，人之情也。（《天则》）	《鹖冠子》沿袭黄老帛书之"以奇相御"，词语虽相同，意蕴却异。一就事理言，一就人情言。
例2	……不失其常者，天之一也。天执一以明三。日信出信入，南北有极，[度之稽也。月信生信]①死，进退有常，数之稽也。列星有数，而不失其行，信之稽也。（《经法·论》）	日信出信入，南北有极，度之稽也。月信死信生，进退有常，数之稽也。列星不乱其行，代而不干，位之稽也。天明三以定一，则万物莫不至矣，三时生长，一时煞刑，四时而定，天地尽矣。（《泰鸿》）	《鹖冠子》沿袭黄老帛书"明三执一"（"明三定一"）之词语，但意境迥异。帛书意蕴深，以日月星运行有常即是"明三执一"；《鹖冠子》意蕴浅近，以日月星运行产生之四时为"明三定一"。
例3	黄帝……吾受命于天，定位于地，成名于人。（《十六经·立命》）	善战者……受数于天，定位于地，成名于人。（《世兵》）	《鹖冠子》沿袭黄老帛书词语，描述别的对象。

从以上三例可以看出，《鹖冠子》援用黄老帛书词语，缺乏对其内涵的理解，所以不能说是继承；这些词语被《鹖冠子》用来建构成新的思想观念，也达不到帛书原有的思想高度，所以也不能说是发展。另外，《鹖冠子》以"成鸠氏"为理想社会，此与黄老道家依托黄帝亦有差异。② 但是，《鹖冠子》中诸如"有一而有气……万物莫不发于气，通于道"（《环流》），"道者必有应而后至，事者必有德而后成……成无为，得无来"（《天权》），"天用四时，地用五行，天子执一以居中央"（《王鈇》）等之论，都表现了道家思想特质；其所论"五正"——"神

---

① 方括号内八字，帛书残缺，据《鹖冠子·泰鸿》补。
② 《鹖冠子·王鈇》有谓："泰上成鸠之道，与天地存，久绝无伦"，"成鸠之制，与神明体正"，"成鸠氏周阖四海为一家，夷貉万国莫不来朝。至于"黄帝"，在《鹖冠子》仅一见，即"黄帝百战"（《世兵》），似是兵家之言黄帝。而在《汉书·艺文志》中，兵家属诸子十家（道家位序其二）之外。

化""官治""教治""因治""事治"（《度万》），"九道"——道德、阴阳、法令、天官、神征、伎艺、人情、械器、处兵（《学问》），亦是"采儒墨之善，撮名法之要"的黄老道家的特色。《鹖冠子》在《汉书·艺文志》中著录为一篇，班固并注云："楚人，居深山，以鹖为冠。"至唐时已有十六篇（韩愈《读〈鹖冠子〉》），宋时则为十九篇（陆佃《鹖冠子序》）。自唐柳宗元以来，每有学者疑其为"伪书"。现在看来，《鹖冠子》作者身世和其内容不断增益的情况都难以确考了，但大体上将其判定为黄老帛书之后的黄老道家思潮中的一种著作还是可以成立的。

《文子》与黄老帛书的关联，又是另一番情形。通过对《文子》与黄老帛书相同、相近语句的比较分析，首先可以断定的是，如同在《鹖冠子》那里一样，也是《文子》沿袭帛书，而不是相反。例如《十六经·顺道》有曰："大庭之有天下也，安徐正静，柔节先定。常后而不失体，正信以仁，兹惠以爱人，端正勇，弗敢以先人。"《文子·道原》亦有谓："圣人……因循而应变，常后而不先，柔弱以静，安徐以定。"似乎可以说，《文子》"常后而不先"，正是沿袭帛书"常后而不失体"与"勇而不先人"两语重组而成。其次则可以看出，在这些相同或相近的语句中，《文子》一般都能较准确承接帛书原有的思想内涵，或更有所扩展，这与发生在《鹖冠子》那里的情形就不同了。举例分析如下：

	黄老帛书	《文子》	比较分析
例1	主上者执六分：以生杀，以赏罚，以必伐。（《经法·六分》）	君者用六律……生与杀也，赏与之罚也，予之与夺也。（《下德》）	《文子》之"六律"与帛书之"六分"词虽异，所述内涵完全相同。
例2	观其所积，乃知祸福之乡。（《十六经·雌雄节》）	观其所积，以知存亡。（《道原》）	《文子》之"存亡"与帛书之"祸福"，词、义虽皆异，但可涵盖包蕴之。
例3	圣人不为始，不专己，不豫谋，不为得，不辞福，因天之则。（《称》）	道者……不为善，不避丑，遵天之道。不为始，不专己循天之理。不豫谋，不弃时，与天为期。不为得，不辞福，从天之则。（《符言》）	《文子》由帛书之"因天之则"扩展为"遵天之道""循天之理""与天为期""从天之则"。

续表

	黄老帛书	《文子》	比较分析
例4	（道）……一者其号也，虚其舍也，无为其素也，和其用也。（《道原》）	道者，虚无、平易、清静、柔弱、纯粹朴素，此五者，道之形象也。虚无者，道之舍也；平易者，道之素也；清静者，道之鉴也；柔弱者，道之用也；纯粹朴素者，道之干也。（《道原》）	《文子》由帛书以舍素、用三内涵界定之"道"扩展为舍、素、鉴、干、用五内涵界定之"道"与"道者"，并有所解说。

不难看出，这四个分别从黄老帛书四篇中选择的例证，共同显示出的《文子》与帛书内容的关联，二者之间的关系正是思想观念上的继承与发展的关系。

此外，就总体而言，《文子》中虽引述不少《老子》《庄子》中的言论，但更突出的是依托黄帝立言的黄老道家的外在表征①和兼容儒墨名法的黄老道家的内在特质②。根据以上我们对黄老帛书和《文子》内容的对比分析和具体考证，完全可以判定，《文子》是在黄老帛书之后出现，并对其有进一步阐释的黄老道家著作。

《文子》在《汉书·艺文志》已有著录，但唐代柳宗元以来，一直有学者对其真伪表示质疑。1973年考古发掘了河北定县40号汉墓，考古学家判定墓主是中山靖王刘胜之后怀王刘修（卒于汉宣帝五凤三年）。墓中出土的竹简中有《文子》残简，其中与今本《文子》相同者有6章。此可以证实《文子》是西汉时已有的典籍，非为汉代以后的伪作。然而《汉书·艺文志》著录《文子》为9篇，今本却为12篇；《韩非子》引《文子》有"兽鹿"之说③，今12篇却无此内容，此又可见《文子》内容不断增益、改动、遗落的情况都是存在的。汉墓出土的《文子》残简

---

① 《文子》有谓，"昔黄帝之治天下"（《精诚》），"赤帝为火灾，故黄帝擒之"（《上义》）。

② 如《文子·道德》篇中，一面说，王者莅天下，当"执一无为，因天地与之变化"；一面又说，"四经（德、仁、义、礼）不立，谓之无道，无道不亡者，未之有也"。

③ 《韩非子·内储说上》有曰："赏誉薄而漫者下不同，赏誉厚而信者下轻死，其说在文子，称若兽鹿……齐王问于文子曰：治国何如？对曰：夫赏罚之为道，利器也，君固握之，不可以告人。若好主者，犹兽鹿也，唯荐草而就。"

向我们显露一个极为重要的《文子》在今本中的被篡改的情况是，今本"老子曰"在汉代古本中是"文子曰"；今本文子与老子的问答，在汉代古本中是平王与文子的问答①。《汉书·艺文志》著录《文子》时，班固曾注曰："老子弟子，与孔子并时，而称周平王问，似依托者也。"见于今本《文子》中的这一改动，很可能是在班固注的影响下，在汉代以后发生的。当然，《文子》的作者和撰写年代，仍是疑案。清代学者在比较对勘《文子》和《淮南子》相同、相近的语句后，曾判定是《淮南子》抄袭了《文子》②，汉墓《文子》残简的出土，使这一判定获得了一个必要的历史前提——《文子》是西汉已有的典籍。但这只能大体上确定《文子》的撰写时代在黄老帛书与《淮南子》之间。《文子·上仁》有谓："……功约易成，故小辩害义，小义破道……道之言曰，芒芒昧昧，因天之威，与天同气。同气者帝，同义者王，同功者霸，无一焉者亡。"《吕氏春秋·应同》亦有谓："黄帝曰：'芒芒昧昧，因天之威，与元同气。'故曰同气贤于同义，同义贤于同力，同力贤于同居，同居贤于同名。帝者同气，王者同义，霸者同力，勤者同居则薄矣，亡者同名则粗矣。"比较两书之论，《文子》语意前后一贯，周密完整，《吕氏春秋》语起突兀，前后不能贯通，似是援引《文子》语而衍义，且误读表停顿语气的"言曰"（相当于"言者"）为"言说"，故改"道之言者"为"黄帝曰"（《淮南子·缪称训》《淮南子·泰族训》引此语同《吕氏春秋》）。根据此例证和韩非曾援引《文子》，似乎可以推测，《文子》当出现在《吕氏

①　汉墓残简尚未发表，据整理者所见："凡简文中的文子，今本都改成了老子，并从答问的先生变成了提问的学生。平王被取消，新添了一个老子。"（《定县40号汉墓出土竹简简介》，《文物》1981年第8期）《汉书·艺文志》著录《文子》时，班固曾注曰："老子弟子，与孔子并时，而称周平王问，似依托者也。"见于上述今本的改动，很可能是在班注的影响下，在汉代以后发生的。

②　例如王念孙《读书杂志》指出，《文子·上礼》中"外束其形，内愁其德"，《淮南子·精神》误抄为"外束其形，内总其德"；《文子·下德》中"神明藏于无形，精气反于真"，《淮南子·本经》误抄为"神明藏于无形，精神反于至真"。于此两句中，《淮南子》误抄之"总""精神"，皆失《文子》原语句之义。孙星衍《问字堂集·文子序》指出，《文子·道原》"摄汝知，正汝度，神将来舍，德将为汝容，道将为汝居"，《淮南子·道应》抄为"摄女知，正女度，神将来舍，德将为汝附若美而道将为女居"，《淮南子》读"容"为"容色"，而作"若美"，也失《文子》原语句之义。

春秋》之前。但此判定还需更多论据。至于《文子》作者是何人，已无从确考①，汉墓出土的《文子》残简也未能推进这个问题的解决。

第三，绍述性资料。《汉书·艺文志》中还有两部著作与黄老道家有较密切关系，这就是《吕氏春秋》和《淮南子》（《淮南内》《淮南外》）。《吕氏春秋》和《淮南子》都是出自多位学者之手，是先秦以来不同学派思想的组合。尽管两书的篇章排列都能显示出某种结构，但就其思想而言，并无内在的逻辑联系和可以归束的核心，相对立的思想和相矛盾的事实同处于一书之中的情况也是存在的②。《汉书·艺文志》将其归入特色为"兼儒墨、合名法"的杂家是恰当的。当然，这个"杂家"之"杂"中，也无疑应包括有道家的思想成分。由于《吕氏春秋》和《淮南子》中的道家思想，除了具有"杂家"所共有的兼容儒墨名法的特质外，也还有依托黄帝立言的外在特征③，所以这是一种属于黄老思想的道家。较之黄老帛书和《文子》，在《吕氏春秋》和《淮南子》中，道家的理论思想似乎并无获得新的进展，但两书将其在历史事件中，在古代的科学观念中加以绍述、显现、印证，却是前此道家著作之所未有的④。

黄老道家思想资料的情况大致如此。下面我们就以黄老帛书为起始，以《文子》《鹖冠子》和《吕氏春秋》《淮南子》为进一步的展开，来对黄老道家思想作论述。

---

① 《汉书·艺文志》著录《文子》时，班固即注称"似依托者"无法断定其作者。北魏李暹《文子注》谓辛计然撰（见《郡斋读书志》卷一一）。据陈振孙考索，此论断可追溯到《史记·货殖列传》裴骃集解引徐广语，称其为"尤不可考信"（见《直斋书录解题》卷九）。

② 例如，《吕氏春秋》中对"三皇五帝"的德性的解说，既有"生而弗子，成而弗有，此三皇五帝之德也"（《贵公》），又有"夫孝，三皇五帝之本务，而万事之纪也"（《孝行》）。此两种界定显然是对立的。《淮南子》中，《齐俗篇》说"夏后氏葬墙置翣"，《氾论篇》却说"周人墙置翣"。杨树达批评曰："《淮南》左右采获，故不免自相刺谬。"（《淮南子证闻》）

③ 《吕氏春秋》中以黄帝为中央之帝（《季夏》），每以黄帝立言，称"黄帝曰"云云（见《去私》《圜道》《应同》《遇合》《审时》等篇）。《淮南子》多承袭《吕氏春秋》，亦是如此。

④ 例如，《淮南子·道应篇》以56则史实或寓言故事解说《老子》。此外，《淮南子》一书中的《天文》《俶真》《时则》《览冥》《精神》等篇中都有以古代的科学知识与经验来论说道家的"道"、"无为"、身心修养等主题的章节。《吕氏春秋》也多是如此。

（三） 基本理论观念

一般说来，可以将"道"之观念、"无为"之观念和身心修养的思想视为原始道家思想之哲学本体论或宇宙论的、社会的和个性精神的三个基本的理论层面。黄老道家思想仍然保持着这一基本的思想结构，但在每个层面上都注入了有别于原始道家的新的内容。

1. 形上理论："道"之阐说

黄老帛书《道原》虽然只是一篇仅有464个字的短篇，但对黄老道家的道之观念，却有完整周延的论述，其中一段说：

> 恒无之初，迥同大虚，虚同为一，恒一而止。湿湿梦梦，未有明晦。神微周盈，精静不熙。故未有以，万物莫以。故未有形，大迥无名。天弗能覆，地弗能载。小以成小，大以成大。盈四海之内，又包其外。鸟得而飞，鱼得而游，兽得而走，万物得之以生，百事得之以存。人皆以之，莫知其名，人皆用之，莫见其形。一者其号也，虚其舍也，无为其素也，和其用也。

《道原》对"道"的论述，可以解析为两个或三个方面的内涵。首先，"天弗能覆，地弗能载。小以成小，大以成大。盈四海之内，又包其外"，这是从本体论的意义上对道作为宇宙本体的界说。其次，"鸟得而飞，鱼得而游，兽得而走，万物得之以生，百事得之以存"，是从宇宙论的意义上界定"道"是万物生成的根源。最后，"人皆以之，莫知其名，人皆用之，莫见其形"，是对"道"之性状的描述，"道"是一种没有形体、无可名状指称的，然而却是真实存有的实在。《老子》有曰："天得一以清，地得一以宁，万物得一以生。"（第39章）《庄子》有曰："道通为一。"（《齐物论》）

从以上分析中不难看出，黄老帛书对道的基本特质的界说，与老庄道家是一致的。黄老帛书所谓"一者其号也"，"一者道其本也"（《十六经·成法》），以"一"来总括道的这些性质。以"一"即"道"，其与《老子》的"道生一"（第42章），却有某种意蕴上的差别。

黄老帛书中"道"的观念，在其后的黄老道家著作《文子》《鹖冠子》中，以及绍述黄老思想的《吕氏春秋》《淮南子》中，有进一步的阐发，特别是对道之特质和以道为根源的万物生成过程，都有更具体、细致的论述。首先，道为宇宙之总体，为宇宙万物之根据、根源的基本特质，在黄老帛书以后的黄老道家著作中有更明确的阐述。例如：

> 夫道者，高不可及，深不可测，苞裹天地，禀受无形……含阴吐阳，而章三光，山以之高，渊以之深，兽以之走，鸟以之飞……（《文子·道原》）
>
> 道至高无上，至深无下，平乎准，直乎绳，圆乎规，方乎矩，包裹宇宙而无表里，洞同覆载而无所碍。（《淮南子·缪称训》）

"包裹宇宙而无表里"，解说的是道为宇宙之总体，"山以之高，渊以之深，兽以之走，鸟以之飞"，说明了道为万物之根据，这些都是与帛书完全相同的对道作为宇宙本体或根源之特质的解释。

事实上，黄老帛书以后的黄老道家，也继承了帛书"一"即"道"的思想传统，以"一"（或"太一"）来总括、称谓"道"之特质。如《文子》曰："大道无为，无有无言，是谓至神，绵绵若存，是谓天地根。道无形无声，故圣人强为之形，以一字三名。"（《文子·精诚》）《吕氏春秋》亦曰："道也者，至精也，不可为形，不可为名，强为之，谓之太一。"（《大乐》）

黄老帛书有"道……万物得之以生""万物之所从生"（《经法·道法》）之论，虽然就其论及万物生成而言，可以视为宇宙论的命题，但帛书并未具体论述这一生成过程，换言之，万物生成的宇宙论思想在黄老帛书中并未充分展开。在其后的黄老著作中，这一情况有了改变，对于宇宙万物生成的过程，有了具体的论述。这方面以《吕氏春秋》和《淮南子》中的表述最有代表性：

> 太一出两仪①，两仪出阴阳。阴阳变化，一上一下，合而成

---

① 《吕氏春秋》高诱注："两仪，天地也。"

章……万物所出，造于太一，化于阴阳。"（《吕氏春秋·大乐》）

　　天地未形，冯冯翼翼，洞洞灟灟，故曰太昭。道始于虚霩，虚霩生宇宙，宇宙生气，气有涯垠，清阳者薄靡而为天，重浊者凝滞而为地。清妙之合专易，重浊之凝竭难，故天先成而地后定。天地之袭精为阴阳，阴阳之专精为四时，四时之散精为万物。（《淮南子·天文训》）

不难看出，这两种对万物生成的表述有某种论述角度的差异。前者可以说是"道生万物"的本体论表述，近同于在其先的《文子》，《文子》有曰："道生万物，理于阴阳，化为四时，分为五行"（《自然》）；后者是"气生万物"的宇宙论的表述，其先《鹖冠子》亦是如此，《鹖冠子》有曰："精微者，天地之始也……故天地成于元气，万物乘于天地"（《泰录》）。共同之处是，四种黄老道家著作一致认为万物是由共同根源（本体论表述的"道"，或宇宙论表述的"气"），经由天地、阴阳、四时的阶段而成。

　　黄老道家对"道"之特质的阐述，构成了它的形上的理论层面。在这个层面上，黄老道家"道"之观念，其本体论表述的意蕴没有超出原始道家的范围，但在宇宙论的表述中，对万物生成过程的论述，则远较原始道家为明确、具体，黄老道家此种宇宙论观念是此后中国古代科学的一个重要理论基础。

　　黄老道家宇宙论的观念内容中，除了将万物起源追溯到气之观点外，还有一认为天（自然）与人相通、相感应的观点。黄老帛书曾有曰："其时赢而事绌，阴节复次，地气复收，正名修刑，蛰虫不出，雪霜复清，孟谷乃肃，此灾生，如此者举事将不成。其时绌而事赢，阳节复次，地气不收，正名弛刑，蛰虫发声，草苴复荣，已阳而又阳，重时而无光，如此者举事将不行。"（《十六经·观》）显然，帛书已在人与天（天地阴阳运行）之间建构了某种对应，认为人之行为若背离了这种对应，就会招致怪异、灾祸。但应该说，在帛书这里人与天的这种关系仍是一种自然性质的、外在的关系。在《文子》中，这种情况有了变化。《文子》说："逆天暴物，即日月薄蚀，五星失行，四时相乘，昼冥宵光，山崩川涸，冬雷夏霜。天之与人，有以相通，故国之殂亡也，天文变，世俗乱，虹霓见"（《精诚》），"道悬天，物布地，和在人。人主不和，即天气不下，地气不上，阴阳不调，风雨不时，人民疾饥。"（《符言》）可见，《文子》"天人有以相通"之论将黄老道家思想中的天人关系由外在的自然的关系改变为内在的、有机的对应关系。这种观念是原始道家所没有的，是后来风靡于汉代的天人感应观念的最初形态。

2. 社会政治思想："无为"观念的展开

黄老道家在社会层面上的思想是以"无为"观念为基础、为核心而展开的，并且正是在这个展开中、在这个层面上，最为鲜明地显现了黄老道家与原始道家思想的差别。"无为"是老庄思想中的重要概念，《老子》曰，"为道日损，损之又损，以至于无为"（第48章），"我无为，而民自化"（第57章）；《庄子》曰，"无为而万物化""无为为之之谓天"（《天地》），"同与禽兽居，族与万物并"（《马蹄》）。大体上可以说，老庄思想中的"无为"，是在人与自然（"天"）对立的背景下，要求归向、融入自然，而排斥人有任何作为（"人"）的主张。黄老道家的"无为"观念与此有所差异。黄老帛书曰："欲知得失，请必审名察形，形恒自定，是我愈静，事恒自施，是我无为。"（《十六经》）《文子》有更明确的解释，"所谓无为者，不先物为也，无治者，不易自然也，无不治者，因物之相然也"（《文子·道原》），"无为者，非谓其不动也，言其从己出也"（《文子·上义》）。可见，黄老道家是在人之行为是在因循自然或背离自然的意义上界定"无为"的，"无为"即是顺应自然（"道"）的行为（"因"），是"无为而有就也"（《文子·上仁》），是因自然。因其本性而为，并非"以天灭人"的、浑同如自然的无有作为①。帛书有谓"唯圣人能尽天极，能用天当"（《经法·国次》），"圣人不为始，因天之则"（《称》），《文子》有曰"执一无为，因天地与之变化"（《文子·道德》），凡此"尽天极""用天当""因天则"，皆正是黄老道家"无为"的内涵。《淮南子》所说"若吾所谓无为者，私志不得入公道，嗜欲不得

---

① 《庄子》曾提出"无以人灭天"（《秋水》），荀子批评庄子"蔽于天而不知人"（《荀子·解蔽》）。

柱正求，循理而举事，因资而立功①，推②自然之势，而曲故不得容者。事成而身弗伐，功立而名弗有，非谓其感而不应，攻而不动者"（《淮南子·修务训》），也完全地承袭了这种"无为"观，承袭了《文子》对两种无为观的区分。

黄老道家在社会理论层面上的思想观点，都是在"因天之则"的无为观念基础上形成的，都是"无为"观念的展开与应用。

（1）兼容儒墨名法。《老子》曰，"绝仁弃义，民复孝慈，绝巧弃利，盗贼无有"（第19章）；《庄子》曰，"仁义乱人之性"（《天道》），"儒墨乃始离跂攘臂乎桎梏之间"（《在宥》）。显然，老庄道家与主张"仁义"的儒家及以"义利"为行事准则的墨家处于明显的对立之中。《老子》曰，"法令滋彰，盗贼多有"（第57章）；《庄子》曰，"道不当名"（《知北游》），"骤而言形名者，不知其本也"（《天道》）。可见老庄道家对名家法家的主张也持并不认同的态度。在黄老道家这里，此种情况发生了变化。黄老道家从社会历史演变或个人所可能具有的不同的精神境界的角度上，认同了儒家的仁义。如《文子》有曰，"五帝贵德，三王用义，五伯用力，今取帝王之道，施五伯之世，非其道也"，"……道者，物之所道也；德者，生之所扶也；仁者，积恩之证也；义者，比于心而合于众适者也。道灭而德兴，德衰而仁义生，故上世道而不德，中世守德而不怀，下世绳绳，惟恐失仁义"（《文子·微明》）。由此可见黄老道家认为在人类的不同历史阶段或精神境界里，"仁义"也是具有积极的、应该被肯定的社会功能，与原始道家所唯一推崇的"道德"（自然）一样，也是治理国家所必需的，故《文子》一再说"古之为君者，深行之谓之道德，浅行之谓之仁义，薄行之谓之礼智，此六者，国家之纲维也"，"上德者天下归之，上仁者海内归之，上义者一国归之，上礼者一乡归之，无此四者，民不归也"（《文子·上仁》）。《淮南子》也说："国之所以存者，仁义是

---

① 《淮南子》文无"功"字，据《文子·自然》当补"功"字。
② 《淮南子》文作"权"，据《文子·自然》当为"推"字。《淮南子》"功"字之缺，"推"字之误，亦是其晚出于《文子》之后的证据。

也。"（《主术训》①）

黄老道家继承稷下道家的传统，摆脱了老庄道家那种主要从历史经验和个人生活体验的视角来观察宇宙和人生，并对此作出形而上的思考的模式，而是更多地从如何治理国家的理论走向上——"无治而无不治"，或如班固所谓"君人南面之术"——作出政治实践的思考②，能否获得社会功利的后果，普遍具有相爱之心，成为社会，特别是治国者的重要行为原则。《文子》曰，"圣人在上，则民乐其治，在下，则民慕其意，志不忘乎欲利人也"（《文子·精诚》），"夫道德者，所以相生养也，所以相畜长也，所以相亲爱也，所以相敬贵也。夫聋虫虽愚，不害其所爱，诚使天下之民，皆怀仁爱之心，祸灾何由生乎"（《文子·道德》）。《文子》所表述的黄老道家此种"利"与"爱"的观点，客观上与墨子的"仁人之所以为事者，必兴天下之利，除去天下之害，以此为事者也"的观点（《墨子·兼爱中》），及其要以"兼相爱交相利之法"易治"天下祸篡怨恨"之主张（《墨子·兼爱中》）都是一致的。在一定意义上，它们可被视为黄老道家对墨家思想的吸收，也正是汉代史家所谓的"道家采儒墨之善"。然而就黄老道家本身而言，这些观点都是逻辑地在"不易自然""因物之相然"的"无为"观念基础上产生的。

黄老道家从"无治而无不治"——有效治理国家的立论立场出发，也对"名""法"采取了认同的态度。但黄老道家"名""法"观念与名家、法家有所区别。黄老帛书说："天下有事，无不自为形名声号矣。形名已立，声号已建，则无所逃迹匿正矣。"（《经法·道法》）显然，黄老道家"名"之含义是指事物的具有规定性的名号称谓，这种称谓使事物有了自己的确定性，"名形已定，物自为正"（《经法·道法》）。这是从逻辑的意义上说的。黄老帛书又说，"形名已定，逆顺有位，死生有分，存亡兴坏之处"（《经法·论约》），"天下有事，必审其名……循名究理之所之，是必为福，非必为灾，是非有分，以法断之，虚静谨听，以法为符"（《经法·名理》）。这是在广泛的意义上，认为名即是理（区分逆顺、死

---

① 《淮南子·主术训》开篇即说"人主之术，处无为之事，而行不言之教……"云云，表明此篇是以道家思想为其立论基础，诸论断皆当视为体现黄老道家立场。

② 《史记·孟子荀卿列传》谓之曰："稷下先生……各著书言治乱之事，以干世主。"

生、存亡兴坏之则），即是法。显然，黄老道家对"名"的此种理解超越了名家的樊篱。也正是在此意义上，黄老道家认同了、肯定了名与法具有治理国家社会的理论功能。黄老帛书说，"居则有法，动则循名，其事若易成"（《十六经·姓争》），"有仪而仪则不过，恃表而望则不惑，案法而治则不乱"（《称》）。可以认为，黄老帛书所明确表述出的视"名""法"为治理国家的最有效工具的观点，正是黄老道家的一个重要思想特色。当然，也应看到，黄老道家认同的"名""法"，其观念内涵与法家也是有所不同的。黄老帛书曰："道生法；法者，引得失以绳，而明曲直者也。"（《经法·道法》）而韩非则曰："法者，宪令著于官府，刑罚必于民心，赏存乎慎法，而罚加乎奸令者也。"（《韩非子·定法》）此显示，黄老道家是以法的"道"之根源与"明曲直"之功能来界定"法"，而法家则是在与"势""术"的比较中，以律令之形式及赏罚之操作来界说"法"。黄老道家之"法"的观念，在政治实践中归趋于清静无为，因为在"道法"观念的审视下，是"物自正也，各自命也，事自定也"（《经法·论》），而"形恒自定，是我愈静，事恒自施，是我无为"（《十六经》）；而律令赏罚的"法"，必然陷入繁文刻削，苛察缴绕，失其自然。汉代早期，推行黄老政治的汲黯（东海太守）批评为当时制定诸多律令的张汤说，"刀笔吏专深文巧诋，陷人于罪，使不得反其真，以胜为功"（《史记·汲郑列传》），就是这种差别在一项具体的政治实践上的表现。

（2）并用文武刑德。与思想观念上的兼容儒墨名法相应，黄老道家在政治实践上主张文武刑德并用。黄老帛书曰："因天之生也以养生，谓之文；因天之杀也以伐死，谓之武。文武并行，则天下从矣……审于行文武之道，则天下宾矣。"（《经法·君正》）明确认为争夺天下、治理国家必须因时之需，并行温和的和强硬的两种手段。帛书还说："武刃而以文随其后，则有成功矣；用二文一武者王。"（《经法·四变》）将文武并用的观点更推进一步，认为在成功地夺取天下、治理国家的过程中，此两种手段应该是"武"在先而"文"随后，应该是文多于武。黄老帛书虽然每设远古的黄帝君臣以立言，但此一论断显然是以殷周鼎革的历史经验为背景。最后，黄老帛书中还追溯了文武并行的"天"之根源："始于文而卒于武，天地之道也……三时成功，一时刑杀，天地之道也。"

（《经法·论约》）一年四季，春夏秋为生长、结果，冬为肃杀，所以黄老道家认为"文武并行""二文一武"都是符合天地之道的"常有法式"（《经法·论约》）。

与并行文武两种手段的观点相应，黄老道家亦主张治理国家须刑、德两种工具兼用。帛书曰："不靡不黑①，而正以刑与德。春夏为德，秋冬为刑，先德后刑，顺于天。"（《十六经·观》）又曰："凡谌②之极，在刑与德，刑德皇皇，日月相望……天德皇皇，非刑不行，缪缪天刑，非德必倾，刑德相养，逆顺若成。刑晦而德明，刑阴而德阳，刑微而德章。"（《十六经·姓争》）不难看出，黄老道家是以"天"之观念为最终依据来论证作为治理国家之工具的刑罚与德教的。一方面，如同先有春夏，后有秋冬，治理国家应以德教为先，先德后刑；另一方面，如同日月阴阳，刑德又是互相补充、互为条件、相辅相成的。黄老道家此种以"因天之则"解释的刑德相养、兼用的观点，一方面可与以刑德为"人为"而排斥之的老庄道家相区别；另一方面也与儒家的关于刑德的政治观念有差异。孔子曰："礼乐不兴则刑罚不中，刑罚不中则民无所措手足。"（《论语·子路》）可见儒家并不否认刑罚或法的治理社会的功能。孔子又说："道之以政，齐之以刑，民免而无耻；道之以德，齐之以礼，有耻且格。"（《论语·为政》）此则又表明，儒家从社会功能的角度，将刑（法治）置于德（德教）之后、之辅的位置，德教与法治在儒家这里不是互补的、互为条件的关系，而是主次的关系。黄老道家与儒家的治国原则的区别应该说是显然的。史载汉宣帝曾训诫要求崇尚儒学的、做太子时的汉元帝说"汉家自有制度，本以霸王道杂之"（《汉书·元帝纪》），也是从一个侧面反映了这种区别，反映了黄老道家刑德兼用的治国理论一直影响着汉代前期的政治实践。

（3）爱民、保民。在黄老道家的社会政治思想中，还有一个与原始

---

① 据国家文物局古文献研究室编《马王堆汉墓帛书》（壹）注："靡字疑读为徽，黑字疑读为纆。二者皆绳索之名。《周易·坎卦》：'系用徽纆。'"（文物出版社1980年版，第63页）

② 据国家文物局古文献研究室编《马王堆汉墓帛书》（壹）注："谌，疑读为戡，胜也。"

道家不同的、似乎是"采儒墨之善"的观念——爱民与养民。黄老帛书说,"无父之行,不得子之用,无母之德,不能尽民之力。父母之行备,则天地之德也。三者备则事得矣"(《经法·君正》),"圣人举事,合于天地,顺于民,祥于鬼神"(《十六经·前道》),"吾畏天爱地亲民,立有命,执虚信;吾爱民而民不亡,吾爱地而地不旷"(《十六经·立命》)。可见,在黄老道家这里,"爱民"被视为一种与"天地之德"相匹的"父母之德",与尊崇天地鬼神一样基本的德行。显然这是一种超越了自然的具有伦理道德内涵的感情与理性,在原始道家那里这是绝对没有的,原始道家那里是"天地不仁,以万物为刍狗;圣人不仁,以百姓为刍狗"(《老子·五章》)。但黄老道家的"爱民"出于"合于天地",仍保存着"因天之则"的道家特色,不同于儒家将诸如"泛爱众而亲仁"(《论语·学而》)、"仁民爱物"(《孟子·尽心上》)的爱民观念根源追溯到人自身的"不忍之心"或"性善"。

黄老道家由"爱民"的德行自觉,提出养民、保民的观点或社会政策,如帛书说,"人之本在地,地之本在宜,宜之生在时,时之用在民,民之用在力,力之用在节。知地宜,须时而树;节民力以使,则财生。赋敛有度,则民富……"(《经法·君正》),"为人主者,时控三乐,毋乱民功,毋逆天时;然后五谷溜熟,民乃蕃兹,君臣上下,交得其志"(《十六经·观》)。帛书在这里提出的保民、养民措施可以归纳为两项:一是役使民力应节之以时,不能逆天时;一是赋敛民财应取之有度,不能过分。应该说,这是古代社会经济生活中民众利益得以保证的最基本的两条。帛书的保民观点,在《文子》中也有出现。《文子》曰,"民之所以生活,衣与食也。事周于衣食则有功,不周于衣食则无功……帝王富其民,霸王富其地,危国富其吏;治国若不足,亡国困仓虚"(《文子·微明》),"为治之本,务在安民,安民之本,在于足用,足用之本,在于不夺时"(《文子·自然》)。显然,《文子》"安民"之论的主要内涵,也正是要惜其力,足其用。《文子》在追寻这种理念实现的最终基础时说"不夺时之本,在于省事,省事之本在于节用,节用之本在于去骄,去骄之本在于虚无"(《文子·自然》),也凸显出了与儒家"仁政"相区别的归依清静无为的道家特色。《文子》还描绘了建立在此基础上的爱民、保民观点或社会经济政策所创造的社会生活：

> 至德之世，贾便其市，农乐其野，大夫安其职处，士修其道，人
> 民乐其业。是以风雨不毁折，草木不夭死，河出图，洛出书。（《文
> 子·道德》）

不难看出，黄老道家的这种"至德之世"，既不是《老子》的"小国寡民"（第80章），或《庄子》的"至德之世"（《胠箧》）、"建德之国"（《山木》），因为其中肯定了应有发达的精神的和物质的文明生活；也不是儒家如孟子的五亩之宅、百亩之田、八口之家的"王道"社会，因为它是在清静无为的理念基础上建立起来的。史载汉代"至武帝之初七十年间，国家无事，非遇水旱，则民人给家足，都鄙庾尽满，而府库余财，京师之钱，累百钜万，贯朽而不可校。太仓之粟，陈陈相因，充溢露积于外，腐败不可食……"（《汉书·食货志》）在一定意义上可以认为，此正是黄老道家的治国理念在"文景之治"中的实现。

3. 修养：养生与养性

黄老道家的个性修养理论层面，对于不同的主体对象有不同的立论；对于同一主体对象在不同修养层次或观察角度上也有不同的立论。在黄老帛书中，承继稷下道家"不治而议"的传统，多设君主立场以立论，其为人君的个人德性修养立论曰：

> 知王术者，驱骋驰猎而不禽荒，饮食喜乐而不湎康，玩好嬛好而
> 不惑心……（《经法·六分》）
> 王天下者，有玄德……轻县国而重士，故国重而身安；贱财而贵
> 有知，故功得而财生；贱身而贵有道，故身贵而令行。（《经法·六
> 分》）
> 圣人不巧，时反是守，优未爱民，与天同道。圣人正以待天，静
> 以须人，不达天刑，不襦不传。（《十六经·观》）

显然，帛书所论君主的修养分属三个不同的层次。"知王术者"的修养境

界只及日常行为操行，"王天下者"当论治国玄德，"圣人"则是体同天地之道。前文所述《文子》有曰，"古之为君者，深行之谓之道德，浅行之谓之仁义，薄行之谓之礼智"（《文子·上仁》），这显然也是对君主不同修养层次和德行的概括。

黄老道家更具理论价值的是关于普遍意义上的人之个性修养的理论观点。在这个修养主体对象上，黄老道家的立论可以区分为两个层次或角度——养生与养性。

（1）养生。《老子》有谓，"唯啬……是谓深根固柢，长生久视之道"（第59章）；《庄子》亦曰，"善养生者若牧羊然"（《达生》）。所以可以说，养生——如何使生命健康，如何使生命长久，是原始道家的重要论题。黄老道家继承了这个理论传统，认为"君子之道，静以修身，俭以养生"（《文子·上仁》），明确地将养生视为个性修养的一个主要方面。黄老道家养生理论的基本内涵，从《文子》的这段论述中可以看出：

> 形者，生之舍也，气者，生之元①也，神者，生之制也。一失其位，即三者伤矣。故以神为主者，形从而利，以形为主者，神从而害其生……夫精神志气者，静而日充以壮，躁而日耗以老。是故圣人持养其神，和弱其气，平夷其形，而与道浮沉。如此则万物之化，无不偶也，百事之变，无不应也。（《文子·十守》）

《文子》所论表明，黄老道家与原始道家不同，是从一种十分明确的生命结构的观念基础上提出和解决养生问题。黄老道家将生命整体分解出形、气、神三个要素。"形"是生命的形态、结构组织，"气"是构成生命的物质内容，"神"驾驭着生命活动，是主宰。三者皆各有相对独立的功能，甚至会出现"形伤乎寒暑燥湿之虐者，形究而神杜②，神伤于喜怒思虑之患者，神尽而形有余"（《文子·道原》）的情况。但作为生命整体，

---

① 《淮南子·原道训》作"气者，生之充也"。稷下道家有谓："气者，身之充也。"（《管子·心术下》）
② 此句可能有字形之误。《淮南子·俶真训》作"形苑而神壮"，高诱注："苑，枯病也。"

三者是相辅相成的，"一失其位，三者皆伤"，养生实际上就是以"道"的原则同时护养构成生命的三个要素，亦如《淮南子》所说："形者非其所安而处之则废，气不当其所充而用之则泄，神非其所宜而行之则昧，此三者不可不慎守也。"（《原道训》）《文子》此论也表明，黄老道家认为在养生的"养神""和气""夷形"三者中，养神更为重要，应为主。《文子·下德篇》更明确说："治身，太上养神，其次养形。神清意平，百节皆宁，养生之本也；肥肌肤，充腹肠，佚嗜欲，养生之末也。"有无养神与养形在理论上，特别是在实践上的本末、主次之分，在一定意义上也正是道家与其后道教修养功夫的区别。《文子》还说："夫喜怒者，道之邪也；忧悲者，德之邪也；好憎者，心之过也；嗜欲者，生之累也。人大怒破阴，大喜坠阳，薄气发暗，惊怖为狂，忧悲焦心，疾乃成积。人能除此五者，即合于神明。神明者，得其内也。得其内者，五脏宁，思虑平，耳目聪明，筋骨劲强，疏达而不悖，坚强而不匮，无所太过，无所不逮。"（《道原》）《文子》此论较清楚地解释了养神的具体内容，以及养神何以达到养生。《庄子》曰，"纯粹而不杂，静一而不变，淡而无为，动而以天行，此养神之道也"（《刻意》），"无劳女神，无摇女精，乃可长生"（《在宥》）。简言之，虚静恬淡即是养神，养神乃可长生。《文子》所论显示，黄老道家与原始道家有相同的养生观。

（2）养性。黄老道家的养性观点是在人之精神结构之观念的基础上提出的。《文子》曰：

> 人生而静，天地之性也。感物而动，性之欲也。物至而应，智之动也。智与物接，而好憎生焉。好憎成形，而智出于外，不能反己，而天理灭矣。是故圣人不以人易天，外与物化而内不失情，故通道者反于清静，究于物者终于无为，以恬养智，以漠合神，即乎无门。（《道原》）

《文子》所表述的黄老道家观点是，人的精神结构由性与欲构成。性是本然之静，内在固有之理；欲是性之动，是性感物而动产生的偏离固有之理的智、情、意的精神现象。所以一般说来，黄老道家认为性与欲是对立的，欲是性之失、性之害。《文子》说，"原人之性无邪秽，久湛于物即易，易而忘其本"（《道原》），"欲与性相害，不可两立"（《符言》）。养性就防御、摈除外物对本然心境的侵扰，"反于清静，终于无为，即乎无门"，保持宁静的精神状态，亦所谓"外而乱内，即性得其宜"（《十守》）。如何养性，如何实现返内而"道通"，《文子》中亦有反复论说："原天命，治心术，理好憎，适惰性，即治道通矣。原天命即不惑祸福，治心术即不妄喜怒，理好憎即不贪无用，适情性即欲不过节。不惑祸福即动静顺理，不妄喜怒即赏罚不阿，不贪无用即不以欲害性，欲不过节即养生知足，凡此四者，不求于外，不假于人，反己而得矣。"（《符言》）"弃聪明，反太素，休精神，去知故，无好无憎，是谓大通。"（《十守》）《文子》所论表明黄老道家对如何保持心境宁静有成熟的看法，它十分周延地观察到了可能引起精神纷扰的全部条件——内在因素的智、情、意和自然的、社会的、超越的外部环境，十分周延地提出要从所有这些可能产生精神纷扰的方面进行节制。

在黄老道家个性修养观念中，养生与养性这两个方面虽然因为是分别从生命结构和精神结构的不同角度提出，故而有所差别，但实际上也是犀通的，例如《文子》所论养神的"除此五者"和养性的"凡此四者"，就可以说是完全一致的。在黄老道家的个性修养理论层面上，其养生、养性的观点虽然于老庄道家有所承接，但黄老道家从生命整体中分解出形气神三要素和将性与欲视为精神结构的主要成分，却都是在老庄道家思想中还不明晰的和突出的观念。

第二章　道家与中国古代思想体系

我们已经完成了对道家本身——原始道家（老子、稷下道家、庄子）和黄老道家的考察。但是，道家作为一个观念众多的思想体系，它的历史存在绝不是孤立的。一方面，它接受了来自中国古代几个主要思想派别的影响；另一方面，它也影响了它们的发展进程。下面我们就对此做一番审视。

一　道家与先秦百家

先秦，特别是春秋战国时期，是我国学术思想史上的一个百家争鸣的辉煌时期。先秦著作如《庄子·天下》《荀子·非十二子》《荀子·天论》《荀子·解蔽》《韩非子·显学》《吕氏春秋·不二》等篇，汉代著作如《史记·太史公自序》《汉书·艺文志》等篇，对众多的先秦思想流派或先秦诸子，皆有所论列、划分。比较而言，我们认为《史记》中以学派而不以个人为准将其划分为六家——阴阳、儒、墨、法、名、道，较严谨、准确，较符合历史实际。我们这里就以此为基准，来论述道家与其他五家的关系。从道家的角度看，这种关系可以概括为对立、吸收、影响。

（一）对立

道家，特别是老庄道家与先秦百家（主要是儒、墨、法、名、阴阳五家）间，首先鲜明地表现出的是一种对立的关系，而这种对立关系最为凸显的则是，第一，道家思想具有独特的迥异于儒墨等五家的理论主题与观念起源。这种差异表现在许多具体的论断上，这里我们提出一个粗略的，但也是根本的判据，就是如果以先秦六家思想体系中论题性质是形而上的或形而下的、社会的或自然的为分界线，那么，道家以外的五家，其论述多属形而下的社会层面上的问题，关注并努力解决人在社会生活中的各方面、各层次上的问题；道家则是"与道徘徊"（《庄子·盗跖》），从人的自然方面、人在自然中的处境来观察和作形而上的根源的思考，呼唤人归向自己的真正根源，归向自然，"复归于朴"（《老子·二十八章》）。道家以外的五家，其思想观念起源于西周以来的文化典籍、典章制度，起源于对社会政治经济生活中突出问题的感受。如孔子每每表白自己是"述而不作，信而好古"（《论语·述而》），"周监于二代，郁郁乎文哉，吾从周"（《论语·八佾》）。墨子也说明自己立论的原则是"凡入国，必择务而从事焉。国家昏乱，则语之尚贤尚同；国家贫，则语之节用节葬；国家熹音湛湎，则语之非乐非命；国家淫僻无礼，则语之尊天事鬼；国家务夺侵凌，即语之兼爱非攻，故曰择务而从事焉"（《墨子·鲁问》）。诚然，道家的一些具体论断中也有源于历史的或现实生活感受的观念因素，然而道家最重要的观念或范畴——气、道，从《老子》《庄子》中可以看出，是起源于对自然现象的观察，起源于当时手工劳动者的生活和生产经验的某种理论升华。例如，《老子》中写道，"天之道，其犹张弓与"（第77章），"天地之间，其犹橐籥乎"（第5章），都是以一种自然景象来表述一种哲学意念。《老子》中还以"柔水""玄牝""辐毂""埏埴""飘风骤雨""大音""大象"等自然事物来描述、体现"道"的性质。《庄子》一书更是博物志，庄子思想正是从那些形形色色、千姿百态的自然事物和生产、生活经验中导引出来的。其中最为独特而重要的是，《庄子》中最高的、"得道"的精神境界，总是由最高的手工劳动的工艺境界，诸如"庖丁解牛"（《养生主》）、"轮扁斫轮"（《天道》）、"痀偻承蜩"、"梓庆削鐻"（《达生》）等具体显示和升华出来。当然，不能否认这也是老子、庄子思想所具有的独特的文学的表现方法，但是，更重要的则是这表明道家思想具有和儒墨等先秦五家完全不同的观念起源。第二，作为道家思想派别核心的老子和庄子对儒墨名法提出了尖锐的批评。《老子》说："失道而后德，失德而后仁，失仁而后义，失义而后礼；礼者，忠信之薄而乱之首。"（第38章）又说："大道废，有仁义；智慧出，有大伪；六亲不和，有孝慈；国家昏乱，有忠臣。"（第18章）显然，《老子》是把儒学理解为道德衰退中的产物，理解为对道德衰退的一种救治。可见，《老子》对儒家的批评是比较温和的。《庄子》对儒家的批评则是十分全面而激烈的，如《庄子》抨击儒家学说核心"仁义"说，认为仁义"连连如胶漆缠索"（《骈拇》），"吾不知仁义之不为桎梏凿枘也"（《在宥》）；贬其经典说"六经，先王之陈迹也，岂其所以亦哉"（《天运》）；讥评孔子曰，"苦心劳形，以危其真，远哉其分于道也"（《渔父》）。似乎可以说，《老子》是从历史演变的角度观察儒家的出现和表现，比较宽容客观，而《庄子》则是从彻底的自然主义立场上审视儒家，认为其"失真"，戕害本性。墨家是老庄在儒家之外的另一批判重点。如果说，老庄道家与儒家的最明显的对立发生在伦理道德观念上，那么，与墨家最深刻的分歧则是在天道观上。墨家持天有意志的观点，自谓"吾知天之爱民之厚者有矣"（《墨子·天志中》）；道家则认为天道自然无为，视"天地不仁，以万物为刍狗"。道家与墨家在社会理论层面上的观点也多是对立的，墨子主张"尚贤为政之本"（《墨子·尚贤中》），老庄道家则认为"不尚贤，使民不争"（《老子·三章》），"至德之世，不尚贤，不使能"（《庄子·天地》）；墨子主张"万事莫贵于义"（《墨子·贵义》），老庄道家则认为"攘弃仁义，而天下之德始玄同于无"（《庄子·胠箧》）。此种分歧对立，使老庄道家经常将其与儒家放在一起做否定性评论，认为"道隐于荣华，故有儒墨之是非"（《庄子·齐物论》）。"儒墨乃始离跂攘臂乎桎梏之间"（《庄子·在宥》），提出要"削曾史之行，钳杨墨之口"（《庄子·胠箧》）。老庄道家对法家和名辩思潮也持否定态度。《老子》所说"法令滋彰，盗贼多有"（第57章），"善者不辩，辩者不善"（第81章），《庄子》所谓"赏罚利害五刑之辟，教之末也，礼法度数形名比详，治之末也"（《天道》），皆可以视为是对名家、法家的批评。老庄道家与先秦阴阳家的对立，是天道无为自然观与有机自然观之间的差异形成的。《老子》曰，"万物负阴而抱阳，冲气以为和"（第42章）；《庄子》曰，"阴阳者，气之大者也"（《则阳》），"阴阳错行，则天地大绞，于是乎有雷有霆"（《外物》），"阴阳不和，寒暑不时，以伤庶物"（《渔父》）。所以在老庄道家这里，阴阳只是构成万物的气的两种不同形态，阴阳互动是形成各种自然现象的原因。《庄子》还以"阴阳之气有沴"（《大宗师》）解释人的生理病态。但在老庄道家这里，阴阳与社会现象还没有出现作为阴阳家代表的邹衍所谓"五德转移，治各有宜，而符应若兹"那样的关联（《史记·孟子荀卿列传》），亦即天人之间的内在有机犀通的观点。《庄子》曰，"不以人助天，是谓真人"（《大宗师》），"古之真人，不以人入天"（《徐无鬼》），"人之不能有天，性也"（《山木》）。可见在老庄道家中，"天人相通""天人一也"只是一种精神境界，其与阴阳家将"天人相应"视为一种固有的自然存在的看法，在本质上是对立的。

（二）吸收

道家在其发展进程中，对先秦百家的思想观念也不断有所吸收。突出的表现是，第一，在稷下道家、黄老道家的思想中，都有认同儒家、法家和名家之社会功能的观点。如稷下道家说，"明君定事分功必由慧，定赏分财必由法，行德制中必由礼"（《慎子·威德》），"凡物载名而来，圣人因财之而天下治，名实不伤，不乱于天下而天下治"（《管子·心术下》）。黄老道家也说，道德、仁义、礼智六者为"国家之纲维"（《文子·上仁》），"按法而治则不乱"（《称》）。凡此皆表明此两派道家对礼、法、名之社会功能是完全肯定的。如前所述，稷下、黄老是先秦道家中两个有较多承接关系的道家流派，并共同表现出"不治而议"的、即为治理国家作策略思考的理论走向，所以，在此基础上，就进一步形成了文武并用、刑德兼行的治国原则，这也是从根本上对儒、法政治理念的吸纳。

第二，在作为先秦道家最后一个理论形态的黄老道家那里，则有更多吸纳或感染了先秦其他思想派别的观点，其要者有以下几种。

（1）"性无邪秽"。《庄子》曰："性者生之质，性之动谓之为，为之伪谓之失。"（《庚桑楚》）从道家自然主义立场上看，人性是一种无任何既定价值倾向（善或恶）的本然存在。而"孟子道性善"（《孟子·滕文公上》），人性本善之论是儒学的重要理论基石。《文子》说："原人之性无邪秽，久湛于物即易，易而忘其本。"（《道原》）显然，《文子》此论于《庄子》所表述的那种自然主义立场的人性论有所背离，而距离孟子性本善之论却较近。因为在《文子》这里，"性"具有了某种确定的、正面色彩的价值性质，不再是"生之质"的那种无色的本然。

（2）命（天命）。孔子曰："五十而知天命。"（《论语·为政》）孟子曰："君子行法以俟命。"（《孟子·尽心下》）命——一种表现在人的全部生命进程中的外在客观必然性，是儒家思想中超越的理论层面上的重要观念。命之观念在先秦道家的《老子》和稷下道家那里都没有出现①。应该说，在道家天道自然、万物自化的自然主义立场上，作为自然和万物之外的外在客观必然性的"命"之观念，是难以形成的，也是多余的。但是，在《庄子》和黄老道家这里出现了。《庄子》曰，"不知吾所以然而然，命也"（《达生》），"死生存亡，穷达贫富，贤与不肖毁誉，饥渴寒暑，是事之变，命之行也"（《德充符》），十分明确地将命界定解说为某种非人所能左右的外在客观必然性。黄老帛书有曰："必者，天之命也。"（《经法·论》）《文子》也写道，"道者，直己而待命，时之至，不可迎而返也；时之去，不可追而援也"（《符言》），"生，所受于天也；命，所遭于时也。有其才，不遇其世，天也；求之有道，得之在命"（《符言》），"知生之情者，不务生之所无以为；知命之情者，不忧命之所无奈何"（《下德》）。也是认为命是人之全部生命过程中的某种"无可奈何"的外在必然性。并且，《文子》所论与孔子所谓"不知命无以为君子"（《论语·尧曰》），孟子所谓"求之有道，得之有命，是求无益于得也，求在外者也"（《孟子·尽心上》）之论，更有明显的观念承接的迹象。似乎可以说，庄子和黄老道家在先秦道家中最后出现，于此处至少是在不自觉中受到了儒家思想的感染。

（3）爱与利。一般来说，在彻底的道家自然主义立场上，爱属情，利属欲，都是被否定的，如《庄子》说，"道之所以亏，爱之所以成"（《齐物论》），"功利机巧，必忘夫人之道"（《天地》）。在此理论立场上，作为一种政治实践行为之"爱民""利民"，道家也是不能认同的，

---

① 《老子·十六章》有"归根曰静，静曰复命，复命曰常"之言。此"命"是自然意义上的不变之本常，此"命"相当于"性"；与儒家超越意义上的必然性（命）有所区别。性与命的此种差别，孟子曾有明确的界分（见《孟子·尽心下》）。

《老子》主张"绝圣弃智，民利百倍"（第19章），"我无为，而民自化；我无事，而民自富"（第57章），民利、民富都是在"无为"中的自然实现，不能是"爱之""利之"的有为操作。《庄子》甚至认为，"爱民，害民之始也"（《徐无鬼》）。但是，黄老道家如文子则认为"圣人在上，志不忘乎欲利人"（《文子·精诚》），"道德者，所以相亲爱也……诚使天下之民，皆怀仁爱之心，祸灾何由生乎"（《文子·道德》）。爱民、利民成为一个明确的政治实践的原则和目标，爱与利成为正面的价值追求。不难看出，在从原始道家到黄老道家的这一巨大的观念转变中，有很鲜明的墨家思想色彩，因为"兼相爱交相利""兴天下之利"正是写在先秦百家中墨家学派旗帜上的主张。可以判定，这是在战国时期儒墨为"世之显学"的背景下，黄老道家继承稷下道家"不治而议"的传统，在思考治理社会的理论走向上，吸纳了或者说接受了墨家影响的结果。

（4）天人相通。《老子》曰："道大，天大，地大，人亦大。域中有四大，而人居其一焉。"（第25章）《管子》四篇有曰："天以时使，地以材使，人以德使。"（《枢言》）《庄子》更说："天之小人，人之君子。"（《大宗师》）可见，原始道家思想中的天人是对立的，或者说是各自独立的。当然，在这里从"道"的角度、自然的角度来说，天人也是一体的，即《庄子》所谓"道通为一"（《齐物论》），天人皆道所"生"也；"何谓人与天一也？有人天也，有天亦天也"（《山木》），天人皆自然也。但是就天人而言，"人之不能有天，性也"（《山木》），天人是不能相通的。原始道家此种观念在黄老道家这里也发生了巨大变异。最为明显的是《文子》所说："天之与人，有以相通，故国之殂亡也，天文变；世俗乱，虹霓见。"（《精诚》）《文子》还说："人头圆法天，足方象地，天有四时、五行、九曜、三百六十日，人有四肢、五藏、九窍、三百六十节，天有风雨寒暑，人有取与喜怒。胆为云，肺为气，脾为风，肾为雨，肝为雷，人与天相类……"（《十守》）显然，以《文子》为代表的黄老道家是在经验的基础上，以类推的方法对"天人相通"做出论证的。《史记》记载先秦阴阳家代表人物邹衍，其理论要点是"五德转移，治各有宜，而符应若兹"，其论证方法是"必先验小物，推而大之"

（《孟子荀卿列传》）。黄老道家的异于原始道家的天人观念似乎受其影响。

（三）影响

在先秦百家中，道家思想对自然、社会和人本身都有广泛的观察和深刻的体悟，形成了众多的关于宇宙本体、万物生成、人之精神内涵的概念、观念，处于当时理论思维水平最高的位置上，因而对先秦主要思想派别——儒、墨、法的发展演变都产生了重要的影响。

1. 道家引起的先秦儒家之观念变异与增新

在道家思想影响下，先秦儒家的两位重要人物——孟子和荀子的思想，出现了异于孔子儒家的观念变异，正在形成中的作为以后儒家经典的《易传》《礼记》，也吸纳了道家的观念因素。

孟子承认"天命"，提出"行法以俟命"（《孟子·尽心下》）；主张人伦道德的实践——"父子有亲，君臣有义，夫妇有别，长幼有序，朋友有信"（《孟子·滕文公上》）；认为"仁义礼智根于心"（《孟子·尽心上》），提出学问、修养之道在于"求放心"（《孟子·告子上》）。可以看出，孟子思想在儒学超越的、社会的、心性的三个理论层面上皆与孔子儒学保持着一致。但是，孟子思想也有某些重要的变化，特别是在心性修养层面上，除了"求放心"所体现的将孔子"性相近"演变为"性善"，孟子还提出了孔子思想未曾有的修养方法——养气。孟子说：

> 虽存乎人者，岂无仁义之心哉？其所以放其良心者，亦犹斧斤之于木也，旦旦而伐之，可以为美乎？其日夜之所息，平旦之气，其好恶与人相近也者几希，则其旦昼之所为，有梏亡之矣。梏之反覆，则其夜气不足以存，夜气不足以存，则其违禽兽不远矣。（《孟子·告子上》）
>
> 我善养吾浩然之气……其为气也，至大至刚，以直养而无害，则塞于天地之间。其为气也，配义与道，无是，馁也。是集义所生者，非义袭而取之也。行有不慊于心，则馁矣。（《孟子·公孙丑上》）

孟子之论是说存养"平旦之气"（"夜气"）和善养"浩然之气"，如同"求放心"，就能保有、养护本心之善。孟子此种以气释心之论，显示了他与稷下道家学说的观念联系与差别。"平旦之气"（"夜气"），据朱熹解释是"平旦未与物接之时，清明之气也"（《孟子集注》卷一一），是气的本然状态。认为存在于、长成于人身中的气之本然状态或"夜气"，具有仁义的善的品质，这是孟子引入"气"的观点或角度对人性（心）本善的一种解说，此与稷下道家"精气"之论很接近。如前所述，稷下道家有谓，精气"藏于胸中，谓之圣人……敬守勿失，是谓成德"（《管子·内业》），即认为人若葆有精气，就能"成德"达到"圣人"境界。孟子以气释心（性），以"存夜气"释"求放心"，与稷下道家此种观点是相通的。稷下道家还有谓"精存自生，其外安荣，内藏以为泉源；浩然和平，以为气渊"（《管子·内业》），孟子"浩然之气"的概念形成可能渊源于此。但在稷下道家这里，"浩然之气"是指精气的积聚充盈状态，"其所以失之，必以忧乐喜怒欲利。能去忧乐喜怒欲利，心乃反济，彼心之情，利安以宁，勿烦勿乱，和乃自成"（《管子·内业》）。情欲扰动，就要破坏精气之浩然充盈，去除情欲，静宁以守，则"气渊"可自成，所以稷下道家的养气或成"浩然之气"，即是守静，"修心静意，道乃可得"（《管子·内业》）。而在孟子这里，"浩然之气"虽然亦是一种"至大至刚"气盛的精神充盈状态，但更重要的是其中具有某种道德内容，是在礼义培育中形成的，在礼义实践中表现的，失去这种道德内容，此种意气风发、顶天立地的精神状态也就不能存在，显然与稷下道家有别。《史记》记述的稷下人物中没有孟子[①]，但《孟子》中记录有孟子与稷下学士之首淳于髡的对话[②]，可见，孟子虽不是稷下人物，但与稷下人物亦有所接触。孟子前后游齐、仕齐有年，受到稷下道家"精气"论的影响，故有以心释气之"存夜气"之论；但孟子自外于稷

---

① 《史记》卷七十四《孟子荀卿列传》等篇记录稷下人物皆无孟子。汉代也有著作如《盐铁论·论儒》《中论·亡国》述及稷下人物时，列举有孟子。此处据《史记》立论。

② 《孟子·离娄上》《孟子·告子下》记录有孟子与淳于髡辩论"男女授受不亲"，"仁者固如此乎"。

下学派①，仍保持儒家特色，故其"养浩然之气"之说又迥异于稷下道家的"为气渊"之说。

荀子的学术背景比孟子要复杂，相对于孔子儒学的观念变异也更巨大。《史记》记述荀子在齐襄王时游稷下，"三为祭酒"，此表明荀子与包括稷下道家在内的各派稷下人物都可能有密切关系。《荀子·天论》评及老子时说"老子有见于诎，无见于信"，《荀子·解蔽》论及庄子时说"庄子蔽于天而不知人"，这些评论都是很准确的，显示出荀子对《老子》《庄子》都是很熟悉的。这样，较之孟子，荀子不仅会从稷下道家那里，而且会从老庄道家那里接受影响。事实正是这样，荀子儒学在原始道家三派的共同影响下，其观念变异从儒学固有的三个理论层面上都可以观察到。首先，天（天命）观念。在孔子思想里，天有两种含义，一是指感性的、自然的天，如孔子曰："天何言哉，四时行焉，百物生焉，天何言哉？"（《论语·阳货》）在儒学中，此种含义的"天"，理论上意义不大。一是指超验的、外在客观必然性的"天"，如孔子谓："天生德于予，桓魋其如予何？"（《论语·述而》）此种含义上的天，又称"天命"（"命"），构成儒学超越的理论层面。荀子说：

> 天行有常，不为尧存，不为桀亡。应之以治则吉，应之以乱则凶。强本而节用，则天不能贫；养备而动时，则天不能病；循道而不贰，则天不能祸……故明于无人之分，则可谓至人矣。（《荀子·天论》）
>
> 大天而思之，孰与物畜而制之？从天而颂之，孰与制天命而用之？……故错人而思天，则失万物之情。（《荀子·天论》）

荀子之论，清晰地显示原始儒家"天"或"天命"观点在这里发生的变异：超越性的"天命"被自然性的"天"代替了；超验的不可驾驭的"天命"之必然性，被可以认识的、可以利用的自然（天）之规律性替换了。这样，在荀子这里孔子儒学的超越理论层面就不再存在。荀子思想对

---

① 孟子曾"为卿于齐"（《孟子·公孙丑下》），曾谓"无常职而赐于上者为不恭"（《孟子·万章下》），厌恶"处士横议"（《孟子·滕文公下》），凡此皆显示其异于"不治而议论"之稷下学士。

于原始儒学有如此巨大的变异，可以肯定地说，是在原始道家思想影响下发生的。《老子》曰，"天法道，道法自然"（第 25 章），"知常曰明"（第 16 章）；《庄子》曰，"无为为之之谓天"（《天地》），"天地固有常矣"（《天道》），以"天"之内涵为自然，认为自然之大固有其规律，是老庄道家自然观的基本观念。《管子》四篇有曰，"圣人裁物，不为物使"（《心术下》），"执一不失，能君万物，君子使物，不为物使"（《内业》）。可见，利用自然也是稷下道家已有的观点。荀子儒学在"天命"观上的变异，是接受了道家自然观的结果。

其次，礼之观念。孔子曰："人而不仁如礼何，人而不仁如乐何？"（《论语·八佾》）"导之以政，齐之以刑，民免而无耻；导之以德，齐之以礼，有耻且格。"（《论语·为政》）显然，孔子儒学以伦理的道德情感为"礼"的真正内涵，且将礼与法置于有主次优劣之分的不同位置上。荀子论礼则认为：

> 礼起于何也？曰：人生而有欲，欲而不得，则不能无求，求而无度量分界，则不能不争，争则乱，乱则穷。先王恶其乱也，故制礼乐以分之，以养人之欲，给人之求。使欲必不穷乎物，物必不屈于欲，两者相持而长，是礼之所起也。（《荀子·礼论》）
> 人道莫不有辨，辨莫大于分，分莫大于礼。（《荀子·非相》）

荀子将"礼"的本质界定为"辨分"，即为了调解、避免纷争，必须确定人在社会生活中的位置、名分。因而"礼"与"法"有近似或相同的功能，所谓"治之经，礼与刑，君子以修百姓宁，明德慎罚，国家既治四海平"（《荀子·非相》）。荀子儒学此种"礼"之观念，与《管子·枢言》所说"人固相憎也，人之心悍，故为之法。法出于礼，礼出于名。名礼，道也，万物待名礼而后定"，甚是一致。所以可以推断，荀子儒学礼之观念的变异，也是受到稷下道家思想影响的结果。

最后，心之观念。孔子对"心"没有给予明确的界说，但从其所说"七十而从心所欲不逾矩"（《论语·为政》），"回也其心三月不违仁"（《论语·雍也》），似乎是把心理解为某种有道德属性的实体。孟子"仁义礼智根于心"（《孟子·尽心上》）则将心的此种性质界定得十分明确。孔子论及"仁"之修养时说，"能行五者（恭宽信敏惠）于天下，为仁矣"（《论语·阳货》），孟子论及养心时说，对于人心固有的善之"四端"要"扩而充之"（《孟子·公孙丑上》），对于人心"浩然之气"要"配义与道"（《孟子·公孙丑上》），都是以一种道德反思、人伦实践为心性修养途径的，荀子与此有所不同。

能够表明荀子与孔、孟之间思想差异的是如下一段话，荀子说："人心譬如盘水，正错而勿动，则湛浊在下，而清明在上，则足以见须眉而察理矣。微风过之，湛浊动于下，清明乱于上，则不可以得夫形之正也。心亦如是矣。故导之以理，养之以清，物莫之倾，则足以定是非决嫌疑矣。小物引之，则其正外易，其心内倾，则不足以决庶理矣。"（《荀子·解蔽》）此论表明荀子认为人心是一种感觉、知觉实体，心性修养就是要使心保持如同盘水那样的无成见、专一的宁静状态。

《老子》曰，"涤除玄鉴，能无疵乎"（第10章），《庄子》说，"水静犹明而况精神，圣人之心静乎，天地之鉴也，万物之镜也"（《天道》），这些论述表明，老庄道家正是从本然的自然状态来观察人心的。荀子说，"乡是而务，士也；类是而几，君子也；知之，圣人也"（《荀子·解蔽》），"圣人明知之，士君子安行之"（《荀子·礼论》），"天地为大矣，圣人为知矣"（《荀子·不苟》）。很显然，在荀子这里，"明""知"是圣人最重要的标志品质，智慧的养成升越到个性修养的主要位置上，心性修养由孔孟的道德反思、道德实践过程转变为"明"的认知过程。

如何才能使心有知？荀子说："心何以知？虚一而静……虚一而静，谓之大清明，万物莫形而不见，莫见而不论，莫论而失位。生于室而见四海，处于今而论久远，疏观万物而知其情，参稽治乱而通其变，经纬天地而材官万物，制割大理，而宇宙理矣。"（《荀子·解蔽》）也就是说，荀子认为只要使心保持如"盘水"那样的无成见（虚）、专一的宁静状态，就能认识宇宙万物之理。如前所述，稷下道家洁净"精舍"的方法也正是静、虚、一。

通过以上对老子、庄子、孔子、孟子、荀子思想的对比分析，完全可以推断，相对于孔子、孟子，荀子心与心性修养观念的变异，也是在原始道家思想影响下发生的。当然，荀子思想虽然在原始道家思想下发生了相对孔孟儒学的巨大变异，但荀子仍推崇孔子，推崇礼治①，与道家、法家的界线仍然存在，仍应定位在儒学的阵营内。

《易传》是指最早诠解《易经》的文字——《象上》《象下》《系辞上》《系辞下》《说卦》《文言》《序卦》《杂卦》，其作者与创作年代都因缺乏充分根据而难以准确判定。但鉴于汉初学者才有征引《易传》的情况②，大体上可以确认其为秦汉之际儒者的作品。《易传》在儒家学说中最具重要而独特理论价值的，是它为儒学提供了一幅较周延的自然哲学的宇宙图景，弥补了孔子、孟子儒学学术内容中的一个大缺陷。而这个自然哲学中的主要概念、观念，可以说是完全来自道家。其一，宇宙本原。《易传》中出现了具有世界万物最后本原意义的范畴或概念，称为"太极"："易有太极，是生两仪，两仪生四象，四象生八卦。"（《系辞上》）按照距离《易传》创作时代最近的汉代学者的解释，"太极"就是"气"，是世界万物尚未形成前的原始浑一状态，如郑玄说："极中之道，淳和未分之气也。"（王应麟《周易郑注》卷七）虞翻说："太极，太一也，分为天地，故生两仪也，四象，四时也，两仪谓乾坤也。"（李鼎祚《周易集解》卷一七）这种原始浑一的状况，《易传》形容之为"元"，说"大哉乾元，万物资始，乃统天"（《彖·乾》），"至哉坤元，万物资生，乃顺承天"（《彖·坤》）。《九家易》注："元者，气之始也。"（李鼎祚《周易集解》卷一）根据《易传》在确定乾、坤性质时所说"乾，阳物也；坤，

① 如《荀子》曾有谓："上则法舜禹之制，下则法仲尼子弓之义。"（《非十二子》）又谓："礼者，治辨之极也，强固之本也，威行之道也，功名之总也。"（《议兵》）"人君者，隆礼尊贤而王，重法爱民而霸。"（《强国》）

② 如汉高帝时的太中大夫陆贾《新语》有"《易》曰'二人同心，其利断金'"（《辨惑》），"《易》曰'天垂象，见吉凶，圣人则之'"（《明诚》），此即是《系辞上》的文句。汉文帝时博士韩婴《韩诗外传》中有"《传》曰'易简而天下之理得矣'"（卷三），此亦《系辞上》的文句。此后更有《淮南子·缪称训》引述《序卦》、《春秋繁露·基义》引述《文言》语句。《荀子·大略》虽有"《易》之《咸》"云云，词义近同《彖·咸》。但多有学者考订《荀子·大略》等篇是荀子门生弟子所记或后人附益，故自当别论。

阴物也"（《系辞下》）和在解释《咸》卦（兑上艮下，阴上阳下）的卦义时所说"咸，感也，柔上而刚下，二气感应以相应"（《彖·咸》），可以推断"乾元"就是阳气之始，"坤元"就是阴气之始。总之，《易传》认为太极（气）是宇宙的本原（元），世界的一切，空间、时间、物质（天地、四时、八卦）由此而发生；而此种理论观念却是原始儒家所没有的。在先秦，最先完全摆脱宗教观念而形成某种自然主义的宇宙本原观念的是道家。如前所述，宇宙本原观念在先秦道家那里有两个理论层次的表述。一是本体论的表述，道家称之为道，如《老子》所说"道者，万物之奥"（第62章），"天地根"（第6章），《庄子》所谓"道者，万物之所由也"（《渔父》）；道家形容之为"一""太一"，如《老子》所说"昔之得一者：天得一以清……"（第39章），《庄子》所谓"关尹老聃主之以太一"（《天下》）。二是宇宙论的表述，是"气"（"天气"），如《鹖冠子》所谓"天地成于元气，万物乘于天地"（《泰录》）。显然，不仅《易传》用以表述宇宙本原观念的"太极"一词最早见于《庄子》①，儒者用以诠释"太极"的"太一""元气"等思想观念也是来自道家。儒学的宇宙本原观念是由道家的思想种子孕育而成。其二，万物的生成与变化。《易传》认为万物是由天地这两种最基本的自然实体发生某种交感作用而生。如《易传》说，"天地交而万物通也"（《彖·泰》），"天地感而万物化生"（《彖·咸》）。如前所述，在《易传》中，天地体现为乾坤两卦，也就是在宇宙的发生过程中最初形成的阴阳二气交互作用产生万物，并且《易传》主要是把卦象的阴阳错位（阴上阳下）视为"交感"的表现。《易传》这些思想完全应和着《庄子》中的这样一段话："至阴肃肃，至阳赫赫，肃肃出乎天，赫赫发乎地，两者交通成和，而物生焉。"（《田子方》）《易传》对变化有很深刻而全面的观察，如"在天成象，在地成形，变化见矣"，"日新之谓盛德，生生之谓易"（《系辞上》），即认为处

---

① "《易传》'太极'一词最早见之《庄子》"的判断，受到下面两个论点的质疑：一是1973年出土的马王堆帛书《系辞》作"易有大恒"，据此，《系辞》并无"太极"；二是《庄子·大宗师》曰，"夫道……在太极之先而为高"，据此，《庄子》"太极"与《易传》"太极"含义不同。帛书"大恒"可有不同隶定，"太极"也可有不同解读。本文于此不作深论，但就《易传》产生的时代和汉代以降的思想史实际而言，此论断不误。

处、时时皆有变化；"易穷则变，变则通，通则久"（《系辞下》），即认为变化是由事物两种对立的性质相互作用的结果。《老子》曰，"反者道之动"（第40章）；《庄子》曰，"万物皆化"（《至乐》）；黄老帛书有曰，"天地之道，寒热燥湿，不能并立；刚柔阴阳固不两行，两相养，时相成"（《十六经·姓争》），"阴阳备物，化变乃生"（《十六经·果童》）。应该说，变化的普遍性、变化由阴阳刚柔的对立引起等观点，都是道家思想中的十分成熟的观点，《易传》关于变化的思想观念之源头，都可以追溯到这里。其三，宇宙的构成或结构。《易传》认为宇宙由天、地、人"三材"组成，八卦的六爻就象征或体现着这种构成，故《系辞》说："《易》之为书也，广大悉备，有天道焉，有人道焉，有地道焉，兼三材而两之，故六。六者非它，三材之道也。"（《系辞下》）《易传》的天、地、人三极结构中蕴含着宇宙的全部内容，"昔者圣人之作《易》也，将以立天之道曰阴与阳，立地之道曰柔与刚，立人之道曰仁与义"（《说卦》）。《易传》中对宇宙结构或构成的另一种表述是"形而上者谓之道，形而下者谓之器"（《系辞上》），这是从形态特征上将世界描述为具有感性特征和超越感性的器、道两极结构。《易传》对宇宙结构或构成还有一种独特观察，"天道亏盈而益谦，鬼神害盈而福谦，人道恶盈而好谦"（《彖·谦》），"天地盈虚，与时消息，而况于人乎，况于鬼神乎"（《彖·丰》）。按照这种观察，宇宙是由四种"实体"——天、地、人、鬼神构成的四极结构。"鬼神"为何物？《易传》没有十分明确的说明，但从《系辞》"原始反终，故知死生之说，精气为物，游魂为变，是知鬼神之情状"（《系辞上》）的简单界定，可以推断《易传》中的"鬼神"也是"气"的一种存在状态。前面已经引述，稷下道家有谓，"天以时使，地以材使，人以德使"（《管子·枢言》），"凡物之精，此则为生，下生五谷，上为列星，流于天地之间，谓之鬼神"（《管子·内业》）；《老子》中亦有言，"道常无名"（第32章），"朴散则为器"（第28章）。可以认为，道家这些论述所显示的天、地、人互异互补的观点，以及精气论、道器论的观点，正是《易传》中三种宇宙结构或构成观点的观念渊源。《易传》除了为儒学提供了一幅较周延的自然哲学的宇宙图景，还为儒学提出了一个新的先王观。孔子说自己"信而好古"（《论语·述而》），儒家的先王观蕴含着它的政治理想、道德理想，是儒学的一个重要理论标志。孟子说："由尧舜至于汤，五百年有余岁，若禹、皋陶则见而知之，若汤则闻而知之。由汤至文王，五百余岁，若伊尹、莱朱则见而知之，若文王则闻而知之，文王至于孔子，五百余岁……"（《孟子·尽心下》）又曰，"尧舜之道，孝悌而已矣"（《孟子·告子下》），"尧舜之道，不以仁政不能平治天下"（《孟子·离娄上》），尧、舜、禹、汤、文王就是孔孟儒学历史视野里的先王和理想政治。《易传》则有曰："古者包牺氏之王天下也……包牺氏没，神农氏作……神农氏没，黄帝、尧、舜作……黄帝、尧、舜垂衣裳而无下治。"（《系辞下》）这样，《易传》就在孔孟儒学的先王尧舜之前增树了包牺、神农、黄帝，将孔孟儒学"仁政"的政治理想改述为"垂衣而治"。《庄子》中论及人类的历史演变时曾有曰："古之人在混芒之中……逮德下衰，及燧人伏羲始为天下……德又下衰，及神农黄帝始为天下……德又下衰，及唐虞始为天下……"（《缮性》）。又论及黄帝之治曰："与时俱化，而无肯专为，一上一下，以和为量……则胡可得而累邪？此神农黄帝之法则也。"（《山木》）黄老帛书《十六经》中也多处记述黄帝言行，凸显其"兼有天下"的基本原则亦是"圣人不巧，时反是守"（《十六经·观》）。《易传》新的先王观及其蕴含的政治理念显然正是在道家的这种先王观的影响下而形成的。《易传》尽管在自然观、历史观等方面吸纳了如此重要的道家思想，但从其最终的理论走向、最终要解决的理论主题上观察，仍是儒家思想性质的。《易传》有曰："易与天地准，故能弥纶天地之道，仰以观于天文，俯以察于地理，是故知幽明之故……知死生之说……知鬼神之情状。"（《系辞上》）此论表明《易传》将儒学"知天命"的内容具体化了。《易传》又有曰："君子所居而安者，易之象也，所乐而玩者，爻之辞也，是故君子居则观其象而玩其辞，动则观其观而玩其占，是以自天佑之，吉无不利。"（《系辞上》）此论可见《易传》还将儒学"知天命"的理性过程具体化了，甚至可以说是程序化、数术化了。这是对儒学最高的、最艰难理论主题在孟子"行法以俟命"之外的另一种解决方式。所以，如果说在道家思想影响下，孔子儒学在荀子那里发生了变异，那么，在《易传》这里则是有了增新。

《礼记》四十九篇是汉宣帝时儒家学者戴圣删裁汉初发现的"古礼"和孔子后学所作之"记"而成，大体上可以判定为"七十子后学"至秦汉之际儒家学者所作。《礼记》内容比较芜杂，既有《仪礼》之诠释和古礼之考证，亦有对孔门弟子言行杂事之记载，还有对礼之理论性阐述。这里仅从对后世儒学有较大影响的《礼运》《乐记》《中庸》《大学》四篇中的某些思想观念观察它受到道家思想的影响。其一，礼之根源和历史之演变。孔子在回答宰我何以有"三年之丧"之礼制时说："君子之居丧，食旨不甘，闻乐不乐，居处不安，故不为也。"（《论语·阳货》）可以说，孔子儒学认为礼之行为根植于人的固有感情之中，故儒学每以"人情之节文"来界定礼①。荀子在论述"礼起于何也"的问题时，将其归之于"人生而有欲"（《荀子·礼论》）和"人生不能无群"（《荀子·王制》）。荀子之论，在人性之道德性质的判定上与孔子不同，但在人性本身中寻找礼之根源却是相同的。《礼运》对礼之根源提出了另外的观点，"夫礼，先王以承天之道，以治人之情……故礼必本于天"，"夫礼，必本于太一，分而为天地，转而为阴阳，变而为四时，列而为鬼神"。《礼运》之论将礼之根源从人的主观自身中迁移出来而客观化，反映了礼作为一种道德规范或行为规范在当时社会生活中逐渐被强化的历史过程；而这种转变，显然是接受了来自道家的观念影响的结果。如前所述，《庄子·天下》评述先秦百家时，总结关尹、老聃的思想核心是"建之以常无有，主之以太一"。可见，"太一"是道家用以表述世界最终根源的概念。这一观念以后在黄老道家的著作中有更清晰的表述，如《吕氏春秋·大乐》说："太一出两仪，两仪出阴阳，阴阳变化，一上一下，合而成章……万物所出，造于太一，化于阴阳。"不难看出，《礼记》以"太一"为礼之最终根源，是由道家以"太一"为万物最后根源的思想观念演变而来的。《礼运》还表述出儒家的一种历史观："大道之行也，天下为公……是谓大同。今大道既隐，天下为家……是谓小康。"在由"大同"到"小康"的历史演变中被儒家所观察到的诸如由"谋闭不兴"到"谋用是作"种种社会现象

---

① 如《礼记》中说："礼者，因人之情而为之节文，以为民坊也。"（《坊记》）"礼义之经也，非从天降，非从地出，人情而已矣。"（《问丧》）

都显示着道德衰退，所以这是一种倒退史观，并且与道家认为人类历史总是处在"德又下衰"中的观点有某种接近，有某种观念联系。当然，在这里儒家与道家之"德"的内涵是不同的。其二，心性观念。孔孟儒学判定人性为善，荀子儒学判定人性为恶。《礼记》则曰："人生而静，天地之性也；感于物而动，性之欲也。物至知知，然后好恶形焉。好恶无节于内，知诱于外，不能反躬，无理灭矣。"（《乐记》）"喜怒哀乐之未发谓之中；发而皆中节，谓之和。中也者，天下之大本也，和也者，天下之达道也。"（《中庸》）可见，《礼记》对于人性没有像孟子和荀子那样分别就人之道德感情表现和欲望发泄而作出"性善"或"性恶"的价值性判断，而是作出一种完全是中性的、存在状态的描述，是"静""中"。也就是说，在《礼记》看来，处于"未发""静"之状态的情感、欲望，是人性所固有的，无所谓善或恶。应该说，《礼运》的"性静欲动"之说在黄老道家那里已有相同的表述，这就是《文子》所说："人生而静，天之性也，感物而动，性之欲也。物至而应，智之动也，智与物接，而好憎生焉。好憎成形，而智出于外，不能反己，而天理灭矣。"（《道原》）在《文子》以前，《老子》有曰："归根曰静。"（第16章）《庄子》亦有曰："虚静恬淡寂漠无为者，万物之本也。"（《天道》）稷下道家亦有曰："凡人之生也，必以正平，所以失之者，必以喜乐哀怒。节怒莫若乐，节乐莫若礼，守礼莫若敬，外敬而内静者，必反其性。"（《管子·心术下》）所以，性静欲动之说，对于作为黄老道家的《文子》来说，是对原始道家性静为根本说的承接与总结，对于《乐记》来说，则可以推断其可能是蹈袭了《文子》旧说，即使不是如此，也肯定是在道家思想影响下形成的。《庄子》还曾有曰："人大喜邪毗于阳，大怒邪毗于阴，阴阳并毗，四时不至，寒暑之和不成，其反伤人之形乎？使人喜怒失位，居处无常，思虑不自得，中道不成章。"（《在宥》）《中庸》以喜怒未发的本然心态为"中"，喜怒之情中节为"和"，似乎也可以在道家那里见其仿佛。其三，最高境界。孟子说，"圣人，人伦之至也"（《孟子·离娄上》）；荀子说，"圣也者，尽伦者也"（《荀子·解蔽》）。所以一般来说，儒家是以对人伦道德完全彻底的践履为圣人，为最高精神境界。《中庸》对"圣人"境界有新的表述："诚者，天之道也；诚之者，人之道也。诚者不勉而中，不思而得，从容中道，圣人也……唯天下至诚，为能尽其性；能尽其性，则能尽人之性；能尽人之性，则能尽物之性；能尽物之性，则可以赞天地之化育；可以赞天地之化育，则可以与天地参矣。"《中庸》之论表明儒家"圣人"精神境界的内涵有重要的增新，即儒家的伦理实践由人与人间的伦常关系，扩展到、升越到人与天地自然间的伦理关系①。《庄子》中每言"圣人并包天地"（《徐无鬼》），"吾与日月参光，吾与天地为常"（《在宥》），"真人喜怒通四时"（《大宗师》），《老子》也以人与天、地、道同为"域中四大"（第 25 章），《中庸》将"赞天地之化"纳入人的"尽伦"的伦理实践范围，似乎与此种道家观念有关。《大学》开篇曰："大学之道，在明明德，在亲民，在止于至善。知止而后有定，定而后能静，静而后能安，安而后能虑，虑而后能得。"《大学》用以描述修养完成时的心智状态——"知止"及"定"、"静"、"安"、"得"之概念或观念，也都可以从道家那里寻觅到某种关联。如关于"知止"，道家有曰，"知足不辱，知止不殆，可以长久"（《老子·四十四章》），"知止乎所能知，至矣"（《庄子·庚桑楚》）。关于"定"与"静"，道家有曰，"无欲以静，天下将自定"（《老子·三十七章》），"圣人与时变而不化，能正能静，然后能定"（《管子·内业》）。关于"安"与"得"，道家有曰，"安徐正静，柔节先定"（《十六经·顺道》），"气意得而天下服，心意定而无下听"（《管子·内业》）。总之，儒家"圣人"境界之精神内涵，在吸纳了道家的某些思想观念后，变得更清晰和丰富了。

以上，我们从先秦两位重要儒家人物和两部重要儒家经典那里，观察了道家思想对先秦儒学的影响。可以判定，在先秦儒学中，从孔子到孟子、荀子，从《诗经》《尚书》到《易传》《礼记》，变异、发展还是很明显的，而这些都是在道家思想影响下发生的。

2. 道家对后期墨家、后期法家的影响

早期墨家（墨子）的泛爱兼利非攻思想和早期法家（如李悝、吴起、商鞅）的变法、耕战、强国的主张，都有各自的社会背景和观念

---

① 《易传·文言》有曰，"夫大人者，与天地合其德，与日月合其明，与四时合其序，与鬼神合其吉凶"，亦具有这种表现儒家精神境界扩展的性质。

起源，可以认为没有受到道家的思想影响。但是在后期墨家（《墨经》编者）和后期法家（如韩非）那里，就有了受道家的思想影响而留下的痕迹。

构成《墨经》四篇（《经上》《经下》《经说上》《经说下》）的诸多内容中，有一个显著的方面就是与诸子辩难，诸如反驳惠施"合同异"和公孙龙"离坚白"两类名家命题，反驳告子"仁内义外"和邹衍"五德终始"的思想。当然，也有明显是反驳道家思想的论题。例如，《墨经》有曰："无欲恶之为益损也，说在宜。"（《经下》）其意是说，对于欲（情）恶（好恶）本身，不可一般地、抽象地谈其应该去除，或应该满足，而是应具体地分析其是否适宜正当，若适宜，则应予满足，若不宜，则应去除。换言之，欲恶本身是中性的。显然，《墨经》此论是反驳道家。如《庄子》所谓"恶欲喜怒哀乐六者累德也"（《庚桑楚》），主张"人故无情"（《德充符》），"洗心去欲"（《山木》）。简言之，即反驳道家认为欲恶本身是"恶"的，应予去除的观点。又如《墨经》有曰，"无不待有，说在所谓"（《经下》），《墨经》解释说："无，若无焉，则有之而后无；无天陷，则无之而无。"（《经说下》）其意是认为，说到"无"，也有不同情况，也应因事而论。古时有凤（焉），今天这个物种消失了，这是"先有而后无"，若论"天塌下来"，这是过去、现在和将来都不会有的，是绝对的无。可以推断，《墨经》此论是针对《老子》"有无相生"，即认为有无是相待而生，都是相对的观点而发。此外，《老子》有谓圣人"不学"（第64章），《庄子》亦推崇"彼教不学"（《山木》），换言之，老庄都认为"学无益"。《墨经》"以学为无益也，教，悖"（《经说下》），即认为"学无益"命题蕴含有"学"与"教"的内涵，所以"学无益"之论本身是矛盾的。显然这是对老庄"不学"之说的反驳。《庄子》有谓："即使我与若辩矣，若胜我，我不胜若，若果是也，我果非也邪？我胜若，若不吾胜，我果是也，而果非也邪？其或是邪，其或非也邪？其俱是也，其俱非也？我与若不能相知也。"（《齐物论》）简言之，庄子认为辩无胜，《墨经》则曰，"谓辩无胜，必不当，说在辩"（《经下》），"辩也者，或谓之是，或谓之无，当者胜也"（《经说下》），显然这又是对庄子"辩无胜"之论的反驳。总之，墨家后学《墨经》中有一系列的论题、命题观点是在道家思想影响下，或者说是为回应道家而产生的。

先秦早期的法家思想，以具体的治国策略为主要内容，如李悝向魏文侯提出"尽地力之教"的主张（《史记·孟子荀卿列传》），撰次盗、贼、囚、捕、杂、具诸法令（《晋书·刑法志》）；商鞅为秦孝公"定变法之令"（《史记·商君列传》），颁布有二十项措施的"垦草令"（《商君书·垦令》）等，一定意义上可以说是对儒家礼乐政治的否定性回应，但与道家似乎没有牵连。后期法家以韩非为代表，对早期法家具体的治国策略和政治思想做出系统的总结，其中最为深刻的是对法家的理想政治（"治之至"）和治国原则（法术势）给予了理论说明，正是在这里显现了后期法家受到的道家思想影响。表现为，其一，法之原始——道。韩非在早期法家创造的以法治国的策略思想和经验的基础上，总结并明确界说了法家的君主治理国家的三项基本原则或手段——法术势。如韩非说，"人主之大物，非法则术也。法者，编著之图籍，设之官府，而布之于百姓者也；术者，藏之于胸中，以偶众端而潜御群臣者也"（《韩非子·难三》），"势者，胜众之资也"（《韩非子·八经》），"抱法处势则治，背法去势则乱"（《韩非子·难势》）。进而，追溯了它们的根源。韩非说："道者，万物之始，是非之纪也。是以明君守始以知万物之源，治纪以知善败之端。"（《韩非子·主道》）"道"既是明君所应遵循之"始""纪"，也自然应是法术势的最终根源，因为在韩非看来，"道者，万物之所然也，万理之所稽也。理者，成物之义也，道者，万物之所以成也"（《韩非子·解老》），所以，法术势也蕴含"道"之理，反言之，法术势也是道的显现。韩非每说"以道为常，以法为本"（《韩非子·饰邪》），"因道全法，君子乐而大奸止"（《韩非子·大体》），都是将道与法联结在一起，以道为法之源始或内在本质。《管子》四篇有曰："法出于礼，礼出于治，治礼道也。"（《管子·枢言》）黄老帛书亦有曰："道生法，法者，引得失以绳而明曲直者也。"（《经法·道法》）可见，认可法，并将其根源追溯到道，是稷下道家和黄老道家一个重要的理论特色，后期法家援引道，并用以解说法之源始，此种理论观念，显然是在道家思想影响下形成的。其二，法治的政治理想之本质——无为。早期法家法治的社会理想，或者说法的社会功能，主要是被解说为要实现强国霸权，如史称"李悝之治"，"行之魏国，国以富强"（《汉书·食货志》），商鞅变法，"秦人富强，天子致胙于孝公，诸侯毕贺"（《史记·商君列传》）。后期法家则对法治所追求和所能达到的境地另有界说，如韩非说，"以法治国，举措而已……矫上之失，诘下之邪，法乱决缪，绌羡齐非，一民之轨，莫如法"（《韩非子·有度》），"民不越乡而交，无百里之戚，贵贱不相逾，愚智提衡而立，治之至也"（《韩非子·有度》）。韩非此论，实际上将法家的法治解说为一种"无为而治"，将法治的理想状态解说为近乎"小国寡民"。显然这是受到了老庄思想影响而与早期法家有所不同的法治观念。在这种理解中，法治的功能和目标都犀通着"无为"，"无为"就是后期法家法治观念的内在本质。故韩非说，"明君无为于上，群臣悚惧乎下"（《韩非子·主道》），"物者有所宜，材者有所施，各处其宜，故上下无为"（《韩非子·扬权》）。其三，后期法家援引道家"道"与"无为"之观念，来界说法与法治的内在本质，提升了法家思想的理论品质，这是道家思想对后期法家之影响的最主要、最深刻之处。此外，在较浅近的层面上，这一影响还表现在后期法家著作（《韩非子》）中经常援引《老子》《庄子》中的命题、名物来解说自己的某些具体观点。例如，《韩非子·难三》记述了子产根据个人经验来裁判谋杀案件一事，韩非就援引《老子》"以智治国，国之贼也"（第65章）一语，批评子产此种用智巧而不用法度的做法是"多事"之举，又引用《庄子》寓言"一雀适羿，羿必得之，或也；以天下为之笼，则雀无所逃"（《庚桑楚》），譬喻此类子产之治是"无术"的表现。

总结以上所述，道家思想与先秦儒、墨、法、名、阴阳等主要思想流派构成了某种基本上是对立的态势，同时对它们也有所吸取并彼此影响。

二　道家与儒学

儒学是悠久的中国传统思想、传统文化中的主流。儒学之所以能在秦以后连绵不绝地存在并发展，就其本身而言，能吸取儒外的思想观念，来不断地更新自己的理论内容和面貌，是一个重要的原因。儒学所吸取的儒外思想，或者说对秦以后的儒学发展有最为重要思想影响的就是道家。秦以后，儒学在汉代、魏晋和宋明都有各具特色的表现。以下我们就分别考察道家思想对这三个时期里的儒学所产生的影响的主要方面。

（一）道家与汉代儒学

儒学在汉代推出的新的学术形态是经学。汉代经学有今文经学和古文经学之分。汉代今文、古文经学具有明显的学术倾向上的差别，皮锡瑞概括说："前汉今文说，专明大义微言；后汉杂古文，多详章句训诂。"[①] 道家思想对汉代经学最为深刻的影响就是其思想观念渗透进了今文经学家的"大义微言"中。此外，道家著作中的某些名物、历史资料也为经学家的训诂所援用。让我们以前汉的董仲舒、韩婴和后汉的郑玄为例来说明之。

1. 道家与董仲舒

董仲舒是汉代经学中最为重要的公羊学家，史称"景武之世，董仲舒治公羊春秋，始推阴阳，为儒者宗"（《汉书·五行志》）。董仲舒思想中，或者说公羊学中有三个理论观念较鲜明地显示出道家的思想影响。

（1）"法天"之内涵。董仲舒说，"《春秋》之法，以人随君，以君随天"（《春秋繁露·玉杯》），"王道之三纲，可求之于天"（《春秋繁露·基义》），尊天、法天是公羊学的第一要义。但如何才是"法天"？董仲舒说：

> 天高其位而下其施，藏其形而见其光。高其位，所以为尊也；下其施，所以为仁也；藏其形，所以为神；见其光，所以为明。故位尊而施仁，藏神而见光者，天之行也。故为人主者，法天之行，是故内深藏，所以为神；外博观，所以为明也；任群贤，所以为受成；乃不自劳于事，所以为尊也。泛爱群生，不以喜怒赏罚，所以为仁也。故为人主者，以无为为道，以不私为宝。立无为之位，而乘备具之官。足不自动，而相者导进；口不自言，而摈者赞辞；心不自虑，而群臣效当。故莫见其为之，而功成矣。此人主所以法天之行也。（《春秋繁露·离合根》）

董氏之论认为"无为"是天之法则，"法天之行"就是"以无为为道，

---

① 皮锡瑞：《经学历史》，中华书局1981年版，第69页。

以不私为宝"。换言之，"法天"之本质的内涵就是"无为"。董仲舒以"无为"诠释"法天"，就使得公羊学的第一要义染上了道家思想色彩。如前所述，先秦道家中老庄的"无为"，是就任何一个人之个体的生存方式而言，是指融入自然的无有所为；稷下道家和黄老道家的"无为"则是因顺其自然而为，并且主要是就君臣职责而言的，是在法治条件下的君上无为而臣下有为①。董仲舒对无为也有进一步的解说："为人君者，居无为之位，行不言之教，寂而无声，静而无形，执一无端，为国渊泉。因国以为身，因臣以为心。以臣言为声，以臣事为形……是以群臣分职而治，各敬其事，争进其功，显广其名，而人君得载其中，此自然致力之求也。圣人由之，故功出于臣，名归于君也。"（《春秋繁露·保位权》）可见董仲舒的"无为"观念，亦是君无为而臣有为，与黄老道家是一致的。

（2）"天人感应"之论证。"天人相与之际"——天人感应是汉代经学思想中的一个具有特征性的思想观念，董仲舒对天人感应的论证既有神学的内容，也有自然主义的内容。例如，董仲舒一方面说："国家之失，乃始萌芽，而天出灾害以谴告之；谴告之而不知变，乃见怪异以惊骇之；惊骇之尚不知畏恐，其殃咎乃至。以此见天意之仁而不欲陷人也。"（《春秋繁露·必仁且智》）也就是认为人间（君主）行为的善恶，必将招来"天"以相应的灾害怪异现象的回应。"天人相与之际"显现着作为最高主宰的天的意志和目的。另一方面，董仲舒又说："试调琴瑟而错之，鼓其宫则他宫应之，鼓其商而他商应之，五音比而自鸣，非有神，其数然也。美事召美类，恶事召恶类，类之相应而起也，如马鸣则马应之，牛鸣则牛应之。帝王之将兴也，其美祥亦先见；其将已也，妖孽亦先见，物固以类相召也。"（《春秋繁露·同类相动》）这样，天人之间的相互感应不再是一种"天"或"神"的意志表现，而是如同宫应宫、商应商、马应马、牛应牛那样自然的、机械

---

① 法治条件下的君上无为而臣下有为之观点，稷下道家有明确表述："臣事事而君无事，君逸乐而臣任劳，臣尽智力以善其事，而君无与焉，仰成而已。"（《慎子·民杂》）黄老道家有曰，"天下有事……以法断之，以法为符"（《经法·名理》），也蕴含此观点。但《庄子》所谓"上必无为而用天下，下必有为为天下用"（《天道》），自当别论，因为在《庄子》这里并无法治的观念背景。

的同类相应了。显然，公羊学家对天人感应的神学目的论的论证，与道家思想是对立的，道家如庄子的自然哲学即认为万物"自化"①，根本上否定万物本身之外、之上还存在某种决定性的，具有意志、目的的主宰。但公羊学家的"同类相动"的机械论的论证，却和道家如庄子"同类相从，同声相应，固天之理也"（《庄子·渔父》）的自然哲学观点相符。《庄子》中有谓，"以阳召阳，以阴召阴……为之调瑟，废于一堂，废于一室，鼓宫宫动，鼓角角动，音律同矣"（《徐无鬼》），"物固相累，二类相召也"（《山木》），可见董仲舒"天人感应"的机械论论证之语言表达和援用的例证，也与庄子近乎相同。完全可以推断，在这里董仲舒对庄子思想有所承袭。

（3）刑德、尊卑之新释。孔子曰："道之以政，齐之以刑，民免而无耻；道之以德，齐之以礼，有耻且格。"（《论语·为政》）儒家是以各自不同的社会功能来界分刑德的。孟子曰："教以人伦，父子有亲，君臣有义，夫妇有别，长幼有序，朋友有信。"（《孟子·滕文公上》）长幼尊卑在儒家这里是一种人伦秩序。作为治国手段的刑德和作为伦理观念的尊卑在先秦儒学中皆无更多的理论解释，但在黄老道家学说中却获得了一种"阴阳"的哲学性质的解释。黄老帛书有曰："凡论必以阴阳明大义，天阳地阴，春阳秋阴，夏阳冬阴，主阳臣阴，上阳下阴，男阳女阴，父阳子阴……诸阳者法天，诸阴者法地。"（《称》）又曰："赢阴布德，宿阳修刑……春夏为德，秋冬为刑，先德而后刑以养生。"（《十六经·观》）可见，黄老道家引入阴阳观念用以界分天地、君臣、父子、夫妇等伦理秩序，诠释刑德之内涵。董仲舒对尊卑、刑德的解释也具有这样的理论特色，如董仲舒说，"君臣父子夫妇之义，皆取诸阴阳之道。君为阳，臣为阴，父为阳，子为阴，夫为阳，妻为阴"（《春秋繁露·基义》），"天下之尊卑，随阳而序位……阳贵而阴贱，天之制也"（《春秋繁露·天辨在人》）。又说，"天地之常，一阴一阳，阳者，天之德也，阴者，天之刑也"（《春秋繁露·阴阳义》），"阴阳，理人之法也。阴，刑气也；阳，德气也。阴始于秋，阳始于春……天数右阳而不右阴，务德而不务刑"

---

① 如《庄子》曰，"物之生也，若骤若驰……夫固将自化"（《秋水》），"汝徒处无为，而物自化"（《在宥》）。

（《春秋繁露·阳尊阴卑》）。凡此皆可见董仲舒以阴阳来解说刑德和尊卑是沿袭了黄老之说。

2. 道家与韩婴

韩婴是与董仲舒同时代的西汉诗学大师，史书称，"婴推诗人之意而作内外传数万言"（《汉书·儒林传》）。《韩诗内传》在两宋间亡佚了，今尚存《韩诗外传》10 卷，可能已非原书之旧（《汉书》记载该书为 6 卷）。内容多为记述春秋战国时历史故事、传说，其中亦有孔子及其门人弟子轶事，最晚述及孟子、荀子。其体例是先叙事，结尾引《诗经》为证，然亦间有议论。《韩诗外传》的儒学色彩无疑是十分鲜明的，但从其记述、议论中也可窥见其受到的道家思想影响。

（1）"圣人之心"。《韩诗外传》有曰："孔子抱圣人之心，彷徨乎道德之域，逍遥乎无形之乡，倚天理，观人情，明终始，知得失。故兴仁义，厌势利，以持养之。于时周室微，王道绝，诸侯力政，强劫弱，众暴寡，百姓靡安，莫之纪纲，礼仪废坏，人伦不理。于是孔子自东自西，自南自北，匍匐救之。"（卷五第二章）这是《韩诗外传》中对孔子生平与思想作完整的概括叙述的一段文字。

在这里，孔子"兴仁义，厌势利"，因"礼仪废坏，人伦不理"而"匍匐救之"，都显示出儒家理想人格的面貌。但是，《韩诗外传》对孔子精神境界（"圣人之心"）的界定中，也混入了属于道家的观念因素。孔子以"博施于民，而能济众"者为"圣人"（《论语·雍也》），孟子说"圣人"是"人伦之至"（《孟子·离娄上》），换言之，儒家是以能完全地践履伦理道德规范、有功德于民众者为"圣人"。所以在儒家看来，"彷徨乎道德之域，逍遥乎无形之乡"那种超脱世俗之上的精神追求或心态，不应是儒家的"圣人之心"，不应是孔子之心。孔子曾有言："鸟兽不可与同群，吾非斯人之徒与而谁与?"（《论语·微子》）然而《庄子》曰："彷徨乎尘垢之外，逍遥乎无事之业"（《大宗师》），"出六极之外，而游无何有之乡"（《应帝王》），"胡可得而累邪，胡可得而必乎哉……其唯道德之乡乎"（《山木》）。所以可以认为，《韩诗外传》用以描述"圣人之心"的"道德（自然）之域""无形之乡"，是脱胎于《庄子》；《韩诗外传》将其视为儒家的精神境界，是在不自觉间感受了道家思想影响的结果。

（2）"治国"。《韩诗外传》对如何治国有一种观察："治国者譬若乎张琴然，大弦急则小弦绝矣。故急辔衔者，非千里之御也。有声之声不过百里，无声之声延及四海……故惟其无为，能长生久视，而无累于物矣。"（卷一第二十三章）简言之，清静无为是治国的基本原则。《老子》曰，"圣人处无为之事，行不言之教"（第2章）；黄老帛书亦曰，"事恒自施，是我无为"（《十六经》）。众所周知，无为的原则是道家在社会政治理论层面上的最基本的观点和态度，它与儒家"教以人伦"迥然有别。《韩诗外传》"治国者惟其无为"之论，显然染有了某种道家思想的色彩。

《韩诗外传》还在一种因自然、伸法度的观念背景下，对无为进一步地论说："夫霜雪雨露，杀生万物者也，天无事焉，犹之贵天地。执法厌文，治官治民者，有司也，君无事焉，犹之尊君也。夫辟土殖穀者后稷也，酾江疏河者禹也，听狱执中者皋陶也。然而有圣名者尧也。故有道以御之，身虽无能，必使能者为己用也。"（卷一第十章）显然，《韩诗外传》的无为观是认为君臣有职责之分，君无为而臣有为。和董仲舒的无为观相同，此种无为观与黄老道家保持一致。这也反映出汉代儒学受到黄老道家的影响较之老庄道家要更大些。

（3）"治心术"。在心性修养层面上，《韩诗外传》两次明确提出"治心术"，一曰："原天命，治心术，理好恶，适情性，而治道毕矣。原天命则不惑祸福，不惑祸福则动静循理矣。治心术则不妄喜怒，不妄喜怒则赏罚不阿矣。理好恶则不贪无用，不贪无用则不以物害性矣。适情性则欲不过节，欲不过节则养性知足矣。"（卷二第三十四章）又曰："凡治气养心之术，莫径由礼，莫优得师，莫慎一好，好一则抟，抟则精，精则神，神则化。"（卷二第三十一章）

总的来看，《韩诗外传》治心之论，从以下两个主要方面显现出受到的道家思想影响。

第一，观念渊源。《文子》有曰："原天命，治心术，理好憎，适情性，即治道通矣。原天命即不惑祸福，治心术即不妄喜怒。理好憎即不贪无用，适情性即欲不过节。不惑祸福，即动静顺理，不妄喜怒，即赏罚不阿，不贪无用，即不以欲害性，欲不过节，即养生知足，凡此四者不求于外，不假于人，反己而得矣。"（《符言》）不难看出，《韩诗外传》提出的保持心境宁静的四个修养途径或组成，与《文子》所论完全相同，只是《文子》分述为两层，《韩诗外传》一气说完。在这里，根据前面对《文子》的考论，我们推断是《韩诗外传》沿袭《文子》并稍做修改。《管子·内业》云，"抟气如神，万物备存"，"四体既正，血气既静，一意抟心，耳目不淫，虽远若近"。可见，《韩诗外传》的使精神、心境专一的养心之术，在稷下道家那里也已有很充分的论述。总之，就观念或概念的渊源而言，《韩诗外传》治心术之论与道家思想十分密切。

第二，观念内容。孔孟儒家认为人性本善、人心本善，所以从根本上说，儒家的心性修养是不断完善人性、显现人性的过程，所谓"绘事后素"（《论语·八佾》），"学问之道无他，求其放心而已矣"（《孟子·告子上》）。而道家的心性修养，总是以摈除人之情欲智虑为旨归，《文子》概之曰："弃聪明，反太素，休精神，去知故，无好无憎，是谓大通。"（《十守》）《韩诗外传》这里所谓"不惑祸福""不妄喜怒""不贪无用""欲不过节""好一则抟"等，显然与道家心性修养的方法和目标是一致的，是作为今文经学家的韩婴，其儒学思想感染了道家思想的表现。

3. 道家与郑玄

郑玄是东汉兼通今古文经的经学大师，遍注《诗》《书》《礼》《易》诸经，史称其"括囊大典，网罗众家，删裁繁诬，刊改漏失"（《后汉书·郑玄传》）。郑玄经注虽然混乱了经学今文、古文的家法界限，但仍保持着十分纯正的儒学性质，然而从中也还是可以窥见若干重要的来自道家的思想影响。今从其较完整保留下来的"三礼"（《周礼》《仪礼》《礼记》）注和散见的《周易》注中，举例说明之。

（1）宇宙生成模式之建构。《易传》曰："易有太极，是生两仪，两仪生四象，四象生八卦。"（《系辞上》）从全部经学史上看，儒家学者或经学家对此段文字有两种理解：以此为一宇宙生成模式，或以此为一画卦过程。汉代经学家多持前一种理解，郑玄就是一个最重要的代表。郑玄注解"易有太极"曰："极中之道，淳和未分之气也。"（《昭明文选·张茂先励志诗》注引）郑玄注解"是生两仪"的注文已散佚无见。但《易纬·乾凿度》有谓，"易始于太极，太极分为二，故生天地"，郑玄《乾凿度注》于此下出注曰，"轻清者上为天，浊重者下为地"，此亦正可视为郑玄对"是生两仪"的注解。"两仪生四象"的郑玄注释亦见于他的《乾凿度注》："布六于北方以象水，布八于东方以象木，布九于西方以象金，布七于南方以象火。"① 综观之，郑玄通过对《系辞》这段文字的解释，建构一甚为完整的宇宙生成模式，作为太极的"气"是宇宙万物生成的源头、根源，而由"淳和之气"分出天地，生出五行万物，就是宇宙生成的具体过程。郑玄的宇宙生成模式具有十分清晰的道家观念背景。如前所引述，《老子》有曰，"道生一，一生二，二生三，三生万物"（第42章）；《文子》有谓，"道生万物，理于阴阳，化为四时，分为五行"（《自然》）；《吕氏春秋》亦说，"太一出两仪，两仪出阴阳……万物所出，造于太一，化于阴阳"（《大乐》）；《庄子》更有"通天下一气耳"之论（《知北游》）。可以认为，郑玄的宇宙生成模式正是由道家的这些思想观念整合而成的。

（2）事物性状差异之解释。在郑玄的经解中，宇宙生成模式使万物生成有了一种解释，但当需要对事物的性状差异做出进一步的解释时，这还是不够的，于是郑玄援用了"阴阳"之观念。郑玄说："阴阳，助天地养成万物之气也。"（《礼记·乡饮酒义》注）又以由"淳和未分之气"分出"两仪"，"轻清者上为天，浊重者下为地"，可见郑玄基本上是将"阴阳"作为两种性质对立的气之形态来界定的。《老子》有曰，"万物负阴而抱阳，冲气以为和"（第42章），《庄子》亦有曰，"阴阳者，气之大者也"（《则阳》），所以，郑玄的阴阳义与道家是一致的。儒家经典中出现的许多存在性状差异或对立的事物，郑玄都以此种阴阳观念来解释，追溯为两种气的对立或差异。例如，《周礼·春官》述及神仕之祭礼职责时说："以冬日至，致天神人鬼；以夏日至，致地示物魅。"郑玄注曰："天人，阳也，地物，阴也。阳气升而祭鬼神，阴气升而祭地祇物魅，所以顺其为人与物也。"由此可见郑玄对于宇宙间的最大的四物类——天、地、

---

① 《易传·系辞上》曰："大衍之数五十，其用四十有九。"郑玄以阴阳五行解之："天一生水于北，地二生火于南，天三生木于东，地四生金于西，天五生土于中。阳无耦，阴无配，未得相成，地六成水于北与天一并，天七成火于南与地二并，地八成木于东与天三并，天九成金于西与地四并，地十成土于中与天五并……"（《礼记正义·月令》注引）水、木、金、火分布于北、东、西、南四方，其数为六、八、九、七，郑玄以之为"四象"。

人、物是以阴阳来做出区分的。对于儒家基本的教化手段——礼乐，郑玄也每每援引阴阳加以界定和解说。如《礼记》中有以"散殊"与"和同"界定礼乐，如"万物散殊，而礼制行矣；合同而化，而乐兴焉"（《乐记》），郑玄则进一步以"阴阳"解释之曰，"礼为异，乐为同，乐法阳而生，礼法阴而成"；有以时令分礼乐，如"司徒……春秋教以礼乐，冬夏教以诗书"（《王制》），郑玄亦进一步以"阴阳"注之曰，"春夏阳也，诗乐者声声亦阳也，秋冬阴也，书礼者事事亦阴也"。甚至"五礼"的某些具体内容，郑玄亦以阴阳来解释。如《仪礼·昏礼》曰："昏礼下达纳采用雁。"郑玄注曰："用雁为挚者，取其顺阴阳往来。"《礼记·王制》曰："凡养老有虞氏以燕礼，夏后氏以飨礼，殷人以食礼，周人修而兼用之。"郑玄注曰："兼用之，备阴阳也，凡饮养阳气，凡食养阴气，阳用春夏，阴用秋冬。"总之，阴阳学说是郑玄注经的一块主要的理论基石，多用以诠释经典中的具有差异、对立性质的事物，在一定意义上深化了儒学的理论内容，然而其基本内涵或源自道家，或与道家相同，因而是经学受到道家思想影响的一个重要表现。

（3）援引《老子》《庄子》。郑玄经注还有一明显接受道家思想影响之处，即是直接援引《老子》《庄子》中的思想观点或资料以证经。例如《周礼·地官》述及乡大夫、乡老，谓其有"使民兴贤，出使长之。使民兴能，入使治之"之职责，即使得每一贤能之人都得以任用。这无疑是儒家的一种理想政治。郑玄注曰，"言为政以顺民为本也。《书》曰'天聪明自我聪明，天明威自我明威'，《老子》曰'圣人无常心，以百姓心为心'，如是则古今未有遗民而可为治"。应该说，郑玄将儒家的这种理想政治注解为"无遗民"是正确的。而且不难看出，郑玄是将《老子》放在与儒家经典《尚书》同等的权威的位置上，来支持他的这种解释的。又如《礼记·礼运》叙述人类社会由"大同"演变至"小康"时，出现了"谋用是作，而兵由此起"。郑玄于此注曰："以其违大道敦朴之本也，教令之稠，其弊则然。《老子》曰：'法令滋章，盗贼多有。'"不难看出，郑玄这里认同了道家的认为人类的道德和生活状况处在衰败、倒退过程中的历史观，并以此来解释儒家的由大同到小康的社会变迁的观点。郑玄经注中不仅明显地援引道家的思想观点，有时也援用道家著作中的名物或历史资料。如《礼记·哀公问》记述孔子论三代"明王之政"，必敬其妻子，必敬己身，最后以历史事实为证："大王之道如此，则国家顺矣。"郑玄注曰："大王居豳，为狄所伐，乃曰'土地所以养人也，君子不以其所养害所养'，乃去之岐。是言百姓之身犹吾之身也，百姓之妻子犹吾妻子也，不忍以土地之故而害之。去之岐而王迹兴焉。"郑玄这段注文显然是源自《庄子》中的一段古史记述："大王亶父居邠，狄人攻之……狄人所求者，土地也。大王亶父曰：'与人兄居而杀其弟，与人之父居而杀其子，吾不忍也。子皆勉居矣，为吾臣与为狄人臣奚以异？且吾闻之，不以所用养害所养。'因杖策而去之，民相连而从之，遂成国于岐山之下。"（《让王》）孔颖达《礼记正义》也明确指出，郑玄"此注'君子不以其所养害所养'，取《庄子》文也"①。

以上，我们以汉代三位具有代表性的经学家为例，从若干具体方面显示了汉代经学受到道家思想的影响。经学是汉代儒学的主要学术形态，因此，我们也就将这些视为是道家对先秦以后儒学第一个时期理论发展的影响。

（二）道家与魏晋玄学

魏晋玄学的理论性质比较复杂，援用东晋王坦之《废庄论》中的话来说，是"在儒而非儒，非道而有道"（《晋书》卷七五《王湛传》）。从道家的角度上看，魏晋玄学中最重要的、有代表性的著作，如王弼的《老子注》和郭象的《庄子注》，对老子思想、庄子思想做出了新的诠释，魏晋玄学应是道家学说新的发展。从儒学的立场上看，魏晋玄学是在魏晋时期门阀士族制度高度发展和充满政治动乱的独特社会背景下，儒家学者引进道家思想——主要展现在何晏的《论语集解》、王弼的《老子注》《周易注》和郭象的《庄子注》中，用以解决汉代经学所不能解决的理论问题和精神危机，本质上仍是一种新儒学思潮。我们这里采取的是后一种理论立场，并要在这个理论立场上考察道家思想明显地影响了儒学传统理

---

① 《孟子·梁惠王下》亦叙述有相同内容的故事，但结语为："君子不以其所以养人者害人"，故郑玄有此"取《庄子》文"之断语。

论观点的具体表现。

根据孔子儒学有仁、礼、命（天命）三个最重要的基本范畴，我们可以从总体上将传统儒学视为由心性的、社会的、超越的三个理论层面组成的一个思想理论体系。我们对道家与魏晋玄学关系的考察，也分别从这三个理论层面上进行。

1. 心性的理论层面

魏晋玄学有三个命题显示其对儒学心性层面上自《礼记》以后形成的三个主要论题的回答，都是属于道家思想性质的。其一，"性静情动"。这是魏晋玄学对人性内涵的基本界定。追溯历史，迄至汉代，儒学就已出现了三种对人性的内蕴——性与情进行区分，实际上是确定其内涵的标准。一是善与恶。一般说来，这是先秦儒学区分性与情的标准。孟子说，"养心莫善于寡欲"（《孟子·尽心下》），似乎是把"欲"视为人的心性中与善之性相对立的一种精神存在。荀子"性恶"论显然是以人之情欲为"性"之内涵的。二是静与动。《礼记·乐记》曰，"人生而静，天之性也；感于物而动，性之欲也"，认为性与欲（情）的分界在于"静"与"动"，人之本然的精神状态是"性"，临事接物表现出种种反应是"情"。以"静"为本、"动"为末是道家的根本观点①。《庄子·在宥》描述"人心"种种性状，最后归结曰："其居也渊而静，其动也县（悬）而天。"所以，大抵可以判定，《乐记》以静动分别和界定性、情，其观念源自道家。三是阳与阴。此乃汉代儒学援引阴阳观念对性、情内涵所作的又一个新的界说。如董仲舒说："身之有性情也若天之有阴阳也……天两有阴阳之施，身亦两有贪仁之性。"（《春秋繁露·深察名号》）《白虎通·情性》界定："性者阳之施，情者阴之化。"魏晋玄学用来界定性、情内涵的理论观念选择了动静说，在王弼那里，魏晋玄学的这一理论立场显示得特别清晰。王弼说，"万物以自然为性"（《老子注·二十九章》），万物的本然状态即是万物之本性。这种本然状态，王弼将其界定为"无"或"静"，所谓"天地虽大，寂然至无是其本矣"（《周易注·复》），换言之，万物的本性是"静"。王弼又说，"变者，何也？情伪之所为也"

① 如《老子》曰："夫物芸芸，各复归其根，归根曰静，静曰复命。"（第16章）

（《周易略例·明爻通变》），也就是说，万物的种种情状负累皆是由"动"而起，亦即韩康伯所谓"有动则未免乎累"（《系辞注下》）。这是王弼在普遍的、"万物"意义上的以动静分辨的"性"与"情"，实际上也就是人性中的"性"与"情"。王弼说，"喜惧哀乐，民之自然，应感而动，则发乎声歌"（何晏《论语集解·泰伯》皇侃疏引），"情动于中而外形于言"，也就是说，人之喜惧哀乐之情，皆是人之性（"自然""中"）感应外物而动、动而外显之形。此外，郭象说，"必将有感，则与本性动也"（《庄子注·列御寇》），其意也是认为感于物，则为性之动、欲之生。可见，魏晋玄学理解、诠释性、情的理论立场同于《乐记》，其渊源出自道家。

其二，静以正情。这是魏晋玄学心性修养的基本观点。如何修养心性，就儒家来说，如何调理、消解在其看来具有"恶"的性质的"情""欲"，无疑是一个主要的目标。先秦儒家孟子、荀子在这里既具有明显差别，又具有某种内在的相通。孟子说，"养心莫善于寡欲"（《孟子·尽心下》），"学问之道无他，求其放心而已矣"（《孟子·告子上》）。孟子把人的自我克制、对"本心固有"之善的觉悟，或者概之曰"以性正欲"，视为"养性"的根本途径。荀子与此不同。荀子说："人生而有欲……制礼义以分之，以养人之欲。"（《荀子·礼论》）用制度、道德等来制约、规范人之意欲及其行为，即"以礼制欲"，是荀子的"养性"的基本观点。《礼记》曰，"礼者，固人之情而为之节文，以为民坊者也"（《坊记》），"……礼义之经也，非从天降，非从地出，人情而已矣"（《问丧》）。《礼记》这种"礼以文情"观念是由荀子"以礼制欲"思想变异而来的。显然，孟子完全信赖人的主观的、内在的自律，而荀子则认为人的本性中不存在这种主动性，外在的制约才是有效的。然而，孟子所谓"本心"固有之"善"，即仁、义、礼、智，实际上包容着全部的伦理制度、道德规范，也正是荀子所谓"礼"。孟子的"求放心"及"以性正欲"，实际上也就是用道德、制度来制约、规范自己的行为和意欲，与荀子"以礼制欲"有内在的相通。孟荀之相通，是儒家阵营以外的观察者判定他们同出孔门的主要理由；孟荀之相异，却又使得在儒家内部孔孟正统派排斥甚至视荀子为异己亦为有据。但是，先秦以后毕竟还是孟荀的理论冲突困扰着也推动着儒学人性观念的理论思考。一方面，孟子所提出的认为善、道德感情内蕴于人性之中的观点，无疑是传统儒家的基本信念和儒学的基本理论前提；另一方面，荀子揭示的"人欲"又是根本否认不了的经验事实。汉代董仲舒提出的"善质"说，认为善如米，其成有内与外，"内谓之天，外谓王教"（《春秋繁露·实性》）。显然，这是汉代儒学对孟荀两说甚为巧妙的折中、调和。魏晋玄学在新的背景下如何回答儒学中的心性修养问题？王弼说："不性其情，焉能久行其正？此是情之正也。若心好流荡失真，此是情之邪也……能使之正者何？仪也、静也。"（何晏《论语集解·阳货》皇侃疏引）王弼之意甚是清楚，能够以"性"制"情"，则是"情之正"；否则，情意流荡，则是"情之邪"。使"邪情"归正的途径有二："仪"与"静"。《国语》曰，"示民轨仪"（《周语下》）、"威仪有则"（《周语中》），所以王弼这里的"仪"，由其约定的、基本的含义，可以判定是指儒家的伦理纲常、道德规范，相当于儒家的"以礼节情"的观点。《老子》曰，"致虚极，守静笃"（第16章）；《庄子》曰，"抱神以静，形将自正"（《在宥》）。十分显然，王弼以静正情的思想，即以守静为心性修养的基本方法的观点是援引自道家。郭象也说，"恬静而后知不荡，知不荡而性不失也"，"信行容体而顺乎自然之节文者，其迹则礼也"（《庄子注·缮性》）。可见，在心性修养中，一方面承袭儒家的具有制约防范作用的"礼"，以规范行为；一方面引进道家提倡的归依本然状态之"静"，抑息欲念，使心境宁静，是魏晋玄学中的一种基本的、共同的态度。如果说汉代儒学的心性修养的观点具有折中孟子和荀子的调和色彩，那么，魏晋玄学的心性修养思想的特出之处则是自觉或不自觉地兼收并蓄了儒家和道家的观点；并且，从理论上看道家的观点要更鲜明突出一些。

其三，"圣人无情"与"圣人有情而无累"。这是魏晋玄学对理想人格精神境界的论断。魏晋玄学中，正始时期的何晏、钟会和永嘉时期的郭象都倡"圣人无情"之说。何劭《王弼传》曰，"何晏以为圣人无喜怒哀乐，其论甚精，钟会等述之"（《三国志·魏志》卷二十八《钟会传》，裴松之注引），何、钟所论今已不得其详，但从何晏所说"圣人与天地合其德"（《论语集解·宪问》），大体可推测此是依《老子》立论。《老子》曰，"人法地，地法天，天法道，道法自然"（第25章），天地于万物

"生而不有，为而不恃，长而不宰"（第10章），无为无情，故"德合天地"的圣人亦无情。郭象对"圣人无情"有较明确的说明："圣人无情①，夫哀乐生于失得也，今玄通合变之士，无时而不安，无顺而不处，冥然与造化为一，则无往而非我矣，将何得何失，孰死孰生哉！故任其所受，而哀乐无所错其间矣。"（《庄子注·养生主》）郭象认为哀乐之情生于对得与失的计较、执着，圣人（至人）能"与造化为一"，从观念上消解彼我、得失、死生之分，从而也就消解哀乐之情。不难看出，郭象此番论述完全承袭了《庄子》中"至人喜怒哀乐不入于胸次"的观点："夫天下也者，万物之所一也。得其所一而同焉，则四支百体将为尘垢，而死生终始将为昼夜而莫之能滑，而况得丧祸福之所介乎？"（《田子方》）魏晋玄学的"圣人无情"论与儒学心性层面上的圣人观念甚有不同。《礼记》曰："喜怒哀乐之未发，谓之中；发而皆中节，谓之和。中也者，天下之大本也；和也者，天下之达道也。致中和，无地位焉，万物育焉。"（《中庸》）大体上可以说，儒家认为人皆有情，只是圣人之情能"发而皆中节"，能"达道"。所谓"中节""达道"，《礼记》也有明确的界定，"天下之达道五，曰君臣也、父子也、夫妇也、昆弟也、朋友也"（《中庸》)，也就是说，在《礼记》看来，一种能"致中和"之情，必然表现为符合伦理道德准则，这正是儒家的"人伦之至"和"参天地"的圣人境地②。魏晋玄学中王弼对圣人心性境界的看法是"有情而无累"。何劭《王弼传》记述王弼此观点曰："以为圣人茂于人者神明也，同于人者五情也③。神明茂故能冲和以通无；五情同，故不能无哀乐以应物。然则圣人之情，应物而无累于物者也。"（《三国志·魏志》卷二十八《钟会传》，裴松之注）王

---

① "至人""神人""真人"等都是《庄子》中理想人格的名称，含义同"圣人"，如《逍遥游》谓"至人无己，神人无功，圣人无名"。郭象《庄子注》中除"至人无情"的命题外，亦有同义之"圣人无好恶也"（《山木》注）、"圣人无爱若镜耳"（《则阳》注）等命题。

② 儒家对"圣人"内涵的界定有"圣人，人伦之至也"（《孟子·离娄上》)、"圣人参于天地，并于鬼神"（《礼记·礼运》)。

③ 先秦儒学有"七情"说，如《礼记·礼运》界定："何谓人情？喜怒哀惧爱恶欲，七者弗学而能。"汉代儒学主张"六情"说，如《白虎通·情性》谓："六情者何谓也？喜怒哀乐爱恶谓六情。"魏晋时为"五情"说，如曹植《上责躬诗表》中曰，"形影相吊，五情愧赧"，唐代刘良注为"喜怒哀乐怨"。

弼的结论很独特，似乎可以说，其与何晏、郭象的观点形虽异而实相通，而与传统儒学的观点形或有同而实则全异。王弼认为"圣人同于人者五情"，这显然与何、郭"圣人无情"迥异，而与儒家认为人心内蕴有喜怒哀乐之情、禹汤之情无异于守门的观点无别。但王弼观点更重要之点是，其为圣人能运用超出众人的哲学智慧体悟到万物在本初的或最终的状态上，皆为同于"无"，因而能不执着于物，此种"应物而无累于物"的精神境界，与何、郭"无情"境界实质上是相通的，其援依《老子》而立论①，运思《庄子》而获悟②，也分别与何晏、郭象相似，而与儒家以符合伦理道德准则为内涵的"致中和"则有本质上的差异。王弼的"圣人有情无累"命题典型地显示了魏晋玄学援引道家思想对儒学传统观念的诠释或改造。

2. 社会的理论层面

在儒家理论的社会层面上，魏晋玄学所表现出的道家思想特色，主要是用"自然"的观念来诠释这个层面上的主要范畴及儒学的社会理想。

其一，"礼""孝""忠"之界说。"礼"是儒家理论社会层面上涵盖最广的范畴。《礼记》曰，"凡礼之大体，体天地、法四时、则阴阳、顺人情，故谓之礼"（《丧服四制》），"礼也者，合于天时，设于地财，顺于鬼神，合于人心，理万物者也"（《礼器》），"夫礼，必本于天，淆于地，列于鬼神，达于丧祭射御冠昏朝聘"（《礼运》）。可见，儒家之"礼"是对人的全部社会生活行为的规范，其在比较完整、周延意义上的内涵构成，除有人本身的"人情"因素外，还有自然的社会的其他多种因素，特别是显示在天地、鬼神与人之间的那种秩序、等级的伦理因素，无疑是最主要的。魏晋玄学则主要从对人本身的、人的自然之性的显现（"情"）

---

① 《老子》曰："道生一……生万物，万物负阴而抱阳，冲气以为和"（第42章），此即王弼所谓"体冲和以通无"。

② 《庄子》曰，"去知与故，循天之理，故无天灾，无物累，无人非，无鬼责"（《刻意》），王弼曰，"应物而无累于物"，犀通于此，渊源于此。魏晋之时，老子之学先盛于正始，元康永嘉，庄子之学方兴。王弼立论，诚以《老子》《周易》为主，然其亦袭、亦援《庄子》，如《周易注·损》"自然之质，各定其分，短者不为不足，长者不为有余"云云，即援引自《庄子·骈拇》。

的调理、节制的意义上来界定"礼"之内涵及功能，如郭象注解《论语》"导之以德，齐之以礼"曰："德者，得其性也；礼者，体其情也。"（何晏《论语集解·为政》皇侃疏引）向秀质疑嵇康《养生论》说："夫人含五行而生，口思五味，目思五色，感而思室，饥而求食，自然之理也，但当节之以礼耳。"（《难养生论》）在这里，魏晋玄学蕴藏着的一个与儒学的不太明显却很深刻的区别。王弼说："道不违自然，乃得其性。"（《老子注·二十五章》）"圣人达自然之性，畅万物之情，故因而不为，顺而不施。"（《老子注·二十九章》）郭象亦说："善者，过于适之称，故有善而道不全。"（《庄子注·缮性》）所以魏晋玄学之"性"，只是一种本然，是"适"，而不具有"善"或"恶"的品质，"情"是"性"的外显，是自然，如同"性"一样，其本身也不具有"善"或"恶"的品质。这样，玄学的"礼以体情"就完全没有儒学中根源于"性善"论、认为"礼"是从人性之善中长出，如"仁义之道，礼其本也"（《礼器》）命题所表达的那种思想；玄学的"礼以节情"也完全不同于儒学中根源于"性恶"论，认为"礼"是对人之情欲的约束规范，如"礼禁乱之所由生，犹防止水之所自来也"（《礼记·经解》）命题所界说的观点，魏晋玄学所确认的"礼"是为顺应人之情的表现所必需的或应有的那些行为规范。儒学中，尤其是汉代儒学中，"礼"所具有的那种神圣、永恒的色彩，在魏晋玄学中是很淡薄的。在这里，正如王弼所说，"因俗立制，以达其礼"（何晏《论语集解·泰伯》皇侃疏引），又如郭象所说，"礼义，当其时而用之，则西施也；时过而不弃，则丑人也"（《庄子注·天运》），"礼"的世俗性和可变性的观念是比较明确的。魏晋玄学的这种理论表现，无疑是感受了道家鄙薄儒家礼教，认为"礼者，世俗之所为也"（《庄子·渔父》）、"礼义法度者，应时而变者也"（《庄子·天运》）的思想影响的结果。对于"孝"与"忠"这两个儒学伦理道德中的最重要范畴，魏晋玄学也是从人性的自然方面——情的意义上予以界定的。如王弼说："自然亲爱为孝"（何晏《论语集解·学而》皇侃疏引），"忠者，情之尽也"（何晏《论语集解·里仁》皇侃疏引）。并且，魏晋玄学还一般地认为以"情"为内涵的"孝""忠"伦理行为是自然地表现出来的，故其时有谓，"君亲自然，匪由名教，爱敬既同，情礼兼到"（《三国名臣颂·夏侯太初》，载《晋书》卷九二《文苑传·袁宏》），"孝慈起于自然，忠孝发于天成"（晋康帝《奔丧诏》，载《通典》卷八〇）。魏晋玄学的这些观点，再次显示了与儒学在理论观念上的差异。第一，在儒学中，"孝"与"忠"的内涵都有甚为明确、具体的界定，"孝"一般是指人伦中具有血缘关系的异代之间且主要是亲子之间的行为准则。如《论语》载孔子论"孝"："生事之以礼，死葬之以礼，祭之以礼。"（《为政》）"忠"在广泛的意义上是指一切人与人之间的道德行为规范，故孔子有谓："居处恭，执事敬，与人忠，虽之夷狄，不可弃也。"（《论语·子路》）可见儒学主要是从"孝""忠"的道德理性的特定内容和道德行为的具体特征来界定的，迥异于魏晋玄学以无社会伦理内容的"情"为主要特征所作的界定。第二，儒学认为，包括"孝""忠"在内的人的伦理道德感情和行为都有一个培育的过程。如《礼记》所云："圣人作为礼以教人，使人以有礼，知自别于禽兽。"（《曲礼上》）并不是像魏晋玄学所认定的那样是性的本然或情的自然显现，而是如同"绘事后素"（《论语·八佾》），是对"性"的提高；如同《礼记》所论，"人情者，圣王之田也，修礼以耕之，陈义以种之，讲学以耨之，本仁以聚之，播乐以安之"（《礼运》），是对"情"的改造。但在魏晋玄学看来，"孝""忠"的主要内涵、特质是"情"，"发于天成"，无须这样一个社会培育的过程。魏晋玄学将"孝""忠"剔除其所内蕴的社会伦理因素而作纯粹自然之情的考察界定，很显然，道家思想是其观念来源。《庄子》中有则讨论道德本质的记述："商大宰荡问仁于庄子。庄子曰：'虎狼，仁也。'曰：'何谓也？'庄子曰：'父子相亲，何为不仁？'……"（《天运》）在庄子看来，儒家所界定的"亲亲仁也"（《孟子·告子下》）的"仁"的道德感情、道德行为，也就是虎狼父子相亲的那种"自然之情"。正是这一"自然之情"的观念构成了魏晋玄学理解和界定儒学伦理道德范畴的立论基础。

其二，儒家理想社会新解。儒家的理想社会是"礼"得到完全实现的社会，孔子说"为国以礼"（《论语·为政》），"一日克己复礼，天下为仁焉"（《论语·颜渊》）。儒家之"礼"涵盖着全部的社会伦理秩序、道德规范和典章制度，礼的实现要求所有的人遵守尊卑、长幼的社会伦理秩序，除了履行一般的、共同的社会行为规范外，特别是要完全自觉地实践各自的道德准则。儒家那种强烈而特殊的道德意识，使他们将传说中的尧舜时代设想为一个理想的美好的时期。孔子颂扬尧舜曰："大哉，尧之为君也！巍巍乎！唯天为大，唯尧则之。荡荡乎，民无有名焉……"（《论语·泰伯》）孔子以"则天之大""荡乎无名"来形容尧所创造的理想的社会，孔安国训释前句曰："则，法也，美尧能法天而行化也。"（何晏《论语集解·泰伯》）包咸注解后句曰："荡荡，广远之称也，言其布德广远，民无能识名焉。"（何晏《论语集解·泰伯》）汉儒训解孔子赞颂的"巍巍""荡荡"的尧的理想社会，其意是道德教化如天广被，难以言表。应该说汉儒此解是符合儒家思想宗旨的。魏晋玄学则别出新解。王弼在《论语释疑》①中说："圣人有则天之德，所以称'唯尧则之'，唯尧于时全则天之道也。荡荡，无形无名之称也。夫名所名者，生于善有所章而惠有所存，善恶相须，而名分形焉。若夫大爱无私，惠将安在？至美无偏，名将何生？故则天成化，道同自然，不私其子而君其臣。凶者自罚，善者自功，功成而不立其誉，罚加而不任其刑，百姓日用而不知所以然，夫又何可名也。"（何晏《论语集解·泰伯》皇侃疏引）可见，王弼所理解的尧的"巍巍""荡荡"的理想之治，是法天之自然无为、天下皆本然无名。这显然与儒家理想社会背离，但却吻合《老子》所表述的那种理想政治、理想社会："我无为，而民自化；我好静，而民自正；我无事，而民自富；我无欲，而民自朴。"（《老子·五十七章》）在魏晋玄学思潮风靡下的《论语》注解中，还经常可以看到对儒家政治思想的这种道家解释。如郭象注《论语》"修己以安百姓，尧舜其犹病诸"曰："修己者仅可以内敬其身，外安同己之人耳，岂足安百姓哉？百姓百品，万国殊风，以不治治之，乃得其极，若修己以治之，虽尧舜必病，况君子乎？今尧舜非修之也，万物自无为而治，若天之自高，地之自厚，日月之自明，云行雨施而已，故能夷畅条达，曲成不遗而无病也。"（何晏《论语集解·宪问》皇侃疏引）儒家将"修养自己，安治天下"视为一个崇高的道德目标和政治目标，郭象认为不修任物，无为而治，方是圣人（尧舜）

---

① 《经典释文·叙录》和《隋志》著录王弼《论语释疑》三卷，已佚。今散见于何晏《论语集解》皇侃疏文、孔颖达《论语正义》邢爵疏文中。

的作为。此正是《庄子》所说："至人之于德也，不修而物不能离焉，若天之自高，地之自厚，日月之自明，夫何修焉?"（《田子方》）李充注《论语》"君子怀德，小人怀土"曰："君导之以德则民安其居而乐其俗，邻国相望，而不相与往来，化之至也。"（何晏《论语集解·里仁》皇侃疏引）此以《老子》所描绘的"邻国相望，鸡犬之声相闻，民至老死，不相往来"（第80章）为"化之至"，为最高的社会理想，也显然不同于儒家所向往的那种人伦有序、百姓亲睦的实现了"礼"的"天下有道"或"仁政"的理想社会①。总的来说，魏晋玄学中所显示的理想社会，其面貌虽然还不够完整、清晰，但是道家思想色彩却是鲜明的。

3. 超越的理论层面

儒学理论超越层面上的"天命"（"命"）观念，在魏晋玄学中也一般地被理解为是一种人所无法驾驭、改变的外在客观必然性，如郭象所说"不知其所以然而然，谓之命"（《庄子注·寓言》）；这种不可被改变性，有时也被称为"性分"（"分"），郭象说："天性所受，各有本分，不可逃，亦不可加。"（《庄子注·养生主》）也具体地被理解为在国家的存亡兴衰、人的穷达生死中所内蕴着的某种非人自身所能决定的因素，如华谭②所说："存亡有运，兴衰有期，天之所废，人不能支，徐偃修仁义而失国，仲尼逐鲁而逼齐，段干偃息而成名，谅否泰有时，曷人力之所能哉?"（《晋书》卷五二《华谭传》）魏晋玄学对"命"的这种理解，与传统儒学基本上是一致的，但若深入分辨即可发觉，浸润了道家思想的魏晋玄学所确定的"命"之内涵与对待"命"之态度，与先秦儒学、汉代儒

---

① 孔子曰"天下有道，则礼乐征伐自天子出……则政不在大夫……则庶人不议"（《论语·季氏》），子路曰"长幼之节不可废也，君臣之义如之何其废也"（《论语·微子》），此儒家"天下有道"之社会必当是人伦有序；孟子曰"仁政必自经界始……出入相友，守望相助，疾病相扶持，则百姓亲睦"（《孟子·滕文公上》），此儒家"仁政"之社会亦应是民有恒产，百姓亲密。

② 华谭，晋武帝太康时以举秀才入仕，惠帝建武时官秘书监，卒赠光禄大夫。《晋书》本传称其"博学多通，著《辩道》三十卷"（《晋书》卷五二），《隋书·经籍志》录有《新论》十卷（《隋书》卷三四），今皆佚。佚文散见于《初学记》《太平御览》中。其有论曰："夫体道者圣，游神者哲。体道然后寄意形骸之外，游神然后穷理变化之端，故寂然不动而万物为我用，块然玄默而象机为我运。"（《初学记》卷一七）据此可判定华谭亦属玄学思潮中的人物。

学均甚有不同。

其一，命之"内涵"。在先秦儒学中，"命"是以一个内涵具有原初性质的概念"性"来界说的、互训的。孟子说："口之于味也，目之于色也，耳之于声也，鼻之于臭也，四肢之于安佚也，性也，有命焉，君子不谓性也；仁之于父子也，义之于君臣也，礼之于宾主也，知之于贤者也，圣人之于天道也，命也，有性焉，君子不谓命也。"（《孟子·尽心下》）于其意中可见，性的实现是命的作用，命的表现中有性的因素。《易传》将"性命"的外延扩展，"性命之理"不仅有"人之道曰仁与义"，还有"天之道曰阴与阳""地之道曰柔与刚"（《说卦》），先秦儒学未对"命"作更本原的追溯。在汉代儒学中，由于宗教性观念的活跃，"命"经常被指称为是具有人格特征的"天"之所为，如董仲舒说："人受命于天，有善善恶恶之性。"（《春秋繁露·玉杯》）《纬书》表述得最为明确："命者，天之命也，所受于帝。"（《春秋·元命苞》）就儒学的历史发展而言，汉代儒学对"命"的根源的这种追溯，其观念内涵虽不完全等同于殷周宗教思想，但确有犀通和相似之处，所以未能在理论上从先秦儒学的基础上跨进一步，反而后退了一步。魏晋玄学不然，其引进"气"和"自然"的观念，给予"命"、"性"（性分）以具有新的观念因素的解释。魏晋玄学接受了道家"通天下一气"（《庄子·知北游》）和"万物殊理"（《庄子·则阳》）的观点，认为万物皆由"气"构成，如郭象注《庄子》"自本观之，生者，暗醷物也"（《知北游》），"有生，㸌然"（《庚桑楚》），"直聚气也"。同时，也认为万物是千差万别的，"物物自分，事事有别"（《庄子注·齐物论》）。这样，万物何以殊异，即其"性分"或"命"何以差别，也只能从"气"中追寻。郭象注解《庄子》"受命于地，唯松柏独也正，冬夏青青；受命于天，唯尧舜独也正。在万物之首，幸能正生，以正众生"时说："夫松柏特禀自然之钟气，故能为众木之桀耳，非能为而得之也。特受自然之正气者至希也，下首则唯有松柏，上首则唯有圣人[①]，故凡不正者皆来求正耳。若物皆有青全，则无贵于松柏；人各自

[①] 唐成玄英《庄子注疏》曰："郭注曰下首唯有松柏，上首难有圣人者，但人头在上。去上则死，木头在下，去下则死，是以呼人为上首，呼木为下首。"

正，则无羡于大圣而趋之。"郭象此注中清晰地显示出魏晋玄学与先前儒学不同的界说"命"之内涵的两个基本观点。第一，松柏与众木之差、圣人与众人之别是禀气的不同，也就是说，人或物的"性分"或"命"的差异，其根源在于"气"。与郭象同时的袁准在《才性论》中也表述了同样的观点："凡万物生于天地之间，有美有恶，物何故美？清气之所生也。物何故恶？浊气之所施也。"① （欧阳询等《艺文类聚》卷二十一）第二，人或物的"性分"或"命"的差异的形成皆是自然的，而"非能为而得之"，即非人为的。在《庄子注》的另外篇章中，郭象对此作了更为明确的表述，"天也者，自然者也，人皆自然，则治乱成败、遇与不遇，非人为也，皆自然耳"（《庄子注·大宗师》），"命之所有者，非为也，皆自然耳"（《庄子注·天运》）。显然，魏晋玄学这些思想源自道家的对"命"的理解，即将"命"的本质内涵确定为是在一个完全自然的过程中，由"气"形成的、不同的、不可改变的"性分"，既改变了先秦儒学的"性命"观念，也否定了汉代儒学的"天命"观念。"命"的超越性质在这里被大大削弱了。

其二，对命之回应。魏晋玄学对"命"的内涵作"自然"的界定，使其回应"命"的态度也与先前儒家迥然不同。前已引述，孟子曾说："存其心，养其性，所以事天也。天寿不贰，修身以俟之，所以立命也"（《孟子·尽心上》），即在"命"的面前，在生死、穷达这些人生最重要的遭遇、处境、结局已经被"确定"的情况下，也不改变、放弃自己的道德原则和道德实践。这种依凭着充分的道德觉醒而在某种超越的、不可制约的客观必然性面前保持人的独立和追求的精神，就是孟子所表述的先秦儒家回应"命"的态度。汉代儒学对待"命"的态度有新的特色，董仲舒说："五行变至，当救之以德，施之天下，则咎除；不救以德，不出三年，天当雨石……"（《春秋繁露·五行变救》）这就是在"天人感应"观念笼罩下形成的"施德变命"的观点。不难看出，汉代儒学的"施德

---

① 袁准，《晋书》称其"以儒学知名，注《丧服经》"（《晋书》卷八三）。《隋书·经籍志》除在经部录其"《丧服经传》一卷"外，还在子部录"《袁子正论》十九卷"。今皆佚。清代马国翰《玉函山房辑佚书》从唐宋类书中辑录《正论》佚文三十余则。

变命"与先秦儒学"修身俟命"的"立命"是有明显而深刻的区别的，这种区别如果从道德实践的意义和价值的角度分辨，"立命"的"修身"实践本身就是人的生存目的、价值所在，正是这种道德实践显示人在"命"面前的独立，人不能驾驭和否定"命"，但也没有屈服于"命"。而"变命"的"施德"实践，却是一种手段，其价值显示在某种功利目标上，人在这里似乎有某种主动性，但其根源却是对"命"的适应，甚至是屈从，没有真正的道德实践的独立和主动。同时，"立命"中始终保持着一种对"命"的超越的客观必然性的承诺，并以人的道德实践为对"命"的实现的唯一的途径。儒家实现超越的方式之本质内容和特色就是从这里开始形成的。"变命"的理论观念中有个破绽，这就是在得出"施德变命"这个结论前，其前提中的"命"的观念已经变更，即作为儒家传统的"命"的观念中的那种绝对的外在客观必然性已被修改，不再存在。然而，先秦儒学和汉代儒学在"命"面前总是不放弃某种努力的有为的态度却是共同的。魏晋玄学则不然，道家思想的浸润，使其对"命"抱着一种极其坦然的任其自然的无为的态度。郭象在《庄子注》中多次明确表述了这个态度，"达命之情者，不务命之所无奈何也，全其自然而已"（《庄子注·养生主》），"存亡无所在，任其所受之分，则性命安矣"（《庄子注·在宥》），"命……故当任之而已"（《庄子注·至乐》）。相对于先秦儒学和汉代儒学对待"命"之"立命"和"变命"的态度，魏晋玄学这种任"命"之自然或安于"性分"的态度就可以称之为"任命"或"安命"，其主要意蕴是把作为"命"的种种表现皆淡然处之，"虽死生穷达，千变万化，淡然自若而和理在身"（《庄子注·德充符》），漠然置之，"任其至分，而无毫铢之加"（《庄子注·养生主》）。"任命"的态度不是否定"命"的存在，而是使人不去感受"命"的存在；不是在"命"的面前显示人的独立或主动，而是表明人的存在可以与"命"无关。郭象还说："命非己制，故无所用其心也。夫安于命者，无往而非逍遥矣"（《庄子注·秋水》），"性分各自为者……是以善养生者，从而任之"（《庄子注·达生》）。这表明魏晋玄学"任命"的旨趣在于"养生""逍遥"，也就是说在于获得无任何劳损的生命，无任何负累的精神。其与"立命"通过道德实践而达到"知天命"的极高道德境界和"变命"通过"施德"而实现某种社会功利目标皆是不同的。魏晋玄学"任命"的态度不难从道家特别是庄子思想中追寻到观念来源，如《庄子》主张"无以故灭命"（《秋水》），"达命之情者，不务知之所无奈何"（《达生》），认为"知不可奈何而安之若命，唯有德者能之"（《德充符》），完全可以肯定，魏晋玄学之"任命"，正是发源于此。

以上我们分别在儒学理论的三个层面上考察了魏晋玄学援用道家思想来诠释儒学范畴、命题或思想观念的情况。不难看出，这种诠释本身也构成了具有新的理论特色、相对独立的思想体系，一方面，其主要的理论观念、概念甚至语言皆源自道家，显现出鲜明的道家色彩；但另一方面，其解说的却是儒家的命题、思想或论题，显示的不是道家思想的逻辑发展，而是儒家学说在道家观念背景下发生的理论更新。

（三）道家与宋明理学

宋明理学是传统儒学发展的最高的、成熟的理论形态。理学中显示的道家思想与儒学的关系，可以概括为密切相连的、互为前提的两个方面：一是理学中存在着明显的、被消化了的道家观念因素，这表明正是由于儒学吸收了理论思维水平比自己要高的道家（还有佛家）思想，才得以在玄学基础上有新的理论发展；二是理学对道家有深刻的批判，这表明儒学正是在其思想有成熟发展的理学阶段，才形成消化道家（还有佛家）思想的理论力量。

1. 理学基本思想中的道家观念因素

理学是一个概念、范畴、命题十分众多的观念体系，朱熹高足陈淳撰《性理字义》归纳提出 26 个理学条目。实际上，理学讨论的问题极为广泛，"牛毛茧丝，无不辨析"（黄宗羲《明儒学案·凡例》），远远超过这个范围。然而，所有这些概念、范畴、命题都是围绕儒学理性程度最高的"性与天道"的问题而展开的。换言之，构成理学观念体系中核心部分的是它的自然哲学和社会伦理哲学。正是在这理学最基本的思想理论中，可以清楚地看到被消化了的道家的，特别是庄子的思想观念因素。

（1）理学的宇宙图景。理学的"天道"或自然哲学，大体上是一个包括了宇宙构成和万物化生两层内容的宇宙图景。理学向我们展示的是两幅哲学性质有所区别的宇宙图景。一幅是周敦颐《太极图》及《太极图说》（《易说》）所描绘的：

> 无极而太极。太极动而生阳，动极而静，静而生阴，静极复动，一动一静，互为其根。分阴分阳，两仪立焉。阳变阴合，而生水火木金土。五气顺布，四时行焉。五行一阴阳，阴阳一太极也，太极本无极也。五行之生也，各一其性。无极之真，二五之精，妙合而凝，乾道成男，坤道成女。二气交感，化生万物，万物生生而变化无穷焉。（《太极图说》）

另一幅是张载在《正蒙》《易说》等著述中所描绘的：

> 太虚无形，气之本体，其聚其散，变化之客形……气本之虚则湛一无形，感而生则聚而有象……造化所成，无一物相肖者，以是知万物虽多，其实一物；无无阴阳者，以是知天地变化二端而已。（《正蒙·太和》）

这两幅宇宙图景的不同之处在于，第一，作为周敦颐自然哲学中描述宇宙起始的"太极"是指一种状态（"无极"），而张载的宇宙起始"太虚"则是一种实体（"气"）。第二，周敦颐自然哲学认为，世界上的万物，是由"太极"中生出的两种实体（阴阳二气）交感而成；而在张载自然哲学中，万物是由"气"的对立状态（二端）交互作用而成，这种对立的状态，或者说"气之两体"，不只是阴阳，还有"两体者，虚实也，动静也，聚散也，清浊也"（《易说·说卦》）等多种样态。

我们认为，理学中的这两幅宇宙图景，比较而言，在宇宙构成的理论层面上，"无极而太极"说具有较高的水平和丰富的内涵，"太虚即气"说感性经验的成分较多。在万物生化的理论层面上，"二气交感"是感性经验的命题，"二端故有感，本一故能合"（《正蒙·乾称》）却是非常深刻的理性判断。理学初期同时出现的这两幅宇宙图景，在理学以后的发展中，由于朱熹的出现，情况有所变化。一方面，朱熹的自然哲学追踪周敦颐所描绘的宇宙图景，并对其中理论上最晦涩的"无极而太极""太极本无极"作了进一步的解释，他说："盖所谓'太极'云者，合天地万物之理而一名之耳，以其无器与形，而天地万物之理无不在是，故曰'无极而太极'也；以其具天地万物之理而无器与形，故曰'太极本无极'也。"（《朱文公文集》卷七八《隆兴府学濂溪先生祠记》）这样，"太极"就从《太极图说》中的宇宙开始时的状态升华为理学中作为万物根源的最高范畴——"理"。另一方面，朱熹对张载"太虚即气"提出批评，认为"《正蒙》所论道体，源头有未是处"，"以'太虚''太和'为道体，却只是说得形而下者"（《朱子语类》卷九九）。也就是说，在朱熹看来，感性性质的"太虚"（"气"）不能是宇宙的最后根源。朱熹还认为，以聚、散"两端"解释万物生化，"其流乃是个大轮回"（《朱子语类》卷九九），"只合云阴阳五行循环错综，升降往来，所以生人物之万殊，立天地之大义"（《朱子语类》卷九八）。可见在对万物生化的哲学解释上，朱熹也认为周敦颐的"太极"之"二气交感"说优于张载的"气"之"二端变化"说。

总的来看，朱熹的学术权威地位和详尽明白的阐释，确立了周敦颐的《太极图》所描绘的宇宙图景在理学自然哲学中的主导地位，并且构成此后中国各种学术思想共同的自然背景；而张载《正蒙》的宇宙图景就被遮掩，处在虽未被遗忘，但并不重要的位置上。

追溯思想的历史渊源，理学中的两个哲学性质、理论命运都不相同的宇宙图景，却有共同的观念来源，都滥觞于道家思想，特别是庄子思想。张载"太虚无形，气之本体，其聚其散，变化之容形"的宇宙图景显然是从《庄子》"人之生，气之聚也；聚则为生，散则为死……通天下一气耳"（《知北游》）的观点脱胎、发展而来；张载甚至十分明确地援引《庄子》来说明他的"太虚即虚"的性状，他说："气块然太虚，升降飞扬，未尝止息，《易》所谓'絪缊'，庄生所谓'生物以息相吹''野马'者欤！"（《易说·系辞下》）张载宇宙图景中表述"气"涵盖一切的那个概念——"太虚""太和"，实际上也是最早出现在《庄子》中①。

历来认为，周敦颐《太极图》所描绘的宇宙构成和万物生成的过程图像与道教方士描述修炼过程的《太极先天图》，"两图踪迹，合若一辙"（毛奇龄《西河合集·太极图说遗议》）②，《太极图说》所使用的概念、范畴、命题多援引《易传》，《太极图说》的人性论部分和佛家密宗《原人论》又多相涉，这些无疑是事实。但是，仔细分辨就不难发现，作为表述理学自然哲学的宇宙图景的、为朱熹所传和解说的周敦颐的《太极图》，同道教所传《太极先天图》在思想观念上有层次上的或理论性质上的差异。《太极先天图》只认识到"万物生化"的层次上，它的最高层次"阴静阳动，取坎填离"，实际上是"乾南坤北，离东坎西"的天地的形象，换言之，它的意蕴也还是一种"天地生万物"的朴素思想。《太极图》的最高层次"无极而太极，阳动阴静"，按照朱熹的解释，它是一种宇宙的根本状态，一种宇宙总体或根源。朱熹说："盖天地之间只有动静两端循环不已，更无余事，此之谓'易'。而其动其静则必有所以动静之理焉，是其所谓'太极'者也……圣人谓之'太极'者，所以指夫天地万物之根，周子因之而又谓之'无极'者，所以著夫无声无臭之妙也。然曰'无极而太极''太极本无极'，则非'无极'之后别生'太极'，而'太极'之上先有'无极'也。又曰'五行阴阳''阴阳太极'，则非'无极'之后别生'二五'，'二五'之上先有太极也。"（《朱文公文集》卷四五《答杨子直》）可见，被理学所接受的《太极图》的宇宙图景和道教《太极先天图》最大的不同就是在"万物生化"之上还有一个更高、更深邃的万物根源、宇宙总体的理论观念层次（"太极"或"理"）。理学的这个理论观念，在中国的传统思想里，正是庄子的"道"之观念。《庄子》中写道，"道通为一""道未始有封"（《齐物论》），"道无所不在"

---

① 《庄子》中写道，"以无内待问穷，若是者，外不观乎宇宙，内不知乎太初，是以不过乎昆仑，不游乎太虚"（《知北游》），"夫至乐者……调理四时，太和万物"（《天运》）。

② 毛奇龄所指"两图"，乃是唐代作《真元品》的道士所绘《太极先天图》与朱震于南宋绍兴年间所进周敦颐《太极图》，此与乾道年间朱熹所传周敦颐《太极图》及黄宗炎《太极图辨》所述《太极先天图》有别。

（《知北游》），"道通其分也"（《庚桑楚》）。也就是说，庄子认为"道"既是万物和共同根源、世界的总体，也同时存在于每个具体事物之中。理学的宇宙图景中为朱熹所明确阐释的"太极"的思想观念就是来源于此、犀通于此。

不仅朱熹用以解释"无极而太极"的理论观念来源于庄子思想，而且"太极""无极"两个概念也最先出自《庄子》①。如《庄子》写道，"道……在太极之先而不为高"（《大宗师》），"……大而无当，犹河汉而无极也"（《逍遥游》）。"太极"被秦汉之际形成的儒家经典《易传》引进，理学家未敢对它提出非议。"无极"被周敦颐在《太极图》中引进，它的非正统性质引起了和朱熹对立的陆九渊的质疑，成了朱陆之争中的一个重要内容②。

显而易见，在《庄子》里，"太极""无极"是表述一种广袤的空间，没有更多的意蕴，而在理学中却是对作为宇宙最后根源（"理"）的性质的描述。这种哲学性质的改变，是理学对庄子的改造。

在为理学共同接受的《太极图》《太极图说》的宇宙图景中，除了"无极而太极"所表述的宇宙根源、总体的思想观念来自《庄子》外，在"万物生化"层次上的"动而生阳，静而生阴""二气交感化生万物"的思想观念虽然直接来自《易传》③，但从《庄子》中已经定义"阴阳者，气之大者也"（《则阳》），"静而与阴同德，动而与阳同波"（《天道》），并且明确认为"万物之所生恶起？阴阳相照、相盖、相治"（《则阳》）的情况来看，可以判定，这一思想观念最早是在《庄子》中形成的。

经过以上的辨析，完全可以说在理学的自然哲学中，或者说在理学的

---

① 《老子》中无"太极"一词。《老子·二十八章》出现"无极"一词。近人考证，该章"守其黑，为天下式。为天下式，常德不忒，复归于无极。知其荣"23 字为后人窜入之语，甚是。（见易顺鼎《读老札记》、马叙伦《老子校诂》、高亨《老子正诂》等）

② 朱陆之争主要围绕三个问题：一是"道问学"与"尊德性"先后主次的道德修养之争，二是对王安石、曹立之等人物评价之争，三是"无极"是否为"老氏之学"之争。

③ 这一思想观念在《易传》中有多次表述。如"乾，阳物也；坤，阴物也。阴阳合德，而刚柔有体，以体天地之撰，以通神明之德"（《系辞下》），"天地细缊，万物化醇。男女构精，万物化生"（《系辞上》）。

两幅宇宙图景中①，充实着的实际上是源自道家庄子的思想观念。

（2）理学的理论主题。理学的伦理哲学主要探讨了两个方面的问题：一是探究儒家所主张的伦理纲常、道德规范的最后根源，从而证明它们的合理性、永恒性；一是探寻践履这种纲常规范，进而达到最高道德境界的方法、途径。这两个问题实际上也是儒家的传统的问题，但在理学中获得了新的、理性程度更高的解决。

以上这两个问题用理学的语言来说，也就是什么是"性"和如何"尽性"的问题，亦称"本体"和"工夫"的问题。这是理学的理论主题。

从理学阵营内部来看，对理学的理论主题有两种不同的甚至是对立的回答。程颐、朱熹一派认为伦理道德的永恒根源就是存在于个人之上的万物共同根源——"理"，如程颐说："万物皆只是一个天理，己何与焉。"（《河南程氏遗书》卷二上）②朱熹也说："宇宙之间，一理而已，天得之而为天，地得之而为地，而凡生于天地之间者又各得之以为性。其张之为三纲，其纪之为五常，盖皆此理之流行无所适而不在。"（《朱文公文集》卷七〇《读大纪》）陆九渊、王守仁一派则认为，包括作为伦理道德根源在内的宇宙万物之"理"，绝不在"我"之外，而就在我"心"之中。如陆九渊说，"道，未有外乎其心者"（《象山全集》卷一九《敬斋记》），王守仁亦说，"心外无物，心外无事，心外无理"（《王文成公全书》卷四《与王纯甫》）。程朱、陆王两派由于对伦理道德最后根源作了具有不同哲学性质的理论观察，因而在道德修养方法、道德境界实现途径的理论主张上也有明显的差异。程朱派主张"格物穷理"，这是由对具体的人伦物理的学习、了解，最后达到对"理""脱然贯通""发必中节"的道德境界的渐进过程，如朱熹说："夫格物者，穷理之谓也，盖有是物必有是理，然理无形而难知，物有迹而易睹，故因是物以求之，使是理了然心目之

---

① 此外，理学家邵雍的《皇极经世书》也提供了一幅宇宙图景，其中有来自道家的观念，如"太极""一"等，但其主体内容乃是一以数推演出的宇宙万有、人类历史之结构系统，此已非道家思想所能笼络，故未予论列。

② 此言在《河南程氏遗书》中未注明是二程兄弟哪位所说，但同卷记有大程语，"仁者，以天地万物为一体，莫非己也"，据此推断此言可能是小程语。正如许多学者所判定的那样，二程思想多有对立处。

间，而无毫发之差，则应乎事者自无毫发之谬，是以意诚心正而身修，至于家之齐、国之治、天下之平，亦举而措之身。"（《朱文公文集》卷一三《癸未垂拱奏扎》）陆王派则主张"发明本心"（"致良知"），认为道德修养的方法不是逐一地"格物穷理"，而是首先要确立一个根本的"心即理"或"人心固善，非由外铄"的观念或信念，在这种观念或信念支配下的行为自然就是道德行为，必然就是道德的实现。如陆九渊说"苟此心之存，则此理自明，当恻隐处自恻隐，当羞恶，当辞逊，是非在前自能辨之"（《象山全集》卷三四《语录》），王守仁也说"知是心之本体，心自然会知，见父母自然知孝，见兄自然知悌，见孺子入井自然知恻隐，此便是良知，不假外求"（《王文成公全书》卷一《传习录上》），这是一个由"先立其大者"（《象山全集》卷三四《语录》）而"一明皆明"（《象山全集》卷三五《语录》）的整体了悟过程。理学阵营内部程朱、陆王两派围绕理学理论主题而展开的论述和争辩，尽管有分歧和对立，但都共同充满了为实践儒家伦理道德的真诚的热情和深刻的自觉，鄙薄儒家仁义和世俗之礼的老庄思想与此绝然无缘。但是，理学阵营内的两派在论述理学主题时其本体论和工夫论的基本思想观念却都和老庄思想有某种关联。

（3）理学本体观念的道家观念背景。宋明理学中的本体观念虽然有"理"和"心"的两种可以客观性与主观性作区别的界分，但是两派对本体之性质或其内涵却有比较一致的确认，这就是根源性、总体性和形上性。即是说，"理"或"心"是一切事物出现或存在的根源、根据，又存在于一切事物之中；因此，本体不是任何一种具体事物，而是超验的、超越任何具体事物之上的某种实在。例如二程说，"万事皆出于理"（《河南程氏遗书》卷二上），"一切之理，即万物之理"（《河南程氏遗书》卷二上），"理无形也，故假象以显义"（《程氏易传》卷一《乾·初九》），就是从"理"的角度对本体性质的表述。王守仁说"心外无事，心外无物"，"良知是寂然不动之本体，人人之所同具者也"（《传习录》卷中《答陆原静》），"良知只是一个自然明觉发见处，只是一个真诚恻怛，便是他本体"（《传习录》卷中《答聂文蔚》），就是从"心"的角度对本体性的表述。在中国固有的传统哲学中，道家已先于理学形成了完整的也是由根源性、总体性、形上性三个基本内涵构成的宇宙本体观念。如《老子》称"道"是"天地根"（第6章），为"天下母"（第25章），形容"道"是"无状之状，无象之象"（第14章）。《庄子》说"道通为一""无所不在"，描写"道"之性状曰："夫道，有情有信，无为无形，可传而不可受，可得而不可见，自本自根，未有天地、自古以因存……维斗得之，终古不忒，日月得之，终古不息，傅说得之，以相武丁，奄有天下。"（《大宗师》）老庄对"道"之根源性、总体性、形上性之表述，曾深得程颐的赞许："庄生形容道体之语，尽有好处。老氏'谷神不死'一章①最佳。"（《河南程氏遗书》卷三）所以完全可以说，是道家"道"之观念构成了理学"理"或"心"之本体观的观念背景、渊源。

理学的本体观念之内涵，还在理学的一个重要命题——"理一分殊"中展现出来。这个命题或理论观念最早是由程颐在将张载《西铭》中所表现出的博爱精神同墨子的"兼爱"理论加以区别时提出来的，他说，"《西铭》明理一而分殊，墨氏则二本而无分"，并自注曰："老幼及人，一理也；爱无差等，本二也。"（《河南程氏文集》卷九《答杨时论〈西铭〉书》）也就是说程颐认为，张载在《西铭》中抒发的尊长慈幼、同胞物与等极为广泛的、多种形式的仁爱的道德感情，始终遵循和体现着儒家的"老吾老以及人之老，幼吾幼以及人之幼"（《孟子·梁惠王上》）这种爱有差等的基本的伦理原则，所以是"理一（即一本）而分殊"；不同于墨子的无伦理原则的（实际是以功利为原则的）爱无差等的二本（即无本）而无分的"兼爱"。此后，理学家在追溯伦理道德行为的根源，论证它的永恒性、合理性时，都援引了这个理论观念。如朱熹说："如为君须仁，为臣须敬，为子须孝，为父须慈，物物各具此理，而物物各异其用，然莫非一理之流行也。"（《朱子语类》卷一八）王守仁也说："理也者，心之条理也，是理也，发之于亲则为孝，发之于君则为忠，发之于明友则为信，千变万化，至不可穷诘，而莫非发于吾之一心。"（《王文成公全书》卷八《书诸阳卷》）可见，"理一分殊"表达的是一种超越感性经验之上、具有独特理论洞察的理性观念，即认为宇宙的总体根源和宇宙的具

---

① 《老子·六章》："谷神不死，是谓玄牝。玄牝之门，是谓天地根。绵绵若存，用之不勤。"

体存在之间既非先与后的关系，又非全部与部分、一般与特殊的关系，而是总体根源融入每个具体存在之中的关系。这是中国传统思想中出现的一个极为深刻的认识和把握世界的哲学智慧。理学中的"理一分殊"观念，历来被认为是来自佛家的理论，当然，不能排除理学家从佛学中接受了某种感召或启迪，例如程颐所说"只为释氏要周遮，一言以蔽之，不过曰万理归于一理也"（《河南程氏遗书》卷一八），就是针对《华严经》事理观作出的裁断①；朱熹解说，"理"在一切事物之中"只如月印万川相似"（《朱子语类》卷九四），也明显是取材于禅宗永嘉大师《论道歌》中的"我性"与"佛性"如水月相摄的比喻②。但是，"理一分殊"的理论观念实际上正是本体之根源性与总体性的展现，是《老子》关于"道"之"独立不改"与"周行不殆"两种性质（第25章），或《庄子》的"道通为一"（《齐物论》）和"道无所不在"（《知北游》）两个思想观念的叠合，是由老庄思想移化而来的。

（4）理学修养方法与道家思想相通。理学阵营程朱、陆王两派虽然道德修养的方法路数不同，但要达到的目标却是相同的，并且有一个一致的表述："存天理，灭人欲。"理学在论证伦理道德的人性根源时，把人在社会环境中形成的伦理感情和道德行为说成是"善"的、固有的，而把人追求充分满足根源于自然本性的诸多欲望说成是"恶"的。理学中称之为"天命之性"与"气禀之性"，或"天理"与"人欲"。如程颐论证说，一方面，人之本性受之"天命"，"性之理则无不善"（《河南程氏遗书》卷二四）；另一方面，人之身出于"气"，则"大抵人有身，便有自私之理"（《河南程氏遗书》卷三），所以，"损人欲以复天理，圣人之教也"（《河南程氏粹言》卷一《论道篇》）。此后，理学阵营中的两派都接受了这个道德口号。朱熹说："圣人千言万语，只是教人明天理灭人欲。"（《朱子语类》卷一二）王守仁也说："学者学圣人，不过是去人欲而存天理。"（《王文成公全书》卷《传习录上》）可见，理学对人的自然

---

① 程颐此语是答弟子刘安第问："某尝读《华严经》，第一，真空绝相观，第二，事理无碍观，第三，事事无碍观，譬如镜灯之类，包含万象，无有穷尽，此理如何？"

② 永嘉玄觉《论道歌》有曰："一月普观一切水，一切水月一切摄，诸佛法身入我性，我性遂与如来合。"

情欲的否定，远远超出先秦儒学之上。理学这一理论观念的形成显然是感受并认同了道家的观点。如《老子》曰，"不见可欲，使民心不乱"（第3章），《庄子》曰，"其嗜欲深者，其天机浅"（《大宗师》），"无以人灭天，无以故灭命"（《秋水》）。道家此类的思想观点一般都得到了理学家的肯定，如二程曾赞叹说："庄子言'其嗜欲深者，其天机浅'，此言却最是。"（《河南程氏遗书》卷二上）由此可见，理学的否定人欲的修养目标与道家思想有某种观念上的相通。当然，客观地说，理学以社会伦理道德压抑、否定人为充分满足自然性质的欲望的努力，同老庄以自然无为来反对、否定人的一切社会行为在理论观念上虽有某种关联、犀通，但在理论性质上并不相同。

理学阵营对如何"灭人欲"尝有"主静"与"主敬"两种略有差别的提法①，但在具体的修养过程中都提倡"静坐"。如程颐门人记载："伊川每见人静坐，便叹其善学"。（《河南程氏外书》卷一二）后来朱熹多次阐述其学说曰，"始学工夫，须是静坐"（《朱子语类》卷一二），"静坐非是要如坐禅入定，断绝思虑，只收敛此心，莫令走作闲思虑，则此心湛然无事，自然专一"（《朱子语类》卷一二），"读书闲暇，且静坐，教他心平气定，见得道理渐次分晓"（《朱子语类》卷一一）。陆九渊亦称赞"学者能常闭目亦佳"（《象山全集》卷三五《语录下》），要弟子"正坐拱手，收拾精神，自作主宰"（《象山全集》卷三五《语录下》）。王守仁也说："教人为学，不可执一偏，初学时心猿意马，拴缚不定，其所思虑多是人欲一边，故且教之静坐，息思虑。久之，俟其心意稍定，只悬空静守如槁木死灰，亦无用，须教他省察克治……思有省察克治，即是思诚，只思一个天理。"（《传习录》卷一）可见，理学中程朱、陆王两派皆以静坐为收敛欲念、使心专一、归向"天理"的方法。《老子》曰："致虚极，守静笃……夫物芸芸，各复归其根，归根曰静，静曰复命。"（第16章）

<hr />

① 理学形成时期，主静说以周敦颐为代表，如谓"圣人定之以中正仁义而主静，立人极焉"，并自注曰："无欲故静。"（《太极图说》）主敬说以二程为代表，如谓："人心不能不交感万物，亦难为使之不思虑。若欲免此，唯是心有主。如何为主？敬而已矣。"（《河南程氏遗书》卷一五）主静者主张排欲（"无欲"），通过自我反省将心境中的不善欲望排除。主敬者主张"闲邪"，以礼之规范抵御、克制物欲的产生。

《庄子》也说："虚静恬淡寂寞无为者，天地之平，而道德之至"（《天道》），"圣人之静，非曰静也善，故静也；万物无足以铙心者，故静也"（《在宥》）。可见，对于道家来说，保持心境的宁静，既是修养的目标（"道德之至"），也是达到"道"的途径（"归根复命"）。作为修养目标的道家之静，是儒学之所无；作为修养方法的道家之静，其所达到的心境（"万物无足以铙心"）和儒学（理学）却也有相通，也有形似。在明末清初的理学批判思潮中，一些反理学的学者，每据此以"佛老"批评之。如朱熹曾有"半日静坐，半日读书"之语（《朱子语类》卷一一六），颜元即批评曰："朱子'半日静坐'，是半日达摩也，'半日读书'，是半日汉儒也。试问十二个时辰，那一刻是尧舜周孔乎?"（《朱子语类评》）颜元的批评虽然不能说是完全符合事实，但并非毫无依据。

2. 理学家对老庄思想的批评

道家思想中的老庄思想，特别是庄子思想，鄙薄仁义、轻蔑人伦的道德实践，在作为儒学成熟发展的理学中遭到批判是十分自然的。程颢曾说："杨墨之害，甚于申韩，佛老之害，甚于杨墨。杨氏为我，疑于仁。墨氏兼爱，疑于义。申韩则浅陋易见。佛老其言近理，又非杨墨之比，此所以害尤甚。"（《河南程氏遗书》卷一三）这可以说是理学家的共识，亦可见理学家对异端之学的批判意识十分自觉，轻重缓急十分清晰。比较而言，在道家思想中，庄子思想在理论深度和广度上都是可以称最的。所以理学家的道家批判，更多地、具体地表现在对庄子的批判上，这里也就着重考察理学的庄子批判。

（1）理学以前儒学的庄子批判。儒家学者对庄子的批判，按照朱熹的看法，应该是从孟子开始。朱熹说："庄、列之书皆说杨朱，孟子辟杨朱，便是辟庄老了。"（《朱子语类》卷一二五）但是实际上，杨朱思想与庄子思想甚有差距，朱熹"辟杨朱便是辟庄老"难以成立。这样，第一个批评了庄子的儒家学者就应该是荀子了。荀子说："庄子蔽于天而不知人。"（《荀子·解蔽》）荀子的理论眼光在先秦学者中是最高、最开阔的，他对庄子的批评虽然就是这样一句，很简略，但却十分准确、客观，完全可以涵盖庄子思想的主体内容。

汉代学者中，扬雄对庄子有所肯定，也有明确的批评。扬雄在《法言》中写道，"或曰：庄周有取乎？曰：少欲。至周罔君臣之义，虽邻不觌也"（《问道》），庄周"荡而不法"（《五百》）。可见扬雄基本上是从比较狭隘的儒家伦理道德立场对庄子进行批评的。汉代史学家、经学家班固曾作《难庄论》，似乎是篇批评庄子的文字，但唐代以后遗失，今天只在《艺文类聚》（卷九七）和《北堂书钞》（卷一五八）上保存了篇名（《北堂书钞》称为《难庄周》）和复述《庄子》中名物的几句话，看不出他是如何批评庄子的。在简易朴素的黄老思潮和专门而又烦琐的经学思潮笼罩下的汉代学者，对庄子思想的认识、吸收和批评都较浅。

在玄学风靡、学者多服膺庄老的魏晋时期，"太源王济好谈，病老庄"（《三国志·魏志·钟会传》注引何劭《王弼传》），但其批评老庄的具体内容已不得而知。这个时期留下的尚为完整的一篇批评庄子的文字是王坦之的《废庄论》。文中写道："庄子之利天下也少，害天下也多。故曰鲁酒薄而邯郸围，庄生作而风俗颓。礼与浮云俱征，伪与利荡并肆，人以克己为耻，士以无措为通，时无履德之誉，俗有蹈义之愆。骤语赏罚不可以造次，屡称无为不可与适变，虽可用于天下，不足以用天下人。昔汉阴丈人修浑沌之术，孔子以为识其一不识其二，庄生之道无乃类乎！"（《晋书·王湛传》）可见，被《晋书》述为"敦儒教，尚刑名学"的王坦之对庄子的批评，除了传统的儒家伦理道德原则外，还增加了源自法家的功利原则。这也是荀子以后、理学产生以前儒学对庄子的批评所能达到的高度。显然，《废庄论》的庄子批评仍然缺乏理论的深度和力量。深刻有力的学术理论批评应是一种能够消化掉批评对象的批评。《废庄论》甚至不得不借用被批评者《庄子》中的思想观念、名物概念来表达自己的批评的思想①，就是因为还没有形成足以能否定、消化庄子思想的新的理论观念。这一情况表明，在理学产生以前，对于儒学来说，庄子思想还是一个不能被完全消化的、坚硬的理论存在物。

（2）理学家的庄子批评。理学家对庄子思想的批评，最主要之点，也是较多的方面，是用将儒家传统的伦理道德原则升华了的理学伦理道德

---

① 《废庄论》中的"鲁酒薄而邯郸围""汉阴丈人""浑沌之术""识其一不识其二"等名物故事、思想概念分别援引自《庄子·胠箧》《庄子·天地》。

哲学，来否定庄子的自然主义的人生哲学。理学家——审视并尖锐批判了庄子的人生追求、精神修养方法和处世态度。

庄子的人生追求是对超脱世俗之外、无任何负累的精神自由的追求，达到这种境界，庄子称之为"神人"（或"真人""至人"）。如《庄子》中极其神往地、想象地叙写道："藐姑射之山有神人居焉……乘云气，御飞龙，而游乎四海之外……孰弊弊焉以天下为事……孰肯分分然①以物为事!"（《逍遥游》）庄子追求的这种超越人的德行和智能之上的境界，其幻想的甚至虚妄的性质是十分明显的。但是，从理论上说明它的虚妄性质，对于理性思辨一直很薄弱的儒学来说并不是十分容易的。理学产生后，理学家中的张载对这个问题作了较明确的论述。张载对庄子"神人"的批驳，归纳起来有两点，或者说两层意思。第一，"神"不是人所具有的，而是"天"所具有的性质。张载认为，所谓"神""化"乃是宇宙万物总体"气"的一种变动不居的性质："气有阴阳，推行有渐为化，合一不测为神。"（《正蒙·神化》）如果把这个总体理性化地称为"天"，那么，"神"与"化"就是"天"的一种性质，"神，天德；化，天道"（《正蒙·神化》），所以"神"不是人所具有的性质，不能有"神人"，张载说："位天德则神，神则天也，故不可以神属人而言。庄子言神人，不识义理也。又谓至人、真人，其词险窄，皆无可取。"（《易说·乾》）第二，"穷神知化"，即达到"天人合一"的最高境界，不是凭借智能，而是通过道德践履才能实现。张载说："《易》谓'穷神知化'，乃德盛仁熟之致，非智力能强也……穷神知化，与天为一，岂有我所能勉哉？乃德盛而自致尔。"（《正蒙·神化》）也就是说，对于人来说，"天人合一"的境界，不是指通过逻辑思维的认识来获得、具备"天"的"神化"的性能，而是指按照道德原则来实践"天"之"神化"赋予人的性能，"其在人也，智义利用，则神化之事备矣"（《正蒙·神化》）。张载认为，达到这种精神境界就是"圣人"："大德敦化，然后仁智一而圣人之事备。"（《正蒙·神化》）显然，张载是以一种伦理的、道德的理想人格批判和否定了庄子的自然主义的理想人格。在理学中，通过类似这样对庄子超越世

---

① "分分然"三字据《淮南子·俶真训》补。

俗（还有释氏超脱人生）的人生哲学进行批评的同时，以道德实现为人生最根本的精神追求的儒家传统伦理哲学观点，也在理论上得到了更进一步的说明和论证。

理学批评并否定了庄子遗落世务、"逍遥乎为无之业"（《庄子·大宗师》）的精神自由的人生追求，也必然要批评、反对他达到这一精神境界的修养方法和在这一追求下的处世态度。庄子的精神修养方法称为"虚而待物"的"心斋"（《庄子·人间世》），"堕肢体、黜聪明、离形去知、同于大通"的"坐忘"（《庄子·大宗师》），实际上就是要努力从心境中排除一切思虑、欲念，使得"形如槁木，心如死灰"（《庄子·齐物论》），只有这样才能摆脱"物累"，浑同自然。在理学家看来，这种修养方法不仅对于作为只有最贫乏内涵的人——有生命的人来说是荒谬的，"盖人活物也，又安得为槁木死灰？既活，则须有动作，须有思虑，必欲为槁木死灰，除是死也"（《河南程氏遗书》卷二上）；对于具有理性自觉的、以道德实现为人生目标的人来说也是不可取的。"所贵乎'智周天地万物而不遗'①，又几时要'死灰'？所贵乎'动容周施中礼'②，又几时要如'槁木'？"（《河南程氏遗书》卷二上）理学家也要求修持心境的虚静，但这只是要求排除和道德感情、道德理智（"天理"）相对立的"人欲"，不同于庄子这里所要求的排尽一切情与智。正如王守仁所说："循理之谓静，从欲之谓动。欲也者，非必声色货利外诱也，有心之私皆欲也。故循理焉，虽酬酢万变皆静也，从欲焉，虽心斋坐忘亦动也。"（《王文成公全书》卷五《答伦彦式》）理学和庄子思想在精神修养方法上的分歧差异，虽然在理学时代的生活实践中、在佛学思潮蔓延的情况下，有些理学修养浅薄的儒者未能作自觉的、清醒的区分，但从理论本质上来说，两种方法的性质区别，即自然主义特质（皈依本然）和伦理主义特质（遵循规范）的区别仍是明显地、真实地存在着的。

庄子超世、顺世、遁世的处世态度十分自然地要受到以践履社会伦理道德，实现"修身、齐家、治国、平天下"为生活全部内容的理学家的

---

① 《易传·系辞上》谓："知周乎万物而道济天下。"

② 语出《孟子·尽心下》。

尖锐批评。例如，朱熹认为庄子所向往或形容的超世的生活情态，"若曰旁日月、挟宇宙、挥斥八极、神气不变者①，是乃庄生之荒唐"（《朱子语类》卷一二五）；指斥庄子"为善无近名，为恶无近刑"② 的顺世全生是"不议义理，专计利害"的"乡愿"，"乃贼德之尤者"（《朱文公文集》卷六七《养生主说》）；抨击庄子否定和逃避君臣之义的固有责任和义务是"为我无君，禽兽食人之邪说"（《朱文公文集》卷八二《跋宋君忠嘉集》，卷七一《记林黄中辨易西铭》），等等。

人生哲学是庄子思想坚实的核心，庄子人生哲学在理学中被批判、被否定，是儒学从玄学到理学的理论进展的一个最重要表现。魏晋玄学引进庄子思想，改造和提高了儒学关于宇宙根源观念的理性内容。但是，玄学家没有进一步把这种总体性质的宇宙根源观念运用、贯彻到儒家的伦理思想中，形成一种理性的、具有本体、根源性质的伦理道德范畴，玄学的伦理道德思想仍然停留在儒家传统的社会生活经验范围之内。这样，玄学就不能把人们的道德实践提升到一个更高的理性自觉层次，不能不断地充实和保持人们的道德热情。所以玄学尽管标榜清高，仍然不能克服、摆脱那种深刻尖锐的、本质上是伦理道德的精神危机，只好借助"自然"来填补"名教"的缺陷，由醉心庄老蔚然而成"放达"的士风。从人生哲学的理论和实践上来看，玄学没有做到的，理学做到了；玄学中发生的，理学避免了。也就是说，理学将儒家传统的伦理道德观念由主要是社会生活经验的概括提高到具有永恒的理性根源（"理"）的伦理哲学水平上，从而能够在同一理论层次上批评魏晋玄学曾不得不有所依借的中国传统思想中固有的庄子（道家）人生哲学，以及由异国传入的在玄学以后方臻于鼎盛的佛家人生哲学，理学对庄子人生哲学从理想的精神境界到达到这种境界的方法的批评、否定，在伦理道德哲学的理论层面上说是周延的、彻底的了。但是，从更广泛的人类精神生活来看，它又是狭隘的、偏颇的了，因为很难从理论上证明真、善、美的至高的精神境界只会出现、存在

---

① 《庄子》写道，"圣人……旁日月，挟宇宙……"（《齐物论》），"至人……挥斥八极，神气不变"（《田子方》）。

② 《庄子》写道："为善无近名，为恶无近刑，缘督以为经，可以保身，可以全生，可以养亲，可以尽年。"（《养生主》）

于理学家的道德实现之中。事实上，纯洁至诚的科学的、宗教的追求，都能产生这种境界。因此，庄子人生哲学所描述的也是属于道德之外的另一种至高的精神境界。

理学不仅以"理"的伦理哲学批评、否定了作为庄子思想坚实核心的自然主义的人生哲学，而且还以"理一分殊"的理论观念批评、否定了作为庄子思想中的两个基本观点——天人对立和"齐物"的观点。天人关系在庄子思想的不同理论层面上有不同的情况。在庄子思想最高的"道通为一"（《庄子·齐物论》）的宇宙总体层次上，没有天与人之分；在庄子思想的自然哲学里，有了天与人之分，但是"人与天一也……有人天也，有天亦天也，人之不能有天，性也"（《庄子·山木》），"通天下一气也"（《庄子·知北游》），实际上是将人融入天，融入自然（"气"）。然而在庄子的人生哲学和社会批判思想里，天与人却始终处在分裂的、对立的状态。"天之君子，人之小人"（《庄子·大宗师》），"圣人工乎天而拙乎人"（《庄子·庚桑楚》），"古之人，天而不人"（《庄子·列御寇》）。在这两个理论的和现实生活的领域内，庄子思想旨在以它彻底的自然主义（"天"）反对儒家的伦理道德和一切人为的事物（"人"）。庄子称以孔子为代表的践履世俗之礼的人是"游方之内者"，超越世俗能"返其真"者是"游方之外者"，而"外内不相及"（《庄子·大宗师》），天人分立，是无法一致起来的。理学家从"万事皆出于理"（《河南程氏遗书》卷二上）即"理一"的理论立场对此进行了批驳。二程说："盖上下、本末、内外，都是一理也，方是道。庄子曰'游方之内''游方之外'者，'方'何尝有内外？如是，则是道有隔断，内面是一处，外面又是一处，岂有此理！"（《河南程氏遗书》卷一）陆九渊也从"心一也，人安有二心"的理论观点出发，批评《庄子》"眇乎小哉，所以属于人也；敖乎大哉，独成其天"（《德充符》）、"天道之与人道也相远矣"（《在宥》）之说"是分明裂天人而为二也"（《象山全集》卷三四《语录》）。可见，理学主要是以一种理性的总体观念——"理一"（"心一"）来批评庄子分裂天人的观点。应该说，从庄子思想的全部内容来看，理学的这一批评有某种"错位"现象，它是用最高层次上的哲学观念来批评较低层次上的一个具体观点。

与此同时，理学又用"分殊"的观念来批评庄子"齐物"或"齐物论"的观点。二程说："天地阴阳之变，便如二扇磨，升降盈亏刚柔，初未尝停息，阳常盈，阴常亏故便不齐。譬如磨既行，齿都不齐，既不齐，便生出万变。故物之不齐，物之情也。而庄周强要齐物，然而物终不齐也。"（《河南程氏遗书》卷二上）程颐在另一个地方说得更加周延："庄子之意欲齐物理耶？物理从来齐，何待庄子而后齐？若齐物形，物形从来不齐，如何齐得？此意是庄子见道浅，不奈胸中所得何，遂著此论也。"（《河南程氏遗书》卷二二上）显然，在这里理学所批评的庄子"齐物"同庄子自己所论述的"齐物"（"齐物论"）有某种哲学意念上的差别。庄子的"齐物"所论，是认为万物作为认识中的对象，在"道"的眼光观察下的一体性和在"物"的角度观察下的多样性是矛盾的，因而也是相对的①；而理学的批评所论，却是把万物看作一种独立于人的认识过程之外的实体，因而它作为宇宙总体（"理一"）的构成和作为个体（"分殊"）的存在同样是确定性的、无矛盾的。虽然如此，毕竟曾经极大地困扰庄子的认识相对性在理学中是被消除了，庄子思想中的一个坚硬的理论苦果在理学中被消化掉了。

（3）理学家对老子的批评。理学家的道家批判虽然主要是指向庄子，但对老子也多有论及。理学家对老子的批判最为深刻之处，是破解《老子》中的一个基本观点——"有生于无"（第40章）。如程颐说："老氏言虚而生气，非也。阴阳开合，本无先后，不可道今日有阴，明日有阳。如人有形影，盖形影一时，不可言今日有形，明日有影，有便齐有。"（《河南程氏遗书》卷一五）朱熹解说周敦颐《太极图说》时也说："曰'无极而太极''太极本无极'，则非无极之后别生太极，而太极之上先有无极也。又曰'五行阴阳''阴阳太极'，则非无极之后别生二五，二五之上先有太极也……此与老子所谓物生于有，有生于无，而以造化为真有始终者正南北矣。"（《朱文公文集》卷四五《答杨子直》）程朱理学具有内涵为根源性、总体性、形上性的本体观念，这使得理学获得了一种本体论的观察角度，从这个角度上观察，万物是本体的显现，其间不存在先后的关系。理学正是从这个角度提出对《老子》"有生于无"的否定性批

---

① 《庄子》中写道："以道观之，物无贵贱，以物观之，自贵而相贱……以趣观之，因其所然而然之，则万物莫不然；因其所非而非之，则万物莫不非。"（《秋水》）

评。并显示与玄学的重要理论差异，即玄学不具有这样的批评角度，在玄学中这不是一个被否定的，而是得到肯定性诠释的观点。在社会的理论层面上，程颐对老子除了指责其与鄙弃人伦的释氏一样是"归乎自私自利"外，还特别指出"老氏之学更挟些权诈"（《河南程氏遗书》卷一五）。朱熹也说，"老子不好声、不好色，又不做官，然害伦理"（《朱子语类》卷一二五），"老子之术须自家占得十分稳便，方肯帮；才有一毫于己不便，便不肯做"（同上）。程朱理学在社会理论层面上对老子的观察批评，应该说是符合事实的，但其理论眼光仍限于传统儒学。

三 道家思想与中国佛学

佛教于公元前 6 世纪在印度兴起，大约在公元 1 世纪两汉之际传入我国。印度佛教思想与在汉代已初步形成的以儒家、道家为主要思想成分而凝聚成的中国传统思想在理论观念上有着巨大的差异，这样，佛教传入中国后，必然要和中国固有的传统思想发生尖锐的冲突；佛教为适应在中国思想土壤上的生存和繁衍，必然要吸收中国固有的传统思想而发生内容和形态上的变化，形成具有中国特色的佛教学说而汇入中国传统的思想文化洪流中去。

中国佛学的这一理论特色，较为明显的表现是尊重和借援儒学的伦理道德观念，调和儒佛之间的对立；而更为深层的内容则是对于印度佛教中那些艰深的、迥异于中国固有理论观念的宗教思想的诠解，以及在某种意义上是离开了印度佛学固有理论轨道的独立发展，都是在道家思想，特别是庄子思想的帮助、影响下发生的。这种影响在一定程度上显化了或表征着中国佛学按其理论内容深浅程度不同可划分的三个阶段：理解、消化、创新，大体对应着佛教初传（汉魏）、蔓延（两晋）、鼎盛（隋唐）三个历史时期。

（一）老庄思想与对印度佛学概念、观念的认同

在中国佛学早期，甚至在全部的佛学传播过程中，都存在着如何把印度佛教这一异质文化观念体系中的概念、观念转译成能为中国思想文化环境中的人所理解的问题，这在佛经翻译和诠释中被称为"格义""连类"，也就是概念、观念的认同的问题。

"格义"之名始见于北朝佛图澄的弟子竺法雅传："竺法雅，少善外

学，长通佛典，衣冠仕子，咸附咨禀。时附雅门徒，并世典有功，未善佛理，雅乃与康法等，以经中事数，拟配外书，为生解之例，谓之格义。"（慧皎《高僧传》卷四）这里所谓"外学""世典""外书"，显然是指中国固有的学术典籍，而用来拟解佛理的无疑多为道家老庄之属。

纵观中国古代思想文化发展史，一个明显的事实是，在中国固有的传统思想里，只有老庄思想对人的精神领域作了最深刻的探索和具体描述，与沉潜在深邃的心理海洋里的佛学最容易接近，诚如道安所说："经流秦土有自来矣……以斯邦人老庄教行，与方等经兼忘相似，故因风易行也。"（《鼻奈耶序》）一个典型的例子是，佛学中的一个艰深的概念或观念——"实相"，道安的弟子慧远就是援引《庄子》来予以疏解的。《高僧传》记述慧远："年二十四便就讲说，尝有客听讲，难实相义，往复移时，弥增疑昧，远乃引《庄子》为连类，于惑者晓然。"（慧皎《高僧传》卷六）慧远如何援用《庄子》来疏通"实相"的佛义，已不得而知，从后面还要提及的他对"涅槃"的理解来看，他可能是以庄子"道，有情有信，无为无形"（《大宗师》）的观点来比拟解释"连类""无相之相形，名为实相"（《涅槃经》卷四〇）的。《庄子》表述得比较通俗、明确，因而容易被理解。

其实，在庄子思想中，"道"是一个关于万物最后根源、世界总体实在的哲学观念，同佛学"实相"观念把宇宙的一切视为"空"与"幻有"的总体有根本的差别。应该说，由于佛教的思想观念与包括老庄思想在内的中国固有的传统思想观念有质的不同，这种"格义""连类"的比拟解释，极尽其妙也总是无法完全吻合的，故道安曾批评说，"先旧格义，于理多违"（慧皎《高僧传》卷五《僧先传》）；然而毕竟有某种"相似"，能够构成一种概念内涵的部分取同和观念表象的契合，从而形成一种初步的理解。

"格义""连类"之名，虽然从《高僧传》中看是到两晋时才出现，但这一方法实际上从佛学初传时就自觉不自觉地被运用着了；而且，正是《老子》《庄子》中的名物、概念最为经常地被用来作为沟通对印度佛学理解的观念渠道，佛教小乘经典和大乘经典最初译传时都有这种情形。例如最早译传小乘经典的安世高，在《安般守意经》中对小乘禅法的多种诠释中就采用道家的一种："安谓清，般为净，守为无，意名为，是清净无为也。"（《安般守意经》卷上）"清净无为"无疑是取自中国道家的观念。译文中还有"气"的观念："息不报便死，知身但气所作，气灭为空。"（《安般守意经》卷下）显然，这里援引了出自《庄子》"人之生，气之聚也"（《知北游》）的观点。这在观念上与原始佛教"诸阴因缘合，假名为众生"（《杂阿含经》卷四五）已有所差别，而具有了中国思想的特色。最初译传大乘经典的支娄迦谶在译解一个最重要的佛学观念——"空"的观念时，也借援了道家庄子。支谶译出的诸经中对以后中国佛学发展影响最大的是《般若道行品经》。《道行经》的主题用经文中的话来说就是："须菩提所说，一切为说空事，为悉无所著，譬如射虚空了无所著。"（《强弱品第二十四》）一言以蔽之，也就是说"空"。

"空"是佛学对世界最基本的观察，是指世界的本来面目。这一观念是以"天地之大德曰生"（《易传·系辞下》）、"盈天地之间者唯万物"（《易传·序卦》）的中国思想所没有的。支谶为消弥中国思想对这个佛学基本理论立场的观念隔阂，援引"本无""自然"这两个中国传统思想中固有的概念来诠释佛学"空"的观念，"般若波密，于一切法悉皆自然"（《泥犁品第五》），"一切诸法亦本无"（《照明品第十》），即是说，佛学对世界本来面目的"般若波罗蜜"（智慧）观察，就是认为世界的一切皆"本无"，即一切皆"自然"。支谶这种以"自然"释"本无"、以"本无"释佛学"空"的译解，与老庄思想最为接近。《老子》曰，"道法自然"（第25章），"道之尊，德之贵，莫之命而常自然"（第51章）；《庄子》说，"常因自然而不益生"（《德充符》），"自然"就是指事物的本然状态。而"天下万物生于有，有生于无"（《老子·四十章》），"万物出乎无有……无有一无有"（《庄子·庚桑楚》），所以在老庄那里，"游于无有者"也就是"顺物自然而无私容焉"（《庄子·应帝王》），"自然"也就是"无有"（"本无"）。当然，支谶以老庄的"自然""无有"译解佛学"空"观，与《中论》中所表述的"非有非无，非亦有亦无，非非有非无"（《观涅槃品第二十五》）那种般若空观仍有较大的差距。观念的差别在于，"本无""自然"表述的是世界最初的、本然的状态，四句分别表述的是"诸法实相"——大乘佛学世界观中的世界总体。所以在以后的佛经翻译中，这一世界总体观念就被译成"如性""真如"①。尽管如此，老庄思想的"无有""自然"仍然是通向艰深的佛学"空"观的最初的观念的桥梁。

总之，佛学初传时，在佛经翻译、佛理解释的"格义""连类"中，即在对一种异质的思想体系的观念认同中，《老子》《庄子》提供的名词、概念、思想起了重要的作用。

（二）庄子思想与对印度佛学般若、涅槃观念的理解

中国佛学的进一步成长，表现在两晋南北朝时对印度佛学中的根本思想观念有了自己的、具有中国思想特色的理解、论证和推断。

两晋时，最为充分地显示出中国佛学对印度佛学根本理论具有独特理解的是般若空观的问题。"般若"意为"智慧"②，是大乘布施、持戒、忍辱、精进、禅定等六种修行方法中（"六波罗蜜"或"六度"）最重要的一种，所谓"诸佛身皆从般若波罗蜜生"（《放光般若经·舍利品》）。般若思想的基本内容是对世界本相的一种超越经验、理性之上的直观——"空"。在印度佛学的发展中，般若思想的空观也经历了一个意蕴不断丰富的过程。它可简略概括为"一切诸法性皆空"（《放光般若经·信本际品》），也可进一步表述为罗什所译《金刚经》的最后一颂："一切有为法，如梦幻泡影，如露亦如电，应作如是观"，即"性空幻有"。然而它的最后的、完满的表达，应该是龙树《中论》中的一偈："众因缘生法，我说即是空，亦为是假名，亦是中道义。未曾有一法，不从因缘生，是故一切法，无不是空者。"（《观四谛品第二十四》）这一偈语表明般若空观既是认识、观察世界的方法（"空""假"兼蕴的"中道"观），又是这一观察认识得出的结论（因缘而生的"空"相）。般若的这些观点，是印度大乘佛学最基本的理论观点。

在魏晋玄学思潮的推澜和浸润下，两晋佛学对般若的理解是有分歧

---

① 支谶译《般若道行经》第十四品《本无》，在以后北朝鸠摩罗什的异译本《小品般若经》中为第十五品《大如》，在宋代施护的异译本《佛母般若经》为第十六品《真如》。

② 罗什译《大智度论》谓："般若者（罗什注：秦言智慧），一切诸智慧中最为第一，无上无比无等，更无胜者，穷尽到边。"（卷四三）

的，史有"三家"、"六家"或"六家七宗"之称①。"六家七宗"中，思想可以特立且最有影响者，应该说是为僧肇所批评的心无、即色、本无三家。而且不难看出，三家对般若（"空"或"无"）的理解虽然各异，具有庄子思想色彩却是共同的。

心无宗的主要代表是支愍度、竺法温。"心无"的完整论述已经无存，但从他的批评者的转述中还是可以清晰地看出来：

> 心无者，无心于万物，万物未尝无。此得在于神静，失在于物虚。（僧肇《不真空论》）
>
> 心无者，无心于万物，万物未尝无。此释意云，经中说诸法空者，欲令心体虚忘②不执，故言无耳。不空外物，即万物之境不空……心空而犹存物者，此计有得有失。（吉藏《中论疏》卷二末）

陈释慧达和日僧安澄对此作了更明确的疏解：

> 竺法温法师《心无论》云："夫有，有形者也；无，无象者也。有象不可言无，无形不可言有。"而《经》称"色无"者，但内止③其心，不空外色；但内停其心，令不想外色，则色想废矣。（慧达《肇论疏》）
>
> 晋竺法温……其制《心无论》云，夫有，有形者也；无，无象者也。然则有象不可谓无，无形不可谓有④，是故有为实有，色为真色。《经》

① 最早指出当时对般若空观理解上分歧的是北朝后秦罗什门下的年龄最长的弟子僧睿的"六家"说，"格义迂而乖本，六家偏而不即"（僧佑《出三藏记集》卷八《毗摩罗诘堤经义疏序》），但他没有指明"六家"之名。罗什门下另一年轻的弟子僧肇在《不真空论》里概括为"心无""即色""本无"三家。"六家七宗"之名，始于南朝刘宋昙济的《六家七宗论》，此论已佚。梁宝唱《续法论》中曾经引用。唐代元康《肇论疏》（卷上）说："梁朝释宝唱作《续法论》一百六十卷云，宋庄严寺释昙济作《六家七宗论》，论有六家，分成七宗。第一本无宗，第二本异宗，第三即色宗，第四识含宗，第五幻化宗，第六心无宗，第七缘会宗。本有六家，第一家为二宗，故或七宗也。"

② 《大藏经》本作"妄"。

③ 《续藏经》本作"正"。

④ 《大藏经》本作"无"。

所谓"色空"者，但内止其心，不滞外色。外色不存余情之内，非无而何？岂谓廓然无形，而为无色者乎？（安澄《中论疏记》卷三末）

从这些记述中可以看出，心无宗的观点是认为外界事物是真实存在的，是"有"；佛经上的"法空"，是要求人们保持一种恬淡的不执着、不滞情于外物的虚无的心境，因而是"无"。十分显然，心无宗的"空"观与般若"空"观相距甚大，它的结论不是"诸法皆空"，而是"心空物不空"。另外，就理论性质而言，"心无"实际上是一种收敛内心、摒除外惑的精神修持方法，也不同于空、假兼蕴，亦有亦无的"中道"般若认识方法。从大乘佛学的一般理论立场看，心无宗"内止其心，不滞外色"的精神修持，虽然不是般若观，但也还可以视为一种止观，因而还是可以肯定的，但其"不空外物"则是不能允许的了。所以僧肇、吉藏一致评断它"有得有失"。应该说，这是十分宽容的评断。在严格的佛门学者看来，"心无"义"此是邪说，应须破之"（慧皎《高僧传》卷五《竺法汰传》），从般若的理论立场上说，这一严厉的判定并不过分。

"心无"义之所以背离般若的根本观点，是因为它的观念根源深深地扎在道家，特别是庄子思想的土壤里，实际上是一种中国思想。《庄子》中写道："心养，汝徒处无为，而物自化，堕尔形体，吐尔聪明，伦与物忘，大同乎涬溟，解心释神，莫然无魂……"（《在宥》）可见，虚空内心，忘怀外物，正是庄子的基本的精神修养方法。《庄子》中还写道，"忘乎物，忘乎天，其名为忘己；忘己之人，是之谓入于天"（《天地》），"圣人未始有天，未始有人，未始有始，未始有物，与世偕行而不替"（《则阳》），也就是说，庄子思想里境界最高的理想人格（"圣人""至人""真人"）都是能够"忘物"，能够"遗物离人而立于独"（《田子方》）。换言之，虽然"万物虽多"（《天地》）、"万物职职"（《至乐》），但是对于圣人，却是"万物无足以铙心者也"（《天道》）。显然，"心无"义的"无心于万物，万物未尝无"的观点，"欲令心体虚忘不执"的旨意，皆渊源于此或吻合于此。所以，史称"竺法温悟解入玄"（慧皎《高僧传》卷四《竺潜传》）。

即色宗的代表人物是支道林。即色宗的"空"观论点的简要表述是已经佚失的支道林《妙观章》上的几句话：

> 无色之性也，不自有色。色不自有，虽色而空，故曰色即为空，色复异空。（《世说新语·文学》注引①）

其大意是说，万物呈现出来的都是，或者说只能是现象（"色"），不是自体或本体（"自有"），因而是空（"色即为空"）。而且，这种作为现象的"空"和作为般若实相本体的"空"是不同的（"色复异空"）。

为什么"色不自有"，也就是说为什么现象不是本体或自体？支道林在这里没有解释。以后的佛家学者在著述中涉及此处时，揣摩支道林的思绪而提出了两种解释：一是唐代元康在《肇论疏》中说"林法师但知言色非自色，因缘而成，而不知色本是空，犹存假有也"，一是元代文才在《肇论新疏》中说"东晋支道林作《即色游玄论》……彼谓青黄等相，非色自能，人名为青黄等，心若不计，青黄等皆空，以释《经》中'色即是空'"。前一种解释是说，支道林认为事物（"色"）是因缘而成，故"不自有"，是空；后一种解释是说，支道林认为事物（如颜色），皆是人的"心计"而成，不是自有，是空。这两种解释从当时与支道林过从甚密、思想甚为契合的追随者郗超的《奉法要》中"有无由乎方寸，而无系乎外物"（《弘明集》卷一三）之论来看，后一种解释比较符合支道林的思想实际。支道林有诗曰，"心为两仪蕴，迹为流溺梁"（《广弘明集》卷一五《月光童子赞》），"体神在忘觉，有虑非理尽"（《广弘明集》卷一五《善宿菩萨赞》），都是把心（"心计"）看作物（"迹"）生成的根源、负累的根源。支道林主张"大道者，遗心形名外"（《广弘明集》卷一五《善多菩萨赞》），"忘玄故无心"（《大小品对比要钞·序》），这些观点也和后一种解释吻合。这样，支道林即色论的"空"观概括言之，就是认为万物（"色"）皆是人心所起，不是万物的自性，所以是"空"。

---

① 安澄《中论疏记》所称引支道林《即色游玄论》与此近似："夫色之性，色不自色，不自，虽色而空。知不自知，虽知而寂也。"

即色论与心无论的"空"观有所不同，它不是通过精神修持而达到的一种能在万物纷纭中保持淡泊"忘物"之心的境界，而是对认识过程的分析得出的一个认识结论：万物皆我心中的现象，不是本来面目。从大乘的一般立场上说来，即色论没有背离破"法执"的大乘宗旨；但是，从最成熟的、即中观学派（《中论》）的般若立场上看，即色论不但没有破掉"法执"，反而陷入"法执"。所以僧肇——最早将印度中观学派传入中国的佛学大师罗什的最出色的弟子批评说：

> 即色者，明色不自色，故虽色而非色也。夫言色者，但当色即色，岂待色色而后为色哉？此直语色不自色，未领色之非色也。（《不真空论》）

僧肇的批评从中观般若的立场指出即色论的"空"观有两个破绽。第一，在即色论"色不自有"的言下，意念中肯定了、追寻着一种自体、自性，陷入了"法执"，在中观般若看来，非但即色论所说的"色"（现象）是空，即色论所说的"自有"（自性、自体、本体），即"色色"者，也是空。所以即色论没有观出完全的"空"相。这是就最终的结论而言。第二，就得出结论的观察、认识过程而言，即色论只观出"空"（"色不自色"），而没有指出"假"（"色之非色"），缺乏"中道义"。换言之，不存在"色色"的自性或本体，当色即色，色即非色。如果说支道林曾在另外的著述里明确表述他并不认为有"自有"（自性本体），而是皈依"至无"（空的状态），例如他说，"夫般若波罗蜜者……其为经也，至无空豁，廓然无物者也……是故夷三脱于重玄，齐万物于空同，明诸佛之始有，尽群灵之本无，登十住之妙阶，趣无生之径路。何者？赖其至无，故能为用"（《大小品对比要钞·序》），这可以推脱掉僧肇对即色义的第一点批评①；那么，僧肇对即色义的第二点批评，是他再也推脱不掉的了。支道林把事物或现象解释为"心"的表现，换言之，是用"心计"观

---

① 吉藏就认为即色义有二家。一者关内即色义，谓色无自性，即僧肇所呵斥；二者支道林即色是空，与道安本性空寂之说相同。（《中论疏》卷二末）

"万法"，而不是用"因缘"观"万法"，只能形成"心"与外物（即"色""空"）对立的观念，而形成不了"空"与"假"（幻有）并存的观念，也就是说形成不了外物（"法"）兼蕴"空""假"的"中观"。支道林即色论空观之所以呈现出这样的特色，是因为他十分熟悉《庄子》、理解《庄子》，如他曾"注《逍遥游篇》，群儒旧学莫不叹优"（慧皎《高僧传》卷四《支道林传》），自然也深为庄子思想浸染，驾轻就熟地驰行在庄子思想的轨道上，用庄子思想的逻辑论述了般若性空这一佛学问题。

支道林即色义的空观。主要是从庄子思想中感受了它那种事物在人的认识过程中完全由人的主观因素造成的不确定性、相对性的观念。《庄子》中写道，"道行之而成，物谓之而然……无物不然，无物不可"（《齐物论》），"自其异者视之，肝胆楚越也；自其同者视之，万物皆一也"（《德充符》），"以道观之，物无贵贱；以物观之，自贵而相贱；以俗观之，贵贱不在己；以差观之，因其所大而大之，则万物莫不大，因其所小而小之，则万物莫不小……以功观之，因其所有而有之，则万物莫不有，因其所无而无之，则万物莫不无……以趣观之，因其所然而然之，则万物莫不然，因其所非而非之，则万物莫不非"（《秋水》）。在庄子思想认识论的经验层次上，庄子对人的认识的主观相对性和事物的感性表象不确定性的这种淋漓尽致的发挥、揭示，无疑是十分感人的、醉人的；在经验的层次上，综合这样的一些观察会形成一个一般性的理论观念：事物是没有自性的，事物的性状是随主观的观察立场或者说"心"而变化的，支道林说"心为两仪蕴"，可见他的即色义正是浸透着这个观念。当然，支道林把这个观念又推进一步，用来说明、论证一个佛学问题，认为这种在经验层次上的事物感性的不确定性，就是"不自有"，就是"色空"，这就跨出了庄子思想的范围而进入了佛学领域。在庄子那里，事物在经验层次上虽然具有感性的不确定性，但并不是"空"，而是认识的相对性；这种相对性，经由"达万物之理"（《庄子·知北游》）的确定性——庄子称之为"天理""固然"（《庄子·养生主》），最后达到"道通为一"（《庄子·齐物论》）的总体性，显示出一个完整的认识发展过程和一个实在的宇宙总体存在（"物""理""道"）。

本无宗的代表人物是道安。本无宗的观点，《名僧传抄·昙济传》有一段较完整的引述：

> 昙济……著《七宗论》，第一本无宗曰：如来兴世，以本无弘教，故方等深经，皆备明五阴本无，本无之论，由来尚矣。何者？夫冥造之前，廓然而已，至于元气陶化，则群象禀形，形虽资化，权化之本，则出于自然，自然自尔，岂有造之者哉？由此而言，无在元化之前，空为众形之始，故称本无，非谓虚豁之中，能生万有也。夫人之所滞，滞在末有，宅心本无，则斯累豁矣。夫崇本可以息末者，盖此之谓也。

从这段概述里可以看出，本无宗的"空"观主要有两层意思。一是就每一呈现在眼前的具体事物的性状来说，都是五阴聚合，而"五阴本无"，所以是空（"万法性空"），这是大乘经典每每论及的。二是追溯每一具体事物的原始状态，也只能归宿到廓然空无，因为在"元化之前"、众形之先的只能是"无"的状态，这是道安本无宗对"万法性空"进一步的说明、论证。后来，吉藏在叙述本无宗的观点时，也正是指出这样的两点："释道安明本无义，谓无在万化之前，空为众形之始……安公明本无者，一切诸法，本性空寂，故云本无。"（《中论疏》卷二末）概言之，本无宗是以"性空""本无"为其思想特色的。

道安本无义的空观也受到僧肇从中观般若立场上的批评：

> 本无者，情尚于无多，触言以宾无。故非有，有即无；非无，无亦无。寻夫立文之本旨者，直以非有非真有，非无非真无耳。何必非有无此有，非无无彼无？此直好无之谈，岂谓顺通事实，即物之情哉？（《不真空论》）

僧肇的批评主要是指出本无宗空观的偏执，一味"尚无"，是一种"好无之谈"。应该说，本无义和即色义一样，也是在两个基本点上偏离了中观。在认识、观察的过程中，本无义"触言以宾无"，执着于一切皆空（无），未能观察出"假有"，没有阐发出"非有非真有，非无非真无"的中观"立文本旨"，也就是说，缺乏兼容空、假的"中道义"。就观察、认识的结局而言，本无宗的最终结论是事物最原始的"无"的状态，在精神上它可以归宿为一切负累皆消融的境界，即"宅心本无，则斯累豁矣"，而不是中观的"空"（空与幻有）的诸法实相，从而在精神上升华为"实相即涅槃，涅槃即世间"的境界，即龙树所说，"涅槃际为真，世间际亦真，涅槃与世间，小异不可得，是为毕竟空相"（《大智度论》卷三八）。

不仅如此，道安的"本无"不只是指一种最初的状态，在他的另外著述里还表现出是一种最后本体的性质特征。如他说："般若波罗蜜者，成无上正真道之根也。正者，等也，不二人也。等道有三义焉，法身也，如也，真际也。如者，尔也，本末等尔，无能令不尔也。法身者，一也，常净也，有无均净，未始有名。真际者，无所著也，泊然不动，湛尔玄齐，无为也，无不为也。"（《合放光光赞随略解·序》）这与《根本般若经》所说"以一切法悉无有本，以是之故，求其本末了不可得"（《光赞般若经·假号品第八》）的距离就更为明显。

从僧肇的批评看来，道安虽然是当时最渊博深邃的佛家学者，但他的般若思想仍未能登峰造极。对此，他的弟子僧睿（道安卒后，又师罗什）有个解释：

> 自慧风东扇，法言流咏已来，虽曰讲肆，格义迂而乖本，六家偏而不即，性空之宗，以今验之，最得其实。然炉冶之功微恨不尽，当是无法可寻，非寻之不得也。（《毗摩罗诘堤经义疏·序》）

僧睿认为道安的般若思想"炉冶之功不尽"，是因为他生前尚没有接触到中观思想。这一解释应该说是正确的。道安卒于东晋太元九年（384年），十七年后，后秦弘治三年（401年）罗什才入关至长安，中观经典方得以译传。但是，另一方面还是可以说，道安在没有中观思想的情况下，把般若思想推进了一步；在印度佛学所固有的"诸法性空"之外，又加入具有中国思想特色的"万化本无"，这是中国佛学发展中出现的一种客观需要。道安晚年在长安时曾回忆说，将近二十年来，他每年都要讲解两遍《般若经》，"然每至滞句，首尾隐没，释卷深思，恨不见护公、叉罗①等"（《摩诃钵罗若波密经抄·序》）。道安深切感到般若空观的"首尾"，即更加深刻的"空"的根源和归宿的问题，需要有更多的说明、论证。这样，道安作为一个"外涉群书，善为文章"（《高僧传》卷五《道安传》）的具有深厚中国传统文化修养的人，又处在玄学笼罩的学术环境中，从道家，特别是庄子思想中感受、吸收那种极为清晰的根源性观念，来解释《般若经》中隐没的"首尾"也是很自然的。《庄子》中谈道"万物出乎无有……而无有一无有"（《庚桑楚》），所以虽然庄子不谈"开始"，认为"未始有始"（《则阳》），但他还是认为万物最初的存在状态是"无"。在庄子思想中，这种"无"也正是"道"的一种表现或存在形式，因为"道无为无形"（《大宗师》），"唯道集虚"（《人间世》）；归心于"无"也就是"返真""体道"②的最高精神境界的表现或途径，即所谓"彼至人者，归精神乎无始，而甘冥乎无何有之乡"（《列御寇》）。显然，烙在道安"本无"般若思想上的中国思想痕迹，正是这种庄子思想，正是在这种庄子思想影响下形成的"立论以为天地万物皆以无为本"（《晋书·王弼传》）的玄学思想。

从以上所论可以看到，晋代佛学中的心无、即色、本无三家对般若空观的理解是有分歧的，但受到庄子思想的影响却是共同的；而且这种分歧，从某种意义上说正是由于它们感受的和接受的庄子思想影响有所不同的结果。概言之，"心无空"直接导源于庄子"吐尔聪明，伦与物忘"的精神修养方法；"即色空"中具有庄子认识论中经验层次上的主观认识的相对性和事物感性表象的不确定性的观念因素；"本无空"和庄子关于世界根源（"道"）的本体论特征（"无"）的思想观点在观念上是相通的。

两晋佛学般若思想，除了上述最有影响的心无、即色、本无三家外，就是从中观般若立场对这三家提出批评的僧肇自己的般若思想。僧肇的般若空观是"不真空"，他在《不真空论》中写道：

---

① 竺法护、无叉罗（无罗叉）分别是《光赞般若经》和《放光般若经》的译者。

② 《庄子》写道，"谨守而勿失，是谓反其真"（《秋水》），"夫体道者，天下之君子所系焉"（《知北游》）。

欲言其有，有非真生；欲言其无，事象既形。象形不即无，非真非实有，然则不真空义，显于兹矣。

也就是说，万物既不是因"心无"而空，或"即色"是空，或"本无"就空，而是亦有亦无，或非有不无的"不真"之空。僧肇的般若空观（不真空）在三个基本点上完全符合中观思想。首先，在对事物（"法"）的观察、认识方法上，他运用的是因缘"中道义"。僧肇说："有若真有，有自常有，岂待缘而后有哉？譬彼真无，无自常无，岂待缘而后无也？若有不能自有，待缘而后有，故知有非真有。有非真有，虽有不可谓之有矣。不无者，夫无则湛然不动，可谓之无，万物若无，则不应起，起则非死，以明缘起，故不无也。"（《不真空论》）简言之，因为是缘起，故非真有；因为是缘起，故不无。其次，在认识的最终结论上，得出的是"空"相："圣人之于物也，即万物之自虚。"（《不真空论》）最后，能由中观认识升华到"涅槃与世间，无有少分别"（《中论·观涅槃品》）境界："道远乎哉？触事而真；圣远乎哉？体之即神。"（《不真空论》）可见，僧肇对中观思想有深刻的、准确的理解，所以罗什曾称赞他是"秦人解空第一者"（元康《肇论疏》引《名僧传》）。但是，另一方面，从僧肇的全部著作中也可以看出，僧肇作为一个"历观经史，备尽坟籍……每以庄老为心要"（《高僧传》卷七《僧肇传》）的在中国传统的文化环境中成长的中国佛教学者，他的般若思想也有中国思想的痕迹，而且最为明显的也是庄子思想痕迹。

僧肇般若思想中的庄子思想痕迹，或者说受其影响，主要有两点。一是在他具体论证"非有不无"的"中道义"时，除运用印度佛学传统的从事物构成角度来观察的"因缘"说外，还援用了中国思想，特别是庄子思想中的从认识角度来观察的"名实"说，《不真空论》写道："以名求物，物无当名之实；以物求名，名无得物之功。物无当名之实，非物也，名无得物之功，非名也。是以名不当实，实不当名，名实无当，万物安在？……故知万物非真，假号久矣。"通常，我们总是用一个名来指称一个物（实），应该说这一指称尽管有约定俗成的社会客观性，但就其本质来说也具有人的主观随意性。僧肇就是据此而认为"名"和"实"并不相符，或者说物并没有和其"名"相符的"实"；并进而认为我们认识中的物（即用"名"称谓的"实"）也是主观假象（"非真"）。《庄子》中写道，"道行之而成，物谓之而然"（《齐物论》），"名者，实之宾也"（《逍遥游》），可见庄子也认为事物的名称是人赋予它的，如同路是人走出来的一样，没有必然的、固定相符的内容。可以推断，庄子观察到名、实之间的或然性关系，并且有否定"名"的倾向，都对僧肇有所感染，但是，庄子并没有因此而否认"实"，他曾反问说："固有无其实而得其名者乎？"（《庄子·大宗师》）如前所述，在认识的、感性的、经验的层次上，庄子认为事物的性状（如大小、同异、贵贱等）有不确定性，有"名相反而实相顺"（《庄子·庚桑楚》）的名实不相符的情况，但事物的存在却是真实的。僧肇则由"名实无当"，名号是假，更跨进一步，认为万物亦非真。二是在般若思想总的观念背景上，僧肇在印度佛学固有的"诸法缘起"观念上，又增添了庄子思想的"齐物"观念。僧肇在他的著述里多次表述了"齐物"的观点，如说"天地一旨，万物一观，邪正虽殊，其性不二"，"大士美恶齐旨，道俗一观"（《维摩经注·弟子品第三》），"即真则有无齐观，齐观则彼此莫二，所以天地与我同根，万物与我一体"（《涅槃无名论》）。显然，这些与《庄子》所论"天地一指，万物一马"，"是非之涂恶能知其辩"（《齐物论》），"万物一齐"，"是非不可为分"（《秋水》）等，在观念上是相通相承的。不同之处在于，庄子的"齐物"表现出的是一种"圣人和之以是非，而休乎天钧"（《齐物论》）的相对主义的认知态度，和一种"天下也者，万物之所一也；得其所一而同焉，则四支百体将为尘垢，而死生终始将为昼夜，而莫之能滑，而况得丧祸福之所介乎"（《田子方》），即一视万物万境，不为生死利害之所动的精神境界。僧肇的"齐物"则是"内引真智，外证法空"（《维摩经注·文殊师利问疾品第五》），即由齐是非而证得兼容空（无）、假（幻有）世界"空"的本来面目（中观般若的"实相"），"万品虽殊，未有不如，如者将齐是非、一愚智，以成无记无碍义也"（《维摩经注·菩萨品第四》）；进而达到与这种"空"相为一体的个人的一切思虑皆熄灭的，即所谓"彼此寂灭，物我冥一"（《涅槃无名论》）的"涅槃"境界。

从以上分析中可以得出结论，僧肇的般若思想，乃至心无、即色、本无名的般若思想，尽管因吸收庄子思想而对印度佛学显示出中国佛学的新特色；但另一方面，它或它们作为佛家思想仍和庄子思想之间具有明显的差别和界线。

两晋佛学对印度佛学另一个根本的思想观念——涅槃的理解、消化也受到庄子思想的影响，带有庄子思想的痕迹。涅槃（也音译为"泥曰""泥洹"），罗什意译为灭、灭度，玄奘则意译为圆寂。① 其义是指一种无烦恼、断思虑的寂灭状态，这是佛教宗教实践的最终目标，本质上是一种精神境界。在印度佛学的历史发展中，对涅槃这一最高境界的精神内容和实现途径的解释也有变化。小乘佛学中，一般把涅槃分为"有余涅槃"和"无余涅槃"两种。"诸漏永尽，寿命犹存，大种造色，相续未断，名有余依涅槃界……诸漏永尽，寿命已灭，大种造色，相续已断，名无余依涅槃界。"（《发智论》卷二）也就是说，有余涅槃是指断除贪欲、烦恼，但作为前世惑业造成的果报人身还在，故不彻底；无余涅槃则是灭智、灭身，生死因果都尽，这是小乘佛教追求的最高境界，一种生命的永恒寂灭的结局。大乘佛教对涅槃内容和途径的理解，由小乘的艰苦的、严格的，实际上是否定人生的宗教修持，转向努力实现认识上的某种彻底的觉悟，达到的是一种义解性质的精神境界。具有代表意义的是中观派的"实相涅槃"和瑜伽行派的"转依涅槃"。中观派认为"诸法实相，即是涅槃"（《思益梵天所自经·解诸法品》），能够证得或认识到"亦有亦无"的世间本来面目（"实相"）即是"涅槃"，如龙树说："以般若波罗蜜利智慧力做，能破五众，通达令空，即是涅槃寂灭相。"（《大智度论》卷八三）实际上，这是对世界是"空"的体验、悟解。瑜伽行派认为"无始时世界，一切强等依，由此有诸趣，及涅槃证得"（《成唯识论》卷三），也就是认为"无始"以来，作为宇宙万有（"一切法"）的总根源的阿赖耶识（藏识），不仅是众生业报轮回（"诸趣"）的最终本原，也是解脱这种轮回（"涅槃"）的根本依据。但这是一个认识由"偏执"到"圆成"、心灵由"杂"到"净"的长期不断的积累过程，即所谓"此第八识执持一切顺还灭法，令修行者证得涅槃"（《成唯识论》卷四）。

---

① 隋朝释灌顶的《涅槃经玄义》（卷上）列举了 10 种意译。

瑜伽行派学说大约是公元 5 世纪由无著、世亲兄弟开创，7 世纪才由玄奘传入我国。这样，在两晋南北朝时期，充盈着般若思想的中国佛学对涅槃的理解、诠释就是属于大乘空宗性质的；并且在玄学风靡的学术背景下，对佛教这一最高境界的精神特征的描述也染有明显的庄子思想特色。

两晋时第一个对涅槃提出具有中国思想特色的理解的是慧远。他著有《法性论》，认为涅槃就是皈依一种具有本体意义的、不变的"法性"。《法性论》已佚，但《高僧传》有明确的记述：

> 先是中土未有泥洹常住之说，但言寿命长远而已。远乃叹曰："佛是至极则无变，无变之理岂有穷耶？"因著《法性论》曰："至极以不变为性，得性以体极为宗。"（慧皎《高僧传》卷六《慧远传》）

慧远进而认为这种作为万有（"法"）最后本原的不变的、"至极"的"法性"就是一种"空"或"无"性；能够体认悟解到万有这种"无"或"空"之性，就是入于"至极"——涅槃：

> 无性之性，谓之法性。法性无性，因缘以之生。生缘无自性，虽有而常无，常无非绝有，犹火传而不息……识空空之为玄，斯其至也，斯其极也。（《大智论钞·序》）

慧远的"法性"观念内容比较复杂，甚至有某种矛盾。他一方面认为"法性""无自性"，是"无"；另一方面又认为它"犹火传而不息"，有某种不灭的本性。这样，慧远实际上是将这种"无自性"本体化了。而涅槃就是对这种不变本性（本体）的体认、皈依。所以他说："泥洹不变，以化尽为宅……冥神绝境，故谓之泥洹。"（《沙门不敬王者论》之三）显然，这种涅槃观念是在印度佛学的思想母体上又嫁接了庄子思想的新内容。《庄子》中写道，"与道徘徊"（《盗跖》）、"与道相辅而行"、"与道游于大莫之国"（《山木》），可见，对于作为世界最后本原、本体的皈依，正是庄子人生哲学中的一种精神追求、一种精神境界。

《庄子·养生主》的最后一个立论是"指穷于为薪，火传也，不知其尽也"，慧远在这里把"法性"的不灭、不变的本体性质比作传而不息的"火"之性，正是渊源于此。史称慧远"少为诸生，博综六经，尤善庄老"（慧皎《高僧传》卷六《慧远传》），他的涅槃观念中显现了某种庄子的思想观念应该说是不难理解的。

僧肇在《涅槃无名论》①里表述了另外一种涅槃观点，描述了另外一种涅槃境界：

> 涅槃之为道也，寂寥虚旷，不可以形名得，微妙无相，不可以心知……斯乃希夷之境，太玄之乡，而欲以有无题榜，标其方域，而语其神道者，不亦邈哉！（《开宗第一》）

可见，僧肇所要达到的涅槃境界不是指某种最后本体，而是不可以言语表述的、超越有无形名的"无相"的那种状态——"希夷之境"或"太玄之乡"。这种状态或境界，虽然不能以言象表述，却可以用"中观""齐物"的认识方法去观照、建构。僧肇说：

> 子独不闻正观之说欤……不在方，不离方；非有为，非无为；不可以识说，不可以智知；无言无说，心行处灭。以此观者，乃名正观……然则涅槃之道，不可以有无得之，明矣。（《位体第三》）
>
> 涅槃之道，妙尽常数，融冶二仪，涤荡万有，均天人，一同异，内视不己见，返听不我闻，未尝有得，未尝无得。（《玄得第十九》）

僧肇用"正观"（即"中观"）、"齐物"（即"融冶万有"）观照出的"不在方，不离方""未尝有，未尝无"的"希夷之境"，在僧肇看来，这就是世界的本来面目、根本状态（"实相"），与这种状态冥合一体，就是

----

① 汤用彤曾举出五点论据（《汉魏两晋南北朝佛教史》第十六章），论证《涅槃无名论》非僧肇所作。侯外庐、吕澂对汤用彤的论据和结论提出不同看法，认为尚须作进一步的考证和研究（《中国思想通史》第三卷第十章，《中国佛学源流略讲》第五讲）。此篇中论及的顿、渐之争正是晋宋时的佛学问题，且篇中文字亦为梁慧皎《高僧传·僧肇传》所引录，因此，无论此篇作者谁属，将其视为六朝时一种涅槃观点的代表，皆可成立。

"涅槃"。所以僧肇说：

> 于外无数，于内无心，彼此寂灭，物我冥一，泊尔无朕，乃日涅
> 槃。（《妙存第七》）
> 涅槃之道，存乎妙契；妙契之致，本乎冥一，物我玄会，归乎无
> 极。（《通古第十七》）

可见，僧肇的涅槃观念与慧远有甚为明显的区别。在僧肇这里，构成涅槃境界的不是"法性"（"无自法"），而是"实相"（"不在方，不离方"或"未有未无"）；不是"至极"而是"无极"。僧肇达到涅槃境界，是融入万有齐一的那种根本的、"无朕"状态的"空"，而不是慧远那种皈依万有共同的、具有本体性质的"不变"的"空"。当然，这种区别从印度大乘佛学的般若立场来看是不存在的，或者说是难以显现的，"法性""实相"皆是"空"，皆是"常住不动"，所谓"世间诸法性者，即是诸法实相，诸法实相，即是般若波罗蜜"（《大智度论》卷六五），但在中国思想立场上，用庄子思想来观察，这种差别却是清晰可辨的：慧远的涅槃思想中显然是感受了庄子的"道"的本体论思想观念，而影响了僧肇的涅槃思想的则是庄子的"万物皆一"（《庄子·大宗师》）的相对主义的认识论观点和由此而导向的"万物与我为一"（《庄子·齐物论》）、"而游乎无何有之乡"（《庄子·应帝王》）的精神境界。

和僧肇同出于罗什门下的竺道生，在《涅槃经》的理论观点基础上形成了又一种涅槃观念：涅槃是对"佛性"的返归或实现。《涅槃经》的一个中心的、基本的命题或思想就是"一切众生，悉有佛性"。什么是"佛性"？当时涅槃学者解说纷纭[①]，从宽泛的大乘佛学的立场上看，涅槃学说中的"佛性"，也就是般若学说中的"实相""法性"，诚如后来吉藏所说，"经中有明佛性、法性、真如、实相等，并是佛性之异名"（《大乘玄论》卷三）。但竺道生对"佛性"的理解和规定融进了庄子思想，比这

---

① 吉藏的《大乘玄论》（卷三）将佛性说分列为十一家，进而又概括为以"假实""心识""理"来解释"佛性"的性质或规定其内涵的三家。

要丰富得多。竺道生说，"如烟是火相，能烧是性，相据于外，性主于内，体性相之通称"（《法华经疏·方便品》），也就是说，事物都有相（形态）、性（性质）两个方面。竺道生也正是从相、性这两个方面来理解、规定"佛性"的。从"相"上说，竺道生认为"佛性"如同"实相"一样，是一种"至象无形，至音无声，希微绝朕之境，岂有形言"（《法华经疏·序品》）的超绝言表的"无"相；从"性"上说，竺道生对"佛性"性质的规定可归纳为三①。一曰"佛性本有"。竺道生说："良由众生，本有佛之见分，但为垢障不现耳。佛为开除，则得成之。"（《法华经疏·方便品》）即在竺道生看来，佛性是众生所固有的内在本性，成佛或涅槃之境的达到，就在于扫除覆盖在"佛性"上的"垢障"，使本性得以复现，"苟能涉求，便返迷归极，归极得本"（《大般涅槃经集解·序题经》），"涅槃惑灭，得本称性"（《大般涅槃经集解·德王品》）。正是这种内在本性从根本上决定了"一切众生，莫不是佛，亦皆泥洹"（《法华经疏·见宝塔品》）。竺道生的众生"佛性本有"的思想观念，从它的佛学根源来说当然是源自《涅槃经》："一切众生，悉有佛性"；但是他把这种"佛性"客体化、实体化，进而提出"返性"而"得本"，却是印度佛学所没有的。从中国思想的范围内看，《庄子》中写道，"性者，生之质也。性之动谓之为，为之伪谓失"（《庚桑楚》），"修浑沌氏之术者……无为复朴，体性抱神，以游世俗之间者"（《天地》），可见，认为人具有某种内在的、固有的本然之性，主张"反其性情而复其初"（《缮性》），正是庄子思想中的人性论内容。竺道生早年习小乘一切有部教义，后又从罗什学般若中观学，最后又转入涅槃学，并且"中年游学，广搜异闻"，玩味"《易》之牛马，《庄》之鱼鸟"（《广弘明集》卷二六《竺道生法师诔文》），是位佛教义学理路极为开阔同时具有异己学说观念背景的佛家学者，容易越出传统佛学的樊篱。因此可以推断，竺道生"佛性本有"中的新的思想观念是受到庄子人性论感染的结果。二曰"佛性自然"，竺道生注解《涅槃经》"非因非果，名为佛性"说："不从因有，又非更造

---

① 汤用彤亦曾概括说："生公陈义，要言有三：一曰理，一曰自然（或曰法），一曰本有。"（《汉魏两晋南北朝佛教史》第十六章）

也。"注解"非因果故常恒无变"说："作有故起灭，得本自然，无起灭矣。"（《大般涅槃经集解·师子吼品》）显然，《涅槃经》中在这里出现的"佛性"乃是指一种超脱因果轮回关系的"常住不变"状态，这基本上也是大乘佛学"实相""法性"的含义。但竺道生却援用了道家思想中关于事物固有性质的"自然"观念予以诠释，并且进而认为能和这种本然的、"无作"的自然冥合，就是达到"佛性"境地："夫体法者，冥合自然，一切诸佛，莫不皆然，所以法为佛性也。"（《大般涅槃经集解·师子吼品》）《庄子》中也写道，"常因自然而不益生"（《大宗师》），"顺物自然而无私容"（《应帝王》），"莫之为而常自然"（《缮性》）。不难看出，行进在追寻"常住"的"涅槃"的宗教修持途径上，竺道生不自觉地蹿进了庄子为避免嗜欲伤性而提出的一种精神修养方法的轨道上。三曰"佛性即理"。佛性虽是无相，但具有确定的内在的性质，那是众生皆有之性（竺道生释为"本有"），是超因果的常住状态（竺道生释为"自然"），佛性的这种确实性竺道生称之为"理"。他说，"真体复何在？推无在之为理，是诸法之实也"，"理既不从我为空……无我，本无生死中我，非不有佛性我也"（《注维摩诘经·弟子品》），"众生心相无垢，理不得异，但见与不见为殊耳"；又说，"真实之理，本不变也"（《大般涅槃经集解·纯陀品》），"真理自然"（《大般涅槃经集解·序题经》），"如来理圆无缺，道无不在"（《法华经疏·序品》），等等。显然都是用"理"来指称超绝言表的"佛性"，表述它的"本有""自然"的真切性质。这样，在竺道生那里，"归极得本"，返归或复现"佛性"的涅槃宗教修持过程，就转变为一种"明理""悟理"的认识过程，竺道生说，"情不从理谓之垢，若得见理，垢情必尽"，"观理得性，便缚尽泥洹"，"佛为悟理之体"（《注维摩诘经·弟子品》），"以明理转扶疏，至结大悟实也"（《注维摩诘经·佛道品》）。也转变为一种"从理""当理"的一般生活实践过程，竺道生说，"从理故成佛果，理为佛因也"（《大般涅槃经集解·师子吼品》），"当理者是佛，乖则凡夫"（《大般涅槃经集解·文字品》）。竺道生的"明理""从理"的观点，虽然根本性质上仍是佛教的宗教实践，但它蕴含着的十分明朗的理性因素，显然是与印度佛学传统不相协调的，它只能在中国固有的传统思想中，更具体地说在《庄子》

中寻觅到最初的观念渊源。庄子认识论在跨过事物感性不确定性的经验层次之上，即理性层次上，也认为有"天理""固然"（《庄子·养生主》），这是一类事物所共有的具有稳定性的内在属性；并且主张对"理"应有认识和遵循，如说"知道者必达于理"，"论万物之理"（《庄子·秋水》），"圣人……循天之理"（《庄子·刻意》），"从天之理"（《庄子·盗跖》），等等。可以肯定，正是庄子的这些观点被竺道生吸收、融进佛学而形成"佛性即理"的思想观念。

也许可以说，在六朝的佛教学者中，感受了中国思想，特别是庄子思想最深刻有力影响的就是竺道生。这不仅表现在他的"涅槃佛性"说带有庄子人性论、认识论和精神修养方法三个方面的思想烙印，而且更加惊人的是他不是凭借佛教经典或单纯的佛教信念，而是根据庄子思想中"气"的观念和理性的逻辑力量对"阐提①成佛"的论证：

> 禀气二仪者，皆是涅槃正因，三界受生，盖唯惑果，阐提是含生之类，何得独无佛性？盖此经②度未尽耳。（日僧宗法师撰《一乘佛性慧日钞》引《名僧传》）

昙无谶在北凉玄始十年（421年）译出的四十卷本《大般涅槃经》（史称"大本"）中说"如一阐提，究竟不移，犯重禁，不成佛道，无有是处"（卷五《如来性品第四》），但在此先由法显于东晋义熙十四年（418年）译传的六卷本《大般泥洹经》（史称"六卷泥洹"）（卷三）却说，"如一阐提……若佛者，无有是处"。竺道生在"文本"尚未传来之前，就敢于呵责"六卷泥洹"义有未尽，断言包括一阐提在内的众生皆有"佛性"，皆成"佛道"，他的一个实质性的论据，就是众生皆"禀气二仪"，这是纯粹的中国思想，是"通天下一气耳"（《庄子·知北游》）的庄子思想。虽然他的"一阐提者，不具信根，虽断善，犹有佛性事"

---

① "一阐提"（略称"阐提"），意译"信不具"。小乘经典指称不具信心、断了善根、不能成佛的人。

② 指法显翻译的六卷本《大般泥洹经》，此经出小乘经典《长阿含》中，认为一阐提不能成佛。

（《名僧传抄·说处》）的见解招来"摈遣"（开除）的教律处分，但"众生皆禀气"这一中国思想（庄子思想）与"众生悉有佛性"这一宗教观念之间的十分坚固的逻辑一致性、必然性，仍使他坚持自己的观点"与实相不相违背"（《高僧传》卷七《竺道生传》）。竺道生的涅槃学说开始显现了中国佛学有可能离开印度佛学的固有理论轨道而独立发展的前景。

总之，印度佛学是个概念、观念极为繁杂众多而又经历了显著、频繁地变迁的思想体系。印度佛学作为一种异质文化的思想观念经过中国传统思想的理解和消化，成为具有中国思想特色的中国佛学，从两汉之际到六朝时期也经历了一个相当困难的过程；在这个过程中，从上面所论述的对其中的两个根本的思想观念——作为对世界的根本观察的般若思想和作为追求目标的涅槃境界的理解和消化的情况看，庄子思想起了主要的作用。

（三）庄子思想与中国佛学思想的独立发展

隋唐时期，中国佛教进入了历史上的鼎盛阶段，出现了宗派；中国佛学也迎来了发展的高峰，这就是在天台宗、华严宗和禅宗宗教理论中所表现出脱离印度佛学传统的理论轨道，而吸收、融进中国思想或是在其观念背景下的独立发展。构成或体现这种独立发展的主要理论内容——天台、华严的"判教"，天台"性具实相"和华严"法界缘起"的新的佛学本体论观点，以及禅宗"识心见性"的独特的佛教修持理论，都在不同程度上感受或接受了庄子思想中的历史观念、总体观念和自然观念。

1. 历史观念——天台宗与华严宗的"判教"

虽然从宽泛的意义上说，历史是任何事物都有的，作为其存在的连绵不断的展现，但是历史感却是人类所特有的自我觉醒的一种表现。在中国传统思想中，历史感是一个十分活跃的精神因素和理论支点。就儒家思想来说，诚如章学诚所说"六经皆史也"（《文史通义·易教上》），对社会政治伦理道德具有历史感的观察记述和理论升华，既是儒家思想的载体，也是它的主要内容。庄子思想中的历史意识也很强烈，也很广泛，《庄子》中写道，"太初有无，无有无名，一之所起，有一而未形。物得以生谓之德，未有形者有分，且然无间谓之命，留动而生物，物成生理谓之形，形体保神，各有仪则谓之性，性修反德，德至同于初"（《天地》），

"察其（人）始而本无生，非徒无生也，而本无形；非徒无形，而本无气。杂乎芒芴之间，变而有气，气变而有形，形变而有生，今又变而之死"（《至乐》），这是庄子自然史和生命史的观点。庄子还强烈地感受到和激情地表述了社会生活的演变："夫尊古而卑今，学者之流也。且以狶韦氏之流，观今之世，夫孰能不波！"（《外物》）除此以外，庄子又发现并记述了另一重要的历史现象——人的精神史。从《庄子》中看，庄子学派从特定的哲学立场观察和揭示的人的精神发展史有三点内容。第一，作为个体的人的精神境界由低到高的发展历程。《庄子》中有则寓言，借女偊和南伯子葵的对话把"学道"的境界成长过程描述出来："吾犹告而守之①，三日而后能外天下。已外天下矣，吾又守之，七日而后能外物。已外物矣，吾又守之，九日而后能外生。已外生矣，而后能朝彻。朝彻而后能见独，见独而后能无古今，无古今而后能入于不死不生。杀生者不死，生生者不生，其为物无不将也，无不迎也，无不毁也，无不成也，其名为撄宁。"（《大宗师》）这是一个道家人物的精神境界由"外天下""外物""外生"到（最高的）"无古今""不生不死"的"撄宁"的修养过程。抛开道家精神追求的特殊内容，可以说这一具体过程也蕴含着人的精神境界提高过程的普遍的内容和共同的特征，即是一个由易及难、由粗到精，在越来越广泛、高远的范围内超越自我的过程。第二，作为群体意识的百家学说由一到多的繁衍过程。庄子学派在《天下篇》中第一次对繁荣发达的先秦学术思想作了总结。《天下》认为古之道术"无乎不在"，天下学术"皆原于一"；歧异纷纭的先秦学术，如墨翟、禽滑厘，宋钘、尹文，彭蒙、田骈、慎到，关尹、老聃等诸子之学，皆是"得一察焉以自好"，"各为其所欲焉以自为方"，一偏一曲而已。第三，认为庄子思想所具有的那种境界和学说内容，无论就个人的精神发展或群体的百家之学来说，都是最高的、最后的层次。《庄子》中概述庄子思想的高远境界是"无南无北，无东无西，始于玄冥，反于大通"（《秋水》），"上与造物者游，而下与外死生无终始为友"（《天下》），形容庄子思想广博深邃的内容是，"万物毕罗，莫足以归……其理不竭，其来不蜕，芒乎昧乎，

---

① 郭庆藩《庄子集释》本作"吾犹守而告之"，此据闻一多《庄子内篇校释》改。

未之尽者"（《天下》），殆高于百家之学①，显然是把庄子思想视为人的精神和思想发展的终点。中国佛学第一个异于或独立地发展了印度佛学的理论思想——"判教"，正是在中国传统思想的浓厚的历史观念背景下，特别是在庄子的精神史观念的感应下形成的。

"判教"就是对传入中国的佛教经典和佛学思想作系统的、历史的梳理、分析。早在南北朝时，随着印度佛学的大、小乘各派经典陆续译出和同时传播，由印度佛学在长期历史发展的理论变迁、更迭所逐渐形成积累起来的小乘、大乘之间以及大乘内部的理论思想的差异、矛盾，变得更加显著起来，开始困扰中国佛教学者。把印度东流的一代佛法作为一个整体给予分析、解释，就成了中国佛学的一个十分迫切的理论要求。南北朝时中国佛学的判教结论众多不一，智顗在《法华玄义》中概括为"南三北七"（卷十上），但其实并没有超越最早以"五时""顿渐"判释的慧观判教理论，这一理论的基本构思，是以教理（如有相、无相、常住）和教法（如顿、渐）观察、确定佛教思想的理论层次和经典次第，并将其纳入佛陀的生平历史阶段，构成佛法的统一整体，消弭前后经论的矛盾。例如，"南三"的第一家是虎丘笈师，他认为渐教有三种：释迦成道后先讲诸法实有，内容属小乘，是"有相"；后讲大乘经，从《般若》《维摩》直到《法华》，偏重于讲空，是"无相"；佛的最后说法是《涅槃经》，讲常乐我净，是"常住"。"北七"中的慧光"四宗论"认为一代佛教可判为因缘（立性）、假名（破性）、不真（诳相）、真（显实）四宗，分别领属毗昙、成实、般若、涅槃诸部经论。显然，这些判释并不完全符合印度佛教演变的历史实际，重要的是在佛学理论中吸收了、融进了印度佛学所没有的那种历史意识。

隋唐时，天台宗"五时八教"和华严宗"三时五教"（"五教十宗"）的判释，又把中国佛学的判教理论推进了一步，借历史的观念笼络佛学整体的理论特色更加鲜明。并且，在三个主要之点上都和庄子思想的精神史观念相应合。第一，佛教学说有一个从元点而有序展开的历史过程。天台

———————————

① 今本《天下篇》在叙述庄子学派后，又胪述惠施"历物之意"十事和辩者二十一个论题。晚近学者考证，认为这是《庄子》佚篇《惠施》窜入，甚是。

宗认为这就是佛在华严时、鹿苑（阿含）时、方等时、般若时、法华涅槃时五个不同时期说法所产生的五类经典①。华严宗则把这一过程纳入喻为"日出先照""日升转照""日没还照"的三时中②。第二，佛家的觉悟或境界有一个逐步升高圆熟的过程。天台宗称之为三藏教、通教、别教、圆教。唐末高丽沙门谛观援引《涅槃经》中乳之喻来解释这一过程："二乘③根性在华严座不信不解，不变凡情，故譬其乳。次至鹿苑，闻三藏教，二乘根性依教修行，转凡成圣，故譬转乳成酪。次至方等，闻弹斥声闻，慕大耻小，得通教益，如转酪成生酥。次至般若，奉敕转教，心渐通泰，得别教益，如转生酥成熟酥。次至法华，闻三周说法，得记作佛，如转熟酥成醍醐。"（《天台四教仪》）华严宗称之为小乘教、大乘始教、大乘终教、顿教、圆教。法藏以"事理"观解释说，"'小'属法是我非门，'始'属缘生无性门，'终'属事理混融门，'顿'属言尽理显门，'圆'则法界无碍门"（《游心法界记》），"摄义从名门如小乘说，摄理从事门如始教说，理事无碍门如终教说，事尽显理门如顿教说，性海具德门如圆教说"（《华严一乘教义分齐章》卷二）。第三，皆以自己崇奉的经典为佛教理论和境界的最高阶段。天台宗"三谛圆融"的根本教旨依据《法华经》，故推崇"法华经最为无上"（智颛《法华玄义》卷二上），比喻说"海是坎德，万流归故，《法华》亦尔；江河川流，无此大德，余经亦尔，故《法华》最大也"（《法华玄义》卷一上），也就是视众经为"江河"，而《法华经》为"大海"。华严宗的根本思想"无尽缘起"援依《华严经》，所以赞颂《华严》最为广袤深邃，"华严经者，斯乃集海会之盛谈，照山王之极说，理智宏远，尽法界而亘真源，浩汗微言，等虚空而被尘国"（法藏《华严探玄记》卷一），认为"华严是别乘一教，不同彼也"（法藏《华严一乘教义分齐章》卷一），位在诸经之上。这些与《庄子》中对"学道"的精神境界提高过程的描述，对先秦学术的判析，

---

① 元僧元粹《四教仪备释》有一偈语："阿含十二方等八，二十二年般若谈。法华涅槃共八年，华严最初三七日。"（卷上）

② 见法藏《华严一乘教义分齐章》。

③ 佛教以声闻、缘觉、菩萨三种根性的人有三种不同的佛果为"三乘"。此指声闻、缘觉二根性者。

以及自我尊崇的表现，都有某种类似、应合。

当然，还不能说天台、华严判教理论在历史观念上和庄子精神史观念的这种应合是完全自觉的，但是可以肯定，判教理论试图通过在佛学中注入历史观念的因素，从而实现对分歧繁杂的佛教经典、理论和境界有一个完整的、具有历史感的宏观整体认识，是在中国文化环境中生长出来的一种理论创造力。

2. 总体观念——天台宗的"实相"和华严宗的"法界"

如前所述，和印度佛学相比，思索、追逐一个作为一切事物最后根源的本体或融涵着一切事物的总体，是中国传统思想的最重要的观念特征。隋唐时，这一观念融进佛学，产生了天台宗的"性具实相"和华严宗的"法界缘起"理论，是中国佛学独立发展的又一表现。由智颛完成的天台宗的理论核心"性具实相"实际上是由两个理论观点"一念三千"和"圆融三谛"组成。"圆融三谛"的观点可以在印度佛学中追寻到它的原始的理论形态。《般若经》中把达到般若最高境界的智慧分为由低到高的三种：道种智、一切智、一切种智。① 《大智度记》在解释这三种智慧时，认为三智虽然有先后次序，但积累到一定时候则可同时兼有。② 最早从这些经论中悟出一种禅法——"一心三智"的是天台二祖北齐慧文禅师。③他更联系《中论》"三是偈"④，以"空"为"真谛"、"假"为"俗谛"、"中"为"中谛"的"三谛"与"一切智""道种智""一切种智"的"三智"相对应，而提出"一心三谛"（"一心三观"）。可见，作为智颛"圆融三谛"的思想胚胎的慧文的"一心三观"，原来是偏重于止观的能观方面的一种智观、一种全智。但到了智颛这里发生了一种转变，"圆融三谛"不仅是观，也是境。智颛弟子灌顶解释这一转变说："妙心是境，

① 《摩诃般若波罗蜜经·序品》："欲以道种智具足一切智……欲以一切智具足一切种智，当行习般若波罗蜜。"

② 《大智度论》："自问曰：'一心中得一切智、一切种智，断一切烦恼习。今云何言以一切智具足一切种智，以一切种断烦恼习？'答曰：'实一切一时得，此中为令人信服般若波罗蜜故，次第差别说。'"（卷二七）

③ 《佛祖统记》："师（慧文）依此文，以修心观……观一心三智，双亡双照，即入初住无生忍位。"（卷六《二祖北齐尊者慧文本纪》）

④ 《中论·观四谛品》："因缘所生法，我说即是空，亦为是假名，亦是中道义。"

妙智是观，观境不二，能照能遮。所言境界，具三谛也。知真即空观，知俗即假观，知中即中观。常境无相，常智无缘，无缘而缘，无非三观，无相而相，三谛宛然。"（《天台八教大意》）也就是说，"三谛"不仅是全智（常智），也是全境（常境），所以天台宗的"圆融三谛"也就是世界的"实相"，"按其相性，即是即空即假即中"（《法华玄义》卷二上）；"圆融三谛"的世界"实相"，也就是世界总体，"一切世间治生产业，皆与实相不相违背，一色一香，无非中道"（《法华玄义》卷一上）。显然，智顗的"圆融三谛"从思想观念上经历了由智到境，由境到体的逻辑过程，不同于印度佛学的固有的"有—空—假—中"的理论轨道；"圆融三谛"在其理论终点上将"一色一香""一切治生产业"即世界总体纳入"实相"观念中，这与印度佛学最终地、本质地把"实相"解作"空"的涅槃境界也有所差异，而与庄子思想中的"道通为一"（《庄子·齐物论》）、"道覆载万物者也"（《庄子·天地》）的总体观念却是一致的。智顗"一念三千"在理论上的创造性和显现的总体观念都更加鲜明。智顗的"三千"是由印度佛学中的"十界""三世""十如"三个内涵并不相同的宗教观念组合而成。"十界"（"十法界"）之名出《华严经》，即地狱、饿鬼、畜生、修罗、人间、天上、声闻、缘觉、菩萨、佛，所谓"六凡四圣"，是对众生的分类；众生十界并非固定，而是随缘升沉，十界互具，构成百界。"三世"谓众生世间、国土世间、五阴世间，此出《大智度论》（卷四七），是对构成众生的条件或环境的分类。《法华经·方便品》称诸法如是相、如是性、如是体、如是力、如是作、如是因、如是缘、如是果、如是报、如是本末究竟等，这是对事物全部性状的概括。"十界""三世""十如"是印度佛学从不同方面对世界总体的划分。智顗在佛学理论上的一个巨大的创造或发展，就是认为十界、三世、十如同时在一心中显现。就数量而言，百界、十如、三世共三千，也就是"一念三千"，智顗说："夫一心具十法界，一法界又具十法界、百法界。一界具三十种世界，百法界即具三千种世界，此三千在一念心。若无心而已，介尔有心，即具三千。亦不言一心在前，一切法在后；亦不言一切法在前，一心在后。"（《摩诃止观》卷五）就天台宗"实相外更无别法"（《摩诃止观》卷一）的佛学理论观点说，这"三千"就是世界"实相"，而且是一切事物（"法"）的性相同时具有的"性具实相"。从一般的哲学理念上审视，"一念三千"蕴含着一种关于世界全部存在的总体的观念，在中国思想中，它相通于《庄子》中"道之所一"（《徐无鬼》）、"道无所不在"（《知北游》）所体现的思想观念。在智顗的著述中，时有援引《庄子》中特有的典故、概念的情况，如"当知有而不有，不有而有……庄周梦为胡蝶，翱翔百千，窹知非蝶，亦非积岁"（《摩诃止观》卷五），"至人本迹，渊哉难究，况复此渐顿不定，秘密之踪，皆无滞矣"（《四教义》卷二）。"庄周梦为胡蝶"是《庄子·齐物论》中的寓言故事，"至人"是庄子思想中的理想人格，智顗这里用来诠释佛学观点，标志佛家境界，由此可以印证，他的"性具实相"宗教思想中所蕴含的总体观念也是在自觉或不自觉中感受了庄子"道"为世界总体的思想观念的影响的结果。

华严宗的"法界缘起"理论，蕴含着、显露出具有中国思想特色的总体、本体的观念都更加明显。华严宗的"法界缘起"理论在思想观念的逻辑发展上与天台宗有所不同，它是在《华严经》"华严世界所有尘，一一尘中见法界"（引自唐译《华严经·华藏品》），无尽缘起的"海印"（一切皆印）佛境界中，客体化出一种世界总体（"法界"）；然后，又引进《大乘起信论》"自体有"的"真如"，将这种总体进一步实在化为本体（"真如法界""一心法界"）。《大乘起信论》自然有它的印度佛学的理论渊源①，但其真如（真心）不变、清净而随缘的基本观点②，却与印度佛学传统观念背驰，而甚为接近中国传统思想中庄子的"道……自本自根"（《庄子·大宗师》）而"无处不在"（《庄子·知北游》）的观念。《大乘起信论》署名"马鸣造，真谛译"，但印度无此书的梵文原本，真谛所译经典目录中也没有此书名，近代学者因此怀疑它是伪托。从基本的思想观点上看，《大乘起信论》正是融进了中国传统思想（庄子思想）的

---

① 吕澂《〈大乘起信论〉考证》一文认为，《大乘起信论》主要理论吸取于《楞伽经》，并融合了地论师和摄论师的不同说法。
② 《大乘起信论》中概括"真如"的内涵有六种"自体义"，"真如自体相者……从本以来，性自满足一切功德。所谓自体，有大智慧光明故，遍照法界义故，真实识知义故，自性清净心义故，常乐我净故，清凉不变自在义故……名为如来藏"，又有"违自顺他""违他顺自"两种"随缘义"。

中国佛学。所以就华严宗来说，它的真正的理论创造是在迈出的第一步，即在印度佛学思想中融进一种中国观念，由《华严经》的"海印"境界客体化出世界总相（总体）；而不在第二步，即沿着《大乘起信论》的中国思想观念走得更远。华严宗人将《华严经》的无尽缘起的海印佛境，客体化为世界总体，主要是富有创造性地提出和依借了两个理论观念：十玄无碍、六相圆融。① "十玄"最先是由华严二祖智俨在《华严一乘十玄门》中为诠释《华严经》的"一即一切，一切即一"那种最广泛的相互包摄、万象圆融的佛家境界而提出的。后来，三祖法藏又有所发展、修正，最后的名称是同时具足、广狭自在、一多相容、诸法相即、隐密显了、微细相容、因陀罗网、托事显法、十世隔法、主伴圆明（法藏《华严经探玄记》卷一）。显然，这是从空间（广狭）、时间（十世）、数量（一多）、体用（托事显法）、性状（隐显、微细）、关系（主伴）等各方面来显示事物的互相包摄、共同缘起（同时具足、诸法相即、帝网），也就是法藏所说，"此十门同一缘起无碍圆融，随有一门即具一切"（《华严经探玄记》卷一）。"一即一切，一切即一"本来是《华严经》中佛的宽广无比的包摄一切的境界，但"十玄"的解释实际上在意念上、观念上发生了一种变化，主体性的佛的"海印"境界，异化为客体性的世界总相、总体。智俨以无限多的玻璃球面相互映现的"因陀罗网"比喻佛境，用以说明"所以成其无尽复无尽，而不失因果先后次第，而体无增减"（《华严一乘十玄门》），法藏说，"一切众生本来无不在如来境界中，更无可入也"（《修华严奥旨安尽还源观》）。显然，这些都是把海印一切的佛境升华为兼容一切的世界整体、总体。由《华严经》的海印佛境客体化的世界总体，华严宗人一致称之为"法界"或"法界缘起"。如智俨说："经云'如一微尘所示现，一切微尘亦如是。故于微尘现国土，国土微尘复示现，所以成其无尽复无尽'，此即是法界缘起。"（《华严一乘十玄门》）法藏说："夫法界缘起，如帝网该罗，若天珠交涉，圆融自在，无尽难名"（《华严三宝章》卷下）。澄观说，"此经以法界缘起……为宗也。

---

① 实际上，法藏在《一乘教义分齐章》中，将华严宗的义理概括为四点：三性同异、因门六义、十玄无碍、六相圆融。但前两点是论述构成缘起说的原理，后两点才是论述无尽缘起的内容，显示出世界总相、总体。

法界者，是总相也，包理包事及无障碍……缘起者，称体之大用也"（《大华严经略策》）。显然，由佛境到法界，由海印到总相，在《华严经》与华严宗人之间尽管佛学的思想观念联系仍然十分紧密，但哲学观念实际上已有了很大的差异和变迁。这一情况和已在天台宗那里发生过的情况一样，都是由于在中国的文化环境中，中国传统思想中的庄子总体观念渗透进了佛学思想中的缘故。

"六相圆融"是华严宗对作为世界总体的"法界"的一种相观，这一观点的提出和运用，也表现了华严宗人的理论创造性。"六相"（总、别、同、异、成、坏）出自《华严宗·十地品》："愿一切菩萨行，广大无量，不坏不杂，摄诸波罗蜜，净治诸地，总相别相同相异相成相坏相，所有菩萨行，皆如实说……"（唐译《华严经》卷三四）这是初地十大愿中的第四愿。所以"六相"在其最初乃是对佛家心态的表述。后来，世亲在《十地经论》中提出"一切十句①，皆有六相"（卷一），即认为《华严经》的每个"十句"经文中，就其内涵而言，皆有"六相"：第一句的内容或所述是总相，是"根本人"，其余九句是别相，是"分别人"；第一句是同相、成相，其余九句是异相、坏相。这就多少改变了、扩大了"六相"的意蕴和运用范围。华严宗人则跨了更大的一步，实现了更大的思想观念的跳跃，把"六相"由原来作为心态、意识的相观，改变为事物（法）、世界总体（法界）的相观。法藏说，"一切诸法，皆具此六相"（《华严经义海百门·差别显现门第六》），"法界缘起，六相圆融，因果同时，相即自在，具足逆顺"（《华严一乘教义分齐章》卷四）。应该说，在事物整体和它的构成部分之间，世界总体和它包摄的个体之间，观察出互相圆融的总别、同异、成坏之相并不困难，至少在中国的思想观念背景下是这样，因为在庄子思想中对这一关系或物相早已描述得十分清晰："道通为一，其分也成也，其成也毁也，凡物无成与毁，复通为一。"（《庄子·齐物论》）完全可以推断，华严宗对印度佛学传统的"六相"观念的更新、发展，与这个清晰的观念背景映照有关。

---

① 《华严经》行文有个体例，常将论题分十个方面进行论述，是为"十句"。法藏说："依《华严经》立十数为则，以显无尽义。"（《华严一乘教义分齐章》卷四）

3. 自然观念——禅宗的"自性"

隋唐佛学中，也是整个中国佛学中与传统的印度佛学差异最大而中国思想色彩最浓的无疑是慧能开创的禅宗（唐代禅学的南宗）。禅宗是中国佛学离开印度佛学固有的理论轨道而独立发展的一个最重要的表现和结果。禅宗最根本的理论观点是认为，"三世诸佛，十二部经，亦在人性中，本自具有……若识本心，即是解脱"（法海《坛经》），也就是说，"佛性"就在人的"本性"或"自性"。所以，禅宗的根本宗旨就是"令学道者顿悟菩提，令自本性顿悟"（法海《坛经》）。应该说，禅宗根本理论观点和宗旨的观念渊源，还是存在于印度传统佛学的经典或理论体系内的，其中，最重要的是史传所记被禅宗"东土初祖"达摩认为是"汉地惟有此经，仁者依行，自得度世"（道宣《续高僧传》卷一六《僧可传》）而授予二祖慧可的四卷《楞伽经》，以及使慧能"一闻，心明便悟"（法海《坛经》）的《金刚经》。以一般的哲学理论立场来观察，《楞伽经》"如来藏自性清净"的观点，为禅宗"本心""自性"提供了本体论的观念基础，如慧能所说，"世人性净，犹如清天，于外著境，妄念浮云盖覆，自性不能明"（法海《坛经》），正是沿袭了《楞伽经》（卷一）中所述"如来藏虽自性净，客尘所复故，犹见不净"的大乘有宗的传统观点；而被无著、世亲分析出二十七个主题，包括了全部般若的主要思想的《金刚经》，则构成了禅宗顿悟的方法论基础，亦如慧能所说，"若大乘者，闻说《金刚经》，心开悟解，故知本性自有般若之智，自用智慧观照，不假文字"（法海《坛经》）。《坛经》还具体记述说，慧能听五祖弘忍讲解《金刚经》至"应无所住而生其心"时，顿悟"一切万法，不离自性"。所以，从根本观点的观念渊源来看，还显示不出禅宗有"教外别传"的特异的思想性质或理论色彩。但是，当禅宗的这些源自传统的印度佛学的根本理论观点在中国的思想文化环境中进一步发展和表现为具体的宗教实践时，确实是别开生面的，在理论和实践上都开创了印度佛学、中国佛学未曾有过的新局面。禅宗在中国传统思想观念背景影响下的宗教理论创造，归结于一点，就是对"自性"的诠释。在大乘有宗中，"自性"有多种名目或解释，如《楞伽经》（卷一）写道："如来藏自性清净……有时说空、无相、无愿、如、实际、法性、法身、涅槃、离自性、不生不灭、本来寂静、自性涅槃，如是等句，说如来藏。"禅宗摆脱了这些传统佛学观念的纠缠，而用一种简明的、具有中国思想特色的观念——"自然"来诠释"自性"（"本性""佛性"）。如禅宗门下第一博学之人、慧能晚年的弟子神会①说，"僧家自然者，众生本性也"，"佛性与无明俱自然，何以故？一切万法皆依佛性力故，所以一切法皆属自然"（《神会语录》）。《坛经》说，"自识本心，自见本性"，也就是说禅宗又用"本心"来诠释"本性""自性"。所以，贯穿禅宗始终的一个中心思想就是"识心见性，自成佛道"，"若识本心，即是解脱"（法海《坛经》）。

禅宗没有对它的"自然""本心"的含义作出更加明确的理论解释，但禅宗有则故事可以说明这个问题：

> 雪峰因入山采得一枝木，其形似蛇，于背上题曰："本自天然，不假雕琢"，寄于师（大安禅师）。师曰："本色住山人，且无刀斧痕。"（《五灯会元》卷四《百丈海禅师法嗣》）

显然，禅宗的"自然"（"本性""自性"）是指事物无任何人为痕迹的本然的存在状态，"本心"是指人的那种任何意念的本然的心境状态。所以禅宗又把自己的"识本心"的教派宗旨表述为"无念为宗，无相为体，无住为本"（法海《坛经》）。禅宗这一"自然"观念，在中国传统思想范围内和庄子思想的自然观念完全一致。《庄子》中写道："马，蹄可以践霜雪，毛可以御风寒，龁草饮水，翘足而陆，此马之真性也。"（《马蹄》）庄子也正是把事物的自然状态看作它的"真性"。

禅宗在中国思想观念背景下，以"自然""本心"来理解、诠释传统佛学中深奥的"佛性""自性"，在中国佛学中启动了一个巨大的理论转变，即以对人的本然状态的整体直观代替对人的心理状态和认识过程的具有神秘性质的细腻分析和烦琐论证。这个理论转变，使禅宗的宗教实践也呈现出十分独特的面貌，归纳言之有二。第一，独特的宗教实践内容——

---

① 僧史记述，神会"从师傅授五经，克通幽赜。次寻庄老，灵府廓然……其讽诵群经，易同反掌，全大律仪，匪贪讲贯"（赞宁《宋高僧传》卷八《神会传》）。

自然的生活。自六祖慧能说"一切经书，因人说有""十二部经，亦在人性中"（法海《坛经》），此后历代各派禅宗都一致认为"佛"的境界应在对人的"本心"体认中实现，而不是在经论教律的研诵中寻求。南岳系下的慧海说："佛是心作，迷人向文字中求，悟人向心而觉；迷人修因待果，悟人了心无相。"（《大珠禅师语录》卷下）希运也说："本体是自心体，那得文字中求。"（《黄檗断际禅师传心法要》）禅宗在宗教实践中常表现出对佛教经典的轻蔑，青原系下的四世宣鉴说"十二分教是鬼神簿"，并有"将疏钞堆法堂前举火焚之"的骇世之举（《五灯会之》卷七《龙潭信禅师法嗣》）。禅宗的某些具体说法或做法可能失当，但总的来说，禅宗摆脱教典束缚是建立在一个深刻的理解的基础上的，那就是如慧海在回答"何故不许诵经"时所说："经传佛意，不得佛意……得意者越于浮言，悟理者超于文字，法过言语文字，何向数句中求？是以发菩提者，得意而忘言，悟理而遗教，亦犹得鱼忘筌、得兔忘蹄也。"（《大珠禅师语录》卷下）禅宗对纯粹本然的"本心"的追求，一方面导致它对宗教理论热情和信心的衰退，另一方面也促使它对自然流露或表现"本心"的日常生活本身的自觉的亲近和融入，并且把这种生活实践上升为宗教实践。慧海回答"如何用功修道"的问题时说："饥来吃饭，困来即眠。"（《大珠禅师语录》卷下）义玄也说："佛法无用功处，只是平常无事，屙屎送尿，著衣吃饭，困来即卧。"（《临济慧照禅师语录》）所以在禅宗看来，"设解得百本经论，不如一个无事底阿师"（《临济慧照禅师语录》），生活（"平常无事"）高于教律。客观公正地说，禅宗把严肃繁难的佛教宗教实践还原为简单自然的生活实践，并不是放弃对佛家精神境界的追求，相反，正是在实现着这种境界。禅宗在日常的、自然的生活实践中体验佛家解脱、涅槃境界的那种具有某种神秘色彩的无念、无相、无住，本身要求对生活有某种理性的自觉（理性地认识到饥餐困眠即是一种"自然"——"本性""本心"），并进而超越这种自觉（超理性地、体验地融入"自然"，消失于本然之中）。禅宗宗教实践的这种独特性用马祖道一的话来说，就是"道不属修，若言修得，修成还坏，即同声闻；若言不修，即同凡夫"（《古尊宿语录》卷一），禅宗的宗教修持是在"不修"与"修"之上的"不修之修"，是"纵横自在，无非道场"（《黄檗断际禅师传心法要》)。换言之，禅宗认为，自觉的本然生活就是全部的宗教修持，就是"道场"。十分显然，形成禅宗这一宗教实践特色的两个方面，即对佛教经典的否定和对本然状态的追求，都不难从中国思想传统中的庄子思想里寻觅到它的观念根源。庄子思想里关于"道"有个基本观点："道不可言，言而非也。知形形之不形乎！道不当名。"(《庄子·知北游》) 也就是说，作为世界总体的、无形的"道"是超越文字语言之上的，是任何语言文字都不能完整确切表述的；语言文字只能使我们对"道"有某种意会，却不能达到"道"本身。《庄子》中用一个譬喻来说明这个观点："筌者所以在鱼，得鱼而忘筌。蹄者所以在兔，得兔而忘蹄。言者所以在意，得意而忘言。"(《外物》) 又用轮扁以斫轮的体会来讥讽桓公读书的寓言故事来证实这个观点："古之人与其不可传也死矣，然则君之所读者，古人之糟粕已夫。"(《天道》) 从上面所引述的禅家对佛教经典的议论和态度中可以看出，庄子的这个观点、这个譬喻、这个故事内容都为禅家所吸收。庄子也提倡并自觉实践着一种本然的、自然的生活方式。如《庄子》中写道，"常因自然而不益生"(《德充符》)，"无为名尸，无为谋府，无为事任，无为知主，体尽无穷而游无朕，尽其所受乎天"(《应帝王》)，"吾所谓臧者，任其性命之情而已矣"(《骈拇》)，等等。禅宗的"平常无事"的自然生活观念同庄子的这些观点在内在精神上是犀通的。当然，在理论内容和性质上的差别也是存在的，禅宗毕竟在本然的、自然的生活中又融进了一种超越生活的宗教精神，即自我最终消失在、寂灭在本然中的涅槃的追求；而这是庄子思想所没有的，庄子努力于最终达到的"万物与我为一"(《庄子·齐物论》)、"独与道游于大莫之国"(《庄子·山木》)是一种精神的绝对自由——"无待"("恶乎待")、"逍遥"。第二，独特的顿悟"本心"的方法——禅机。禅宗的基本理论观点认为"佛是自性作，莫向身外求"(法海《坛经》)，所以，觉悟"本心"是禅宗宗教实践的自始至终的目标。禅宗不主文字，纯任本然，对"本心"的性状没有任何具体的表述，只是一种本然的"无念无相无住"的整体状态；也没有发现或归纳出达到"本心"的固定可循的逻辑过程。这样，对"本心"的觉悟，必然是一种由体认而产生的整体直观，一种全息的把握——顿悟，即慧能所说"于自心顿现真如本性"

（法海《坛经》）。在中国佛学中，"顿悟"思想在东晋涅槃学中就已产生，禅宗的特点，在于它触发被接引者"顿悟"的方法十分特殊——禅机。它主要是用语言，也兼用动作，以疏导和堵截的两种方式，使被接引者的思绪唯一地、始终地指向"本心"，并最后觉悟"本心"（即"自性""佛性""真如"等）。例如，学徒问慧海"如何是佛"，慧海答："清潭对面，非佛而谁?"（《大珠禅师语录》卷下）这就是启发、疏导学者觉悟与镜面（水面）相对的那个人——自我，就是"佛"。而良价对僧徒"如何是佛"之问答曰"麻三斤"（《碧岩录》卷二），则是把他的心思阻挡回去，引起对自身的返照。这些是禅家语载禅机的典型事例。禅家以动作输送禅机的典型例子是道一揪痛怀海的鼻子（《古尊宿语录》卷一），道明拶伤文偃一足（《五灯会元》卷一五），怀海、文偃因疼痛而惊醒"自我"，"从此悟入"。禅家把这些由蕴藏着"禅机"（"机锋"）的语言、动作所构成的事例、故事称为"公案"。在禅宗历史上，这类公案十分众多，有的也十分奇特怪诞，但从根本的旨趣上来说，都是可以理解的，只是因为年代的久远，某一公案发生的那个具体的历史情境已经模糊、湮灭，特别是"堵截"式的、切断逻辑思路的那种禅机，因为没有历史情境作为背景、作为填充，就难以被后人理解、识破了。某些公案中的禅机难以被破解，除了失去历史情境的原因外，还有缺乏思想境界的缘故，这不仅是对后人，即使对当时的禅僧恐怕也是如此。原则上可以认定，禅宗历代法祖已经"识心见性"，能够"纵横自在，无非道场"，在这种极高的境界上，在这个宗教实践的终点上，他们向被接引者标举任何一物一事都具有全息的、整体的"佛性"的意义。但是，对于在较低境界上的，甚至是在起点上的被接引者，他们形成不了这样全息的认识，感受不到这种整体的体验。禅门接引者（诸祖）把终点的境界向在起点上的被接引者展示，禅宗"公案"或"禅机"带来理解上的混乱或困惑，都是由此而起。在搬柴劳动中，文偃（青原系下的云门宗开创者）拣起一片柴抛下，对僧徒说，"一大藏教，只说这个见"（《五灯会元》卷一五《雪峰存禅师法嗣》）。当僧徒问"如何是无位真人（佛）"时，义玄（南岳系下的临济宗开创者）说："无位真人是什么干屎橛。"（《临济慧照禅师语录》）义玄、文偃是在"入佛"境界谈"真相""实相"，但在"迷人"眼光中，这只能是一片柴、一橛屎，当然也可以作其他无端无边的、体现个人经验的、混乱的或美妙的遐想。就像在《庄子》里，庄子对东郭子说"道无所不在"，东郭子不理解，庄子为他举例说在蚂蚁身上，在稊子里，在瓦砾中，在屎尿里，东郭子茫然不知所措，仍然困惑不解（《庄子·知北游》）。① 以上所举禅家公案中的人和事，分别归属于南岳、青原两系之下，这就是说，独特的禅机顿悟方法是禅宗（南禅）各派所共同的。禅宗触发顿悟"本心"的禅机方法，不仅对于印度佛学来说是个创造，在中国传统思想中也难以有可比拟。然而，仍可以从庄子思想中发现与它相契合的思想观念。顿悟，用慧达论及竺道生"顿悟"说时所作的解释来说，就是"明理不可分，悟语极照，以不二之悟，符不分之理"（《肇论疏》）。换言之，顿悟就是对一个不可分割的逐一地予以认识的对象以全息的、直观的把握、了悟。在庄子思想中，作为万物最后根源和世界总体的"道"就具有这样的性质，所以如上面所述在庄子认识论的最高层次上对"道"的认识正是一种整体直观，这就是《庄子》所说"目击而道存，亦不可以容声矣"（《田子方》）。禅宗的"于自心顿现真如本性"，就其"识心见性"的直观性质而言，和庄子的"学道"（《庄子·大宗师》）是相同的。在庄子思想中，对"道"的真正的、最后的认识、了悟，实际上是在超越认识领域之外的精神修养实践领域内实现的，所谓"守而后成"（《庄子·大宗师》），《庄子》中称之为"体道"（《知北游》）。禅宗认为"平常心是道"（普愿语，见《古尊宿语录》卷一三），所以禅宗所说"自识本心"，实际上也不是一个认识过程，而是一个在日常生活中"随缘消旧业，任运著衣裳"（《临济慧照禅师语录》）的体验过程，这与庄子的"体道"在思想观念上也有契合之处。可见，禅宗"顿悟本心"虽然独特，但是构成这一宗教思维方式独特性的两个基本的方法论因素——整体直观、实践体验，其观念背景，甚至是渊源，仍然存在于中国传统思想中，存在于庄子思想中。

以上，简略地论述了佛学作为一种从印度传入的异质文化的思想观念

---

① 20世纪50年代，胡适和日本铃木大拙曾就禅的思想性质是理性的或是非理性的进行了尖锐对立的辩论。应该说，在历史情境中，从根本旨意上看，禅宗是理智的，可被逻辑地理解的；但是，在历史情境消失、思想境界错位的情况下，禅宗显然是被作为非理性的、非逻辑的来理解的。

在中国思想文化土壤里生根、发芽、结果的过程。在这个过程中，从最初的概念、观念的引入，到进一步的思想观念的释义，再到最后的具有中国观念特色的佛学思想的创造，老庄思想特别是庄子思想都起了主要的作用。这是中国文化和思想对异质文化和思想的消化、改造能力的具体表现，是道家思想对中国文化发展作出贡献的具体表现。

四 道家思想与道教

如果说，道家思想对儒学及中国佛学的影响还需要进行一番考察分析才能揭示出来，那么，体现在道教中的道家思想痕迹则是显而易见的了。一个最为鲜明的事实是，道教尊奉老子为"真君""教主"，尊奉原始道家、黄老道家的著作为"真经"，分别称《老子》《庄子》《列子》《文子》为《道德真经》《南华真经》《冲虚真经》《通玄真经》。然而实际上，道家与道教既有密切的关联，也有本质的区别。

（一）老庄思想与道教的理论基础

道教是古代巫术、方术依托道家在汉代形成的、以追求长生不死成为"神仙"为主要目标的、人为的世俗宗教。正如晋代的道教理论家葛洪所说，"道家之所至秘而重者，莫过长生之方也"（《抱朴子·内篇·勤求》），"夫神仙之法，所以与俗人不同者，正以不老不死为贵耳"（《抱朴子·内篇·道意》）。道家思想的基本观念是"自然"而不是"神仙"，但是，作为道教教义基础或主要特色的"神仙"观念仍然可以被确认为是来源于道家。唐代道教理论家吴筠在回答人们对他，也是对整个道教的诘难"道之大旨莫先乎老庄，老庄之言不尚仙道，而先生何独贵乎仙者也"时说："老子曰'深根固柢，长生久视之道'，又曰'谷神不死'，庄子曰'千载厌世，去而上仙，乘彼白云，至于帝乡'，又曰'故我修身千二百岁而形未尝衰'，又曰'乘云气，驭飞龙以游四海之外'，又曰'人皆尽死，而我独存'，又曰'神将守形，形乃长生'，斯则老庄之言长生不死神仙明矣。"（《玄纲论》）所以，无疑地，道教的"仙道"与老庄的长生不死或神仙的观念是有密切联系的。不仅如此，在《庄子》中还有更多的为历代道教所崇拜的"神仙"行迹的描写，例如："藐姑射之山，有神人居焉，不食五谷，吸风饮露"，"列子御风而行，泠然善也，旬有五日而后反"（《逍遥游》），"至人神矣，大泽焚而不能热，河汉冱而不能寒"（《齐物论》），"古之真人，其寝不梦，其觉无忧，其食不甘，其息深深。真人之息以踵，众人之息以喉"（《大宗师》），等等。这些都是以后道教的辟谷、行气、乘云御风、不寒不热等神仙方术的发端。

然而从观念的理论性质上看，道家的"长生久视"是出于人性的自然愿望，《庄子》中关于"神人""至人""真人"的描述，也是寓言性质的，体现一种无任何负累的、逍遥自在的精神境界，与道教"仙道"的宗教生活实践是不同的。所以道教在其自身的发展中，主要表现为各种神仙方术的膨胀增益，实际上是在脱离了道家的思想轨道上独立进行的。但是，道教作为一种宗教的确立和发展，在三个重要的理论观念上是攀缘着老庄思想，特别是庄子思想的。

1. 庄子相对主义与道教宗教目标的论证

"长生久视""乘彼白云，至于帝乡"在老庄思想中只是一种愿望，一种想象，是纯粹思想观念性质的东西，道教把它转变为一种人生追求的目标，一种生活实践。这样，就产生了道教的第一个需要回答、论证的理论问题：这种"长生""神仙"的人生目标是真实的吗？道教理论家一般援引史籍的记载加以证明，如葛洪说："若谓世无仙人乎，然前哲所记，近将千人，皆有姓字及有施为本末，非虚言也。"（《抱朴子·内篇·对俗》）然而这些记载皆为传闻，难以考索，本身就缺乏证明。以葛洪所撰《神仙传》为例，此书在刘向《列仙传》71人之外，又增益84人，凡150余人，诚如《四库全书提要》所指出，其中多有如庄周寓言，"不过鸿蒙、云将之类①，未尝实有其人"；对若干真实人物的记述，亦多有"未免附会"或"尤为虚诞"之处。所以，道教的不死、成仙的宗教目标不是历史经验所能证明的。当然，也不是现实经验所能证明的。现实经验提供的是相反的证明：人皆有死。

---

① 《庄子》写道："云将东游，过扶摇之枝，而适遭鸿蒙。"（《在宥》）司马彪注："云将，云之主帅。"（《初学记》一引）"鸿蒙，自然元气也。"（《经典释文》引）皆庄子寓言人物。

道教理论家对长生不老、得道成仙这一宗教目标的证明毕竟没有停留在经验事实的水平上，而是进一步作了具有一定理论色彩的论证。首先，道教理论家试图运用万物存在的特殊的事实和理论观念，来证明不能因为凡人皆死就否认有不死的"仙人"。葛洪说：

　　　　谓夏必长，而荠麦枯焉。谓冬必凋，而竹柏茂焉。谓始必终，而天地无穷焉。谓生必死，而龟鹤长存焉。盛阳宜暑，而夏天未必无凉日也；阴极宜寒，而严冬未必无暂温也……万殊之类，不可以一概断之。有生最灵，莫过乎人。贵性之物，宜必钧一，而其贤愚邪正，好丑修短，清浊贞淫，缓急迟速，趋舍所尚，耳目所欲，其为不同，已有天壤之觉，冰炭之乖矣，何独怪仙者之异，不与凡人皆死乎？"（《抱朴子·内篇·论仙》）

其次，道教理论家又运用人的认识能力的有限性而产生的认识结论相对性的理论观念，来说明不能因为在凡人的生活经验中没有"神仙"，就否认它在人的有限经验范围之外存在。葛洪说：

　　　　浅识之徒，拘俗守常，咸曰世间不见仙人，便云天下必无此事。夫目之所曾见，当何足言哉？天地之间，无外之大，其中殊奇，岂遽有限。诣老戴天，而无知其上，终身履地，而莫识其下。形骸己所自有也，而莫知其心志之所以然焉；寿命在我者也，而莫知其修短之能至焉。况何神仙之远理，道德之幽玄，仗其短浅之耳目，以断微妙之有无，岂不悲哉……所谓以指测海，指极而云水尽者也。蜉蝣校巨鳌，日及料大椿，岂所能及哉！（《抱朴子·内篇·论仙》）

十分显然，道教理论家在这里运用的事物性质的特殊性和人的认识的相对性的理论观点、论证方法，甚至某些论据，都援引自《庄子》。《庄子》中写道："梁丽可以冲城，而不可以窒穴，言殊器也；骐骥骅骝一日而驰千里，捕鼠不如狸狌，言殊技也；鸱鸺夜撮蚤，察毫末，昼出瞋目而不见丘山，言殊性也。"（《秋水》）所以，"万物殊理"（《则阳》），每种事物都有自己独特的性质，这是庄子自然哲学中的一个基本的思想观念。葛洪所谓"万殊之类，不可以一概断之"正源于此。葛洪论列事物特殊性的例证也没有超出庄子的"殊器""殊技""殊性"的范围。庄子认为"吾生也有涯，而知也无涯，以有涯随无涯，殆已"（《庄子·养生主》），如同"朝菌不知晦朔，蟪蛄不知春秋"（《庄子·逍遥游》），"井蛙不可以语于海，夏虫不可以语于冰"（《庄子·秋水》），人的认识能力是极为有限的、相对的，所以"曲士不可以语于道者，束于教也"（《庄子·秋水》）。葛洪也正是这样认为，世人不见"仙人"并不足以证明"仙人"的不存在；相反，何尝不正是世人的"浅短之耳目"认识不到幽玄微妙的"神仙"？可见，一个尖锐的、危及道教的宗教价值或教旨能否存在的巨大疑团，道教理论家是援用庄子认识论中的相对主义来予以消解的。

道教理论家摆脱了依靠纯粹的经验事实，而从庄子思想那里援引事物的特殊性和人的认识的相对性的理论观念，用以论证虽然"凡人"的经验中没有"神仙"的存在，但是也不能因此就否定它的存在。从形式逻辑的角度看，道教理论家援引庄子相对主义所作的这番论证还是强有力的，是向前跨进了一步。但是，就理论的实际内容来看，道教理论家的相对主义论证中有一个根本的弱点，就是把人的认识所未知的事物与客观世界中根本不存在的事物混同了，在相对主义中是无法对此作出区分的。同时，认识论中的相对主义总是内蕴着怀疑主义性质的理性因素，这和宗教观念所固有的确定性信念、信仰因素是相悖的。所以，道教理论家还必须再向前跨进一步，从怀疑的或两是的相对主义中走出来。道教理论的这一发展进程，吴筠《神仙可学论》有段简明的表述：

> 昔桑矫子问于涓子曰："自古有死，复云有仙，如之何？"涓子曰："两有耳。"言"两有"者，为理无不存。理无不存，则神仙可学也……人生天地之中，殊于众类明矣，感则应，激则通。所以耿恭援刀，平陆泉涌，李广发矢，伏石饮羽，精诚在于斯须，击犹土石，应若影响，况丹恳久著，真君岂不为之潜运乎？潜运则不死之阶立致矣。孰为真君？则太上也，为神明宗教，独在于宵冥之先，高居紫微之上，阴骘兆庶。（《宗玄先生文集》卷中）

吴筠的死（凡人）与不死（"仙人"）"两有"的观点和庄子的是与非"两行"（《庄子·齐物论》）的观点在理论性质上是相同的，都是相对主义的。但是，庄子认识论由相对主义的进一步发展，是进入具有确定性的、理性程度更高的"天理固然"（《庄子·养生主》），即科学性质的层次，追踪着"圣人者原天地之美而达万物之理"（《庄子·知北游》）。作为道教理论家的吴筠，由"两有"再向前跨进一步，引进了具有人格神内涵的"真君"的信念——"真君"也是《庄子》中的概念，只是在那里没有人格神的内涵①——笃信"感则应，激则通"，只要"精诚"在焉，"则不死之阶立致"，努力于修炼"神仙"，迈入在思想观念上和生活实践上都是属于宗教性质的领域。从这里可以看出，由道家（庄子）的哲学思想蜕变为道教的宗教思想过程中，"诚"即信仰的观念因素的注入是最有决定意义的。这一过程当然不是在吴筠这里才发生或完成的，而是在道教形成的最初就发生和完成了的。如记录了道教早期教义内容的《太平经》中就有"至诚涕出，感动皇天，天乃为出瑞应，道术之士悉往佑之，故多得老寿，或得度世"（《太平经合校》卷九〇《冤流灾求奇方诀》）的教条。吴筠以前的历代道教理论家也都一致认为，虔诚的信念是"成仙"的首要条件，如葛洪说，"要道不烦，所为鲜耳，但患志之不立，信之不笃"（《抱朴子·内篇·释滞》），"苟心所不信，虽令赤松、王乔言提其耳，亦当同以为妖讹"（《抱朴子·内篇·勤求》）。司马承祯也说："信者道之根，敬者德之蒂。"（《坐忘论》）吴筠的这段话只是把这一由道家到道教的思想观念蜕变过程表述得更加完整。

　　总之，在道教理论家对极为困难的道教最高的宗教目标——长生、成仙的理论论证中，具有理论色彩的部分都是借援自庄子思想的。但由于这个问题本身是个宗教性质的问题，所以道教理论家最终还是必须依靠道家或庄子思想之外的非理性的信念、信仰来加以说明。道教和道家思想的一个最重要的差别就在这里。

2. 道教最高人格神的观念脱胎于老庄自然哲学

　　道教是多神的宗教，陶弘景撰《真灵位业图》加以排列，序称"有

---

① 《庄子》写道："百骸九窍六藏……其有真君存焉。"（《齐物论》）"真君"是身之主宰的比喻，不是真实的人格神的观念。

等级千亿"，然其中最高的宗教神是一作为宇宙开始的人格神——元始天尊（元始天王）。《隋书·经籍志》写道："道经者，云有元始天尊，生于太元之先，禀自然之气，冲虚凝远，莫知其极。"显然，构成道教这一最高人格神的主要观念有二：一是在天地万物之先，一是禀自然之气。这种神的观念，实际上是由老庄自然哲学的世界最后的（也是最初或最高的）根源于"道"和万物始基"气"的观念蜕变而来。《老子》中说，道"先天地生，为天地母"（第25章），"道生一，一生二，二生三，三生万物，万物负阴抱阳，冲气以为和"（第42章）。《庄子》中亦说："夫道……自本自根，未有天地自古以固存……先天地生而不为久，长于上古而不为老……"（《大宗师》）也就是说，"道"作为世界万物的根源而存在于一切具体事物之先。《庄子》中还写道："通天下一气耳"（《知北游》），"气变而有形，形变而有生"（《至乐》），天地万物皆禀气而生。道教理论家将老子、庄子思想中的"道"和"气"的思想观念叠合起来，就塑造出道教的最高人格神：

> 《真书》曰，昔二仪未分，溟涬鸿蒙未有成形，天地日月示具，状如鸡子，混沌玄黄，已有盘古真人，天地之精，自号元始天王，游乎其中……（《元始上真众仙记》)①
>
> 元始天王，禀天自然之气，结形未沌之露，托体虚生之胎，生乎空洞之际。（《云笈七签》卷一○一《元始天王纪》）

可见，道教的最高宗教神实际上是指在有形的天地万物产生之前，第一个禀"自然之气"而生的具有人格的并且能够永远存在下去的生命实体。这种神的观念，已经不再是原始宗教对自然力的那种具有神秘色彩的、无逻辑的幻象意识，而是对自然有一定理性认识的、由理论概念构成的思想观念。道教理论家解释说："元，本也。始，初也，先天之气也。此气化为开辟世界之人，即为盘古；化为主持天界之祖，即为元始。"（《历代神

---

① 《元始上真众仙记》，《说郛》录为《枕中书》，葛洪撰。余嘉锡《四库提要辩证》卷一九考定，《枕中书》中出现许穆，"许玉斧，其年辈皆在葛洪之后，故此书不出于洪亦明矣"。

仙通鉴》卷一）当然，就其根本性质来说，这种观念也还是依赖信念、信仰支持的一种幻想。所以，道教宗教神的"神性"是比较朴素、简单的，它就是最初地禀有和永久地葆有的自然之气（"天地之精"）。而"气"也是一切人所禀有的，从这个意义上说，道教的宗教神也是人，是"不死的人"。道教的这种神的观念，召唤和鼓舞每一个人都去修炼"元气"，成为"神仙"。唐人所撰《天隐子·神仙》①写道："人生时禀得灵气，精神通悟，学无滞塞，则谓之神。宅神于内，遗照于外，自然异于俗人，则谓之神仙，故神仙亦人也。在于修我灵气，勿为世俗所沦污；遂我自然，勿为邪见所凝滞，则成功矣。"实际上，由于道教的主要宗教思想来源于、脱胎于老庄思想的理论观念，道教本质上是一个具有自然主义性质的世俗宗教。其"成仙"的宗教目标和道家"长生久视"的人性自然要求是一致的；其宗教神所禀"天地之精"也就是老子、庄子所观察到的人的"气"的自然本质。

3. 道教修炼方术的理论基点潜生于《老子》《庄子》

道教修炼长生、成仙的方法，即道教的方术，十分繁杂众多。葛洪说，"仙经长生之道，有数百事"（《抱朴子·内篇·对俗》），"道术诸经，所思存念作，可以却恶防身者，乃有数千数"（《抱朴子·内篇·地真》）。崔元山《濑乡记》简略记述，也有三十六种"养性得仙"的方法（《渊鉴类函》卷三一八）。道教的这些方术，在世人或教外人的眼光中，十分诡秘而怪诞；即使是在一种宽容的理解精神下，也只能说这些方术激发了人的某种生理的或心理的机制，影响或改变了人们周围的生物场、物理场，但其实际过程、本质内容都还是不得而知的，这是深奥的人体科学之谜。抛开道教方术千奇百怪的具体操作或实践不谈，不难发现，道教方术消灾除病、长生不老的目标却是共同的；与此相联，在道教方术中存在着一个共同的理论基点，即皆是从神、气（精）、形（身）等构成人的生命的基本的生理、心理要素方面来养护、延续作为感性的个人存在。从这个基点上，也是从根本上，可以比较清晰地观察到道教的修炼方法在理论

---

① 《天隐子》，苏轼以为是司马承祯所撰（见陆游《渭南文集·跋天隐子》及胡珽《书天隐子后》），《四库全书提要》表示怀疑。

观念上与老庄思想有甚为密切的关联。

　　道教经典或道教理论家对构成人的生命的内涵或要素所作的划分和分析，并不十分严格一致，大体上说可归纳为两种。一是将人的生命整体分为"形""神"两个既对立又统一的方面。这里的"形"是指人的生命存在的物质的方面，而"神"是精神的方面。实际上这是从人的生命内涵的形态特征的角度来加以区分的。如《太平经》说："独贵自然，形神相守，此两者同相抱，其有奇思反为咎。"（《太平经合校》卷八七《长存符图》）《西升经》（第22章）说："神生形，形成神，形不神不能自生，神不形不能自成，形神合同，更相生，更相成。"应该说，对人的生命构成要素作这样的划分虽然比较简略，但却周延。《庄子》中写道："胥易技系，劳形怵心者也。"（《应帝王》）"离形去知，同于大通。"（《大宗师》）可见，最早从形、神这样的两个方面来描述、概括人的生命活动整体或人的全部存在的正是庄子。道教对人的形、神关系没有更深入的理论观察和论述，只是为实践"长生"的宗教目标，提出两者要"合同""并一"，"形神合同，固能长久"（《西升经》第29章），"身神并一，则为真身"（《坐忘论》）。《太平经》中有一段更为明确、详尽的表述：

　　　　人有一身，与精神常合并也。形者乃主死，精神者乃主生。常合即吉，去则凶。无精神则死，有精神则生，常合即为一，可以长存也。常患精神离散，不聚于身中，反令使随人念而游行也。故圣人教其守一，言当守一身也。念而不休，精神自来，莫不相应，百病自除，此即长生久视之符也。（《太平经合校》卷一三七～一五三《太平经钞·壬部一九二》）

道教的"形神相守""身神并一""守神""守一"等观点也都可以在《老子》《庄子》中寻觅到它的观念根源。《老子》所谓"善摄生者……无死地"（第50章），"唯啬早服……是谓深根固柢，长生久视之道"（第59章）；《庄子》所谓"女神守形，形乃长生"（《在宥》），"纯素之道，唯神是守，守而勿失，与神为一……是谓真人"（《刻意》），"我守其一，以处其和，故我修身千二百岁矣"（《在宥》），等等，无疑是道教这些观点最初的、直接的理论观念来源。同时，也可以从这里看出，由老庄哲学思想向道教的世俗的宗教观念蜕变的端倪和特征，表现为理论观念的理性抽象程度削弱和修持方法的具体化的过程。例如，本来在《庄子》中，"守一"之"一"是指"道通为一"（《齐物论》）的"道"，在这里被浅化为"形神并一"的"身"；在《庄子》中，"守一"是保持心境宁静的精神修养方法，但也是"圣人将游于物之所不得遁而皆存"（《大宗师》）的精神境界，在这里被单纯地具体化为"念而不休，精神自来"的养神除病方法。

道教经典和道教理论家对人的生命内涵或要素构成所作的另一种划分和分析，是将人的生命整体分为气、形、神三种或气、精、神、形四种既有区别又密切相关的组成部分。例如：

> 人之生也，禀天地之元气为神为形……神全则气全，气全则形全，形全则百关调于内，八邪消于外。
> 人之一身，法象一国，神为君，精为臣，气为民。养气有功可化为精，养精有德可化为神，养神有道可化为一身，永久有其生。（《云笈七签》卷五六《元气论》）
> 人本生混沌之气，气生精，精生神，神生明。欲寿者，当守气而合神，精不去其形，念此三者以为一。（《太平经合校》附录《太平经圣君秘旨》）
> 形体为家也，以气为舆马，精神为长吏，兴衰往来主理也。（《太平经合校》卷一二○～一三六《太平经钞·辛部一九上》）

实际上这是道教对构成人的生命的实质种类所作的划分及其在"长生"的宗教目标实践中作用的分析。不难看出，道教的这些观点在三个基本思想观念上相同于、来源于老庄思想。一是"气"为生命的基础的思想观点。老子认为"万物冲气以为和"（《老子·四十二章》），庄子认为"通天下一气耳"，"人之生，气之聚也"（《庄子·知北游》），道教的理论也正是认为"元气乃包裹天地八方，莫不受其气而生"（《太平经合校》卷四○《太平经·分解本末法第五十三》），"形者气之聚，形者人也，为万物之最灵"

（《云笈七签》卷九〇《七部语要》）。二是"神"（"精神"）是生命的主宰的思想观点。《庄子》中有则寓言故事借孔子之口说："丘尝也使于楚矣，适见独子食于其死母者，少焉瞬若，皆弃之而走，不见己焉尔，不得类焉尔。所爱其母者，非爱其形也，爱使其形者也……"（《德充符》）意思是说，"使其形者"（即"神"）是生命的主宰，一旦精神丧失，形体也就没有意义，生命也就不再存在，如同死母猪的形体虽还在，往日对幼仔表现温情、爱护的那母爱精神已经消失，正在待哺的猪崽也要惊恐地弃之而逃。所以《庄子》说"唯神是守"（《刻意》），"哀莫大于心死，而人死亦次之"（《田子方》）。道教经典把"神"或"精神"比作"君""长吏"，认为"精神消亡，身即死矣"（《太平经》卷七一），这与庄子对"神"在人的生命中的意义的观点是相同的。三是由养生而得长生的思想观点。《老子》中以"唯啬"为"长生久视之道"；《庄子》中"养生"的思想，"善养生者若牧羊然，视其后者而鞭之"（《达生》），有"卫生之经"，"卫生之经，能抱一乎？能勿失乎？"（《庚桑楚》）"养生""卫生"的目的也是"长生"，"抱神以静，形将自正，必静必清，无劳女形，无摇女精，乃可以长生"（《在宥》）。也就是说，《庄子》认为养护构成人的生命的基本要素——神、形、精，方可以获得长生。显然这正是道教最基本的养气、养精、养神则"永有其身"的理论观点的思想渊源。当然，在《庄子》中"养生—长生"还是一个比较次要的、简略的思想观念，一个具有幻想性质的人生目标；但在道教，"仙人道士非有神，积精累气乃成真"（《黄庭经·仙人章第二十八》），"养生—长生—成仙"不仅是道教经典最主要的理论论题，而且也是支撑道教宗教目标中的唯一具有真实性和科学性的观念成分。

构成人的生命要素的气、精、神、形等概念和养生的观念，从作为老庄特别是庄子自然哲学中的思想观点，到成为道教修炼方法（方术）的理论基点，也有显著的变化与不同。其主要之点有二，第一，在道教理论中构成人的生命要素的"神"（心智）被实体化，"形"（生理器官）被人格化。在《庄子》中，"精"经常是被作为与"神"含义相近的同义词或概念来使用的，如"今子外乎子之神，劳乎子之精"（《德充符》），"上悖日月之明，下睽山川之精"（《天运》）。或者是作为和"形"构成一个周延的生命范围的反对概念来使用的，如"形劳而不休则弊，精用不已则劳"（《刻意》），"弃事则形不劳，遗生则精不亏，夫形全精复，与天为一"（《达生》）。这两种情况都表明在庄子思想里，"精"和"神"的内涵是相同的；并且，"至精无形"（《秋水》）、"不形而神"（《知北游》）。所以《庄子》中的"精""神"经常是指和"表"相对立的、人生命中那种无形体的心智、思维的精神性的存在或表现。从上面的征引中可以看出，在道教经典中，"精""神"的观念内容有所变化，"气生精，精生神，神生明"，"神为君，精为臣，气为民"，"精"与"神"的概念内涵已不相同，在人的生命构成中也属于不同的层次。不仅如此，在道教经典中，"精""神"还进一步被实体化。"气化为血，血化为精，精化为神"（《庄周气诀解》），"精""神"都成了人的具有生理功能或机能的实体。在《黄庭经》中甚至把"精"更具体地指认为是精液胎根："结精育胞化生身，留胎止精可长生"（《呼吸章第二十》）。道教修炼方术中的"还精补脑"正是沿袭着这种"精"的观念，如葛洪说："善其术者（房中术），则能却走马（泄精）以补脑。"（《抱朴子·内篇·微旨》）《太平经》更写道："人能清静，抱精神，思虑不失，即凶邪不得入矣。其真神在内，使人常喜，欣欣然不欲贪财宝、辩讼争、竞功名，久久自能见神。神长二尺五寸，随五行五藏服饰……"（《太平经合校》卷一五四～一七〇《太平经钞·癸部盛身却灾法》）这样，庄子自然哲学中具有理性内涵的无形的"神"，在道教的宗教观念中就被彻底改造为一种感性实体的存在。在道教的宗教观念中，作为生命构成的精神的、心理的要素（"神"）被实体化的同时，物质要素（"形"——生理器官）也被人格神化。《庄子》中曾设想和描述人的生理机构有某种主宰存在，只是捕捉不到它的踪迹："若有真宰，而特不得其朕，可行已信而不见其形，有情而无形。百骸九窍六藏……其有真君存焉？如求得其情与不得，无益损乎其真。"（《齐物论》）显然，这是对庄子自然哲学中作为生命构成的精神性要素"神"的拟人的描写（"真宰""真君"），并不是人格神的观念。《庄子》中还写道，"得其所一而同焉，则四支百体将为尘垢"（《田子方》），"物视其所，而不见其所丧，视丧其足犹遗土也"（《德充符》）。在庄子的自然主义立场看来，人的形体百骸，如同自然万物，一气之聚散，或为鼠肝，或为虫臂，臂或化为鸡，尻或化为轮（《大宗师》），没有任何神圣的性质。在道教的宗教观念中，这种情况发生了变化，道教"长生""成仙"的宗教目标，蕴含着、发展着生命崇拜的宗教感情和思想观念；各具独特功能、负载着人的生命的人体各种器官被神化、被崇拜，在道教的宗教观念中出现是很自然的。最初在《太平经》中出现了"五脏神"："……此四时五行精神，入为人五藏神，出为四时五行精神。"（《太平经合校》卷一八～三四转引《三洞珠囊》卷一）在《黄庭经》中五脏更各有专名："心神丹元字守灵，肺神皓华字虚成，肝神龙烟字含明，翳部道烟主烛清，肾神玄冥字育婴，脾神常在字魂停，胆神龙曜字威明，六腑五脏神体精，皆在心内运天经，昼夜存之自长生。"（《心神章第八》）《黄庭经》还写道："兼行形中八景神，二十四真出自然。"（《治生章第二十二》）所谓"八景神""二十四真"，就是道教理论将人身体分为上、中、下三部分（上景、中景、下景），每部分又分为八个部位器官，各有神的名号（八景神），共计二十四神（二十四真），这是道教最完备的人的形体人格神观念。在不同的道教经典中，八景神二十四真的名称有所不同，但将人的形体生理器官人格神化，并顶礼膜拜以求长生的宗教观念是完全相同的。例如陶弘景《真诰》曾援引《苞元玉箓白简青经》说："不存①二十四神，不知三八景名字者，不得为太平民，亦不得为后圣之臣。"（卷九《协昌期第一》）总之，构成人的生命的精神要素被实体化，形体器官被人格神化，是由庄子的自然哲学思想蜕变为道教的宗教观念的一个主要特征。

第二，养生的重点由精神修养移向形体（气、精）修炼。《老子》中的排除"生生之厚"的"善摄生"，和以"唯啬"为"长生久视之道"，显然是指一种恬淡无欲的精神修养。《庄子》中写道："吹呴呼吸，吐故纳新，熊经鸟申，为寿而已，此导引之士，养形之人……若夫不导引而寿，此天地之道，圣人之德也。静一而不变，淡而无为，动以天行，此养神之道也。"（《刻意》）也很显然，在庄子思想中，"养神"的精神境界高于"养形"。

---

① 存，存思，存想也，即思念、默祝、默诵神物经典之谓也，道教自我收摄的修持方法。《天隐子·存想》谓："存，谓存我之神；想，谓想我之身。"

从《庄子》中的记述还可以看出，庄子所谓"吾闻庖丁之言，得养生焉"，主要是指"依乎天理，因其固然"（《养生主》）；所谓"卫生之经"，主要是指"能抱一乎，能勿失乎？"（《庚桑楚》）。也就是说，庄子思想的养生，正是指与自然为一，保持心境恬淡的精神修养——养神。在道教的养生理论中，对"养神"仍然极为推崇，《西升经》甚至说"伪道养形，真道养神"（第7章）。但在道教的养生宗教实践中，正如道教最重要的经典《黄庭经》所说"积精累气乃成真"，以及最主要的理论家葛洪所说"凡学道，宝精爱气最其急也"（《抱朴子·内篇·微旨》），养形实际上是主要内容；道教养生理论的独特方面和难以胜计的具体方法都是围绕养形——守气、保精而滋生、发展起来的。如葛洪概述说："虽云行气，而行气有数法焉；虽曰房中，而房中之术，近有百余事焉；虽言服药，而服药之方，略有千条焉。"（《抱朴子·内篇·释滞》）孙思邈亦说："凡欲求仙，大法有三：保精、引气、服饵。凡此三事，亦阶浅至深，保精之术列叙百数，服饵之方略有千种，行气其大要者胎息而已。"（《云笈七签》卷三三《摄养枕中方·行气》）可见，发源自《老子》《庄子》的养生思想，其内容特质在道教理论中发生了巨大的变迁。

应该说，道教的形、神理论或气、精、神理论都还是比较粗糙的，但它毕竟是道教众多的修持方法的共同的理论基点。这个理论基点潜在于《老子》《庄子》之中，而向新的、异于《老子》和《庄子》的宗教的方向发展。道教和庄子思想在理论观念上的联系和差别都具有这种性质，都是这种情形。

（二）道家与道教生死观的异同 *

从文化发生学的角度来审视道教文化，可以看出它的多源发生、多元并存、多维发展的特征①。一般学者都认为，道教起源于古代宗教和民间巫术、战国至秦汉的神话传说与方士方术、先秦老庄哲学和秦汉道家学说、儒学及阴阳五行思想、古代医学与体育卫生知识，等等②。从刘勰作

＊　此小节内容为高秀昌撰写，为保持章节的完整性，特收录于此。
①　参见萧萐父《吹沙纪程》，上海文艺出版社1998年版，第3～4页。
②　参见牟钟鉴《中国宗教与文化》，巴蜀书社1989年版，第212～220页。

《灭惑论》提出道家"三品"说，"案道家立法，厥品有三：上标老子，次述神仙，下袭张陵"，以及宋马端临的《文献通考·经籍考》品评道家为五说，"道家学术，杂而多端……盖清静一说也，炼养一说也，服食又一说也，符箓又一说也，经典科教又一说也"，可以看出道教的多元并存、多维发展。① 其实，刘勰和马端临所论，不仅指出了道教"杂而多端"的特点，并且对老庄道家与道教作出了区别。在刘勰看来，老庄为上品，神仙为中品，符箓（张陵）为下品。在马端临看来，老庄道家所言者"清静无为而已，而略及炼养一事，服食以下所不道也"。以下从服食炼养，到符箓科教，其档次（层次）愈来愈下降，愈来愈失其老庄道家之学的本真。② 从历史角度看，以哲学和思想理论为主导的老庄道家创立于前（先秦），以宗教信仰为主旨的道教建立于后（东汉以降），随之而来的是道家与道教的融合、涵化、整合、熔铸，亦道家亦道教，亦道教亦道家。因此，从整体上说，作为思想学术的老庄道家与作为宗教信仰的道教的关系，是一而二、二而一的关系，即亦分亦合的关系。自古迄今，对道家与道教关系问题的认识，经历了一个否定之否定的辩证发展过程，古人混同道家与道教（肯定），现代学者严格区分道家与道教（否定），当代学者将在更高层次上（否定之否定——新的肯定）对道家和道教的关系作出更全面更合乎实际的说明。③

在探讨道教生死观及其与道家思想内在联系之前，首先有必要表明，本文接受对道教的这样一种界定："道教是古代巫术、方术依托道家在汉代形成的，以追求长生不死成为'神仙'为主要目标的人为的世俗宗教。"④

---

① 许地山在《道教史》中指出："后来的道家，或与神仙方士合在一起，或与斋醮符箓之天师道合在一起，或与佛教混合起来，或与摩尼教混合（说摩尼为老君之化身，见《化胡经》及《佛祖统记》），到清初所成之《真仙通鉴》，又将基督教之基督及保罗等人列入道教祖师里。现在又有万教归一之运动，凡外来之宗教无不采取。古来阴阳五行，风水谶纬等等民间信仰，所信底没有一样不能放在道教底葫芦里头，真真够得上说，'大道泛分，其可左右'了。"（许地山《二十世纪国学丛书·道教史》，华东师范大学出版社 1996 年版）

② 参见马端临《文献通考》卷二二五。

③ 参见牟钟鉴《道家与道教同异比较》，引自《走近中国精神》，华文出版社 1999 年版，第98 页。

④ 参见崔大华《庄学研究——中国哲学一个观念渊源的历史考察》，人民出版社 1992 年版，第480 页。

这其实也就是承认"道教是道家的一个特殊的流派，它对道家有所继承和发展，也有明显的转向和偏离"①。这里仅从生死观、养生论等人生观角度，对老庄道家思想与道教的关系作出较为具体而深入的分析。

在人世间生活的人，都是有物质需要和精神追求的具体的有限的个人，都会面临种种问题、矛盾、挑战和困境。对于来自自然、社会和人自身（自我）等方面给人的生活所带来的诸如死与生、时与命、情与欲等人生困境，虽然不是人所能最终克服、彻底战胜的，但是，人却是在以其积极、主动的文化创造的伟大的文明成果——宗教、哲学、科学、艺术等，迎接挑战，解决矛盾，超脱困境，开拓前进的。在中国思想发展史上，作为哲学思想的道家和作为信仰的道教针对生死问题提出了既有联系又有区别的生死观，以及解脱生死的途径和方法。

1. 老庄道家自然主义的生死观

《老子》一书中，"生"字共用 39 次，"死"字共用 18 次。② 关于"生"，具有多种含义，主要"有生成之生，亦即化生之生，有生命之生，亦称为生灵；有生存之生，亦即生养之生"③。其中"有无相生"（第 2 章），"天下之物生于有，有生于无"（第 40 章），"道生一，一生二，二生三，三生万物"（第 42 章），"道生之"（第 51 章）等就是生成即化生之生；"益生曰祥"（第 55 章），"万物草木之生也柔脆"，"人之生也柔弱"（第 76 章）等指生命之生；"以其不自生故能长生"（第 7 章），"长生久视之道"（第 59 章），"出生入死。生之徒十有三，死之徒十有三，人之生动之于死地亦十有三……以其生生之厚"（第 50 章）等即指生存之生。关于"死"，指"死亡""消亡""消灭"，是生命的终结，也即是指生死之"死"。在老子看来，人虽然是域中"四大"（道、天、地、人）之一，但是人和天下万物一样，因其有限性和不完全性而走着生—长—壮—老—死的往复循环之道。所以老子说："天地尚不能久，而况于人

---

① 参见牟钟鉴《道家与道教同异比较》，引自《走近中国精神》，华文出版社 1999 年版，第 105 页。

② 参见卢育三《老子释义·重要概念索引》，天津古籍出版社 1987 年版。

③ 参见张岱年《中国古典哲学概念范畴要论》，中国社会科学出版社 1989 年版，第 146 页。

乎"（第 23 章），"物壮则老，是谓不道，不道早已"（第 30 章）。老子不仅看到有生有死是生命的自然规律，而且还认识到，在人世间生活的人，存在着不少导致其不能长生反而早死的内外原因，诸如"开兑""济事"则"终身不救"（第 52 章），"舍慈且勇，舍俭且广，舍后且先"则"死矣"（第 67 章），"勇于敢则杀"（第 73 章），求"生生之厚"而致死，等等。老子鉴于化生万物而不自生的"道"可以"周行不殆"（第 25 章），"不失其所"，主张人修德同道，法道任自然，以便能够"长生久视"（第 59 章），"死而不亡"（第 33 章）。可以看出，老子是以一种自然而客观的、经验而理智的态度来看待人的生死的。

继承并发展了老子哲学思想的是庄子，在《庄子》一书中谈生论死，据统计，"生"字用 250 多次，"死"字用 170 多次，足见庄子对生死问题的重视。庄子关于"生""死"的含义，基本上同于老子。《庄子》一再陈述有生必有死这一客观的、必然的而又自然而然的过程，"夫大块载我以形，劳我以生，佚我以老，息我以死"，"死生，命也，其有夜旦之常，天也"（《大宗师》），"死生终始将为昼夜而莫之能滑"（《田子方》），"生之来不能却，其去不能止"（《达生》），"有乎生，有乎死，有乎出，有乎入"（《庚桑楚》），"人生天地之间，若白驹之过隙，忽然而已"（《知北游》），"天与地无穷，人死者有时"（《盗跖》）。这里，庄子强调的是生与死的对立性，即生是生，死是死，死是生的终结。不过庄子同时认为，具有生命的个体的人，其实是"气"的一种存在形式，"比形于天地而受气于阴阳"（《庄子·秋水》），人是自然界的万物之一，"号物之数谓之万，人处一焉"（《庄子·秋水》），因此，作为"假于异物，托于同体"（《庄子·大宗师》）的暂时存在的个人也必然要步入"已化而生，又化而死"（《庄子·知北游》）的"伟哉造化"（《庄子·大宗师》）的"万化"之流中。在"通天下一气耳"（《庄子·知北游》）的自然观的基础上，庄子提出"生死存亡之一体"（《庄子·大宗师》）的观点，肯定生死的相对性和统一性，以求解脱人的悦生恶死、生乐死苦的忧患，亦即人生困境。

在庄子看来："人生天地之间，若白驹之过隙，忽然而已。注然勃然，莫不出焉；油然漻然，莫不入焉。已化而生，又化而死，生物哀之，人类悲之。"（《庄子·知北游》）出生入死、生死转化是一种人无可奈何的外在的必然性，面对死亡这一人生大限，具有喜怒哀乐之情的人不能不悲之，不能不哀之。为了解决人的生死困境、超越死亡大限，庄子提出了"齐万物"及"一生死"和"逍遥游"两种超脱途径。

庄子认为"气"是构成人与万物最基本、初始的元素："人之生，气之聚也；聚则为生，散则为死……通天下一气耳。"（《庄子·知北游》）所以，"天地与我并生，而万物与我为一"（《庄子·齐物论》）。若以此看生死，则"死生为一条"（《庄子·德充符》），"死生存亡之一体"（《庄子·大宗师》），"万物一俯，死生同状"（《庄子·大宗师》）。既然生死齐一，生与死就是二而一、一而二的同一关系，因此不必悦生而恶死。庄子指出："古人真人，不知说生，不知恶死，其出不䜣，其入不距，翛然而往，翛然而来而已矣。"（《庄子·大宗师》）如果说庄子从有生必有死的角度淡化了生死，那么他从生死齐一的角度则看破了生死。从生死自然到生死齐一，庄子实现了生死超越，尽管这种超越是纯主观的，亦即纯心理的、精神的。因为这种超越，庄子不仅不去追求长生、永生，反而走向了以死为乐的境地。所以庄子说，"以生为附赘县疣，以死为决疣溃痈"（《庄子·大宗师》），"明乎坦涂，故生而不说，死而不祸，知终始之不可故也"（《庄子·秋水》）。庄子更借"髑髅之辩""鼓盆而歌"宣扬生苦死乐：

> 庄子之楚，见空髑髅……援髑髅枕而卧。夜半髑髅见梦曰："子之谈者似辩士，视子所言，皆生人之累也，死则无此矣。子欲闻死之说乎？"庄子曰："然。"髑髅曰："死，无君于上，无臣于下，亦无四时之事；纵然以天地为春秋，虽南面王乐不能过也。"庄子不信，曰："吾使司命复生子形，为子骨肉肌肤，反子父母妻子、间里知识，子欲之乎？"髑髅深膑蹙頞曰："吾安能弃南面王乐而复为人间之劳乎？"（《庄子·至乐》）

庄子借髑髅之口，以超脱的情怀、旷达的心胸倒置"生乐""死苦"为"生苦""死乐"，以求解脱困扰人生的生死之限、世俗之礼、哀乐之情的束缚。人死而哀伤哭泣，这是人之常情，庄子反其道，"长歌当哭"：

> 庄子妻死，惠子吊之。庄子则方箕踞鼓盆而歌。惠子曰："与人居，

长子老身，死不哭亦足矣，又鼓盆而歌，不亦甚乎！"庄子曰："不然。是其始死也，我独何能无慨然！察其始而本无生，非徒无生也而本无形，非徒无形也而本无气。杂乎芒芴之间，变而有气，气变而有形，形变而有生，今又变而之死，是相与为春秋冬夏四时行也。人且偃然寝于巨室，而我噭噭然随而哭之，自以为不通乎命，故止也。"（《庄子·至乐》）

妻子亡故，庄子先是伤感，随之破涕为笑，鼓盆而歌，因为庄子体悟到人的生死犹如春夏秋冬四时之运行一样，是一种自然而然的循环，人的生命是生于无（气）而又归于无（气）。所以，庄子以其诗哲的洒脱之心，化解人的死之恐惧与生的情欲，主张"安时而处顺"，"善吾生者，乃所以善吾死也"（《庄子·大宗师》）。

我们再来看庄子为解脱生死等人生困境的"逍遥游"：

北冥有鱼，其名为鲲。鲲之大，不知其几千里也。化而为鸟，其名为鹏。鹏之背，不知其几千里也，怒而飞，其翼若垂天之云。是鸟也，海运则将徙于南冥。南冥者，天池也。

……楚之南有冥灵者，以五百岁为春，五百岁为秋，上古有大椿者，以八千岁为春，八千岁为秋，此大年也。而彭祖乃今以久特闻，众人匹之，不亦悲乎！（《庄子·逍遥游》）

庄子以其诗性的想象力穿透自然的物理的时空限制，而升入心理的、精神的、幻想的、绝对自由的时空。在这种诗化的、自由的时空中，人不仅超脱了功名、利禄、权势、尊位等一切尘世的束缚，更跨越了生与死的大限。庄子的"逍遥于天地之间"（《庄子·让王》），"逍遥乎无为之业"（《庄子·大宗师》），"乘天地之正而御六气之辨，以游无穷"（《庄子·逍遥游》）的"逍遥之游"，可以使"个人好像进入了另一个清澄浩渺、虚寂无涯的宇宙之中，尽性遨游，任意驰骋，忽而如白云飘逸，忽而如鹍鹏奋飞，无拘无束，无牵无碍，悠悠哉，愉愉哉，精神感到莫大的自由，莫大的愉快"①。

---

① 刘笑敢：《庄子哲学及其演变》，中国社会科学出版社 1987 年版，第 155、158 页。

在纯精神的领域里，思想可以任意飞翔，没有时空之界限，没有是非之得失，人因而可达至"死生无变于己"（《庄子·齐物论》），"游乎尘垢之外"（《庄子·齐物论》），"喜怒哀乐不入于胸次"（《庄子·田子方》）。所以，从一定的意义上可以说，"庄子的逍遥之游是对付生死的一剂看不见的心理式的仙丹"①。庄子还有"化蝶"之寓言：

> 昔者庄周梦为蝴蝶，栩栩然蝴蝶也，自喻适志与！不知周也。俄然觉，则蘧蘧然周也。不知周梦为蝴蝶与，蝴蝶之梦为周与？周与蝴蝶，则必有分矣。此之谓物化。（《庄子·齐物论》）

这里，庄子借助于蝴蝶梦，通过移情和拟人化，在真切的内心体验中，跨越了主体与客体的界限，接通了入世与出世，达到了主客交融、物我两忘、情景合一的幻化美境。特别是庄子的"人蝶互化"，使人物交融、生死齐一，化除了"人们对死亡痛苦的忧虑，借变了形的蝴蝶来美化死亡之事"②。庄子的"化蝶"之说对后世道教长生不死、羽化成仙的信仰具有直接的影响。

庄子虽然强调生死自然，淡化生死，宣扬不悦生、不恶死，甚至主张以生为苦，以死为乐，但是，事实上庄子同时也追求"保身""全生"：

> 为善无近名，为恶无近刑，缘督以为经，可以保身，可以全生，可以养亲，可以尽年。（《庄子·养生主》）

庄子强调保全生命、尽其天年的思想，与老子的"长生久视""死而不亡"的思想主张是一致的。庄子"尊生"（《庄子·让王》）、"为寿"（《庄子·刻意》）、"长生"（《庄子·在宥》）、"终其天年"（《庄子·人间世》）的人生追求，是他"常因自然而不益生"（《庄子·德充符》）的人生态度的体现。③

---

① 颜翔林：《死亡美学》，学林出版社 1998 年版，第 113 页。
② 陈鼓应：《庄子浅说》，生活·读书·新知三联书店 1998 年版，第 26 页。
③ 庄子不仅看破生死，也看破世事，主张生活要顺任自然，不以名利等身外之物累其身，否则，"见利轻亡其身，岂不惑哉"（《庄子·让王》）。

2. 道教"我命在我"的长生成仙说

以追求长生不死成为"神仙"为主要目标的道教，尤其关注生死问题和解脱生死之道。道教是如何看待生死的？道教的生死观的特征及本质是什么？应如何评价道教的生死观？这里，以前文对老庄道家的生死观的分析为基础，以道教理论家的著述为根据，在系统考察、分析的前提下，试图给以上诸问题一种回答。

（1）生死自然。生死困境也是道教首先必须面对并以其独特的方式要加以解决的人生课题。道教并不否认人的生死自然的客观现实。《太平经》借助于由老庄道论所衍出的以元气解道的汉代流行的元气论，认为人和天地万物都是从元气所化生的。"元气乃包裹天地八方，莫不受气而生"（《太平经合校》卷四〇《分解本末法》），"天地人本同一元气，分为三体，各自有祖始"（《太平经合校》卷六六《三五优劣法》）。禀元气而生的人，是有生有死、有生有灭的，"夫物生者，皆有终尽，人生亦有死，天地之格法也"（《太平经合校》卷九〇《冤流灾求奇方诀》）。人生有死是天地法则，自然之理。《太平经》进而论死："夫人死者乃尽灭，尽成灰土，将不复见。今人居天地之间，从天地开辟以来，人人各一生，不得再生也。自有名字为人。人者，乃中和凡物之长也，而尊且贵，与天地相似；今一死，乃终古穷天毕地，不得复见自名为人也，不复起也。"（《太平经合校》卷九〇《冤流灾求奇方诀》）还说："凡天下人死，非小事也，一死，终不得复见天地日月也，脉骨成涂土。死命，重事也。人居天地之间，人人得一生，不得重生也。"（《太平经合校》卷七二《斋戒思神救死诀》）人的生命只有一次，生则生，死则死，死而不得重生，所以，人死不是小事，而是人生的重大之事。

承继《太平经》的《老子想尔注》，站在行道之人可以长生成仙的立场上来审视人世间的生死："道设生以赏善，设死以威恶。死是人之所畏也，仙士与俗人同知畏死乐生，但所行异耳。俗人莽莽，未央脱死也，俗人虽畏死，端不信道，好为恶事，奈何未央脱死乎？仙士畏死，信道守诚，故与生合也。"① 这里虽然区分了仙士（即道人、道士）与俗人，并

---

① 《老子·二十章》"人之所畏，不可不畏。莽其未央！"注，参见饶宗颐《老子想尔注校证》，上海古籍出版社1991年版，第25页。

且认为俗人不信道，为恶事，而不能逃脱死亡，而仙士则信守道诫，不为恶事，而能与生合，脱离死亡致仙寿，但是，不管是俗人，还是仙士，都同样乐生畏死。这实际上是从反面肯定了人的生死之自然。

葛洪著《抱朴子·内篇》，集道教理论之大成。在葛洪看来，由于"人在气中，气在人中，自天地至于万物，无不须气以生者也"（《至理》），所以，气竭则会导致"身死"（《地真》）、"命终"（《至理》），而死则死矣，"死者不可生也，亡者不可存也"（《地真》），故人皆惜生畏死："生可惜也，死可畏也。"（《地真》）葛洪以百年之寿对人一生的年月作了计算："百年之寿，三万余日耳。幼弱则未有所知，衰迈则欢乐并废，童蒙昏耄，除数十年，而险隘忧病，相寻代有，居世之年，略消其半。计定得百年者，喜笑平和，则不过五六十年，咄嗟灭尽，哀忧昏耄，六七千日耳，顾眄已尽矣，况于全百年者，万未有一乎？谛而念之，亦无以笑彼夏虫朝菌也。盖不知道者之所悲矣。里语有之：人在世间，日失一日，如牵牛羊以诣屠所，每进一步，而去死转近。此譬虽丑，而实理也。"（《勤求》）中国人常说，人生百岁古来稀。再长寿的人，即使享寿百岁之人，也是从幼小渐趋老耄，最后也难免一死。葛洪也肯定了人生有限、有生有死的平实之理。

显然，道教和老庄道家一样，都承认生死乃自然之理，并且道教主要是依托老庄道家的自然主义的道（元气）生万物的思想而展开论述的。不过道教并未止步，而是以此为起点，由重生、贵生而走向长生不死、羽化成仙。这是考察道教生死观必须注意的一点。

（2）重生、贵生。道教承认生生死死乃自然事，但它更重生轻死，贵生乐生。《老子想尔注》将《老子》"道大、天大、地大、人亦大，域中有四大，而人居其一焉"和"知常容，容乃公，公乃王，王乃天"两段文字中的"王"全改为"生"，并加注"生，道之别体也"，"能致长生，则副天也"。这是以生为道的一种固有属性和表现，强调生与道合一，生与天相副，主张修道之人要"学生"，以"守中和之道"。葛洪《抱朴子·内篇》称："天地之大德曰生，生，好物者也。"（《勤求》）人要尊生生之道、生生之德，就应重生恶死，所以葛洪说："生之于我，利莫大焉。论其贵贱，虽爵为帝王，不足以此法比焉，论其轻重，虽富有天下，不足以此术易焉。故有死王乐为生鼠之喻也。"（《勤求》）这是强调人的生命的宝贵①。司马承祯《坐忘论》更明言："人之所贵者生，生之所贵者道。"《无上秘要》卷五引《妙真经》云："一切万物，人最为贵。"《云笈七签》云："夫禀气含灵，惟人为贵；人所贵者，盖贵于生。"《唱道真言》云："道生天生地，生人生物，而人为最灵。"……显然，重人、重生、贵生是道教的显著特征。道教不仅把重生、贵生作为自己教义思想的重要组成部分，更重要的是为其长生成仙的最高信仰目标提供思想基础。其实，重人贵生是包括老庄道家在内的中国传统思想的一个重要特征。在道教产生之前，先秦诸子大都是重人的，如孔孟儒家讲"爱人"；墨家虽讲鬼神，但也主张"爱人""利人"；道家老子更是把人放在与"道""天""地"同等重要的位置，他的"长生"，以及庄子的"善生"，还有《吕氏春秋》的"贵生"等，从一定的意义上可以说，道教重人、贵生是对包括老庄道家在内的重人贵生传统思想的继承和发展。

（3）长生不死、得道成仙。既然人有生有死，有生有亡，而且人都非常重生、贵生、乐生而恶死，那么人应如何面对死，如何解脱死，如何超脱生死困境，这是一切哲学和宗教都必须直面并要回答的问题。道教自然不能例外。事实上，道教从生死自然，重生、贵生的思想出发，进一步提出了超脱生死困境、解脱死亡之道，长生不死、得道成仙的根本信仰。

从思想史上看，道教产生之前，先秦诸子百家争鸣、理性启蒙、思想解放的时代，为后来中国传统奠定基础的儒道两家，"究天人之际，通古今之变"，以理性而实用的理智态度审视一切，在对待生死以及如何解脱生死困境问题上也是如此。儒家的"未知生，焉知死"，"未能事人，焉能事鬼"（《论语·先进》），不语"怪、力、乱、神"等神秘现象，可谓现实的、理智的、积极入世的态度；特别是以"立德""立功""立言"此"三不朽"和通过子孙、家族的嗣续而延续生命的孝道，基本表达了孔子儒家试图通过创造不朽以克服、战胜死亡的伦理主义、历史主义和功

① 胡孚琛在其《魏晋神仙道教》中指出："葛洪文中的'法'和'术'，是指金丹大法和长生之术。"（人民出版社 1989 年版，第 191 页）

利主义的生死观。关于老庄道家的生死观，正如前文所述，它基本上是自然主义的生死观。那么，以孔子儒家和老庄道家为思想基础的道教，何以提出了长生成仙的最高宗教目标，并以此来超脱生死，这是我们在考察道教生死观时十分感兴趣的一个问题。

众所周知，以"杂而多端"为显著特征的道教，其主要来源也是"杂而多端"的。就其长生成仙的宗旨而言，可以说主要是承继并发展了战国至秦汉的神仙传说。《说文解字》云："仙，长生迁去也。"《释名·释长幼》云："老而不死曰仙。"《山海经》中有"不死国""不死民""不死山""不死树""不死药"等不死观念和上下于天、龙马飞升、羽民国等飞升幻想，《左传·昭公二十年》有"古而无死"的记载，《楚辞·天问》也有"延年不死"之说，《老子》有"谷神不死"之言，《庄子》中有关于"神人""圣人""真人"等的生动描述……可见，先秦时长生不死、快乐自由的神仙思想已得以确立并得到发展。秦汉以降，皇帝和上层贵族借助于神仙方士与方术，祈求长生不老，使长生不死的神仙说更加盛行。后来以长生不死为核心信仰的道教对自古以来的神仙思想的直接继承可以说是顺理成章的。

另外，《老子》《庄子》《列子》《淮南子》等道家学术著作，虽然以哲学思想为主，但由于它们受到神仙思想的浸染、渗透和影响①，又由于它们确实包含着与道教相通的思想因素，所以，道教采取"拿来主义"的态度，对老庄道家大事援引和利用，而批判甚至抛弃其中不利于道教确立长生成仙的宗教目标及道教发展的因素。

（4）长生成仙说的系统论证。人生在世，往往都希望尽可能健康长寿，这本是人之常情，而道教却将人们的这一美好愿望推向极端，幻想长

---

① 王明先生在《论道教的生死观与传统思想》中指出："《老子》书中明白提出长生久视之道（第59章），也谈摄生的功用（第50章），显然受了养生家、神仙家的影响。"（《道家与传统文化研究》，中国社会科学出版社1995年版，第223页）崔大华先生试图说明："道家思想的基本观念是'自然'而不是'神仙'，但是，作为道教教义基础或主要特色的'神仙'观念仍然可以被确认为是来源于道家。"（《庄学研究——中国哲学一个观念渊源的历史考察》，人民出版社1992年版，第481页）日本学者坂出祥伸在《长生术》中也指出："庄子受神仙思想的影响很深。"（神井康顺等《道教》第1卷，上海古籍出版社1990年版，第197页）

生不死、得道成仙。然而，神仙是否存在，长生是否可致，对此，道教理论家从各个角度、不同层面进行了系统论证。

神仙就是所谓长生不死的人。现实的经验证明人有生必有死，那天地间到底有没有长生不死的人，这是道教必须首先回答的问题。

《太平经》将人划分为九等：委炁神人、大神人、真人、仙人、道人、圣人、贤人、民人、奴婢。后四种人居于人间世界，前五种人高居人间之上的神仙世界。两个世界都有等级之分，神仙世界的委炁神人最高，人间世界的圣人最高。两个世界又是贯通的，从人间世界的凡民（民人）、奴婢可直通神仙世界的委炁神人，其途径和方法是"学"："奴婢顺从群主，学善能贤，免为善人良民，良民善人学不止成贤人，贤人学不止成圣人，圣人学不止成道人，道人学不止成仙人，仙人学不止成真人，真人学不止成大神人，大神人学不止成委炁神人。"（《太平经合校》卷五六～六四《阙题》）这里承认，人既可以成贤为圣，也可以成仙为神。这是明确承认神仙存在，神仙可致。

《老子想尔注》有"道人""仙士""道士"之称，以与"俗人"别。"道人"乃所以得仙寿者①，"仙士"信道守诫，与道合一，可脱离死亡②，得仙寿天福③。"道人行备，道神归之，避世托死过太阴中，复生去为不亡，故寿也。俗人无善功，死者属地官，便为亡矣。"④《老子想尔注》既承认俗人的真死，又肯定神仙的不亡，因为仙士能"副天"，所以可致长生⑤。

葛洪所著《抱朴子·内篇》集神仙道教思想之大成，首次从理论上对神仙实有、对长生不死的宗教目标作了详尽、深入而又系统的论证。

首先，葛洪以史为证，说明神仙实有。葛洪说，"列仙主人，盈乎竹素矣"（《抱朴子·内篇·论仙》），"若谓世无仙人乎，然前哲所记，近将千人，皆有姓字及有施为本末，非虚言也"（《抱朴子·内篇·对俗》）。

---

① 饶宗颐：《老子想尔注校证》，上海古籍出版社 1991 年版，第 10 页。
② 同上书，第 25 页。
③ 同上书，第 23 页。
④ 同上书，第 43 页。
⑤ 同上书，第 21 页。

针对刘向《列仙传》，记载仙人七十有余，说："邃古之事，何可意见？皆赖记籍，传闻于往耳。《列仙传》炳然其必有矣。"（《抱朴子·内篇·论仙》）葛洪援引史籍记载记明神仙之实有，可谓煞费苦心而毫无结果。因为这种证明停留在经验层面上，并且，现实经验提供了"人皆有死"的反证，而历史经验即史籍记载也有真伪问题。不过，崇尚古史、以史为鉴、以史为证确实是包括儒墨道诸家在内的古代思想家引古以论事的主要方法，葛洪以之论神仙必有，也确能满足当时人相信史籍记载非虚言的心理。

其次，葛洪运用事物的特殊性和人的认识的有限性论证神仙之必有。葛洪说：

> 夫存亡终始，诚是大体，其异同参差或然或否，变化万品，奇怪无方，物是物非，本钧未乘，未可一也。夫言始者必有终者多矣，混而齐之，非通理也。谓夏必长，而荠麦枯焉。谓冬必凋，而竹柏茂焉。谓始必终，而天地无穷焉。谓生必死，而龟鹤长存焉……万殊之类，不可以一概断之……何独怪仙者之异，不与凡人皆死乎？（《抱朴子·内篇·论仙》）

天地间万事万物大多是有始有终、有生有灭、有生有死的，但也有少数可以长存不灭的（如天地、龟鹤等），以此类推，既有必死之凡人，也应有长生不死的仙人。

葛洪进一步从认识角度出发，指出：

> 浅识之徒，拘俗守常，咸曰世间不见仙人，便云天下必无此事。夫目之所曾见，当何足言哉？天地之间，无外之大，其中殊奇，岂遽有限？诣老戴天，而无知其上，终身履地，而莫识其下。形骸，己所自有也，而莫知其心志之所以然焉；寿命在我也，而莫知其修短之能至焉。况何神仙之远理，道德之幽玄，使其短浅之耳目，以断微妙之有无，岂不悲哉？（《抱朴子·内篇·论仙》）

在人间世界生活的人，其所知所见者少，而不知不见者多，故"夫所见少则新怪多，世之常也"（《抱朴子·内篇·论仙》），而"欲以所见为有，所不见为无，则天下所无者，亦必多矣"（《抱朴子·内篇·论仙》），因此，不能因为在人的知见中没有神仙，就否认它的存在。

应当指出，葛洪这里运用的事物的特殊性和人的认识的相对性的理论观点、论证方法，是援引自《庄子》的。例如，葛洪的"万殊之类，不可以一概断之"，源于《庄子》的"万物殊理"（《则阳》）；葛洪认为人的所知有限、无知甚多，正源于《庄子》的"吾生也有涯，而知也无涯，以有涯随无涯，殆已"（《养生主》）。葛洪"摆脱了依靠纯的经验事实，而从庄子思想那里援引事物的特殊性和人的认识的相对性的理论观念，用以论证虽然'凡人'的经验中没有'神仙'的存在，但是也不能因此就否定它的存在。从形式逻辑的角度看，道教理论家援引庄子相对主义所作的这番论证还是坚强的，是向前跨进了一步。但是，就理论的实际内容来看，道教理论家的相对主义论证中有一个根本的弱点，就是他把人的认识中未知的与客观世界中根本不存在的混同了"①。

再次，葛洪借助于信念、信仰支撑长生、成仙的宗教目标。葛洪看到："至理之未易明，神仙之不见信，其来久矣。"（《抱朴子·内篇·塞难》）神仙之理乃超然之理，世人"不易明"，也"不易信"，在葛洪看来，这恰恰是人之大患："忠于闻之者不信，信之者不为，为之者不终耳。"（《抱朴子·内篇·至理》）因为长生、成仙不仅仅是一个学理上的问题，即从理论上加以论证、说明的观点问题，更为根本的是一个生活实践上的信仰问题。葛洪指出："要道不烦，所为鲜耳。但患志之不立，信之不笃，何忧于人理之废乎？"（《抱朴子·内篇·释滞》）既然神仙是"信则有、不信则无"，那何以有人信、有人不信？葛洪将之归结为人生本有的"定命"。他说：

按仙经以为诸得仙者，皆受命偶值神仙之气，自然所禀。故胞胎

---

① 崔大华：《庄学研究——中国哲学一个观念渊源的历史考察》，人民出版社 1992 年版，第 483～484 页。

之中，已含信道之性，及其有识，则心好其事，必遭明师而得其法，不然，则不信不求，求亦不得也……苟不受神仙之命，则必无好仙之心，未有心不好之而求其事者也，未有不求而得之者也。（《抱朴子·内篇·辨问》）

……其受命不应仙者，虽日见仙人成群在世，犹必谓彼自异种人，天下虽有此物……苟心所不信，虽令赤松、王乔言提其耳，亦当同以为妖讹。（《抱朴子·内篇·勤求》）

命之修短，实由所值，受气结胎，各有星宿……命属生星，则其人必好仙道；好仙道者，求之亦必得也。命属死星，则其人亦不信仙道；不信仙道，则亦不自修其事也。（《抱朴子·内篇·塞难》）

可以看出，葛洪一方面把神仙必有、长生可致的宗教目标从观念领域提升到信仰领域，最终诉诸信仰以求得说明：神仙是信之则有，信之则可求；不信则无，不信亦不可强令信之。另一方面，将人是否信仙，能否长生成仙，归结为人是否禀有"仙命"（《抱朴子·内篇·勤求》），因为"人生星宿，各有所值"（《抱朴子·内篇·释滞》），"其值圣宿则圣，值贤宿则贤……值寿宿则寿，值仙宿则仙"（《抱朴子·内篇·辨问》）。葛洪对神仙信仰的论述，虽然包含着神秘主义，但也无可厚非，因为，作为宗教的道教，信仰神仙本是其最高的宗教目标及根本特征。而葛洪关于"仙与不仙，各有所值"即"仙命"的论述，不过是对于不能解释、说明的事情姑妄说之为"命"而已，同时也可看出他对于儒道两家特别是道家关于"命"说的援引。关于"命"，庄子说：

死生，命也；其有夜旦之常，天也。人之有所不得与，皆物之情也。（《庄子·大宗师》）

死生存亡，穷达贫富，贤与不肖，毁誉，饥渴寒暑，是事之变，命之行也。（《庄子·德充符》）

天无私覆，地无私载，天地岂私贫我哉？其求为之者而不可得也。然而至此极者，命也夫！（《庄子·大宗师》）

这里所谓"命"，"是人力所不能及，人力所不可奈何的意思"①。汉代，其思想"合黄老主义"的王充对"命"更进一步申述：

> 人禀元气于天，各受寿夭之命。（《论衡·无形》）
>
> 人有寿夭之相，亦有贫富贵贱之法，俱见于体。故寿命修短皆禀于天，骨法善恶皆见于体。命当夭折，虽禀异行终不得长；禄当贫贱，虽有善性终不得遂……，天有百官，有众星，天施气而众星布精，天所施气，众星之气在其中矣。人禀气而生，含气而长，得贵则贵，得贱则贱。贵或秩有高下，富或赀有多少，皆星位尊卑大小之所授也。（《论衡·命义》）

这里，王充将人之命归诸天，称人之命乃由天所施之星气所决定。结合上文所引葛洪的"命属生星""命星死星"，得仙者禀"神仙之气"，"仙与不仙，决在所值"，可以明显看出，葛洪在对"仙命"的解释和说明中对道家关于论"命"思想的承继与衍生。需要指明的是，对于非人力所决定的"命"，道家主张"安之"："知其不可奈何而安之若命，德之至也"（《庄子·人间世》），"知不可奈何而安之若命，唯有德者能之"（《庄子·德充符》）。不重人为，而讲任天安命，乃道家之主旨。而道教却既承认——认为有"仙命"存在，又否定——认为"我命在我不在天"，虽然矛盾，但融贯合一。这正是道教和道家思想的一个主要差别。

最后，葛洪强调，"我命在我"，生道合一，仙可学致。我们看到，葛洪虽糅合"禀值仙气"与"我命在我"为一体，但为了服从于长生成仙的最高宗教目标，他极力强调"我命在我"："《龟甲文》曰：我命在我不在天，还丹成金亿万年。古人岂欺我哉！"（《抱朴子·内篇·黄白》）这是一种重生的积极有为的人生态度。葛洪进一步认识到天的非主宰性："……天不能使孔孟有度世之祚，益知所禀之自然，非天地所剖分也……圣之为德，德之至也。天若能以至德与之，而使之所知不全，功业不建，位不霸王，寿不盈百，此非天有为之验也。圣人之死，非天所杀，则圣人

---

① 参见张岱年《中国哲学大纲》，中国社会科学出版社 1982 年版，第 401 页。

之生，非天所挺也。贤不必寿，愚不必夭，善无所福，恶无所祸，生无定年，死无常分……"（《抱朴子·内篇·塞难》）既然人的生死、寿夭、祸福、善恶等非天所作为，非由天所主宰，那么人就可以坚信自己的力量，相信"我命在我"，并且凭借自己的力量和智慧来改变生死命运，追求长生、永生。因此，葛洪强调"仙之可学致"（《抱朴子·内篇·勤求》）、"长生可学得"（《抱朴子·内篇·黄白》）。葛洪还对如何成仙即如何进入神仙之门作了系统的论述，其要点为志诚信仙；博闻体要，择师勤求；广知众术，养生却害；恬静无欲，守一知足；金丹大药，宝精行炁；积善立功，忠孝为本；等等。① 这些求仙之道，既是对"我命在我"的生命哲学的肯定和强化，又高扬了道教抗命、力行的精神，显然不同于儒家的"生死由命，富贵在天"的命运观、生死观，也不同于老庄道家消极无为的"安命"观和"生死齐一"的生死观。

葛洪对"我命在我"的坚信是建立在对"生道合一"的体悟上的。葛洪将老庄道家之"道""一""玄""真"等概念神学化，在承继的基础上加以改造、衍化。他说：

> 道者，涵乾括坤，其本无名。论其无，则影响犹为有焉；论其有，则万物尚为无焉……（《抱朴子·内篇·道意》）
> 道起于一，其贵无偶……天得一以清，地得一以宁，人得一以生，神得一以灵。（《抱朴子·内篇·地真》）
> 玄者，自然之始祖，而万殊之大宗也……胞胎元一，范铸两仪，吐纳大始，鼓冶亿类，回旋四七，匠成草昧。（《抱朴子·内篇·畅玄》）

葛洪说"道"讲"一"论"玄"，其实这几个概念是异名同谓，或者说是从不同侧面和角度对作为产生天地万物的总根源同时具有超验性、主宰性、永恒性的本体的描述。所以葛洪把"玄""道""一"与事物的长存、人物的长生联系起来。他说，"道起于一……存之则在，忽之则亡，向之则吉，背之则凶，保之则遐祚罔极，失之则命彫气穷"（《抱朴子·内篇·

地真》），"玄之所在，其乐不穷；玄之所去，器弊神逝"（《抱朴子·内篇·畅玄》），"其唯玄道，可与为永"（《抱朴子·内篇·畅玄》）。这就是说，"道"产生天地人万物，由"道"所生的人又受永恒之道的主宰，人若要长存、永生，就必须将自己的人生与"道"合一，因为生道合一，所以人可以不死成仙。葛洪称得玄道者"咽九华于云端，咀六气于丹霞。徘徊茫昧，翱翔希微，履略蜿红，践跚旋玑"（《抱朴子·内篇·畅玄》），这宛如《庄子·逍遥游》居于藐姑射之山的神人："不食五谷，吸风饮露。乘云气，御飞龙，而游于四海之外。"

3. 道教的修道养生观

道教重生、贵生、乐生，喜生恶死，以长生成仙为其最高的宗教目标，并证明神仙实有，长生可致，以"我命在我"的抗命、力行精神，坚信人通过修道养生即可达致长生成仙的目标。在道教看来，修道养生主要是通过修炼构成人的生命要素——神、气（精）、形（身）等，来养护、延续作为感性的个人存在。从道教对人的生命本质及其构成的论述中，可以明显看出道教与道家在神、气（精）、形（身）理论上的密切关联。

道教理论家往往把人体看成是由形和神，形、气和神或形、气、精和神所组成的二元或多元结构，认为人的生命就是形、神的统一，形、气、神的统一或形、气、精、神的统一。首先看《太平经》《老子想尔注》等早期道教经典中的神、气（精）、形（身）论。

《太平经》说：

> 人有一身，与精神常合并也。形者乃主死，精神者乃主生。常合即吉，去则凶。无精神则死，有精神则生。常合即为一，可以长存也。常患精神离散，不聚于身中，反令使随人念而游行也。故圣人教其守一，言当守一身也。念而不休，精神自来，莫不相应，百病自除，此即长生久视之符也。（《太平经合校》卷一三七～一五三《太平经钞·壬部一九上》）

这里说明人的生命就是身体与精神的结合，亦即形神的合一。关于形

（身体）与神（精神）的关系，《太平经》强调：第一，形主死，而精神主生；第二，生命乃形体与精神的合一，离散则人死亡，形体与精神常合则人长存；第三，人当守一、守一身，即"形神相守"（《太平经合校》卷八七《长存符图》），便可以长存、长生久视。《太平经》的这一形神之论，就主要源于老庄道家。《庄子》云："神将守形，形乃长生。"（《在宥》）又说："执道者德全，德全者形全，形全者神全。神全者圣人之道。"（《天地》）"纯素之道，唯神是守，守而勿失，与神为一。"（《刻意》）汉代接受了黄老道家学派思想的司马谈也说："凡人所生者神也，所托者形也。神太用则竭，形太劳则弊，形神离则死。死者不可复生，离者不可复返，故圣人重之。由是观之，神者，生之本也；形者，生之具也。"（《史记·太史公自序》）从庄子、司马谈对形、神关系的论述看，《太平经》关于形神关系之论的三个层面的含义，都源于老庄道家。

《太平经》进一步指出：

> 夫人本生混沌之气，气生精，精生神，神生明。本于阴阳之气，气转为精，精转为神，神转为明。欲寿者，当守气而合神，精不去其形，念此三者以为一，久则彬彬自见，身中形渐轻，精益明，光益精，心中大安，欣然若喜，太平气应矣。（《太平经合校》附录《太平经圣君秘者》）

> 三气共一，为神根也。一为精，一为神，一为气。此三者，共一位也，本天地人之气。神者受之于天，精者受之于地，气者受之于中和，相与共为一道。故神者乘气而行，精者居其中也。三者相助为治。故人欲寿者，乃当爱气尊神重精也。（《太平经合校》卷一五四至卷一七○《令人寿治平法》）

这里应当注意的是：第一，将人的生命看成是由气、精、神、形四个层次所构成的系统整体；第二，以气为本，且精、气、神三者都是"气"，故称"三气"；第三，由气到精、由精到神、由神到明是一个命运转的过程，但精、气、神三者仍"共一位"；第四，既然精、气、神三者都是"气"，且人生以"气"为本，所以，人欲长生，应当爱气、尊神、重精。

稍晚于《太平经》的道教经典《老子想尔注》承继《太平经》关于精、气、神的思想以注解《老子》：

> 精者，道之别气也，入人身中为根本。①
> 结精为神。②
> 身为精车，神成气来。③
> 欲令神不死，当结精自守。④
> 结精成神，神成仙寿。⑤
> 仙士宝精以生，今人失精以死。⑥

这里虽重在强调"爱精""宝精""结精成神"而致仙寿，但基本上在论述身（形）、气、精、神时与《太平经》的观点是一致的。

我们再来看老庄道家对精、气、神、形的论述。《老子》中已有"精""气""神"概念，如"窈兮冥兮，其中有精，其精甚真"（第21章）；"万物负阴而抱阳，冲气以为和"（第42章），"专气致柔，能婴儿乎"（第10章）；"谷神不死，是谓玄牝"（第6章），"神得一以灵"（第39章）；等等。这几个概念在《老子》中各有其含义，但是，相互间并不关联。在《庄子》中既有"形""神"对举，如"劳君之神与形"（《徐无鬼》），"形全者神全"（《天地》），又有"精""神"二字连为一词，如"水静犹明，而况精神"（《天道》），"澡雪而精神"（《知北游》），还有"精神"与"道"、"形"与"精"之关系："精神生于道，形本生于精"（《知北游》），"抱神以静，形将自正。必静必清，无劳汝形，无摇汝精，乃可以长生"（《在宥》）。

具有明显黄老新道家思想特点的《管子》四篇——《枢言》、《心术》（上、下）、《白心》、《内业》，与对西汉道家思潮进行理论总结的《淮南

① 参见饶宗颐《老子想尔注校证》，上海古籍出版社1991年版，第27页。
② 同上书，第9页。
③ 同上书，第12页。
④ 同上书，第9页。
⑤ 同上书，第16页。
⑥ 同上书，第27页。

子》，对形、气、神、精等有更深入、详尽的论述。

《管子》以"气"解释"精"："精也者，气之精者也。"（《内业》）"一气能变曰精。"（《心术下》）认为"精"是精微之气，亦即"精气"。"精气"在其运动变化过程中可以化生天地万物："凡物之精，此则为生，下生五谷，上为列星，流于天地之间，谓之鬼神，藏于胸中谓之圣人。"又说："凡人之生也，天出其精，地出其形，合此以为人。"（《内业》）因为人有"灵气在心"，心为"精舍"，而"敬除其舍，精将自来"，"精之所舍，而知之所生"，人的聪明智慧的精神作用源于微妙的精气，因此，"精存自生"而能"穷天地，被四海"，"心全""形全"而自然长生。

《淮南子》以"精气"为本，认为"精气"可以"为人"（《精神训》）。关于人的生命的构成，《淮南子》说："夫形者，生之舍也；气者，生之充也；神者，生之制也。一失位则三者伤也。"（《原道训》）所谓"形"即"形体"，乃生命之居所；所谓"气"，乃生命之流行、充盈；所谓"神"，乃生命的枢机。形、气、神三者都不能失位，否则会导致互伤而最终损害生命。因为精在心①，精为本，所以《淮南子》说："心者形之主也，而神者心之宝也。形劳而不休则蹶，精用而不已则竭，是故圣人贵而尊之，不敢越也。"（《精神训》）尊神贵精，是因为精神是主宰，"神贵于形"（《诠言》），"以神为主者，形从而利；以形为制者，神从而害"（《原道训》）。因此，全神保精，使"神与形化"（《俶真训》）即可以长生，"精神守其根，死生无变于己"（《精神训》），"此精神之所以能登假于道也……故形有摩而神未尝化者……化者，复归于无形也；不化者，与天地俱生也……"（《精神训》）。这里"实是指人之由精神之内守其根之工夫，即可超其形体，以还于其所自生之天之精神②之门，而不死，以不同形相嬗。此不同形相嬗，乃指登假于道之人之精神，能自变化其形体……"③

---

① 《淮南子·缪称训》云："心之精者，可以神化。"
② 《淮南子·精神训》云："精神者，天之有也。"天之精神同于《庄子》的天地精神："独与天地精神往来。"
③ 参见唐君毅《中国哲学原论·原道篇（二）》第4章，台北学生书局1986年版，第254页。

综上所述，老庄道家关于精、气、神、形之论包含以下几点：第一，人的生命整体是由形与神或精、气、神、形等要素所构成的；第二，神或精（精神）是生命的主宰；第三，或以精为本，或以气为本，或以神为本，但精、气、神三者皆为一气；第四，贵精、尊神、养气、受形则可以长生。显然，老庄道家的这些思想是早期道教经典精、气、神、形之论的直接来源。这里需要指出的是，第一，构成人的生命要素的气、精、神、形等概念，虽然被道教所直接援引、采用而成为道教修炼方法（方术）的理论基点，但其间已发生了显著的变化。一是在道教理论中构成人的生命要素的"神"（心智）被实体化，"形"（生理器官）被人格化；二是养生重点由精神修养移向形体（气、精）修炼。第二，道家精、气、神之论，经由早期道教理论家的承继和转化，到唐宋形成内丹家炼养的重要理论。素有"万古丹经王"之美誉的《周易参同契》就已提出了内丹炼养之术："含精养气，通德三元，精液腠理，骨筋致坚，众邪辟除；正气常存，累积长久，变形而仙。"（《周易参同契》卷下）成书于魏晋、盛行于唐宋的《黄庭经》也提倡积精累气、存神至虚的修炼方法，"仙人道士非有神，积精累气以为真"（《黄庭经·仙人章》）；"虚中恬淡知致神"（《黄庭经·紫清章》），"扶养性命守虚无，恬淡无为何思虑，羽翼已成正扶疏，长生久视乃飞去"（《黄庭经·外景经》）。五代道士谭峭作《化书》论形、气、神、道（虚）的演化过程："道之委也，虚化神，神化气，气化形，形生而万物所以塞也。道之用也，形化气，气化神，神化虚。"（《道化》）这里包含着"顺则生人"、"逆则成丹（仙）"两个互反的演化过程，而"逆则成丹（仙）"是道教内丹修炼所强调的。唐道教内丹学者张果撰《太上九要心印妙经》称："神气不相离，精神内守，精散为气，气结成神，炼神合道"。宋张伯端系统地提出元精、元气、元神之说："炼精者炼元精，非淫佚所感之精；炼气者炼元气，非口鼻呼吸之气；炼神者炼元神，非心意念虑之神。故此神气精者，与天地同其根，与万物同其体。得之则生，失之则死。"又说："以精化为气，以气化为神，以神化为虚。"（《金丹四百字·序》）而元代李道纯在《中和集·赵定庵回答语录》中更明言："炼精化气，炼气化神，炼神合道。"总之，道教内丹家的炼养理论，是以精、气、神为炼养的对象，通过炼精化气，炼气化神，炼神还虚，炼虚合道，"逆而成丹"，使后天的精、气、神返归先天的元精、元气、元神，在全精、全气、全神的基础上，使人进入体道合真的仙人境界。道教内丹家这种以精、气、神为生命之宝而修道炼养的理论，除其长生不死的神仙追求，基本上与老庄道家关于精、气、神修道养生之论是相通的。

《崔大华全集》出版后记

2019 年 3 月，河南省社会科学院哲学与宗教研究所计划以《崔大华全集》（以下简称《全集》）的形式，出版崔大华先生已发表的论著和未发表但具有较高学术价值的作品。这项计划得到河南省社会科学院院长谷建全研究员和院领导班子的高度重视与大力支持。其后，哲学与宗教研究所原所长王景全研究员组织科研人员投入资料搜集整理工作中。我们除了向出版社提供崔先生已出版的专著（《南宋陆学》《庄子歧解》《庄学研究——中国哲学一个观念渊源的历史考察》《儒学引论》《儒学的现代命运——儒家传统的现代阐释》）、合著（《道家与中国文化精神》）和论文集（《中国传统社会思想的理路及当代价值》）外，还通过各种方式，将崔先生发表在正式期刊、辑刊、内部刊物、海外刊物上但未收入论文集的 18 篇论文以及《宋明理学史》与《中国历史大辞典·思想史卷》中由他撰写的部分整理出来。在崔先生夫人李正平老师的协助下，我们还整理了崔先生写于 20 世纪 70 年代的随笔《佳羽集》和短文《雕朽集》，并从他的书信底稿中整理出 165 封书信，选 105 封收入《全集》。李正平老师还提供了崔先生不同时期的照片 100 多幅，我们选 40 多幅作为《全集》正文前的插图。

《全集》由社会科学文献出版社出版。经过紧张的编辑、排版和校对工作，《全集》的样书于 2019 年 11 月印出，并作为河南省社会科学院建院 40 周年庆典书目展览。进入 2020 年，由于新型冠状病毒肺炎疫情等不可抗因素，出版进度受到影响，但是《全集》的校对、修改工作仍继续进行。2021 年 5 月中旬，我们收到出版社发来的校样稿，哲学与宗教研究所负责人潘世杰副研究员组织七名科研人员分工校对，其中：赵胤校对第一卷，高丽杨校对第二卷，徐幼萍校对第三卷，赵志浩校对第四卷，宋艳琴校对第五卷，王思远校对第六卷，代云校对第七卷。最后再由代云对所有校对结果进行汇总、整理与完善。校对结果于 2021 年 7 月中旬向出版社反馈。

《全集》的编纂与出版得到各界人士的大力支持和无私帮助。湖南大学姜广辉先生提供了崔大华先生早年多幅照片的有关信息；西南大学高秀昌教授将崔先生发表在海外的论文拍照传给我们，并就《全集》整理、编纂中存在的问题提出了具体的指导意见；河南大学张枫林博士提供了崔先生在河南大学主持研究生答辩时的照片；河南省社会科学院杨海中研究员、丁巍研究馆员就崔先生早年的两张照片提供了详细的信息；河南省儒学文化促进会副会长周桂祥先生和常务理事李若夫教授提供了崔先生参加河南省儒学文化促进会相关活动的照片与文章；人民出版社方国根编审、大象出版社卢海山副编审、西南民族大学杨翰卿教授、上海师范大学张永超教授、遵义医科大学袁永飞博士、河南省哲学学会会长梁周敏教授、郑州航空工业管理学院鲁庆中教授、河南省社会科学院刘勇研究员与周全德研究员对于《全集》的编纂工作也提出了有益的意见。此外，在两年多的时间里，河南省社会科学院领导一直关心并多次过问《全集》的进展情况，院办公室、科研处、文献信息中心积极给予支持；社会科学文献出版社诸位领导和编辑也付出了辛勤的劳动。在此，我们对大家的积极帮助和支持，表示诚挚的谢意！

编者
2021 年 7 月